LEVIATÃ
OU MATÉRIA, FORMA E PODER DE UMA
REPÚBLICA ECLESIÁSTICA E CIVIL

THOMAS HOBBES

LEVIATÃ

OU MATÉRIA, FORMA E PODER DE UMA
REPÚBLICA ECLESIÁSTICA E CIVIL

Organizado por
RICHARD TUCK
Professor de Governo, Harvard University

Edição brasileira supervisionada por
EUNICE OSTRENSKY

Tradução
JOÃO PAULO MONTEIRO
MARIA BEATRIZ NIZZA DA SILVA

Tradução do aparelho crítico
CLAUDIA BERLINER

Revisão da tradução
EUNICE OSTRENSKY

martins fontes
selo martins

Título do original inglês: LEVIATHAN.
Esta tradução baseia-se na edição de Leviathan publicada na coleção Cambridge Texts in the History of Political Thought, por Press Syndicate of the University of Cambridge.
Copyright © Cambridge University Press, 1996, para a tradução e a edição.
Copyright © 2019, Martins Editora Livraria Ltda., para a presente edição.

Publisher	*Evandro Mendonça Martins Fontes*
Coordenação editorial	*Vanessa Faleck*
Produção editorial	*Carolina Cordeiro Lopes*
Revisão gráfica	*Lilian Jenkino*
	Letícia Braun
	Dinarte Zorzanelli da Silva
Revisão	*Andréa Vidal*
	Pamela Guimarães
	Juliana Amato
	Renata Sangeon
Diagramação	*Studio 3*

Dados Internacionais de Catalogação na Publicação (CIP)
Angelica Ilacqua CRB-8/7057

Hobbes, Thomas, 1588-1679.
 Leviatã, ou, Matéria, forma e poder de um estado eclesiástico e civil / Thomas Hobbes ; organizado por Richard Tuck ; edição brasileira supervisionada por Eunice Ostrensky ; tradução João Paulo Monteiro, Maria Beatriz Nizza da Silva ; tradução do aparelho crítico Cláudia Berliner ; revisão da tradução Eunice Ostrensky. – 4. ed. – São Paulo : Martins Fontes – selo Martins, 2019.
 736 p.

 Bibliografia
 ISBN: 978-85-8063-372-6
 Título original: Título original: Leviathan

 1. O Estado 2. Filosofia inglesa 3. Hobbes, Thomas, 1588-1679 4. Poder (Ciências sociais) 5. Ciência política – Filosofia I. Tuck, Richard. II. Ostrensky, Eunice. III. Título. IV. Título: Matéria, forma e poder de um estado eclesiástico e civil.

19-1178   CDD-320.1

Índices para catálogo sistemático:
 1. Estado : Poder político 320.1
 2. Poder político do Estado 320.1

Todos os direitos desta edição reservados à
Martins Editora Livraria Ltda.
Av. Dr. Arnaldo, 2076
01255-000 São Paulo SP Brasil
Tel.: (11) 3116 0000
info@emartinfontes.com.br
www.martinsfontes.com.br

Índice

Agradecimentos	VII
Introdução	IX
Nota sobre o texto	LV
Principais fatos da vida de Hobbes	LXIX
Leituras adicionais	LXXIII
Notas biográficas e referências	LXXIX
Leviatã	1
Ao meu mui estimado amigo	5
Índice dos capítulos	7
Introdução	11
O texto: Capítulos I-XLVII	15
Revisão e conclusão	582
1. *Índice remissivo de assuntos*	593
2. *Índice de nomes próprios*	609
3. *Índice de nomes de lugar*	617

Agradecimentos

Como expliquei na nota sobre o texto, esta edição foi extraída de duas fontes: uma é uma cópia especial do *Leviatã* existente na Biblioteca da Cambridge University (onde faz parte da Royal Library adquirida de John Moore, bispo de Ely, e doada à universidade por Jorge I em 1715), e a outra é o manuscrito de *Leviatã* da British Library. Gostaria de agradecer aos bibliotecários das duas instituições por sua ajuda e pela autorização para reproduzir material sob sua responsabilidade; tenho uma dívida particular com Brian Jenkins, bibliotecário assistente, encarregado da Sala de Livros Raros da Biblioteca da Universidade. Gostaria também de agradecer a David McKitterick, bibliotecário do Trinity College, por sua ajuda e orientação no que se refere à biblioteca de Moore; a Peter Jones, bibliotecário do King's College, por me deixar consultar a fantástica coleção de obras de Hobbes da faculdade (legada por lorde Keynes) e por me ajudar de outras maneiras também; e a Peter Day, encarregado das Obras de Arte em Chatsworth, que me ajudou a descobrir o curioso fato de que aparentemente não havia nenhuma cópia de *Leviatã* em Hardwick ou Chatsworth até o século XIX. Outros acadêmicos deram-me muitos conselhos, sobretudo Noel Malcolm, Quentin Skinner, Maurice Goldsmith, Ian Harris (ver p. LXXIX) e Lucien Jaume.

Introdução

I

Leviatã de Hobbes sempre despertou fortes sentimentos em seus leitores. Atualmente, é considerado a obra-prima do pensamento político inglês, e uma obra que, mais que qualquer outra, definiu o caráter da política moderna: de finais do século XVII a princípios do século XX, todos os grandes escritores de teoria política tomaram esse texto como referência. No entanto, quando ele apareceu pela primeira vez nas livrarias da Inglaterra, em finais de abril ou inícios de maio de 1651[1], muitos de seus leitores consideraram-no profundamente chocante e ofensivo, tanto por sua descrição desapaixonada do poder político como por sua visão extraordinariamente heterodoxa do papel da religião na sociedade humana. Mesmo antigos admiradores de Hobbes e de seus escritos filosóficos consideraram o livro uma afronta; um dos velhos

---

[1] Ver a carta de Robert Payne para Gilbert Sheldon, de 6 de maio de 1651: "Ox. me comunicou que o livro do Sr. Hobbes foi impresso e vem vindo: ele o intitula *Leviatã*. Boa parte de seu *De Cive* ali se encontra: parece apoiar o atual governo, e recomenda que seu livro seja lido nas universidades, apesar de todas as censuras que possa sofrer. É um fólio e custa 8s.6d., mas ainda não o vi." [Anon], "Illustrations of the State of the Church during the Great Rebellion", *The Theologian and Ecclesiastic* 6 (1848), p. 223.

conhecidos de Hobbes, o teólogo anglicano Henry Hammond, descreveu-o um pouco depois, naquele mesmo ano, como "uma farragem de ateísmo cristão", descrição que (como veremos) estava muito perto da verdade[2].

Esses velhos amigos estavam particularmente zangados com o livro pois este lhes parecia um ato de traição. Haviam conhecido Hobbes como defensor entusiasta da causa realista na guerra civil inglesa entre rei e Parlamento – com efeito, encontrava-se exilado em Paris desde 1640 devido ao seu apoio a essa causa, e *Leviatã* foi escrito na França. Quando o livro foi publicado, contudo, parecia defender a submissão à nova república instituída após a execução do rei em janeiro de 1649, e o abandono da Igreja Anglicana pela qual muitos dos realistas tinham lutado. O espanto de seus amigos diante dessa *volta-face* influenciou as reações dos contemporâneos de Hobbes, e afetou sua reputação até os dias de hoje. No entanto, algumas das intenções de Hobbes ao escrever *Leviatã* talvez tenham sido mal interpretadas.

A primeira tarefa na tentativa de avaliar quais eram essas intenções, e uma questão básica a ser feita diante de qualquer texto, é indagar quando o livro foi escrito. Nossa primeira informação sobre a composição da obra que viria a se tornar *Leviatã* aparece numa carta de maio de 1650. Nela, um daqueles antigos amigos realistas escreveu a Hobbes pedindo-lhe que traduzisse para o inglês um de seus primeiros textos em latim sobre política, para que pudesse influenciar a cena política inglesa daquele momento. Aparentemente, Hobbes respondeu que "ele tinha outra coisinha à mão, que é um tratado político em inglês, do qual já concluíra trinta e sete capítulos (num total pretendido de cinquenta), que vão sendo traduzidos para o francês por um erudito francês muito capaz à medida que os termina". Essa "coisinha" viria a ser *Leviatã*, e quando o amigo tomou conhecimento de seu conteúdo escreveu "várias e várias

---

[2] [Anon], "Illustrations of the State of the Church during the Great Rebellion", *The Theologian and Ecclesiastic* 9 (1850), pp. 294-5.

Introdução

vezes" para Hobbes implorando-lhe que moderasse suas opiniões, embora sem sucesso[3]. *Leviatã* tem quarenta e sete capítulos e não cinquenta, mas o projeto de Hobbes de maio de 1650 obviamente se realizou, embora aquela tradução francesa nunca tenha sido publicada, e talvez não tenha sido completada. Aliás, o fato de Hobbes ter querido uma tradução nos diz que para ele o livro era tão relevante para os distúrbios políticos franceses da época como para os da Inglaterra. Os anos de 1649-52 foram aqueles em que a "Fronda", a confusa revolta contra o governo absolutista da França, estava no auge, e até Paris fora tomada pelos rebeldes no início de 1649: não só os ingleses precisavam de instrução quanto aos deveres dos súditos. Não sabemos quanto tempo Hobbes levou para escrever os trinta e sete capítulos que já estavam terminados por volta de maio de 1650 (aproximadamente 60% de toda a obra), mas, se os escreveu na mesma velocidade dos últimos dez capítulos, deve ter começado a compor o livro em princípios de 1649 – data que, vale notar, coincide com a época em que o rei Carlos estava sendo condenado à morte.

É verdade que existem muitas passagens do *Leviatã* que falam da guerra civil como ainda em andamento (sobretudo uma na p. 381), e que somente bem no fim (numa famosa passagem do último capítulo sobre o novo regime eclesiástico na Inglaterra, e na Revisão e Conclusão) Hobbes se expressa como se houvesse novamente um governo estável na Inglaterra. Já que se convencionou datar o fim da guerra civil em 1649, pode-se deduzir que Hobbes escreveu boa parte do livro bem antes da execução. Houve quem tomasse passagens semelhantes no *Leviatã* em latim de 1668 (ver abaixo), que nem sempre são traduções diretas do texto inglês, para dar a entender que a versão latina baseia-se num esboço anterior à versão inglesa, embora nada justifique tal ideia[4].

---

[3] [Anon], "Illustrations of the State of the Church during the Great Rebellion", *The Theologian and Ecclesiastic* 6 (1848), pp. 172-3.

[4] Por exemplo, num determinado ponto, o texto em latim fala "da guerra que agora está sendo travada na Inglaterra", ao passo que na versão inglesa consta "the late troubles" (p. 170). (*Leviathan*, trad. e ed. F. Tricaud [Paris, 1971],

Tendemos a esquecer, no entanto, que a execução do rei e a declaração da república na Inglaterra não foram vistas pelos contemporâneos como o fim da guerra, pois ainda restava um forte exército na Escócia que se opunha às ações dos republicanos na Inglaterra. Esse exército acabou sendo derrotado por Cromwell em Dunbar, em setembro de 1650, e o grande historiador da guerra civil, Edward, conde de Clarendon (ele mesmo um realista), registra que esta vitória é que "foi considerada, em toda parte, como a conquista final de todo o reino"[5]. Embora os realistas ainda tenham sido capazes de organizar uma resistência baseada na Escócia, que começou na primavera* de 1651 e acabou de modo ignominioso na batalha de Worcester, em setembro de 1651, *Leviatã* foi obviamente concluído no clima político que se seguiu a Dunbar, quando a guerra parecia enfim terminada. Foi especificamente nessa época que Hobbes escreveu a Revisão e Conclusão, com seu apelo explícito à submissão ao novo regime. Todavia, a principal parte do livro fora escrita numa época em que a vitória ainda não estava decidida, e em que um exército escocês devotado ao rei ainda poderia ter imposto sua vontade sobre os dois reinos. Portanto, ao ler *Leviatã* não devemos esquecer a incerteza de Hobbes quanto ao desfecho das guerras civis tanto na Inglaterra como na França, e sua esperança de que os argumentos de seu livro pudessem exercer algum efeito sobre o desenlace; temos de lembrar, em particular, que Hobbes o escreveu quando ainda frequentava a corte do exilado rei Carlos II, e que, provavelmente, era a ele que o livro seria dedicado (ver a "Nota sobre o texto"). A obra era, em parte, uma contribuição para uma discussão entre os exilados[6].

---

pp. XXV-XXVI.) Mas "late" em inglês do século XVII não significa necessariamente "já terminado"; também pode significar "recente".

[5] Edward Hyde, conde de Clarendon, *The History of the Rebellion and Civil Wars in England,... also his Life...* (Oxford, 1843), p. 752.

* Do hemisfério norte. [N. da T.]

[6] Quando a primeira edição Cambridge do *Leviatã* estava na gráfica, o Dr. Glenn Burgess chegou, por outras vias, à mesma conclusão, arrolando uma

Introdução

II

A próxima indagação a fazer é que tipo de vida, tanto intelectual como prática, Hobbes levava por volta de 1649?[7] Já era um pensador de certo destaque, mas de menos notoriedade; na verdade, na sua idade muitos homens de seu tempo já teriam terminado sua carreira de escritores, pois ele tinha 61 anos em abril de 1649. Dois anos antes, sobrevivera a uma séria doença que quase o matou, mas viveria mais trinta anos – morreu em dezembro de 1679. Nasceu no ano da Invencível Armada, 1588, em Malmesbury (Wiltshire). De família relativamente pobre, era filho de um clérigo semiletrado (provavelmente nem tinha grau universitário) que se tornou alcoólatra e abandonou a família; a educação de Hobbes na escola primária em Malmesbury e posteriormente num *hall* em Oxford (isto é, uma versão mais barata e menos prestigiosa de uma faculdade) foi custeada por seu tio. Hobbes foi sem dúvida reconhecido como aluno extremamente brilhante, sobretudo no tema central do currículo renascentista, o estudo das letras. Sua facilidade com as línguas se manteve por toda a vida, e ele passou muito tempo realizando traduções: a primeira obra publicada com seu nome (em 1629) foi uma tradução de Tucídides, e uma das últimas (em 1674), uma tradução de Homero. Era escritor fluente tanto em latim como em inglês, e também lia italiano, francês e grego. A essas habilidades aliava-se uma sofisticação de estilo, representada por sua capacidade de escrever poesia em duas línguas bem como prosa elegante. Como todos os escritores renascentistas, sua educação foi antes de mais nada *literária*.

Homens com essas aptidões eram muito cobiçados na Europa renascentista, pois podiam ser de grande valia para

---

série de argumentos a seu favor. Ver seu artigo, "Contexts for the Writing and Publication of Hobbes's *Leviathan*", *History of Political Thought* II (1990), pp. 675-702.

[7] O que segue baseia-se em grande medida nos meus livros *Hobbes* (Oxford, 1989) e *Philosophy and Government 1572-1651* (Cambridge, 1993).

alguém envolvido na vida pública. Podiam escrever cartas e discursos, responder a correspondentes estrangeiros, educar as crianças mais velhas de uma casa nas técnicas da vida pública, e atuar, de forma geral, de maneira bastante semelhante aos modernos assessores de senadores nos Estados Unidos. Com efeito, esta viria a ser a carreira de Hobbes ao longo de sua vida, pois, depois de se formar em Oxford em 1608, foi indicado para o cargo de secretário e preceptor na residência de William Cavendish, que pouco depois viria a ser o primeiro conde de Devonshire e um dos homens mais ricos da Inglaterra. Dali em diante, Hobbes (enquanto esteve na Inglaterra) morou nas casas do conde, em Hardwick Hall em Derbyshire ou na Devonshire House em Londres, e ao morrer, em Hardwick, ainda era um honrado servidor da família, ou "doméstico", como ele certa vez denominou a si mesmo. Nem sempre esteve diretamente empregado pelos condes de Devonshire, pois em vários momentos não havia ninguém da família desempenhando alguma função na vida pública; nessas épocas trabalhava para seus vizinhos em Derbyshire, e, em particular, para seus sobrinhos, os condes de Newcastle que viviam em Welbeck. Uma de suas tarefas era levar os herdeiros dos condados para um grande giro pela Europa e, entre 1610 e 1640, passou quatro anos no continente. Pelo fato de viajar com um jovem de alta posição social, ele e seu senhor tinham acesso às mais importantes personalidades políticas e intelectuais da Europa, encontrando (por exemplo) os líderes de Veneza em sua luta com o papado, cardeais em Roma, personalidades de destaque em Genebra, e Galileu. Seu conhecimento prático e pessoal da política europeia não encontrava rival em nenhum pensador inglês de sua geração (e, poder-se-ia dizer, em apenas um no continente, o holandês Hugo Grócio).

Desde o começo do Renascimento, carreiras deste tipo (embora não tão internacionais) não eram incomuns na Europa ocidental, mas os interesses intelectuais singulares que Hobbes parece ter nutrido mais profundamente eram estranhos aos primeiros renascentistas. Aos olhos destes humanis-

Introdução

tas, o objetivo do conhecimento dos clássicos (sobretudo os escritores romanos) era equipar um homem para o tipo de serviço público que heróis como Cícero tinham desempenhado: o melhor modo de vida (acreditavam eles) era o de um cidadão ativo e comprometido, lutando pela liberdade de sua *res publica* ou usando suas habilidades oratórias para convencer os outros cidadãos a lutar com ele. Para eles, "liberdade" significava libertar-se tanto da opressão externa exercida por uma força estrangeira como da dominação interna exercida por um César ou qualquer outra figura que reduzisse os cidadãos republicanos a meros súditos. Até mesmo Maquiavel, geralmente associado pela posteridade a técnicas de dominação pelo príncipe, exaltava esses valores em seus *Discursos sobre os primeiros dez livros de Tito Lívio*, e mesmo *O príncipe* não os evitava por completo; ele contém, por exemplo, notáveis apelos para que o governante confie na massa do povo, que nunca o decepcionará[8], e para que governe por meio de um exército de cidadãos, a instituição central do republicanismo renascentista.

No entanto, ao término do século XVI, muitos intelectuais europeus tinham se afastado desses valores, embora ainda conservassem o compromisso de compreender seu próprio tempo em termos das ideias da Antiguidade e a hostilidade para com as teorias escolásticas prévias ao Renascimento. No lugar de Cícero, liam (e escreviam como) Tácito, o historiador dos primórdios do Império Romano; e nos escritos de Tácito encontravam uma versão da política como domínio da corrupção e da traição, no qual príncipes manipulavam populações instáveis e perigosas, e homens sábios ou bem se retiravam do terreno público ou eram destruídos por ele. Tácito descreveu em detalhes as técnicas de manipulação que (supunha ele) todos os príncipes usariam, e seus leitores do Renascimento estavam igualmente fascinados por elas; o estudo e a análise dessas técnicas deu lugar à vasta literatura sobre a "razão

---

[8] Ver *The Prince*, ed. Quentin Skinner e Russell Price (Cambridge, 1988), p. 37. (Trad. bras. *O príncipe*, São Paulo, Martins Fontes, 2ª ed., 1996.)

de Estado" que invadiu as livrarias da Europa entre 1590 e 1630. Quando o século XVI se aproximava de seu fim, depois de décadas de guerras civis e religiosas, e a correspondente construção de poderosas monarquias para tornar inócuas as ameaças de guerras civis, essa literatura política ganhou muito sentido na vida do dia a dia.

Junto com essa literatura, e compartindo com ela vários interessantes pontos em comum, havia outra, na qual os temas do antigo estoicismo e cepticismo eram amplamente explorados. Os conselhos dos filósofos estoicos contemporâneos de Tácito eram de que o homem sábio deveria se afastar do foro e evitar envolver-se emocionalmente com quaisquer princípios que pudessem levá-lo a se aventurar na luta política. Encontramos esses conselhos reiterados por escritores de finais do século XVI, como Justus Lipsius nos Países Baixos e Michel de Montaigne na França, no contexto (em geral) de uma versão explicitamente tacitista da política. Para muitos autores antigos que debateram essas questões, no entanto, o mero afastamento emocional não era suficiente: como insistiam os cépticos, seguidores de Pirro e Carnéades, era impossível afastar-se por completo e, ao mesmo tempo, continuar a acreditar que os princípios morais ou políticos em questão eram *verdadeiros*[9]. Os cépticos argumentavam, portanto, que o sábio se protegeria melhor renunciando não apenas à emoção, mas também à *crença*; a reflexão, particularmente sobre a multiplicidade de crenças e práticas conflitivas encontradas no mundo, logo o persuadiria de que suas crenças na verdade não tinham fundamentação suficiente. Como as ideias sobre o mundo natural na Antiguidade estavam intimamente ligadas a ideias sobre a ação e a moralidade humanas – os estoicos, por exemplo, acreditavam que os homens estavam enredados num mundo de causas físicas deterministas, e por isso não tinham liberdade

---

[9] Pirro foi, no século IV a.C., o fundador do cepticismo; Carnéades viveu 150 anos depois, e desenvolveu a tradição céptica sob a égide da "Nova Academia" – por isso sua versão do cepticismo costuma ser denominada de "acadêmica" em contraposição ao cepticismo "pirroniano".

Introdução

para modificar sua situação –, os cépticos também queriam libertar o sábio do peso do compromisso com teorias científicas. Afirmavam, portanto, que todas as ciências físicas existentes eram incoerentes e não podiam explicar coisas como a prevalência das ilusões ópticas; até mesmo a matemática pura estava viciada por (por exemplo) notórias dificuldades em dar sentido às definições fundamentais de Euclides (uma linha sem profundidade etc.). Lipsius e Montaigne simpatizavam com essa extensão do programa estoico original, e Montaigne em particular tornou-se famoso pela riqueza e força de seus argumentos cépticos[10].

As obrigações de Hobbes na residência dos Cavendish incluíam estudar essa nova literatura e mostrar para os seus pupilos como contribuir para seu desenvolvimento. Todos tinham um interesse particular pelas obras de seu contemporâneo, um velho amigo da família Cavendish, sir Francis Bacon; nos anos de 1650, sabia-se que Hobbes prezava muito as obras de Bacon, e que durante um certo tempo tinha inclusive servido de amanuense de Bacon (foi provavelmente cedido a Bacon pelo conde de Devonshire pouco antes de 1620)[11]. Bacon foi uma das primeiras e mais importantes personalidades da Inglaterra a importar esse novo tipo de humanismo: ele mesmo escreveu história ao estilo de Tácito, e também publicou o primeiro volume de "ensaios" em inglês, modelados segundo os *essais* de Montaigne. Mas havia certo grau de ambiguidade na abordagem de Bacon, o que, em muitos sentidos, também se manteve como traço característico na perspectiva de Hobbes. Bacon certamente acreditava que, em geral, a política era uma arena para a manipulação principesca, e que os cépticos tinham razão quando ressaltavam a inadequação da ciência conven-

---

[10] Para um relato mais detalhado desse movimento, ver minha obra *Philosophy and Government 1572-1651*, cit., pp. 31-64.

[11] Quanto à opinião de Hobbes sobre Bacon, ver a carta de Du Verdus para Hobbes, agosto de 1654, em Hobbes, *Correspondence*, ed. Noel Malcolm (Oxford, 1994), pp. 194-6. Quanto à sua associação com Bacon, ver *ibid.*, pp. 628-9.

cional; além disso, como os outros filósofos desse *gênero*, acreditava na necessidade da automanipulação psicológica para se adequar mentalmente ao mundo moderno[12]. Mas ele também continuava a acreditar, como um homem do começo do Renascimento, que cada cidadão deveria se envolver na vida pública, e que deveria se preparar psicologicamente para tanto. Ademais, dizia Bacon (claramente contra Montaigne), a busca das ciências era útil para os cidadãos ativos, desde que as ciências partissem de fundamentos novos e apropriados.

É claro que Hobbes estava educando jovens destinados a cargos políticos, portanto, para ele e seus pupilos o tacitismo e o compromisso cívico de Bacon devem ter sido bastante atraentes: escreveram juntos imitações dos ensaios e discursos de Bacon, e o próprio Hobbes (fato recentemente comprovado de maneira convincente) compôs seu primeiro longo tratado de política na forma de um discurso sobre os primeiros quatro parágrafos dos *Anais* de Tácito, em que este faz um relato sucinto da carreira do imperador Augusto[13]. Foi publicado junto com alguns dos ensaios de seus pupilos num livro anônimo de 1620, por um editor que pretendia lucrar com a febre pelos ensaios baconianos[14], e nele se encontram muitos

---

[12] Ver, por exemplo, sua longa discussão sobre as técnicas apropriadas em seu *The Advancement of Learning, Of the proficience and advancement of learning, divine and humane* (Londres, 1605); *Works*, ed. James Spedding, Robert Leslie Ellis e Douglas Deron Heath V (Londres, 1858), pp. 23-30.

[13] As evidências técnicas estatísticas da autoria de Hobbes no que concerne a esse discurso, junto com uma peça mais curta, "Of Lawes", e um interessante guia da Roma de seu tempo podem ser encontrados no artigo de N. B. Reynolds e J. L. Hilton, "Thomas Hobbes and Authorship of the *Horae Subsecivae*", *History of Political Thought* 14 (1993), pp. 361-80. As evidências textuais internas, algumas das quais cito a seguir, também me parecem convincentes, pelo menos naquilo que se refere aos discursos sobre Tácito e Roma.

[14] O título do livro é *Horae Subsecivae, Observations and Discourses* (Londres, 1620). Uma discussão aprofundada sobre sua complicada gênese pode ser encontrada no artigo de Noel Malcolm, "Hobbes, Sandys and the Virginia Company", *Historical Journal* 24 (1981), pp. 297-321.

Introdução

temas familiares ao *Leviatã*. Entre eles o comentário de que um "*Estado popular...* é para as províncias não como um, mas como muitos tiranos"[15] (compare com *Leviatã*, pp. 165-6) e a observação de que todos os homens são "dessa condição, que o desejo e esperança do bem os afeta mais que a fruição: pois esta induz saciedade; mas a esperança é um estímulo para os desejos dos homens, e não os fará enlanguescer"[16] (*Leviatã*, pp. 57-8). Revela também uma das raízes do interesse que Hobbes teve a vida toda pela ideia de *liberdade*; a primeira frase dos *Anais* diz: "No princípio, reis governavam a cidade de Roma. Lúcio Bruto fundou a liberdade e o consulado"[17], e foi muitas vezes usada na tradição de Tácito como bom pretexto para a discussão sobre o verdadeiro sentido da liberdade. Em seu discurso, Hobbes comenta que Bruto não tinha propriamente justificativas para derrubar a monarquia romana, mas que os crimes de Tarquínio

> deram a cor para sua expulsão, e para a alteração do governo. E é isso que o autor intitula Liberdade, não porque a servidão esteja sempre vinculada à Monarquia; mas quando os reis abusam de seus cargos, tiranizam os súditos [etc.]... tal usurpação dos estados e natureza dos homens muitas vezes provoca esforços pela liberdade e é mal suportada pela natureza e paixão do homem, embora a razão e a religião nos ensinem a tolerar o jugo. Portanto, não é o governo, mas o abuso que faz a alteração ser chamada de liberdade.[18]

---

[15] *Horae Subsecivae*, p. 269.
[16] *Ibid.*, p. 291. Outro exemplo é o ferrenho ataque a qualquer oponente político que faça uso do suborno – "cumular de benefícios homens soturnos e hostis esperando com isso ganhar sua afeição é injusto e prejudicial" (*Horae Subsecivae*, p. 266; compare com *Leviatã*, pp. 241-2).
[17] *Urbem Romam a principio reges habuere. Libertatem, & Consulatum L. Brutus instituit.*
[18] *Horae Subsecivae*, pp. 228-9. O termo "cor", a propósito, era um termo técnico da retórica muito apreciado tanto por Bacon como por Hobbes.

Augusto, por outro lado, é louvado ao longo de todo o discurso por sua habilidade para manipular seus cidadãos, e, em particular, por ocultar a verdadeira face de seu mando[19].

No entanto, uma certa nostalgia da república aparece constantemente no discurso, como também em Tácito: Hobbes concordava com tacitistas contemporâneos seus de que repúblicas livres tinham de cair nas mãos de príncipes manipulativos, particularmente (como ele diz nas pp. 292-3) após um período de guerra civil, mas descrevia a supressão dos antigos costumes republicanos com certo pesar. Os cidadãos

> agora não estudam mais a Arte de comandar, que no passado era necessária para qualquer cavalheiro *romano*, quando o mando do conjunto podia ser atribuído a cada um sucessivamente; mas dedicam-se por completo às Artes de servir, de modo que a *obsequiosidade* predomina, e passa a ser louvável desde que se distinga da bajulação, e proveitosa, enquanto não se converta em tédio.[20]

A esse discurso seguiu-se a primeira obra de Hobbes publicada com seu nome, uma tradução do historiador grego Tucídides (1629), em que aparece uma ambivalência semelhante. Tucídides também lamentava a queda de uma república, em termos notavelmente semelhantes aos que Tácito viria a usar, mas ao mesmo tempo punha na boca de alguns de seus personagens uma nobre defesa dos valores republicanos e democráticos. Tucídides afirmava igualmente que a verdadeira causa da Guerra do Peloponeso era o medo dos espartanos diante do crescimento do poder de Atenas; numa nota marginal, Hobbes enfatiza esse ponto, algo que também chamara a atenção de Bacon quando instava o governo inglês a romper seus tratados e declarar guerra à Espanha. A ideia de que o medo em si

---

[19] Por exemplo, "não é sábio por parte daquele que quer converter um *Estado livre* numa *Monarquia* retirar-lhes todas as manifestações de liberdade de uma só vez, e fazê-los de repente sentir a servidão, sem primeiro introduzir em seus espíritos algumas *previae dispositiones*, ou preparativos por meio dos quais possam suportá-la melhor" (p. 261).
[20] *Horae Subsecivae*, p. 307.

Introdução

mesmo justificava a agressão já era um lugar-comum nos círculos que Hobbes frequentava[21]. Oito anos depois, Hobbes também publicou (anonimamente) uma versão radicalmente alterada da *Retórica* de Aristóteles em que dava rédea larga ao interesse que ele já demonstrara pelo uso da persuasão e da retórica para adquirir poder*. Expunha, em particular, uma asserção surpreendentemente simplificada sobre o caráter da retórica. Os antigos retóricos costumavam supor que não havia conflito fundamental entre habilidades oratórias e a busca da verdade, mas Hobbes nega isso: os princípios da retórica

> são as *opiniões comuns* que os homens têm no que se refere ao *proveitoso* e *não proveitoso*; ao *justo* e *injusto*; *honroso* e *desonroso*... Pois assim como em *lógica*, em que o conhecimento certo e infalível é o objetivo de nossa demonstração, todos os *princípios* têm de ser *verdades infalíveis*: portanto, em *retórica* os *princípios* têm de ser *opiniões comuns*, como as que o juiz já possui: porque a finalidade da *retórica* é a vitória; que consiste em obter a *crença*.[22]

Segundo Hobbes, o retórico empregaria algumas das mesmas técnicas que o príncipe manipulador usa para garantir a vitória sobre seu povo. Aqui, a função das "opiniões comuns" é importante: quando Hobbes dá conselhos morais aos seus pupilos, sua preocupação é garantir que suas condutas se adaptem ao "que o mundo chama" de virtude[23]. Como veremos mais

---

[21] Quanto a essa tradução de Tucídides, ver *Hobbes's Thucydides*, ed. Richard Schlatter (New Brunswick, NJ, 1975). A passagem a que me refiro está na p. 42, e a nota de Hobbes, na p. 577. O uso que Bacon faz de Tucídides está em *Considerations Touching a War with Spain*, que ele esboçou para o príncipe Carlos em 1624 como parte de sua campanha para reiniciar a guerra com a Espanha. *Works*, ed. James Spedding *et al.*, XIV (Londres, 1874), p. 474.

* Como em breve mostrará Karl Schuhmann, em sua edição das obras de Hobbes, *A Briefe of the Art of Rhetorique*, versão inglesa da paráfrase escrita originalmente por Hobbes em latim, contém inúmeros erros e não pode, por isso, ser atribuída a Hobbes. (N. da R. T.)

[22] *The English Works* VI, ed. W. Molesworth (Londres, 1840), p. 426.

[23] Ver sua notável carta a Charles Cavendish (agosto de 1638) em *Correspondence*, ed. Malcolm, pp. 52-3.

adiante, uma das características permanentes de toda a filosofia moral de Hobbes sempre foi tomar como ponto de partida uma descrição comumente aceita de algum estado de coisas[24]. Contudo, na época em que publicou *A Briefe of the Art of Rhetorique* já começara a ampliar seus interesses para além dessa literatura humanista. Em 1634 visitara Paris com o filho do conde de Devonshire e tomara conhecimento da crítica a esse tipo de humanismo, que vinha sendo desenvolvida sobretudo por escritores ligados ao monge francês Marin Mersenne, entre os quais se destacava René Descartes. Sob a influência deles começou a escrever filosofia propriamente dita pela primeira vez, e logo produziu a primeira das grandes obras que formaram sua reputação. Por volta de 1641 esboçara (em latim) uma longa obra intitulada *The Elements of Philosophy* (*Elementa Philosophiae*), dividida em três "seções" relativamente independentes, a primeira das quais dedicada à física e à metafísica, a segunda, à ação humana, sensação e moralidade (compreendida como um relato dos *mores* humanos ou hábitos e costumes), e a última tratando de política[25]. Um fato importante sobre Hobbes é que, depois de produzir muito rapidamente esse esboço, passou quase vinte anos mexendo nele, e que durante todo o período em que estava escrevendo *Leviatã* também estava rescrevendo e pensando sobre *The Elements of Philosophy*, que ele acreditava ser sua principal obra.

Conseguiu que cópias da terceira seção fossem impressas em 1642 em Paris, com o título de *Do cidadão* (*De Cive*), e distribuiu-as entre os amigos, mas não conseguiram persuadi-lo a publicar (propriamente falando) nada de sua filosofia até

---

[24] Para uma exposição inteligente do papel da retórica e da hostilidade em relação ao orador nas primeiras obras de Hobbes, ver Quentin Skinner, "'Scientia civilis' in Classic Rhetoric and in the Early Hobbes" em Nicholas Phillipson e Quentin Skinner, eds., *Political Discourse in Early Modern Britain* (Cambridge, 1993), pp. 67-93.

[25] No que se refere às evidências desta afirmação, ver meu artigo "Hobbes and Descartes" em G. A. J. Rogers e Alan Ryan, eds., *Perspectives on Thomas Hobbes* (Oxford, 1988), pp. 11-41, e *Correspondence*, ed. Malcolm, pp. LIII-LV.

Introdução

1647, quando a grande empresa holandesa de Elzevirs publicou um versão revisada do *De Cive* e Hobbes ganhou notoriedade em toda a Europa. Uma versão da primeira seção, intitulada *Da matéria* (*De Corpore*), foi finalmente enviada aos editores em 1655, depois de Hobbes ter voltado para a Inglaterra, e a segunda seção, *Do homem* (*De Homine*), em 1658. As três seções foram finalmente publicadas juntas e com o título original em 1668, como parte das obras completas em latim de Hobbes, publicadas naquele ano[26]. Elas vinham acompanhadas de uma tradução para o latim do *Leviatã*, evidência clara de que Hobbes continuava a acreditar que *The Elements of Philosophy* e *Leviatã* eram expressões compatíveis e igualmente importantes de sua filosofia. Ao mesmo tempo que estava escrevendo a primeira versão de *The Elements of Philosophy* em latim, Hobbes compôs um resumo em inglês (e, pode-se conjeturar, a tradução de algumas passagens) das últimas duas seções, que ele denominou *Elements of Law, Natural and Politic*. Fez este texto circular bastante entre seus amigos ingleses por volta de maio de 1640, e ele continua sendo a melhor introdução breve às ideias de Hobbes, realizada no mesmo período em que acabavam de ser geradas.

III

Comentadores de Hobbes costumam discutir entre si sobre as relações entre seus interesses humanistas iniciais e suas preocupações científicas e filosóficas posteriores, e, em particular, eles indagam se as ideias políticas do *De Cive* e do *Leviatã* derivam de suas teorias científicas; afinal de contas, a posição do *De Cive* em *The Elements of Philosophy* sugere que era para ele ser lido como extensão das teorias apresentadas nas primeiras duas seções. Uma das grandes contribuições de Leo Strauss foi levantar essa questão e insistir em que a própria ver-

---

[26] Uma edição completa de *The Elements* parece ter sido planejada em 1656; ver Hobbes, *Correspondence*, ed. Malcolm, p. 325.

são de Hobbes sobre o assunto, na qual sua filosofia civil é coerentemente apresentada como decorrência de sua filosofia natural, pode ser enganosa; Strauss achava que, na essência, a teoria política de Hobbes continuaria sendo humanista, e, quando muito, viu-se distorcida por sua apresentação numa forma dedutiva e científica[27]. No entanto, como observei, a dicotomia entre "humanismo" e "ciência" é falsa: aos olhos dos humanistas do final do século XVI, a posição das ciências naturais estava vinculada à filosofia moral. Os cépticos eram contrários à busca vã de verdades científicas porque acreditavam que levava as pessoas a compromissos epistemológicos e portanto morais que as colocavam em perigo; Bacon, por outro lado, acolhia de bom grado pelo menos um novo tipo de ciência, precisamente porque permitiria que as pessoas levassem uma vida melhor como cidadãos ativos e eficientes.

O mesmo pode ser dito (embora isso seja em geral desconsiderado) sobre Descartes; em seu *Discurso do método* ele toma o cuidado de apresentar uma imagem de si como um típico humanista, "formado em letras" e levando uma vida ativa e, é claro, militar, além de explicitar o tema de todo o seu projeto nos seguintes termos: "Sempre tive o extremo desejo de aprender a distinguir o verdadeiro do falso a fim de compreender profundamente minhas próprias ações e avançar com confiança [*marcher avec assurance*] nesta vida"[28]. Portanto, era uma consequência natural de todas as preocupações iniciais de Hobbes também indagar sobre os fundamentos das ciências, e não deveria surpreender que os temas de seu pri-

---

[27] Ver Leo Strauss, *The Political Philosophy of Hobbes* (Oxford, 1936). Strauss queria usar *Horae Subsecivae* como prova das primeiras convicções políticas de Hobbes, embora tenha desistido disto ao ficar sabendo que os ensaios eram atribuídos a outros autores; vemos agora que sua intuição talvez estivesse correta. Pode-se encontrar alguns comentários úteis sobre Strauss em J. W. N. Watkins, *Hobbes's System of Ideas* (Londres, 1973), pp. 14-7.

[28] René Descartes, *The Philosophic Writings* I, trad. John Cottingham, Robert Stoothoff e Dugald Murdoch (Cambridge, 1985), p. 115.

Introdução

meiro humanismo persistissem nesse novo contexto. Em particular, dada a proximidade inicial de Hobbes com Bacon, não deveria surpreender que ele acolhesse com agrado a possibilidade do que poderíamos denominar de ciência "pós-céptica" – isto é, uma ciência natural e uma filosofia moral que de alguma maneira respondessem às objeções cépticas sem negar a sensatez dos argumentos cépticos.

No âmago do projeto científico, tanto de Hobbes como de Descartes, está a questão da sensação humana. Ambos aceitam o argumento céptico de que não se pode ter uma experiência direta e confiável do mundo externo, e que tudo o que podemos perceber é a atividade interna de nosso cérebro; é este o tema central do capítulo I do *Leviatã*, em que Hobbes exprime (entre outras coisas) os argumentos cépticos habituais contra o realismo ingênuo dos aristotélicos. Numa famosa passagem de seu *Discurso do método* (junho de 1637; Hobbes já o estava lendo em outubro daquele mesmo ano)[29], Descartes afirma que isso poderia implicar que o mundo externo não existe e que todos nós poderíamos estar sonhando; era esta a famosa "dúvida hiperbólica" que Descartes se dispôs a responder com sua igualmente famosa demonstração *a priori* da existência de Deus, e a consequente afirmação de que um Deus benevolente não iludiria sua criação. Hobbes ficou evidentemente muito impressionado com a dúvida hiperbólica, e uma versão dela aparece em todos os esboços de *The Elements of Philosophy*, na forma da conjectura de que todo o universo externo pode ter sido recentemente aniquilado sem que tenhamos tomado consciência de seu desaparecimento, já que nossa vida mental interna poderia simplesmente continuar como antes.

Em seus primeiros esboços, ele parece ter adotado a firme convicção de que não existe critério plenamente adequado para distinguir entre vigília e sonho, e que isso não importa, porque em ambos os casos podemos supor que nossa vida

---

[29] *Ibid.*, p. 109; Hobbes, *Correspondence*, ed. Malcolm, p. 51.

mental tem como causa forças materiais externas a nós[30]; ao escrever *Leviatã*, mudara de postura e passara a acreditar que (como ele diz no capítulo II): "contento-me com saber que, estando desperto, não sonho, muito embora, quando sonho, me julgue acordado". Ele sempre dera razões pouco elaboradas e imperfeitas para distinguir sonhos de pensamentos despertos, tais como a maior incoerência dos sonhos, mas a ênfase que agora punha na capacidade de distinguir entre eles estava relacionada com a proeminência que deu no *Leviatã* ao papel dos *fantasmas* e outros seres incorpóreos na vida imaginativa do homem, questão de que tratarei mais adiante. Por volta de 1650, Hobbes pensava que a crença em fantasmas era consequência de um equívoco quanto ao *status* dos sonhos, e que para eliminar tal crença era preciso fornecer uma distinção mais clara do que as que dera até então entre sonhar e despertar[31].

Muito embora Hobbes tenha ficado impressionado com a dúvida hiperbólica, ele nunca simpatizou com a resposta de Descartes a ela. Em todas as suas obras, Hobbes negou firmemente a relevância do conceito convencional de um Deus benevolente para qualquer indagação filosófica. Apenas a reflexão sobre a natureza do universo – acreditava ele – poderia levar os homens a uma concepção de seu criador – o ser ou evento que deu início aos processos mecânicos que desde então persistem. Mas nenhuma reflexão racional poderia nos dizer algo sobre o *caráter* desse ser. Era natural que os seres humanos honrassem e admirassem o poder do que quer que

---

[30] Para uma exposição mais completa de por que Hobbes pensava isso, ver meu artigo "Hobbes and Descartes" em G. A. J. Rogers e Alan Ryan, eds., *Perspectives on Thomas Hobbes* (Oxford, 1988), pp. 11-41; um exemplo de suas primeiras ideias encontra-se em *Elements of Law* 1.3.8-10.

[31] Sua crítica a Thomas White (1643) já contém a afirmação de que "os pagãos" produziram a ideia de demônios e outras substâncias incorpóreas a partir de seus sonhos, mas acrescenta cautelosamente que "como não se pode saber a partir da razão natural se uma substância é incorpórea, o que foi revelado sobrenaturalmente por Deus deve ser verdadeiro". *Thomas White's De Mundo Examined*, trad. H. W. Jones (Bradford, 1976), p. 54.

Introdução

tivesse causado o universo, e essa admiração podia adotar a forma de atribuição a Ele de qualidades humanas desejáveis como a benevolência; mas devíamos compreender que (como ele mesmo diz em uma das melhores expressões de suas crenças religiosas) tais atribuições são mais "oblações" que "proposições", ou seja, são maneiras de honrar, comparáveis a se prostrar ou fazer um sacrifício, mas não contêm nenhuma verdade genuína[32]. Portanto, a benevolência de Deus não poderia ser usada para resolver nenhum dilema filosófico, e essa determinação a excluir uma noção convencional de Deus de sua filosofia persistiu em toda a obra posterior de Hobbes, inclusive em *Leviatã*[33]. O fenômeno da *religião*, contudo, continuou sendo de grande importância para ele, e mais adiante discutirei suas opiniões sobre isso.

Embora o próprio Hobbes dissesse em *Leviatã* que suas opiniões sobre a relação entre percepção e mundo externo "não são muito necessárias para o que agora nos ocupa; e escrevi largamente sobre o assunto em outro lugar" (p. 15)[34], ainda assim sentiu-se obrigado a iniciar sua obra com um breve resumo de sua teoria. Infelizmente, é tão curto que muitas vezes ilude os leitores. Fica claro a partir de suas obras mais longas sobre o fundamento das ciências que o que caracteriza sua

---

[32] Essa distinção encontra-se em *Thomas White's De Mundo Examined*, trad. Jones, p. 434. A mesma obra contém uma notável aplicação dessa teoria ao problema do mal: descrever Deus como Todo-Poderoso é conceder-Lhe a mais alta honraria, ao passo que descrevê-Lo como autor do mal seria desonrá-Lo. Ambas as descrições não são conflitivas porque, em termos estritos, nenhuma delas é uma proposição.

[33] Quanto ao uso explícito que ele faz dessa questão como resposta a Descartes, ver seu artigo "Objections to Descartes's Meditations", publicado juntamente com o texto de Descartes em 1641, em decorrência de um convite de Mersenne para contribuir com o volume. Descartes, *The Philosophical Writings* II, trad. Cottingham, Stoothoff e Murdoch, pp. 121-37 (ver, especialmente, pp. 131-2).

[34] Esta última observação é uma indicação interessante de que ele supunha que *The Elements of Philosophy* logo estaria, de alguma forma, disponível para o público.

teoria é que nossos pensamentos e vida mental estão constituídos de objetos *materiais*. Coisas como imagens mentais e outras "ideias", que para Descartes eram *imateriais* e que, portanto, tinham uma relação problemática com um possível mundo material, para Hobbes eram simplesmente parte desse mundo. Como os objetos materiais não podem se mover, nossa vida mental movediça deve ser o resultado de uma cadeia de causalidade material que se estende retroativamente até uma distância indefinida, e envolve (pode-se supor) tanto processos corporais internos como a circulação do sangue, como eventos externos como o impacto da luz sobre nossos olhos. No entanto, só podemos confiar na verdade de proposições relacionadas com as percepções finais, pois só delas temos conhecimento direto; o restante de uma ciência natural tem de permanecer hipotético. Disso decorrem duas implicações importantes no que tange às suas teorias moral e política.

A primeira é que a noção tradicional de livre-arbítrio é absurda, pois todas as intenções e ações têm de ser causadas por processos materiais prévios. Hobbes escreveu longamente a esse respeito, que é o tema de uma significativa passagem em *Leviatã* (pp. 179-81); é importante compreender, contudo, o que ele entende por sua negação do livre-arbítrio. Não quer dizer que não devemos deliberar intencionalmente sobre nossas ações e fazer escolhas, e, na verdade, ficou particularmente irritado quando um de seus oponentes fez essa suposição; como ele mesmo respondeu, "quando está determinado que uma coisa deve ser escolhida [por um agente] antes de outra, também está determinado por que *causa* isso deve ser escolhido assim, causa esta que, em geral, é *deliberação* ou *consulta*, e portanto a consulta não é em vão"[35]. Já que, por causa disso, a deliberação não era em vão, tampouco o era a deliberação sobre como deliberar: a filosofia moral de Hobbes pressupõe a aptidão para fazer raciocínios complicados sobre que tipo de

---

[35] Ver seus comentários contra Bramhall em *Of Liberty and Necessity* em *English Works*, ed. Molesworth IV (1840), p. 255.

Introdução

pessoa queremos ser e como deveríamos viver. O que temos de compreender é que esse sentido subjetivo de liberdade para escolher como viver baseia-se tão pouco na liberdade *real* quanto nosso senso subjetivo de cor se baseia na cor *real*. A confiança de Hobbes de que deliberação e persuasão têm uma eficácia *causal* está relacionada com seu duradouro interesse humanista pela retórica e manipulação política: a ideia que a tradição de Tácito tinha dos agentes humanos era precisamente a de que eles estavam abertos para a manipulação causal de um tipo mais ou menos fidedigno, e a filosofia de Hobbes em relação a esta área (bem como em relação a todas as outras) incorporou as ideias dessa tradição.

A segunda implicação era que uma ética realista seria praticamente impossível. Novamente, seria um erro supor que situações ou agentes fora de nossas mentes tivessem quaisquer qualidades morais independentes de nosso próprio juízo: descrições como "bom" ou "mau" eram projeções de nossas sensações internas sobre o mundo externo, assim como "vermelho" ou "verde". Como Hobbes disse (p. 48), "seja qual for o objeto do apetite ou desejo de qualquer homem, esse objeto é aquele a que cada um chama *bom*; ao objeto de seu ódio e aversão, chama *mau*". Se fosse possível fazer os seres humanos reconhecerem o caráter inerentemente subjetivo dessas descrições morais, é claro que não haveria discordância entre eles sobre questões morais, assim como não há discordância sobre questões reconhecidamente subjetivas como o gosto por diferentes comidas. Hobbes parece ter acreditado que os filósofos poderiam vir a conceber uma linguagem moral desse tipo, o mesmo se dando com todos os homens quando tivessem momentos de tranquila reflexão[36]; mas também parece ter pressuposto que isso não se manteria de modo permanente. A linguagem moral, como a linguagem das cores, constantemente incitaria seus usuários a atribuir ao mundo externo um conjunto de atributos imaginários, e, em consequência, a debater

---

[36] Ver *De Cive* III.26.

entre si sobre o mundo. Ademais, tal debate não se restringia apenas ao que poderíamos considerar assuntos "morais": os homens também debateriam sobre questões de interesses e lucro (e, é claro, sobre assuntos que vão da própria definição de um homem até questões triviais como pesos e medidas)[37]. A análise desse conflito e uma exposição de sua resolução constituem a filosofia civil madura de Hobbes.

Em primeiro lugar é importante compreender o objetivo da filosofia aos olhos de Hobbes. Os filósofos políticos modernos costumam pensar que, de certa maneira, sua tarefa consiste em fornecer um fundamento lógico para as atitudes ou práticas políticas concretas de sua sociedade, e para tal empresa sempre trataram Hobbes como um aliado; suas hipóteses "realistas" ou "pessimistas" sobre a natureza humana parecem fazer dele um recruta plausível. Mas Hobbes acha que a correta compreensão e aplicação de sua filosofia poderia transformar a vida humana. Desde o começo de seu projeto, proclama os benefícios que estava oferecendo à humanidade: já em *Elements of Law* descreve suas conclusões como "de natureza tal, que, por falta delas, governo e paz nada mais foram até este dia senão medo recíproco" – um bom lembrete para o fato de que (ao contrário do que muitos pensam) Hobbes deseja *libertar* o povo do medo. Reiterou suas esperanças em *De Cive*: se a filosofia moral pudesse estar tão bem fundamentada quanto a geometria, então

> Desconheço outra maior contribuição da indústria humana à felicidade humana. Pois, caso se conhecessem os padrões da ação humana com a mesma certeza com que se conhecem as relações de magnitude das figuras, então a ambição e a ganância, cujo poder se apoia nas falsas opiniões do povo sobre o certo e o errado, ficariam desarmadas, e a humanidade poderia desfrutar de uma paz tão segura que (afora conflitos por espaço

---

[37] Ver em particular *Elements of Law* II.10.8, reproduzido em (ou baseado em) *De Cive* VI.9 e XVII.12.

Introdução

à medida que a população cresce) é improvável que tivessem de lutar novamente.

(Epístola Dedicatória 6)

A mesma ambição utópica é manifestada em *Leviatã* (por exemplo, pp. 310-11), e, na verdade, nesta obra ela é (como veremos) ainda mais extravagante do que nas obras anteriores[38]. Como, então, segundo Hobbes, poderia a filosofia superar o conflito debilitante, até aquele momento inerente à vida humana, dada a ausência de qualquer padrão objetivo para avaliar o que é certo ou errado, ou até mesmo o que é benéfico ou danoso para um ser humano? O primeiro passo seria reconhecer a verdadeira natureza do conflito, ou seja, que na verdade se trata de um conflito de *crenças*. Mais uma vez é tentador supor que Hobbes pensava que colisões do estado de natureza eram colisões entre os diferentes interesses das pessoas envolvidas, mas, como ele explica cuidadosamente no capítulo VI de *Leviatã*, mesmo as paixões que aparentemente nos movem têm na maioria dos casos um componente *cognitivo* fundamental – de modo que, por exemplo, a *alegria* provém da "imaginação do próprio poder e capacidade de um homem", ao passo que a *tristeza* se deve à "convicção da falta de poder" (p. 53). O único desejo destituído de conteúdo cognitivo é o desejo fundamental de se preservar da morte; todas as outras paixões e desejos envolvem alguma crença sobre a posição que ocupamos no mundo e as ameaças que podemos vir a enfrentar. Se os recursos de um gênero básico fossem de fato parcos, poderia haver um conflito de interesses irredutível; mas Hobbes acreditava que no mundo, tal como então estava constituído, tal escassez não existia. O Novo Mundo criava a expectativa de um enorme aumento da produção:

---

[38] Talvez fosse relevante comparar as ambições de Hobbes a esse respeito com as ambições igualmente utópicas de Bacon – que, afinal de contas, é o autor da obra política declaradamente utópica, *New Atlantis*.

Leviatã

> Caso houver o aumento constante da multidão de pessoas pobres mas vigorosas, elas deverão ser removidas para regiões ainda não suficientemente habitadas, onde não deverão exterminar aqueles que lá encontrarem, mas obrigá-los a habitar mais perto uns dos outros e a não explorar uma grande extensão de solo para colher o que encontram, e sim tratar cada pequeno pedaço de terra com arte e cuidado a fim de este lhes dar o sustento na devida época. E quando toda a terra estiver superpovoada, então o último remédio é a guerra, que trará aos homens ou a vitória ou a morte.
>
> (p. 293)[39]

Segundo Hobbes, o sábio deveria portanto reconhecer que todo conflito é, no fundo, um conflito de crenças, e também deveria reconhecer que todas as crenças que são matéria de conflito estão mal fundamentadas.

Para analisar esse conflito e sua resolução, Hobbes voltou-se para o que deveria nos parecer uma linguagem bastante surpreendente, a linguagem dos direitos e das leis naturais. Nem o humanismo tardio no qual se formou, nem a nova filosofia do círculo de Mersenne tinham particular simpatia por essa linguagem, tradicionalmente associada com a filosofia escolástica; e, na verdade, muitas das preocupações centrais de Hobbes continuaram a ser discutidas na França (por escritores como Pascal) sem fazer grande uso desses termos. Mas essa linguagem vinha sendo usada naqueles tempos por dois autores para descrever teorias morais "pós-cépticas". O mais importante deles era o holandês Hugo Grócio, embora Hobbes provavelmente também tenha sido influenciado pelo outro (que mais tarde tornou-se seu amigo), o inglês John Selden. Em seu *De Iure Belli ac Pacis* de 1625, Grócio afirma (expressamente contra os cépticos) ser possível uma teoria da lei natural,

---

[39] É também esta a justificação que Locke dá à anexação das terras dos aborígines: ver o artigo de J. H. Tully "Rediscovering America: The Two Treatises and Aboriginal Rights" em seu livro *An Approach to Political Philosophy: Locke in Contexts* (Cambridge, 1993), pp. 137-76.

Introdução

desde que ela se baseie num conjunto de princípios morais mais circunscrito do que aquele usado na tradição aristotélica.

Segundo Grócio, a lei fundamental da natureza é o reconhecimento mútuo dos direitos básicos dos seres humanos, e, em particular, o direito de se defender de agressões e o direito de adquirir o necessário para viver. Não existe nem pode ser imaginada nenhuma sociedade, diz Grócio, que não inclua entre suas leis e costumes o respeito pelo direito à autoconservação e a condenação do esbanjamento ou do dano desnecessário.

Selden, em dois livros escritos nos anos de 1630 e de certa maneira dirigidos a Grócio, concorda em linhas gerais com essa teoria, mas afirma que as implicações do direito à autoconservação podem ser muito mais amplas do que Grócio pensa, e podem (por exemplo) incluir o direito muito geral a fazer a guerra com outros povos para alcançar os próprios objetivos.

Hobbes reconhece a compatibilidade entre esse tipo de teoria dos direitos naturais e sua própria filosofia moral, e passa a interpretar os conflitos fundamentais de crenças em termos de um "estado de natureza" em que cada indivíduo tece seus próprios juízos sobre tudo, inclusive os meios desejáveis para garantir sua própria conservação, sendo reconhecido por todos como tendo o "direito" de fazê-lo[40]. Tal reconhecimento mútuo do direito à autoconservação provém (segundo Hobbes) da compreensão que todos têm da proeminência em sua própria conduta do desejo de autoconservação; deve-se destacar, no entanto, que a teoria de Hobbes não exige que as pessoas *sempre* ajam com base no princípio de autoconservação. Sabe perfeitamente que às vezes as pessoas podem se sacrificar pelos pais, ou por sua religião[41]. Mas sempre parece *justificável*

---

[40] Vale notar que a expressão "estado de natureza", da forma como é usada nesse contexto, parece ter sido uma invenção de Hobbes – nem Grócio nem Selden usavam essa expressão, embora cada um deles certamente usasse o conceito.

[41] Ele é mais claro sobre isso em *De Cive*, onde observa (VI.13) que nenhum homem pode ser obrigado pelo soberano "a matar o pai, seja ele inocente

agir com base nisso: o autossacrifício não pode ser obrigatório, e a autoconservação é sempre compreensível. Como, em princípio, qualquer coisa pode ser necessária para a preservação do indivíduo, esse direito natural de usar o próprio juízo também pode ser considerado, de modo um tanto dramático, como "direito a todas as coisas", embora algumas coisas (como a crueldade sem motivo) sempre sejam vistas por Hobbes como difíceis de serem justificadas em termos da conservação de um agente.

Uma comparação entre Grócio e Hobbes nessa área é instrutiva. Por um lado, Hobbes aceita o argumento de Grócio de que, nesse estado, todos reconhecem o direito de cada indivíduo a se autoconservar, de modo tal que no estado de natureza haveria um acordo básico sobre os fundamentos de uma teoria moral; mas por outro lado discorda de Grócio ao considerar que tal acordo básico não é suficiente por si só para gerar uma ordem moral estabelecida, pois continuaria havendo discordâncias radicais sobre todo o resto, destacando-se aí as circunstâncias concretas nas quais os povos teriam o direito de se autopreservarem. Como consequência desse desacordo entre povos, o estado de natureza seria inevitavelmente um estado de guerra: eu me defenderia de você de uma maneira para você desnecessária, já que, a seu ver, você não constitui perigo para mim, e assim por diante. É importante sublinhar, no entanto, que, segundo Hobbes, se esse desacordo secundário sobre a implementação do direito pudesse ser eliminado, então (como em Grócio) haveria uma base segura para um consenso moral, pois todos os homens considerariam sensata a proposição de que cada homem tem o direito fundamental de se autopreservar.

Muito se discutiu para tentar definir se o estado de natureza de Hobbes é apenas hipotético, uma espécie de experi-

ou culpado e legalmente condenado; como existem outros que o farão se assim lhes ordenarem, um filho prefere morrer a viver a infâmia e abjeção", e onde instava os cristãos oprimidos por seu príncipe a "ir até Cristo pelo martírio" (XVIII.13).

Introdução

mento mental, ou se ele supõe que poderia ser ou tinha sido uma possibilidade prática. Em diferentes momentos de suas obras, Hobbes deu exemplos do estado de natureza: os mais comuns eram as relações internacionais entre Estados e a condição dos povos aborígines da América do Norte e dos povos primitivos da Europa. Também acrescentou o exemplo de Caim e Abel no *Leviatã* em latim, (talvez) suscitado por uma discussão sobre o tema com um jovem admirador francês nos anos de 1650. Não dispomos das cartas de Hobbes sobre o assunto, mas em 1657 o francês expressava ter recebido uma carta de Hobbes explicitando aquilo que poderiam ser exemplos do estado de natureza, e continuava:

> Fiquei muito satisfeito com sua resposta às minhas últimas indagações... A meu ver, os exemplos que você deu de soldados que servem em diferentes lugares e pedreiros que trabalham com diferentes arquitetos não conseguem ilustrar com precisão suficiente o estado de natureza. Pois estas são guerras de um contra o outro em diferentes momentos; o exemplo que eu propunha discutir, no entanto, era num mesmo e único momento.
>
> Depois de meditar um pouco sobre o assunto, descobri que, na minha opinião, quando se trata de opiniões e sentimentos, há e sempre houve uma guerra de espíritos, e que esta guerra reflete exatamente o estado de natureza. Por exemplo: não é comum acontecer que entre os membros de um único parlamento cada homem, com suas próprias ideias e convencido de que está certo, sustente obstinadamente essa ideia contra todos os seus colegas? Temos assim uma guerra de espíritos, de todos contra todos. De modo similar, em filosofia temos tantos professores de doutrinas, e tantas seitas diferentes. Cada um acha que encontrou a verdade, e imagina que todos os outros estão errados...[42]

Não fica claro o que Hobbes quis dizer precisamente com o exemplo de soldados mercenários ou pedreiros viajantes,

---

[42] Carta de François Peleau em Hobbes, *Correspondence*, ed. Malcolm, p. 424. Ver também a indagação original de Peleau a Hobbes, *ibid.*, p. 331.

nem como respondeu às sugestões extremamente precisas de seu correspondente; mas fica claro que ele pensava no tipo de conflito que constituía o estado de natureza como algo que certamente poderia surgir na prática, e que ocorreria com frequência. Com efeito, sua força heurística estava precisamente no fato de representar uma ameaça real, que caberia à sociedade civil assumir.

Segundo Hobbes, os homens precisariam abandonar o estado de natureza renunciando ao direito a todas as coisas – isto é, com efeito, renunciando ao seu próprio direito privado de julgamento sobre o que garantia sua preservação, exceto em casos óbvios e extremos em que não pode haver desacordo sobre os meios necessários[43]. Segundo a descrição que Hobbes faz desse processo, os homens são levados a isso por reconhecerem a força da "lei" da natureza, e o *status* dessa lei talvez seja o aspecto mais desconcertante de toda a teoria de Hobbes. Se é verdade que há desacordo radical sobre todos os assuntos morais, e não há nenhum conjunto objetivo de princípios morais, como podem os homens ser convencidos a abandonar seu próprio juízo moral e prudencial por meio da reflexão sobre uma lei aparentemente objetiva? Em meados do século XX, tornou-se popular uma teoria (sobretudo ligada ao nome de Howard Warrender) segundo a qual a lei da natureza de Hobbes seria na verdade um princípio objetivo que se sobrepõe ao desacordo subjetivo representado pelo direito de natureza, e que pode

---

[43] A melhor discussão de Hobbes sobre esta questão encontra-se em *De Cive* II.18, onde afirma que ninguém (nem mesmo o próprio soberano) contestará o ato de que aquele que é atacado pelas mãos do próprio soberano tem o direito de resistir: "quem está obrigado por um acordo tem normalmente a confiança de seu beneficiário (pois a fé é a única obrigação dos contratos) – mas quem é conduzido ao castigo (seja a pena capital ou outra) vai acorrentado ou sob forte guarda, o que é sinal claríssimo de que não parece estar suficientemente obrigado por um acordo a não resistir... Tampouco a república precisa exigir de alguém, como condição do castigo, que concorde em não resistir – basta-lhe apenas que concorde em não proteger a outros". Ver também *Leviatã*, pp. 185-6 e 189-90.

Introdução

ser mais facilmente compreendido (embora Warrender fosse cauteloso nesse ponto) como lei de Deus[44]. Essa opinião se sustenta sobretudo pela passagem no final do capítulo XV do *Leviatã*, em que Hobbes diz que as leis da natureza são apenas "teoremas", "enquanto a lei, em sentido próprio, é a palavra daquele que tem direito de mando sobre os outros. No entanto, se considerarmos os mesmos teoremas como transmitidos pela palavra de Deus, que tem direito de mando sobre todas as coisas, nesse caso serão propriamente chamados leis" (p. 137).

A maneira mais fácil de compreender o argumento de Hobbes nesse ponto é voltar para aquilo que, conforme afirmei, é a teoria não jurídica subjacente ao emprego da linguagem de direitos e deveres. O homem sábio reconhecerá a fragilidade de suas próprias crenças sempre que houver verdadeiros desacordos com outras pessoas; também reconhecerá que insistir na verdade de suas crenças nessas situações conduzirá ao conflito. O caminho para a paz e a tranquilidade está, portanto, na renúncia a essas crenças, assim como ensinaram os cépticos do Renascimento (e, muitas vezes, seus aliados estoicos). Nosso próprio compromisso profundo com a autoconservação nos ensinará que usar nosso próprio juízo sobre o que conduz à conservação em casos discutíveis levará ao fracasso. O paradoxo é apenas superficial – é análogo a Ulisses e as Sereias, ou a qualquer outra teoria relativa à maneira como um conjunto de necessidades de ordem superior prescreve as necessidades de ordem inferior, que cada qual deveria testar para induzir-se a adotá-las como suas. Se for esta a estrutura que sustenta os argumentos jurídicos de Hobbes, desaparece qualquer confusão na relação entre direito de natureza e lei da natureza: em nossos "momentos mais calmos" (como disse em *De Cive* III.26), veremos que temos de nos privar da capacidade

---

[44] Ver Howard Warrender, *The Political Philosophy of Hobbes: His Theory of Obligation* (Oxford, 1957), e, melhor ainda, os artigos de A. E. Taylor, S. Brown, J. Plamenatz e o próprio Warrender em *Hobbes Studies*, ed. K. C. Brown (Oxford, 1965).

de agir conforme nosso juízo independente e contencioso, desde que os outros façam o mesmo, para alinhar nossos juízos com os de outros homens e formar uma sociedade civil. Se for assim, a força da "lei" da natureza emerge de considerações de interesse pessoal, ou pelo menos das da autoconservação. Por que, então, Hobbes a descreve como uma lei, já que antes aparentemente descrevera a autoconservação como um "direito", e (nas suas palavras) "lei e direito se distinguem tanto como obrigação e liberdade, as quais são incompatíveis quando se referem à mesma matéria"? A resposta a esta questão compõe-se de duas partes. A primeira é que, em sentido estrito, Hobbes não define o direito de natureza simplesmente como um direito de preservar a si mesmo: nas palavras do *Leviatã*, é "a liberdade que cada homem possui de *usar seu próprio poder, da maneira que quiser*, para a preservação de sua própria natureza" (os itálicos são meus)[45]. Em outras palavras, na verdade o direito de natureza é o direito de usar o próprio juízo sobre a conservação e não o mero direito à autoconservação. O direito de natureza baseia-se no reconhecimento da importância para todos de sua própria sobrevivência, mas, como todo direito, pode-se renunciar a ele, e esta renúncia está no cerne da teoria de Hobbes. A segunda parte é que, como bem ilustra a citação sobre os "teoremas", Hobbes hesita em descrever a lei da natureza como uma *lei*; a "palavra de Deus" nessa citação (como a passagem equivalente em *De Cive* III.33 ilustra claramente) significa as Escrituras, que, evidentemente, não têm qualquer poder sobre os homens naturais. É bem possível que sua hesitação se deva à consciência do fato de (como vimos) ele admitir em outra passagem que os homens nem *sempre* são motivados pelo desejo de sobrevivência: a lei

---

[45] Compare as formulações em suas outras obras: "É portanto um direito de natureza que cada homem preserve sua própria vida e seu corpo com todo o poder de que disponha". (*Elements of Law* XIV.6) "O primeiro fundamento do *direito* natural é que *cada homem proteja sua vida e corpo tanto quanto possa*." (*De Cive* I.7)

Introdução

da natureza é na verdade um "teorema" que estabelece a relação entre sobrevivência e renúncia ao direito de natureza, mas não afeta pessoas que não desejem se preservar a si mesmas. Segundo Hobbes, renunciamos ao juízo individual estabelecendo relações *contratuais* com os outros homens e instituindo um soberano cujos juízos passaremos a considerar como nossos. É lícito dizer que no *Leviatã* o contrato tem pouca força moral independente: mantemo-nos firmes no acordo de alinhar nossos juízos aos dos outros porque (enquanto todos fizerem isso) não temos motivos para romper o acordo. Isso muitas vezes deixou perplexos os leitores de *Leviatã*, e Hobbes tentou responder às suas dúvidas (dúvidas provavelmente expressas de início por leitores de *De Cive*) numa famosa passagem desconcertante sobre "o néscio" (pp. 125-6). Hobbes tomou a figura do "néscio [que] disse em seu coração: não há Deus" (Sl 14.1) e desdenhou dele dizendo que também não existe justiça[46] e, se "o Reino de Deus se conquista pela violência", não é errado conquistá-lo. (Essa imagem chocante vem do Evangelho segundo São Mateus 11.12: "desde os dias de João Batista até agora, faz-se violência ao reino dos céus, e pela força apoderam-se dele", passagem cuja interpretação continua obscura.)

O importante em relação a essa passagem é que o néscio não está interessado apenas em aumentar sua conveniência por meio (por exemplo) do roubo; procura aumentar enormemente seu próprio poder apoderando-se quer de um reino terrestre, quer de um reino celeste. Para Hobbes, como vimos, a única base aceitável da conduta racional é a garantia da própria preservação, e não um acréscimo qualquer da própria conveniência, por menor que fosse (esta é uma diferença fundamental entre Hobbes e os modernos teóricos da escolha racional, e qualquer tentativa de remodelar os argumentos de Hobbes em termos da teoria da escolha é extremamente equivocada). Portanto, a única questão válida para Hobbes é: caso

---

[46] Talvez aqui também haja referência a uma famosa passagem do antigo cepticismo, na qual Carnéades dizia que justiça é tolice.

eu me apoderasse da soberania, não estaria em melhor situação, no que se refere à minha sobrevivência, do que se continuasse sendo um cidadão obediente? E ele respondeu de forma clara e direta que não é mais benéfico ser soberano que cidadão, e que o risco de destruição é maior quando se escolhe a traição em vez da obediência leal às leis. Não há vantagem em ser soberano e não cidadão porque não importa (segundo a teoria de Hobbes) *quem* emite os juízos sobre nossa preservação, desde que todos emitamos os mesmos juízos – eu não deveria pensar que há algo de especial em serem os meus juízos e não os de outra pessoa que prevaleçam, já que todos os juízos (em matéria contenciosa) são igualmente mal fundados.

IV

Não há dúvida de que o quadro que Hobbes pintou das relações entre cidadão e soberano na sociedade civil é estranho e desconcertante. Seu cidadão ideal, como o sábio de uma filosofia mais antiga, tornara-se um homem sem crença e paixão, aceitando as leis de seu soberano como a única "medida das boas e das más ações" e tratando-as como "a consciência pública" que deveria substituir totalmente a sua própria (pp. 273-4). Uma resposta natural a esse quadro é dizer (como Hume) que ela "serve apenas para promover a tirania", resposta aparentemente confirmada (por exemplo) pelo desdém de Hobbes quanto a qualquer distinção entre a república livre de Lucca e o regime do sultão de Constantinopla (pp. 183-4). Em *De Cive* ele foi ainda mais insensível, declarando que ser um cidadão não é mais que ser um escravo (*servus*) do soberano (cap. VIII; ver também *Leviatã*, pp. 174-5). Essa indiferença em relação à distinção entre o homem livre e o escravo é mais uma vez em grande parte uma reminiscência de antigos escritos filosóficos sobre a vida sábia, que (conforme, por exemplo, afirmavam os estoicos) poderia igualmente ser vivida por um escravo e por um senhor. Mas, no caso de Hobbes, nem sempre fica claro que sua teoria aponta de modo inequívoco na direção da tirania; muitas vezes Hobbes foi lido como um autor surpreendentemente liberal[47].

A interpretação liberal de Hobbes começa com sua teoria do soberano como *representante* dos cidadãos. Em *Leviatã* Hobbes descreveu essa relação da seguinte maneira: no estado de natureza, os futuros cidadãos devem

> designar um homem ou uma assembleia de homens como portador de suas pessoas, admitindo-se e reconhecendo-se cada um como autor de todos os atos que aquele que assim é portador sua pessoa praticar ou levar a praticar, em tudo o que disser respeito à paz e à segurança comuns; todos submetendo desse modo suas vontades à vontade dele, e às suas decisões à sua decisão. (p. 147)

Nessa passagem, Hobbes usa deliberadamente a linguagem que também costumava ser usada por aqueles teóricos que pretendiam limitar os poderes dos soberanos, ou até instituir governos quase republicanos. A ideia de que um soberano "porta as pessoas" de seus cidadãos é, por exemplo, uma alusão a uma passagem do *De Officiis** de Cícero (1.124), em que Cícero, um entusiasta da república romana e oponente de César, observa que um magistrado deveria entender que "porta a pessoa do *civitas*" (palavra que Hobbes usa nas obras em latim como sinônimo de "república", termo empregado nas obras escritas em inglês), e que o cargo de magistrado lhe foi "confiado" (*ea fidei suae commissa*). Os magistrados da república romana tinham de fato sido eleitos pelo povo, e era natural para os teóricos republicanos descrever os funcionários de uma república como "representantes" ou "agentes" do povo.

Além disso, em *Elements of Law* e em *De Cive*, Hobbes não mediria esforços para descrever o soberano original criado pelos

---

[47] Note-se que muitos liberais ingleses de princípios do século XIX expressavam grande admiração por ele – ver, por exemplo, o curto ensaio sobre Hobbes na obra de John Austin, *The Province of Jurisprudence Determined*, ed. H. L. A. Hart (Londres, 1955), p. 276, n. 25 – p. 281.

* Trad. bras. *Dos deveres*, Martins Fontes, São Paulo, 1999.

habitantes do estado de natureza como necessariamente uma assembleia democrática, que só poderia transferir os direitos de soberania a uma única pessoa ou pequeno grupo por uma maioria de votos de seus membros. Portanto, desde o início a teoria de Hobbes está fortemente impregnada das formas da política eleitoral[48]. (Mais uma vez, vale a pena comparar isso com Grócio: também Grócio era famoso entre seus contemporâneos por basear a soberania numa cessão de poder por parte dos cidadãos, mas ele nunca usou o modelo claramente eleitoral que Hobbes empregou.) À primeira vista, isso não é verdade em *Leviatã*, e alguns estudiosos enfatizaram muito essa diferença; não fica claro, porém, que o abismo entre os primeiros trabalhos e *Leviatã* seja tão grande como parece. Hobbes continuou a pressupor que algo como uma maioria de votos entre os habitantes do estado de natureza deveria ser necessário para criar qualquer soberano que não fosse uma assembleia democrática[49].

---

[48] Ver *Elements of Law* II.2.1-10; *De Cive* VII.5-16.

[49] Ver o começo do capítulo XVIII: "Considera-se que uma *república* tenha sido *instituída* quando uma *multidão* de homens concorda e *pactua, cada um com cada um dos outros*, que a qualquer *homem* ou *assembleia de homens* a quem seja atribuído pela maioria o *direito de representar* a pessoa de todos eles (ou seja, de ser o seu *representante*), todos sem exceção, tanto os que *votaram a favor dele* como os que *votaram contra ele*, deverão *autorizar* todos os atos e decisões desse homem ou assembleia de homens, tal como se fossem seus próprios atos e decisões..." (pp. 148-9) O professor M. M. Goldsmith chama a atenção para essa passagem na introdução à sua edição de *Elements of Law* (Londres, 1969), p. xix, embora a considerasse apenas um resquício da posição inicial de Hobbes, e compara-a com a passagem de *Leviatã*, p. 159, em que Hobbes diz: "É evidente que os homens que se encontrarem numa situação de absoluta liberdade poderão, se lhes aprouver, conferir a um só homem a autoridade de representar todos eles, ou então conferir essa autoridade a qualquer assembleia de homens. Poderão, portanto, se tal considerarem conveniente, submeter-se a um monarca de maneira tão absoluta como a qualquer outro representante." Não vejo uma divergência significativa entre essas passagens, já que na segunda Hobbes não está preocupado em discutir o *verdadeiro mecanismo* pelo qual os homens "em absoluta liberdade... conferem a autoridade" ao representante que escolherem; a questão da maioria pode simplesmente estar implícita nessa passagem.

Introdução

Em certo sentido, em *Leviatã* Hobbes está empenhado em construir uma teoria mais parecida com algumas discussões posteriores sobre democracia e voto (por exemplo, a teoria de Rousseau – que tinha ciência de algumas similaridades entre Hobbes e ele), na qual tenta responder ao problema de como alguém pode ser considerado nosso "representante", ou como (numa democracia direta) pode-se dizer que "consentimos" com a decisão de nossa assembleia quando perdemos a votação e nossos desejos foram aparentemente ignorados. Sua resposta, como a de Rousseau e como a da maioria dos teóricos modernos, é que temos um compromisso prévio e unânime de nos submetermos ao resultado do processo eleitoral, e que é essa unanimidade que torna legítimo o representante ou a lei em questão[50]. Na falta de tal compromisso, um povo seria (conforme a terminologia de Hobbes) apenas uma "multidão", uma massa desordenada sem personalidade legal. Uma teoria desse tipo é compatível com a crença de Hobbes de que os cidadãos teriam poucos direitos contra seu soberano – como Hobbes bem sabia, democracias podem ser extremamente brutais com seus próprios cidadãos.

De modo coerente, Hobbes endossava outra ideia fundamental para a moderna política democrática segundo a qual faz sentido dizer que a soberania pode residir no povo mesmo quando ele não a exerce diretamente. Nas suas três obras, Hobbes considerou a possibilidade de que um monarca eleito por toda a vida não tivesse o poder de nomear seu sucessor, e observou que nesse caso, embora o povo não participasse do governo em termos práticos, o *"poder soberano* (como a *posse*) permanecia com o *povo*; apenas seu *uso* ou *exercício* era desfrutado pelo monarca temporário, como *usufrutuário" (De Cive* VII.16; ver também *Leviatã*, p. 167, *Elements of Law* II.2.9-10). Durante

---

[50] O termo "representação" propriamente dito aparece na obra de Hobbes na tradução francesa de *De Cive*; o que é novo em *Leviatã* é simplesmente a descrição elaborada da "autorização" que suplementa a noção de representação.

esse período, o povo está, como afirma Hobbes, "adormecido". O critério para distinguir um regime de monarquia absoluta da soberania popular consiste em saber se a assembleia eleitoral do povo conserva o direito de se reunir quando da morte do monarca para determinar um sucessor, e, de maneira correspondente, se o monarca detinha o direito legal de indicar seu sucessor em testamento (*Leviatã*, pp. 167-9, *De Cive* IX.11-19). Este era um critério extremamente perigoso para usar como base de uma teoria realista, pois, pelo menos, não estaria nada claro o direito do rei da Inglaterra de definir arbitrariamente seu próprio sucessor. Por exemplo, quando da morte da rainha, os ministros de Isabel tinham contemplado seriamente a hipótese de que um parlamento se reunisse para determinar a sucessão, e até mesmo decidisse deixar o trono temporariamente vago. Hobbes afirma confiantemente tanto que o rei tinha tal direito como (o que era mais plausível) que nenhum parlamento poderia se reunir sem ser convocado pelo rei, e que portanto não haveria outro candidato para soberano representante na Inglaterra senão o monarca[51]. Mas sua teoria fundamental era tal que, mais tarde, democratas radicais como os jacobinos ou os "radicais filosóficos" da Inglaterra do começo do século XIX puderam se apropriar dela para seus próprios fins.

Deve-se dizer também que, interpretado em termos estritos, o caráter representativo do soberano implica que os poderes do soberano não são tão amplos como se pensa. Os direitos do soberano nada mais são do que os de um indivíduo no estado de natureza; e, como vimos, segundo Hobbes, um indi-

---

[51] No entanto, vale a pena observar que em *Elements of Law* Hobbes descreve a Câmara dos Comuns do Parlamento como "uma pessoa civil... em cuja vontade está incluída e envolvida a vontade de cada um em particular" e que "nesse... sentido... é todos os Comuns, na medida em que ali se reúnam com autoridade e direito para tanto". A aceitação dos Comuns como representantes desaparece nas obras posteriores, o que é compreensível. No que se refere aos ministros de Isabel, ver Patrick Collinson, *Elizabethan Essays* (Londres, 1994), pp. 31-57.

Introdução

víduo só teria direito àquelas coisas que acredita sinceramente serem capazes de garantir sua preservação (embora, na prática, qualquer coisa pudesse ser assim qualificada). De modo similar, na sua qualidade de representante, um soberano só tem direito a impor aos súditos aquelas coisas que considere necessárias para a preservação deles. É claro que ele poderia ultrapassar esse limite, e os súditos teriam de aceitar sua decisão; mas, na verdade, assim fazendo estaria extrapolando seu direito natural e transgredindo a lei da natureza (como Hobbes deixa claro em seus comentários sobre Davi e Urias, p. 182). Nessa situação, ao ordenar algo ao súdito, o soberano estaria agindo sem direito, e, no caso de resistir, o súdito agiria sem direito; embora a Hobbes interessasse principalmente a esfera dos direitos e deveres, sua opinião sobre o que aconteceria uma vez que tal esfera fosse abandonada está expressa em sua melancólica observação no final do capítulo XXXI de que o "o governo negligente dos príncipes" é punido com "rebelião, e a rebelião com a carnificina" (p. 310). Além disso, pelo fato de o soberano ser o representante de seus súditos, precisa levar a sério a tarefa de garantir-lhes as coisas necessárias à vida – o soberano de Hobbes teria não só o direito como o dever de intervir no sistema econômico se o seu funcionamento livre ameaçasse a sobrevivência de qualquer de seus cidadãos.

No entanto, segundo Hobbes, a área mais importante de potencial intervenção do soberano é a religião; foi a discussão sobre religião nas últimas duas partes de *Leviatã* que acabou por romper seus laços com seus antigos amigos realistas (embora seja preciso dizer que suas ideias poderiam perfeitamente ser acolhidas por outros realistas). É aí que os argumentos do *Leviatã* diferem de maneira mais evidente dos de *Elements of Law* ou *De Cive*; em outras áreas, as diferenças quase sempre podem ser compreendidas como a tentativa de Hobbes de esclarecer melhor suas ideias originais[52]. No que tange à religião,

---

[52] David Johnston em *The Rhetoric of Leviathan* (Princeton, 1986) e Quentin Skinner em "'Scientia civilis' in Classic Rhetoric and in the Early Hobbes" (*in* Nicholas Phillipson e Quentin Skinner, eds., *Political Discourse in Early*

Leviatã

no entanto, ele parece ter repudiado taxativamente o que afirmara nas obras anteriores e, assim fazendo, coloca o *Leviatã* numa direção notavelmente utópica. Faz sentido dizer que são as partes III e IV de *Leviatã* que constituem o objetivo principal da obra.

Em *Elements of Law* e em *De Cive*, Hobbes cuidou de evitar um confronto direto com a Igreja Anglicana (da qual muitos ministros eram seus amigos). Embora na maioria dos assuntos o soberano tenha o direito de determinar as crenças de seus súditos, a religião em geral e o cristianismo em particular são casos especiais. Tais questões foram exploradas de modo mais minucioso em *De Cive*, em que Hobbes afirma que a religião "natural" é um aspecto inevitável da psicologia humana: trata-se do reconhecimento de uma causa primeira e um sentimento de temor e admiração diante do poder que tal causa tem de gerar o universo (mais tarde um paralelo próximo seria com o sentimento de admiração de Kant diante do céu estrelado). Essa religião natural não resulta diretamente num teísmo convencional, já que nada sabemos sobre a natureza da causa pri-

---

Modern Britain [Cambridge, 1993], pp. 67-93) afirmam que outra diferença entre as primeiras obras e *Leviatã* foi o maior valor que Hobbes passou a atribuir à retórica: Skinner, em particular, sustenta que Hobbes "na *volta-face* mais nítida em toda a evolução de sua filosofia civil" (p. 93) retratou-se explicitamente "de seu cepticismo inicial sobre o valor das artes retóricas" no comentário que faz na Revisão e Conclusão de que "Razão e Eloquência... podem muito bem caminhar juntas". Não estou totalmente convencido disso: como vimos, Hobbes sempre esteve ciente do poder e, portanto, do perigo da retórica, e mesmo no *Leviatã* existem passagens em que ele expressa preocupação em relação a ela. Ver, por exemplo, suas observações sobre os oradores que são os "favoritos das assembleias soberanas" e têm "grande poder para prejudicar, [mas] pouco têm para ajudar" (p. 162), e observações semelhantes sobre o modo como oradores alimentam as chamas das paixões dos homens numa assembleia, pp. 223-4. A importante diferença entre *Leviatã* e as primeiras obras no que se refere a essa área é que *Leviatã* estava endereçado tanto ao governante como ao cidadão, e que (como Hobbes já observara mais de trinta anos antes em *Discourse upon the Beginnings of Tacitus*) um governante eficaz pode usar as técnicas da manipulação retórica para governar seu povo.

Introdução

meira; mas as convenções das diferentes sociedades sobre a expressão do temor e da admiração originam uma linguagem teológica, embora esta tenha um caráter puramente emocional e seja destituída de verdadeiros valores. (Argumento semelhante é encontrado no capítulo XXXI de *Leviatã*.) Portanto, o soberano é a figura-chave para decidir como esse temor deve ser expresso; em princípio, pois, toda religião é religião "civil", afirmação que os contemporâneos de Hobbes associavam a Maquiavel e que causava neles grande desconfiança.

Mas em *De Cive* a desconfiança deles era abafada pelo papel especial que Hobbes atribuía ao cristianismo. Afirmava ali que quem tivesse fé nos princípios do cristianismo (fé que, por sua própria natureza, não era racional, filosófica ou natural), aceitaria o caráter especial das mensagens comunicadas pelo próprio Cristo através da sucessão apostólica do clero. Até mesmo um soberano (se for cristão) tem de respeitar isso, e "interpretar o texto sagrado... por meio de *eclesiásticos* propriamente ordenados" (XVII.28). Portanto, na área vital da religião, o soberano de Hobbes é obrigado a endossar a ortodoxia da Igreja apostólica, cujos ensinamentos é obrigado a impor aos cidadãos; além disso, não há nada na teologia dos primeiros escritos de Hobbes que contradiga explicitamente essa ortodoxia[53]. Muito embora em cada um deles descrevesse, por exemplo, a alma como material (mas, é claro, não como "volumosa", isto é, impossível de ser plenamente apreendida pelos sentidos), insistia tenazmente em que, ainda assim, era imortal.

Em *Leviatã*, contudo, essa qualificação foi posta de lado. O cristianismo agora é equivalente às outras religiões da Antiguidade, e o soberano pode interpretar as Escrituras ou determinar a doutrina sem dar atenção aos padres ordenados: é esse o ponto principal da parte III, em que Hobbes, entre

---

[53] Deve-se notar, no entanto, que mesmo nessa época Hobbes podia, em conversas privadas, ser extremamente crítico em relação ao papel político que o clero desempenhava – ver sua carta ao conde de Devonshire de julho de 1641, em *Correspondence*, ed. Malcolm, pp. 120-1.

outras coisas, nega expressamente qualquer importância à sucessão apostólica (pp. 363-6). O alvo explícito de Hobbes é o cardeal Belarmino, principal porta-voz da teoria papal do poder eclesiástico sobre os soberanos temporais; implicitamente, todavia (como ele indica, por exemplo, nas pp. 416 e 473), seu alvo era igualmente a reivindicação dos presbiterianos, tanto da Inglaterra como da Escócia, de um poder comparável para a Igreja deles. (Alguns anos antes, Belarmino servira de pretexto para os presbiterianos numa amarga controvérsia tanto na Holanda como na Inglaterra, de que Hobbes certamente tinha conhecimento[54].) Pelo contrário, o soberano precisa aplicar à religião de sua república as mesmas considerações que governavam sua abordagem dos assuntos seculares.

Hobbes insta o soberano a considerar duas coisas ao promulgar doutrina. A primeira diz respeito à questão geral da paz social e ao modo de evitar conflitos sectários: argumenta, agora, que se um regime de tolerância for mais propício para alcançar esses objetivos do que uma uniformidade imposta, o soberano deverá implementar tal regime. Numa famosa passagem, Hobbes acolhe de forma eloquente a tolerância religiosa posta em execução pelo poder crescente dos independentes na Inglaterra (pp. 468-9); não é de surpreender que essa passagem tenha sido suprimida do *Leviatã* em latim, mas até o fim da vida Hobbes continuou lutando contra leis contrárias à heresia. A segunda coisa que ele solicitava do soberano é, no entanto, muito mais extraordinária, e muitos leitores de *Leviatã* esquivaram-se de suas implicações: o soberano deve considerar a possibilidade de declarar como doutrina pública de seu país uma versão radicalmente reconstruída do cristianismo, baseada numa nova interpretação das Escrituras.

A principal característica dessa nova religião está em sua descrição da vida depois da morte. Deve-se dizer também que

---

[54] Em relação a essa controvérsia, ver David Nobbs, *Theocracy and Toleration: A Study of the Disputes in Dutch Calvinism from 1600 to 1650* (Cambridge, 1938).

Introdução

há outras características notáveis – por exemplo, nas pp. 413-6 Hobbes propõe a incrível teoria de que a Trindade se refere às três grandes "representações" ou "personificações" históricas de um Deus desconhecido: a primeira por Moisés (Deus Pai), a segunda por Cristo (Deus Filho) e a terceira pelos Apóstolos (Deus Espírito Santo)[55]. Rechaçou algumas das implicações unitaristas dessa teoria continuando a descrever Cristo como "Deus e Homem" (p. 415), mas, a julgar pela aparência, afastou-se bastante do cristianismo trinitário ortodoxo. No entanto, de maiores consequências é a versão de Hobbes do Céu e do Inferno, pois dedicou-se a longos trabalhos exegéticos para estabelecer a materialidade da alma, o caráter terreno de uma vida após a morte, e o fato de que não haverá tormentos eternos para os amaldiçoados. Segundo Hobbes, a fé em Cristo (isto é, a fé em que ele representa Deus) e a obediência às leis da natureza são suficientes para garantir uma vida eterna, ao passo que a transgressão da fé ou da obediência condena a uma morte eterna (ou seja, uma segunda morte posterior à ressurreição corpórea de todos os homens e sua decisão por Deus no dia do Juízo Final) (pp. 385, 522-5)[56]. Instava, portanto, o soberano a ensinar a não existência do Inferno e o caráter minimalista dos atos necessários para ser admitido no Céu.

Por que *Leviatã* toma de repente esse rumo excêntrico? Os custos disto para Hobbes foram extremamente altos: perdeu amigos, dinheiro (pois esperava receber apoio financeiro do rei

---

[55] Cabe indagar se foi esse uso da noção de representação que chamou a atenção de Hobbes no final dos anos 1640, e não suas possibilidades políticas.

[56] Deve-se notar que, nas pp. 523-4, Hobbes contempla a possibilidade de que depois de sua ressurreição os amaldiçoados poderiam viver uma vida normal, ter filhos e depois morrer (e, embora nas reedições de *Leviatã*, como demonstro na Nota sobre o texto, ele ou um editor eliminaram as afirmações mais contundentes relativas a essa ideia, restaram vários indícios dela). O que parece importar para Hobbes é estabelecer a proposição de que os amaldiçoados deveriam sofrer o destino humano normal da mortalidade, e se inclina a imaginar que essa mortalidade se seguiria a outras atividades humanas normais.

exilado, de quem fora preceptor em matemática por um breve período, de 1646 a 1647) e um lar (foi forçado a voltar para a Inglaterra em 1652 devido ao furor que seu livro despertou nos anglicanos em Paris)[57]. As especulações teológicas de *Leviatã* não eram fúteis: há uma paixão por trás delas que exige algumas explicações. Em geral, os historiadores que se perguntaram sobre isso (sobretudo, J. G. A. Pocock) responderam que a teologia de *Leviatã* era parte do projeto de Hobbes de garantir que o soberano fosse a autoridade moral e religiosa inquestionável da república. Segundo essa visão, Hobbes pretenderia eliminar a possibilidade de um clero que pudesse oferecer recompensas ou ameaçar com punições para além do campo de ação de um soberano civil. Nesse caso, fica difícil entender por que Hobbes trataria o Céu e o Inferno de maneiras tão diferentes: afinal de contas, se ele deu (efetivamente) a chave do Céu para o soberano, por que lhe negou a chave do Inferno? As reivindicações do clero por uma autoridade independente não parecem particularmente relevantes no que concerne a esse importante aspecto da teologia de Hobbes.

No entanto, o que a teoria de Hobbes *realmente* faz é *libertar* os homens de um medo desnecessário. Grande parcela das partes III e IV do *Leviatã*, e na verdade quase toda a parte IV, dedica-se a estabelecer que não deveríamos temer entidades como fantasmas ou duendes, que não existem mas que preencheram a imaginação dos homens ao longo dos tempos. O Inferno é outra dessas entidades: a ideia de Inferno acrescen-

---

[57] Em 27 de janeiro de 1652 Clarendon escreveu para Nicholas: "De fato ajudei a promover o descrédito de meu antigo amigo, o Sr. Hobbes, e o governador de meu condado [o marquês de Ormonde] não se demorou em exprimir a satisfação do rei." (*Clarendon State Papers* III, ed. Thomas Monkhouse [Oxford, 1786], p. 45.) Em janeiro de 1652, o *Mercurius Politicus* relatou que Ormonde não dera permissão a Hobbes para ver o rei quando Hobbes compareceu à corte para receber (como esperava) os agradecimentos do rei por uma cópia de *Leviatã* que lhe mandara de presente – ver abaixo p. LXIII. Ver também as cartas de Nicholas a Clarendon, *Correspondence of Sir Edward Nicholas* I, ed. George F. Warner (Camden Society New Series XL, 1886), pp. 284-6.

Introdução

tou todo um conjunto de medos imaginários à vida dos homens, além do medo natural e inevitável da morte. A religião de Hobbes, pelo contrário, oferece uma nova esperança – a da vida eterna – e não novos medos, pois tudo o que os condenados à danação sofreriam seria o que os homens naturais sofreriam de qualquer maneira. A religião pode, pois, ser apresentada como parte do grande empreendimento hobbesiano de libertar os homens do terror, seja aquele que uns têm dos outros, seja aquele que nutrem pelo reino espiritual desconhecido. Nesse ponto, a teoria do *Leviatã* é claramente utópica, muito semelhante às utopias do século XVIII ou até as do século XIX, nas quais uma nova religião era considerada algo necessário para reconstruir a sociedade.

Se levarmos a religião de Hobbes a sério, também temos de lembrar que ele propunha uma nova religião *civil* – ou seja, Hobbes sugeria que o soberano instituísse sua religião por causa de seus efeitos sociais e psicológicos benéficos, e porque era uma extensão do que a sociedade já acreditava, e não porque fosse *verdade*. A acusação de que Hobbes era ateu, tão frequente depois de 1660, estava baseada nesse ponto: seus contemporâneos supunham, não sem razão, que, se o soberano podia determinar qualquer dogma religioso, inclusive os do próprio cristianismo, e se a religião natural era tão destituída de um Deus pessoal, então o próprio teísmo convencional tinha desaparecido dos escritos de Hobbes. A descrição que Hammond faz da teologia de Hobbes como "ateísmo cristão" parece extremamente precisa.

Diante disso, a corte do príncipe de Gales exilado em Paris no final dos anos 1640 era um lugar pouco propício para especulações desse tipo, que (caso se assemelhem a algo) lembram mais as teologias idiossincráticas de alguns sectários profundamente envolvidos na luta contra o pai do príncipe. Mas os realistas, tanto antes como depois de sua derrota militar, sempre estiveram divididos quanto à questão da Igreja. Muitos deles (entre os quais sobretudo antigos amigos de Hobbes, como Clarendon) lutavam pelo rei a fim de preservar a Igreja

Leviatã

Anglicana; mas outros, especialmente os conselheiros da rainha Henriqueta Maria, achavam que o rei deveria abandonar sua Igreja a fim de garantir sua posição política (como o pai da rainha, Henrique IV da França, fizera – "Paris vale uma missa"). Se, como sugeri no princípio, boa parte do *Leviatã* foi escrita enquanto Hobbes ainda era de certa forma um realista (e forneço outras provas disso nas Notas sobre o texto), sua mensagem era inteligível dentro desse contexto; lembraria, então, algumas das obras realistas escritas no final da guerra civil que propunham uma *aproximação* entre o rei e os independentes, embora fosse muito mais longe e abarcasse um território muito mais extenso do que essas obras[58]. Todavia, os últimos capítulos e a Revisão e Conclusão ilustram que Hobbes tinha efetivamente abandonado os dois tipos de realismo por volta de abril de 1651, talvez por reconhecer que era entre os vitoriosos sectários que agora encontraria leitores mais simpáticos às suas ideias. Deve-se notar também que entre os católicos ingleses na França, defensores naturais da rainha, contava-se um número de pessoas igualmente audaciosas em suas especulações metafísicas, que constituíam um grupo de sectários católicos não muito diferentes dos sectários protestantes de sua terra natal; pelo menos um deles, o antigo parceiro de discussões intelectuais de Hobbes, Thomas White, fez a mesma escolha de Hobbes nos anos de 1650 e retornou à Inglaterra para viver sob o regime dos independentes[59].

V

Depois de publicar *Leviatã*, Hobbes logo compreendeu que não mais seria aceito na corte exilada que recentemente

---

[58] Ver, por exemplo, Michael Hudson, *The Divine Right of Government* (Londres, 1647), cf. xiv ss., para uma discussão sobre a tolerância (embora o livro seja muito diferente do *Leviatã* em todos os outros aspectos).

[59] Para mais detalhes sobre esse fenômeno, ver meu artigo "The Civil Religion of Thomas Hobbes" em Phillipson e Skinner, eds., *Political Discourse in Early Modern Britain*, pp. 120-38.

voltara a estar sob a influência de Clarendon. Tentou convencer Carlos II sobre os méritos do livro, mas foi repudiado, em grande medida sob instigação de Clarendon (ver a discussão sobre o texto, a seguir). O fracasso ignominioso da aventura escocesa de Carlos (que Henriqueta Maria e seus defensores tinham apoiado com entusiasmo) deixou Hobbes com poucos amigos influentes na corte. Retornou à Inglaterra em janeiro ou fevereiro de 1652, e ali viveu pelo resto de sua vida. Passou os anos de 1650 trabalhando na sua filosofia geral, e combatendo os presbiterianos ou anglicanos que ainda ansiavam por uma forte disciplina eclesiástica; na década de 1660, as tentativas de impingir a ortodoxia religiosa à população (sob a forma de uma série de projetos de lei parlamentares contra o ateísmo e a heresia) fizeram Hobbes produzir uma enxurrada de textos em defesa de suas ideias. Escreveu uma série de tratados manuscritos (entre os quais o conhecido *Dialogue... of the Common Laws of England*) para fundamentar sua afirmação de que não havia poder legal na Inglaterra para agir contra opiniões heréticas, nem deveria haver; (como vimos) também traduziu o *Leviatã* para o latim em 1668, com algumas interessantes modificações e com um apêndice em que enumerava os mesmos argumentos sobre a heresia[60]. Antes do término de 1670 escreveu *Behemoth*, que é uma interpretação da guerra civil como luta pelo poder ideológico sobre os ingleses; o tema da heresia e sua punição é mais uma vez uma característica marcante do livro. Sua última obra sobre política foi um curto ensaio datado de 1679 que trata da questão da Exclusão – a tentativa dos Whigs (entre os quais estava o filho de seu patrono) de excluir o irmão de Carlos II da linha de sucessão mediante lei do Parlamento. Hobbes, como era característico dele, apoiou os Whigs de maneira ambígua, reafirmando seu princípio constitucional fundamental de que o soberano poderia

---

[60] A tradução francesa de Tricaud do *Leviatã* (Paris, 1971) é o único estudo completo da relação entre os textos em latim e em inglês; inclui notas de rodapé que destacam as principais diferenças e traduz o apêndice latino para o francês.

determinar seu próprio sucessor. Sua carreira intelectual cobre, portanto, quase toda a grande crise do século XVII; e *Leviatã* foi a resposta mais ponderada e lúcida que qualquer observador tenha dado a essa crise. Os países em que habitamos formaram-se em grande medida pelos conflitos daquele período, e *Leviatã* é, portanto, um dos textos fundantes de nossa política.

Nota sobre o texto[1]

I

A história da publicação de *Leviatã* é extremamente complicada, e sua complexidade é sem dúvida uma das razões pelas quais nunca houve uma edição acurada da obra. A primeira dificuldade no estabelecimento do texto é que existem três edições separadas, cada qual contendo a imprenta "London, Printed for Andrew Crooke, at the Green Dragon in St. Pauls Church-yard, 1651". (Crooke, a propósito, fora escolhido como editor por Hobbes porque tinha publicado a última obra de Hobbes impressa na Inglaterra, seu *A Briefe of the Art of Rhetorique* de 1637.) Essas edições são diferenciadas por modernos bibliógrafos com base nos diferentes ornatos tipográficos que aparecem em suas respectivas páginas de rosto, conhecidos como *"Head"*, *"Bear"* e *"25 Ornaments"*. *Bear* e *25 Ornaments* parecem ser reimpressões linha por linha de *Head*, embora com algumas interessantes alterações; sua datação posterior é em parte comprovada pelo maior número de erros tipográfi-

---

[1] Gostaria de agradecer particularmente ao professor M. M. Goldsmith por seus comentários sobre essa seção na primeira edição. Em parte como consequência de suas observações, modifiquei algumas de minhas opiniões sobre os detalhes da publicação de *Leviatã*.

cos corrigidos, mas também pelo fato de que em cada uma delas a grafia foi modernizada de maneira significativa – por exemplo, palavras como "ecclesiasticall" na *Head* frequentemente tornam-se "ecclesiastical" em *Bear* e *25 Ornaments*.

O famoso frontispício gravado também está muito mais gasto em *Bear* que em *Head*, e, na verdade, foi parcialmente regravado em *25 Ornaments*; foi essa deterioração que levou William Whewell a ser o primeiro estudioso moderno a observar (em 1842) que havia pelo menos duas edições com a mesma imprenta[2]. No entanto, no final do século XVII Anthony Wood já sabia que havia duas edições com a imprenta 1651, e que somente uma era autêntica; ele disse (não sabemos baseado em quê, mas ele costumava ser preciso nesses assuntos) que a outra fora impressa em Londres em 1680. Fica claro que foi feita uma tentativa de produzir uma edição em Londres (aparentemente com a licença de Crooke) em 1670, numa época em que Hobbes desfrutava de alguma (ainda que sub-reptícia) proteção governamental, e talvez Wood estivesse se referindo a essa edição. Bibliógrafos modernos deduziram, a partir dos ornatos, que *Bear* provavelmente foi impressa na Holanda, e portanto a edição londrina deve ser *25 Ornaments*. A datação de *Bear* é desconhecida, mas não deve distar muito da de *25 Ornaments*; também é possível que Wood se referisse a *Bear* e estivesse correto sobre a data, mas equivocado sobre o local da impressão[3].

As únicas diferenças substanciais entre a primeira (*Head*) edição e as duas posteriores aparecem num trecho da teologia de Hobbes: passagens que sugerem que depois da ressurreição os réprobos podiam levar uma vida sexual normal e se perpetuar eternamente (p. 421) foram eliminadas. Isso suscitou o argumento de que o *Leviatã* inglês estava, nesse trecho, mais

---

[2] William Whewell, *Lectures on the History of Moral Philosophy in England* (Londres, 1842), p. 21.

[3] Sobre todos os detalhes em relação a essas três edições, ver H. MacDonald e M. Hargreaves, *Thomas Hobbes: A Bibliography* (Londres, 1952), pp. 27-37.

Nota sobre o texto

perto da versão em latim, o que implicaria que Hobbes teria aprovado a mudança antes de sua morte; no entanto, é impensável que as edições *Bear* ou *25 Ornaments* tenham sido revistas no seu conjunto por Hobbes, por razões que serão explicitadas a seguir.

As principais edições modernas (as de A. R. Waller em 1904, da Oxford University Press em 1909, de Michael Oakeshott em 1946 e C. B. Macpherson em 1968) basearam-se, corretamente, na edição *Head*. O mesmo, deve-se dizer, foi feito por John Campbell na sua edição de 1750 das obras em inglês de Hobbes, e por Molesworth na sua edição de 1839. Também foi a *Head* (na forma de uma cópia na British Library, B.L. 522.k.6) que foi reproduzida em fac-símile pela Scolar Press em 1969. Além disso, Waller cotejou sistematicamente uma cópia de *Head* com uma cópia de uma das edições posteriores, aparentemente a *25 Ornaments*. Infelizmente, as circunstâncias da impressão de *Head* foram tais que não se pode simplesmente reimprimir de maneira adequada uma cópia disponível de *Head* e supor que o texto correto foi estabelecido; para demonstrá-lo, explicarei de forma breve como o livro foi impresso[4].

Leviatã foi impresso em grandes folhas dobradas para formar quatro páginas do volume final, que era como se compunham os primeiros livros modernos. Pelo fato de que os antigos tipógrafos não podiam manter seu pequeno estoque de tipos móveis montados num grande número de folhas (ou "formas", como eram conhecidas), tinham necessariamente de imprimir todas as cópias de uma folha de que precisariam para a edição final, depois desmontar as formas e armar os caixilhos para as novas folhas, e assim por diante até imprimirem todas as folhas daquela edição. Talvez pudessem manter montada uma meia dúzia de formas ao mesmo tempo, mas não mais. Correções tipográficas podiam ser feitas em qualquer momen-

---

[4] Para informações sobre a impressão de livros do século XVII, ver R. B. McKerrow, *An Introduction to Bibliography for Literary Students* (Oxford, 1928) e P. Gaskell, *A New Introduction to Bibliography* (Oxford, 1972).

to entre essa primeira montagem das formas pelo compositor e a impressão da última folha; correções por parte do autor costumavam ser feitas (quando o eram) bem mais tarde, depois que o corretor da casa de impressão tivesse cotejado a forma com o manuscrito do autor.

No caso de *Leviatã*, o estabelecimento tipográfico (ou estabelecimentos) deparou com um problema pouco comum. Como já vimos, Hobbes escreveu a obra em Paris, mas ela foi impressa em Londres. Clarendon o visitou em Paris em abril de 1651 e descobriu que o livro "estava sendo impresso na *Inglaterra*, e que a cada semana ele recebia uma folha para corrigir, tendo ele me mostrado uma ou duas destas folhas"[5] – portanto, os tipógrafos ingleses de Hobbes lhe mandavam provas para Paris para que ele as devolvesse com correções. Hobbes ainda não tinha mandado para o tipógrafo a dedicatória em forma de carta para Francis Godolphin, mas era comum que as dedicatórias fossem inseridas no final da impressão (e a dedicatória de *Leviatã* está impressa em tipos maiores do que o resto da obra, do que se deduz que ela foi esticada para caber no espaço que o tipógrafo deixou na primeira folha).

Havia dois estabelecimentos tipográficos envolvidos na composição: a página de rosto do *Leviatã* registra apenas o nome do editor ou livreiro, e Crooke costumava empregar outras firmas para imprimir as obras que vendia. Era comum utilizar mais de uma firma para imprimir obras extensas, e as partes I e II de *Leviatã* foram compostas usando um conjunto levemente diferente de convenções de composição daquelas usadas nas partes III e IV (os cadernos das primeiras estão indicados nas primeiras duas folhas, e os das últimas, nas primeiras três). As decorações usadas nas duas metades do livro também são diferentes[6]. Portanto, Hobbes deve ter recebido uma folha de

---

[5] Edward Hyde, conde de Clarendon, *A Brief View and Survey of... Leviathan* (Oxford, 1676), p. 7.

[6] Os dois principais estabelecimentos tipográficos envolvidos estão identificados no catálogo da Biblioteca Carl H. Pforzheimer, *English Literature 1475--1700* (Nova York, 1940) II, p. 493 (devo essa referência a Quentin Skinner).

Nota sobre o texto

cada firma por semana. Mesmo assim, esta era uma maneira extremamente incômoda e cara de um tipógrafo manual trabalhar: todos os seus tipos ficavam presos em formas durante todo o período em que o sistema de correios levava as provas para Paris e as trazia de volta, além do período em que estava efetivamente imprimindo as cópias (o que podia levar vários dias). Seria portanto de esperar que ele imprimisse um lote de cópias antes de receber as correções do autor e incorporasse essas correções apenas num estágio adiantado da impressão; com efeito, existem variações tão marcantes entre diferentes cópias da mesma folha de texto que chegaram até nós que esta deve ter sido a prática do impressor.

Em geral, as folhas eram reunidas para montar os volumes finais sem muita consideração com o fato de elas terem sido igualmente corrigidas ou não, de modo que não podemos falar de cópias corrigidas do *Leviatã*, mas apenas de folhas corrigidas. Contudo, para nossa grande sorte há um conjunto de cópias que, com certeza, foi totalmente corrigido. Esperava-se, é evidente, que *Leviatã* causasse sensação, e um indício disto é que lhe coube um privilégio concedido apenas a livros importantes ou caros, ou seja, ter sido publicado numa edição em papel maior (a altura normal da página do livro era 29-30 cm, mas essas cópias especiais mediam 35 cm, e recebiam linhas de margem vermelhas feitas à mão). Ainda existem algumas dessas cópias grandes, e todas elas contêm alterações feitas no texto raramente ou nunca encontradas nas cópias em papel-padrão. Por motivos óbvios, era comum imprimir essas folhas especiais no final da impressão das folhas normais, e portanto é sensato crer que o texto de uma cópia em papel maior incorpora todas as correções introduzidas nas provas. Duas outras correções chegaram tão tarde que a forma de suas folhas já tinha sido desmontada, e tiveram de ser incorporadas na forma de cancelamentos – pedaços de papel colados sobre as passagens corrigidas (pp. 88 e 108 do original, pp. 147 e 179 desta edição). O texto desta edição baseia-se principalmente numa cópia em papel grande existente na Biblioteca da Cambridge

University, *Syn*.3.65.1 (a que passarei a me referir como *Syn*). Todas as edições anteriores basearam-se em cópias em papel tamanho normal, exceto (aparentemente) a edição Oxford de 1909, embora nesta não estejam incorporadas as supressões[7]. Darei um exemplo de como as cópias em papel grande podem diferir das versões em papel-padrão. Na p. 108 do original (p. 179 desta edição), onde Hobbes escreve sobre a compatibilidade entre liberdade e necessidade (e onde também foi necessário fazer uma supressão – essa página parece ter dado muito trabalho para Hobbes), o manuscrito se refere às ações voluntárias dos homens que,

> como derivam de sua vontade, derivam da *liberdade*, e contudo, porque todo ato da vontade dos homens, todo desejo e inclinação deriva de alguma causa, e esta de uma outra causa, as quais causas [*which causes*] numa cadeia contínua (cujo primeiro elo está na mão de Deus, a primeira de todas as causas), derivam [*proceed*] da necessidade.

É uma passagem evidentemente difícil de compreender: da maneira como está, o sujeito do último verbo "proceed" é "which causes", o que deixa a frase que começa com "porque todo ato" sem complemento. Em algumas cópias em papel-padrão encontramos simplesmente a reprodução do manuscrito; entre essas cópias está a da British Library c.175.n.3, e a

---

[7] O professor M. M. Goldsmith chamou minha atenção para o fato de que pelo menos uma cópia em papel grande não inclui as supressões, apesar de incluir as correções mais extensas introduzidas nas folhas durante a impressão (em particular a correção da passagem da p. 108); é uma cópia da biblioteca da Universidade de Otago, também na Nova Zelândia. É interessante notar que a edição Oxford de 1909 apresenta a mesma combinação incomum de características – será aquela a cópia da qual esta foi feita? A cópia de Otago não contém as linhas retas vermelhas, e supostamente não estava destinada a ser uma cópia para presente tão especial como *Syn*. O professor Goldsmith também observou que algumas cópias em papel-padrão incluem as supressões, mas não todas as correções feitas durante a impressão, como é o caso da cópia da biblioteca de sua universidade, a Victoria University of Wellington, Nova Zelândia.

Nota sobre o texto

cópia da Biblioteca da Toronto University (101397) que serviu de base para a edição de Macpherson. Na edição de Campbell de 1750 também encontramos essa versão. Naquela que foi provavelmente a primeira tentativa de corrigir a passagem, as folhas de algumas cópias (inclusive a da B.L. 522.k.6) omitem as palavras "which causes", o que torna a passagem bem mais gramatical, embora ainda difícil de seguir (o sujeito de "derivam da necessidade" é agora ações dos homens, que também derivam da liberdade). É esse o texto usado por Molesworth, Waller e Oakeshott. Em *Syn* a palavra "they" foi inserida antes da palavra "proceed", o que faz todo o sentido.

A maioria das cópias em papel grande e algumas em papel-padrão também incluem as supressões, embora tenham sido coladas de maneira um tanto caprichosa; *Syn*, por sorte, contém ambos. Apenas uma é significativa: na p. 88 do original (pp. 147-8 desta edição), Hobbes escreveu (segundo o manuscrito e *Syn*) que "é-lhe conferido [ao soberano] o uso de tamanho poder e força que o terror assim inspirado o torna capaz de conformar [*conforme*] as vontades de todos eles, no sentido da paz no seu próprio país...". Nas cópias impressas, aparece "performe"* em vez de "conforme". Este erro óbvio foi percebido por algum revisor, e na lista de erratas inserida no começo de todas as cópias, "performe" foi substituído por "forme"** – que faz um certo sentido, mas não é tão claro como a versão *Syn*. Posteriormente, depois que a errata e o resto do material preliminar tinham sido impressos, Hobbes ou o tipógrafo decidiram imprimir uma supressão que restaurava a versão correta. No *Leviatã* em latim, aliás, também encontramos *conformare*. A segunda supressão, na p. 108 do original (p. 182 desta edição), apenas corrige um peculiar problema de pontuação. Nenhuma dessas emendas são encontradas nas versões *Bear* e *25 Ornaments*, e portanto fica claro, como disse antes, que elas não foram totalmente revisadas por Hobbes.

---

* Executar, desempenhar. (N. da T.)
** Formar. (N. da T.)

II

Embora *Syn* seja a base desta edição, há outro texto que teve de ser cotejado muito minuciosamente com ele, o do manuscrito. Sabe-se publicamente desde 1813 que existe uma cópia manuscrita do *Leviatã*, escrita por mãos de escriba em velino[8]. Foi adquirida pelo grande colecionador de livros Lorde Macartney (falecido em 1806) e comprada de seu descendente pelo British Museum em 1861. Sua catalogação agora é British Library MS Egerton 1910. Não parece haver motivos para duvidar de que se trata da mesma cópia mencionada por Clarendon no prefácio de seu *A Brief View and Survey*: Hobbes percebeu: "quando fui ao encontro do rei [isto é, o exilado Carlos II] em Paris, que eu censurava veementemente seu livro, escrito em velino por uma mão maravilhosa e por ele presenteado ao rei" (p. 8). Do manuscrito (MS) não consta a dedicatória a Francis Godolphin, o que é compreensível, uma vez que estava sendo oferecido a um rei. Hobbes deve ter pago muito dinheiro pela cópia, o que leva a crer que ele esperava muito do rei.

Embora o MS seja conhecido há tanto tempo, nunca foi usado como base para qualquer edição, e em geral foi descartado por ser considerado idêntico à cópia impressa; isso talvez se deva em parte ao fato de que, por ter sido escrito com tinta de baixa qualidade sobre velino (que não é absorvente), parcelas do texto tenham desaparecido e sejam agora quase ilegíveis. Mas, embora de fato seja substancialmente igual, há muitas pequenas variantes importantes; uma delas transforma de modo incisivo o sentido de uma passagem central. Além disso, sua datação e seu *status* nunca foram esclarecidos. Um dos aspectos estudados do MS é seu frontispício, que é um desenho do frontispício posteriormente gravado, com algumas interessantes variações – em particular, as figuras que compõem a

---

[8] Ver nota de William Henry Pratt em *The Gentleman's Magazine* 83 (1813), pp. 30-1.

Nota sobre o texto

pessoa do soberano na gravação, e que dirigem o olhar para a cabeça do soberano, são substituídas no desenho por rostos que olham para o leitor. Além disso, o rosto do soberano pode ser uma representação de Carlos II. É provável que o desenho seja de Wenceslas Hollar e que uma versão revisada dele tenha sido enviada aos gravadores para fazer a placa usada na cópia impressa (embora nada indique que o próprio Hollar tenha examinado o trabalho do gravador)[9].

Para avaliar o *status* do MS em relação ao texto impresso, temos de saber primeiro quando foi dado de presente a Carlos. É possível encontrar uma resposta plausível a essa pergunta, já que em junho de 1650 Carlos saiu de Flandres (onde estava até então) e foi para a Escócia, só voltando para Paris depois da campanha na Grã-Bretanha que culminou na batalha de Worcester. Chegou à cidade em 30 de outubro de 1651[10]. Clarendon, vindo da Antuérpia, juntou-se a ele em meados de dezembro, e suas observações em *A Brief View and Survey*, citadas antes, sugerem que Hobbes presenteara o rei com o MS por essa época. Em 11 de janeiro de 1652 Hobbes foi banido da corte real, em boa parte por causa da reação de Clarendon ao *Leviatã*. Hobbes regressou à Inglaterra em fevereiro[11]. Por volta de 25 de janeiro já se sabia na Inglaterra que Hobbes fora banido: o *Mercurius Politicus* de 8-15 de janeiro (cf. calendário juliano, isto é, 18-25 no continente) noticiava que Hobbes "enviou um de seus livros de presente para o R. dos *Escoceses*, e ele aceitou". No entanto, os padres que então rodeavam o rei acusaram seu autor de ateísmo, e "por isso, quando o Sr. *Hobbs* veio oferecer-lhe pessoalmente seus serviços, foi repudiado"[12]. Portanto, Hobbes deve ter dado o MS de presente a Carlos em novembro ou começo de dezembro de 1651.

---

[9] Ver Keith Brown, "The Artist of the *Leviathan* Title-page", *British Library Journal* 4 (1978), pp. 24-36.

[10] B. L. Add. MS 12186 f.303 (despacho de Richard Browne).

[11] *Correspondence of Sir Edward Nicholas* I, ed. George F. Warren (Camden Society New Series XL, 1886), pp. 284-6.

[12] *Mercurius Politicus* 84 (8-15 jan. 1652), p. 1344.

Leviatã

No entanto, evidências internas sugerem que o texto a partir do qual a firma de escribas trabalhou fora esboçado por Hobbes numa data anterior à da cópia com que Crooke e seus tipógrafos em Londres trabalharam. Embora o grosso do MS esteja escrito por um escriba, há também um número significativo de emendas ao texto do próprio punho de Hobbes. Algumas dessas alterações corrigem o MS tornando-o idêntico ao texto impresso, mas outras introduzem modificações onde o texto já era idêntico ao impresso. A implicação óbvia disso é que Hobbes já tinha incorporado algumas dessas emendas à cópia que enviou a Crooke, mas que outras lhe ocorreram depois de corrigir as folhas de Crooke. Presume-se que ele conferiu o MS em novembro-dezembro de 1651, antes de enviá-lo a Carlos. Uma interessante alteração confirma que a datação do MS é anterior à da cópia impressa: na p. 385 desta edição, lê-se na cópia impressa: "Quanto à distinção entre o temporal e o espiritual, consideremos...". Originalmente, lia-se no MS: "Quanto à distinção entre o temporal e o espiritual, pretendo examiná-la em outro lugar e, portanto, deixando-a de lado por ora, consideremos...". Hobbes corrigiu esta passagem igualando-a à da cópia impressa, supostamente porque a versão original era um remanescente de um esboço anterior em que ele pretendia discutir a distinção num outro ponto, intenção esta abandonada quando a cópia foi enviada para a tipografia.

Em alguns casos, o MS contém trechos que Hobbes deixou intatos, mas que foram eliminados ou alterados na cópia de Crooke; ou bem Hobbes esqueceu-se disso, ou agora os preferia novamente em detrimento do texto impresso. Sua verificação do MS não era nada precisa, e vários trechos que ali se encontram são piores do que os do texto impresso – por exemplo, na p. 361 desta edição lê-se nas cópias impressas: "homens que já se deixaram possuir pela opinião de que sua obediência ao poder soberano lhes será mais prejudicial que sua desobediência vão desobedecer às leis...". Mas no MS está: "... eles vão desobedecer às leis". Nesse caso, a cópia impressa é claramente superior ao MS, como também ocorre na passagem sobre a

Nota sobre o texto

compatibilidade entre liberdade e necessidade citada antes. Contudo, um grupo de passagens que Hobbes eliminou da cópia impressa mas deixou no MS tem certo interesse histórico: há alguns lugares (pp. 114-5, 149) em que o MS se refere em termos relativamente desfavoráveis aos independentes, mas a cópia impressa não. A dedução óbvia disto é que Hobbes amenizou as demonstrações de hostilidade tanto em relação aos presbiterianos como aos independentes na primeira parte do livro para que esta condissesse com o apoio aos independentes expressa na parte final, embora tenha permitido que a crítica permanecesse no MS para o rei.

Se o MS do copista é anterior à cópia que Crooke recebeu, deve estar datado do outono de 1650. Hobbes não poderia ter mandado a cópia a Crooke muito depois de princípios de 1651: levava-se cerca de dois dias para compor uma folha de um livro do tamanho de *Leviatã*, de modo que, mesmo com (digamos) dois compositores trabalhando simultaneamente em cada tipografia, seriam necessários vinte e cinco dias de trabalho para compor as cinquenta folhas de *Leviatã*. Um tipógrafo manual também precisava de dois dias para imprimir todas as cópias necessárias de uma folha, portanto (com duas tipografias, cada uma com duas prensas, quantidade esta que era a comum), eram precisos outros vinte e cinco dias de trabalho para imprimir todas as cópias. Seria impossível o projeto ter sido concluído em menos de dez semanas, e pode ter levado muito mais tempo. Portanto, a cópia que Hobbes enviou a Crooke tinha de estar pronta no final de 1650 (o que, a propósito, confirma que o grosso do trabalho estava escrito antes da batalha de Dunbar, em setembro de 1650). Por isso, a datação do MS para Carlos tem de ser um pouco anterior, embora, presume-se, posterior a Dunbar, já que também o MS se refere à situação de estabilidade da Inglaterra em suas últimas páginas – com uma certa falta de tato, considerando-se a quem se destinava.

A relação entre o MS e a versão impressa, no que a isso se refere, é quase idêntica à relação entre o velino manuscrito de *De Cive* que Hobbes dedicou ao conde de Devonshire em 1641, e a posterior edição impressa[13]. Parece ter sido hábito de Hobbes nessa fase de sua vida mandar confeccionar e presentear generosamente manuscritos por conta própria antes da impressão das obras. Não sabemos a quem esse MS do *Leviatã* estava inicialmente destinado; pode-se supor que Hobbes sempre o tenha pensado para Carlos, algo também sugerido pelas passagens no final da Introdução e da parte II que fazem referência a um "Soberano" (p. 311) e "aquele que vai governar uma nação inteira" (p. 13). Diante disso, a dedicatória a Godolphin deve ter sido uma decisão tardia, bem como uma composição tardia, e refletiria o cepticismo de Hobbes quanto à possibilidade de Carlos retornar da Grã-Bretanha; ao oferecer o MS em novembro-dezembro Hobbes estaria tentando, então, recuperar terreno perdido (o que talvez explique em parte sua recepção fria). Outra possibilidade é que o MS tenha sido destinado originalmente a Francis Godolphin e depois dedicado ao rei em troca de favores. Prefiro a primeira teoria, mas até agora nada se conhece de conclusivo sobre as intenções de Hobbes a esse respeito.

Dados esses fatos no que tange ao MS, podemos agora avaliar a autoridade do texto em relação a *Syn*. Como já disse, em alguns casos Hobbes sem dúvida indicou sua escolha de uma nova versão em suas correções do MS; uma das novas versões mais espetaculares nesta edição é um exemplo disso. No MS do copista e em todos os textos impressos lê-se na p. 128 do original, p. 212 desta edição:

> Pois, considerando que o soberano, quer dizer, a república (cuja pessoa ele representa), nada faz que não seja em vista da paz e segurança comuns, essa distribuição das terras se faz em vista da mesma finalidade. Em consequência, qualquer distribuição que ele faça em prejuízo dessa paz e dessa segurança é contrária à vontade de todos os súditos, que confiaram a paz e a segurança de suas vidas à discrição e consciência do soberano;

---

[13] Ver *De Cive: The Latin Version*, ed. Howard Warrender (Oxford, 1983), pp. 38-9.

Nota sobre o texto

e assim essa distribuição deve, pela vontade de cada um deles, ser considerada nula.

Mas Hobbes corrigiu o MS cortando o "ele" da quinta linha desta citação e substituindo-o por "um outro" – alterando assim radicalmente, ou talvez esclarecendo, o sentido de toda a passagem. Em casos como este, devemos, é claro, preferir as emendas de Hobbes, e incorporei ao meu texto as alterações que Hobbes fez no MS, embora antes da alteração o MS fosse idêntico à cópia impressa. As passagens alteradas serão encontradas no texto entre asteriscos com chamada de nota, e as passagens originais, na nota de rodapé correspondente.

Mais difíceis são as ocasiões em que a cópia impressa é diferente do MS, e Hobbes parece ter deixado o MS intato. Como vimos, em alguns casos a cópia impressa é claramente melhor, e na maioria deles as diferenças são mínimas; são muito poucos os casos em que o MS não corrigido tem uma versão obviamente melhor que *Syn*. Por isso, e porque foi a cópia impressa que seus contemporâneos leram, preferi seguir *Syn*, e não tentei fazer uma edição crítica completa do texto; isto será feito por Noel Malcolm em sua edição do *Leviatã* para as obras completas de Hobbes da Oxford University Press. As passagens mais importantes presentes no MS mas omitidas na cópia impressa podem, no entanto, ser encontradas nas notas de rodapé (assim como as poucas alterações interessantes introduzidas nas primeiras edições falsas). Pela mesma razão, de modo geral segui a grafia e pontuação de *Syn* e não a do MS: elas podem, em certa medida, ser obra do compositor e não do autor, mas sem dúvida o mesmo poderia ser dito dos escribas que trabalharam no MS. Corrigi erros tipográficos óbvios, muitos dos quais constam da errata agregada à primeira edição ou são confirmados como erros pelo MS.

Tampouco expus minuciosamente as diferenças entre o *Leviatã* em latim e aquele em inglês. Como sugeri na minha introdução, o *Leviatã* em latim data de um período diferente da vida de Hobbes, em que circunstâncias muito diferentes exigiam sua atenção. A edição em latim parece basear-se numa cópia em papel grande e não no MS. Isso se comprova, por um lado, pelo uso de *conformare* (ver p. LXI) e, por outro, por uma passagem na p. 203 do texto em inglês, em que Hobbes se refere (nas cópias impressas e copiadas à mão) a "Clemente I (depois de São Pedro), bispo de Roma" (p. 442 desta edição). Ele cortou as palavras entre parênteses quando revisou o MS, mas na edição latina (p. 108) lê-se "(post Petrum)". A edição do Dr. Malcolm também nos fornecerá uma comparação completa dos textos.

Principais fatos da vida de Hobbes

1588 *5 de abril*: nasce em Malmesbury (Wilts.).
1602 Aceito em Magdalen Hall, Oxford.
1608 *Fevereiro*: Bacharel em Artes (BA) em Oxford. Indicado para preceptor de William, filho do lorde William Cavendish, acompanha seu pupilo em julho no St. John's College, Cambridge, na qualidade de BA[1]. Mais tarde, nesse mesmo ano, instala-se com seu aluno nas residências dos Cavendish, Hardwick Hall e Chatsworth em Derbyshire e Devonshire House em Londres.
1614 *Verão**: deixa a Inglaterra com seu pupilo para uma viagem pela França e Itália. Encontrou-se provavelmente com Paolo Sarpi em Veneza[2].

---

[1] Hobbes, *Correspondence*, ed. Noel Malcolm (Oxford, 1994), p. 856.
* Esta datação, bem como as próximas, refere-se a estações do hemisfério norte. [N. da T.]
[2] Isso difere da cronologia geralmente encontrada nas biografias de Hobbes. Segundo os relatos de Hardwick, fica claro que Hobbes estava na Inglaterra entre 1611 e 1614; recebeu a pensão trimestral de William em fevereiro de 1614. (Devo a informação sobre esse fato a Quentin Skinner.) Também fica claro que William (e portanto Hobbes) estava na Itália em setembro de 1614, e que ele retornou em setembro de 1615 (Noel Malcolm, "Hobbes, Sandys and the Virginia Company", *Historical Journal* 24 [1981], pp. 297-321; meu livro *Philosophy and Government 1572-1651* [Cambridge, 1994], pp. 280-1). Cos-

Leviatã

1615 *Verão*: volta à Inglaterra.
1618 Lorde Cavendish nomeado primeiro conde de Devonshire.
1619 Hobbes em contato com Francis Bacon[3]. Entre esse ano e 1623 teria sido amanuense de Bacon, cedido pelos Cavendish.
1620 Provavelmente publicou *Discourse upon the Beginnings of Tacitus* e alguns outros discursos, num volume composto além disso de ensaios de William Cavendish, seu antigo pupilo, intitulado *Horae Subsecivae*[4].
1622 Torna-se proprietário de terras em Virginia e associa-se a William Cavendish na direção da Virginia Company, até sua dissolução em 1624.
1626 *Março*: primeiro conde de Devonshire morre.
1628 *Junho*: segundo conde de Devonshire morre. Hobbes deixa de prestar serviços aos Cavendish[5].
1629 Hobbes publica a tradução de Tucídides, dedicada ao terceiro conde de Devonshire (de 11 anos). Entra para a casa de sir Gervase Clifton de Clifton (Notts.) e acompanha o filho de Clifton numa viagem pela França e Genebra.
1630 *Outono*: retorna à Inglaterra e instala-se novamente na residência dos Cavendish[6]. É provável que tenha iniciado uma associação com o conde de Newcastle (primo do conde de Devonshire) em Welbeck (Notts.).

---

tumava-se dizer que Hobbes partira de viagem em 1610; esta data baseia-se na biografia de Hobbes escrita por John Aubrey e Richard Blackborne (*Vitae Hobbianae Auctarium, Opera Latina* I, ed. Molesworth [Londres, 1839], p. xxiv), mas essa biografia, embora autorizada, talvez seja imprecisa no que se refere aos detalhes do início da carreira de Hobbes. Nem nessa biografia, nem nos esboços autobiográficos de Hobbes (*Opera Latina*, pp. xiii-xxi, xxxi-xcix) há qualquer referência a duas visitas ao continente nessa época.

[3] Hobbes, *Correspondence*, ed. Malcolm, pp. 628-9.
[4] N. B. Reynolds e J. L. Hilton, "Thomas Hobbes and Authorship of the *Horae Subsecivae*", *History of Political Thought* 14 (1993), pp. 361-80.
[5] Hobbes, *Correspondence*, ed. Malcolm, p. 808.
[6] *Ibid.*, p. 17; isso parece implicar que ele voltou para "casa" antes do que Malcolm sugere na p. 808.

Principais fatos da vida de Hobbes

1634 *Outono*: leva o filho do conde de Devonshire para uma viagem pela França e Itália.
1635 Liga-se a Marin Mersenne, Gassendi e outros filósofos franceses em Paris.
1636 *Primavera*: visita Galileu em Florença.
Outubro: retorna à Inglaterra.
1637 Publica *A Briefe of the Art of Rhetorique*.
Outubro: recebe o *Discurso do método* de Descartes de sir Kenelm Digby.
1640 *Março*: sugestão para que Hobbes represente Derby no Curto Parlamento.
Maio: termina o manuscrito de *Elements of Law* (publicado em duas partes piratas em 1650, e em edição completa em 1889).
Novembro: foge para Paris, preocupado por ter sido implicado no ataque a Strafford no Longo Parlamento.
1641 Contribui para as *Objeções às Meditações* de Descartes.
1642 *Março*: começa a guerra civil na Inglaterra.
Abril: Hobbes publica *De Cive* em Paris.
1643 Esboça resposta manuscrita a *De Mundo* de Thomas White (publicado em 1973).
1644 Contribui com um ensaio sobre balística para *Ballistica* de Mersenne.
1646 Indicado professor de matemática do príncipe de Gales em Paris. Controvérsia com John Bramhall sobre livre-arbítrio e determinismo (publicada em 1654-5).
1647 *Janeiro*: publica segunda edição de *De Cive*.
Agosto: adoece gravemente.
1649 *Janeiro*: Carlos I é executado em Londres.
1651 *Abril*: Hobbes publica *Leviatã*.
Dezembro: banido da corte de Carlos.
1652 *Fevereiro*: retorna à Inglaterra.
1655 Publica *De Corpore*.
1658 Publica *De Homine*.
1660 *Maio*: restauração de Carlos II; Clarendon é um de seus principais ministros.

1666 *Outubro*: proposto projeto de lei na Câmara dos Comuns que tornaria Hobbes passível de acusação de ateísmo ou heresia. Hobbes escreve o manuscrito de *Dialogue... of the Common Laws* (publicado em 1681).

1668 Escreve outros manuscritos sobre heresia; publica *Opera*, em Amsterdam, com uma tradução latina do *Leviatã*. Clarendon cai; é substituído pelo Ministério "Cabal", junto ao qual Hobbes encontra apoio.

1670 Escreve o manuscrito de *Behemoth* (publicado em 1679).

1674 Ministério Cabal cai.

1675 Hobbes deixa Londres pela última vez e se instala definitivamente em Hardwick e Chatsworth.

1679 Esboça um manuscrito sobre a Crise da Exclusão para o filho do terceiro conde, apoiando a posição moderada dos Whigs.

3 de dezembro: morre em Hardwick e é enterrado em Ault Hucknall.

Leituras adicionais

Outras obras de Hobbes

A Oxford University Press está elaborando uma moderna edição das obras completas de Hobbes, mas até agora só foram publicadas duas delas. A primeira foi *De Cive* (1983), editada por Howard Warrender. (A versão latina e a versão inglesa estão em volumes separados; mas a versão inglesa não foi – a despeito de Warrender – feita por Hobbes; na verdade, trata-se de uma tradução bastante imprecisa feita por algum contemporâneo dele. Uma tradução nova e precisa por Michael Silverthorne será publicada em breve na coleção Cambridge Texts in the History of Political Thought.) A segunda foi uma edição exemplar da *Correspondence* de Hobbes, editada por Noel Malcolm (1994). A edição completa clássica continua, portanto, sendo *The English Works of Thomas Hobbes*, editada por sir William Molesworth (11 vols., Londres, 1839-45), e *Thomae Hobbes... Opera Philosophica Quae Latina Scripsit Omnia*, também editada por Molesworth (5 vols., Londres, 1839-45). Existem edições úteis de algumas outras obras: em particular, *The Elements of Law Natural and Politic*, editada por Ferdinand Tönnies (Londres, 1889), reimpressa com novas introduções por M. M. Goldsmith (Londres, 1969) e J. C. A. Gaskin (Oxford, 1994); *Thomas White's*

De Mundo *Examined*, traduzido por H. W. Jones (Bradford, 1976) – trata-se de uma tradução do texto latino incluído em *Critique du De Mundo,* editado por Jean Jacquot e H. W. Jones (Paris, 1973); *Behemoth*, editado por Ferdinand Tönnies (Londres, 1889), reimpresso com novas introduções por M. M. Goldsmith (Londres, 1969) e Stephen Holmes (Chicago, 1990); e *A Dialogue Between a Philosopher and a Student of the Common Law of England*, editado por Joseph Cropsey (Chicago, 1971). Parte de *De Homine* foi traduzido em *Man and Citizen*, editado por Bernard Gert (Humanities Press, 1972).

Biografia de Hobbes

A mais divertida (e muitas vezes a mais perspicaz) biografia de Hobbes é aquela incluída em *Brief Lives*, de John Aubrey, da qual existem muitas edições. As narrativas de Fuller estão em G. C. Robertson, *Hobbes* (Londres, 1886) e em meu próprio *Hobbes* (Oxford, 1989). A. Rogow, *Thomas Hobbes* (Nova York, 1986), oferece muita informação, mas tem de ser usado com cuidado. As notas biográficas sobre as pessoas com quem Hobbes trocou correspondência e que fazem parte de um apêndice à edição de Malcolm de *Correspondence* servem, na verdade, de andaime para qualquer biografia, e estão cheias de informações novas e interessantes. Entre os artigos úteis sobre a vida de Hobbes temos J. Jacquot, "Sir Charles Cavendish and his Learned Friends", *Annals of Science* 8 (1952); J. J. Hamilton, "Hobbes's Study and the Hardwick Library", *Journal of the History of Philosophy* 16 (1978); N. Malcolm, "Hobbes, Sandys and the Virginia Company", *Historical Journal* 24 (1981); Q. R. D. Skinner, "Thomas Hobbes and his Disciples in France and England", *Comparative Sudies in Society and History* 8 (1966) e Q. R. D. Skinner, "Thomas Hobbes and the Nature of the Early Royal Society", *Historical Journal* 12 (1969); e meu "Hobbes and Descartes" em G. A. J. Rogers e Alan Ryan, eds., *Perspectives on Thomas Hobbes* (Oxford, 1988), pp. 11-41. M. M. Goldsmith, "Picturing Hobbes's Politics?", *Journal of the Warburg and*

Courtauld Institutes 44 (1981) e Keith Brown, "The Artist of the *Leviathan* Title-Page", *British Library Journal* 4 (1978), discutem a iconografia dos livros de Hobbes. Importantes cartas relacionadas com Hobbes (de particular relevância no que se refere a *Leviatã*) podem ser encontradas em [Anon.], "Illustrations of the State of the Church during the Great Rebellion", *The Theologian and Ecclesiastic* 6 (1848).

Introduções às ideias de Hobbes

As melhores introduções gerais são provavelmente as de Richard Peters, *Hobbes* (Harmondsworth, 1956); J. W. N. Watkins, *Hobbes's System of Ideas* (2ª edição, Londres, 1973); Tom Sorell, *Hobbes* (Londres, 1986); e meu próprio *Hobbes* (Oxford, 1989). Quatro coleções de ensaios úteis no que se refere a vários aspectos do pensamento de Hobbes são K. C. Brown, ed., *Hobbes Studies* (Oxford, 1965); M. Cranston e R. Peters, eds., *Hobbes and Rousseau: A Collection of Critical Essays* (Nova York, 1972); G. A. J. Rogers e Alan Ryan, eds., *Perspectives on Thomas Hobbes* (Oxford, 1988); e Tom Sorell, ed., *The Cambridge Companion to Hobbes* (Cambridge, 1995).

As ideias científicas de Hobbes

As principais obras sobre ciência em Hobbes são F. Brandt, *Thomas Hobbes's Mechanical Conception of Nature* (Copenhagen, 1928) e A. Pacchi, *Convenzione e ipotesi nella formazione della filosofia naturale di Thomas Hobbes* (Florença, 1965). S. Shapin e S. Schaffer discutiram as disputas de Hobbes com Boyle e Wallis em *Leviathan and the Air-Pump* (Princeton, 1985), e A. E. Shapiro faz uma exposição cuidadosa da óptica de Hobbes em "Kinematic Optics: A Study of the Wave Theory of Light in the Seventeenth Century", *Archive for the History of the Exact Sciences* 11 (1973). O artigo de Terence Ball "Hobbes' Linguistic Turn", *Polity* 17 (1985), é uma discussão minuciosa das ideias de Hobbes sobre linguagem, e o de Noel Malcolm "Hobbes and the Royal Society" em Rogers e Ryan é a exposição mais recente sobre uma questão sabidamente polêmica.

As ideias éticas e políticas de Hobbes

As exposições mais notáveis e controversas das ideias de Hobbes são as de C. B. Macpherson, em sua edição de *Leviatã*, seu ensaio "Hobbes's Bourgeois Man", reimpresso em Brown, *Hobbes Studies*, e seu *The Political Theory of Possessive Individualism: Hobbes to Locke* (Oxford, 1962); Leo Strauss, em seu capítulo sobre Hobbes em *Natural Right and History* (Chicago, 1953), também reimpresso em *Hobbes Studies*, e seu antigo livro sobre Hobbes, *The Political Philosophy of Hobbes: Its Basis and Genesis* (Oxford, 1936); Michael Oakeshott, em *Hobbes on Civil Association* (Oxford, 1975) – uma coleção de seus primeiros ensaios sobre Hobbes, entre os quais se encontra sua famosa introdução a *Leviatã*; e Howard Warrender em *The Political Philosophy of Hobbes: His Theory of Obligation* (Oxford, 1957). Warrender também publicou um prático resumo de suas ideias em *Hobbes Studies* de Brown. O melhor estudo sobre a controvérsia em relação a Warrender está nessa coleção, além de Thomas Nagel, "Hobbes's Concept of Obligation", *Philosophical Review* 68 (1959) e Q. R. D. Skinner, "Hobbes's *Leviathan*", *Historical Journal* 7 (1964).

Entre as mais recentes exposições gerais das ideias de Hobbes encontram-se M. M. Goldsmith, *Hobbes's Science of Politics* (Nova York, 1966); D. D. Raphael, *Hobbes: Morals and Politics* (Londres, 1977); Miriam M. Reik, *The Golden Lands of Thomas Hobbes* (Detroit, 1977); Johann P. Sommerville, *Thomas Hobbes: Political Ideas in Historical Context* (Londres, 1992); e Richard E. Flathman, *Thomas Hobbes: Skepticism, Individuality and Chastened Politics* (Newbury Park/Londres, 1993).

Obras que tratam principalmente das ideias éticas de Hobbes são R. E. Ewin, *Virtues and Rights: The Moral Philosophy of Thomas Hobbes* (Boulder/Oxford, 1991); S. A. Lloyd, *Ideals as Interests in Hobbes's Leviathan: The Power of Mind over Matter* (Cambridge, 1992); e meu próprio artigo "Hobbes's Moral Philosophy" em Sorell, ed., *The Cambridge Companion to Hobbes*.

Algumas obras se destacam por considerar a teoria de Hobbes à luz das concepções modernas do interesse pessoal racional; entre elas encontramos David Gauthier, *The Logic of Leviathan* (Oxford, 1969); Jean Hampton, *Hobbes and the Social Contract Tradition* (Cambridge, 1986); e Gregory S. Kavka, *Hobbesian Moral and Political Theory* (Princeton, 1986).

As ideias de Hobbes sobre o Estado e a realidade concreta do governo são discutidas em Deborah Baumgold, *Hobbes's Political Thought* (Cambridge, 1988); Lucien Jaume, *Hobbes et l'état representatif moderne* (Paris, 1986); e Quentin Skinner, "The State" em Terence Ball, James Farr e Russell L. Hanson, eds., *Political Innovation and Conceptual Change* (Cambridge, 1989).

Nos últimos tempos tem despertado muito interesse a relação entre as ideias éticas e políticas de Hobbes e sua concepção da retórica. Boas exposições podem ser encontradas em David Johnston, *The Rhetoric of Leviathan: Thomas Hobbes and the Politics of Cultural Transformation* (Princeton, 1986); Tom Sorell, "Hobbes's Persuasive Civil Science", *The Philosophic Quarterly* 40 (1990) e "Hobbes's UnAristotelian Political Rhetoric", *Philosophy and Rhetoric* 23 (1990); Raia Prokhovnik, *Rhetoric and Philosophy in Hobbes's Leviathan* (Nova York, 1991); e Quentin Skinner, "'*Scientia civilis*' in Classic Rhetoric and in the Early Hobbes" em Nicholas Phillipson e Quentin Skinner, eds., *Political Discourse in Early Modern Britain* (Cambridge, 1993).

Outros artigos úteis sobre aspectos do pensamento de Hobbes incluem R. Ashcraft, "Hobbes's Natural Man", *Journal of Politics* 33 (1971); dois artigos afins de Quentin Skinner, "The Ideological Context of Hobbes's Political Thought", *Historical Journal* 9 (1966) e "Conquest and Consent: Thomas Hobbes and the Engagement Controversy" em G. E. Aylmer, ed., *The Interregnum* (Londres, 1972); do mesmo autor, "Thomas Hobbes on the Proper Signification of Liberty", *Transactions of the Royal Historical Society* 5ª Série 40 (1990); e Glenn Burgess, "Contexts for the Writing and Publication of Hobbes's Leviathan", *History of Political Thought* 11 (1990).

As ideias religiosas de Hobbes

Recentemente, têm sido publicados muitos trabalhos interessantes nessa área. O pioneiro foi J. G. A. Pocock, com "Time, History and Eschatology in the Thought of Thomas Hobbes" em seu *Politics, Language and Time* (Londres, 1972); ver também seu "Thomas Hobbes: Atheist or Enthusiast? His Place in a Restoration Debate", *History of Political Thought* 11 (1990). Entre as contribuições posteriores temos R. J. Halliday, T. Kenyon e A. Reeve, "Hobbes's Belief in God", *Political Studies* 31 (1983); Alan Ryan, "Hobbes, Toleration, and the Inner Life" em D. Miller, ed., *The Nature of Political Theory* (Oxford, 1983) e "A More Tolerant Hobbes?" em Susan Mendus, ed., *Justifying Toleration* (Cambridge, 1986); Edwin Curley, "'I Durst Not Write So Boldly': How to Read Hobbes's Theological-Political Treatise" em E. Giancotti, ed., *Proceedings of the Conference on Hobbes and Spinoza* (Urbino, 1988); David Johnston, "Hobbes and Mortalism", *History of Political Thought* 10 (1989); A. P. Martinich, *The Two Gods of Leviathan: Thomas Hobbes on Religion and Politics* (Cambridge, 1992); e alguns artigos meus relacionados ao tema, "The Christian Atheism of Thomas Hobbes" em M. Hunter e D. Wootton, eds., *Atheism from the Reformation to the Enlightenment* (Oxford, 1992) e "The Civil Religion of Thomas Hobbes" em Nicholas Phillipson e Quentin Skinner, eds., *Political Discourse in Early Modern Britain* (Cambridge, 1993).

Notas biográficas e referências

Tenho uma enorme dívida com o Dr. Ian Harris, do Jesus College Cambridge e Leicester University, pela sua ajuda com as entradas relacionadas a personagens bíblicos (marcados com um asterisco), embora seja minha qualquer responsabilidade por eventuais erros nestas notas.

* AARÃO. Irmão mais velho de MOISÉS e líder espiritual dos judeus sob seu comando. Também aparece na Bíblia como porta-voz de Moisés (Ex 7.1), e Hobbes o descreve como consagrado ou subordinado a Moisés.

* ABDIAS. Profeta que aparece no Livro de Abdias do Antigo Testamento. Nada se sabe sobre ele diretamente, mas Hobbes (contrariando a tradição talmúdica) identifica-o com o levita que levava esse nome e que supervisionou a reconstrução do templo na época de JOSIAS.

* ABIATAR. Filho do sacerdote Abimelec e com ele sacerdote em Nob, perto de Jerusalém (c. 1000 a.C.). Posteriormente, foi um dos conselheiros e sacerdotes de Davi (provavelmente o sumo sacerdote). No fim do reinado de Davi (c. 970 a.C.) conspirou contra Salomão e perdeu seu cargo.

* ABIMELEC. Rei de Gerar na Palestina no tempo de Abraão, em cuja corte Abraão tentou fazer Sara (sua esposa) passar por sua irmã.

* ABNER. Primo de Saul, que fez dele "chefe de seu exército". Inicialmente não apoiou Davi para a sucessão, mas foi derrotado; ofereceu entregar Israel a Davi, mas foi assassinado antes.

* ABRAÃO. Ancestral dos judeus, migrou por volta de 1900 a.C. de Ur para Canaã. Foi o fundador da religião judaica monoteísta e supõe-se que Deus lhe tenha concedido revelações especiais por meio de visões.

* ACÃ. Da tribo de Judá, cometeu roubos na tomada de Jericó por Josué, violando, assim, um interdito sacrificial (c. 1240 a.C.). Ele e sua família foram apedrejados até a morte depois que o roubo foi descoberto por meio de um sorteio.

* ACAB. Sétimo rei de Israel (874-853 a.C.) e marido de Jezebel. Jezebel estimulou falsos profetas e perseguiu a verdadeira religião.

* ADÃO. O primeiro homem, posteriormente expulso do paraíso depois de comer o fruto da árvore do conhecimento.

ADRIANO, papa. Papa Adriano IV, papa de 1154 a 1159, seu nome de nascença era Nicholas Breakspear e foi o único inglês a se tornar papa. Foi abade de St. Albans de 1137 a 1146 e bispo de Albano de 1146 a 1154. O incidente a que Hobbes se refere na p. 577 ocorreu em 1155, quando o imperador FREDERICO I, na sua primeira visita a Roma, concordou (depois de uma recusa inicial) em desempenhar a função de escudeiro do papa segurando seu estribo.

* AGAG. Rei de Amalec, que foi poupado por SAUL, contrariando uma ordem de Deus. Então SAMUEL o assassinou, declarando que Deus o autorizara a fazê-lo; teria sido este o momento em que Saul foi repudiado por Deus.

* AGAR. Criada de Sara, esposa de ABRAÃO.

* AGEU. Ageu e ZACARIAS foram os primeiros dois profetas depois do retorno do exílio em 537 a.C. Suas profecias datam do período posterior ao cativeiro, embora Hobbes pensasse que elas foram feitas durante o exílio.

AGOSTINHO, Santo (354-430). O maior padre latino, professor de retórica até se tornar cristão, em 387. Bispo de Hípon

Notas biográficas e referências

a partir de 395, escreveu longamente contra as heresias cristãs. Hobbes cita (pp. 524-5) seu *Enarratio in Psalmum XXXVII* (J. P. Migne, *Patrologia Latina* xxxvi, col. 397).

* AGUR. Conhecido apenas como filho de Jaque e autor de parte do Livro dos Provérbios do Antigo Testamento.

* AÍAS. Profeta de Silo, que protestou contra a idolatria de Salomão e acertou na profecia da carreira de JEROBOÃO.

ALEXANDRE. (356-323 a.C.). Alexandre, o Grande, rei da Macedônia. Filho do rei Filipe da Macedônia, foi educado por ARISTÓTELES. Sucedeu no trono em 336 a.C. e, liderando um exército grego combinado, derrotou os persas em 334. Marchou então sobre todo o Império Persa, criando um incrível império próprio, que se estendia da Grécia até o Punjab; mas, com sua morte repentina depois de um banquete na Babilônia, seus territórios foram divididos entre seus generais.

* AMASIAS. Rei de Judá (796-767 a.C.), venceu os edomitas seguindo as palavras de Deus, mas foi derrotado quando passou a adorar ídolos.

AMBRÓSIO, Santo (*c.* 339-97). Nascido em Trier, filho do prefeito da Gália; em 369 foi nomeado governador da Itália do Norte com o título de cônsul. Seu sucesso no trato das disputas religiosas na província levou-o a ser eleito bispo de Milão. Como bispo, excomungou o imperador Teodósio pelo massacre dos insurretos tessalonicenses.

AMIANO MARCELINO (*c.* 330-90). Historiador de Roma, nasceu na Antióquia, filho de pais gregos. Escreveu em latim uma história do Império Romano; a parte dela que chegou até nós abrange os anos de 353-78. Hobbes (p. 447) cita uma passagem da História (XXVII.3.12-13) que relata a luta entre DÂMASO e URSICINO numa eleição papal em 366.

* AMÓS. Autor de um dos livros da Bíblia, provavelmente no século VIII a.C. Proclamou o juízo de Deus sobre Judá e Samaria, tendo sido chamado por Deus a pregar em seu nome.

* ANANIAS. Seguidor de Jesus em Damasco, que ajudou PAULO na sua conversão e transmitiu-lhe a comissão de Cristo.

ANDRÔMEDA. Filha do rei da Etiópia no mito grego, deveria ser sacrificada a um monstro do mar, mas foi salva pelo herói Perseu.

APOLO. Deus grego das artes e da lei civil.

ARISTIDES (morreu em 468 a.C.). Político ateniense, apelidado "o Justo". Foi arconte em 489 a.C., mas (pela rivalidade de outro político, Temístocles) foi punido com ostracismo e banido numa data entre 485 e 482. Regressou do exílio depois da batalha de Salamina, tornando-se figura de destaque na política ateniense.

ARISTÓTELES (384-324 a.C.). Um dos dois principais filósofos gregos, foi aluno do outro, PLATÃO, e preceptor de ALEXANDRE, o Grande. Sua filosofia baseava-se numa extensa crítica de Platão e foi alvo de certo desfavor num momento posterior da Antiguidade; no entanto, a redescoberta de muitas de suas obras na Europa ocidental nos séculos XI e XII forneceu a base para grande parte da filosofia medieval sofisticada, conhecida como "escolástica". Em Oxford, Hobbes estudou profundamente as obras de Aristóteles, mas sentia uma violenta aversão a elas, como muitos de sua geração. Em *Leviatã* ele faz referência às seguintes obras: *De Anima* 432a ("*species sensivel*" – embora, como Hobbes reconhece, a teoria medieval posterior da visão elabora de modo considerável passagens como essa) (p. 16-7); *Política* 1254a13-1255a5 (escravidão) (p. 132); *Política* 1253a6 (abelhas) (p. 145); *Política* 1317a40 (democracia e liberdade) (p. 184); *Política, Ética e Metafísica* (p. 557); *Metafísica* (pp. 558-9); *Física* 255b14 (gravidade) (p. 564); e *Política* 1284a35-1285b33 (tirania) (pp. 567-8).

AUGUSTO (63 a.C.-14 d.C.). Primeiro imperador romano, era filho da sobrinha de Júlio CÉSAR. Assumiu o poder durante as lutas militares que se seguiram ao assassinato de César, que fizera dele seu herdeiro, em 44 a.C. Em 42, ele e seu aliado Antonio derrotaram BRUTUS e Cássio em Filipos, e em 31, venceu a frota de Antonio e Cleópatra, rainha do Egito, em Ácio. De 29 em diante fortaleceu sua posição de príncipe ou imperador, ocupando todos os cargos mais importantes da república.

Notas biográficas e referências

* AZARIAS. Nome com que Hobbes se refere ao rei Ozias, um hábil e enérgico chefe de Judá (c. 791-740 a.C.).

* BAAL. Termo geral que designa a principal divindade adorada pelas comunidades pré-israelitas de Canaã, e um constante desafio para a religião hebraica.

* BALAÃO. Profeta de Moab (Jordão), nos séculos XII e XI a.C., profetizou a futura grandeza de Israel, mas mais tarde tentou atrair os israelitas para o culto de Baal e foi morto por eles.

* BARNABÉ. Cognome de José, um dos primeiros missionários cristãos. Era muito ligado a Paulo. Existe uma epístola apócrifa de Barnabé, provavelmente datada do século II.

BECKET, Thomas I (1118-70). Em 1155 tornou-se chanceler do rei HENRIQUE II e, em 1166, arcebispo de Cantuária. Tornou-se um crítico severo da atitude régia em relação à Igreja e foi forçado a se exilar por cinco anos de seu bispado em 1165. Ao retornar, em 1170, foi assassinado em dezembro por quatro cavaleiros na catedral de Cantuária, supostamente por ordem de Henrique II. O rei fez penitência pública pelo assassinato, e Becket foi canonizado em 1172.

BEDA. O Venerável Beda (c. 673-735) nasceu perto de Monkwearmouth, no condado de Durham, e viveu no antigo reino de Nortúmbria durante toda a vida, tornando-se monge no duplo monastério de Jarrow-Monkwearmouth. Foi o principal escritor da Inglaterra anglo-saxã, produzindo muitos comentários bíblicos e outras obras, bem como sua famosa *Ecclesiastical History of the English People*. Hobbes faz referência (p. 571) às suas observações sobre fantasmas em *History* v. 12.

BELARMINO, Roberto (1542-1621). Nasceu perto de Siena, ingressou para a ordem dos jesuítas em 1560 e teve uma carreira acadêmica brilhante, que culminou na reitoria do Collegio Romano em 1592. Foi nomeado cardeal em 1599 e arcebispo de Cápua em 1602. Dedicou-se à produção de uma defesa enciclopédica da Igreja Católica contra os protestantes, as *Disputationes de Controversiis Christianae Fidei Adversus Huius Temporis*

Haereticos (1581-92), e foi também um dos principais propagandistas contra Jaime I da Inglaterra quando o rei instituiu um Juramento de Fidelidade que discriminava os súditos católicos. Foi também um dos principais alvos de Hobbes na parte III do *Leviatã* (pp. 461 ss.), na qual Hobbes atacava a terceira parte das *Disputationes, Tertia Controversia Generalis de Summo Pontifice Disputationes* (Ingolstadt, 1590 I col. 582 ss.). Além desta, existem as seguintes referências a ele: (p. 416) *Tertia Controversia* (*ibid.*, I col. 596) e (p. 524) *Sexta Controversia* (*ibid.*, col. 1779-85).

* BELZEBU. No Novo Testamento, os fariseus acusaram Jesus de exorcizar demônios por "Belzebu, príncipe dos demônios".

BERNARDO, São (1090-1153). Nascido na Borgonha, ingressou na Ordem Cisterciense em 1113 e se tornou abade de Clairvaux em Champagne em 1115. Foi escritor e professor muito influente, tendo reformado o ramo dos cistercienses a que pertencia; foi canonizado em 1174. Hobbes faz referência (p. 571) a suas ideias sobre fantasmas, que se encontram em seus *Sermones de Diversis* XLII e em seus *Sermones in Cantica* LXVI (J. P. Migne, *Patrologia Latina* clxxxiii, col. 663--4 e 1100).

BEZA, Theodore (1519-1605). Nascido na Borgonha, recebeu formação humanista e se converteu ao calvinismo em 1549. Em 1559 tornou-se professor de teologia em Genebra, e o principal colaborador de Calvino. Traduziu o Novo Testamento para o latim, com notas que Hobbes cita como segue: (p. 516) *Annotationes Maiores in Novum Dn. Nostri Iesu Christi Testamentum* (1594), p. 199 [Mc 9.1] e (p. 531) *ibid.,* p. 458 [At 2.24].

BRUTO, Marco Júnio (*c.* 86-42 a.C.). Político romano, começou como opositor de CÉSAR, mas depois trocou de lado e o apoiou. No entanto, foi um dos assassinos de César e foi posteriormente derrotado por AUGUSTO em Filipo, onde cometeu suicídio.

CADMO, filho de Agenor, rei da Fenícia. Conforme a lenda grega, foi o fundador e primeiro rei de Tebas, sendo atribuída a ele a invenção do alfabeto grego (que, na verdade, baseava-se no alfabeto fenício).

* CAIFÁS. Cognome de José, sumo sacerdote na época do julgamento de JESUS.

CALÍGULA (12-41). Filho do sobrinho do imperador Tibério, assumiu, com a morte do pai em 19, o lugar deste como herdeiro legitimário do imperador. Sucedeu a Tibério logo depois da morte deste em 37, mas teria enlouquecido oito meses depois de herdar o trono. Depois de quatro anos de incríveis e insanos excessos, foi morto por seus guarda-costas.

CARACALA (188-217). Filho do imperador Sétimo Severo. Com a morte deste, ele e o irmão dividiram o trono em 211. Em seguida, Caracala mandou matar o irmão e muitos outros políticos, mas foi assassinado seis anos depois pelo chefe da guarda pretoriana. Foi ele, no entanto, que deu a todos os homens livres do império o título e os direitos de cidadãos romanos.

CARLOS MAGNO (742-814). Filho mais velho do rei dos francos, Pepino, o Breve, sucedeu ao pai como rei em 768. Seguiram-se trinta anos de extenuantes campanhas, por meio das quais estendeu os limites do poderio franco do Ebro até o Elba; no dia de Natal de 800 foi coroado imperador dos romanos pelo papa Leão III na Basílica de São Pedro.

CARNÉADES (214-129 a.C.). Famoso filósofo grego, cujas obras, no entanto, em sua grande maioria se perderam. Foi o principal céptico de sua geração e transformou a escola filosófica fundada por PLATÃO (a Academia) no centro do cepticismo. Em 155 visitou Roma numa missão diplomática onde proferiu palestras que incluíam a demonstração de que não existem bases fundamentadas para uma teoria da justiça; em protesto, o político romano CATÃO mandou expulsá-lo da cidade.

CARONTE. O barqueiro que levava as almas dos mortos para o outro lado do Estige na mitologia grega, sendo pago com um óbolo (a moeda de menor valor) colocado na boca dos mortos antes do enterro.

CATÃO, Marco Pórcio, "o Censor" (232-147 a.C.). Político e general romano, que liderou a luta política e militar contra

Cartago. Em 155 protestou contra as palestras de CARNÉADES e mandou afastá-lo de Roma.

CATILINA (Lucius Sergius Catilina, c. 109-62 a.C.). Político romano, iniciou uma insurreição em 63, depois de perder a eleição consular para CÍCERO. Cícero liderou a ofensiva para abafar o levante com suas famosas catilinárias, e Catilina foi derrotado e morto numa batalha perto de Pistoia.

CÉRBERO. Cão de várias cabeças na mitologia grega a quem se atribui a função de guardar a entrada do mundo subterrâneo de Hades, no lugar onde Caronte depositava as sombras dos mortos depois de cruzar o Estige.

CERES. Deusa romana dos grãos e da fertilidade.

CÉSAR, Júlio (102-44 a.C.). Homem a quem se atribui a destruição da república romana, César foi seu general mais bem-sucedido e um importante político de 70 a 50 a.C. Seu sucesso despertou rivalidades, sobretudo de POMPEU, e levou a uma guerra civil que terminou com a morte de Pompeu em 45 a.C. Embora César tivesse recusado a coroa real em 44, seu imenso poder pessoal assustava aqueles que eram leais à república (entre eles CÍCERO e BRUTO), e acabou provocando seu assassinato nos idos (décimo quinto dia) de março de 44.

CHILPERICO. Erro de Hobbes para Childerico III, o último rei merovíngio dos francos. Coroado em 743, foi deposto em 751 por Pepino, o "prefeito do palácio". Pepino dirigiu uma famosa questão ao papa ZACARIAS indagando se tal ato era permitido, e o julgamento do papa foi favorável.

CÍCERO, Marco Túlio (106-43 a.C.). De 81 em diante Cícero foi uma das principais figuras da república romana, atuando como questor e político, e também como filósofo. Cônsul em 63, reprimiu a conspiração catilinária, e nos anos seguintes tentou (sem muito sucesso) preservar as instituições da república contra o crescimento do "cesarismo". Depois do assassinato de CÉSAR emergiu como líder do partido republicano, mas foi proscrito e morto pela oposição sob o comando de AUGUSTO e Antonio. Até hoje, seus escritos constituem o *corpus* de literatura latina mais importante e serviram de cânon de

Notas biográficas e referências

correção da linguagem. Seu *De Officiis* (um tratado moral geral) foi sua obra mais influente na Idade Média e Renascimento, e evidentemente Hobbes sabia disso muito bem; mas suas citações de Cícero referem-se basicamente a seus discursos. São eles: *De Oratore* II.102.5 (p. 138); *Pro Caecina* 73 e 70 (p. 211); *Pro Caecina* 100 (p. 268); *De Divinatione* 119 (p. 557); e *Pro Milone* 32 (p. 572).

CIPIÃO AFRICANO, Publius Cornelius (234-c. 183 a.C.). Principal general na guerra dos romanos contra os cartagineses, derrotou Aníbal em Zama, na África, em 202. Na velhice foi um importante político, mas retirou-se depois de um escândalo de propinas em 184.

CIPRIANO, São (Thascius Caecilius Cyprianus, c. 200-58). Nascido no norte da África, lecionou retórica e depois tornou-se cristão e importante escritor latino sobre assuntos da Igreja; foi martirizado na época do imperador Valeriano. Hobbes faz referência (p. 478) às suas ideias sobre o primado de Roma, contidas principalmente na sua carta a Cornélio (J. P. Migne, *Patrologia Latina* III col. 818-19).

CLEMENTE I. Considerado atualmente o segundo ou terceiro sucessor de PEDRO como bispo de Roma. Atribuiu-se a ele a compilação de um conjunto de Constituições e Cânones apostólicos, agora avaliados como espúrios; uma carta, datada de *c.* 95, é o único produto genuíno de sua autoria. As Constituições e Cânones a que Hobbes se refere (pp. 326 e 442) encontram-se em J. P. Migne, *Patrologia Graeca* I col, 557-1156 e II col. 1605-12.

CLUVERIUS (Cluvier), Philip (1580-1623). Nascido em Danzig, estudou na Universidade de Leiden onde mais tarde lecionou. Também passou algum tempo em Oxford na segunda década do século XVII. Foi um geógrafo famoso; Hobbes faz referência (p. 83) a seu *Germania Antiqua Libri Tres* (Leiden, 1616).

COKE, sir Edward (1552-1634). Jurista inglês, ganhou fama e reputação através dos grandes escritórios de advocacia no tempo de ISABEL e JAIME I e se tornou presidente do Superior Tribunal de Justiça em 1613. Brigou com o rei e foi destituído do cargo em 1617; manteve-se na oposição à Coroa (particularmente nos Parlamentos dos anos 1620) até sua morte. Suas principais obras são seus *Reports*, publicados de 1600 até 1615, e suas *Institutes* (quatro obras publicadas entre 1628 e 1644), a primeira das quais consistia num comentário sobre o manual da Idade Média tardia sobre títulos de posse de sir Thomas Littleton. Hobbes faz referência a essa obra, pelo nome, em dois lugares, e sem nomeá-la num lugar, como segue: *The First Part of the Institutes of the Lawes of England* (2ª ed., Londres, 1629), p. 16r (I.1.8) (p. 125); *ibid.*, p. 97v (II.6.138) (p. 230); e *ibid.*, p. 373r (III.12.709) (p. 237).

CONSTANTINO (Flavius Constantinus, 274-337). Filho ilegítimo do imperador Constâncio I, foi proclamado imperador pelo exército em York depois da morte do pai. Uma complexa luta contra outros pretendentes terminou em 312 com a vitória de Constantino na batalha da ponte Mílvia, que ficava nove milhas ao norte de Roma. Aparentemente em consequência de uma visão que teve na véspera da batalha, converteu-se ao cristianismo e, em 313, promulgou a tolerância aos cristãos no império; em 324, o cristianismo tornou-se a religião oficial. Presidiu o Concílio de Niceia em 325, no qual tentou pôr fim ao conflito entre os cristãos arianos (que negavam a identidade de Cristo com Deus) e seus oponentes – que Constantino apoiava. Na Idade Média acreditava-se que ele tinha sido batizado pelo papa SILVESTRE em 326 e transferido o poder sobre Roma para o papa, mas tal fato já foi questionado no Renascimento e sabe-se agora que é inverídico.

* CORÉ. Coré, junto com Datã e Abiram, rebelou-se contra MOISÉS e AARÃO pelo fato de eles terem se elevado sobre os outros israelitas e se arrogado o sacerdócio. Foram tragados pela terra e consumidos pelo fogo.

* CRISPO. Crispo, Caio e Estéfanas eram cidadãos de Corinto e contavam entre os judeus batizados por PAULO.

DÂMASO. Papa de 366 a 384, cuja eleição disputada é relatada em AMIANO MARCELINO.

Notas biográficas e referências

* DANIEL. O quarto do grandes profetas (605-535 a.C.), cuja carreira é descrita no Livro de Daniel. Aprisionado por Nabucodonosor na Babilônia, ganhou notoriedade como intérprete de sonhos. Profetizou o futuro triunfo de Israel.

* DAVI. Rei de Israel (1010-970 a.C.). Quando garoto matou o gigante filisteu Golias e mais tarde depôs SAUL, o rei de Israel, sem provocar a ira de Deus. É considerado autor dos Salmos e ancestral de Jesus. Tramou a morte de Urias, o hitita, um de seus comandantes, depois de cometer adultério com a mulher dele.

DIOCLECIANO (Caius Aurelius Valerius Diocletianus, 245--313). Soldado profissional, foi proclamado imperador por suas tropas em 284. Reorganizou o império (incluindo uma tentativa fracassada de congelar todos os preços em 301); também instituiu uma severa perseguição aos cristãos em 303. Abdicou em 305 e viveu em seu grande palácio em Split (Iugoslávia) até a morte.

DOMICIANO (Titus Flavius Domitianus, 51-96). Filho mais jovem do imperador Vespasiano, sucedeu a seu irmão mais velho, Tito, em 81. Uma revolta das legiões da Germânia superior em 88-9 levou-o a suprimir qualquer possível oposição a seu mando da maneira mais selvagem; baniu seu primo suspeito de ser cristão, mas, como vingança, foi morto no leito por um dos escravos libertados de seu primo.

* EFRAIM. Segundo filho de José (*c.* 1700 a.C.), abençoado por Jacó doente com a mão direita, indicando assim a futura prosperidade dos descendentes de Efraim.

EGÉRIA. Ninfa de um rio nos arredores de Roma, dizem que foi amante do rei NUMA e teria inspirado a organização por parte dele da religião romana.

* ELEAZAR. Terceiro filho de AARÃO e, como seu pai e irmãos, sacerdote. Auxiliou MOISÉS num recenseamento e levantamento de terras.

* ELIAS. Profeta de Israel do século IX e oponente dos adoradores de Baal, sobretudo de Jezebel, esposa de ACAB. Acabou sendo transportado para o céu.

* ELISEU. Profeta de Israel do século IX, respeitado por seus conselhos tanto pelo povo como pelos reis (ver NAAMAN).

* ENOQUE. Filho de Jared, pai de Matusalém e bisavô de Noé, era membro da linhagem de Sete (terceiro filho de Adão) através da qual o conhecimento de Deus foi preservado. Como Elias, foi levado ao céu sem morrer.

ÉOLO. Senhor dos ventos na mitologia grega e romana; sua morada tradicional era Lípara, nas Ilhas Eólias.

* ESDRAS ou EZRA. Enviado a Jerusalém pelo rei da Pérsia em 458 a.C. para reforçar a observância uniforme da lei judaica e fazer indicações para cargos públicos. Sua missão é o tema do Livro de Esdras do Antigo Testamento.

* ESTER. Esposa de Xerxes, rei da Pérsia (485-465 a.C.), arriscou a vida para servir os judeus dentro do Império Persa e sugeriu-lhes massacrar seus inimigos. Sua história é relatada no Livro de Ester.

* ESTÊVÃO, Santo. Um dos sete escolhidos pelos discípulos depois da ressurreição para dar assistência às viúvas da Igreja, para que os apóstolos estivessem livres para levar a cabo sua peculiar missão de pregar o evangelho. Brigou com alguns judeus e foi apedrejado até a morte.

* EVA. A primeira mulher, esposa de ADÃO, e a causa da queda do homem depois de apanhar o fruto proibido.

* EZEQUIAS. Um dos ilustres reis de Judá, reinou no final do século VIII a.C. Reformou e purificou a religião judaica e liderou uma rebelião vitoriosa contra os assírios.

* EZEQUIEL. Profeta e suposto autor do Livro de Ezequiel do Antigo Testamento, era um dos chefes de uma ordem de sacerdotes e foi deportado para a Babilônia quando aquele estado dominou Israel (593-570 a.C.).

* FILIPE. (1) O apóstolo é o quinto nas listas do Novo Testamento, mas não se encontram muitas menções a ele. (2) Um dos sete escolhidos para oficiais ou "diáconos" da Igreja Cristã de Jerusalém. Depois do martírio de ESTÊVÃO, foi missionário na Samaria.

Notas biográficas e referências

FÍLON (c. 15 a.C.-?). Escritor judeu, nascido em Alexandria, escreveu muitas obras em grego tanto sobre filosofia grega como sobre judaísmo. Em 40 d.C. fez parte de uma missão encarregada de protestar perante CALÍGULA contra uma ameaça de profanação do templo em Jerusalém.

FORMIÃO (Formão). Comandante de esquadra ateniense que derrotou a frota peloponesa em 429 a.C.

FREDERICO I, o "Barba Roxa" (c. 1123-90). Sucedeu ao pai como duque de Suábia em 1147 e ao seu tio como imperador em 1152. Subjugou tanto os príncipes da Alemanha como as cidades-estado italianas e liderou a terceira cruzada contra Saladino. Um conflito com o papado terminou em acordos em 1183; mas, em 1155, concordou com relutância em servir de escudeiro do papa na entrada de Roma (ver ADRIANO).

* GABRIEL. Um dos dois anjos mencionados na Bíblia (o outro é MIGUEL). No Antigo Testamento ele é o anjo da punição e guardião do paraíso, ao passo que no Novo Testamento consta sobretudo como mensageiro.

* GEDEÃO. Filho de Joás, foi o juiz que libertou Israel dos medianitas (1169-1129 a.C.). Foi convocado a fazê-lo por um anjo do Senhor.

GODOLPHIN, Francis e Sidney. Eram filhos do proprietário de Godolphin na Cornualha. Sidney (1610-43) era realista, membro do parlamento em 1628 e 1640, e também poeta de certa nota. Abandonou o parlamento em 1642 para se juntar ao exército do rei na Cornualha e foi morto numa escaramuça em Devon em fevereiro de 1643. Deixou uma doação de £200 para Hobbes, que fora seu amigo antes da guerra, e, em sua memória, Hobbes dedicou o *Leviatã* a seu irmão Francis (1605-67), governador realista das Ilhas Scilly durante a guerra até entregá-las em 1646. Fez um acordo para preservar suas propriedades e viveu tranquilamente na Inglaterra até a Restauração, quando foi nomeado Cavaleiro da Ordem de Bath.

GRACO, Caio e Tibério. Tibério (168-134 a.C.) foi um político romano, tribuno do povo em 133, que acreditava que os problemas sociais de Roma poderiam ser resolvidos por meio de uma reforma agrária e a divisão e redistribuição das grandes propriedades. Apresentou um projeto de lei nesse sentido, mas a medida sofreu oposição da aristocracia, e ele foi assassinado por um nobre. Seu irmão mais novo, Caio, foi eleito tribuno em 123 e 122, e tentou levar adiante o projeto de Tibério mas também enfrentou oposição; cometeu suicídio em 121, depois de um tumulto e o massacre de seus partidários.

GREGÓRIO I, II e IX, papas. Gregório I (c. 540-604), "o Grande", nasceu em Roma e se tornou pretor, antes de abdicar e ingressar num monastério. Foi eleito papa em 590 e se empenhou em reorganizar a Igreja (chegando a entregar a Agostinho a missão de converter a Inglaterra). Escreveu várias obras teológicas; Hobbes faz referência a suas ideias sobre fantasmas (p. 571), contidas em *Dialogorum Libri IV*, IV.55, (J. P. Migne, *Patrologia Latina* lxxvii, col. 421). Gregório II (669-731) também era romano, foi eleito papa em 715 e expandiu o poder do papado na Itália às expensas dos imperadores romanos, que na época residiam no Oriente. Tanto Gregório I como Gregório II enfatizavam em seus pronunciamentos públicos que o poder temporal tinha de estar a serviço do poder espiritual, representando pelo pontífice. Gregório IX (1148--1241), papa a partir de 1227, também reivindicou a supremacia do poder papal contra o imperador Frederico II; escreveu uma coleção de Decretais que Hobbes cita na p. 508, numa passagem sobre Inocêncio III (*Decretales D. Gregorii Papae IX*, V.7.13, por exemplo, em *Corpus Iuris Canonici* (Paris, 1618), p. 686).

GUILHERME I, o Conquistador (1027-87). Filho bastardo do duque da Normandia, sucedeu ao pai como duque em 1035. Em 1051, seu primo Eduardo, o Confessor, prometeu-lhe a sucessão ao trono inglês, promessa que fez valer em 1066 conquistando a Inglaterra. Organizou na Inglaterra uma hierarquia feudal mais rígida do que a que existia até então, em que todas as províncias estavam, em última instância, submetidas ao rei.

Notas biográficas e referências

GUILHERME II, Rufus (1066-1100). Segundo filho sobrevivente de GUILHERME, o Conquistador, herdou a Inglaterra com a morte do pai em 1087, ao passo que seu irmão mais velho, Roberto, herdou a Normandia. Os nobres normandos da Inglaterra apoiavam Roberto para rei da Inglaterra, mas Guilherme ofereceu-lhes vários privilégios em troca de apoio à sua acessão. Depois de anos de conflitos com a Igreja e com seu irmão, foi morto por uma flecha quando caçava em New Forest.

* HABACUC. Autor do Livro de Habacuc, sobre quem nada se sabe com certeza.

* HASABIAS. Um dos hebronitas a serviço de Davi.

HENRIQUE II, rei da Inglaterra (1133-89). Filho do conde de Anjou, ascendeu ao trono da Inglaterra em 1154 graças à sua mãe, filha de Henrique I. Restabeleceu a autoridade monárquica depois da "Anarquia" subsequente à morte de seu avô, e ao morrer tinha consolidado o império dos dois lados do canal da Mancha. Indicou BECKET para arcebispo de Cantuária, mas rompeu com ele e acabou tendo de se penitenciar por seu assassinato.

HENRIQUE III, rei da França (1551-89). Filho de Henrique II da França, sucedeu ao seu irmão Carlos IX como rei em 1575. Em seu reinado assistiu-se a uma prolongada guerra civil entre católicos e protestantes, durante a qual os católicos, liderados pelo duque de Guise, formaram uma liga santa para defender sua causa. Em 1588 Guise foi assassinado; Henrique juntou-se ao líder dos protestantes, Henrique de Navarra (mais tarde Henrique IV, e pai da rainha Henriqueta Maria da Inglaterra), e marcharam sobre Paris, mas Henrique III foi apunhalado e morto por um católico em 1589.

HENRIQUE VIII, rei da Inglaterra (1491-1547). Filho de Henrique VII, ascendeu ao trono em 1509. A uma brilhante carreira quando jovem rei seguiu-se a luta com o papado de 1527 em diante por causa de sua intenção de repudiar sua primeira mulher, Catarina de Aragão, e desposar Ana Bolena.

Em 1534 rompeu definitivamente com Roma, e o parlamento votou um ato nomeando-o chefe supremo da Igreja Anglicana; uma série de outras medidas se seguiram, incluindo a dissolução dos monastérios. Depois de Ana Bolena ser executada por traição, Henrique continuou tentando ter um herdeiro saudável do sexo masculino; quando morreu tinha-se casado seis vezes mas só tivera duas filhas (Maria e ISABEL) e um filho doentio (mais tarde, Eduardo VI).

HÉRCULES. Herói da mitologia grega, famoso por sua enorme força – exemplificada na história de seus "doze trabalhos", nos quais derrotou vários inimigos bizarros.

HESÍODO. Poeta grego da Antiguidade, que (provavelmente) viveu no final do século VIII a.C. na Beócia. É o autor de um longo poema sobre as atividades rurais e da *Teogonia*, poema que sistematiza as lendas dos deuses.

* HILKIAS. Sumo sacerdote no reinado de Josias (640-610 a.C.), que redescobriu o livro da lei durante a restauração do templo. Posteriormente, fez parte de uma delegação que foi consultar Holda, a profetisa, para saber o que Deus queria que fosse feito com o livro; também ajudou Josias a implantar a reforma religiosa.

HIPÉRBOLO. Político ateniense, que se tornou impopular por ter tentado condenar ao ostracismo dois importantes generais durante a Guerra do Peloponeso. Como retaliação, ele mesmo foi condenado ao ostracismo; segundo ARISTÓTELES (*Política* 1284a), este foi considerado um uso tão deturpado da punição que ela nunca mais foi usada.

* HOLDA. Profetisa e esposa do roupeiro do rei JOSIAS, foi consultada sobre a autenticidade do livro da lei descoberto por HILKIAS. Ela o aceitou como palavra divina e também profetizou a destruição de Jerusalém depois da morte de Josias.

HOMERO. Grande poeta grego, viveu (provavelmente) entre 810 e 730 a.C. na parte ocidental da Ásia Menor. Na Antiguidade tardia foi descrito como cego. Atribui-se a ele a autoria da *Ilíada* e da *Odisseia*; as duas obras foram traduzidas para o inglês por Hobbes na velhice.

INOCÊNCIO III, papa (1160-1216). Nasceu em Anagni, foi eleito papa em 1198. Tentou impor a superioridade papal sobre a maioria dos governantes da Europa Ocidental, inclusive sobre o imperador (conseguiu que Oto IV fosse deposto) e o rei da Inglaterra (excomungou o rei João quando este se recusou a reconhecer seu indicado para arcebispo da Cantuária). Presidiu o IV Concílio de Latrão em 1215, cujas decisões sobre heresia Hobbes cita na p. 508 a partir dos *Decretais* de Gregório IX (ver GREGÓRIO IX).

* ISAAC. Filho de ABRAÃO e Sara, e ancestral dos israelitas. Nasceu quando seus pais já eram muito idosos. Quando criança foi oferecido em sacrifício por Abraão mas sobreviveu, selando assim a aliança de Deus com Abraão. Era o pai de Esaú e JACÓ.

ISABEL, rainha da Inglaterra (1533-1603). Filha de HENRIQUE VIII e de Ana Bolena, sucedeu a sua irmã Maria em 1558. Restabeleceu o protestantismo depois da reação católica de Maria à reforma de seu pai; sua decisão em relação à Igreja foi considerada no século XVII como a fundação da Igreja Episcopal da Inglaterra. Em 1570, o papa Pio V a excomungou e dispensou seus súditos do Juramento de Fidelidade a ela; iniciou-se assim uma prolongada batalha em duas frentes: contra os católicos em casa e contra o império espanhol no estrangeiro (culminando com a famosa Armada de 1588). Nos anos subsequentes foi também objeto de hostilidade por parte dos puritanos da Inglaterra, que desejavam instaurar uma forma mais calvinista de governo da Igreja.

* ISAÍAS. Profeta de sangue real, segundo a tradição judaica, viveu nos reinados de Ozias, Joatão, Acaz e EZEQUIAS (segunda metade do século VIII a.C.). Costumava ser muito crítico em relação aos reis, e no Livro de Isaías diz-se que Ezequias sofreu infortúnio depois que Isaías o castigou.

* JACÓ. Filho de ISAAC e ancestral dos judeus (c. 1800 a.C.). Obteve a posição de herdeiro de Isaac suplantando seu irmão Esaú; fugindo da ira de Esaú, teve a visão de uma escada que levava do céu para a terra em cujo topo encontrava-se o Deus de sua família – confirmação da aliança de Deus com ABRAÃO. Teve muitas aventuras no exílio, e em todas elas Deus o protegeu. Acabou adotando os dois filhos de seu filho mais novo, José, e preferiu, na sucessão, o mais novo ao mais velho. Deles descendem as tribos de EFRAIM e MANASSÉS.

JAIME I, rei da Inglaterra (1566-1625). Filho de Maria Stuart, rainha da Escócia, sucedeu ao trono escocês depois de sua abdicação em 1569, como Jaime VI. Com a morte de ISABEL em 1603 tornou-se rei da Inglaterra. No começo de seu reinado entrou em conflito com os católicos (a quem obrigou a fazer um Juramento de Fidelidade ao soberano, renunciando à sua lealdade ao papa) e com os puritanos (a cujos ataques ao governo da Igreja Episcopal ele resistiu). Escreveu sobre teologia e também ensaios sobre vários outros temas polêmicos.

* JAQUE. Pai de Agur; o nome significa "escrupulosamente pio".

* JEFTÉ. Um dos juízes de Israel (c. 1100 a.C.), de origem humilde chegou a comandante dos israelitas durante a invasão dos amonitas. Triunfou pela fé, prometendo sacrificar a Deus a primeira pessoa que visse depois da batalha decisiva – que acabou sendo sua filha.

* JEREMIAS. Profeta do Antigo Testamento (c. 630-590 a.C.). Viveu durante o reinado do rei Nabucodonosor da Babilônia, numa época de grandes calamidades para os judeus. Seu nome passou a ser associado a lamúria.

* JEROBOÃO. Efraimista que se rebelou contra ROBOÃO, filho de SALOMÃO, e se tornou o primeiro rei de Israel depois da divisão de Israel e Judá (930 a.C.). Era um idólatra, mas granjeou apoio popular por libertar o povo de algumas políticas opressivas de Salomão e Roboão.

JERÔNIMO, São (c. 342-420). Estudante de filosofia e retórica em Roma, ordenou-se monge em 374 e se tornou figura influente da Igreja (foi secretário do papa DÂMASO). É famoso sobretudo por sua tradução autorizada da Bíblia para o latim, a Vulgata (que Hobbes parece ter usado nas suas citações bíblicas no *Leviatã*, traduzidas por ele mesmo para o inglês). Hobbes refere-se nas pp. 323 e 326 às ideias de Jerônimo sobre o cânon da Escritura, que podem ser encontradas em seu prefácio ao Livro de Esdras na Vulgata (J. P. Migne, *Patrologia Latina* xxviii col. 1403) ou em sua Epístola 53 (*ibid.* xxii col. 545-6).

* JESUS CRISTO. Na doutrina cristã, o filho de Deus, enviado para redimir o pecado original de ADÃO prometendo salvação para todos que acreditassem nele. Sua vida e seus ensinamentos estão registrados no Novo Testamento e não precisam ser resumidos aqui. Hobbes distingue Cristo dos outros "representantes" de Deus, como MOISÉS (por exemplo, p. 327), pelo fato de que "a divindade... reside corporalmente" nele (p. 361).

* JETRO. Sogro de MOISÉS, aconselhou-o a delegar a administração da justiça.

* JEÚ. (1) Profeta, filho de Hanani, e crítico de JOSAFÁ. (2) Filho de Josafá, décimo rei de Israel (*c.* 842-815 a.C.). ELISEU indicou um profeta para sagrar Jeú rei e deu-lhe a missão de extirpar a linhagem de ACAB e Jezebel, os apóstatas.

* JÓ. Sua história é contada no Livro de Jó, e também é mencionada em Ezequiel 14,14-20 e Tiago 5,11. Por permissão divina, Satã roubou-lhe riquezas, saúde, filhos e esposa, deixando-lhe apenas o "conforto" de três amigos, de cuja inutilidade Jó se queixava de maneira eloquente. Entregando-se à misericórdia de Deus, aprendeu como o poder de Deus justifica todas as coisas – metáfora atraente para Hobbes, que tirou o título de seu livro de uma passagem em Jó 41,1-34.

* JOANA. Uma das várias mulheres curadas por Jesus, que ajudavam na manutenção de seus acompanhantes durante suas viagens. Cusa, seu marido, era um oficial de Herodes Antipas.

* JOÃO, o Apóstolo. Considerado o autor do evangelho e das epístolas que levam seu nome, era irmão de BARNABÉ e muito próximo de PEDRO.

JOÃO, rei da Inglaterra (1167-1216). Filho de HENRIQUE II, sucedeu a seu irmão Ricardo como rei em 1199. Em 1205 iniciou um longo conflito com a Igreja sobre o poder real de indicar bispos, e em 1208 INOCÊNCIO III lançou um interdito sobre o país. João se submeteu ao papa e concordou em enfeudar a Inglaterra a Roma em 1213. A oposição interna dos barões às suas políticas forçaram-no a promulgar a Magna Carta em 1215.

* JOÃO Batista. Filho de Zacarias, um sacerdote, e Isabel, recebeu o chamado profético para que preparasse o povo para a vinda de Jesus, e, em particular, para instituir o rito do batismo. Entrou em choque com Herodes Antipas, foi preso e executado. No Novo Testamento é retratado como precursor de Cristo.

* JOÁS. Rei de Judá (c. 837-800 a.C.). Foi salvo por sua tia Josaba, esposa de Jojada, o sumo sacerdote, quando Atália, a rainha-mãe, "extinguiu toda a descendência real" numa tentativa de manter o poder. Depois de seis anos de governo de Atália, Jojada colocou Joás no trono e mandou matar Atália.

* JOEL. Profeta e autor de um livro do Antigo Testamento em alguma época entre 800 e 200 a.C.

* JONAS. Profeta no reinado de Jeroboão II (século VIII a.C.). Seu livro da Bíblia é em grande medida narrativo e inclui a famosa história de ter sido engolido por uma baleia; seu tema central é que a misericórdia de Deus estende-se para além dos judeus a toda a raça humana.

* JÔNATAS. (1) Filho de GÉRSON e neto de MOISÉS, tornou-se sacerdote e progenitor de uma longa linhagem de sacerdotes. (2) Filho mais velho de SAUL, mas amigo leal de DAVI, o sucessor de seu pai.

* JOSAFÁ. Quarto rei de Judá (c. 873-849 a.C.), pôs fim à tradicional rivalidade com Israel e permitiu que o rei apóstata ACAB de Israel combatesse os sírios; foi censurado por isso pelo profeta JEÚ.

* JOSÉ. (1) O décimo primeiro filho de JACÓ e seu favorito, foi vendido como escravo no Egito devido à inveja dos irmãos. Ali prosperou, tornando-se vizir do faraó (c. 1750 a.C.). Dele descendem as tribos de EFRAIM e Manassés. (2) José, marido de Maria, mãe de Jesus. Segundo o evangelho de MATEUS, um anjo apareceu para José num sonho para anunciar que Jesus fora concebido pelo Espírito Santo.

Notas biográficas e referências

JOSEFO, Flávio (37-c. 101). Historiador e político judeu, indicado pelos romanos para governador da Galileia em 66. Apesar de apoiar os rebeldes judeus em 67, continuou tendo influência em Roma e tornou-se o favorito do imperador Vespasiano. Escreveu (em grego) muitas obras importantes sobre história e religião judaicas; Hobbes faz referência (p. 320) a suas ideias sobre o cânon do Antigo Testamento, que podem ser encontradas em seu *Contra Apionem* 1.39-41.

* JOSIAS. Rei de Judá (*c.* 640-609 a.C.). Seu reinado destacou-se sobretudo pela grande reforma religiosa, cujo elemento central foi a redescoberta do livro da lei por HILKIAS. Foi morto em combate pelo faraó Necau II, depois de se recusar a aceitar as garantias bastante razoáveis do faraó de que ele só pretendia marchar através da Palestina para ajudar os assírios contra os babilônios.

* JOSUÉ. Escolhido por Moisés como assistente, sobressaiu como soldado. Foi formalmente escolhido como sucessor de Moisés na liderança militar dos judeus, com ELEAZAR ocupando lugar de sumo sacerdote, embora Hobbes (pp. 399-400) insista em dizer que Eleazar era o soberano. Hobbes comenta (p. 322) que Josué não escreveu o livro que leva seu nome no Antigo Testamento, mas aceita-o como relato histórico.

* JUDAS ISCARIOTES. Um dos primeiros doze discípulos de Jesus, foi seu tesoureiro. Traiu Jesus e posteriormente cometeu suicídio; seu lugar como apóstolo foi preenchido por MATIAS, por sorteio.

JULIANO, imperador (*c.* 331-63). Sobrinho de CONSTANTINO, foi proclamado imperador em 361. Empenhou-se em restaurar as antigas religiões do império, tolerando ao mesmo tempo o cristianismo e o judaísmo; em particular, retirou da Igreja todos os privilégios. Foi morto numa campanha contra os persas.

JÚPITER. Principal deus do panteão romano e protetor especial da cidade; os romanos o identificam ao deus grego Zeus.

JUVÊNCIO. Leitura incorreta da escrita do nome do homem que agora se sabe ser Viventius Sciscianus, da Panônia, prefeito de Roma e prefeito pretoriano na Gália, que se retirou em face da violência na eleição papal de Dâmaso (ver AMIANO MARCELINO).

* LABÃO. Tio de Jacó e Esaú, e depois sogro de Jacó. Tentou lograr Jacó, mas Jacó levou a melhor por sua astúcia e pelo apoio de Deus.

* LAMUEL. Rei de Massa no norte da Arábia. Os conselhos de sua mãe sobre bom governo e autodisciplina estão registrados no Livro dos Provérbios.

LEÃO III, papa (c. 750-816). Eleito papa em 795, buscou o apoio de CARLOS MAGNO para estabelecer seu poder temporal na Itália. Em 800 coroou Carlos Magno imperador, e em troca obteve formalmente a autoridade temporal sobre Roma e a Romagna, sob suserania imperial.

* LEVI. Terceiro filho de JACÓ, foi amaldiçoado por sua traição; mas foi também o ancestral da tribo de Levi, conhecida por suas funções sacerdotais.

* LÓ. Sobrinho de ABRAÃO, que, de forma egoísta, escolheu estabelecer-se no bem irrigado vale do Jordão. Isso o pôs em contato com os perversos homens de Sodoma, de quem foi salvo primeiro por Abraão e depois por dois anjos.

* LUCAS. Pagão, falava grego, era médico e foi discípulo de PAULO. Reivindicava a perfeita precisão de seu relato da vida e dos ensinamentos de Jesus. Diz a tradição que ele sobreviveu ao martírio de Paulo e morreu aos 84 anos.

* MALAQUIAS. Suposto autor do Livro de Malaquias no Antigo Testamento (embora algumas autoridades tenham afirmado não se tratar de um nome próprio mas da palavra "mensageiro" em hebraico). O livro foi provavelmente escrito no século V a.C.

* MANASSÉS. Filho mais velho de JOSÉ e irmão de EFRAIM. Perdeu seus direitos de primogênito quando JOSÉ abençoou EFRAIM com a mão direita e Manassés com a esquerda. Seus descendentes, a tribo de Manassés, eram célebres por sua bravura.

Notas biográficas e referências

MAOMÉ (570-632). Nasceu em Meca, dispôs-se a reformar a religião "abraâmica" do judaísmo e do cristianismo, e se tornou o profeta de uma nova versão da fé. De 622 em diante instituiu sua autoridade militar e espiritual sobre uma extensa área da Arábia. Suas profecias estão descritas no Corão, o livro sagrado dos muçulmanos.

* MARCOS. Autor do segundo evangelho, teria sido parente de BARNABÉ. Sem ser um dos discípulos originais, viajou por algum tempo com Barnabé e PAULO.

* MARDOQUEU. Judeu exilado cortesão de Xerxes, rei da Pérsia (485-465 a.C.). Frustrou um plano para matar os judeus do Império Persa, e se tornou grão-vizir de Xerxes. O fato é comemorado com uma festa, o "dia de Mardoqueu".

* MARIA. Mãe de Jesus Cristo.

* MARIA MADALENA. Seu nome vem da cidade de Magdala, situada na Galileia. Foi uma das mulheres curadas dos maus espíritos por Jesus e mais tarde testemunha de sua ressurreição.

* MÁRIO, Caio (157-86 a.C.). General romano que foi tribuno do povo em 119 a.C. e se tornou líder do partido popular. Reformou o exército e tentou introduzir um certo grau de reforma agrária no estado; mas seu grande rival Sila a ele se opôs, desencadeando uma guerra civil. Esta terminou com um golpe de Mário em 87, acompanhado de um banho de sangue na cidade; mas ele morreu no ano seguinte.

* MARTA. Irmã de Maria, ungiu Jesus pouco antes de sua morte, e de Lázaro, que Jesus ressuscitou dos mortos. Na narrativa de Lucas, Marta é censurada por Cristo por sua impaciência com a irmã e sua excessiva preocupação com as disposições para a refeição oferecida aos hóspedes.

* MATEUS. Um dos doze apóstolos, tinha sido coletor de impostos. Seu evangelho destaca os ensinamentos éticos de Jesus e é o mais lido das quatro narrativas.

* MATIAS. Matias foi escolhido por sorteio como sucessor de Judas entre os apóstolos. A base para deitar sortes era que, aparentemente, Deus já o tinha escolhido em segredo. Nada se sabe de sua carreira posterior.

MEDEIA. Na mitologia grega, filha de Eetes, rei da Cólquida. Fugiu com o herói Jasão depois de ele ter roubado o velo de ouro do pai dela, e, para retardar os que os perseguiam, retalhou seu próprio irmão menor e espalhou os pedaços pelo caminho. Mais tarde, usou seus poderes mágicos para convencer as filhas do tio de Jasão, o rei Pélias de Iolco, de que matá-lo e ferver seu corpo desmembrado lhe devolveria a juventude (como Hobbes observa, p. 286, isso não aconteceu). Depois de Jasão tê-la abandonado para se casar com Glauce, mandou a esta uma túnica envenenada em que ela ardeu até a morte; matou então os dois filhos que Jasão lhe dera e fugiu para Atenas.

MERCÚRIO. Deus romano das trocas e do comércio em geral. Costuma ser identificado com o deus grego Hermes, mensageiro dos deuses.

* MIGUEL. Um dos dois anjos (cf. GABRIEL) mencionados na Bíblia. É considerado patrono e protetor de Israel.

* MIQUEIAS. Filho de Jemla e profeta nos dias de ACAB. Nada se sabe dele a não ser uma entrevista que teve com Acab.

* MIRIAM. Filha de Amram e Joquebed e irmã de AARÃO e MOISÉS. Segundo a tradição cuidava do pequeno Moisés nas corridas de touros. Aarão e ela rebelaram-se contra Moisés por ciúmes; por sentença divina desenvolveu lepra, mas Moisés intercedeu por ela e ela foi perdoada e purificada.

* MOISÉS (c. 1350-1230 a.C.). Grande legislador por meio de quem Deus tirou os hebreus do Egito, transformou-os numa nação e permitiu que vissem a terra prometida aos seus ancestrais. Salvo de um edito do faraó que ordenava a execução de todas as crianças hebreias de sexo masculino, acabou ocupando cargos administrativos no Egito. Matou um egípcio que batia num judeu e fugiu para o deserto. Ali permaneceu até ser chamado de volta por uma visão de Deus na forma de uma sarça ardente que não se consumia. Convenceu os egípcios a deixar os judeus partirem por meio de uma série de mi-

Notas biográficas e referências

lagres e, por estes mesmos meios, manteve seu próprio poder sobre seu povo. Conduziu os judeus do Egito para o Sinai, onde recebeu os Dez Mandamentos, sozinho sobre o monte Sinai. A tradição judaica o considera autor dos primeiros cinco livros da Bíblia, o Pentateuco, embora Hobbes tivesse dúvidas a esse respeito (p. 321).

* MOLOC. Deus adorado pelos amonitas e associado ao sacrifício de crianças pelo fogo. MOISÉS decretou a morte de todos que oferecessem sacrifício a Moloc, e JOSIAS destruiu pelo fogo os templos de Moloc em Judá.

* NAAMAN. Comandante do exército sírio na época do profeta ELISEU. Era leproso e se curou depois de consultar Eliseu; restabelecido e convertido, perguntou a Eliseu se poderia continuar a crer na verdadeira fé mesmo que, exteriormente, adorasse ídolos pagãos. Aparentemente Eliseu deu-lhe permissão para assim agir.

* NATAN. Profeta da época de DAVI que criticou a conduta do rei em relação a Urias.

* NAUM. Profeta de Elcos (em Judá?) que profetizou o saque de Nínive pelos medas (612 a.C.) no Livro de Naum do Antigo Testamento.

* NEEMIAS. Copeiro judeu de Artaxerxes I da Pérsia (465-424 a.C.). Ao tomar conhecimento da situação desoladora de Jerusalém, obteve permissão para se tornar seu governador. Reconstruiu seus muros em cinquenta e dois dias. Seu relato dessa missão é o tema central do Livro de Neemias no Antigo Testamento.

NERO, imperador (37-68). Sobrinho de CALÍGULA, teve Sêneca como mestre e foi adotado pelo imperador Cláudio, a quem sucedeu em 54. Ganhou fama entre seus contemporâneos por sua conduta excêntrica como imperador e entre as gerações posteriores pela perseguição aos cristãos. Suicidou-se depois de uma revolta vitoriosa de seu exército.

NETUNO. Deus romano da água, mais tarde identificado com o grego Posêidon, deus dos mares.

* NIMROD. Guerreiro e caçador lendário cujo reino incluía a Babilônia e Nínive.

NOSTRADAMUS, Michel de (1503-66). Nasceu em Provence, e se tornou um famoso médico, astrólogo e profeta. Suas profecias se encontram em suas *Centúrias*, poema de quadras obscuras e rimadas.

NUMA POMPÍLIO. Segundo rei de Roma, na lendária história do antigo reinado. Teria sido eleito rei em 714 a.C. e ficou famoso sobretudo por organizar a religião pública do Estado romano (supostamente) sob inspiração da ninfa EGÉRIA. No Renascimento, seu sistema foi muitas vezes usado como exemplo de uma "religião civil".

OBERON. Grande mágico, ou rei das fadas no folclore frâncico e germânico. Aparece tanto em *Sonho de uma noite de verão*, de Shakespeare, como na peça (*masque*) de Ben Jonson, *Oberon or the Fairy Prince*.

* OSEIAS. Autor de um dos livros do Antigo Testamento, descreve a morte de sua esposa.

* OZA. Levita que segurou a Arca da Aliança para impedi-la de cair. Este ato era sacrílego, pois era proibido tocá-la, e por isso Deus o feriu mortalmente.

PÃ. Deus grego dos pastores e dos rebanhos, e responsável por provocar "pânico" nos viajantes.

* PAULO, São. Antigo perseguidor do cristianismo, Saulo de Tarso foi miraculosamente convertido por uma visão no caminho de Damasco. Mudou seu nome para Paulo, pregou incansavelmente o evangelho no Mediterrâneo oriental e em Roma, onde acabou sofrendo martírio nas mãos de Nero. Suas cartas são a base da teologia cristã moderna.

* PEDRO, São. Um dos discípulos, cujo nome ocupa o primeiro lugar na lista. Sua importância particular é que ele negou Cristo mas foi perdoado, e proclamado por Cristo a "pedra" sobre a qual uma igreja seria construída (trocadilho com seu nome em grego). Sua atividade missionária e seu martírio

Notas biográficas e referências

em Roma deram lugar à tradição segundo a qual é considerado o primeiro bispo de Roma, e por isso o primeiro papa.

PÉLIAS. Ver MEDEIA.

PERSEU. Ver ANDRÔMEDA.

PLATÃO (c. 427-c. 347 a.C.). Um dos dois grandes filósofos gregos, sendo que o outro foi seu discípulo ARISTÓTELES. Foi discípulo de Sócrates, que fundou uma escola filosófica na Academia de Atenas (c. 387 a.C.). Foi também conselheiro dos governantes de Siracusa na Sicília. Suas obras chegaram até nós de maneira mais completa que a de outros filósofos gregos, e até hoje são estudadas e comentadas. Sua obra mais famosa sobre política é a *República*, a que Hobbes se refere na p. 311.

POMPEU (Cnaeus Pompeius Magnus, 106-48 a.C.). General romano que lutou com Sula contra os partidários de Mário. Cônsul em 70, começou a simpatizar com o partido popular em Roma e fez parte do primeiro triunvirato com CÉSAR e Crasso em 60. Brigou com César e se juntou ao partido aristocrático, tornando-se cônsul sozinho em 52. Em 49, desencadeou-se uma guerra civil entre suas tropas e as de César, e Pompeu foi derrotado em Farsália em 48. Foi morto quando fugia para o Egito.

PRÍAPO. Na mitologia grega, filho de Dionísio e deus da fertilidade, representado por um falo.

PRÓCULO, Júlio. Senador do antigo reino de Roma (segundo sua história lendária), para quem o fantasma de RÔMULO teria aparecido. A história é contada por TITO LÍVIO.

PROMETEU. Na mitologia grega, filho de um titã, que roubou o fogo dos céus em prol da humanidade. Zeus o puniu acorrentando-o no topo de uma montanha do Cáucaso, onde uma águia comia seu fígado, que se recompunha todos os dias.

PTOLOMEU II FILADELFO. Segundo rei grego do Egito depois da divisão do império de ALEXANDRE, reinou de 283 a 246 a.C. Ampliou a famosa biblioteca de Alexandria fundada por PTOLOMEU I e organizou a tradução da Bíblia hebraica para o grego por setenta tradutores – a *Septuaginta*.

Leviatã

* ROBOÃO. Filho de SALOMÃO e rei de Judá (930-913 a.C.), prosperou enquanto foi fiel a Deus, mas depois permitiu a idolatria. Como castigo, Deus enviou Susac, faraó do Egito, para saquear o reino de Roboão e capturar Jerusalém.

RÔMULO. Lendário fundador de Roma, em 753 a.C. Ele e o irmão Remo foram criados por uma loba (o futuro emblema de Roma); quando Rômulo ergueu os primeiros muros da cidade, no monte Palatino, Remo os ridicularizou e Rômulo o matou. Posteriormente, Rômulo foi levado aos céus e adorado como o deus Quirino.

* SADOC. Sacerdote da corte de Davi junto com ABIATAR. Participou da unção de SALOMÃO como sucessor de Davi, quando Abiatar apoiava outro candidato. Salomão o recompensou com o cargo de Abiatar.

* SALOMÃO. Terceiro rei de Israel (970-930 a.C.), depois de Saul e Davi, que era seu pai. Dono de uma sabedoria lendária, reorganizou seu reino e construiu o templo em Jerusalém, embora seja criticado no Antigo Testamento por aceitar deuses estrangeiros em Israel. Hobbes observa que ele legislou (p. 176), depôs Abiatar, o sacerdote (p. 402), realizou atos de consagração (p. 519) e Deus falou com ele num sonho (p. 359).

* SAMUEL. Último e maior dos juízes e o primeiro profeta, tratado no Antigo Testamento como a figura mais importante depois de MOISÉS. Tendo recebido revelações divinas desde a infância, assumiu o governo de Israel depois de um desastre nacional. Com ele terminou o governo de sacerdotes e juízes enviados por Deus: seus filhos eram tão corruptos que sua conduta provocou descontentamento em relação à hierocracia e o pedido de que fosse substituída por uma monarquia. Deus disse a Samuel que aquiescesse (*c.* 1000 a.C.). O primeiro rei, SAUL, apoiava-se nos conselhos de Samuel, chegando a consultar uma necromante em Endor numa tentativa vã de entrar em contato com Samuel depois de sua morte. Samuel também indicou Davi como sucessor de Saul.

* SANSÃO. Um dos juízes (*c.* 1070 a.C.), inspirado por Deus para realizar feitos de grande força em prol de Israel, mas sua amante Dalila foi corrompida e o traiu, revelando seu segredo aos seus inimigos filisteus. Cometeu suicídio fazendo o templo ruir sobre ele e sobre os chefes filisteus.

SATURNINO, Lúcio. Político romano, foi tribuno do povo em 103 a.C. e apoiou o programa de reformas de MÁRIO. Depois de distúrbios durante o terceiro tribunado de Saturnino, em 99, Mário obedeceu relutante a uma ordem senatorial para prendê-lo, e Saturnino foi morto na luta que se seguiu.

SATURNO. Deus romano da semeadura e do cultivo da terra, teria reinado na Itália numa idade de ouro anterior aos registros históricos. As festividades a ele consagradas em Roma, as Saturnais, eram a principal celebração do inverno.

* SAUL. Primeiro rei de Israel (*c.* 1000 a.C.). Seu reinado começou com a derrota dos amonitas em Jabes de Galaad. Mas então ele arrogou para si poderes sacerdotais e entrou em composição com Agag, rei dos amonitas, poupando sua vida e contrariando assim as instruções de Deus. Depois disso, Samuel ungiu DAVI para suceder a Saul. Saul voltou-se contra Davi, mas este se recusou a matá-lo. Depois da morte de Samuel, Saul tentou falar com ele por meio de uma necromante em Endor; diz-se que Deus usou a feiticeira para transmitir a Saul seu descontentamento. Pouco tempo depois Saul caiu no combate contra os filisteus.

* SEDECIAS. Um dos quatrocentos profetas da corte de ACAB e, aparentemente, seu líder.

SELDEN, John (1584-1654). Importante político e teórico político inglês, foi membro dos parlamentos na década de 1620 e do Longo Parlamento. Opunha-se tanto ao realismo extremo como ao presbiterianismo, e escreveu muitas obras sobre história, Constituição inglesa e sobre a lei de natureza. De todos os seus contemporâneos, era quem tinha maior afinidade intelectual com Hobbes (embora só tenham se conhecido depois da publicação de *Leviatã*, tendo Hobbes lhe enviado uma cópia de presente). Na p. 84, Hobbes faz referência à obra de Selden, *Titles of Honour* (1614), estudo sobre a relação entre a nobreza e a monarquia em todos os estados europeus.

SILA, Lúcio Cornélio (138-78 a.C.). General romano vitorioso que se tornou o principal rival e oponente de MÁRIO. Em 82 derrotou o partido popular e se tornou ditador; milhares foram mortos na proscrição por ele ordenada de supostos inimigos da república. Abdicou inesperadamente em 79 e viveu em retiro até a morte.

SILVESTRE I, papa. Papa de 314 a 335, diz-se (erroneamente) que batizou CONSTANTINO, que lhe teria outorgado poder imperial sobre Roma. Foi papa na época do Concílio de Niceia (325).

SKANDERBEG (Iskander Bey, 1403-68). Sérvio que chegou ao poder como general do Sultão de Constantinopla, renunciou ao islamismo e à lealdade aos turcos em 1443 e criou a Albânia independente, que perdurou até sua morte.

SÓCRATES (469-399 a.C.). Principal influência filosófica sobre PLATÃO, que teria registrado suas ideias em seus diálogos. Foi professor de filosofia em Atenas, e em 404 foi acusado de impiedade e corrupção dos jovens da cidade. Condenado à morte, bebeu a cicuta prescrita por lei na primavera de 399.

* SOFONIAS. É mencionado como profeta no primeiro versículo do livro do Antigo Testamento que leva seu nome. Trata sobretudo dos juízos de Deus contra os adoradores de BAAL. Estudiosos modernos (diferentemente de Hobbes) situam-no no reinado de JOSIAS.

SÓLON (*c.* 639-*c.* 559 a.C.). Líder político de Atenas em sua disputa com Mégara pelo controle de Salamina e posteriormente arconte de Atenas (*c.* 595) com poderes ilimitados. Remodelou a Constituição ateniense, aumentando o poder da assembleia popular.

SUAREZ, Francisco de (1584-1617). Nascido em Granada (Espanha), tornou-se jesuíta e lecionou teologia em várias universidades ibéricas e em Roma. Foi o principal metafísico aristotélico moderno, considerado uma autoridade tanto por protestantes como por católicos (embora tenha escrito contra os protestantes em algumas de suas obras mais polêmicas). Em *Leviatã* (p. 73) Hobbes ridiculariza uma passagem extraída de

Notas biográficas e referências

De Concursu, Motione et Auxilio Dei (11.1.6), da obra de Suarez, *Varia Opuscula Theologica* (Madri, 1599), p. 20.
* SUSANA. Ver JOANA.
SYLLA. Ver SILA.

TARQUÍNIO (Lucius Tarquinius Superbus). Último rei lendário de Roma, teria chegado ao poder em 534 a.C. Conquistou algumas cidades vizinhas, mas em 510 a.C. seu filho (também chamado Tarquínio) violentou Lucrécia, esposa de seu primo Colatino, e toda a família foi expulsa de Roma por um levante popular, que também aboliu a própria monarquia.

TEODÓSIO I (*c.* 346-95). General romano que se tornou imperador em 379, derrotou os godos e pacificou o império. Tornou-se cristão trinitário em 380. Em 390, depois de uma matança em Tessalônica por causa do assassinato do governador local, foi excomungado por AMBRÓSIO e teve de fazer oito meses de penitência. Reconciliou-se mais tarde com Ambrósio e teria morrido em seus braços.

* TIAGO. Filho de Zebedeu, pescador da Galileia, foi chamado, junto com seu irmão João, para ser um dos doze apóstolos. Apelidados de "filhos do trovão" por Jesus, os irmãos foram censurados por ele por sua impetuosidade.

TITO LÍVIO (Titus Livius, 59 a.C.-17 d.C.). Nascido em Pádua, passou a maior parte de sua vida em Roma. Escreveu uma história de Roma de 749 a 9 a.C., em 142 livros, dos quais 35 sobreviveram, que abrange o período dos reis e dos primórdios da república. A história foi muito popular durante a Idade Média e o Renascimento; os *Discorsi* de Maquiavel são um comentário sobre os primeiros dez livros. Hobbes faz referência a duas passagens: na p. 61 refere-se a um incidente em XLI.13.2, e na p. 550 (a canonização de Rômulo conforme relato de Júlio Próculo) em I.16.5-8.

TOMÁS DE AQUINO (Thomas Aquinas, 1225-74). Nascido perto de Nápoles, tornou-se dominicano em 1243 e discípulo do filósofo Alberto Magno. A partir de 1248 começou a publicar comentários sobre ARISTÓTELES, e de 1252 a 1258 lecionou em Paris (e posteriormente em várias universidades italianas). Foi o mais influente filósofo escolástico, sobretudo por meio de sua *Suma teológica*.

* TOMÉ. Um dos doze apóstolos, que aparece pessoalmente apenas no evangelho de JOÃO, onde seu cepticismo em relação à ressurreição de Cristo foi rebatido por prova tátil. O Evangelho de São Tomé é um dos livros apócrifos do Novo Testamento.

* URIAS. Ver DAVI.

URSICINO. Candidato derrotado à eleição papal de 366, vencida por DÂMASO.

VALENTE. Imperador romano (374-8). Foi escolhido por seu irmão Valentiniano I para governar o Império Oriental, e foi derrotado e morto pelos visigodos na batalha de Adrianópolis. Foi um ardente partidário dos arianos.

VARRÃO, Marcus Terentius (116-27 a.C.). Opositor de CÉSAR na guerra civil, retirou-se para a vida privada no governo de AUGUSTO. Escreveu uma imensa obra sobre a Antiguidade romana, incluindo uma história da língua latina em *De Lingua Latina*. Fragmentos de sua obra sobre religiões da Antiguidade foram preservados em escritores posteriores.

VÊNUS. Deusa romana da fertilidade, posteriormente identificada com a grega Afrodite.

VIRGÍLIO (Publius Vergilius Maro, 70-19 a.C.). Nasceu em Mântua, tornou-se o mais famoso poeta latino, tendo escrito as *Éclogas*, as *Geórgicas* e a *Eneida*. Hobbes cita na p. 381 a *Eneida* VI 578-9.

* ZACARIAS. Profeta, mencionado com AGEU no Livro de Esdras. O Livro de Zacarias, provavelmente escrito por Zacarias, data de 520-500 a.C.

ZACARIAS, papa (741-52). De família grega, nasceu na Calábria; reconheceu Pepino, o Breve, como rei por direito dos francos, em 751 (ver CHILPERICO).

Notas biográficas e referências

* ZAQUEU. Importante coletor de impostos de Jericó que se tornou discípulo de Jesus. Retribuiu o perdão de Cristo por seus pecados doando metade de seus bens aos pobres e restituindo o quádruplo aos que tinha defraudado.

ZENÃO DE CÍCIO (355-263 a.C.). Fundador da filosofia estoica, abriu uma escola no pórtico da ágora em Atenas, depois de estudar com vários mestres, cínicos, sofistas e platônicos.

Fig. I. T. Hobbes, *Leviathan* (Londres, 1651), frontispício, 240 × 155 mm.

LEVIATHAN,

OR

The Matter, Forme, & Power

OF A

COMMON-WEALTH

ECCLESIASTICALL

AND

CIVILL.

By THOMAS HOBBES *of* Malmesbury.

LONDON,
Printed for ANDREW CROOKE, at the Green Dragon
in St. *Pauls* Church-yard, 1651.

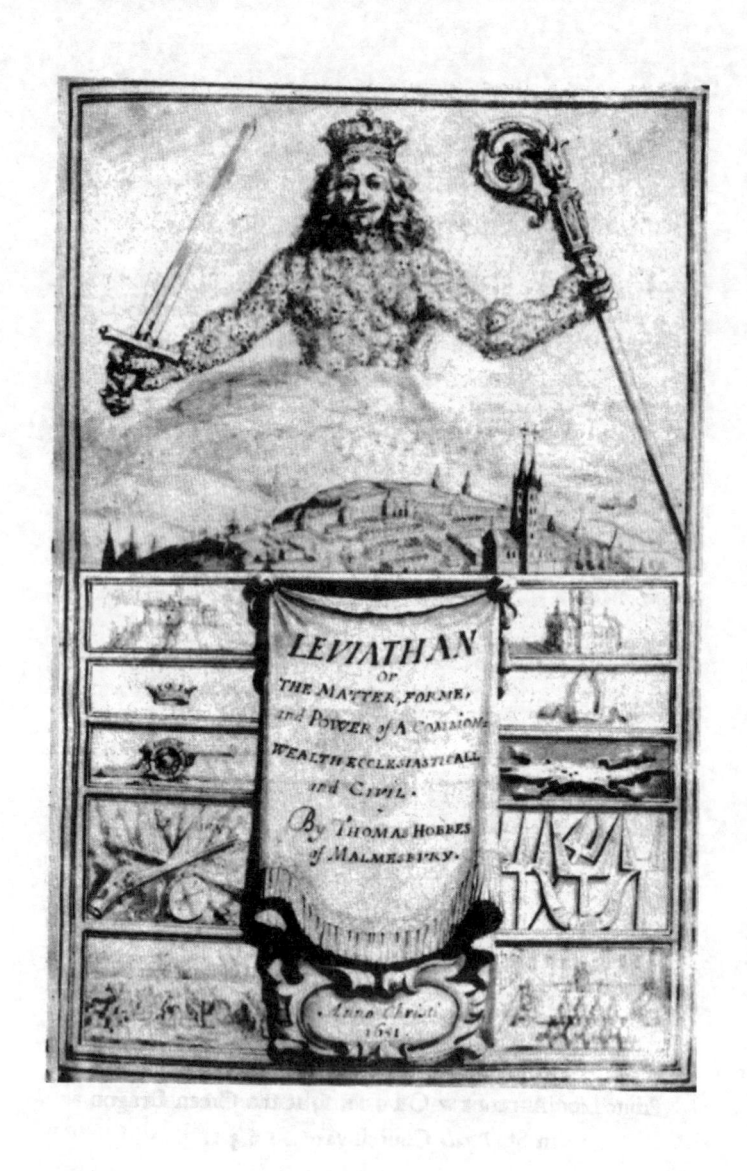

Fig. 2. T. Hobbes, *Leviathan* (1651), frontispício. Eg. 1910, 248 x 173 mm.

AO
MEU MUI ESTIMADO AMIGO
Sr. FRANCIS GODOLPHIN
DE GODOLPHIN.

Estimado Senhor,

Aprouve a vosso mui merecedor irmão, Sr. Sidney Godolphin, quando era ainda vivo, considerar dignos de atenção os meus estudos, e além disso privilegiar-me, conforme sabeis, com testemunhos efetivos da sua boa opinião, testemunhos que em si mesmos já eram grandes, e maiores eram ainda pelo merecimento da sua pessoa. Pois, de todas as virtudes que ao homem é dado ter, seja a serviço de Deus, seja a serviço do seu país, da sociedade civil ou da amizade particular, nenhuma deixava de manifestadamente se revelar na sua conversação, não que fossem adquiridas por necessidade ou constituíssem uma afetação de momento, mas porque lhe eram inerentes e brilhavam na generosa constituição da sua natureza. É portanto em sinal de honra e gratidão para com ele, e de devoção para convosco, que humildemente vos dedico este meu discurso sobre a república. Ignoro como o mundo o irá receber, ou como se poderá refletir naqueles que lhe parecerem ser favoráveis. Pois, num caminho cercado por aqueles que, se batem de um lado, por excessiva liberdade, e, de outro, por excessiva autoridade, é difícil passar sem ferimentos por entre as lanças de cada um. No entanto, creio que o esforço para promover o poder civil não deverá ser pelo poder civil condenado, tampouco os particulares, ao repreendê-lo, declaram julgar demasiado grande esse poder. Além do mais, não é dos homens no poder que falo, e sim (em abstrato) da sede do poder (tal como aquelas simples e imparciais criaturas no Capitólio de Roma, que com o seu ruído defendiam os que lá dentro estavam, não porque fossem quem eram, mas apenas porque lá se encon-

travam), sem ofender ninguém, creio, a não ser os de fora, ou os de dentro (se de tal espécie os houver) que lhes sejam favoráveis. O que talvez possa ser tomado como grande ofensa são certos textos das Sagradas Escrituras, por mim usados com uma finalidade diferente da que geralmente por outros é visada. Mas fi-lo com a devida submissão, e também, dado o meu assunto, porque tal era necessário. Pois eles são as fortificações avançadas do inimigo, de onde este impugna o poder civil. E se apesar disto verificardes que o meu trabalho é desacreditado por todos, talvez vos apraza excusar-vos, dizendo que sou um homem que ama as próprias opiniões e acredita em tudo o que diz, que honrei vosso irmão, como vos honro a vós, e nisso me apoiei para assumir o título (sem vosso conhecimento) de ser, como sou,

> Senhor,
> Vosso mui humilde e
> mui obediente servidor
> Tho. Hobbes

Paris, 15/25 de abril de 1651.

Índice

PARTE 1
DO HOMEM

Cap.

Introdução	11
I. Da Sensação	15
II. Da Imaginação	17
III. Da Sequência ou Cadeia de Imaginações	24
IV. Da Linguagem	29
V. Da Razão e da Ciência	39
VI. Da Origem Interna dos Movimentos Voluntários vulgarmente chamados Paixões; e da Linguagem que os exprime	46
VII. Dos Fins ou Resoluções do Discurso	58
VIII. Das Virtudes vulgarmente chamadas Intelectuais, e dos Defeitos contrários a estas	61
IX. Dos Diferentes Objetos do Conhecimento	73
X. Do Poder, Valor, Dignidade, Honra e Merecimento	75
XI. Das diferenças de Costumes	85
XII. Da Religião	92
XIII. Da Condição Natural da Humanidade relativamente à sua Felicidade e Miséria	106
XIV. Da primeira e segunda Leis Naturais e dos Contratos	112
XV. De outras Leis de Natureza	123
XVI. Das Pessoas, Autores e coisas Personificadas	138

PARTE 2
DA REPÚBLICA

XVII. *Das Causas, Geração e Definição de uma República*   143
XVIII. *Dos Direitos dos Soberanos por Instituição*   148
XIX. *Das diversas Espécies de República por Instituição*
     e da Sucessão do Poder Soberano   158
XX. *Do Domínio Paterno e Despótico*   170
XXI. *Da Liberdade dos Súditos*   179
XXII. *Dos Sistemas subordinados, Políticos e Privados*   190
XXIII. *Dos Ministros Públicos do Poder Soberano*   204
XXIV. *Da Nutrição e Procriação de uma República*   210
XXV. *Do Conselho*   217
XXVI. *Das Leis Civis*   225
XXVII. *Dos Crimes, Desculpas e Atenuantes*   246
XXVIII. *Das Punições e Recompensas*   262
XXIX. *Das coisas que Enfraquecem ou levam à Dissolução*
     de uma República   271
XXX. *Do Cargo do Soberano Representante*   283
XXXI. *Do Reino de Deus por Natureza*   299

PARTE 3
DA REPÚBLICA CRISTÃ

XXXII. *Dos Princípios da Política Cristã*   313
XXXIII. *Do Número, Antiguidade, Alcance, Autoridade*
     e Intérpretes dos Livros das Sagradas Escrituras   319
XXXIV. *Do Significado de Espírito, Anjo e Inspiração*
     nos Livros das Sagradas Escrituras   330
XXXV. *Do Significado de Reino de Deus, Santo, Sagrado*
     e Sacramento nas Escrituras   343
XXXVI. *Da Palavra de Deus e dos Profetas*   351
XXXVII. *Dos Milagres e seu Uso*   367
XXXVIII. *Do Significado de Vida Eterna, Inferno, Salvação,*
     Mundo Vindouro e Redenção nas Escrituras   375
XXXIX. *Do significado da palavra Igreja nas Escrituras*   391
XL. *Dos Direitos do Reino de Deus em Abraão,*
     Moisés, nos Sumos Sacerdotes e nos Reis de Judá   394

XLI.	Do Ofício do nosso Abençoado Salvador	405
XLII.	Do Poder Eclesiástico	413
XLIII.	Do que é Necessário para Entrar no Reino dos Céus	489

PARTE 4
DO REINO DAS TREVAS

XLIV.	Das Trevas Espirituais Resultantes da Má Interpretação das Escrituras	505
XLV.	Da Demonologia e outras Relíquias da Religião dos Gentios	531
XLVI.	Das Trevas resultantes da Vã Filosofia e das Tradições Fabulosas	553
XLVII.	Do Benefício resultante de tais Trevas e a quem aproveita	572

Revisão e conclusão   582

INTRODUÇÃO

Assim como em tantas outras coisas, a NATUREZA (a arte [1]
mediante a qual Deus fez e governa o mundo) é imitada pela
arte dos homens também nisto: que lhe é possível fazer um
animal artificial. Pois, considerando que a vida não passa de
um movimento dos membros, cujo início ocorre em alguma
parte principal interna, por que não poderíamos dizer que
todos os *autômatos* (máquinas que se movem por meio de molas e rodas, tal como um relógio) possuem uma vida artificial?
Pois o que é o *coração*, senão uma mola; e os *nervos*, senão outras
tantas *cordas*; e as *juntas*, senão outras tantas *rodas*, imprimindo
movimento ao corpo inteiro, tal como foi projetado pelo Artífice? E a *arte* vai mais longe ainda, imitando aquela criatura
racional, a mais excelente obra da natureza, o *Homem*. Porque
pela arte é criado aquele grande LEVIATÃ a que se chama
REPÚBLICA, ou ESTADO (em latim CIVITAS), que não é senão
um homem artificial, embora de maior estatura e força do que
o homem natural, para cuja proteção e defesa foi projetado. E
no qual a *soberania* é uma *alma* artificial, pois dá vida e movimento ao corpo inteiro; os *magistrados* e outros *funcionários* judiciais ou executivos, *juntas* artificiais; a *recompensa* e o *castigo* (pelos
quais, atados à sede da soberania, todas as juntas e todos os
membros se movem para cumprir o seu dever) são os *nervos*, que
fazem o mesmo no corpo natural; a *riqueza* e *prosperidade* de todos

os membros individuais são a *força*; *Salus Populi* (a *segurança do povo*) é sua *tarefa*; os *conselheiros*, através dos quais todas as coisas que necessita saber lhe são sugeridas, são a *memória*; a *equidade* e as *leis*, uma *razão* e uma *vontade* artificiais; a *concórdia* é a *saúde*; a *sedição* é a *doença*; e a *guerra civil* é a *morte*. Por último, os *pactos* e *convenções* mediante os quais as partes deste Corpo Político foram criadas, reunidas e unificadas assemelham-se àquele *Fiat*, ao *Façamos o homem* proferido por Deus na Criação.

[2] Para descrever a natureza deste homem artificial, examinarei:

Primeiro a sua *matéria* e o seu *artífice*, que são, ambos, o *homem*.

Segundo, *como* e por meio de que *convenções* é feito; quais são os *direitos* e o justo *poder* ou *autoridade* de um *soberano*; e o que o *preserva* e o *desagrega*.

Terceiro, o que é uma *república cristã*.

Quarto, o que é o *Reino das Trevas*.

Relativamente ao primeiro aspecto, há um ditado do qual ultimamente muito se tem abusado: a *sabedoria* não se adquire pela leitura dos *livros*, mas dos *homens*. Em consequência disso aquelas pessoas que, em sua maioria, são incapazes de apresentar outras provas da sua sabedoria têm grande deleite em mostrar o que pensam ter lido nos homens, através de impiedosas censuras que fazem umas às outras, pelas costas. Mas há um outro ditado que ultimamente não tem sido compreendido, graças ao qual os homens poderiam realmente aprender a ler-se uns aos outros, caso se dessem ao trabalho de o fazer, isto é, *Nosce te ipsum*, *Lê-te a ti mesmo*. Esse ditado não pretendia ter o sentido, atualmente habitual, de aprovar a bárbara conduta dos detentores do poder para com os seus inferiores, ou de levar homens de baixa estirpe a um comportamento insolente para com os seus superiores. Pretendia ensinar-nos que, graças à semelhança de pensamentos e paixões de um homem para com os pensamentos e paixões de outro, quem olhar para dentro de si mesmo e considerar o que faz quando *pensa, opina, raciocina, tem esperança e medo* etc., e por quais motivos o faz, poderá

Introdução

por esse meio ler e conhecer quais os pensamentos e as paixões de todos os outros homens, em circunstâncias idênticas. Refiro-me à semelhança das *paixões*, que são as mesmas em todos os homens, *desejo, medo, esperança* etc., e não à semelhança dos *objetos* das paixões, que são as coisas *desejadas, temidas, esperadas* etc. Quanto a estas últimas, a constituição individual e a educação de cada um são tão variáveis e tão fáceis de ocultar ao nosso conhecimento, que as letras do coração humano, emaranhadas e confusas como são, devido à dissimulação, à mentira, ao fingimento e às doutrinas errôneas, só se tornam legíveis para quem investiga os corações. E, embora por vezes descubramos os desígnios dos homens através das suas ações, tentar fazê-lo sem compará-las com as nossas, distinguindo todas as circunstâncias capazes de alterar o caso, é o mesmo que decifrar sem ter uma chave e deixar-se as mais das vezes enganar, quer por excesso de confiança ou por excesso de desconfiança, conforme aquele que lê seja um bom ou mau homem.

Mas, mesmo que um homem seja capaz de ler perfeitamente um outro através das suas ações, isso servir-lhe-á apenas com os seus conhecidos, que são muito poucos. Aquele que vai governar uma nação inteira deve ler, em si mesmo, não este ou aquele indivíduo em particular, mas o gênero humano. Embora fazer isso seja difícil, mais ainda do que aprender qualquer língua ou qualquer ciência, depois de eu ter exposto claramente e de maneira ordenada a minha própria leitura, o trabalho deixado a outro será apenas decidir se também não encontra o mesmo em si próprio. Pois esta espécie de doutrina não admite outra demonstração.

PARTE 1

DO HOMEM

CAP. I
Da SENSAÇÃO

No que se refere aos pensamentos do homem, considerá-los-ei primeiro *isoladamente*, e depois em *cadeia*, ou dependentes uns dos outros. *Isoladamente*, cada um deles é uma *representação* ou *aparência* de alguma qualidade, ou outro acidente de um corpo exterior a nós, o que comumente se chama um *objeto*. Esse objeto atua nos olhos, nos ouvidos, e em outras partes do corpo do homem, e pela forma diversa como atua produz aparências diversas.

[3]

A origem de todas elas é aquilo que denominamos SENSAÇÃO (pois não há concepção no espírito do homem que primeiro não tenha sido originada, total ou parcialmente, nos órgãos dos sentidos). O resto deriva daquela origem.

Para o que agora nos ocupa, não é tão necessário conhecer a causa natural da sensação, e escrevi largamente sobre o assunto em outro lugar. Contudo, para preencher cada parte do meu presente método, repetirei aqui rapidamente o que foi dito.

A causa da sensação é o corpo exterior, ou objeto, que pressiona o órgão próprio de cada sentido, seja de forma imediata, como no gosto e no tato, seja de forma mediata, como na visão, no ouvido e no olfato; essa pressão, pela mediação dos nervos e outras cordas e membranas do corpo, prolongada para dentro em direção ao cérebro e ao coração, causa ali uma resistência, contrapressão, ou esforço do coração, para se transmitir; esse esforço, porque *para fora*, parece ser de algum modo exterior. E é a esta *aparência* ou *ilusão* que os homens chamam *sensação*; e consiste, no que se refere à visão, numa *luz*, ou cor *figurada*; em relação ao ouvido, num *som*; em relação ao olfato, num *cheiro*; em relação à língua e paladar, num *sabor*; e em relação ao resto do corpo, em *frio*, *calor*, *dureza*, *macieza*, e outras qualidades, tantas quantas discernimos pelo *sentir*. Todas estas qualidades denominadas *sensíveis* estão no objeto que as causa, mas são muitos os movimentos da matéria que pressionam os nossos órgãos de maneira diversa. Também em nós, que somos pressionados, elas nada mais são do que movimentos diversos (pois o movimento nada produz senão o movimento). Mas a sua aparência para nós é ilusão, quer quando estamos acordados, quer quando estamos sonhando. E do mesmo modo que pressionar, esfregar ou bater nos olhos nos faz imaginar uma luz, e pressionar o ouvido produz um som, também os corpos que vemos ou ouvimos produzem o mesmo efeito pela sua ação forte, embora não observada. Porque, se essas cores e sons estivessem nos corpos ou objetos que os causam, não poderiam ser separados deles, como nos espelhos e nos ecos por reflexão vemos que eles são, nos quais sabemos que a coisa que vemos está num lugar e a aparência em outro. E, muito embora, a uma certa distância, o próprio objeto real pareça investido da ilusão que provoca em nós, o objeto é, ainda assim, uma coisa, e a imagem ou ilusão, uma outra. De tal modo que em todos os casos a sensação nada mais é do que a ilusão originária causada (como disse) pela pressão, isto é, pelo movimento das coisas exteriores nos nossos olhos, ouvidos e outros órgãos para tal destinados.

Mas a filosofia escolástica, por meio de todas as universidades da cristandade, baseadas em certos textos de *Aristóteles*, ensina outra doutrina e diz, a respeito da causa da *visão*, que a coisa vista envia em todas as direções uma *species visivel* ou,

II. Da Imaginação

traduzindo, uma *exibição, aparição* ou *aspecto visível*, ou um *ser visto*, cuja recepção nos olhos é a *visão*. E, quanto à causa da audição, dizem que a coisa ouvida envia uma *species audível*, isto é, um *aspecto audível*, ou um *ser audível*, o qual, entrando no ouvido, faz a *audição*. Pior, mesmo no que se refere à causa do *entendimento*, dizem que a coisa compreendida emite uma *species inteligível*, isto é, um *ser inteligível* visto, o qual, entrando no entendimento, nos faz entender. Não digo isto para criticar o uso das universidades, mas porque, devendo mais adiante falar do seu papel na república, tenho de mostrar, em todas as ocasiões em que isso vier a propósito, que coisas devem nelas ser corrigidas, entre as quais temos de incluir a frequência do discurso insignificante.

CAP. II
Da Imaginação

Nenhum homem duvida da verdade da seguinte afirmação: quando uma coisa está em repouso, permanecerá sempre em repouso, a não ser que algo a coloque em movimento. Mas esta outra afirmação não é tão facilmente aceita, muito embora a razão seja a mesma (a saber, que nada pode mudar por si só): quando alguma coisa está em movimento, permanecerá eternamente em movimento, a não ser que algo a pare. Porque os homens julgam, não apenas os outros homens, mas todas as outras coisas, por si mesmos, e, porque depois do movimento se acham sujeitos à dor e ao cansaço, pensam que todo o resto se cansa do movimento e procura espontaneamente o repouso, sem meditarem se não consiste em algum outro movimento esse desejo de repouso que encontram em si próprios. Daí os escolásticos afirmarem que os corpos pesados caem por causa de um apetite para repousar e conservar sua natureza no lugar mais adequado para eles, atribuindo, de maneira

Parte 1 – Do Homem

absurda, a coisas inanimadas o apetite e o conhecimento do que é bom para a sua conservação (o que é mais do que o homem possui).

Uma vez em movimento, um corpo move-se eternamente (a menos que algo o impeça), e, seja o que for que o faça, não o pode extinguir totalmente num só instante, mas apenas com o tempo e gradualmente. Assim, o que vemos acontecer na água – cessado o vento, as ondas continuam a rolar durante muito tempo ainda –, acontece também no movimento produzido nas partes internas do homem, quando ele vê, sonha etc., pois após a desaparição do objeto, ou quando os olhos estão fechados, conservamos ainda a imagem da coisa vista, embora mais obscura do que quando a vemos. E é a isto que os latinos chamam *imaginação*, por causa da imagem criada pela visão, e aplicam o mesmo termo, ainda que indevidamente, a todos os outros sentidos. Mas os gregos chamam-lhe *ilusão*, que significa *aparência*, termo tão adequado a um sentido como a outro. A IMAGINAÇÃO nada mais é, portanto, que uma *sensação em declínio*, e encontra-se nos homens, tal como em muitos outros seres vivos, quer estejam adormecidos, quer estejam despertos.

O declínio da sensação nos homens acordados não é o declínio do movimento produzido nos sentidos, mas o seu obscurecimento, assim como a luz do sol obscurece a luz das estrelas, as quais nem por isso deixam de exercer a virtude pela qual são visíveis, durante o dia menos do que à noite. Mas porque, entre os muitos golpes que os nossos olhos, ouvidos e outros órgãos recebem dos corpos exteriores, só é sensível o golpe predominante, assim também, sendo a luz do sol predominante, não somos afetados pela ação das estrelas. E quando qualquer objeto é afastado dos nossos olhos, muito embora permaneça a impressão que fez em nós, outros objetos mais presentes sucedem-se e agem sobre nós, e a imaginação do passado fica obscurecida e enfraquecida, tal como a voz de um homem no ruído diário. Daqui se segue que, quanto mais tempo decorre desde a visão ou sensação de qualquer objeto, tanto mais fraca é a imaginação. Pois a contínua mudança do corpo

II. Da Imaginação

do homem destrói com o tempo as partes que na sensação foram movimentadas, de tal modo que a distância no tempo e no espaço têm ambas o mesmo efeito em nós. Pois tal como, à grande distância no espaço, os objetos para que olhamos nos aparecem opacos e indistintos nos seus pormenores, e as vozes se tornam fracas e inarticuladas, assim também, depois de uma grande distância no tempo, a nossa imaginação do passado é fraca e perdemos, por exemplo, das cidades que vimos, muitas ruas específicas e, das ações, muitas circunstâncias específicas. Esta *sensação em declínio*, quando queremos exprimir a própria coisa (digo, a *ilusão* mesma), denomina-se *imaginação*, como já disse anteriormente; mas, quando queremos exprimir o declínio e significar que a sensação é evanescente, antiga e passada, denomina-se *memória*. Assim, a *imaginação* e a *memória* são uma e mesma coisa, que, por várias razões, tem nomes diferentes.

Memória.

Muita memória, ou a memória de muitas coisas, chama-se *experiência*. A imaginação diz respeito apenas àquelas coisas que foram anteriormente percebidas pelos sentidos, de uma só vez, ou por partes em várias vezes. A primeira (que consiste em imaginar o objeto na sua totalidade, tal como ele se apresentou aos sentidos) é a *imaginação simples*, como quando imaginamos um homem ou um cavalo que vimos antes; a outra é *composta*, como quando, pela visão de um homem num determinado momento e de um cavalo em outro momento, concebemos no nosso espírito um centauro. Assim, quando alguém compõe a imagem da sua própria pessoa com a imagem das ações de outro homem, por exemplo, quando um homem se imagina um *Hércules*, ou um *Alexandre* (o que frequentemente acontece àqueles que leem muitos romances), trata-se de uma imaginação composta e, na verdade, nada mais é do que uma ficção do espírito. Existem também outros tipos de imaginação que surgem nos homens (ainda que em estado de vigília) devido a uma forte impressão produzida nos sentidos, como acontece quando, depois de olharmos fixamente para o Sol, a impressão deixa diante dos nossos olhos uma imagem do Sol, que se conserva durante muito tempo; ou quando, depois de

[6]

Parte 1 – Do Homem

atentar longa e intensamente para figuras geométricas, o homem (ainda que em estado de vigília) tem no escuro as imagens de linhas e ângulos diante dos seus olhos. Este tipo de ilusão não tem nenhum nome especial, por ser coisa que comumente o discurso dos homens não classifica.

Sonhos.

As imaginações daqueles que se encontram adormecidos denominam-se *sonhos*. E também estas (tal como as outras imaginações) estiveram anteriormente, total ou parcialmente, na sensação. E porque, na sensação, o cérebro e os nervos, que constituem órgãos necessários dos sentidos, estão de tal modo entorpecidos que a ação dos objetos externos não os move com facilidade, não pode haver no sono nenhuma imaginação e portanto nenhum sonho que não provenha da agitação das partes internas do corpo do homem. A inquietação dessas partes internas, pela conexão que têm com o cérebro e outros órgãos, mantém-nos em movimento, e por isso as imaginações ali anteriormente formadas aparecem como se o homem estivesse acordado, salvo que, estando agora os órgãos dos sentidos entorpecidos, e não havendo nenhum novo objeto capaz de os dominar e obscurecer com uma impressão mais vigorosa, um sonho tem de ser mais claro, em meio a este silêncio dos sentidos, do que os nossos pensamentos quando despertos. Disto se segue que é difícil, e talvez mesmo impossível, estabelecer uma distinção clara entre sensação e sonho. No que me diz respeito, quando considero que nos sonhos não penso muitas vezes nem constantemente nas mesmas pessoas, lugares, objetos, ações que ocupam o meu pensamento quando estou acordado, e que sonhando não recordo uma tão longa cadeia de pensamentos coerentes como em outros momentos, e porque acordado observo muitas vezes o absurdo dos sonhos, mas nunca sonho com os absurdos dos meus pensamentos despertos, basta-me, estando desperto, saber que não sonho, muito embora, quando sonho, me julgue acordado.

E, uma vez que os sonhos são causados pela perturbação de algumas das partes internas do corpo, perturbações diversas têm de causar sonhos diversos. Por isso é que deitar-se com

II. Da Imaginação

frio provoca sonhos de terror e faz surgir o pensamento e a imagem de alguns objetos pavorosos (pois são recíprocos o movimento do cérebro para as partes internas e o das partes internas para o cérebro). E do mesmo modo que a cólera provoca, quando estamos acordados, calor em algumas partes do corpo, quando estamos dormindo, o calor excessivo de algumas das partes também provoca a cólera, e forma no cérebro a imaginação de um inimigo. Da mesma maneira, tal como a gentileza natural causa desejo quando estamos despertos, e o desejo provoca calor em certas outras partes do corpo, assim também o excesso de calor nessas partes, enquanto dormimos, forma no cérebro uma imaginação de alguma gentileza que tenha sido demonstrada. Em suma, os nossos sonhos são o reverso das nossas imaginações despertas, iniciando-se o movimento por um lado quando estamos acordados e pelo outro quando sonhamos.

Observa-se a maior dificuldade em discernir o sonho dos pensamentos despertos quando, por qualquer razão, nos apercebemos de que não dormimos, o que é fácil de acontecer a um homem cheio de pensamentos terríveis e cuja consciência se encontra muito perturbada, e dorme sem mesmo ir para a cama ou tirar a roupa, cabeceando numa cadeira. Pois aquele que se esforça por dormir e cuidadosamente se deita para adormecer, no caso de lhe sobrevir alguma imagem insólita e extravagante, só a pode pensar como um sonho. Lemos acerca de *Marco Bruto* (aquele a quem a vida foi concedida por *Júlio César* e que foi também o seu valido, e que apesar disso o matou) de que maneira em *Filipe*, na noite antes da batalha contra *Augusto César*, viu uma tremenda aparição, que é frequentemente narrada pelos historiadores como uma visão, mas, consideradas as circunstâncias, podemos facilmente ajuizar que nada mais foi do que um breve sonho. Pois estando sentado na sua tenda, pensativo e perturbado com o horror do seu ato temerário, não lhe foi difícil, ao dormitar no frio, sonhar com aquilo que mais o atemorizava, e esse temor, assim como gradualmente o fez acordar, também gradualmente deve ter feito

Aparições ou visões.
[7]

a aparição sumir. E, não estando seguro de ter dormido, não podia ter nenhuma razão para julgá-la um sonho, ou algo senão uma visão. E isto não é um acidente muito raro, pois mesmo aqueles que estão perfeitamente acordados, se forem assustadiços e supersticiosos, se estiverem obcecados por contos de horror e sozinhos no escuro, estão sujeitos a tais ilusões e julgam ver espíritos e fantasmas de pessoas mortas passeando nos cemitérios, quando é apenas a imaginação deles, ou então a velhacaria de algumas pessoas que se servem desse temor supersticioso para andar disfarçadas de noite em lugares que não gostariam que se soubesse serem por elas frequentados.

Desta ignorância quanto ao modo de distinguir os sonhos de outras ilusões fortes, da visão e da sensação, nasceram, no passado, a maior parte da religião dos gentios, os quais adoravam sátiros, faunos, ninfas, e outros seres semelhantes, e nos nossos dias a opinião que a gente grosseira tem das fadas, fantasmas, e gnomos, e do poder das feiticeiras. Quanto às feiticeiras, ainda que sua feitiçaria não seja, segundo penso, um poder real, é justo puni-las pela falsa crença que possuem de não praticarem nenhum mal, somada a seu propósito de o praticarem se puderem, estando a sua atividade mais próxima de uma nova religião do que de uma arte ou uma ciência. E quanto às fadas e fantasmas ambulantes, creio manter-se a opinião de que existem com o propósito expresso ou não refutado de dar crédito ao uso do exorcismo, das cruzes, da água benta, e outras tantas invenções de homens espirituais. Não há dúvida de que Deus pode provocar aparições não naturais. Porém, não é questão central da fé cristã que ele as provoque com tanta frequência que os homens devam temer tais coisas mais do que temem a permanência, ou a modificação do curso da Natureza, que ele também pode deter e mudar. Ora, homens perversos, com o pretexto de que Deus pode fazer qualquer coisa, levam a sua ousadia ao ponto de afirmarem qualquer coisa, se lhes convier, ainda que a julguem falsa. Cabe ao homem sensato só acreditar naquilo que a reta razão lhe apontar como crível. Se desaparecesse este temor supersticioso dos espíritos,

II. Da Imaginação

e com ele os prognósticos tirados dos sonhos, as falsas profecias, e muitas outras coisas dele dependentes, graças às quais pessoas ambiciosas e astutas abusam da credulidade da gente simples, os homens estariam muito mais preparados do que agora para a obediência civil.

[8]

E esta devia ser a tarefa dos escolásticos, mas eles preferem alimentar tal doutrina. Pois (ignorando o que seja a imaginação, ou a sensação) aquilo que recebem, ensinam: uns dizem que as imagens nascem de si mesmas, não tendo nenhuma causa; outros afirmam que é mais comum nascerem da vontade, sendo os bons pensamentos insuflados (inspirados) no homem por Deus, e os maus pensamentos, pelo Diabo; ou então que os bons pensamentos são vertidos (infundidos) no homem por Deus, e os maus pensamentos, pelo Diabo. Alguns dizem que os sentidos recebem as espécies das coisas e as transmitem ao senso comum, e o senso comum as transmite por sua vez à imaginação, e a imaginação à memória, e a memória ao juízo, tal como coisas passando de mão em mão, com muitas palavras que tornam tudo incompreensível.

A imaginação que é suscitada no homem (ou em qualquer outra criatura dotada da faculdade de imaginar) pelas palavras, ou quaisquer outros sinais voluntários, é o que geralmente chamamos *entendimento*, e é comum ao homem e aos outros animais. Pois um cão treinado entenderá o chamamento ou a reprimenda do dono, e o mesmo acontece com outros animais. Aquele entendimento que é próprio do homem é o entendimento não só da sua vontade, mas também das suas concepções e pensamentos, pela sequência e contextura dos nomes das coisas em afirmações, negações, e outras formas de discurso, e deste tipo de entendimento falarei mais adiante.

Entendimento.

CAP. III
Da Sequência ou
CADEIA de Imaginações

Por *sequência*, ou CADEIA de pensamentos, entendo aquela sucessão de um pensamento a outro, que se denomina (para se distinguir do discurso em palavras) *discurso mental*.

Quando o homem pensa em algo qualquer, o pensamento que se segue não é tão fortuito como poderia parecer. Não é qualquer pensamento que se segue indiferentemente a um pensamento. Mas, assim como não temos uma imaginação da qual não tenhamos tido antes uma sensação, na sua totalidade ou em parte, também não temos passagem de uma imaginação para outra se não tivermos tido previamente o mesmo nas nossas sensações. A razão disto é a seguinte: todas as ilusões são movimentos dentro de nós, vestígios dos movimentos produzidos nos sentidos; e os movimentos que imediatamente se sucedem uns aos outros na sensação continuam também juntos depois da sensação. Assim, vindo novamente o primeiro para tomar lugar e ser predominante, o outro segue-o, por coerência da matéria movida, à maneira da água sobre uma mesa lisa, que, quando se empurra uma parte com o dedo, o resto segue também. Mas porque na sensação de uma mesma coisa percebida ora se sucede uma coisa, ora outra, acontece com o tempo que ao imaginarmos alguma coisa não há certeza do que imaginaremos em seguida. Só temos a certeza de que será alguma coisa que antes, num ou noutro momento, se sucedeu àquela.

[9]

Cadeia de pensamentos desgovernados.

Esta cadeia de pensamentos, ou discurso mental, é de dois tipos. O primeiro é *desgovernado, sem desígnio*, e inconstante, não havendo nenhum pensamento apaixonado para governar e dirigir aqueles que se lhe seguem, como fim ou meta de algum desejo, ou outra paixão. Neste caso diz-se que os pensamentos vagueiam, e parecem impertinentes uns aos outros, como acontece no sonho. Assim são comumente os pensamentos dos

III. Da Sequência de Imaginações

homens que não só estão sem companhia mas também sem nenhuma preocupação, embora mesmo então os seus pensamentos estejam tão ocupados como em qualquer outro momento, mas desta vez sem harmonia, como o som que um alaúde fora de tom produziria a qualquer homem ou, mesmo dentro do tom, a alguém que não soubesse tocar. E contudo, neste turbulento registro do espírito, o homem pode muitas vezes perceber o curso deste e a dependência de um pensamento em relação a outro. Assim, num discurso da nossa atual guerra civil, que coisa pareceria mais impertinente do que perguntar (como efetivamente aconteceu) qual era o valor de uma moeda romana? Contudo para mim a coerência era assaz manifesta, pois o pensamento da guerra introduziu o pensamento da entrega do rei aos seus inimigos; este pensamento trouxe o pensamento da entrega de Cristo; e este, por sua vez, o pensamento das trinta moedas, que foram o preço da traição: e daí facilmente se seguiu aquela pergunta maliciosa. E tudo isto num breve momento, pois o pensamento é célere.

A segunda é mais constante por ser *regulada* por algum desejo ou desígnio. Pois a impressão feita por aquelas coisas que desejamos ou tememos é forte e permanente, ou (quando cessa por alguns momentos) de rápido retorno. É por vezes tão forte que impede e interrompe o nosso sono. Do desejo surge o pensamento de algum meio que vimos produzir algo de semelhante àquilo que almejamos; e do pensamento disso, o pensamento de meios para aquele meio; e assim sucessivamente, até chegarmos a algum início dentro do nosso próprio poder. E porque o fim, pela grandeza da impressão, vem muitas vezes ao espírito, nossos pensamentos serão rapidamente trazidos outra vez ao caminho certo se começarem a vagar. O que, observado por um dos sete sábios, o levou a dar aos homens o seguinte preceito, que hoje está esquecido, *Respice finem*, o que significa que em todas as nossas ações devemos olhar muitas vezes para aquilo que queremos ter, pois deste modo concentramos todos os nossos pensamentos na forma de o atingir.

Cadeia de pensamentos regulada.

Parte 1 – Do Homem

A cadeia dos pensamentos regulados é de duas espécies: primeira, quando, de um efeito imaginado, buscamos as causas ou os meios que o produziram, e esta espécie é comum ao homem e aos outros animais; a outra, ao imaginarmos seja o que for, buscamos todos os possíveis efeitos que podem por essa coisa ser produzidos ou, por outras palavras, imaginamos o que podemos fazer com ela, quando a tivermos. Desta espécie só tenho visto indícios no homem, pois se trata de uma curiosidade pouco provável na natureza de qualquer criatura viva que não tenha outras paixões além das sensuais, como por exemplo a fome, a sede, a lascívia e a cólera. Em suma, o discurso do espírito, quando um desígnio o governa, nada mais é do que uma *busca*, ou faculdade de invenção, que os latinos denominam *sagacitas* e *solertia*, uma descoberta das causas de algum efeito presente ou passado, ou dos efeitos de alguma causa passada ou presente. Às vezes o homem busca aquilo que perdeu, e, a partir do lugar e tempo em que sentiu a sua falta, o seu espírito volta atrás, de lugar em lugar, de momento em momento, para encontrar onde e quando o tinha; ou, em outras palavras, para encontrar algum momento e lugar certo e limitado no qual possa começar um método de busca. Mais uma vez, daí os seus pensamentos percorrem os mesmos lugares e momentos, a fim de descobrir que ação ou outra ocasião poderiam fazê-lo perder o objeto. A isto chamamos *recordação*, ou lembrança; os latinos chamam-lhe *reminiscentia*, como se fosse um *reconhecimento* das nossas ações passadas.

Às vezes o homem conhece um lugar determinado, no âmbito do qual ele deve procurar, e então os seus pensamentos acorrem de todos os lados para ali, assim como alguém que varre uma sala para encontrar uma joia, ou um cachorro que percorre um campo para encontrar um rastro, ou um homem que percorre o alfabeto para iniciar uma rima.

Às vezes o homem deseja conhecer o resultado de uma ação, e então pensa em alguma ação semelhante no passado, e nos resultados dela, uns após os outros, supondo que resultados semelhantes se devem seguir de ações semelhantes. Assim,

[10]

Recordação.

Prudência.

III. Da Sequência de Imaginações

aquele que prevê o que acontecerá a um criminoso reconhece aquilo que ele viu seguir-se de crimes semelhantes no passado, tendo esta ordem de pensamentos: o crime, o oficial de justiça, a prisão, o juiz e as galés. A este tipo de pensamentos chama-se *previsão*, e *prudência*, ou *providência*, e algumas vezes *sabedoria*, embora tal conjectura, devido à dificuldade de observar todas as circunstâncias, seja muito falaciosa. Mas isto é certo: quanto mais experiência das coisas passadas tiver um homem, tanto mais prudente é, e as suas expectativas raramente falham. Só o *presente* tem existência na natureza; as coisas *passadas* têm existência apenas na memória, mas as coisas *que estão por vir* não têm existência alguma, sendo o futuro apenas uma ficção do espírito, aplicando as sequências das ações passadas às ações que são presentes, o que é feito com mais certeza por aquele que tem mais experiência, mas não com a certeza suficiente. E muito embora se denomine prudência quando o resultado corresponde à nossa expectativa, contudo, por sua própria natureza, nada mais é do que suposição. Pois a previsão das coisas que estão por vir, que é providência, só compete àquele por cuja vontade as coisas devem acontecer. Dele apenas, e sobrenaturalmente, deriva a profecia. O melhor profeta naturalmente é o melhor adivinho, e o melhor adivinho, o que é mais versado e erudito nas questões que adivinha, pois ele tem maior número de *signos* pelos quais se guiar.

Um *signo* é o evento antecedente do consequente e, contrariamente, o consequente do antecedente, quando consequências semelhantes foram anteriormente observadas. E quanto mais vezes tiverem sido observadas, menos incerto é o signo. E, portanto, aquele que possuir mais experiência em qualquer tipo de assunto tem maior número de signos para adivinhar os tempos futuros, e, consequentemente, é o mais prudente. E muito mais prudente do que o novato, tanto que não os iguala nenhuma vantagem de uma finura natural e extemporânea, embora talvez os homens jovens pensem o contrário. *Signos.*

Contudo, não é a prudência que distingue o homem dos outros animais. Há animais que com um ano observam mais e [11]

Parte 1 – Do Homem

buscam o que é bom para eles de uma maneira mais prudente do que jamais alguma criança poderia fazer com 10 anos.

Conjectura do tempo passado.

Do mesmo modo que a prudência é uma *suposição* do *futuro*, tirada da *experiência* dos tempos *passados*, também há uma suposição das coisas passadas tirada de outras coisas (não futuras, mas) também passadas. Pois aquele que tiver visto por que graus e fases um Estado florescente primeiro entra em guerra civil e depois chega à ruína, à vista das ruínas de qualquer outro Estado suporá uma guerra semelhante e fases semelhantes ali também. Mas esta conjectura tem quase a mesma incerteza que a conjectura do futuro, sendo ambas baseadas apenas na experiência.

Que eu me lembre, não existe nenhum outro ato do espírito naturalmente implantado no homem que, para exercer--se, exija algo além de ser homem e viver com o uso dos seus cinco sentidos. Aquelas outras faculdades, das quais falarei aos poucos e que parecem características apenas do homem, são adquiridas e aumentadas com o estudo e a indústria e, as de muitos homens, apuradas por meio da instrução e da disciplina, e procedem todas da invenção das palavras e do discurso. Pois além da sensação, dos pensamentos e da cadeia de pensamentos, o espírito do homem não possui nenhum outro movimento, muito embora, com a ajuda do discurso e do método, essas faculdades possam se desenvolver tanto que permitem distinguir os homens de todos os outros seres vivos.

Tudo o que imaginamos é *finito*. Portanto, não existe nenhuma ideia, ou concepção de algo que denominamos *infinito*. Nenhum homem pode ter no seu espírito uma imagem de magnitude infinita, nem conceber uma velocidade infinita, um tempo infinito, ou uma força infinita, ou um poder infinito. Quando dizemos que alguma coisa é infinita, queremos apenas dizer que não somos capazes de conceber os limites e fronteiras da coisa designada, não tendo concepção da coisa, mas da nossa própria incapacidade. Portanto, o nome de *Deus* é usado não para nos fazer concebê-lo (pois ele é *incompreensível* e a sua grandeza e poder são inconcebíveis), mas para que o possamos honrar. Também porque (como disse antes) tudo o que concebemos foi primeiro percebido pelos sentidos, de uma vez só, ou por partes, pois o homem não pode ter nenhum pensamento representando uma coisa que não esteja sujeita à sensação. Nenhum homem, portanto, pode conceber uma coisa qualquer, mas tem de a conceber em algum lugar, e dotada de uma determinada magnitude, e susceptível de ser dividida em partes. Que alguma coisa esteja toda neste lugar, e toda em outro lugar ao mesmo tempo; que duas, ou mais coisas, possam estar num e no mesmo lugar ao mesmo tempo: nenhuma destas coisas jamais sobreveio ou pode sobrevir aos sentidos; não passam de discursos absurdos, a que se dá crédito (sem nenhum sentido) graças a filósofos enganados e a escolásticos enganados ou enganadores.

CAP. IV
Da Linguagem

[12]

Origem da linguagem.

A invenção da *imprensa*, conquanto engenhosa, comparada com a invenção das *letras* é coisa de somenos importância. Ignora-se quem descobriu o uso das letras. Diz-se que o primeiro que as trouxe para a *Grécia* foi *Cadmo*, filho de *Agenor*, rei da Fenícia. Invenção proveitosa, decerto, pois preserva a memória dos tempos passados e une a humanidade, dispersa por tantas e tão distantes regiões da Terra, apesar de todas as dificuldades, como as verificadas pela cuidadosa observação dos diversos movimentos da língua, palato, lábios e outros órgãos da fala, em estabelecer tantas diferenças de caracteres quantas as necessárias para recordar. Mas a mais nobre e útil de todas as invenções foi a da Linguagem, que consiste em *nomes* ou *designações* e nas suas conexões, pelas quais os homens registram os seus pensamentos, os recordam, depois de passarem, e também os manifestam uns aos outros para a utilidade e convivên-

Parte 1 – Do Homem

cia recíprocas, sem o que não haveria entre os homens nem república, nem sociedade, nem contrato, nem paz, tal como não existem entre os leões, os ursos e os lobos. O primeiro autor da linguagem foi o próprio *Deus*, que ensinou a *Adão* a maneira de designar as criaturas que lhe apresentava; as Escrituras nada mais dizem a este respeito. Mas isto foi suficiente para o levar a acrescentar mais nomes, conforme a experiência e o uso das criaturas lhe exigiram, e para ligar esses nomes gradualmente de modo que se fizesse compreender. E assim, com o passar do tempo, ele adquiriu toda a linguagem de que precisava, embora não fosse tão abundante como aquela de que necessita o orador ou o filósofo. Pois nada encontrei nas Escrituras que pudesse afirmar, direta ou indiretamente, que *Adão* aprendeu os nomes de todas as figuras, números, medidas, cores, sons, imagens, relações e muito menos os nomes de palavras e de discursos, como *geral, especial, afirmativo, negativo, interrogativo, optativo, infinitivo*, todas elas úteis, e muito menos os de *entidade, intencionalidade, quididade* e outras insignificantes palavras dos escolásticos.

Mas toda esta linguagem adquirida e aumentada por *Adão* e sua posteridade foi novamente perdida na torre de *Babel*, quando pela mão de Deus todos os homens foram punidos, devido à sua rebelião, com o esquecimento da sua primitiva linguagem. Ora, como foram forçados a se dispersar pelas várias partes do mundo, segue-se necessariamente que a atual diversidade de línguas originou-se gradualmente deles, à medida que a necessidade (a mãe de todas as invenções) os foi ensinando, e com o passar dos tempos as línguas tornaram-se por toda parte mais prolixas.

O uso da linguagem.

[13]

O uso geral da linguagem consiste em passar o nosso discurso mental para um discurso verbal, ou a cadeia dos nossos pensamentos para uma cadeia de palavras. E isto com duas vantagens, uma das quais consiste em registrar as sequências dos nossos pensamentos, os quais, podendo escapar da nossa memória e deste modo dar-nos mais trabalho, podem ser novamente recordados por aquelas palavras com que foram marca-

IV. Da Linguagem

dos. De maneira que o primeiro uso dos nomes consiste em servir de *marcas* ou *notas* de lembrança. Um outro uso consiste, quando muitos usam as mesmas palavras, em exprimir (pela conexão e ordem) uns aos outros aquilo que concebem ou pensam de cada assunto, e também aquilo que desejam, temem, ou aquilo por que experimentam alguma outra paixão. E em razão desse uso são chamados *signos*. Os usos especiais da linguagem são os seguintes: em primeiro lugar, registrar aquilo que por cogitação descobrimos ser a causa de qualquer coisa, presente ou passada, e aquilo que achamos que as coisas presentes ou passadas podem produzir ou causar, o que em suma é adquirir artes. Em segundo lugar, para mostrar aos outros o conhecimento que atingimos, ou seja, aconselhar e ensinar uns aos outros. Em terceiro lugar, para darmos a conhecer aos outros as nossas vontades e objetivos, a fim de que tenhamos a ajuda uns dos outros. Em quarto lugar, para agradar e para nos deliciarmos, e aos outros, brincando com as palavras, por prazer e ornamento, de maneira inocente.

A estes usos correspondem quatro abusos. Primeiro, quando os homens registram erradamente os seus pensamentos pela inconstância da significação das suas palavras, com as quais registram como concepções suas aquilo que nunca conceberam, e deste modo se enganam. Em segundo lugar, quando usam palavras de maneira metafórica, ou seja, com um sentido diferente daquele que lhes foi atribuído, e deste modo enganam os outros. Em terceiro lugar, quando por palavras declaram ser sua vontade aquilo que não o é. Em quarto lugar, quando as usam para se ofenderem uns aos outros, pois, dado que a natureza armou os seres vivos, uns com dentes, outros com chifres e outros com mãos para ferirem o inimigo, nada mais é do que um abuso da linguagem ferir os outros com a língua, a menos que se trate de alguém que somos obrigados a governar, mas então não é ferir, e sim corrigir e emendar.

Abusos de linguagem.

A linguagem serve para a recordação das sequências de causas e efeitos, por meio da imposição de *nomes* e da *conexão* destes.

Parte 1 – Do Homem

Nomes próprios e comuns.

Alguns dos nomes são *próprios* e singulares a uma só coisa, como *Pedro*, *João*, *este homem*, *esta árvore*; e alguns são *comuns* a muitas coisas, como *homem*, *cavalo*, *árvore*, cada um dos quais, apesar de ser um só nome, é contudo o nome de várias coisas

Universais.

particulares, cujo conjunto se denomina um *universal*, nada havendo no mundo universal além de nomes, pois as coisas nomeadas são, cada uma delas, individuais e singulares.

Impõe-se um nome universal a muitas coisas, por sua semelhança em alguma qualidade, ou outro acidente; além disso, enquanto o nome próprio relembra uma coisa apenas, os universais recordam qualquer dessas muitas coisas.

E dos nomes universais uns são de maior e outros de menor extensão, os mais amplos compreendendo os menos amplos, e alguns de igual extensão compreendendo-os uns aos outros reciprocamente. Como, por exemplo, o nome *corpo* tem maior significação do que a palavra *homem*, e compreende-a, e os nomes *homem* e *racional* são de igual extensão, compreendendo-se um ao outro mutuamente. Mas aqui devemos notar que por um nome nem sempre se entende, como na gramática, uma só palavra, mas às vezes, por circunlocução, muitas palavras juntas, pois todas estas palavras – *quem nas suas ações observa as leis do seu país* – constituem um só nome, equivalente a esta simples palavra: *justo*.

[14]

Por esta imposição de nomes, uns mais amplos, outros de significação mais restrita, transformamos o cálculo de sequências de coisas imaginadas no espírito num cálculo de consequências das designações. Por exemplo, um homem que não possui nenhum uso da linguagem (como aquele que nasceu e permaneceu completamente surdo e mudo), se tiver diante dos olhos um triângulo e ao lado deste dois ângulos retos (como são os cantos de um quadrado), pode, através da meditação, comparar e descobrir que os três ângulos daquele triângulo são iguais àqueles dois ângulos retos que estão ao lado. Porém, se lhe for mostrado um outro triângulo diferente do primeiro na forma, ele não pode saber, sem um novo esforço, se os três ângulos desse triângulo são também iguais a ele. Mas aquele que

IV. Da Linguagem

tem o uso das palavras, quando observa que tal igualdade era consequente, não do comprimento dos lados, nem de nenhum outro aspecto particular do triângulo, mas somente os lados de serem retos e os ângulos três, e daí ser levado a denominar tal figura um triângulo, não hesitará em concluir universalmente que tal igualdade dos ângulos existe em todos os triângulos, sejam eles quais forem, e em registrar a sua invenção nestes termos gerais: *todo triângulo tem os seus três ângulos iguais a dois ângulos retos*. E assim a consequência descoberta num caso particular passa a ser registrada e recordada como uma regra universal, o que alivia o nosso cálculo mental do espaço e do tempo, liberta-nos de todo o trabalho do espírito, na medida em que nos poupa desse cálculo, e faz que aquilo que se descobriu ser verdade *aqui* e *agora* seja verdade em *todos os tempos* e *lugares*.

Ora, nada evidencia mais o uso de palavras para registrar os nossos pensamentos do que a numeração. Um louco natural que nunca conseguisse aprender de cor a ordem das palavras numerais, como *um, dois, três*, poderia observar cada batida de um relógio e acompanhar com a cabeça, ou dizer um, um, um, mas nunca poderia saber quantas horas bateram. E parece que houve uma época em que esses nomes de números não estavam em uso e os homens se contentavam com utilizar os dedos de uma ou das duas mãos para aquelas coisas que desejavam contar, e daí resultou que hoje as nossas palavras numerais só são dez em qualquer nação, e em algumas só são cinco, caso em que se começa de novo. E aquele que sabe contar até dez, se os recitar fora de ordem, perder-se-á e não saberá o que esteve fazendo. E muito menos será capaz de somar e subtrair e realizar todas as outras operações da aritmética. De modo que sem palavras não há nenhuma possibilidade de calcular os números, e muito menos as grandezas, a velocidade, a força, e outras coisas cujo cálculo é necessário à existência ou ao bem-estar da humanidade.

Quando dois nomes estão ligados numa consequência, ou afirmação, como por exemplo *o homem é um ser vivo*, ou esta outra, *se ele for um homem, é um ser vivo*, se o último nome *ser vivo*

Parte 1 – Do Homem

[15]

significar tudo o que o primeiro nome *homem* significa, então a afirmação, ou consequência, é *verdadeira*; do contrário, é falsa. Pois o *verdadeiro* e o *falso* são atributos da linguagem, e não das coisas. E se não existir linguagem, não há nem *verdade* nem *falsidade*. Pode haver *erro*, como quando esperamos algo que não acontecerá ou quando suspeitamos algo que não aconteceu. Mas em nenhum destes casos se pode acusar um homem de inveracidade.

Necessidade das definições.

Considerando então que a *verdade* consiste na correta ordenação de nomes nas nossas afirmações, um homem que procurar a *verdade* rigorosa deve lembrar o que significa cada palavra de que se serve, e então empregá-la de acordo; do contrário, ver-se-á enredado em palavras, como uma ave em varas enviscadas: quanto mais luta, mais se fere. E portanto em geometria (que é a única ciência que prouve a Deus conceder até aqui à humanidade) os homens começam por estabelecer as significações das suas palavras, e a esse estabelecimento de significações chamam *definições* e colocam-nas no início do seu cálculo.

Por aqui se vê como é necessário a qualquer pessoa que aspire ao conhecimento verdadeiro examinar as definições de autores passados, ou para as corrigir quando tiverem sido estabelecidas de maneira negligente, ou para torná-las suas. Pois os erros de definições multiplicam-se à medida que o cálculo avança e conduzem os homens a absurdos, que finalmente descobrem, mas que não conseguem evitar sem calcular de novo, desde o princípio, e é nisso que reside o fundamento dos seus erros. Daí por que esses que acreditam nos livros procedem como os que lançam várias pequenas somas numa soma maior, sem atentarem se essas pequenas somas foram ou não corretamente lançadas; e por fim, encontrando o erro visível, e não duvidando das suas primeiras bases, ignoram o meio de se safarem; pelo contrário, gastam tempo azafamando-se em torno dos seus livros, como aves que, entrando numa chaminé e vendo-se fechadas num quarto, adejam em torno da enganadora luz de uma janela, por não possuírem tino suficiente para atentarem por que caminho entraram. De tal modo que na correta definição de nomes reside o primeiro uso da linguagem, o

IV. Da Linguagem

qual consiste na aquisição de ciência; e na incorreta definição, ou na ausência de definições, reside o primeiro abuso, do qual resultam todas as doutrinas falsas e destituídas de sentido. Isso torna aqueles homens que tiram a sua instrução da autoridade dos livros, e não da sua própria meditação, tão inferiores à condição dos ignorantes quanto são superiores a estes os homens revestidos de uma verdadeira ciência. Pois entre a verdadeira ciência e as doutrinas errôneas situa-se a ignorância. A sensação e a imaginação naturais não estão sujeitas a absurdos. A natureza em si não pode errar; e, à medida que os homens vão adquirindo uma abundância de linguagem, vão-se tornando mais sábios ou mais loucos do que habitualmente. Nem é possível sem letras que algum homem se torne ou extraordinariamente sábio, ou (a menos que a sua memória seja atacada por doença ou deficiente constituição dos órgãos) extraordinariamente louco. Pois as palavras são os calculadores dos sábios, que só com elas calculam; mas constituem a moeda dos loucos que as avaliam pela autoridade de um *Aristóteles*, de um *Cícero*, ou de um *Tomás*, ou de qualquer outro doutor que nada mais é do que um homem.

Sujeito aos nomes é tudo aquilo que pode entrar, ou ser considerado, num cálculo, e ser acrescentado um ao outro para fazer uma soma, ou subtraído um do outro e deixar um resto. Os latinos chamavam aos cômputos de moeda *rationes* e ao cálculo *ratiocinatio*, e àquilo que nós em contas ou livros de cálculo denominamos *itens* chamavam *nomina*, isto é, *nomes*; e daí parece resultar a extensão da palavra *ratio* à faculdade de contar em todas as outras coisas. Os gregos têm uma só palavra, λόγος, para *linguagem* e *razão*, não por pensarem que não havia linguagem sem razão mas por considerarem que não havia raciocínio sem linguagem. E ao ato de raciocinar chamaram *silogismo*, o que significa somar as consequências de uma proposição a outra. E, porque as mesmas coisas podem entrar em conta para diversos acidentes, os seus nomes são (para mostrar essa diversidade) diversamente deflectidos e diversificados. Esta diversidade dos nomes pode ser reduzida a quatro grupos gerais.

Sujeito aos nomes.

[16]

Parte 1 – Do Homem

Em primeiro lugar, uma coisa pode entrar em conta como *matéria* ou *corpo*, assim como *vivo, sensível, racional, quente, frio, movido, parado*, todos nomes com os quais a palavra *matéria* ou *corpo* é entendida, sendo todos eles nomes de matéria.

Segundo, pode entrar em conta, ou ser considerada como algum acidente ou qualidade, que concebemos estar nela, tal como *ser movida, ser tão longa, ser quente* etc.; e então, do nome da própria coisa, por uma pequena mudança ou alteração, fazemos um nome para o acidente que consideramos, e como *vivo* levamos em conta *vida*; como *movido, movimento*; como *quente, calor*; como *comprido, comprimento*, e assim sucessivamente. E todos esses nomes são os nomes dos acidentes e propriedades pelos quais uma matéria e um corpo se distinguem de outro. A estes nomes chama-se *nomes abstratos*, porque apartados (não da matéria, mas) da conta da matéria.

Em terceiro lugar levamos em conta as propriedades dos nossos próprios corpos mediante as quais estabelecemos distinções, como quando alguma coisa é *vista* por nós, contamos não com a própria coisa, mas com a *visão*, a *cor*, a *ideia* dela na imaginação, e, quando alguma coisa é *ouvida*, não contamos com ela, mas com a *audição* ou com o *som* apenas, que é nossa ilusão ou concepção dela pelo ouvido, e estes são nomes de concepções.

Uso de nomes positivos.

Em quarto lugar levamos em conta, consideramos e denominamos os próprios *nomes* e *discursos*, pois *geral, universal, especial, equívoco* são nomes de nomes. E *afirmação, interrogação, ordem, narração, silogismo, sermão, oração*, e tantos outros são nomes de discursos. E esta é toda a variedade de nomes *positivos*, que são usados para assinalar algo que existe na natureza ou que pode ser simulado pelo espírito do homem, como corpos que existem, ou podem ser concebidos como existentes, ou corpos cujas propriedades são, ou podem ser simuladas, ou então palavras e discursos.

Nomes negativos com seus usos.

Há também outros nomes, chamados *negativos*, que são notas para significar que uma palavra não é o nome da coisa em questão, como *nada, ninguém, infinito, indizível, três não são qua-*

IV. Da Linguagem

tro, e outras semelhantes, que contudo se usam no cômputo, ou na correção do cômputo, e recordam as nossas cogitações passadas, muito embora não sejam nomes de coisa alguma, porque nos fazem recusar admitir nomes que não são corretamente usados.

Todos os outros nomes nada mais são do que sons insignificantes, e estes são de duas espécies. Uma delas, quando são novos e o seu sentido ainda não foi explicado por uma definição, e desta espécie existem muitos, inventados pelos escolásticos e pelos filósofos confusos.

Palavras insignificantes.

[17]

Uma outra espécie, quando se faz um só nome de dois nomes, cujos significados são contraditórios e inconsistentes, como, por exemplo, o nome *corpo incorpóreo*, ou (o que é o mesmo) *substância incorpórea*, e um grande número de outros como estes. Pois sempre que qualquer afirmação seja falsa os dois nomes pelos quais é composta, colocados lado a lado e tornados num só, não significam absolutamente nada. Por exemplo, se for uma afirmação falsa dizer *um quadrângulo é redondo*, a expressão *quadrângulo redondo* nada significa e é um simples som. Do mesmo modo, se for falso dizer que a virtude pode ser infundida, ou insuflada e retirada, as expressões *virtude infundida*, *virtude insuflada* são tão absurdas e insignificantes como um *quadrângulo redondo*. E portanto dificilmente encontraremos uma palavra destituída de sentido e insignificante que não seja formada por alguns nomes latinos ou gregos. Um francês raras vezes ouve chamar o nosso Salvador pelo nome de *Parole*, mas muitas vezes ouve chamá-lo pelo nome de *Verbe*, e contudo *Verbe* e *Parole* em nada mais diferem senão no fato de uma ser latina e a outra francesa.

Quando um homem, ao ouvir qualquer discurso, tem aqueles pensamentos para cujo significado as palavras desse discurso e a sua conexão foram ordenadas e constituídas, então dizemos que ele o compreendeu, não sendo o *entendimento* outra coisa senão a concepção causada pelo discurso. E portanto, se o discurso é peculiar ao homem (como pelo que sei deve ser), então também o entendimento lhe é peculiar. E por-

Entendimento.

Parte 1 - Do Homem

tanto não pode haver compreensão de afirmações absurdas e falsas, no caso de serem universais, muito embora muitos julguem que compreendem, quando nada mais fazem do que repetir tranquilamente as palavras ou gravá-las no seu espírito.

Quando falar das paixões, falarei dos tipos de discurso que significam os apetites, as aversões e as paixões do espírito do homem, e também do seu uso e abuso.

Nomes inconstantes.

Os nomes daquelas coisas que nos afetam, isto é, que nos agradam e desagradam, porque todos os homens não são igualmente afetados pelas mesmas coisas, nem o mesmo homem em todos os momentos, são, nos discursos comuns dos homens, de significação *inconstante*. Pois, dado que todos os nomes são impostos para significar as nossas concepções, e todos os nossos afetos nada mais são do que concepções, quando concebemos as mesmas coisas de forma diferente dificilmente podemos evitar dar-lhes diferentes nomes também. Pois, muito embora a natureza do que concebemos seja a mesma, a diversidade da nossa recepção dela, no que se refere às diferentes constituições do corpo e aos preconceitos da opinião, dá a tudo a coloração das nossas diferentes paixões. Portanto, ao raciocinar, o homem tem de tomar cautela com as palavras, que, além da significação daquilo que imaginamos da sua natureza, também possuem uma significação da natureza, disposição e interesse do locutor. Assim são os nomes de virtudes e vícios, pois um homem chama *sabedoria* àquilo que outro homem chama *temor*, *crueldade*, o que para outro é *justiça*, *prodigalidade*, o que para outro é *magnanimidade*, *gravidade*, o que para outro é *estupidez* etc. E portanto tais nomes nunca podem ser verdadeiras bases de algum raciocínio. Como também não o podem ser as metáforas, e os tropos do discurso, mas estes são menos perigosos, pois ostentam a sua inconstância, ao passo que os outros não o fazem.

V. Da Razão e da Ciência

CAP. V
Da Razão *e da* Ciência

Quando alguém *raciocina*, nada mais faz do que conceber uma soma total pela *adição* de parcelas, ou conceber um resto pela *subtração* de uma soma por outra; o que (se for feito com palavras) é conceber a consequência *partindo*[1] dos nomes de todas as partes para o nome do todo, ou partindo dos nomes do todo e de uma parte para o nome da outra parte. E, muito embora em algumas coisas (como nos números), além de *adicionar* e *subtrair*, os homens nomeiem outras operações, como *multiplicar* e *dividir*; elas são as mesmas, pois a multiplicação nada é senão adicionar coisas iguais, e a divisão, subtrair uma coisa tantas vezes quantas forem possíveis. Estas operações não são características apenas dos números, mas também de toda a espécie de coisas que podem ser somadas e tiradas umas das outras. Pois, se os aritméticos ensinam a adicionar e a subtrair com *números*, os geômetras ensinam a fazer o mesmo com *linhas*, *figuras* (sólidas e superficiais), *ângulos, proporções, tempos*, graus de *velocidade, força, potência*, e outras coisas semelhantes. Os lógicos ensinam o mesmo com *consequências de palavras*, somando *dois nomes* para fazer uma *afirmação*, *duas afirmações* para fazer um *silogismo, muitos silogismos* para fazer uma *demonstração*; e, da *soma* ou *conclusão* de um *silogismo*, subtraem uma *proposição* para encontrar a outra. Os escritores de política somam *pactos* para descobrir os *deveres* dos homens, e os juristas, *leis* e *fatos* para descobrir o que é *direito* e *errado* nas ações dos indivíduos. Em suma, seja em que matéria for que houver lugar para a *adição* e para a *subtração*, também haverá lugar para a *razão*, e, se não houver lugar para elas, também a *razão* nada terá a fazer.

Isso tudo nos permite definir (isto é, determinar) o que queremos dizer com a palavra *razão*, quando a incluímos entre as faculdades do espírito. Pois RAZÃO, neste sentido, nada mais

O que é a razão.

Definição da razão.

---
[1] *Syn.:* de

Parte 1 – Do Homem

é do que *cálculo* (isto é, adição e subtração) das consequências de nomes gerais estabelecidos para *marcar* e *significar* os nossos pensamentos. Digo *marcar* quando calculamos para nós próprios e *significar* quando demonstramos ou aprovamos os nossos cálculos para os outros homens.

Onde está a reta razão.

E, tal como na aritmética, os homens inexperientes, e mesmo os professores, podem muitas vezes errar e contar falso, também em qualquer outro objeto do raciocínio os homens mais capazes, mais atentos e mais experientes podem se enganar e inferir falsas conclusões. Não porque a razão em si própria não seja sempre razão reta, assim como a aritmética é uma arte infalível e certa. Mas a razão de nenhum homem, nem a razão de que número for de homens, constitui a certeza, tal como nenhum cômputo é benfeito porque um grande número de homens o aprovou unanimemente. E portanto, tal como ocorre numa controvérsia a propósito de um cálculo – quando as partes precisam, de comum acordo, recorrer à reta razão, à razão de algum árbitro ou juiz a cuja sentença se submeterão, ou do contrário sua controvérsia chegará às vias de fato, ou permanecerá indecisa por falta de uma reta razão constituída por natureza –, o mesmo ocorre em todos os debates, sejam de que espécie forem. Quando os homens que se julgam mais sábios do que todos os outros clamam e exigem a razão como juiz, apenas procuram que as coisas sejam determinadas, não pela razão de outros homens, mas pela sua própria, e isso é tão intolerável na sociedade dos homens como é no jogo, uma vez escolhido o trunfo, usar como trunfo em todas as ocasiões aquela série de que se tem mais cartas na mão. Pois com isso nada mais fazem do que tomar por reta razão cada uma das paixões que sucedem dominá-los, e isto nas suas próprias controvérsias, revelando a sua falta de reta razão pelo fato de reclamarem dela.

[19]

O uso da razão.

O uso e finalidade da razão não é descobrir a soma e a verdade de uma ou várias consequências, afastadas das primeiras definições e das significações fixas de nomes, mas começar por estas e seguir de uma consequência para outra. Pois não

V. Da Razão e da Ciência

pode haver certeza da última conclusão sem a certeza de todas aquelas afirmações e negações nas quais se baseou e das quais foi inferida. Tal qual um chefe de família que, ao fazer uma conta, adiciona as somas de todas as notas de despesa numa só soma, e, não considerando de que modo cada nota foi feita por aqueles que lhe apresentaram a conta, nem aquilo que está pagando, procede como se aceitasse a conta total, e confia na habilidade e na honestidade dos contadores; também no raciocínio de todas as outras coisas, aquele que tira conclusões confiando em autores, e não as examina desde os primeiros itens em cada cálculo (os quais são as significações de nomes estabelecidas por definições), em vão se esforça, pois nada fica sabendo; apenas acredita.

Quando alguém calcula sem o uso de palavras, o que pode ser feito em casos especiais (tal como ao ver qualquer coisa conjecturamos o que provavelmente a precedeu, ou o que provavelmente se lhe seguirá), se aquilo que julgou provável que se seguisse não se seguir, ou se aquilo que julgou provável que tivesse precedido não tiver precedido, isto se chama ERRO, ao qual estão sujeitos mesmo os homens mais prudentes. Mas, quando raciocinamos com palavras de significação geral e empreendemos uma inferência geral que é falsa, muito embora seja comumente denominada *erro*, é na verdade um ABSURDO, ou um discurso sem sentido. Pois o erro é apenas um engano, ao presumir que algo aconteceu ou está para acontecer, sobre aquilo de que, embora não tivesse acontecido nem estivesse para acontecer, não existe nenhuma impossibilidade aparente. Mas quando fazemos uma asserção geral, a menos que seja uma asserção verdadeira, a sua possibilidade é inconcebível. E as palavras com as quais nada mais concebemos senão o som são as que denominamos *absurdas, insignificantes* e *sem sentido*. E portanto se alguém me falasse de um *quadrângulo redondo*, ou dos *acidentes do pão no queijo*, ou de *substâncias imateriais*, ou de *um súdito livre, livre-arbítrio*, ou de qualquer coisa *livre*, tirante livre de ser impedida por oposição, não diria que estava em erro, mas que as suas palavras eram destituídas de sentido, ou seja, absurdas.

Do erro e do absurdo.

[20] Disse anteriormente (no cap. II) que o homem realmente supera todos os outros animais na seguinte faculdade: ao conceber qualquer coisa, é capaz de inquirir as consequências disso e que efeitos pode obter com isso. E agora acrescento este outro grau da mesma excelência: ser capaz, por meio de palavras, de reduzir as consequências que descobre a regras gerais, chamadas *teoremas* ou *aforismos*, isto é, o homem é capaz de raciocinar, ou calcular, não apenas com números, mas com todas as outras coisas que se podem adicionar ou subtrair umas às outras.

Mas este privilégio é atenuado por um outro, que é o privilégio do absurdo, ao qual nenhum ser vivo está sujeito, exceto o homem. E entre os homens aqueles que professam a filosofia são de todos os que lhe estão mais sujeitos. Pois é bem verdade aquilo que *Cícero* disse algures a seu respeito: que nada pode haver de tão absurdo que não se encontre nos livros dos filósofos. E a razão disto é manifesta. Pois não há um só deles que comece os seus raciocínios por definições ou explicações dos nomes que vai usar, método que só se tem empregado em geometria, cujas conclusões assim se tornaram indiscutíveis.

Causas do absurdo.

1. Atribuo a primeira causa das conclusões absurdas à falta de método, na medida em que não começam o seu raciocínio por definições, isto é, por significações fixas das suas palavras, como se pudessem contar sem conhecer o valor das palavras numerais, *um*, *dois* e *três*.

E visto que todos os corpos entram em conta sob diversas considerações (que mencionei no capítulo precedente), sendo estas considerações designadas de maneira diferente, vários absurdos decorrem da confusão e da inadequada conexão dos seus nomes em asserções. E portanto:

2. Atribuo a segunda causa das asserções absurdas ao fato de se darem aos *acidentes* nomes de *corpos*, ou aos *corpos* nomes de *acidentes*, como fazem aqueles que dizem *a fé é infundida*, ou *inspirada* – quando apenas num corpo é possível *infundir* ou *insuflar* alguma coisa –, ou que a *extensão* é *corpo* e que os *fantasmas* são *espíritos* etc.

V. Da Razão e da Ciência

Atribuo a terceira ao fato de se darem nomes de *acidentes* de *corpos exteriores a nós* a *acidentes* dos nossos *próprios corpos*, como fazem os que dizem *a cor está no corpo, o som está no ar* etc.

A quarta, ao fato de se darem nomes de *corpos* a *nomes* ou *discursos*, como fazem aqueles que dizem que *há coisas universais*, que *uma criatura viva é gênero* ou *uma coisa geral* etc.

A quinta, ao fato de se darem nomes de *acidentes* a *nomes* e *discursos*, como fazem aqueles que dizem *a natureza de uma coisa é a sua definição, a autoridade de um homem é a sua vontade*, e outras coisas semelhantes.

A sexta, ao uso de metáforas, tropos e outras figuras retóricas, em vez das palavras próprias. Pois, embora seja lícito dizer, por exemplo, na linguagem comum, *o caminho vai ou leva para aqui e ali, o provérbio diz isto ou aquilo*, quando os caminhos não vão nem os provérbios falam, contudo no cálculo e na procura da verdade tais discursos não podem ser admitidos.

A sétima, aos nomes que nada significam, mas que se tomam e aprendem por hábito nas Escolas, como *hipostático, transubstanciar, consubstanciar, eterno-agora* e outras semelhantes cantilenas dos escolásticos.

Para aquele que consegue evitar estas coisas não é fácil incorrer em qualquer absurdo, a menos que seja pela extensão do cálculo, no qual pode talvez esquecer o que ficou para trás. Pois todos os homens por natureza raciocinam de forma semelhante, e bem, quando têm bons princípios. Quem é tão estúpido que não só comete erros em geometria como também persiste neles, quando outra pessoa os aponta?

Por aqui se vê que a razão não nasce conosco como os sentidos e a memória, nem é adquirida apenas pela experiência, como a prudência; pelo contrário, é alcançada com esforço, primeiro por meio de uma adequada imposição de nomes, e em segundo lugar obtendo-se um método bom e ordenado para proceder dos elementos, que são nomes, a asserções feitas por conexão de um deles com o outro, e daí para os silogismos, que são as conexões de uma asserção com outra, até chegarmos

3.

4.

5.

6.

7.

[21]

Ciência.

a um conhecimento de todas as consequências de nomes pertencentes ao assunto em questão, e é a isto que os homens chamam CIÊNCIA. E enquanto a sensação e a memória apenas são conhecimento de fato, o que é uma coisa passada e irrevogável, a *ciência* é o conhecimento das consequências, e a dependência de um fato em relação a outro; e por esse intermédio, a partir daquilo que presentemente fazemos, sabemos como fazer qualquer outra coisa quando quisermos, ou a mesma coisa em outra ocasião. Porque quando vemos como algo acontece, devido a que causas, e de que maneira, quando causas semelhantes estiverem sob nosso poder saberemos como fazê-las produzir os mesmos efeitos.

As crianças, portanto, não são dotadas de nenhuma razão até que adquiram o uso do discurso, mas são denominadas seres racionais devido à manifesta possibilidade de terem o uso da razão no tempo devido. E embora os homens, em sua maioria, façam algum uso da razão, como ao contar até certo grau, isso contudo serve-lhes pouco na vida comum, na qual se governam, uns melhor, outros pior, segundo as suas diferentes experiências, rapidez de memória e inclinações para vários fins, mas especialmente segundo a boa ou má fortuna, e os erros de uns em relação aos outros. Pois no que se refere à *ciência*, ou a certas regras das suas ações, estão tão afastados dela que nem mesmo sabem o que vem a ser. Consideram a geometria como conjuro; mas, quanto às outras ciências, os que não tenham aprendido os seus princípios, nem avançado nelas para ver como são adquiridas e geradas, são nesse aspecto como crianças, que, não fazendo nenhuma ideia da geração, são levadas pelas mulheres a acreditar que os seus irmãos e irmãs não nasceram, mas foram encontrados no jardim.

Contudo, os que não possuem nenhuma *ciência* encontram-se numa condição melhor e mais nobre, com a sua natural prudência, do que os homens que, por raciocinarem mal ou por confiarem nos que raciocinam erroneamente, servem-se de regras gerais falsas e absurdas. Porque a ignorância das causas e das regras não afasta tanto os homens do seu cami-

V. Da Razão e da Ciência

nho como a confiança em falsas regras e a aceitação, como causas daquilo a que aspiram, de causas que não o são; antes, são causas do contrário.

Para finalizar, a luz dos espíritos humanos são as palavras perspícuas, mas primeiro limpas por meio de exatas definições e purgadas de toda a ambiguidade. A *razão* é o *passo*; o aumento da *ciência*, o *caminho*, e o benefício da humanidade, o *fim*. Pelo contrário, as metáforas e as palavras ambíguas e destituídas de sentido são como *ignes fatui*, e raciocinar com elas é perambular entre inúmeros absurdos, e o seu fim é a disputa, a sedição ou o desacato.

[22]

Assim como muita experiência é *prudência*, também muita ciência é *sapiência*. Pois, embora comumente só tenhamos o nome de sabedoria para as duas, os latinos sempre distinguiram *prudência* de *sapiência*, atribuindo a primeira à experiência e a segunda à ciência. Mas, para que a diferença entre elas apareça de maneira mais clara, suponhamos um homem dotado de um excelente uso natural e destreza em mexer os braços, e um outro que acrescentou a essa destreza uma ciência adquirida acerca do lugar onde pode ferir ou ser ferido pelo seu adversário, em todas as possíveis posturas e guardas. A habilidade do primeiro estaria para a habilidade do segundo assim como a prudência está para a sapiência: ambas úteis, mas a segunda, infalível. Porém, os que, por acreditarem apenas na autoridade dos livros, vão cegamente atrás dos cegos são como o homem que, acreditando nas falsas regras de um mestre de esgrima, presunçosamente se aventura contra um adversário que ou o mata ou o desgraça.

Prudência e sapiência, com a sua diferença.

Dentre os sinais da ciência, alguns são certos e infalíveis, outros, incertos. Certos, quando aquele que aspira à ciência de alguma coisa sabe ensiná-la, isto é, demonstrar a sua verdade de maneira perspícua a alguém. Incertos, quando apenas alguns resultados específicos correspondem à sua pretensão, e em muitas ocasiões se verificam na medida em que ele afirma deverem verificar-se. Os sinais de prudência são todos incertos, porque observar pela experiência e lembrar todas as cir-

Sinais da ciência.

cunstâncias que podem alterar o sucesso é impossível. Mas, em qualquer assunto em que o homem não tenha uma infalível ciência pela qual se guiar, é sinal de loucura, e geralmente desprezado com o nome de pedantismo, abandonar o próprio juízo natural para se deixar conduzir por sentenças gerais lidas em autores e sujeitas a muitas exceções. E, mesmo entre os homens que nos conselhos da república gostam de ostentar as suas leituras de política e de história, pouquíssimos fazem o mesmo nos seus negócios privados, quando seus interesses particulares estão em jogo. Possuem a prudência suficiente para os seus negócios privados, mas nos negócios públicos preocupam-se mais com a reputação da sua perspicácia do que com o sucesso dos negócios alheios.

[23]

CAP. VI
Da Origem Interna dos Movimentos Voluntários vulgarmente chamados PAIXÕES; e da Linguagem que os exprime

Movimento vital e animal.

Há nos animais dois tipos de *movimento* que lhes são peculiares. Um deles chama-se *vital*; começa com a geração e continua sem interrupção durante toda a vida. Deste tipo são a *circulação do sangue*, a *pulsação*, a *respiração*, a *digestão*, a *nutrição*, a *excreção* etc. Para estes movimentos não é necessária a ajuda da imaginação. O outro tipo é dos *movimentos animais*, também chamados *movimentos voluntários*, como *andar*, *falar*, *mover* qualquer dos membros, da maneira como primeiro imaginamos em nossa mente. A sensação é o movimento provocado nos órgãos e partes inferiores do corpo do homem pela ação das coisas que vemos, ouvimos etc., e a imaginação é apenas o resíduo do

VI. Da Origem das Paixões

mesmo movimento, que permanece depois da sensação, conforme já se disse nos capítulos I e II. E dado que *andar*, *falar* e os outros movimentos voluntários dependem sempre de um pensamento anterior de *como*, *onde* e *o que*, é evidente que a imaginação é a primeira origem interna de todos os movimentos voluntários. E embora os homens sem instrução não concebam que exista nenhum movimento onde a coisa movida é invisível, ou o espaço onde ela é movida (devido à sua pequenez) é imperceptível, não obstante, esses movimentos existem se nada os impede. Pois jamais um espaço será tão pequeno que aquilo que seja movido num espaço maior, do qual o espaço pequeno faz parte, não deva primeiro ser movido neste último. Estes pequenos inícios do movimento, no interior do corpo do homem, antes de se manifestarem no andar, na fala, na luta e em outras ações visíveis, chamam-se geralmente ESFORÇO.

Esforço.

Este esforço, quando vai na direção de algo que o causa, chama-se APETITE ou DESEJO, sendo o segundo o nome mais geral, e o primeiro frequentemente limitado a significar o desejo de alimento, nomeadamente a *fome* e a *sede*. Quando o esforço vai na direção contrária de alguma coisa, chama-se geralmente AVERSÃO. As palavras *apetite* e *aversão* vêm do latim e ambas designam movimentos, um de aproximação e o outro de afastamento. Também os gregos tinham palavras para exprimir o mesmo, ὁρμή e ἀφορμή. Assim, a própria natureza impõe aos homens certas verdades, com as quais depois eles vão topar quando procuram alguma coisa além da natureza. As Escolas não encontram no simples apetite de andar ou mover-se nenhuma espécie de movimento real mas, como são obrigadas a reconhecer alguma espécie de movimento, chamam-lhe movimento metafórico; o que não passa de discurso absurdo, porque só as palavras podem ser chamadas metafóricas, não os corpos e os movimentos.

Apetite.
Desejo.
Fome.
Sede.
Aversão.

Aquilo que os homens desejam se diz também que AMAM, e que ODEIAM aquelas coisas pelas quais sentem aversão. De modo que o desejo e o amor são a mesma coisa, salvo que por desejo sempre queremos dizer a ausência do objeto, e por amor,

Amor.
Ódio.
[24]

mais comumente a presença desse objeto. Também por aversão queremos dizer a ausência, e por ódio, a presença do objeto.

Dos apetites e aversões, alguns nascem com o homem, como o apetite pela comida, o apetite de excreção e exoneração (que podem também, e mais propriamente, ser chamados aversões, em relação a algo que se sente dentro do corpo) e alguns outros apetites, porém não muitos. Os restantes, que são apetites de coisas específicas, derivam da experiência e comprovação dos seus efeitos sobre si mesmos ou sobre os outros homens. Porque das coisas que inteiramente desconhecemos, ou em cuja existência não acreditamos, não podemos ter outro desejo que não o de provar e testar. Mas temos aversão, não apenas por coisas que sabemos terem-nos causado dano, mas também por aquelas que não sabemos se podem ou não causar-nos dano.

Desprezo.   Das coisas que não desejamos nem odiamos dizemos que as *desprezamos*, pois o DESPREZO não é outra coisa senão uma imobilidade ou contumácia do coração, ao resistir à ação de certas coisas. Isso se deve ao coração estar já movido de maneira diferente por objetos mais potentes, ou à falta de experiência daquelas coisas.

Dado que a constituição do corpo de um homem se encontra em constante modificação, é impossível que as mesmas coisas nele provoquem sempre os mesmos apetites e aversões, e muito menos é possível que todos os homens consintam no desejo de um só e mesmo objeto.

Bom.
Mau.   Mas, seja qual for o objeto do apetite ou desejo de qualquer homem, esse objeto é aquele a que cada um chama *bom*; ao objeto do seu ódio e aversão chama *mau*, e ao do seu desprezo chama *vil* e *insignificante*. Pois as palavras "bom", "mau" e "desprezível" são sempre usadas em relação à pessoa que as usa. Não há nada que o seja simples e absolutamente, nem há nenhuma regra comum do bem e do mal que possa ser extraída da natureza dos próprios objetos. Ela só pode ser tirada da pessoa de cada um (quando não há república) ou então (numa república) da pessoa que a representa; ou também de um árbi-

VI. Da Origem das Paixões

tro ou juiz que pessoas discordantes possam instituir por consentimento, fazendo que a sua sentença seja aceita como regra.

A língua latina possui duas palavras cuja significação se aproxima das de bom e mau, mas que não são exatamente as mesmas, e são as palavras *pulchrum* e *turpe*. A primeira significa aquilo que por quaisquer sinais manifestos promete o bem, e a segunda, aquilo que promete o mal. Mas na língua inglesa não temos nomes suficientemente gerais para exprimir essas ideias. Para traduzir *pulchrum*, a respeito de algumas coisas usamos *belo*; de outras, *lindo* ou *bonito*, assim como *galante, honrado, conveniente, amigável*. Para traduzir *turpe* usamos *infame, disforme, feio, baixo, nauseante* e termos semelhantes, conforme exija o assunto. Todas estas palavras, na sua significação própria, indicam apenas o *aspecto* ou feição que promete o bem e o mal *ou o lustro e brilho de alguma capacidade para o bem [...]*[1]. Assim, há três espécies de bem: o bem na promessa, que é *pulchrum*; o bem no efeito, como fim desejado, que se chama *jucundum, delicioso*; e o bem como meio, que se chama *utile*, ou *proveitoso*. E outras tantas espécies de mal, pois o *mal* na promessa é o que se chama *turpe*; o mal no efeito e no fim é *molestum, desagradável, perturbador*; e o mal como meio, *inutile, inaproveitável, prejudicial*.

Tal como na sensação, aquilo que realmente está dentro de nós é (como anteriormente já disse) apenas o movimento provocado pela ação dos objetos externos, mas em aparência: para a vista, a luz e a cor; para o ouvido, o som; para o olfato, o odor etc. Assim, quando a ação do mesmo objeto se prolonga, a partir dos olhos, dos ouvidos e outros órgãos, até o coração, o efeito aí realmente produzido não passa de movimento ou esforço, que consiste em apetite ou aversão em relação ao objeto movente. Mas a aparência ou sensação desse movimento é o que se chama Deleite, ou então Perturbação do Espírito.

Pulchrum.
Turpe.

Delicioso.
Proveitoso.

[25]

Desagradável.
Prejudicial.

Deleite.
Desprazer.

---

[1] Inserido por T. H. (o restante da inserção está agora ilegível).

Parte 1 – Do Homem

Prazer.

Ofensa.

Este movimento a que se chama apetite e, em sua manifestação, *deleite* e *prazer*, parece constituir uma corroboração do movimento vital e uma ajuda prestada a este. Portanto, as coisas que provocam deleite eram, com toda a propriedade, chamadas *jucunda* (*a juvando*), porque ajudavam e fortaleciam; e eram chamadas *molestas*, *ofensivas*, as que impediam e perturbavam o movimento vital.

Portanto, o *prazer* (ou *deleite*) é a aparência ou sensação do bem, e o *incômodo* ou *desprazer* é a aparência ou sensação do mal. Consequentemente, todo apetite, desejo e amor é acompanhado por um deleite maior ou menor, e todo ódio e aversão, por um desprazer e ofensa maior ou menor.

Prazeres dos sentidos.

Dentre os prazeres ou deleites, alguns derivam da sensação de um objeto presente, e a eles pode-se chamar *prazeres dos sentidos* (a palavra *sensual*, tal como é usada apenas por aqueles que condenam esses prazeres, só tem lugar depois de existirem leis). Desta espécie são todas as onerações e exonerações do corpo, além de tudo quanto é agradável à *vista*, ao *ouvido*, ao *olfato*, ao *gosto* e ao *tato*. Outros prazeres ou deleites derivam da expectativa provocada pela previsão do fim ou consequências das coisas, quer essas coisas agradem ou desagradem aos sentidos. Estes são os *prazeres do espírito* daquele que extrai essas consequências, e geralmente recebem o nome de ALEGRIA. De maneira semelhante, alguns dos desprazeres residem na sensação, e chama-se-lhes DOR; outros residem na expectativa de consequências, e chama-se-lhes TRISTEZA.

Prazeres dos espírito.
Alegria.

Dor.
Tristeza.

Estas paixões simples chamadas *apetite*, *desejo*, *amor*, *aversão*, *ódio*, *alegria* e *tristeza* recebem nomes diversos conforme a maneira como são consideradas. Em primeiro lugar, quando uma sucede à outra, são designadas de maneiras diversas conforme a opinião que os homens têm da possibilidade de conseguir o que desejam. Em segundo lugar, do objeto amado ou odiado. Em terceiro, da consideração de muitas delas em conjunto. E em quarto, da alteração da própria sucessão.

Esperança.

O *apetite*, ligado à crença de conseguir, chama-se ESPERANÇA.

VI. Da Origem das Paixões

O mesmo *apetite*, sem essa crença, chama-se DESESPERO.

A *aversão*, ligada à crença de *dano* proveniente do objeto, chama-se MEDO.

A mesma *aversão*, com esperança de evitar esse dano pela resistência, CORAGEM.

A *coragem* súbita chama-se CÓLERA.

A *esperança* constante chama-se CONFIANÇA em si mesmo.

O *desespero* constante chama-se DESCONFIANÇA em si mesmo.

A *cólera* perante um grande dano feito a outrem, quando pensamos que este foi feito por injúria, chama-se INDIGNAÇÃO.

O *desejo* do bem dos outros chama-se BENEVOLÊNCIA, BOA VONTADE, CARIDADE. Se for desejo do bem do homem em geral, chama-se BONDADE NATURAL.

O *desejo* de riquezas chama-se COBIÇA, palavra que é sempre usada em tom de censura, porque os homens que lutam por riquezas veem com desagrado que os outros as consigam, embora o desejo em si mesmo deva ser censurado ou permitido de acordo com os meios pelos quais se procura consegui-las.

O *desejo* de cargos ou de preeminência chama-se AMBIÇÃO, nome usado também no pior sentido, pela razão acima referida.

O *desejo* de coisas que só contribuem um pouco para os nossos fins, e o medo das coisas que constituem apenas um pequeno impedimento, chama-se PUSILANIMIDADE.

O *desprezo* pelas pequenas ajudas e impedimentos chama-se MAGNANIMIDADE.

A *magnanimidade*, em perigo de morte ou de ferimentos, chama-se CORAGEM ou VALENTIA.

A *magnanimidade* no uso das riquezas chama-se LIBERALIDADE.

A *pusilanimidade* quanto ao uso das riquezas chama-se MESQUINHEZ e TACANHEZ ou PARCIMÓNIA, conforme dela se goste ou não.

Desespero.
Medo.
Coragem.
Cólera.
Confiança.
Desconfiança.
[26]
Indignação.
Benevolência.
Bondade natural.
Cobiça.
Ambição.
Pusilanimidade.
Magnanimidade.
Valentia.
Liberalidade.
Mesquinhez.

Parte 1 – Do Homem

Gentileza.

Lascívia natural.

Luxúria.

A paixão do amor.

Ciúme.

Vingança.

Curiosidade.

Religião.
Superstição.

Verdadeira religião.
Terror.
Pânico.

O *amor* pelas pessoas, sob o aspecto da convivência social, chama-se GENTILEZA.

O *amor* pelas pessoas, apenas sob o aspecto dos prazeres dos sentidos, chama-se LASCÍVIA NATURAL.

O *amor* pelas pessoas, adquirido por reflexão insistente, isto é, por imaginação do prazer passado, chama-se LUXÚRIA.

O *amor* por uma só pessoa, junto ao desejo de ser amado com exclusividade, chama-se A PAIXÃO DO AMOR. Este, somado ao receio de que o amor não seja recíproco, chama-se CIÚME.

O *desejo* de causar dano a outrem, a fim de o levar a lamentar qualquer dos seus atos, chama-se ÂNSIA DE VINGANÇA.

O *desejo* de saber o porquê e o como chama-se CURIOSIDADE, e não existe em nenhuma criatura viva a não ser no *homem*. Assim, não é só pela razão que o homem se distingue dos outros *animais*, mas também por esta singular paixão. Nos outros animais, o apetite pelo alimento e outros prazeres dos sentidos predominam de modo tal que impedem toda e qualquer preocupação com o conhecimento das causas, o qual é uma lascívia do espírito que, devido à persistência do deleite na contínua e infatigável produção do conhecimento, supera a fugaz veemência de qualquer prazer carnal.

O *medo* dos poderes invisíveis, inventados pelo espírito ou imaginados com base em histórias publicamente permitidas, chama-se RELIGIÃO; quando essas histórias não são permitidas, chama-se SUPERSTIÇÃO. Quando o poder imaginado é realmente como o imaginamos, chama-se VERDADEIRA RELIGIÃO.

O *medo* sem se saber por quê ou de quê chama-se TERROR PÂNICO, nome que lhe vem das fábulas que faziam de *Pã* o seu autor. Na verdade, existe sempre em quem primeiro sente esse medo uma certa compreensão da causa, embora os restantes fujam devido ao exemplo, cada um supondo que o seu companheiro sabe por quê. Portanto, esta paixão só ocorre numa turba ou multidão de pessoas.

VI. Da Origem das Paixões

A *alegria* ao saber de uma novidade chama-se ADMIRAÇÃO; é peculiar ao homem, porque desperta o apetite de conhecer a causa.

A *alegria* proveniente da imaginação do próprio poder e capacidade é aquela exultação do espírito a que se chama GLORIFICAÇÃO, a qual, se baseada na experiência das suas próprias ações anteriores, é o mesmo que *confiança*; e, se baseada na lisonja dos outros ou apenas suposta pelo próprio, para se deleitar com as suas consequências, chama-se VANGLÓRIA – nome muito apropriado, porque uma *confiança* bem fundada leva à eficiência, ao passo que a suposição do poder não leva ao mesmo resultado e é portanto justamente chamada *vã*.

A *tristeza* devida à convicção da falta de poder chama-se DESALENTO.

A *vanglória* que consiste na invenção ou suposição de capacidades que sabemos não possuir é mais frequente nos jovens e é alimentada pelas narrativas verdadeiras ou fictícias de pessoas notáveis. Muitas vezes é corrigida pela idade e pela ocupação.

O *entusiasmo súbito* é a paixão que provoca aquelas *caretas* a que se chama RISO. Este é provocado ou por um ato repentino de nós mesmos que nos diverte ou pela percepção de alguma coisa deformada em outra pessoa com a qual, ao nos compararmos, subitamente aplaudimos a nós mesmos. Isto acontece mais aos que têm consciência de seus parcos recursos e são obrigados a reparar nas imperfeições dos outros para continuarem indulgentes consigo. Portanto, um excesso de riso em face dos defeitos dos outros é sinal de *pusilanimidade*. Porque um dos feitos próprios dos grandes espíritos é ajudar outros e livrá-los do escárnio e comparar-se apenas com os mais capazes.

Pelo contrário, o *desalento súbito* é a paixão que provoca o CHORO, e é provocado por aqueles acidentes que bruscamente vêm frustrar uma forte esperança, ou retirar algum apoio de seu poder. E os que lhe estão mais sujeitos são os que confiam principalmente em auxílios de fora, como as mulheres e as crianças. Assim, alguns choram porque perderam os

Admiração.

[27]

Glória.

Vanglória.

Desalento.

Entusiasmo súbito.
Riso.

Desalento súbito.
Choro.

amigos, outros, por causa da falta de amabilidade destes últimos, e outros, pela brusca paralisação dos seus pensamentos de vingança, provocada pela reconciliação. Mas em todos os casos tanto o riso como o choro são movimentos repentinos, e o hábito a ambos faz desaparecer. Pois ninguém ri de piadas velhas, nem chora por causa de uma velha calamidade.

Vergonha.
Rubor.

A *tristeza* causada pela descoberta de alguma falta de capacidade é a VERGONHA, a paixão que se revela através do RUBOR. Consiste ela na percepção de uma coisa desonrosa. Nos jovens é sinal de amor à boa reputação, e é louvável. Nos velhos é sinal da mesma coisa, mas, como já chega tarde demais, não é louvável.

Impudência.
Piedade.

O *desprezo* pela boa reputação chama-se IMPUDÊNCIA.

A *tristeza* perante a desgraça alheia chama-se PIEDADE, e surge ao imaginarmos que a mesma desgraça poderia acontecer a nós mesmos. Por isso é também chamada COMPAIXÃO, ou, na expressão atualmente em voga, SIMPATIA. Assim, quanto às calamidades provocadas por uma grande maldade, os melhores homens são os que sentem menos piedade; quanto à mesma calamidade, sentem menos piedade os que se consideram menos sujeitos a ela.

Crueldade.
[28]

O *desprezo* ou pouca preocupação com a desgraça alheia é o que os homens chamam CRUELDADE, que deriva da segurança da própria fortuna. Pois não concebo que alguém possa sentir prazer de grandes males sofridos por outros sem que se tenha um interesse pessoal no caso.

Emulação.
Inveja.

A *tristeza* causada pelo sucesso de um competidor em riqueza, honra ou outros bens, se se lhe juntar o esforço para aumentar as nossas próprias capacidades, a fim de o igualar ou superar, chama-se EMULAÇÃO. Quando ligada ao esforço para suplantar ou levantar obstáculos ao competidor chama-se INVEJA.

Quando surgem alternadamente no espírito humano apetites e aversões, esperanças e medos, relativamente a uma mesma coisa; quando passam sucessivamente pelo pensamento as diversas consequências boas ou más de praticar ou abster-se de praticar a coisa proposta, de modo tal que às vezes se sente um

VI. Da Origem das Paixões

apetite em relação a ela, e às vezes uma aversão, às vezes a esperança de ser capaz de praticar, e às vezes o desespero ou medo de a empreender, toda a soma de desejos, aversões, esperanças e medos, que se vão desenrolando até que a ação seja praticada, ou considerada impossível, leva o nome de DELIBERAÇÃO. *Deliberação.*

Portanto, é impossível haver *deliberação* quanto às coisas passadas, pois é manifestamente impossível que estas sejam mudadas; nem de coisas que se sabe serem impossíveis, porque os homens sabem, ou supõem, que tal deliberação seria vã. Mas é possível deliberar sobre coisas impossíveis, quando as supomos possíveis, sem saber que será em vão. E o nome *deliberação* vem de ela consistir em pôr fim à *liberdade* que antes tínhamos de praticar ou evitar a ação, conforme nosso apetite ou aversão.

Esta sucessão alternada de apetites, aversões, esperanças e medos não é maior no homem do que nas outras criaturas vivas; consequentemente, os animais também deliberam.

Diz-se então que toda *deliberação* chega ao *fim* quando aquilo sobre o que se deliberava foi feito ou considerado impossível, pois até esse momento conserva-se a liberdade de o fazer ou evitar, conforme os próprios apetites ou aversões.

Na *deliberação*, o último apetite ou aversão imediatamente anterior à ação ou à omissão desta é o que se chama VONTADE, o ato (não a faculdade) de *querer*. Os animais, dado que são capazes de *deliberações*, devem necessariamente ter também *vontade*. A definição da *vontade* vulgarmente dada pelas Escolas como *apetite racional* não é aceitável. Porque se assim fosse não poderia haver atos voluntários contra a razão. Pois um *ato voluntário* é aquele que deriva da *vontade*, e nenhum outro. Mas se, em vez de dizermos que é um apetite racional, dissermos que é um apetite resultante de uma deliberação anterior, neste caso a definição será a mesma que aqui apresentei. Portanto, a *vontade* é o *último apetite na deliberação*. Embora na linguagem comum se diga que um homem teve uma vez vontade de fazer uma coisa, que não obstante evitou fazer, isto é propriamente apenas uma inclinação, que não constitui uma ação voluntária, pois a ação não depende dela, e sim da última

Vontade.

Parte 1 – Do Homem

inclinação ou apetite. Porque se todos os apetites intervenientes fizessem de uma ação uma ação voluntária, então pela mesma razão todas as aversões intervenientes deveriam fazer da mesma ação uma ação involuntária; e assim uma mesma ação seria ao mesmo tempo voluntária e involuntária.

[29] Fica assim manifesto que as *ações voluntárias* não são apenas as que têm origem na cobiça, na ambição, na lascívia e em outros apetites em relação à coisa proposta, mas também aquelas que têm origem na aversão ou no medo das consequências decorrentes da omissão da ação.

Formas de linguagem, na paixão. As formas de linguagem por meio das quais se exprimem as paixões são em parte as mesmas, e em parte diferentes daquelas pelas quais se exprimem os pensamentos. Em primeiro lugar, todas as paixões podem, de maneira geral, ser expressas no *indicativo,* como por exemplo *amo, temo, alegro-me, delibero, quero, ordeno*; mas algumas delas têm expressões que lhes são peculiares, e todavia não são afirmações, a não ser para fazer outras inferências além da inferência da paixão de que deriva a expressão. A deliberação exprime-se pelo *subjuntivo,* que é o modo próprio para exprimir as suposições e as suas consequências, como por exemplo em *Se isto for feito, então isto se seguirá.* Não difere da linguagem do raciocínio, salvo que o raciocínio se exprime através de termos gerais, e a deliberação refere-se sobretudo a casos particulares. A linguagem do desejo e da aversão é *imperativa,* como por exemplo em *Faz isto* ou *Evita aquilo.* Quando o outro é obrigado a fazer ou a evitar, essa linguagem é uma *ordem*; caso contrário, é um *pedido,* ou então um *conselho.* A linguagem da vanglória, ou da indignação, da piedade e da vingança é *optativa*; mas para o desejo de conhecer há uma expressão peculiar a que se chama *interrogativa,* como, por exemplo, em *O que é isso? Quando será isso? Como se faz isso?* e *Por que isso?* Não conheço mais nenhuma linguagem das paixões, porque as maldições, juras e insultos, e coisas semelhantes, não têm significado como linguagem, e sim como ações de um linguajar habitual.

Estas formas de linguagem são expressões ou significações voluntárias das nossas paixões. Mas determinados sinais não

VI. Da Origem das Paixões

o são, pois podem ser usados arbitrariamente, quer aqueles que os usam tenham ou não tais paixões. Os melhores sinais das paixões atuais estão *na*[1] atitude, nos movimentos do corpo, nas ações e nos fins e propósitos que de algum outro modo sabemos que a pessoa tem.

Como na deliberação os apetites e aversões são suscitados pela previsão das boas ou más consequências e sequelas da ação sobre a qual se delibera, os bons ou maus efeitos dessa ação dependem da previsão de uma extensa cadeia de consequências, cujo fim muito poucas vezes qualquer pessoa é capaz de ver. Mas até o ponto em que se consiga ver que o bem dessas consequências é superior ao mal, o conjunto da cadeia é aquilo que os autores chamam *bem visível* ou *manifesto*. Pelo contrário, quando o mal é maior do que o bem, o conjunto chama-se *mal visível* ou *manifesto*. Assim, quem possuir, graças à experiência ou à razão, a maior e mais segura perspectiva das consequências, será mais capaz de deliberar para si, e terá mais condições, quando quiser, de dar aos outros os melhores conselhos. *Bem e mal manifestos.*

O *sucesso contínuo* na obtenção daquelas coisas que de tempos em tempos os homens desejam, quer dizer, o prosperar constante, é aquilo a que os homens chamam FELICIDADE; refiro-me à felicidade nesta vida. Pois não existe uma perpétua tranquilidade de espírito enquanto aqui vivemos, porque a própria vida não passa de movimento, e jamais pode deixar de haver desejo, ou medo, tal como não pode deixar de haver sensação. Que espécie de felicidade Deus reservou àqueles que devotamente o veneram é coisa que ninguém saberá antes de a gozar. São alegrias tão incompreensíveis agora como é ininteligível a expressão *visão beatífica*, usada pelos escolásticos. *Felicidade.* [30]

A forma de linguagem por meio da qual os homens exprimem a sua opinião da excelência de alguma coisa chama-se LOUVOR. Aquela pela qual exprimem o poder e grandeza de alguma coisa é a EXALTAÇÃO; e aquela pela qual exprimem a opinião que têm da felicidade de um homem era pelos gregos *Louvor. Exaltação.*

---

[1] *Syn.*: também na

Parte 1 – Do Homem

μακαρισμός. chamada μακαρισμός, palavra para a qual não existe tradução na língua inglesa. E isto é quanto basta dizer sobre as PAIXÕES, para o propósito presente.

CAP. VII
Dos Fins *ou* Resoluções do DISCURSO

Para todo *discurso* governado pelo desejo de conhecimento existe pelo menos um *fim*, quer seja para conseguir ou para abandonar alguma coisa. E onde quer que a cadeia do discurso seja interrompida existe um fim provisório.

Se o discurso for apenas mental, consistirá em pensamentos de que uma coisa será ou não, de que ela foi ou não foi, alternadamente. De modo que, onde quer que interrompamos a cadeia do discurso de alguém, deixamo-lo na suposição de que algo *será* ou *não será*; de que *foi* ou *não foi*. Tudo isto é *opinião*. E tudo quanto é apetite alternado, na deliberação relativa ao bem e ao mal, é também opinião alternada, na investigação da verdade sobre o *passado* e o *futuro*. E tal como o último apetite na deliberação se chama *vontade*, assim também a última opinião na busca da verdade sobre o passado e o futuro se chama

Juízo, ou sentença final. JUÍZO, ou *sentença final* e *decisiva* daquele que *discursa*. E tal como o conjunto da cadeia de apetites alternados, quanto ao problema do bem e do mal, se chama *deliberação*, assim também o conjunto da cadeia de opiniões alternadas, quanto ao

Dúvida. problema da verdade e da falsidade, se chama DÚVIDA.

Nenhuma espécie de discurso pode terminar no conhecimento absoluto dos fatos, passados ou vindouros. Pois, quanto ao conhecimento dos fatos, trata-se originalmente de sensação e, sempre depois, de memória; e quanto ao conhecimento das consequências, que já disse chamar-se ciência, não é absoluto, mas condicional. Ninguém pode chegar a saber pelo discurso que isto ou aquilo é, foi ou será, porque isso é conhecer absolu-

VII. Dos Fins ou Resoluções do Discurso

tamente. É possível apenas saber que, se isto é, aquilo também é; que, se isto foi, aquilo também foi; e que, se isto será, aquilo também será, e isso é conhecer condicionalmente. E não se trata de conhecer as consequências de uma coisa para outra, e sim as do nome de uma coisa para outro nome da mesma coisa.

Portanto, quando o discurso é expresso por meio de linguagem, começa pela definição das palavras e procede mediante sua conexão em afirmações gerais, e destas, por sua vez, em silogismos, o fim ou soma total é chamado CONCLUSÃO; e o pensamento por esta significado é aquele conhecimento condicional ou conhecimento das consequências das palavras, a que geralmente se chama CIÊNCIA. Mas se o primeiro fundamento desse discurso não forem as definições, ou se as definições não forem corretamente ligadas em silogismo, nesse caso o fim ou conclusão volta a ser OPINIÃO, acerca da verdade de algo afirmado, embora às vezes em palavras absurdas e destituídas de sentido, sem possibilidade de serem compreendidas. Quando duas ou mais pessoas conhecem um e o mesmo fato, diz-se que cada uma delas está CONSCIENTE do fato em relação à outra, o que equivale a conhecer conjuntamente. E porque cada uma delas é para a outra, ou para uma terceira, a melhor testemunha de tais fatos, tem sido e sempre será considerado um ato extremamente perverso que qualquer um fale contra a sua *consciência*, ou corrompa ou force outrem a fazê-lo. É por isso que em todos os tempos sempre se escuta com grande atenção o testemunho da consciência. Depois passou-se a usar metaforicamente a mesma palavra, para indicar o conhecimento dos fatos e pensamentos secretos de cada um, de modo que retoricamente se diz que a consciência equivale a mil testemunhas. E finalmente os homens, intensamente apaixonados pelas suas novas opiniões (por mais absurdas que fossem), e obstinadamente inclinados a mantê-las, deram também a essas opiniões o reverenciado nome de consciência, como se desejassem considerar ilícito mudá-las ou falar contra elas; e assim pretextam saber que estão certos, quando no máximo sabem que pensam estar.

[31]

Ciência.

Opinião.

Consciência.

Parte 1 – Do Homem

Crença.
Fé.

Quando o discurso de alguém não começa por definições, ou começa por qualquer outra contemplação de si próprio, e neste caso continua a chamar-se opinião; ou começa com qualquer afirmação alheia, de alguém de cuja capacidade para conhecer a verdade e de cuja honestidade e sinceridade não se duvida, e neste caso o discurso diz menos respeito à coisa do que à pessoa, e à resolução chama-se CRENÇA e FÉ; *fé* na pessoa; *crença* tanto *na* pessoa como *na* verdade do que ela diz. De modo que na crença há duas opiniões, uma relativa ao que a pessoa diz e outra relativa à sua virtude. *Acreditar, ter fé em* ou *confiar em alguém,* tudo isto significa a mesma coisa: a opinião da veracidade de uma pessoa. Mas *acreditar no que é dito* significa apenas uma opinião da verdade da coisa dita. Ora, deve observar-se que a frase *creio em*, como também no latim, *credo in*, ou no grego πιστέυω έἰς, só é usada nas obras dos teólogos. Em lugar dela, nos outros escritos põe-se *acredito-o,* ou *tenho fé nele* ou *confio nele* ou *fio-me nele;* em latim, *credo illi* ou *fido illi*, e em grego πιστέυω αὐτῷ Esta singularidade do uso eclesiástico da palavra deu origem a numerosas disputas relativas ao verdadeiro objeto da fé cristã.

Mas *crer em*, como no Credo, não significa confiar na pessoa, e sim uma confissão e aceitação da doutrina. Porque não apenas os cristãos mas toda espécie de homens acreditam de tal modo em Deus que aceitam como verdade tudo o que o ouvem dizer, quer o compreendam, quer não – o máximo de fé e confiança que é possível encontrar em qualquer pessoa. No entanto, nem todos eles aceitam a doutrina do Credo.

[32]

Daí podermos inferir que ao acreditarmos que qualquer espécie de afirmação é verdadeira, com base em argumentos que são tirados, não da própria coisa nem dos princípios da razão natural, mas da autoridade da opinião favorável que temos acerca de quem fez essa afirmação, neste caso o objeto da nossa fé é o orador ou a pessoa em quem acreditamos ou em quem confiamos e cuja palavra aceitamos; e a honra feita ao acreditar é feita apenas a essa pessoa. Consequentemente, quando acreditamos que as Escrituras são a palavra de Deus, sem

VIII. Das Virtudes Intelectuais e dos Defeitos

ter recebido nenhuma revelação imediata do próprio Deus, o objeto da nossa crença, fé e confiança é a Igreja, cuja palavra aceitamos e à qual aquiescemos. E aqueles que acreditam naquilo que um profeta lhes diz em nome de Deus aceitam a palavra do profeta, honram-no e nele confiam e creem, aceitando a verdade do que ele diz, quer se trate de um verdadeiro ou de um falso profeta. O mesmo se passa também com qualquer outro tipo de história. Pois, se eu não acreditasse em tudo o que foi escrito pelos historiadores sobre os feitos gloriosos de *Alexandre* ou de *César*, não creio que o fantasma de *Alexandre*, ou de *César*, tivesse nenhum motivo justo para se ofender, nem ninguém mais, a não ser o historiador. Se *Tito Lívio* afirma que uma vez os deuses fizeram uma vaca falar, e não o acreditamos, não estamos com isso retirando a nossa confiança em Deus, mas em *Tito Lívio*. É, portanto, evidente que tudo aquilo em que acreditemos, baseados em nenhuma outra razão senão tão só a autoridade dos homens e dos seus escritos, quer eles tenham ou não sido enviados por Deus, a nossa fé será apenas fé nos homens.

CAP. VIII
Das VIRTUDES *vulgarmente chamadas* INTELECTUAIS, *e dos* DEFEITOS *contrários a estas*

Geralmente a *virtude*, em toda espécie de assuntos, é algo que se estima pela eminência, e consiste na comparação. Pois, se todas as coisas fossem iguais em todos os homens, nada seria apreciado. Por *virtudes* INTELECTUAIS sempre se entendem as capacidades do espírito que os homens elogiam, valorizam e desejariam possuir em si mesmos, e vulgarmente recebem o

Definição de virtude intelectual.

Parte 1 – Do Homem

nome de *engenho natural*, embora a mesma palavra ENGENHO também seja usada para distinguir das outras uma certa capacidade.

Talento, natural ou adquirido.

Estas *virtudes* são de duas espécies: *naturais* e *adquiridas*. Por naturais não entendo as que um homem possui de nascença, pois isso é apenas sensação, pela qual os homens diferem tão pouco uns dos outros e dos animais, que não merecem ser incluídas entre as virtudes. Refiro-me ao *engenho* que se adquire apenas por meio da prática e da experiência, sem método, cultura ou instrução. Este ENGENHO NATURAL consiste principalmente em duas coisas: *celeridade da imaginação* (isto é, rápida sucessão de um pensamento a outro) e *firmeza de direção* para um fim escolhido. Pelo contrário, uma imaginação lenta constitui o defeito ou falha do espírito a que vulgarmente se chama EMBOTAMENTO, *estupidez*, e às vezes outros nomes que significam lentidão de movimentos ou dificuldade em se mover.

Engenho natural.

[33]

Esta diferença de rapidez é causada pela diferença das paixões dos homens, que gostam e detestam, uns de uma coisa, outros de outra. Em consequência, os pensamentos de alguns homens seguem uma direção, e os de outros outra, e retêm e observam diversamente as coisas que passam pela imaginação de cada um. E, embora nesta sucessão dos pensamentos dos homens nada há a observar nas coisas em que eles pensam a não ser aquilo em que elas são *idênticas umas às outras*, ou aquilo em que são *diferentes*, ou então *para que servem* ou *como servem para tal fim*, diz-se dos que observam as suas semelhanças, caso sejam tais que raramente outros as observam, que têm um *bom engenho*, com o que, nesta circunstância, se pretende identificar uma *boa imaginação*. Quanto aos que observam as suas diferenças e dissimilitudes, a que se chama *distinguir, discernir* e *julgar* entre coisas diversas, nos casos em que tal discernimento não seja simples, têm, segundo se diz, um *bom juízo*; e sobretudo em questões de convívio e negócios, em que é preciso discernir momentos, lugares e pessoas, esta virtude chama-se DISCRIÇÃO. A primeira, isto é, a imaginação, sem o auxílio de juízo, não se recomenda como virtude; mas a última, que é o juízo e

Bom engenho ou imaginação.

Bom juízo.

Discrição.

VIII. Das Virtudes Intelectuais e dos Defeitos

discrição, recomenda-se por si mesma, sem o auxílio da imaginação. Além da discrição de momentos, lugares e pessoas, necessária para uma viva imaginação, é necessária também uma frequente aplicação dos pensamentos ao seu fim, quer dizer, ao uso que deles pode ser feito. Feito isto, aquele que possui esta virtude facilmente encontrará semelhanças capazes de agradar, não apenas como ilustrações do seu discurso, adornando-o com metáforas novas e adequadas, mas também pela raridade da sua invenção. Mas, sem firmeza e direção para um fim determinado, uma grande imaginação é uma espécie de loucura, semelhante à das pessoas que, iniciando qualquer discurso, se deixam desviar do seu objetivo, por qualquer coisa que lhes passe pelo pensamento, para longas digressões e parênteses, até que inteiramente se perdem. Para esse gênero de loucura não conheço nenhum nome especial, mas sua causa é às vezes a falta de experiência, devido à qual uma coisa pode parecer a alguém nova e rara, quando aos outros assim não parece; e outras vezes é a pusilanimidade, devido à qual lhe parece uma grande coisa aquilo que outros consideram uma ninharia. E tudo o que é novo ou grande, portanto considerado merecedor de ser dito, vai gradualmente afastando-o do propósito inicial do seu discurso.

Num bom poema, quer seja *épico* ou *dramático*, assim como também nos *sonetos*, *epigramas* e outras obras, é necessário tanto o juízo como a imaginação. Mas a imaginação deve ser a mais eminente, pois tais obras devem agradar pela sua extravagância, embora não devam desagradar por indiscrição.

Num bom livro de história o juízo deve ser eminente, porque a excelência da obra consiste no método e na verdade, assim como na escolha das ações que é mais proveitoso conhecer. A imaginação não tem lugar aqui, a não ser para ornamentar o estilo.

Nas orações laudatórias e nas invectivas a imaginação é predominante, porque o desígnio não é a verdade, mas a honra ou a desonra, o que é feito mediante nobres ou vis comparações. O juízo limita-se a sugerir quais as circunstâncias que tornam uma ação louvável ou condenável.

Parte 1 – Do Homem

[34]   Nas exortações e discursos em tribunal, assim como a verdade ou a simulação serve melhor o desígnio em vista, também o juízo ou a imaginação é a qualidade mais necessária. Na demonstração, no conselho e em toda a busca rigorosa da verdade, o juízo faz tudo, salvo se por vezes o entendimento tiver necessidade de se alargar por uma semelhança adequada, havendo nesse caso uso exaustivo da imaginação. Quanto às metáforas, neste caso estão completamente excluídas. Pois, sabendo que elas abertamente professam o logro, admiti-las no conselho e no raciocínio seria manifesta loucura.

Em qualquer espécie de discurso, se a falta de discrição for evidente, por mais extravagante que a imaginação possa ser, o discurso inteiro será tomado como um sinal de falta de engenho, o que nunca acontecerá quando a discrição for manifesta, mesmo que a imaginação jamais seja a comum.

Os pensamentos secretos de cada homem percorrem todas as coisas, sagradas ou profanas, puras ou obscenas, sérias ou frívolas, sem vergonha ou censura – coisa que o discurso verbal não pode fazer, limitado que está pela aprovação do juízo quanto ao momento, ao lugar e à pessoa. Um anatomista ou médico pode expor, verbalmente ou por escrito, seu parecer sobre um assunto impuro, porque nesse caso não se trata de agradar, e sim de ser útil. Mas, se um outro homem escrevesse as suas extravagantes e divertidas fantasias sobre o mesmo assunto, seria o mesmo que alguém apresentar-se perante boa companhia depois de revirar na lama. E é na falta de discrição que reside a diferença. Nos casos de manifesto desleixo do espírito e entre pessoas bem conhecidas, é possível brincar com os sons e com as significações equívocas das palavras, tendo muitas vezes como oponentes homens de extraordinária imaginação. Mas num sermão, ou em público ou diante de pessoas desconhecidas, ou a quais devemos reverenciar, nenhum jogo de palavras deixará de ser considerado loucura, e a diferença reside apenas na falta de discrição. Assim, quando falta engenho não é a imaginação que está faltando, mas discrição. Portanto, o juízo sem imaginação é engenho, mas a imaginação sem juízo não o é.

VIII. Das Virtudes Intelectuais e dos Defeitos

Quando os pensamentos de alguém que tem um desígnio em vista, ao percorrerem uma grande quantidade de coisas, o levam a observar que elas o conduzem a esse desígnio, ou a que desígnio elas podem conduzir, caso essas observações não sejam as simples e usuais, esse seu talento chama-se PRUDÊNCIA, e depende de muita experiência e memória de coisas semelhantes, bem como das suas consequências até o momento. A esse respeito, a diferença entre os homens não é tão grande como a que se verifica quanto à imaginação e ao juízo, porque a experiência de homens da mesma idade não é tão desigual quanto à quantidade, variando conforme as diferentes ocasiões, dado que cada um tem os seus desígnios pessoais. Governar bem uma família ou um reino não equivale a diferentes graus de prudência, mas a diferentes espécies de ocupação, do mesmo modo que desenhar um quadro em pequeno ou grande, ou em tamanho maior que o natural, não corresponde a diferentes graus de arte. Um simples lavrador é mais prudente nos assuntos da sua própria casa do que um conselheiro privado nos assuntos de um outro homem.

Prudência.

Se à prudência se acrescentar o uso de meios injustos ou desonestos, como aqueles de que comumente os homens são tentados a se servir pelo medo e pela necessidade, temos aquela sabedoria velhaca a que se chama ASTÚCIA, e é um sinal de pusilanimidade. Porque a magnanimidade é o desprezo pelos expedientes injustos ou desonestos. E aquilo a que os latinos chamavam *Versutia* (que se traduz em inglês por *ardileza*) e consiste em livrar-se deste perigo ou incômodo para envolver-se em outros ainda maiores – como, por exemplo, quando se rouba a um para pagar ao outro – é apenas uma astúcia míope, chamada *Versutia*, de *Versura*, que significa aceitar dinheiro com usura pelo presente pagamento de juros.

Astúcia.
[35]

Quanto ao *engenho adquirido* (ou seja, adquirido por método e instrução), o único que existe é a razão, que se funda no uso correto da linguagem, e da qual derivam as ciências. Mas da razão e da ciência já falei nos capítulos V e VI.

Engenho adquirido.

As causas destas diferenças de engenho residem nas paixões, e a diferença das paixões deriva em parte da diferente constituição do corpo e em parte das diferenças de educação. Porque, se a diferença proviesse da têmpera do cérebro e dos órgãos dos sentidos, quer externos, quer internos, a diferença entre os homens quanto à vista, ao ouvido e aos outros sentidos não seria menor do que a diferença quanto à sua imaginação e discrição. Portanto, tal diferença deriva das paixões, que são diferentes, não apenas por causa das diferenças de constituição dos homens, mas também por causa das diferenças de costumes e de educação entre eles.

As paixões que mais provocam as diferenças de engenho são, principalmente, o maior ou menor desejo de poder, de riqueza, de saber e de honra. Todas elas podem ser reduzidas à primeira, que é o desejo de poder. Porque a riqueza, o saber e a honra não são mais do que diferentes formas de poder.

Portanto, um homem que não tenha grande paixão por nenhuma destas coisas, sendo, como se costuma dizer, indiferente, embora possa ser uma boa pessoa, incapaz de prejudicar os outros, mesmo assim é impossível que tenha uma grande imaginação ou grande juízo. Porque os pensamentos são para os desejos como batedores ou espias, que vão ao exterior e encontram o caminho para as coisas desejadas; e é daí que provém toda a firmeza do movimento do espírito, assim como toda a sua rapidez. Porque, assim como não ter nenhum desejo é o mesmo que estar morto, também ter paixões fracas é estupidez, e ter paixões indiferentemente por todas as coisas é LEVIANDADE e *distração*. E ter por qualquer coisa paixões mais fortes e intensas do que geralmente se verifica nos outros é aquilo a que os homens chamam LOUCURA.

Leviandade.

Loucura.

Existem quase tantas espécies de loucura como de paixões. Por vezes uma paixão extraordinária e extravagante deriva da má constituição dos órgãos do corpo ou de um dano a eles causado, e outras vezes o dano e indisposição dos órgãos são causados pela intensidade ou pelo extremo prolongamento da paixão. Em ambos os casos, porém, a loucura é de uma só e mesma natureza.

VIII. Das Virtudes Intelectuais e dos Defeitos

A paixão cuja violência ou prolongamento provoca a loucura ou é uma grande *vanglória*, a que vulgarmente se chama *orgulho* ou *vaidade*, ou é um grande *desalento* de espírito.

O orgulho torna os homens sujeitos à colera, cujo excesso é a loucura chamada RAIVA e FÚRIA. E assim ocorre que o excessivo desejo de vingança, quando se torna habitual, prejudica os órgãos e transforma-se em raiva; que o amor excessivo, somado ao ciúme, também se transforma em raiva; a opinião exagerada de si mesmo, quanto à inspiração divina, à sabedoria, à erudição, às maneiras e coisas semelhantes, transforma-se em perturbação e leviandade, e esta, somada à inveja, transforma-se em raiva; a forte opinião da verdade de alguma coisa, quando contrariada pelos outros, também se transforma em raiva.

Raiva.

[36]

O abatimento provoca no homem receios infundados, espécie de loucura vulgarmente chamada MELANCOLIA, que se manifesta em diversas condutas: na frequentação de cemitérios e lugares solitários, nos comportamentos supersticiosos e no medo de alguém ou de alguma coisa determinada. Em suma, todas as paixões que provocam comportamentos estranhos e invulgares são designadas pelo nome geral de loucura. Mas quem se quisesse dar ao trabalho de enumerar as várias espécies de loucura poderia arrolar uma multidão delas. E, se os excessos são loucura, não resta dúvida de que as próprias paixões, quando tendem para o mal, constituem outros tantos graus da loucura.

Melancolia.

Por exemplo: embora os efeitos da loucura nos que estão possuídos pela convicção de que são inspirados nem sempre se tornem visíveis em um homem por qualquer ação extravagante derivada dessa paixão, quando muitos deles conspiram juntos, a raiva da multidão inteira é bastante visível. Pois que melhor prova de loucura pode haver do que acusar, golpear e apedrejar os nossos melhores amigos? No entanto, isto é um pouco menos do que uma tal multidão fará. Pois ela acusará, combaterá e destruirá aqueles por quem, durante toda a sua vida, foi protegida e defendida de danos. E, se isto é loucura

Parte 1 – Do Homem

numa multidão, é também em cada indivíduo particular. Pois tal como no meio do mar, embora não ouçamos nenhum ruído da parte da água mais próxima de nós, estamos absolutamente certos de que essa parte contribui tanto para o rugido das ondas como qualquer outra parte da mesma quantidade, assim, também, embora não percebamos grande inquietação em um ou dois homens, podemos estar absolutamente certos de que as suas paixões individuais fazem parte do rugido sedicioso de uma nação conturbada. E, mesmo que nada mais denunciasse a sua loucura, o próprio fato de se arrogarem essa inspiração constitui prova suficiente dela. Se algum interno de Bedlam nos entretivesse com um discurso sóbrio, e ao nos despedirmos quiséssemos saber quem ele é, para mais tarde retribuir sua gentileza, e ele nos dissesse ser Deus Pai, creio que não seria necessário esperar nenhuma ação extravagante como prova da sua loucura.

Esta convicção de inspiração, vulgarmente chamada espírito particular, começa muitas vezes com a feliz descoberta de um erro geralmente cometido pelos outros. E, sem saberem ou lembrarem mediante que conduta da razão chegaram a uma verdade tão singular (conforme eles pensam, embora muitas vezes seja apenas uma inverdade com que deparam), passam imediatamente a admirar a si mesmos por terem recebido a graça especial de Deus Todo-Poderoso, que lhes revelou tal verdade sobrenaturalmente, por intermédio do seu Espírito.

Além disso, que a loucura não é mais do que um excesso de manifestação da paixão é coisa que se pode verificar nos efeitos do vinho, que são idênticos aos da má disposição dos órgãos. Porque a variedade de comportamento nos homens que bebem demais é a mesma que a dos loucos, uns enraivecendo-se, outros amando, outros rindo, tudo isso de maneira extravagante, mas conformemente às várias paixões dominantes. Pois os efeitos do vinho apenas tiram a dissimulação, ao mesmo tempo que subtraem aos olhos a deformidade das paixões. Porque, segundo creio, os homens mais sóbrios não gostariam que a futilidade e extravagância dos seus pensamentos, nos momentos em

[37]

VIII. Das Virtudes Intelectuais e dos Defeitos

que andam sozinhos dando rédea solta à sua imaginação, fossem tornadas públicas, o que vem confirmar que as paixões sem guia não passam, na sua maioria, de simples loucura.

Tanto nos tempos antigos como nos modernos tem havido duas opiniões comuns relativamente às causas da loucura. Uns atribuem-na às paixões, outros a demônios e espíritos, tanto bons como maus, que supunham capazes de penetrar num homem e possuí-lo, movendo os seus órgãos da maneira estranha e disparatada que é habitual nos loucos. Assim, os primeiros chamam loucos a esses homens, mas os segundos às vezes chamam-lhes *endemoninhados* (ou seja, possessos dos espíritos), outras vezes *energúmenos* (isto é, agitados ou movidos pelos espíritos); e hoje na *Itália* são chamados não apenas *pazzi*, loucos, mas também *spiritati*, isto é, possessos.

Houve uma vez grande afluência de gente em *Abdera*, cidade da Grécia, por causa da representação da tragédia de *Andrômeda*, num dia extremamente quente. Em resultado disso, grande parte dos espectadores foi acometida de febres, sendo este acidente devido ao calor e à tragédia conjuntamente, e os doentes limitavam-se a recitar jâmbicos com os nomes de *Perseu* e *Andrômeda*. O que foi curado, juntamente com a febre, pela chegada do inverno. Esta loucura foi atribuída às paixões suscitadas pela tragédia. Em outra cidade grega também grassou um surto de loucura e que atacou apenas as jovens donzelas, levando muitas delas a se enforcarem. Tal fato foi por muitos considerado obra do diabo. Mas houve quem suspeitasse que tal desprezo pela vida proviria de alguma paixão do espírito e, supondo que elas não desprezariam também a sua honra, aconselhou os magistrados a despirem as que se enforcavam e a expô-las nuas publicamente. A história diz que isto curou essa loucura. Por outro lado, os mesmos gregos frequentemente atribuíam a loucura à intervenção das Eumênides, ou Fúrias, e outras vezes a *Ceres*, *Febo* e outros deuses, de tal modo que os homens atribuíam muitas coisas a fantasmas, considerando-os corpos aéreos vivos, e geralmente chamavam-lhes espíritos. E, a exemplo dos romanos que a esse respeito tinham a mesma opinião dos gregos, o mesmo acontecia com os judeus, que chamavam aos profetas loucos ou endemoninhados (conforme consideravam os espíritos bons ou maus); alguns deles chamavam loucos tanto aos profetas como aos endemoninhados, e alguns chamavam ao mesmo homem tanto endemoninhado como louco. Ora, quanto aos gentios, isto não é de estranhar, porque as doenças e a saúde, os vícios e as virtudes, bem como muitos acidentes naturais, eram assim denominados e venerados como demônios e identificava-se como demônio tanto (às vezes) um calafrio como um diabo. Porém é bastante estranho que os judeus tivessem tal opinião. Pois nem *Moisés* nem *Abraão* pretendiam profetizar graças à posse por um espírito, mas graças à voz de Deus, ou a uma visão ou sonho. Nem há nada nas suas leis, na sua moral ou nos seus rituais, que lhes ensinasse a ver tal entusiasmo ou tal posse. Quando se diz que Deus (Nm 11,25) tomou o espírito que estava em *Moisés* e o deu aos setenta anciãos, o Espírito de Deus (compreendido como a substância de Deus) não estava dividido. O Espírito de Deus no homem é entendido pelas Escrituras como um espírito humano que tende para o divino. E quando se diz (Ex 28,3): *aqueles em quem infundi o espírito da sabedoria para que fizessem roupas para Aarão*, não se pretende referir um espírito colocado neles, capaz de fazer roupas, mas a sabedoria dos seus próprios espíritos nesse tipo de trabalho. Em sentido semelhante se chama vulgarmente um espírito impuro ao espírito do homem quando este pratica ações impuras; e assim se fala também de outros espíritos, embora nem sempre, mas todas as vezes em que a virtude ou vício assim denominados são extraordinários e predominantes. Tampouco os outros profetas do Antigo Testamento pretextavam entusiasmo, ou que Deus falasse através deles, mas apenas a eles, por meio de voz, visão ou sonho, e o *fardo do Senhor* não era posse, mas ordem. Como terá então sido possível que os judeus herdassem a opinião de posse? Não consigo imaginar razão alguma, a não ser a que é comum a todos os homens, nomeadamente a falta de curiosidade para procurar as causas naturais, e a identificação da felicidade como gozo dos grosseiros prazeres dos sentidos e das coisas que conduzem a eles mais diretamente. Pois quem vê no espírito de um

VIII. Das Virtudes Intelectuais e dos Defeitos

homem qualquer aptidão ou defeito invulgar ou estranho, a menos que veja também a causa de onde provavelmente derivou, dificilmente pode considerá-lo natural. Não sendo natural, é inevitável que o considerem sobrenatural; e então que pode ser, senão a presença nele de Deus ou do Diabo? Daí que, quando o nosso Salvador (Mc 3,21) se encontrava rodeado pela multidão, os da casa suspeitaram que ele era louco, e saíram para agarrá-lo; mas os escribas disseram que ele tinha *Belzebu*, e que era através dele que expulsava os demônios, como se o louco maior houvesse aterrorizado o menor. E alguns disseram (Jo 10,20): *Ele tem o diabo, e é louco*, enquanto outros, que o consideravam profeta, disseram: *Essas não são as palavras de alguém que tem o diabo*. Assim, no Antigo Testamento, aquele que veio ungir a Jeú (2 Rs 9,11) era profeta, mas um dos presentes perguntou: *Jeú, que veio o louco aqui fazer?* Em resumo, é manifesto que quem se comportasse de maneira invulgar era considerado pelos judeus como possesso, quer por Deus, quer por um espírito maligno – à exceção dos saduceus, que erravam tanto no sentido oposto que não acreditavam na existência de nenhum espírito (o que está muito próximo do ateísmo declarado), e talvez por isso ainda mais instigavam os outros a chamarem endemoninhados a esses homens, em vez de loucos.

Mas por que motivo o nosso Salvador procedeu, para os curar, como se estivessem possessos e não como se estivessem loucos? A isso não posso dar outro tipo de resposta, senão aquela que é dada aos que de maneira semelhante reclamam as Escrituras contra a crença no movimento da Terra. As Escrituras foram escritas para mostrar aos homens o Reino de Deus [39] e preparar os seus espíritos para se tornarem seus súditos obedientes, deixando o mundo, e a filosofia a ele referente, às disputas dos homens, pelo exercício da sua razão natural. Que o dia e a noite provenham do movimento da Terra, ou do Sol, ou que as ações exorbitantes dos homens derivem da paixão ou do diabo (desde que não adoremos a este último), nenhuma diferença faz quanto à nossa obediência e sujeição a Deus Todo-Poderoso, que é o fim para que se escreveram as Escrituras. Quanto ao fato de o nosso Salvador falar à doença como se

Parte 1 – Do Homem

falasse a uma pessoa, esse é o procedimento habitual daqueles que curam apenas pela palavra, como Cristo fazia (e os encantadores pretendem fazer, quer falem a um diabo ou não). Pois não se diz que Cristo (Mt 8,26) repreendeu também os ventos? *Ora, porque se pode afirmar que os ventos são espíritos, também*[1] não se diz (Lc 4,39) que ele repreendeu uma febre? Todavia, isto não prova que uma febre seja um diabo. E, embora se afirme que muitos desses diabos se confessaram a Cristo, não é necessário interpretar essas passagens de outro modo, senão que esses loucos se lhe confessaram. E, quando o nosso Salvador (Mt 12,43) fala de um espírito impuro que, tendo saído de um homem, vai errando pelos lugares secos, procurando repouso sem nunca o encontrar, e volta para o mesmo homem juntamente com sete outros espíritos piores do que ele, trata-se manifestamente de uma parábola, aludindo a um homem que, depois de um pequeno esforço para se libertar dos seus desejos, é vencido pela força deles e se torna sete vezes pior do que era. Assim, nada vejo nas Escrituras que exija acreditar que os endemoninhados eram outra coisa senão loucos.

Discurso insignificante.

Há ainda uma outra falha nos discursos de alguns homens, que também se pode listar entre as várias espécies de loucura, nomeadamente aquele abuso de palavras que referi no capítulo V, sob o nome de *absurdo*. Isso ocorre quando os homens proferem palavras que, reunidas umas às outras, não possuem significação alguma; alguns topam com elas ao compreenderem mal as palavras que recebem, e as repetem mecanicamente; outros as usam com a intenção de enganar por meio da obscuridade. E isto só acontece com aqueles que discutem sobre questões incompreensíveis, como os escolásticos, ou sobre questões de filosofia abstrusa. Os homens comuns raramente falam sem significado e por tal motivo são por essas egrégias pessoas tidos por idiotas. Mas para ter a certeza de que as suas palavras não correspondem a nada no espírito seriam necessários alguns exemplos. Se alguém os quiser, encarregue-se de um escolástico, e veja se ele é capaz de traduzir qualquer capí-

---

[1] *Syn*.: Também.

tulo referente a uma questão difícil, como a Trindade, a divindade, a natureza de Cristo, a transubstanciação, o livre-arbítrio etc., para qualquer das línguas modernas, de maneira que o torne inteligível. Ou então para um latim tolerável, como o que era conhecido por todos os que viviam na época em que o latim era a língua vulgar. Qual é o significado destas palavras: *A primeira causa não insufla necessariamente alguma coisa na segunda, por força da subordinação essencial das causas segundas, pela qual pode ser levada a atuar*? Elas são a tradução do título do sexto capítulo do primeiro livro de Suárez, *Do concurso, movimento e ajuda de Deus*. Quando alguém escreve volumes inteiros cheios de tais coisas, ele está louco ou pretende enlouquecer os outros? E, particularmente quanto ao problema da transubstanciação, aqueles que dizem, depois de pronunciar certas palavras, que a bran*cura*, a redon*dez*, a magni*tude*, a quali*dade*, a corruptibili*dade*, todas as quais são incorpóreas etc., passam da hóstia para o corpo de nosso abençoado Salvador, não estarão eles fazendo desses *uras*, *ezes*, *tudes* e *dades* outros tantos espíritos possuindo o corpo? Porque por espíritos sempre entendem coisas que, sendo incorpóreas, movem-se contudo de um lugar para outro. Assim, este tipo de absurdo pode corretamente ser enumerado entre as muitas espécies de loucura. E todo o tempo em que, guiados por pensamentos claros das suas paixões mundanas, se abstêm de discutir ou escrever assim, não é mais do que um intervalo de lucidez. E tanto basta quanto às virtudes e defeitos intelectuais.

[40]

CAP. IX
Dos Diferentes OBJETOS *do* CONHECIMENTO

Há duas espécies de CONHECIMENTO: um deles é o *conhecimento de fato* e o outro o *conhecimento das consequências de uma afirmação para outra*. O primeiro está limitado aos sentidos e à

CIÊNCIA, isto é, *conhecimento das consequências; que é também chamada* **FILOSOFIA**

- **Consequências dos acidentes dos corpos naturais, que se chama FILOSOFIA NATURAL**
  - **Consequências dos acidentes comuns a todos os corpos naturais, que são a *quantidade* e o *movimento***
    - Consequências do movimento e quantidade *indeterminados*, as quais, sendo os princípios ou fundamento primeiro da filosofia, se chamam *Philosophia Prima* .... PHILOSOPHIA PRIMA
    - Consequências do movimento e quantidade *determinados*
      - Consequências da quantidade e movimento *determinados*
        - Pela figura .... GEOMETRIA
        - Pelo número .... ARITMÉTICA
      } *Matemática*
      - Consequências do movimento e quantidade dos corpos em *especial*
        - Consequências do movimento e quantidade das grandes partes do mundo, como a *Terra* e as *Estrelas*
          - ASTRONOMIA
          - GEOGRAFIA
        } *Cosmografia*
        - Consequências do movimento de tipos e figuras especiais dos corpos
          - *Ciência da* ENGENHARIA
          - ARQUITETURA
          - NAVEGAÇÃO
        } *Mecânica*, doutrina do *peso*
  - **FÍSICA ou consequências de *qualidades***
    - Consequências das qualidades dos corpos *transitórios*, que às vezes aparecem e às vezes se desvanecem .... METEOROLOGIA
    - Consequências das qualidades dos corpos *permanentes*
      - Consequências das qualidades das *estrelas*
        - Consequências da *luz* das estrelas; disto, e do movimento do Sol, é feita a ciência da .... CIOGRAFIA
        - Consequência da *influência* das estrelas .... ASTROLOGIA
      - Consequências das qualidades dos corpos *líquidos* que enchem o espaço entre as estrelas, tais como o *ar* ou substâncias etéreas
      - Consequências das qualidades dos corpos *terrestres*
        - Consequências das partes da Terra que não têm sensação
          - Consequências das qualidades dos *minerais*, como as *pedras*, os *metais* etc.
          - Consequência das qualidades dos *vegetais*
        - Consequências das qualidades dos *animais*
          - Consequências das qualidades dos *animais em geral*
            - Consequências das qualidades da visão .... ÓPTICA
            - Consequências dos sons .... MÚSICA
            - Consequências dos demais sentidos
          - Consequências das qualidades dos *homens em especial*
            - Consequência das *paixões* dos homens .... ÉTICA
            - Consequências da linguagem
              - Exaltando, vilipendiando etc. .... POESIA
              - Persuadindo .... RETÓRICA
              - Raciocinando .... LÓGICA
              - Contratando .... A Ciência do JUSTO e do *Injusto*

- **Consequências dos acidentes dos corpos *políticos*, que se chamam POLÍTICA e FILOSOFIA CIVIL**
  1. Consequências da instituição DAS REPÚBLICAS para os *direitos e deveres do corpo político* ou *soberano*
  2. Consequências desta para o *dever* e o *direito dos súditos*

memória, e é um *conhecimento absoluto*, como quando vejo um fato ter lugar, ou recordo que ele teve lugar; é este o conhecimento necessário para uma testemunha. Ao segundo chama-se *ciência*, e é *condicional*, como quando sabemos que, *se a figura apresentada for um círculo, nesse caso qualquer linha reta que passe pelo seu centro dividi-la-á em duas partes iguais*. Este é o conhecimento necessário para um filósofo, isto é, para aquele que pretende raciocinar.

O registro do *conhecimento de fato* chama-se *história*, da qual há duas espécies: uma chamada *história natural*, que é a história dos fatos ou efeitos da natureza, que não dependem da *vontade* do homem, tais como as histórias dos *metais, plantas, animais, regiões* e assim por diante. A outra é a *história civil*, que é a das ações voluntárias praticadas pelos homens nas repúblicas.

Os registros da ciência são aqueles *livros* que encerram as *demonstrações* das consequências de uma afirmação para outra, e são vulgarmente chamados *livros de filosofia*, dos quais há muitas espécies, conforme a diversidade do assunto, que podem ser divididas da maneira como as dividi na tabela da página anterior.

CAP. X
Do PODER, VALOR, DIGNIDADE, HONRA *e* MERECIMENTO

[41]

O PODER *de um homem* (universalmente considerado) consiste nos meios de que presentemente dispõe para obter qualquer manifesto bem futuro. Pode ser *original* ou *instrumental*.

O *poder natural* é a eminência das faculdades do corpo ou do espírito: extraordinária força, beleza, prudência, destreza, eloquência, liberalidade ou nobreza. Os poderes *instrumentais* são os que se adquirem mediante os anteriores ou pelo acaso, e constituem meios e instrumentos para adquirir mais: como a riqueza, a reputação, os amigos e os secretos desígnios de Deus a que os homens chamam boa sorte. Porque a natureza do poder é neste ponto idêntica à da fama, dado que cresce à medida que progride; ou à do movimento dos corpos pesados, que, quanto mais longe vão, mais rapidamente se movem.

O maior dos poderes humanos é aquele que é composto pelos poderes da maioria dos homens, unidos por consentimento numa só pessoa, natural ou civil, que tem o uso de todos os poderes deles na dependência da sua vontade; é o caso do poder de uma república. Ou na dependência das vontades de cada indivíduo: é o caso do poder de uma facção ou de várias facções coligadas. Consequentemente, ter servidores é poder; e ter amigos é poder: porque são forças unidas.

Também a riqueza aliada à liberalidade é poder, porque consegue amigos e servidores. Sem a liberalidade não o é, porque neste caso a riqueza não protege, mas expõe o homem, como presa, à inveja.

A reputação de poder é poder, pois ela atrai a adesão daqueles que necessitam proteção.

Também o é, pela mesma razão, a reputação de que tenha um homem de amar seu país (à qual se chama popularidade).

Da mesma maneira, qualquer qualidade que torna um homem amado ou temido por muitos, ou a reputação dessa qualidade, é poder; porque constitui um meio para adquirir a ajuda e o serviço de muitos.

O sucesso é poder, porque traz reputação de sabedoria ou boa sorte, o que faz os homens temerem quem o consegue ou confiarem nele.

A afabilidade dos homens que já estão no poder é aumento de poder, porque conquista amor.

A reputação de prudência na conduta da paz ou da guerra é poder, porque confiamos o governo de nós mesmos de mais bom grado aos homens prudentes do que aos outros.

X. Do Poder e Merecimento

A nobreza é poder, não em todos os lugares, mas somente nas repúblicas em que goza de privilégios, pois é nesses privilégios que consiste o seu poder.

A eloquência é poder, porque aparenta prudência.

A beleza é poder, pois, sendo uma dádiva de Deus, recomenda os homens ao favor das mulheres e dos estranhos. [42]

As ciências são um pequeno poder, porque não são eminentes, e consequentemente somente são reconhecidas em alguns homens e, mesmo nestes, em poucas coisas. Porque é da natureza da ciência que só a podem compreender aqueles que em boa medida já a alcançaram.

As artes de utilidade pública, como a fortificação, o fabrico de máquinas e outros instrumentos de guerra, são poder, porque facilitam a defesa e conferem a vitória. Embora a sua verdadeira mãe seja a ciência, nomeadamente a matemática, uma vez que são dadas à luz pela mão do artífice, são consideradas geração deste (neste caso, para o vulgo, a parteira passa por mãe).

O *valor*, ou a IMPORTÂNCIA de um homem, tal como de todas as outras coisas, é o seu preço; isto é, tanto quanto seria dado pelo uso do seu poder. Portanto, não é absoluto, mas algo que depende da necessidade e julgamento de outrem. Um hábil condutor de soldados é de alto preço em tempo de guerra presente ou iminente, mas não o é em tempo de paz. Um juiz douto e incorruptível é de grande importância em tempo de paz, mas não o é tanto em tempo de guerra. E tal como nas outras coisas, também no homem não é o vendedor, mas o comprador quem determina o preço. Porque mesmo que um homem (como a maioria faz) atribua a si mesmo o mais alto valor possível, o seu verdadeiro valor não será superior ao que for estimado por outros.

Importância.

A manifestação do valor que mutuamente nos atribuímos é o que vulgarmente se chama honra e desonra. Atribuir a um homem um alto valor é *honrá-lo*, e um baixo valor, é *desonrá-lo*. Mas neste caso alto e baixo devem ser entendidos em comparação com o valor que cada homem se atribui a si próprio.

Parte 1 – Do Homem

Dignidade.

A importância pública de um homem, que é o valor atribuído a ele pela república, é o que os homens vulgarmente chamam DIGNIDADE. E este apreço que a república lhe atribui exprime-se por meio de cargos de direção, funções judiciais e empregos públicos, ou pelos nomes e títulos introduzidos para distinguir tal apreço.

Honrar e desonrar.

Rogar a outro qualquer tipo de auxílio é HONRAR, porque é sinal de que na nossa opinião ele tem poder para ajudar. E quanto mais difícil é o auxílio, maior é a honra.

Obedecer é honrar, porque ninguém obedece a quem julga não ter nenhum poder para o ajudar ou prejudicar. Consequentemente, desobedecer é *desonrar*.

Oferecer grandes presentes a um homem é honrá-lo, porque consiste em comprar proteção e reconhecer o poder. Oferecer presentes pequenos é desonrar, porque não passa de esmola, e indica a opinião de que são necessários auxílios pequenos.

Ser solícito em promover o bem do outro, assim como adular, é honrar, como sinal de que buscamos sua proteção ou ajuda. Negligenciar é desonrar.

Ceder o passo ou o lugar a outrem, em qualquer ocasião, é honrar, porque equivale a admitir um poder superior. Fazer frente é desonrar.

[43]

Mostrar qualquer sinal de amor ou de medo do outro é honrar, porque tanto amar como temer implicam valorizar. Desprezar, ou mostrar menos amor ou medo do que o outro espera, é desonrar, porque é subestimar.

Louvar, exaltar ou felicitar é honrar, pois nada é mais valorizado do que a bondade, o poder e a felicidade. Insultar, troçar ou compadecer-se é desonrar.

Falar ao outro com consideração, aparecer diante dele com decência e humildade é honrá-lo, como sinal de receio de o ofender. Falar-lhe asperamente, comportar-se perante ele de maneira obscena, reprovável ou impudente é desonrá-lo.

Acreditar, confiar, apoiar-se no outro é honrá-lo, como sinal de reconhecimento da sua virtude e poder. Desconfiar, ou não acreditar, é desonrar.

X. Do Poder e Merecimento

Solicitar de um homem o seu conselho, ou um discurso de qualquer tipo, é honrar, em sinal de que o consideramos sábio, ou eloquente, ou sagaz. Dormir, afastar-se ou falar quando ele fala é desonrá-lo.

Fazer ao outro as coisas que ele considera sinais de honra, ou que assim o sejam pela lei ou pelo costume, é honrar, porque ao aprovar a honra feita por outros se reconhece o poder que os outros reconhecem. Recusar fazê-las é desonrar.

Concordar com a opinião do outro é honrar, pois é sinal de aprovação do seu julgamento e sabedoria. Discordar é desonrar e acusar o outro de erro, e, se a discordância atinge muitas coisas, de loucura.

Imitar é honrar, pois equivale a uma veemente aprovação. Imitar o inimigo do outro é desonrar.

Honrar aquele a quem o outro honra é honrar este também, como sinal de aprovação do seu discernimento. Honrar os seus inimigos é desonrá-lo.

Pedir conselho ou colaboração em ações difíceis é honrar, como sinal de apreço pela sua sabedoria ou outro poder. Recusar a colaboração dos que a oferecem é desonrar.

Todas estas maneiras de honrar são naturais, tanto nas repúblicas como fora delas. Mas nas repúblicas, em que aquele ou aqueles que detêm a suprema autoridade podem instituir os sinais de honra que lhes aprouver, existem outras honras.

Um soberano pode honrar um súdito com qualquer título, ou cargo, ou emprego, ou ação, que ele próprio haja estabelecido como sinal da sua vontade de honrar.

O rei da *Pérsia* honrou a *Mordecai*, quando decidiu que ele seria conduzido pelas ruas envergando as vestimentas reais, montado num dos cavalos do rei, com uma coroa na cabeça e um príncipe adiante dele, proclamando: *Assim será feito àquele que o rei quiser honrar*. E no entanto um outro rei da *Pérsia*, ou o mesmo rei em outra ocasião, a um súdito que pedia, para algum grande serviço, permissão para usar as roupas do rei, outorgou o que ele pedia, mas acrescentou que deveria usá-las como seu bobo, e nesta caso era desonra. Portanto, a fonte de

Parte 1 – Do Homem

[44]

Honroso.

Desonroso.

toda e qualquer honra civil reside na pessoa da república, e depende da vontade do soberano. Consequentemente, é temporária e chama-se *honra civil*. É o caso da magistratura, dos cargos públicos e dos títulos e, em alguns lugares, dos uniformes e emblemas. Os homens honram a quem os possui, porque são outros tantos sinais do favor da república; este favor é poder.

Honrosa é qualquer espécie de posse, ação ou qualidade que constitui argumento e sinal de poder.

Por conseguinte, ser honrado, amado ou temido por muitos é honroso, e prova de poder. Ser honrado por poucos ou nenhum é *desonroso*.

O domínio e a vitória são honrosos, porque se adquirem pelo poder; a servidão, que vem da necessidade ou do medo, é desonrosa.

A boa sorte (quando duradoura) é honrosa, como sinal do favor de Deus. A má sorte e a desgraça são desonrosas. A riqueza é honrosa, porque é poder. A pobreza é desonrosa. A magnanimidade, a liberalidade, a esperança, a coragem e a confiança são honrosas, porque derivam da consciência do poder. A pusilanimidade, a parcimônia, o medo e a desconfiança são desonrosos.

A decisão ou resolução oportuna do que se precisa fazer é honrosa, pois implica desprezo pelas pequenas dificuldades e perigos. A irresolução é desonrosa, como sinal de excessiva valorização de pequenos impedimentos e pequenas vantagens. Porque, quando um homem ponderou as coisas tanto quanto o tempo permite, e não se decidiu, a diferença de ponderação é ínfima; logo, se ele não se decide é porque sobrevaloriza pequenas coisas, o que é pusilanimidade.

Todas as ações e palavras que derivam ou parecem derivar de muita experiência, ciência, discrição ou sagacidade são honrosas, pois todas estas últimas são poderes. As ações ou palavras que derivem do erro, da ignorância ou da loucura são desonrosas.

A gravidade, na medida em que pareça proceder de um espírito ocupado com outras coisas, é honrosa, porque a ocupa-

X. Do Poder e Merecimento

ção é sinal de poder. Mas se parece proceder do propósito de aparentar gravidade é desonrosa. Porque a gravidade do primeiro é como a firmeza de um navio carregado de mercadoria, mas a do segundo é como a firmeza de um navio que leva um lastro de areia ou qualquer outra carga inútil.

Ser ilustre, ou seja, ser conhecido pela riqueza, cargos, grandes ações ou qualquer bem eminente, é honroso, como sinal do poder que faz alguém ser ilustre. Pelo contrário, a obscuridade é desonrosa.

Descender de pais ilustres é honroso, porque assim mais facilmente se conseguem a ajuda e os amigos dos antepassados. Pelo contrário, descender de pais obscuros é desonroso.

As ações que derivam da equidade, acompanhadas de perdas, são honrosas, como sinais de magnanimidade; porque a magnanimidade é um sinal de poder. Pelo contrário, a astúcia, o uso de expedientes e a falta de equidade são desonrosos.

A cobiça de grandes riquezas e a ambição de grandes honras são honrosas, como sinais do poder para as obter. A cobiça e a ambição de pequenos lucros ou preeminências é desonrosa.

Não importa, no que se refere à honra, que uma ação (por maior e mais difícil que seja, e consequentemente sinal de muito poder) seja justa ou injusta, porque a honra consiste apenas na opinião de poder. Por isso, os antigos pagãos não pensavam que desonravam, mas que honravam muito os deuses quando os apresentavam nos seus poemas cometendo violações, roubos e outras grandes, mas injustas e pouco puras, ações. Daí que *Júpiter* seja tão celebrado pelos seus adultérios, ou *Mercúrio* pelas suas fraudes e roubos. E o maior elogio que lhe é feito num hino de *Homero* é que, tendo nascido de manhã, inventou a música ao meio-dia e antes do anoitecer roubou o gado de *Apolo* aos seus pastores.

Também entre os homens, antes de se constituírem as grandes repúblicas, não se considerava desonra ser pirata ou ladrão de estrada, sendo estes, pelo contrário, negócios lícitos, não apenas entre os gregos, mas também nas outras nações, como o prova a história dos tempos antigos. E nesta época, e

[45]

nesta parte do mundo, os duelos são e sempre serão honrosos, embora ilegais, até que venha um tempo em que a honra seja atribuída aos que recusam, e a ignomínia aos que desafiam. Porque os duelos são também muitas vezes consequência da coragem, e a razão da coragem é sempre a força ou a destreza, que são poder – embora na maior parte dos casos sejam consequência de palavras ásperas e do temor da desonra, em um ou em ambos os contendores que, tomados pela cólera, são levados a defrontar-se para evitar perder a reputação.

Brasões.

Os escudos e brasões hereditários, quando acompanhados de qualquer privilégio eminente, são honrosos. Caso contrário não o são, porque o seu poder consiste nesses mesmos privilégios, ou em riquezas, ou outras coisas semelhantes que são igualmente reconhecidas como honrosas em outros homens. Esta espécie de honra, geralmente chamada nobreza, proveio dos antigos germanos. Pois jamais se conheceu tal coisa nos lugares onde se desconheciam costumes germanos, nem hoje estão em uso nos lugares que os germanos não habitaram. Os antigos comandantes gregos, quando iam para a guerra, mandavam pintar nos seus escudos as divisas que lhes apraziam, de tal modo que um escudo sem emblema era sinal de pobreza, próprio do soldado comum; mas não havia transmissão dessas divisas por herança. Os romanos transmitiam as marcas das suas famílias, mas eram as imagens, não as divisas dos seus antepassados. Entre os povos da *Ásia*, *África* e *América* não há nem jamais houve tal coisa. Só os germanos tinham esse costume, e daí foi passado para a *Inglaterra*, *França*, *Espanha* e *Itália*, onde eles em grande número secundaram os romanos, ou fizeram as suas próprias conquistas nessas regiões ocidentais do globo.

Ora, a *Germânia* antigamente se encontrava, tal como todos os países nos seus inícios, dividida por um número infinito de pequenos senhores ou chefes de família, que estavam continuamente em guerra uns com os outros; esses chefes ou senhores, sobretudo a fim de poderem ser reconhecidos pelos seus sequazes quando iam cobertos de armas, e em parte como ornamento, pintavam a sua armadura, ou escudo, ou capa, com

X. Do Poder e Merecimento

a efígie de um animal ou qualquer outra coisa, e além disso [46]
colocavam uma marca ostensivamente visível na cimeira dos
seus elmos. E esta ornamentação das armaduras e do elmo era
transmitida por herança aos filhos, ao primogênito em toda a
sua pureza, e aos demais com alguma nota de diversidade, a
qual o velho senhor, ou seja, em holandês, o *Herealt*, considerasse conveniente. Mas quando muitas dessas famílias reunidas
formavam uma monarquia mais ampla, essa função de heraldo, que consistia em distinguir os brasões, tornava-se um cargo
particular independente. Os descendentes desses senhores constituíram a grande e antiga nobreza, que na sua maioria usava
como emblemas criaturas vivas caracterizadas pela sua coragem ou afã de rapina, ou castelos, ameias, tendas, armas, barras,
paliçadas e outros sinais de guerra, pois nada era então tão
honrado como a virtude militar. Posteriormente não só os reis,
mas também as repúblicas populares davam diversos tipos de
escudo aos que iam para a guerra ou dela voltavam, como
incentivo ou recompensa por seus serviços. *Tudo isto poderá
ser encontrado por um leitor atento nos antigos livros de história gregos e latinos que fazem referência à nação e aos costumes germanos do seu tempo.*[1]

Os títulos de *honra*, como duque, conde, marquês e barão, *Títulos de honra.*
são honrosos, pois significam o valor que lhes é atribuído pelo
poder soberano da república. Nos tempos antigos esses títulos
correspondiam a cargos e funções de mando, sendo alguns derivados dos romanos e outros dos germanos e franceses. Os duques, em latim *duces*, eram generais de guerra. Os condes, *comites*,
eram os companheiros ou amigos do general a quem se confiavam o governo e a defesa dos lugares conquistados e pacificados. Os marqueses, *marchiones*, eram condes que governavam os
limites ou fronteiras do Império. Estes títulos de duque, conde
e marquês foram introduzidos no Império na época de *Constantino*, o Grande, numa adaptação dos costumes da *milícia* dos

---
[1] O manuscrito do copista está assim redigido: As passagens da história antiga das quais é possível concluir o que venho de dizer foram minuciosamente compiladas por Philip Cluverius, em *Germania antiqua*.

Parte 1 – Do Homem

germanos. Mas barão parece ter sido um título dos gauleses, e significa um grande homem, como os guardas de que os reis e príncipes se cercavam na guerra. O termo parece derivar de *vir*, para *ber* e *bar*, que na língua dos gauleses significava o mesmo que *vir* em latim. E daí para *bero* e *baro*, e assim esses homens eram chamados *berones*, e posteriormente *barones*, e (em espanhol) *varones*. Mas quem quiser conhecer mais minuciosamente a origem dos títulos de honra pode encontrá-la, como fiz, no excelente tratado de *Selden* sobre o assunto. Com o passar do tempo estes cargos de honra, por ocasião de distúrbios ou por razões de bom e pacífico governo, foram transformados em meros títulos, servindo na sua maioria para distinguir a preeminência, lugar e ordem dos súditos na república, sendo nomeados duques, condes, marqueses e barões para lugares dos quais essas pessoas não tinham posse nem comando, e criaram-se também outros títulos para o mesmo fim.

Merecimento.

O MERECIMENTO de um homem é diferente de sua importância, bem como de seu mérito, e consiste num poder ou habilidade especial para aquilo de que se diz que ele é merecedor, habilidade particular que geralmente é chamada COMPETÊNCIA ou *aptidão*.

Competência.

[47]

Porque quem mais merece ser comandante ou juiz, ou receber qualquer outro cargo, é quem for mais dotado das qualidades necessárias para o seu bom desempenho, e quem mais merece a riqueza é quem tem as qualidades mais necessárias para o bom uso dessa riqueza. Mesmo na falta dessas qualidades pode-se ser um homem importante e valioso para qualquer outra coisa. Além disso, pode ser merecedor de riquezas, cargos ou empregos um homem que no entanto não pode reivindicar o direito de os possuir de preferência a um outro, e portanto não é possível dizer-se que os mereça. Porque o mérito pressupõe um direito, e a coisa merecida é devida por promessa. A isto voltarei a referir-me mais adiante, quando falar dos contratos.

CAP. XI
Das diferenças de Costumes

Não entendo aqui por Costumes a decência da conduta, como, por exemplo, a maneira pela qual um homem deve saudar outro, ou como deve lavar a boca, ou limpar os dentes diante dos outros, e diversos aspectos da *pequena moral*. Entendo, isto sim, aquelas qualidades dos homens que dizem respeito à vida comum em paz e unidade. Para este fim, devemos considerar que a felicidade desta vida não consiste no repouso de um espírito satisfeito. Pois não existe o *finis ultimus* (fim último) nem o *summum bonum* (bem supremo) de que se fala nos livros dos antigos filósofos morais. Tampouco há mais vida no homem cujos desejos chegam ao fim do que naquele cujos sentidos e imaginação estão paralisados. A felicidade é uma contínua marcha do desejo, de um objeto para outro, não sendo a obtenção do primeiro outra coisa senão o caminho para conseguir o segundo. A causa disto é que a finalidade do desejo do homem não consiste em gozar apenas uma vez, e só por um momento, mas garantir para sempre os caminhos do seu desejo futuro. Portanto, as ações voluntárias e as inclinações dos homens não tendem apenas para conseguir, mas também para garantir uma vida satisfeita, e diferem apenas quanto ao modo como surgem, em parte da diversidade das paixões em pessoas diversas, e em parte das diferenças no conhecimento e opinião que cada um tem das causas que produzem os efeitos desejados.

O que aqui se entende por costumes.

Assinalo assim, em primeiro lugar, como tendência geral de todos os homens, um perpétuo e irrequieto desejo de poder e mais poder, que cessa apenas com a morte. E a causa disto nem sempre é que se espere um prazer mais intenso do que aquele que já se alcançou, ou que cada um não possa contentar-se com um poder moderado, mas o fato de não se poder garantir o poder e os meios para viver bem que atualmente se possuem sem adquirir mais ainda. E daqui se segue que os reis,

Um irrequieto desejo de poder, em todos os homens.

Parte 1 – Do Homem

cujo poder é o maior, se esforçam por garanti-lo no interior de seus reinos por meio de leis e no exterior por meio de guerras. E depois disto feito surge um novo desejo; em alguns, de fama por uma nova conquista; em outros, de conforto e prazeres sensuais; e em outros, de admiração, de serem elogiados pela excelência em alguma arte, ou outra qualidade do espírito.

Amor da luta por causa da competição.
[48]

A competição pela riqueza, a honra, o mando e outros poderes levam à luta, à inimizade e à guerra, porque o caminho seguido pelo competidor para realizar o seu desejo consiste em matar, subjugar, suplantar ou repelir o outro. Particularmente, a competição pelo elogio leva a reverenciar a antiguidade. Porque os homens competem com os vivos, não com os mortos, e atribuem a estes mais do que o devido a fim de poderem obscurecer a glória dos outros.

Obediência civil por amor ao conforto.

Por medo da morte e ferimentos.

O desejo de conforto e deleite sensual predispõe os homens a obedecer a um poder comum, pois com tais desejos se abandona a proteção que poderia esperar-se do esforço e trabalho próprios. O medo da morte e dos ferimentos produz a mesma tendência, e pela mesma razão. Pelo contrário, os homens necessitados e esforçados, que não estão contentes com a sua presente condição, assim como todos os homens que ambicionam a autoridade militar, inclinam-se a prolongar as causas da guerra e a suscitar perturbações e revoltas, pois só na guerra há honra militar, e a única esperança de remediar um mau jogo é dar as cartas mais uma vez.

E por amor às artes.

O desejo de conhecimento e das artes da paz inclina os homens a obedecer a um poder comum, pois tal desejo encerra um desejo de ócio, consequentemente de proteção derivada de um poder diferente do seu próprio.

Amor à virtude, por amor aos louvores.

O desejo de louvores predispõe para ações louváveis, capazes de agradar àqueles cujo julgamento se valoriza, pois desprezamos também os louvores das pessoas que desprezamos. O desejo de fama depois da morte tem o mesmo efeito. E embora depois da morte seja impossível sentir os louvores que nos são feitos na Terra, pois são alegrias que ou são eclipsadas pelas indizíveis alegrias do Céu, ou são extintas pelos extremos tor-

XI. Das diferenças de Costumes

mentos do Inferno, apesar disso essa fama não é vã, porque os homens encontram um deleite presente na sua previsão, assim como no benefício que daí pode resultar para a sua posteridade. Ainda que agora não o vejam, conseguem imaginá-lo, e tudo o que constitui prazer para os sentidos constitui também prazer para a imaginação.

Ter recebido de alguém a quem consideramos nosso igual maiores benefícios do que esperamos retribuir faz tender para o amor fingido, e na realidade para o ódio secreto, pois coloca-nos na situação de devedor desesperado que, ao recusar-se a ver o seu credor, tacitamente deseja que ele se vá para onde jamais possa voltar a vê-lo. Porque os benefícios obrigam, e a obrigação é servidão; a obrigação que não se pode retribuir é servidão perpétua; e perante um igual é odiosa. Mas ter recebido benefícios de alguém a quem se considera superior faz tender para o amor, porque a obrigação não é uma nova degradação, e a alegre aceitação (a que se dá o nome de *gratidão*) constitui uma honra tal para o benfeitor que geralmente é tomada como retribuição. Também receber benefícios, mesmo de um igual ou inferior, desde que haja esperança de retribuição, faz tender para o amor, porque na intenção do beneficiado a obrigação é de ajuda e serviço mútuo. Daí deriva uma emulação para ver quem superará o outro em benefícios, que é a mais nobre e proveitosa competição possível, na qual o vencedor fica satisfeito com a sua vitória e o outro se vinga admitindo a derrota.

Ódio, pela dificuldade de retribuir grandes benefícios.

Ter feito a alguém um mal maior do que se pode ou se está disposto a sofrer inclina quem praticou a odiar quem sofreu o mal, pois só se pode esperar vingança, ou perdão; e ambos são odiosos.

E pela consciência de merecer ser odiado.

[49]

O medo da opressão predispõe os homens à antecipação ou a buscar ajuda na associação, pois não há outra maneira de assegurar a vida e a liberdade.

Prontidão para ferir, por medo.

Os homens que desconfiam da sua própria sutileza estão, nos tumultos e sedições, mais predispostos para a vitória do que os que se consideram sábios ou ardilosos, pois estes últimos gostam de se informar primeiro e os outros (com medo de se deixar

E para deixar de confiar no seu próprio engenho.

Parte 1 – Do Homem

enredar) gostam de atacar primeiro. E nas sedições, como os homens estão sempre nos recintos da batalha, defender-se uns aos outros e usar todas as vantagens da força é um estratagema superior a todos os que possam proceder da sutileza do engenho.

Empresas vãs por vaidade.

Os homens vangloriosos, que, por não perceberem em si mesmos uma grande capacidade, deleitam-se em se julgarem briosos, tendem apenas para a ostentação, não para os empreendimentos, pois quando surgem perigos ou dificuldades só os aflige ver descoberta a sua incapacidade.

Os homens vangloriosos, que avaliam a sua capacidade pelas lisonjas de outros homens ou pelo sucesso de alguma ação anterior, sem terem tido sólidas razões de esperança baseadas num autêntico conhecimento de si mesmos, têm tendência para empreendimentos irrefletidos e, à primeira visão de perigos ou dificuldades, a retirar-se assim que podem. Porque, não vendo o caminho da segurança, preferem arriscar a sua honra, que pode ser salva com uma desculpa, em vez da sua vida, para a qual nenhuma salvação é suficiente.

Ambição, por convicção de capacidade.

Os homens que têm em alta conta a sua sabedoria em questões de governo inclinam-se para a ambição. Porque sem um emprego público, como conselheiros ou magistrados, perde-se a honra da sua sabedoria. Consequentemente, os oradores eloquentes têm tendência para a ambição, pois a eloquência assemelha-se à sabedoria, tanto para eles mesmos como para os outros.

Indecisão, por valorizar demais as pequenas coisas.

A pusilanimidade predispõe os homens para a indecisão e, consequentemente, para perder as ocasiões e as melhores oportunidades de ação. Porque quando se esteve em deliberação até se aproximar o momento da ação, se nessa altura não for manifesto o que há de melhor a fazer, isso é sinal de que a diferença entre os fatores, quer num sentido quer noutro, não é muito grande. Portanto, não tomar uma decisão nesse momento é perder a ocasião por dar importância a ninharias, o que é pusilanimidade.

A frugalidade (embora nos pobres seja uma virtude) torna os homens incapazes de levar a cabo as ações que precisam

XI. Das diferenças de Costumes

da força de muitos ao mesmo tempo. Porque ela enfraquece o seu esforço, que deve ser alimentado e revigorado pela recompensa.

A eloquência, juntamente com a lisonja, leva os homens a confiar em quem as pratica, pois a primeira tem aparência de sabedoria e a segunda, de bondade. Acrescente-se-lhe a reputação militar, e os homens tornar-se-ão predispostos a aderir e a sujeitar-se a quem as possui. As duas primeiras tranquilizam-nos quanto aos perigos que podem vir dessa pessoa, e a segunda, quanto aos que podem vir dos outros.

Confiança nos outros, por ignorância dos sinais de sabedoria e bondade.

A falta de ciência, isto é, a ignorância das causas, predispõe, ou melhor, obriga os homens a confiar na opinião e autoridade alheias. Porque todos os homens preocupados com a verdade, se não confiarem na sua própria opinião, deverão confiar na de alguma outra pessoa a quem julguem mais sábia que eles próprios e não considerem provável que queira enganá-los.

E por ignorância das causas naturais.

A ignorância do significado das palavras, isto é, a falta de entendimento, predispõe os homens para confiar não apenas na verdade que não conhecem, mas também nos erros e, o que é mais, nos absurdos daqueles em quem confiam. Porque nem o erro nem o absurdo podem ser detectados sem um perfeito entendimento das palavras.

[50]
E por falta de entendimento.

Disso deriva que os homens deem nomes diferentes a uma única e mesma coisa, por causa das diferenças entre as suas próprias paixões. Quando aprovam uma opinião particular, chamam-lhe opinião, e quando não gostam dela chamam-lhe heresia; contudo, heresia significa simplesmente uma opinião particular, apenas com mais algumas tintas de cólera.

Disso deriva também ser impossível distinguir, sem estudo e grande entendimento, entre uma ação de muitos homens e muitas ações de uma multidão, como, por exemplo, entre a ação única de todos os senadores de *Roma* ao matarem *Catilina* e as muitas ações de um certo número de senadores ao matarem *César*. Fica-se portanto predisposto a tomar como ação do povo aquilo que é uma multidão de ações praticadas por uma multidão de pessoas, talvez conduzidas pela persuasão de uma só.

Parte 1 – Do Homem

Adoção do costume, por ignorância da natureza do bem e do mal.

A ignorância das causas e da constituição original do direito, da equidade, da lei e da justiça predispõe os homens para tomarem como regra das suas ações o costume e o exemplo, de maneira que consideram injusto aquilo que é costume castigar e justo aquilo de cuja impunidade e aprovação podem apresentar um exemplo, ou (como barbaramente lhe chamam os juristas, os únicos que usam esta falsa medida) um precedente. Comportam-se assim como crianças pequenas, que têm como única regra dos bons e maus costumes a correção que recebem dos seus pais e mestres, salvo que as crianças são fiéis a essa regra, ao passo que os homens não o são; porque, tendo-se tornado fortes e obstinados, apelam do costume para a razão, e da razão para o costume, conforme mais lhe convém, afastando-se do costume quando o seu interesse o exige e pondo-se contra a razão todas as vezes em que ela fica contra eles. É esta a causa devido à qual a doutrina do bem e do mal é objeto de permanente disputa, tanto pela pena como pela espada, ao passo que com a doutrina das linhas e figuras o mesmo não ocorre. Neste último assunto, com efeito, não preocupa aos homens qual é a verdade, pois não se contraria a ambição, o lucro ou a cobiça de ninguém. Não duvido que, se acaso fosse contrária ao direito de domínio de alguém, ou aos interesses dos homens que possuem domínio, a doutrina segundo a qual *os três ângulos de um triângulo são iguais a dois ângulos de um quadrado* teria sido, se não objeto de disputa, pelo menos suprimida, mediante a queima de todos os livros de geometria, na medida em que o atingido por tal doutrina fosse capaz.

Adesão a pessoas privadas, por ignorância das causas da paz.

A ignorância das causas remotas predispõe os homens para atribuir todos os eventos a causas imediatas e instrumentais, pois são estas causas que percebem. E daí se segue que, em todos os lugares onde os homens se veem oprimidos por tributos fiscais, descarregam a sua fúria em cima dos publicanos, isto é, os recebedores, recolhedores e outros funcionários da renda pública, e se associam àqueles que censuram o governo civil; e assim, depois de se terem comprometido para além dos limites de qualquer justificação possível, se voltam também

XI. Das diferenças de Costumes

contra a autoridade suprema, por medo ao castigo ou por vergonha de receber perdão.

A ignorância das causas naturais predispõe os homens para a credulidade, de modo que acreditem muitas vezes em coisas impossíveis. Pois, como nada conhecem em contrário que possa ser verdadeiro, são incapazes de detectar a impossibilidade. E a credulidade, dado que os homens se comprazem em que se lhes dediquem atenção, predispõe-nos para mentir. Assim, a simples ignorância, sem ser acompanhada de malícia, é capaz de levar os homens tanto a acreditar em mentiras como a dizê-las; e por vezes também a inventá-las.

A ansiedade em relação ao futuro predispõe os homens a investigar as causas das coisas, pois o seu conhecimento torna os homens mais capazes de dispor o presente da maneira mais vantajosa.

A curiosidade, ou amor pelo conhecimento das causas, leva o homem da contemplação do efeito à busca da causa, e depois também da causa dessa causa, até que forçosamente deve chegar a esta ideia: que há uma causa da qual não há causa anterior, porque é eterna; que é aquilo a que os homens chamam Deus. De modo que é impossível proceder a qualquer investigação profunda das causas naturais, sem com isso nos inclinarmos para acreditar que existe um Deus eterno, embora não possamos ter no nosso espírito uma ideia dele que corresponda à sua natureza. Porque, tal como um homem que tenha nascido cego, ao ouvir outros falarem de irem aquecer-se junto ao fogo e ser levado a aquecer-se junto a ele, pode facilmente conceber, e convencer-se, de que há ali alguma coisa a que os homens chamam *fogo* e é a causa do calor que sente, sendo porém incapaz de imaginar como ele seja ou de ter no seu espírito uma ideia igual à daqueles que veem o fogo, assim também, por meio das coisas visíveis deste mundo e da sua ordem admirável se pode conceber que há uma causa dessas coisas, a que os homens chamam Deus, mas sem ter uma ideia ou imagem dele no espírito.

E aqueles que pouca ou nenhuma investigação fazem das causas naturais das coisas, graças ao medo que deriva da pró-

[51]
Credulidade, por ignorância da natureza.

Curiosidade de conhecer procede da preocupação com o futuro.

Religião natural procede do mesmo motivo.

pria ignorância, daquilo que tem o poder de lhes ocasionar grande bem ou mal, tendem a supor e a imaginar por si mesmos várias espécies de poderes invisíveis, enchendo-se de temor reverente por suas próprias fantasias. Em épocas de desgraça tendem a invocá-las, assim como em épocas de *inesperado*[1] bom sucesso tendem a agradecer-lhes, transformando em seus deuses as criaturas da sua própria imaginação. E foi dessa maneira que, em razão da infinita variedade da imaginação, os homens criaram no mundo inúmeras espécies de deuses. Este medo das coisas invisíveis é a semente natural daquilo a que cada um em si mesmo chama religião e, naqueles que veneram e temem esse poder de maneira diferente da sua, superstição.

E tendo esta semente da religião sido observada por muitos, alguns dos que a observaram tenderam a alimentá-la, revesti-la e conformá-la às leis, e a acrescentar-lhe, de sua própria invenção, qualquer opinião sobre as causas dos eventos futuros que melhor parecesse capaz de lhes permitir governar os outros, fazendo o máximo uso possível dos seus poderes.

CAP. XII
Da Religião

Religião apenas no homem.

Considerando que só no homem encontramos sinais, ou frutos da *religião*, não há motivo para duvidar de que a semente da *religião* se encontra também apenas no homem, e consiste em alguma qualidade peculiar, ou pelo menos em algum grau eminente dessa qualidade, que não se encontra nas outras criaturas vivas.

Primeiro, pelo desejo de conhecer as causas.

Em primeiro lugar, é peculiar à natureza do homem investigar as causas dos eventos a que assiste, uns mais, outros

---

[1] *Syn.*: esperado

XII. Da Religião

menos, mas em todos os homens o suficiente para terem a curiosidade de procurar as causas da sua própria boa ou má fortuna.

Em segundo lugar, é-lhe também peculiar, perante toda e qualquer coisa que tenha tido um começo, pensar que ela teve também uma causa, que determinou esse começo no momento em que o fez, nem mais cedo nem mais tarde.

Pela consideração do início das coisas.

Em terceiro lugar, enquanto para os animais a única felicidade é o gozo dos seus alimentos, repouso e prazeres quotidianos, pois de pouca ou nenhuma previsão dos tempos vindouros são capazes, por falta de observação e de memória da ordem, consequência e dependência das coisas que veem, o homem, por seu lado, observa como um evento foi produzido por outro e recorda os seus antecedentes e consequentes. E quando se vê na impossibilidade de descobrir as verdadeiras causas das coisas (dado que as causas da boa e da má sorte são na sua maior parte invisíveis) supõe causas para elas, quer as que lhe são sugeridas pela sua própria imaginação, quer as que aceita da autoridade de outros homens, os quais considera seus amigos e mais sábios do que ele próprio.

Pela observação das conseq-ências das coisas.

Os dois primeiros motivos dão origem à inquietude. Pois quando se está certo de que existem causas para todas as coisas que aconteceram até agora, ou no futuro virão a acontecer, é impossível a alguém que constantemente se esforça por se garantir contra os males que receia, e por obter o bem que deseja, não se encontrar em eterna apreensão com os tempos vindouros. De modo que todos os homens, sobretudo os que são extremamente previdentes, se encontram numa situação semelhante à de *Prometeu*. Porque tal como *Prometeu* (nome que quer dizer *homem prudente*) foi acorrentado ao monte *Cáucaso*, um local de vista aberta, onde uma águia se alimentava do seu fígado, devorando de dia o que tinha voltado a crescer durante a noite, assim também o homem que olha demasiado longe, preocupado com os tempos futuros, tem durante todo o dia o seu coração ameaçado pelo medo da morte, da pobreza ou de outras calamidades, e não encontra repouso nem paz para a sua inquietude a não ser no sono.

Inquietude quanto ao futuro, causa natural da religião.

Parte 1 – Do Homem

Que os faz temer o poder das coisas invisíveis.

[53]

Este medo perpétuo que acompanha os homens ignorantes das causas, como se estivessem no escuro, deve necessariamente ter um objeto. Quando portanto não há nada que possa ser visto, nada acusam, quer da boa quer da má sorte, a não ser algum *poder* ou agente *invisível*. Foi talvez neste sentido que alguns dos antigos poetas disseram que os deuses foram criados pelo medo dos homens, o que, se aplicado aos deuses (quer dizer, aos muitos deuses dos gentios), é muito verdadeiro. Mas o reconhecimento de um único Deus eterno, infinito e onipotente pode ser derivado do desejo que os homens sentem de conhecer as causas dos corpos naturais, e as suas diversas virtudes e operações, mais facilmente que do medo do que possa vir a acontecer-lhes nos tempos vindouros. Pois aquele que de qualquer efeito que vê ocorrer infira a causa própria e imediata desse efeito, e depois a causa dessa causa, e mergulhe profundamente *em direção à*[1] busca das causas, deverá finalmente concluir que necessariamente existe (como até os filósofos pagãos confessavam) um primeiro motor. Isto é, uma primeira e eterna causa de todas as coisas, que é o que os homens significam com o nome de Deus. E tudo isto sem levar em conta a sorte, por cuja preocupação se produz nos homens tanto uma tendência para o medo como um obstáculo à investigação das causas das outras coisas, que assim dão ensejo à invenção de tantos deuses quantos forem os homens que os inventem.

E supor que elas são incorpóreas.

E, quanto à matéria ou substância dos agentes invisíveis assim imaginados, seria impossível que por cognição natural se incorresse num outro conceito senão no que seria idêntico à alma do homem, e que a alma do homem seria da mesma substância que aparece nos sonhos, àqueles que dormem, ou nos espelhos, aos que estão despertos. Como os homens não sabem que tais aparições não passam de criaturas da imaginação, pensam que essas substâncias são externas e reais, e assim lhes chamam fantasmas, como os latinos lhes chamavam *imagines* e *umbrae*, pensando que seriam espíritos, ou seja, tênues corpos

[1] *Syn.*: na.

XII. Da Religião

aéreos, semelhantes àqueles agentes invisíveis que temiam, salvo que estes aparecem e desaparecem quando lhes apraz. Mas a opinião de que tais espíritos são incorpóreos e imateriais jamais poderia entrar, por natureza, na mente de nenhum homem, porque embora os homens sejam capazes de reunir palavras de significação contraditória, como *espírito* e *incorpóreo*, jamais serão capazes de ter a imaginação de alguma coisa que lhes corresponda. Portanto, os homens que, por sua própria meditação, acabam por reconhecer um Deus infinito, onipotente e eterno, preferem antes confessar que Ele é incompreensível e se encontra acima do seu entendimento, em vez de definir a sua natureza pelas palavras *espírito incorpóreo*, para depois confessar que a sua definição é ininteligível. Ou, se Lhe atribuem esse título, não é *dogmaticamente*, com a intenção de fazer entender a natureza divina, mas *piedosamente*, para honrá-lo com atributos ou significações o mais distantes que seja possível da solidez dos corpos visíveis.

Além disso, quanto à maneira como pensam que esses agentes invisíveis produziriam os seus efeitos, quer dizer, que causas imediatas usaram para fazer que as coisas ocorressem, os homens que não conhecem o que chamamos *causar* (isto é, quase todos os homens) não dispõem de outra regra para as descobrir senão observando e recordando aquilo que viram preceder o mesmo efeito em alguma outra ocasião ou ocasiões anteriores, sem verem entre o evento antecedente e o consequente nenhuma espécie de dependência ou conexão. Portanto, de coisas idênticas no passado esperam coisas idênticas no futuro, e supersticiosamente ficam esperando a boa ou má sorte de coisas que nada tiveram a ver com a produção de efeitos. Assim como os atenienses pediam um novo *Fórmio* para a sua batalha de *Lepanto*; o partido de Pompeu, para a sua guerra na *África*, pedia um novo *Cipião*, e outros também em diversas ocasiões desde então, também nesse caso atribuem a sua fortuna a um coadjuvante, a um lugar que daria sorte ou azar, ou a palavras proferidas, especialmente se entre elas estiver o nome de Deus, como as frases cabalísticas e esconjuros (a liturgia das bruxas),

Mas sem saber a maneira como produzem as coisas.

[54]

Parte 1 – Do Homem

chegando então ao ponto de acreditar que têm o poder de transformar uma pedra em pão, o pão num homem, ou qualquer coisa em qualquer coisa.

Mas honrá-las como honram os homens.

Em terceiro lugar, a adoração naturalmente manifestada pelos homens para com os poderes invisíveis só pode usar as mesmas expressões de reverência que se usam em relação aos homens, como oferendas, petições, agradecimentos, submissão do corpo, súplicas respeitosas, comportamento sóbrio, palavras meditadas, juras (isto é, garantia mútua das promessas), ao invocar esses poderes. Para além disso a razão nada sugere, permitindo aos homens que a isso se limitem ou que, em relação a outras cerimônias, confiem naqueles que consideram mais sábios do que eles próprios.

E atribuir-lhes todos os eventos extraordinários.

Por último, quanto à maneira como esses poderes invisíveis comunicam aos homens as coisas que futuramente virão a ocorrer, sobretudo quanto à boa e à má fortuna em geral, ou o bom ou mau sucesso em qualquer empreendimento particular, os homens encontram-se naturalmente numa situação de perplexidade. Salvo que, fazendo a partir do tempo passado conjecturas sobre o tempo futuro, estão extremamente sujeitos, não apenas a tomar coisas acidentais, depois de uma ou duas ocorrências, por prognósticos de que o mesmo sempre ocorrerá no futuro, mas também a acreditar em idênticos prognósticos feitos por outros homens dos quais conceberam uma opinião favorável.

As quatro sementes naturais da religião.

E é nestas quatro coisas, a crença nos fantasmas, a ignorância das causas segundas, a devoção pelo que se teme e a aceitação de coisas acidentais como prognósticos, que consiste a semente natural da *religião*. Essa, devido às diferenças da imaginação, julgamento e paixões dos diversos homens, se desenvolveu em cerimônias tão diferentes que as praticadas por um homem são na sua maior parte consideradas ridículas por outro.

Tornadas diferentes pelo cultivo.

Porque estas sementes foram cultivadas por duas espécies de homens. Uma espécie foi a daqueles que as alimentaram e ordenaram segundo a sua própria invenção. A outra foi a dos que o fizeram sob o mando e direção de Deus. Mas ambas as

XII. Da Religião

espécies o fizeram com o objetivo de fazer os que neles confiavam tender mais para a obediência, as leis, a paz, a caridade e a sociedade civil. De modo que a religião da primeira espécie constitui parte da política humana e ensina parte do dever que os reis terrenos exigem dos seus súditos. A religião da segunda espécie é a política divina, que encerra preceitos para aqueles que se entregaram como súditos do Reino de Deus. Da primeira espécie são todos os fundadores de repúblicas e legisladores dos gentios. Da segunda espécie são *Abraão*, *Moisés* e o nosso *abençoado Salvador*, dos quais chegaram até nós as leis do Reino de Deus.

Quanto àquela parte da religião que consiste nas opiniões relativas à natureza dos poderes invisíveis, quase nada há com um nome que não tenha sido considerado entre os gentios, em um ou outro lugar, como um deus ou um demônio, ou imaginado pelos poetas como animado, habitado ou possuído por um ou outro espírito.

A absurda opinião do gentilismo.

[55]

A matéria informe do mundo era um deus com o nome de *Caos*.

O céu, o oceano, os planetas, o fogo, a terra, os ventos eram outros tantos deuses.

Os homens, as mulheres, um pássaro, um crocodilo, uma vaca, um cão, uma cobra, uma cebola, um alho-porro foram divinizados. Além disso, encheram quase todos os lugares com espíritos chamados *daemons*; as planícies, com *Pã*, e *panises*, ou sátiros; os bosques, com faunos e ninfas; o mar, com tritões e outras ninfas; cada rio e cada fonte, com um fantasma do mesmo nome e com ninfas; cada casa com os seus *lares* ou familiares; cada homem com o seu *gênio*; o inferno, com fantasmas e acólitos espirituais como *Caronte*, *Cérbero* e as *Fúrias*; e de noite todos os lugares com *larvas*, *lêmures*, fantasmas de homens falecidos e todo um reino de fadas e duendes. Também atribuíram divindade e dedicaram templos a meros acidentes e qualidades, como o tempo, a noite, o dia, a paz, a concórdia, o amor, o ódio, a virtude, a honra, a saúde, a corrupção, a febre e outros semelhantes. E nas suas preces, a favor ou contra, a eles oravam, como se houvesse fantasmas com esses nomes pairando sobre as suas cabeças, os quais deixariam cair, ou impediriam de cair, aquele bem ou mal a favor do qual ou contra o qual oravam. Invocavam também o seu próprio engenho, sob o nome de *Musas*; a sua própria ignorância, sob o nome de *Fortuna*; a sua própria lascívia, sob o nome de *Cupido*; a sua própria raiva, sob o nome de *Fúrias*; o seu próprio membro viril, sob o nome de *Príapo*; atribuíam as suas poluções a *Íncubos* e *Súcubos*; de modo tal que de nada que um poeta pudesse introduzir como pessoa no seu poema deixavam de fazer um *deus*, ou um *demônio*.

Os mesmos autores da religião dos gentios, observando o segundo fundamento da religião, que é a ignorância que os homens têm das causas, e, consequentemente, a sua tendência para atribuir a sua sorte a causas das quais ela em nada aparenta depender, aproveitaram para impor à sua ignorância, em vez das causas secundárias, uma espécie de deuses secundários e ministeriais, atribuindo a causa da fecundidade a *Vênus*, a causa das artes a *Apolo*, a da sutileza e sagacidade a *Mercúrio*, a das tormentas e tempestades a *Éolo*, e as de outros efeitos a outros deuses. De modo tal que havia entre os pagãos quase tão grande variedade de deuses como de atividades.

E às formas de culto que os homens naturalmente consideravam próprias para oferecer aos seus deuses, tais como sacrifícios, orações e ações de graças, além das já referidas, os mesmos legisladores dos gentios acrescentaram as suas imagens, tanto em pintura como em escultura, a fim de que os mais ignorantes (quer isto dizer, a maior parte, ou o conjunto do povo), pensando que os deuses em cuja representação tais imagens eram feitas nelas realmente estavam incluídos, como se nelas estivessem alojados, pudessem sentir perante elas ainda mais medo. E dotaram-nos com terras e casas, funcionários e rendas, separadas de todos os outros usos humanos, isto é, santificadas e consagradas a esses seus ídolos, tais como cavernas, grutas, bosques e montanhas, e também ilhas inteiras; e atribuíram--lhes, não apenas as formas, umas de homens, outras de animais,

XII. Da Religião

e outras de monstros, mas também as faculdades e paixões de homens e animais, como a sensação, a linguagem, o sexo, o desejo, a geração (e isto não apenas misturando-se uns com os outros, para propagar a raça dos deuses, mas misturando-se também com os homens e as mulheres, produzindo deuses híbridos, e simples moradores dos céus, como *Baco*, *Hércules* e outros); e além dessas também o ódio e a vingança, e outras paixões das criaturas vivas, assim como as ações delas derivadas, como a fraude, o roubo, o adultério, a sodomia, e todo e qualquer vício que possa ser tomado como efeito do poder, e causa do prazer; e todos aqueles vícios que entre os homens são considerados mais como contrários à lei do que à honra.

E por último, aos prognósticos dos tempos vindouros, que naturalmente não passam de conjecturas baseadas na experiência dos tempos passados, e sobrenaturalmente não são mais do que revelação divina, os mesmos autores da religião dos gentios, baseando-se em parte numa pretensa experiência e em parte numa pretensa revelação, acrescentaram inúmeras outras supersticiosas maneiras de adivinhação. E fizeram os homens acreditar que descobririam a sua sorte, às vezes nas respostas ambíguas ou sem sentido dos sacerdotes de *Delfos*, *Delos* e *Amon*, e outros famosos oráculos, respostas que eram propositadamente ambíguas, para dar conta do evento em qualquer caso, ou absurdas, pelas intoxicantes emanações do lugar, o que é muito frequente em cavernas sulfurosas. Às vezes nas folhas das sibilas, sobre cujas profecias (como talvez as de *Nostradamus*, pois os fragmentos atualmente existentes parecem ser invenção de uma época posterior) havia alguns livros que gozavam de grande reputação no tempo da República Romana. Às vezes nos insignificantes discursos dos loucos, supostamente possuídos por um espírito divino, ao que chamavam entusiasmo, e a estas maneiras de predizer acontecimentos se chamava teomancia ou profecia. Às vezes no aspecto apresentado pelas estrelas ao nascer, ao que se chamava horoscopia, e era considerado parte da astrologia judicial. Às vezes nas suas próprias esperanças e temores, ao que se chamava tumomancia ou presságio. Às vezes

Parte 1 – Do Homem

nas predições dos bruxos, que pretendiam comunicar-se com os mortos, ao que se chama necromancia, esconjuro e feitiçaria, e não passa de um misto de impostura e fraude. Às vezes no voo ou forma de se alimentar casual das aves, ao que se chamava augúrio. Às vezes nas entranhas de um animal sacrificado, ao que se chamava *aruspicina*. Às vezes nos sonhos. Às vezes no crocitar dos corvos ou no canto dos pássaros. Às vezes nas linhas do rosto, ao que se chamava metoposcopia, ou pela palmistria nas linhas da mão, ou *às vezes em*[1] palavras casuais, ao que se chamava *omina*. Às vezes em monstros ou acidentes invulgares, como eclipses, cometas, meteoros raros, terremotos, inundações, nascimentos prematuros e coisas semelhantes, ao que chamavam *portenta* e *ostenta*, porque pensavam que eles prediziam ou pressagiavam alguma grande calamidade futura. Às vezes no simples acaso, como no jogo de cara ou coroa, ou na contagem do número de orifícios de um crivo, ou no jogo de escolher versos de *Homero* e *Virgílio*, e em inúmeras outras vãs invenções do gênero. Tão fácil é os homens serem levados a acreditar em qualquer coisa por aqueles que gozam de crédito junto deles, que podem com cuidado e destreza tirar partido do seu medo e ignorância.

[57]

Os desígnios dos autores da religião dos pagãos.

Portanto, os primeiros fundadores e legisladores de repúblicas entre os gentios, cujo objetivo era apenas manter o povo em obediência e paz, em todos os lugares tiveram os seguintes cuidados: primeiro, o de incutir nas suas mentes a crença de que os preceitos que ditavam a respeito da religião não deviam ser considerados como provenientes da sua própria invenção, mas como os ditames de algum deus ou outro espírito, ou então de que eles próprios eram de natureza superior à dos simples mortais, a fim de que as suas leis fossem mais facilmente aceitas. Assim, *Numa Pompílio* pretextou ter recebido da ninfa *Egéria* as cerimônias que instituiu entre os romanos; o primeiro rei e fundador do reino do *Peru* pretextou que ele e a sua esposa eram filhos do Sol; e *Maomé*, para estabelecer a sua nova

---

[1] *Syn.*: em

XII. Da Religião

religião, pretextou falar com o Espírito Santo, sob a forma de uma pomba. Em segundo lugar tiveram o cuidado de fazer acreditar que aos deuses desagradavam as mesmas coisas que eram proibidas pelas leis. Em terceiro lugar, o de prescrever cerimônias, suplicações, sacrifícios e festivais, os quais se devia acreditar capazes de aplacar a ira dos deuses; assim como que da ira dos deuses resultavam o insucesso na guerra, grandes doenças contagiosas, terremotos e a desgraça de cada indivíduo; e que essa ira provinha da falta de cuidado com o culto a esses deuses e do esquecimento ou do equívoco em qualquer aspecto das cerimônias exigidas. E, embora entre os antigos romanos não fosse proibido negar aquilo que nos poetas está escrito sobre os sofrimentos e os prazeres depois desta vida, *e que*[1] vários indivíduos de grande autoridade e peso nesse Estado satirizaram abertamente em suas *arengas*, apesar disso essa crença sempre foi mais aceita do que rejeitada.

E por meio destas e outras instituições semelhantes conseguiam, a fim de alcançar sua finalidade (que era a paz da república), que o vulgo, em ocasiões de desgraça, atribuísse a culpa à negligência ou a erros cometidos nas suas cerimônias, ou à sua própria desobediência às leis, tornando-se assim menos capaz de se rebelar contra os seus governantes. Entretido pela pompa e pela distração dos festivais e jogos públicos, celebrados em honra dos deuses, nada mais necessitava do que pão para se manter afastado do descontentamento, de murmúrios e protestos contra o Estado. Portanto, os romanos, que tinham conquistado a maior parte do mundo então conhecido, não hesitavam em tolerar nenhuma religião que fosse, mesmo na própria cidade de *Roma*, a não ser que nela houvesse alguma coisa incompatível com o governo civil. E não há notícia de que lá alguma religião fosse proibida, a não ser a dos judeus, os quais (por serem o próprio Reino de Deus) consideravam ilícito reconhecer sujeição a qualquer rei mortal ou a qualquer Estado. E assim se vê como a religião dos gentios fazia parte da sua política.

---

[1] *Syn.*: que

Parte 1 – Do Homem

A verdadeira religião, o mesmo que as leis do Reino de Deus.

[58]

Cap. XXXV.
As causas da mudança na religião.

Mas quando foi o próprio Deus, através da revelação sobrenatural, que implantou a religião, nesse momento Ele estabeleceu também para si mesmo um reino particular, e não ditou apenas leis relativas ao comportamento para Consigo próprio, mas também de uns para com os outros. E dessa maneira no Reino de Deus a política e as leis civis fazem parte da religião, e *a*[1] distinção entre a dominação temporal e a espiritual não tinha aí lugar. É verdade que Deus é o rei de toda a Terra, mas mesmo assim pode ser rei de uma nação peculiar e eleita. Pois não há nisso maior incongruência do que no fato de aquele que detém o comando geral de todo o exército ter também um regimento ou companhia que lhe pertença em particular. Deus é rei de toda a Terra pelo seu poder, mas do seu povo escolhido é rei em virtude de um pacto. Mas para falar mais longamente do Reino de Deus, tanto por natureza como por pacto, reservei no subsequente discurso um outro lugar.

Tendo em conta a maneira como a religião se propagou, não é difícil compreender as causas de sua decomposição nas suas primeiras sementes ou princípios, os quais são apenas a crença em divindade e *em poderes*[2] invisíveis e sobrenaturais, que jamais poderá ser extirpada da natureza humana a tal ponto que novas religiões deixem de brotar dela, mediante a ação daqueles homens que têm reputação suficiente para esse efeito.

Pois, considerando que toda religião estabelecida assenta inicialmente na fé de uma multidão em determinada pessoa, que se acredita não apenas ser um sábio, capaz de conseguir a felicidade de todos, mas também ser um santo, a quem o próprio Deus decidiu declarar de forma sobrenatural a sua vontade, segue-se necessariamente que, quando aqueles que têm o governo na religião se tornam suspeitos quanto à sua sabedoria, à sua sinceridade ou ao seu amor, ou quando se mostram incapazes de apresentar sinal provável da revelação divina, nesse caso a religião que eles desejam manter torna-se igualmente suspeita e (sem o medo da espada civil) contradita e rejeitada.

[1] *Syn.*: e portanto a   [2] *Syn.*: Poderes

XII. Da Religião

Aquilo que faz perder a reputação de sabedoria, naquele que estabelece uma religião, ou lhe acrescenta algo depois de já estabelecida, é a imposição de crenças contraditórias. Como não é possível que sejam verdadeiras as duas partes de uma contradição, portanto, impor a crença nelas é um argumento de ignorância, que nisso denuncia o seu autor e o desacredita em todas as outras coisas que ele venha a propor como revelação sobrenatural, a qual certamente se pode receber sobre muitas coisas acima da razão natural, mas nunca contra ela.

Impor a crença em coisas impossíveis.

Aquilo que faz perder a reputação de sinceridade é fazer ou dizer coisas que pareçam ser sinais de que não se acredita nas coisas em que se exige que os outros acreditem. Todos esses atos e palavras são portanto considerados escandalosos, porque são obstáculos que fazem os homens cair, em vez de seguir o caminho da religião, como por exemplo a injustiça, a crueldade, a hipocrisia, a avareza e a luxúria. Pois quem pode acreditar que aquele que pratica ordinariamente as ações que derivam de qualquer destas raízes possa acreditar que existe e deve ser temido aquele poder invisível com que pretende atemorizar os outros, por faltas menores?

Agir ao contrário da religião que estabelecem.

Aquilo que faz perder a reputação de amor é deixar transparecer ambições pessoais, como, por exemplo, quando a crença que se exige dos outros conduz ou parece conduzir à aquisição de domínio, riquezas, dignidade, ou à garantia de prazeres, apenas ou especialmente para si próprio. Porque aquilo de que os homens tiram benefícios próprios se considera que o fazem por si mesmos, não por amor aos outros.

[59]

Por último, o testemunho que os homens podem apresentar de vocação divina não pode ser outro senão a realização de milagres, ou de profecias verdadeiras (o que é também um milagre), ou de extraordinária felicidade. Portanto, aos pontos de religião recebidos dos que realizaram tais milagres, os que forem acrescentados por aqueles que não provam a sua vocação através de algum milagre, não conquistam crença suplementar à proporcionada pelos costumes e leis dos lugares onde foram educados. Pois, tal como nas coisas naturais os homens judicio-

Falta de testemunho dos milagres.

sos exigem sinais e argumentos naturais, assim também nas coisas sobrenaturais exigem sinais sobrenaturais (que são os milagres) antes de aquiescerem no seu íntimo, e do fundo do coração.

Todas estas causas do enfraquecimento da fé dos homens aparecem manifestamente nos exemplos que se seguem. Em primeiro lugar temos o exemplo dos filhos de Israel, que, quando *Moisés*, que lhes havia confirmado sua vocação por meio de milagres, e pela maneira feliz como os tirou do *Egito*, se ausentou por apenas quarenta dias, se revoltaram contra o culto do verdadeiro Deus, que por ele lhes fora recomendado, e, estabelecendo como seu deus um bezerro de ouro, caíram na idolatria dos egípcios, dos quais tão pouco tempo antes haviam sido libertados. Mais ainda, depois que *Moisés*, *Aarão* e *Josué*, e a geração que tinha assistido às grandes obras de Deus em Israel morreram, surgiu uma outra geração que adorou a *Baal*. De modo que quando faltaram os milagres faltou também a fé.

E também quando os filhos de *Samuel*, depois de instituídos pelo pai como juízes em *Bersabé*, aceitaram suborno e julgaram injustamente, o povo de Israel recusou continuar a ter Deus como seu rei, a não ser da mesma maneira como era rei dos outros povos, exigindo portanto de *Samuel* que lhes escolhesse um rei à maneira das nações. De modo que quando falta a justiça a fé falta também, a ponto de os ter levado a depor o seu Deus do reinado que tinha sobre eles.

E enquanto no momento da implantação da religião cristã os oráculos cessavam em todas as partes do Império Romano, e o número de cristãos aumentava maravilhosamente todos os dias e em todos os lugares devido à pregação dos apóstolos e evangelistas, uma grande parte desse sucesso pode razoavelmente ser atribuída ao desprezo que os sacerdotes gentios dessa época haviam atraído sobre si mesmos, por sua impureza, avareza e trapaça com os príncipes. Também a religião da Igreja de *Roma* foi, em parte pela mesma razão, abolida na *Inglaterra*, e em muitas outras partes da cristandade, na medida em que a falta de virtude dos pastores fez a fé faltar no povo; e em parte porque a filosofia e doutrina de *Aristóteles* foi levada

XII. Da Religião

para a religião pelos escolásticos. Pois daí vieram à tona tantas contradições e absurdos que acarretaram para o clero uma reputação tanto de ignorância como de intenção fraudulenta e levaram o povo a revoltar-se contra eles, quer contra a vontade dos seus próprios príncipes, como na *França* e na *Holanda*, quer de acordo com a sua vontade, como na *Inglaterra*.

Por último, entre os pontos que a Igreja de *Roma* declarou necessários para a salvação existe um tão grande número que redunda manifestamente em vantagem para o papa e para os seus súditos espirituais residentes nos territórios de outros príncipes cristãos, que se não fosse a recíproca emulação desses príncipes eles teriam podido, sem guerras nem perturbações, expulsar toda a autoridade estrangeira, tão facilmente como ela foi expulsa na *Inglaterra*. Pois haverá alguém que não seja capaz de ver para benefício de quem contribuía acreditar-se que um rei só recebe de Cristo a sua autoridade no caso de ser coroado por um bispo? Que um rei, se for sacerdote, não se pode casar? Que se um príncipe nasceu de um casamento legítimo ou não é assunto que deve ser decidido pela autoridade de *Roma*? Que os súditos podem ser liberados do seu dever de sujeição se o tribunal de *Roma* tiver condenado o rei como herege? Que um rei (como é *Chilperico* da *França*) pode ser deposto por um papa (como o papa *Zacarias*), sem motivo algum, sendo o seu reino dado a um dos seus súditos? Que o clero secular e regular, seja em que país for, se encontra isento da autoridade do seu reino, em casos criminais? E quem não vê em proveito de quem redundam os emolumentos das missas particulares e *dos véus*[1] do purgatório, juntamente com outros sinais de interesse pessoal, suficientes para mortificar a mais viva fé, se (conforme disse) o magistrado civil e os costumes deixarem de a sustentar mais do que qualquer opinião que tenham da santidade, sabedoria e probidade dos seus mestres? De modo que posso atribuir todas as mudanças de religião do mundo a uma e mesma causa, qual

[60]

---

[1] *Syn.*: Vales

seja, sacerdotes desprezíveis, e isto não apenas entre os católicos, mas até naquela Igreja que mais presumiu de Reforma[1].

CAP. XIII
Da Condição Natural da Humanidade relativamente à sua Felicidade e Miséria

Homens iguais por natureza.

A natureza fez os homens tão iguais, quanto às faculdades do corpo e do espírito, que, embora por vezes se encontre um homem manifestamente mais forte de corpo, ou de espírito mais vivo do que outro, mesmo assim, quando se considera tudo isto em conjunto, a diferença entre um e outro homem não é suficientemente considerável para que um deles possa com base nela reclamar algum benefício a que outro não possa igualmente aspirar. Porque quanto à força corporal o mais fraco tem força suficiente para matar o mais forte, quer por secreta maquinação, quer aliando-se com outros que se encontrem ameaçados pelo mesmo perigo.

Quanto às faculdades do espírito (pondo de lado as artes que dependem das palavras, e especialmente aquela capacidade para proceder de acordo com regras gerais e infalíveis a que se chama ciência, que pouquíssimos têm, e apenas numas poucas coisas, não sendo uma faculdade inata, nascida conosco, nem alcançada – como a prudência – enquanto cuidamos de alguma outra coisa), encontro entre os homens uma igualdade

---

[1] O manuscrito do copista vem assim redigido: Nos quais os homens, por fraqueza comum, são levados a executar sua ira. Abatem não apenas a religião, a que reduzem a uma ilusão individual, mas também o governo civil que a sustenta, reduzindo-o à condição natural da força individual.

XIII. Da Condição Natural da Humanidade

ainda maior do que a de força. Porque a prudência nada mais é do que experiência, que um tempo igual concede igualmente a todos os homens, naquelas coisas a que igualmente se dedicam. O que talvez possa tornar inacreditável essa igualdade é simplesmente a presunção vaidosa da própria sabedoria, a qual quase todos os homens supõem possuir em maior grau do que o vulgo; quer dizer, em maior grau do que todos menos eles próprios, e alguns outros que, ou devido à fama ou por concordarem com eles, merecem a sua aprovação. Pois a natureza dos homens é tal que, embora sejam capazes de reconhecer em muitos outros maior sagacidade, maior eloquência ou maior saber, dificilmente acreditam que haja muitos tão sábios como eles próprios, porque veem a própria sagacidade bem de perto, e a dos outros homens, à distância. Ora, isto prova que os homens são iguais quanto a esse ponto, e não que sejam desiguais. Pois geralmente não há sinal mais claro de uma distribuição equitativa de alguma coisa do que o fato de todos estarem contentes com a parte que lhes coube. [61]

Desta igualdade quanto à capacidade deriva a igualdade quanto à esperança de atingirmos os nossos fins. Portanto, se dois homens desejam a mesma coisa, ao mesmo tempo que é impossível ela ser gozada por ambos, eles tornam-se inimigos. E no caminho para o seu fim (que é principalmente a sua própria conservação, e às vezes apenas o seu deleite) esforçam--se por se destruir ou subjugar um ao outro. E disto se segue que, quando um invasor nada mais tem a recear do que o poder de um único outro homem, se alguém planta, semeia, constrói ou possui um lugar cômodo, espera-se que provavelmente outros venham preparados com forças conjugadas, para o desapossar e privar, não apenas do fruto do seu trabalho, mas também da sua vida ou da sua liberdade. Por sua vez, o invasor ficará no mesmo perigo em relação aos outros.

Da igualdade provém a desconfiança.

E por causa desta desconfiança de uns em relação aos outros nenhuma maneira de se garantir é tão razoável como a antecipação, isto é, pela força ou pela astúcia subjugar as pessoas de todos os homens que puder, durante o tempo necessá-

Da desconfiança, a guerra.

Parte 1 – Do Homem

rio para chegar ao momento em que não veja nenhum outro poder suficientemente grande o ameaçar. E isto não é mais do que a sua própria conservação exige, e geralmente se aceita. E porque alguns se comprazem em contemplar o próprio poder em atos de conquista levados muito além do que a sua segurança exige, outros que, em circunstâncias distintas, se contentariam em se manter tranquilamente dentro de modestos limites, caso não aumentassem o seu poder por meio de invasões, não seriam capazes de subsistir durante muito tempo se apenas se pusessem em atitude de defesa. Consequentemente, deve-se conceder a todos esse aumento do domínio sobre os homens pois é necessário para a conservação de cada um.

Além disso, os homens não tiram prazer algum da companhia uns dos outros (e sim, pelo contrário, um enorme desprazer), quando não existe um poder capaz de intimidar a todos. Porque cada um pretende que o seu companheiro lhe atribua o mesmo valor que ele se atribui a si próprio e, na presença de todos os sinais de desprezo ou de subestimação, naturalmente se esforça, na medida em que a tal se atreve (o que, entre os que não têm um poder comum capaz de manter a todos em respeito, vai suficientemente longe para levá-los a se destruírem uns aos outros), por arrancar dos seus contendores a atribuição de maior valor, causando-lhes dano, e de outros também, pelo exemplo.

De modo que na natureza do homem encontramos três causas principais de discórdia. Primeiro, a competição; segundo, a desconfiança; e terceiro, a glória.

[62]   A primeira leva os homens a atacar os outros tendo em vista o lucro; a segunda, a segurança; e a terceira, a reputação. Os primeiros usam a violência para se tornarem senhores das pessoas, mulheres, filhos e rebanhos dos outros homens; os segundos, para defenderem-nos; e os terceiros, por ninharias, como uma palavra, um sorriso, uma opinião diferente, e qualquer outro sinal de desprezo, quer seja diretamente dirigido às suas pessoas, quer indiretamente aos seus parentes, amigos, nação, profissão ou ao seu nome.

XIII. Da Condição Natural da Humanidade

Com isto torna-se manifesto que, durante o tempo em que os homens vivem sem um poder comum capaz de mantê-los todos em temor respeitoso, eles se encontram naquela condição a que se chama guerra; e uma guerra que é de todos os homens contra todos os homens. Pois a GUERRA não consiste apenas na batalha ou no ato de lutar, mas naquele lapso de tempo durante o qual a vontade de travar batalha é suficientemente conhecida. Portanto, a noção de *tempo* deve ser levada em conta na natureza da guerra, do mesmo modo que na natureza do clima. Porque tal como a natureza do mau tempo não consiste em dois ou três chuviscos, mas numa tendência para chover durante vários dias seguidos, também a natureza da guerra não consiste na luta real, mas na conhecida disposição para tal, durante todo o tempo em que não há garantia do contrário. Todo o tempo restante é de PAZ.

Fora das Repúblicas civis, há sempre guerra de todos contra todos.

Portanto, tudo aquilo que se infere de um tempo de guerra, em que todo homem é inimigo de todo homem, infere-se também do tempo durante o qual os homens vivem sem outra segurança senão a que lhes pode ser oferecida pela sua própria força e pela sua própria invenção. Numa tal condição não há lugar para o trabalho, pois o seu fruto é incerto; consequentemente, não há cultivo da terra, nem navegação, nem uso das mercadorias que podem ser importadas pelo mar; não há construções confortáveis, nem instrumentos para mover e remover as coisas que precisam de grande força; não há conhecimento da face da Terra, nem cômputo do tempo, nem artes, nem letras; não há sociedade; e o que é pior do que tudo, um medo contínuo e perigo de morte violenta. E a vida do homem é solitária, miserável, sórdida, brutal e curta.

Inconvenientes de tal guerra.

Poderá parecer estranho a alguém que não tenha medido bem estas coisas que a natureza tenha assim dissociado os homens, tornando-os capazes de se atacarem e destruírem uns aos outros. E poderá portanto talvez desejar, não confiando nesta inferência feita das paixões, que ela seja confirmada pela experiência. Que seja portanto ele a considerar-se a si mesmo, que quando empreende uma viagem se arma e procura ir bem

Parte 1 – Do Homem

acompanhado; quando vai dormir fecha as suas portas; mesmo quando está em casa tranca os seus cofres, embora saiba que existem leis e servidores públicos armados, prontos a vingar qualquer dano que lhe possa ser feito. Que opinião tem ele dos seus compatriotas, ao viajar armado; dos seus concidadãos, ao fechar as suas portas; e dos seus filhos e criados, quando tranca os seus cofres? Não significa isso acusar tanto a humanidade com os seus atos como eu o faço com as minhas palavras? Mas nenhum de nós acusa com isso a natureza humana. Os desejos e outras paixões do homem não são em si mesmos um pecado. Tampouco o são as ações que derivam dessas paixões, até o momento em que se tome conhecimento de uma lei que as proíba, o que será impossível até o momento em que sejam feitas as leis, e nenhuma lei pode ser feita antes de se ter concordado quanto à pessoa que deverá fazê-la.

[63] Poderá porventura pensar-se que nunca existiu um tal tempo, nem uma condição de guerra como esta, e acredito que jamais tenha sido geralmente assim, no mundo inteiro; mas há muitos lugares onde atualmente se vive assim, porque os povos selvagens de muitos lugares da *América*, com exceção do governo de pequenas famílias, cuja concórdia depende da concupiscência natural, não possuem nenhuma espécie de governo, e vivem nos nossos dias daquela maneira brutal que antes referi. Seja como for, é fácil conceber qual era o gênero de vida quando não havia poder comum a temer, pelo gênero de vida em que os homens que anteriormente viveram sob um governo pacífico costumam deixar-se cair numa guerra civil.

Mas mesmo que jamais tivesse havido um tempo em que os indivíduos se encontrassem numa condição de guerra de todos contra todos, em todos os tempos os reis e as pessoas dotadas de autoridade soberana, por causa da sua independência, vivem em constante rivalidade e na condição e atitude dos gladiadores, com as armas assestadas, cada um de olhos fixos nos outros; isto é, os seus fortes, guarnições e canhões guardando as fronteiras dos seus reinos, e constantemente com espiões no território dos seus vizinhos, o que constitui uma ati-

XIII. Da Condição Natural da Humanidade

tude de guerra. Mas como desse modo protegem o trabalho dos seus súditos, disso não se segue como consequência a desgraça associada à liberdade dos indivíduos isolados.

Desta guerra de todos os homens contra todos os homens também isto é consequência: que nada pode ser injusto. As noções de certo e de errado, de justiça e injustiça, não podem aí ter lugar. Onde não há poder comum não há lei, e onde não há lei não há injustiça. Na guerra, a força e a fraude são as duas virtudes cardeais. A justiça e a injustiça não fazem parte das faculdades do corpo ou do espírito. Se assim fosse, poderiam existir num homem que estivesse sozinho no mundo, do mesmo modo que os seus sentidos e paixões. São qualidades que pertencem aos homens em sociedade, não na solidão. Outra consequência da mesma condição é que não há propriedade, nem domínio, nem distinção entre o *meu* e o *teu*; só pertence a cada homem aquilo que ele é capaz de conseguir, e apenas enquanto for capaz de o conservar. É pois nesta miserável condição que o homem realmente se encontra, por obra da simples natureza, embora com uma possibilidade de escapar a ela, que em parte reside nas paixões e em parte na sua razão.

Em tal guerra nada é injusto.

As paixões que fazem os homens tenderem para a paz são o medo da morte, o desejo daquelas coisas que são necessárias para uma vida confortável e a esperança de as conseguir por meio do trabalho. E a razão sugere adequadas normas de paz, em torno das quais os homens podem chegar a um acordo. Essas normas são aquelas a que em outras situações se chamam leis da natureza, das quais falarei mais particularmente nos dois capítulos seguintes.

As paixões que fazem tender para a paz.

Parte 1 – Do Homem

CAP. XIV
Da primeira e segunda LEIS NATURAIS *e dos* CONTRATOS

O que é o direito de natureza.

O DIREITO DE NATUREZA, a que os autores geralmente chamam *Jus Naturale*, é a liberdade que cada homem possui de usar o seu próprio poder, da maneira que quiser, para a preservação da sua própria natureza, ou seja, da sua vida; e consequentemente de fazer tudo aquilo que o seu próprio julgamento e razão lhe indiquem como meios mais adequados a esse fim.

O que é a liberdade.

Por LIBERDADE entende-se, conforme a significação própria da palavra, a ausência de impedimentos externos, impedimentos que muitas vezes tiram parte do poder que cada um tem de fazer o que quer, mas não podem obstar a que use o poder que lhe resta, conforme o que o seu julgamento e razão lhe ditarem.

O que é uma lei de natureza.

Uma LEI DE NATUREZA (*Lex Naturalis*) é um preceito ou regra geral, estabelecido pela razão, mediante o qual se proíbe a um homem fazer tudo o que possa destruir a sua vida ou privá-lo dos meios necessários para a preservar, ou omitir aquilo que pense melhor contribuir para a preservar. Porque, embora os que têm tratado deste assunto costumem confundir *Jus* e *Lex, o direito* e *a lei*, é necessário distingui-los um do outro. Pois

Diferença entre direito e lei.

o DIREITO consiste na liberdade de fazer ou de omitir, ao passo que a LEI determina ou obriga a uma dessas duas coisas. De modo que a lei e o direito se distinguem tanto como a obrigação e a liberdade, as quais são incompatíveis quando se referem à mesma questão.

Todo homem tem naturalmente direito a tudo.

E dado que a condição do homem (conforme foi declarado no capítulo anterior) é uma condição de guerra de todos contra todos, sendo neste caso cada um governado pela sua própria razão, e nada havendo de que possa lançar mão que não lhe ajude na preservação da sua vida contra os seus inimi-

XIV. Da primeira e segunda Leis Naturais

gos, segue-se que numa tal condição todo homem tem direito a todas as coisas, até mesmo aos corpos uns dos outros. Portanto, enquanto perdurar este direito natural de cada homem a todas as coisas, não poderá haver para nenhum homem (por mais forte e sábio que seja) a segurança de viver todo o tempo que geralmente a natureza permite aos homens viver. Consequentemente, é um preceito ou regra geral da razão: *Que todo homem deve se esforçar pela paz, na medida em que tenha esperança de a conseguir, e caso não a consiga pode procurar e usar todas as ajudas e vantagens da guerra*. A primeira parte desta regra encerra a primeira e fundamental lei de natureza, isto é, *procurar a paz, e segui--la*. A segunda encerra a súmula do direito de natureza, isto é, *por todos os meios que pudermos, defendermo-nos a nós mesmos*.

Lei fundamental de *natureza. Buscar a paz[1].

Dessa lei fundamental de natureza, mediante a qual se ordena a todos os homens que se esforcem para conseguir a paz, deriva esta segunda lei: *Que um homem concorde, quando outros também o façam, e na medida em que tal considere necessário para a paz e para a defesa de si mesmo, em resignar ao seu direito a todas as coisas, contentando-se, em relação aos outros homens, com a mesma liberdade que aos outros homens permite em relação a si mesmo*. Porque enquanto cada homem detiver o seu direito de fazer tudo quanto queira todos os homens se encontrarão numa condição de guerra. Mas se os outros homens não resignarem ao seu direito, assim como ele próprio, não há razão para que alguém se prive do seu, pois isso equivaleria a oferecer-se como presa (coisa a que ninguém é obrigado), e não a dispor-se para a paz. É esta a lei do Evangelho: *Faz aos outros o que queres que te façam a ti*. E esta é a lei de todos os homens: *Quod tibi fieri non vis, alteri ne feceris*.

A segunda lei de *natureza. Contratar para obter a paz[2].

[65]

Resignar a um *direito* a alguma coisa é o mesmo que *privar-se* da *liberdade* de impedir outro de beneficiar-se do seu próprio direito à mesma coisa. Pois quem renuncia ou resigna ao seu direito não dá a nenhum outro homem um direito que este já não tivesse antes, porque não há nada a que um homem não tenha direito por natureza; neste caso, apenas se afasta do ca-

O que é resignar a um direito.

---

[1] *Syn.*: Natureza. [2] *Syn.*: Natureza.

minho do outro, para que ele possa gozar do seu direito original, sem que haja obstáculos da sua parte, mas não sem que haja obstáculos da parte dos outros. De modo que o efeito redundante a um homem da desistência de outro ao seu direito é simplesmente uma diminuição equivalente dos impedimentos ao uso do seu próprio direito original.

O que é renunciar a um direito.

Resigna-se a um direito simplesmente renunciando a ele, ou transferindo-o para outrem. *Simplesmente* RENUNCIANDO, quando não importa em favor de quem irá redundar o respectivo benefício. TRANSFERINDO-O, quando com isso se pretende beneficiar uma determinada pessoa ou pessoas. Quando de qualquer destas maneiras alguém abandonou ou adjudicou o seu direito, diz-se que fica OBRIGADO ou FORÇADO a não impedir àqueles a quem esse direito foi abandonado ou adjudicado o respectivo benefício, e que *deve*, e é seu DEVER, não tornar nulo esse seu próprio ato voluntário; e que tal impedimento é INJUSTIÇA e DANO dado que é *sine jure*, pois se transferiu ou se renunciou ao direito. De modo que *dano* ou *injustiça*, nas controvérsias do mundo, é de certo modo semelhante àquilo que nas disputas dos escolásticos se chama *absurdo*. Porque tal como nestas últimas se considera absurdo contradizer aquilo que inicialmente se sustentou, assim também no mundo se chama injustiça e dano desfazer voluntariamente aquilo que inicialmente se tinha voluntariamente feito. O modo pelo qual um homem simplesmente renuncia ou transfere o seu direito é uma declaração ou expressão, mediante um sinal ou sinais voluntários e suficientes, de que assim renuncia ou transfere, ou de que assim renunciou ou transferiu esse direito àquele que o aceitou. Estes sinais podem ser apenas palavras ou apenas ações, ou então (conforme acontece na maior parte dos casos) tanto palavras como ações. E estas são os VÍNCULOS mediante os quais os homens ficam atados e obrigados, vínculos que não recebem a sua força da sua própria natureza (pois nada se rompe mais facilmente do que a palavra de um homem), mas do medo de alguma má consequência resultante da ruptura.

O que é a transferência de direito.

Obrigação.

Dever.

Injustiça.

XIV. Da primeira e segunda Leis Naturais

Quando alguém transfere o seu direito, ou a ele renuncia, o faz em consideração a outro direito que reciprocamente lhe foi transferido, ou a qualquer outro bem que daí espera. Pois é um ato voluntário, e o objetivo de todos os atos voluntários dos homens é algum *bem para si mesmos*. Portanto, há alguns direitos que é impossível admitir que algum homem, por quaisquer palavras ou outros sinais, possa abandonar ou transferir. Em primeiro lugar, ninguém pode renunciar ao direito de resistir a quem o ataque pela força para lhe tirar a vida, pois é impossível admitir que com isso vise algum benefício próprio. O mesmo se pode dizer dos ferimentos, das cadeias e do cárcere, tanto porque desta resignação não pode resultar benefício – como há quando se resigna a permitir que outro seja ferido ou encarcerado –, mas também porque é impossível saber, quando alguém lança mão da violência, se com ela pretende ou não provocar a morte. Por último, o motivo e fim devido ao qual se introduz esta renúncia e transferência do direito não é mais do que a segurança da pessoa de cada um, quanto à sua vida e quanto aos meios de a preservar de maneira tal que não acabe por dela se cansar. Portanto, se por palavras ou outros sinais um homem parecer despojar-se do fim para que esses sinais foram criados, não se deve entender que é isso que ele quer dizer, ou que é essa a sua vontade, mas que ele ignorava a maneira como essas palavras e ações iriam ser interpretadas.

A transferência mútua de direitos é aquilo a que se chama CONTRATO.

Há uma diferença entre a transferência do direito a uma coisa e a transferência ou transmissão, ou seja, a entrega da própria coisa. Porque a coisa pode ser entregue juntamente com a translação do direito, como na compra e venda com dinheiro à vista, ou na troca de bens e terras; ou pode ser entregue algum tempo depois.

Além disso, um dos contratantes pode, de sua parte, entregar a coisa contratada, e deixar que o outro cumpra a sua parte num momento posterior determinado, confiando nele até lá. Nesse caso, da sua parte o contrato chama-se PACTO ou

[66]

Nem todos os direitos são alienáveis.

O que é um contrato.

O que é convenção.

Parte 1 – Do Homem

CONVENÇÃO. As duas partes podem também contratar agora para cumprir mais tarde, e nesse caso, dado que se confia naquele que deverá cumprir a sua parte, ao cumprimento chama-se *observância da promessa*, ou fé; e a falta de cumprimento (se for voluntária) chama-se *violação de fé*.

Quando a transferência de direito não é mútua, e uma das partes o transfere na esperança de assim conquistar a amizade ou os serviços de um outro, ou dos amigos deste; ou na esperança de adquirir reputação de caridade ou magnanimidade; ou para livrar o seu espírito da dor da compaixão; ou na esperança de ser recompensado no céu; nestes casos não há contrato, mas DOAÇÃO, DÁDIVA ou GRAÇA, palavras que significam uma e mesma coisa.

Dádiva.

Sinais expressos de contrato.

Os sinais de contrato podem ser *expressos* ou *por inferência*. Expressas são as palavras proferidas com a compreensão do que significam. Essas palavras são do tempo *presente*, ou do *passado*, como *dou*, *adjudico*, *dei*, *adjudiquei*, *quero que isto seja teu*; ou do *futuro*, como *darei*, *adjudicarei*, palavras do futuro a que se chamam PROMESSAS.

[67]

Sinais de contrato por inferência.

Os sinais por inferência são às vezes consequência de palavras, e às vezes consequência do silêncio; às vezes consequência de ações, e às vezes consequência da omissão de ações. Geralmente um sinal por inferência, de qualquer contrato, é tudo aquilo que mostra de maneira suficiente a vontade do contratante.

A dádiva é transmitida por palavras do presente ou passado.

As palavras sozinhas, se pertencerem ao tempo futuro e encerrarem uma simples promessa, são sinais insuficientes de uma doação e portanto não são obrigatórias. Porque se forem do tempo futuro, como por exemplo *amanhã darei*, são sinal de que ainda não dei, e de que consequentemente o meu direito não foi transferido, continuando na minha posse até o momento em que o transferir por algum outro ato. Mas se as palavras forem do tempo presente ou do passado, como por exemplo *dei, ou dou para ser entregue amanhã*, então meu direito de amanhã é abandonado hoje, e isto em virtude das palavras, mesmo que não haja nenhum outro argumento da minha von-

XIV. Da primeira e segunda Leis Naturais

tade. E há uma grande diferença no significado das palavras *Volo hoc tuum esse cras* e *Cras dabo*; isto é, entre *Quero que isto seja teu amanhã* e *Dar-te-ei isto amanhã*. Porque a expressão *Quero* do primeiro discurso indica um ato da vontade presente, ao passo que o segundo discurso indica um ato da vontade futura. Portanto, a primeira frase, estando no presente, transfere um direito futuro, e a segunda, que é do futuro, não transfere nada. Mas, se além das palavras, houver outros sinais da vontade de transferir um direito, nesse caso, mesmo que a doação seja livre, pode-se considerar que o direito é transmitido através de palavras do futuro. Por exemplo, se alguém oferece um prêmio àquele que chegar primeiro ao fim de uma corrida a doação é livre; embora as palavras sejam do futuro, mesmo assim o direito é transmitido, pois se esse alguém não quisesse as suas palavras *assim*[1] entendidas não as teria deixado escapar.

Nos contratos, o direito não é transmitido apenas quando as palavras são do tempo presente ou passado, mas também quando elas são do futuro, porque todo contrato é uma translação ou troca mútua de direitos. Portanto, aquele que apenas promete, por já ter recebido o benefício em razão do qual fez a promessa, deve ser entendido como se tivesse a intenção de transmitir o direito, porque se não quisesse ver as suas palavras assim entendidas o outro não teria cumprido primeiro a sua parte. É por esse motivo que na compra e na venda, e em outros atos de contrato, uma promessa é equivalente a um pacto, e portanto é obrigatória.

Sinais de contrato são palavras de passado, presente e futuro.

De quem cumpre primeiro a sua parte num contrato diz-se que MERECE o que há de vir a receber do cumprimento da parte do outro, o qual tem como *devido*. E também quando se promete a muitos um prêmio mas que será dado apenas ao ganhador, ou quando se lança dinheiro no meio de um grupo para ser aproveitado por quem o apanhar, embora isto seja uma doação, ganhar ou apanhar desse modo equivale a *merecer*, e a tê-lo como DEVIDO. Porque o direito é transferido pela

O que é mérito.

---

[1] *Syn.*: fossem assim

oferta do prêmio e pelo ato de lançar o dinheiro, embora não esteja determinado a quem é transferido, o que só será feito pela realização do certame. Mas entre essas duas espécies de mérito há esta diferença: no contrato eu mereço em virtude do meu próprio poder e da necessidade do contratante; ao passo que no caso da doação o que me permite merecer é apenas a benevolência do doador. No contrato, mereço do contratante que ele se desfaça do seu direito. No caso da doação, não mereço que o doador se desfaça do seu direito, e sim que, quando dele se desfizer, ele seja meu e não de outrem. Creio ser este o significado da distinção estabelecida pelos escolásticos entre *meritum congrui* e *meritum condigni*. Deus Todo-Poderoso prometeu o paraíso aos homens (cegos pelos desejos carnais) que forem capazes de atravessar este mundo em conformidade com os preceitos e limites por Ele estabelecidos e, segundo esses escolásticos, quem disso for capaz merecerá o paraíso *ex congruo*. Mas como nenhum homem pode reclamar o direito ao paraíso com base na sua própria retidão, nem em nenhum outro dos seus poderes, mas apenas com base na livre graça de Deus, dizem eles que nenhum homem pode merecer o paraíso *ex condigno*. Creio ser este o significado dessa distinção, mas, dado que os disputantes não se põem de acordo quanto à significação dos termos da sua própria arte, a não ser enquanto isso lhes é de utilidade, nada afirmarei do seu significado, limitando-me apenas a dizer isto: quando uma doação é feita indefinidamente, como no caso de um prêmio a ser disputado, aquele que ganhar merece, e pode reclamar o prêmio como algo que lhe é devido.

Quando são inválidos os pactos de confiança mútua.

Quando se faz um pacto em que ninguém cumpre imediatamente a sua parte, e uns confiam nos outros, na condição de simples natureza (que é uma condição de guerra de todos os homens contra todos os homens), a menor suspeita razoável torna esse pacto nulo. Mas se houver um poder comum situado acima dos contratantes, com direito e força suficiente para impor o seu cumprimento, ele não é nulo. Pois aquele que cumpre primeiro não tem nenhuma garantia de que o outro

XIV. Da primeira e segunda Leis Naturais

também cumprirá depois, porque os vínculos das palavras são demasiado fracos para refrear a ambição, a avareza, a cólera e outras paixões dos homens, se não houver o medo de algum poder coercitivo – coisa impossível de supor na condição de simples natureza, em que os homens são todos iguais, e juízes do acerto dos seus próprios temores. Portanto, aquele que cumpre primeiro não faz mais do que entregar-se ao seu inimigo, contrariamente ao direito (que jamais pode abandonar) de defender a sua vida e os seus meios de sobrevivência.

Mas numa república civil, em que foi instituído um poder para coagir aqueles que do contrário violariam a sua fé, esse temor deixa de ser razoável. Por esse motivo, aquele que mediante o pacto deve cumprir primeiro a sua parte é obrigado a fazê-lo.

A causa do medo que torna inválido um tal pacto deve ser sempre algo que surja depois de feito o pacto, como por exemplo algum fato novo ou outro sinal da vontade de não cumprir; caso contrário, ela não pode tornar nulo o pacto. Porque não se deve admitir aquilo que não pôde impedir um homem de prometer como obstáculo ao cumprimento.

Aquele que transfere qualquer direito transfere também os meios de o gozar, na medida em que tal esteja em seu poder. Por exemplo, daquele que transfere uma terra se entende que transfere também a vegetação e tudo o que nela cresce. Também aquele que vende um moinho não pode desviar a corrente que o faz andar. E daqueles que dão a um homem o direito de governar como soberano se entende que lhe dão também o direito de recolher impostos para pagar aos seus soldados, e de designar magistrados para a administração da justiça.

Direito aos fins contém direito aos meios.

É impossível fazer pactos com os animais, porque eles não compreendem a nossa linguagem, e portanto não podem compreender nem aceitar nenhuma translação de direito, nem podem transferir nenhum direito a outrem; sem mútua aceitação não há pacto possível.

Não há pacto com animais.

[69]

É impossível fazer pactos com Deus, a não ser pela mediação daqueles a quem Deus falou, por meio da revelação sobrenatural, quer através dos lugares-tenentes que sob Ele governam,

Nem com Deus sem revelação especial.

Parte 1 – Do Homem

e em Seu nome. Porque do contrário não podemos saber se os nossos pactos foram aceitos ou não. Portanto, aqueles que fazem voto de alguma coisa contrária à lei de natureza fazem voto em vão, pois cumprir tal voto seria uma coisa injusta. E se for uma coisa ordenada pela lei de natureza, não é o voto, mas a lei, que os vincula.

Só há pacto do possível e futuro.

A matéria ou objeto de um pacto é sempre alguma coisa sujeita à deliberação (porque fazer o pacto é um ato da vontade, quer dizer, um ato, e o último ato, da deliberação); portanto sempre se entende ser alguma coisa futura, e que é considerada possível cumprir por aquele que faz o pacto.

Portanto, prometer o que se sabe ser impossível não é um pacto. Mas se só depois se mostrar impossível o que antes se considerava possível o pacto é válido e, embora não obrigue à própria coisa, obriga ao valor equivalente. Ou então, se também isso for impossível, à tentativa sem fingimentos de cumprir o mais possível; porque a mais do que isto ninguém pode ser obrigado.

Como os pactos se tornam nulos.

Os homens ficam liberados dos seus pactos de duas maneiras: ou cumprindo ou sendo perdoados. Pois o cumprimento é o fim natural da obrigação, e o perdão é a restituição da liberdade, sendo a retransferência daquele direito em que consistia a obrigação.

Pactos extorquidos por medo são válidos.

Os pactos celebrados por medo, na condição de simples natureza, são obrigatórios. Por exemplo, se eu me comprometo a pagar ao meu inimigo um resgate ou um serviço em troca da vida, fico vinculado por esse pacto. Porque é um contrato em que um recebe o benefício da vida, e o outro receberá dinheiro ou serviços em troca dela. Consequentemente, quando não há outra lei (como é o caso na condição de simples natureza) que proíba o cumprimento, o pacto é válido. Portanto, os prisioneiros de guerra que se comprometem a pagar o seu resgate são obrigados a pagá-lo. E se por medo um príncipe mais fraco assina uma paz desvantajosa com outro mais forte, é obrigado a respeitá-la, a não ser (como já foi dito) que surja algum novo e justo motivo de temor para recomeçar a guerra. E mesmo nas

XIV. Da primeira e segunda Leis Naturais

repúblicas, se eu me vir forçado a livrar-me de um ladrão prometendo-lhe dinheiro, sou obrigado a pagá-lo, a não ser que a lei civil disso me dispense. Porque tudo o que posso fazer licitamente sem obrigação posso também compactuar licitamente por medo, e o que eu compactuar licitamente não posso licitamente romper.

Um pacto anterior anula outro posterior. Porque um homem que transmitiu hoje o seu direito a outro não o pode transmitir amanhã a um terceiro; portanto, a promessa posterior não transmite direito algum, pois é nula.

Pacto anterior com um anula um posterior com outro.

Um pacto em que eu me comprometa a não me defender da força pela força é sempre nulo. Porque (conforme mostrei) ninguém pode transferir ou renunciar ao seu direito de evitar a morte, os ferimentos ou o cárcere (o que é o único fim da renúncia ao direito), e portanto a promessa de não resistir à força não transfere nenhum direito em pacto algum, nem é obrigatória. Porque, embora se possa fazer um pacto nos seguintes termos: *Se eu não fizer isto ou aquilo, mata-me*, não se pode fazê-los nestes termos: *Se eu não fizer isto ou aquilo, não te resistirei quando vieres matar-me.* Porque o homem escolhe por natureza o mal menor, que é o perigo de morte ao resistir, e não o mal maior, que é a morte certa e imediata se não resistir. E isto é reconhecido como verdadeiro por todos os homens, quando fazem conduzir os criminosos para a execução e para a prisão rodeados de guardas armados, apesar de esses criminosos terem aceitado a lei que os condena.

É nulo um pacto de não se defender.

[70]

Um pacto segundo o qual alguém se acusa a si mesmo, sem garantia de perdão, é igualmente inválido. Pois na condição de natureza, em que todo homem é juiz, não há lugar para a acusação, e na república civil a acusação é seguida pelo castigo; como este é força, ninguém é obrigado a não lhe resistir. O mesmo é verdadeiro a respeito da acusação daqueles em virtude de cuja condenação se fica na miséria, como a de um pai, uma esposa ou um benfeitor, porque o testemunho de um tal acusador, se não for prestado voluntariamente, deve considerar-se corrompido pela natureza, e portanto não deve ser acei-

Ninguém é obrigado a se acusar.

Parte 1 – Do Homem

to; e quando o testemunho de um homem não vai receber crédito ele não é obrigado a prestá-lo. Também as acusações arrancadas sob tortura não devem ser aceitas como testemunhos. Porque a tortura é para ser usada somente como meio de conjectura, de esclarecimento num exame posterior e de busca da verdade; e o que nesse caso se confessa contribui para aliviar quem é torturado, não para informar os torturadores. Portanto, não deve ser aceito como testemunho suficiente porque, quer o torturado se liberte graças a uma verdadeira ou a uma falsa acusação, o faz pelo direito de preservar a sua vida.

A finalidade de um juramento.

Dado que a força das palavras (conforme assinalei) é demasiado fraca para obrigar os homens a cumprirem os seus pactos, só é possível conceber, na natureza do homem, duas maneiras de a reforçar. Estas são o medo das consequências de faltar à palavra dada, ou a glória ou o orgulho de aparentar não precisar faltar a ela. Este último é uma generosidade demasiado rara de encontrar para se poder contar com ela, sobretudo entre aqueles que procuram a riqueza, a autoridade ou os prazeres sensuais, ou seja, a maior parte da humanidade. A paixão com que se pode contar é o medo, o qual pode ter dois objetos extremamente gerais: um é o poder dos espíritos invisíveis, e o outro é o poder dos homens que se pode ofender. Destes dois, embora o primeiro seja o maior poder, mesmo assim o medo do segundo é geralmente o maior medo. O medo dos primeiros é, em cada homem, a sua própria religião, a qual surge na natureza do homem antes da sociedade civil. Já o segundo não surge antes disso, ou pelo menos não em grau suficiente para levar os homens a cumprirem as suas promessas, porque na condição de simples natureza só se nota a desigualdade do poder no desfecho da luta. De modo que antes da sociedade civil, ou em caso de interrupção desta pela guerra, nada há que seja capaz de fortalecer um pacto de paz a que se tenha anuído, contra as tentações da avareza, da ambição, da concupiscência, ou outro desejo forte, a não ser o medo daquele poder invisível que todos cultuam como Deus, e na qualidade de vingador da sua perfídia. Portanto, tudo o que pode ser feito entre dois homens que não estejam sujeitos ao poder civil é jurarem um ao outro pelo Deus que ambos temem. Essa jura ou JURAMENTO é uma *forma de discenso somada a uma promessa, pela qual aquele que promete quer dizer que, caso não a cumpra, renuncia à graça de Deus, ou pede que sobre si mesmo recaia a sua vingança.* Era assim a fórmula pagã: *que* Júpiter *me mate, como eu mato este animal.* E assim é a nossa fórmula: *Ajudai-me, Deus, que farei isto e aquilo.* E a isso se acrescentam os rituais e cerimônias que cada um usa na sua religião, a fim de tornar maior o medo de faltar à palavra.

[71]

Forma dos juramentos.

Fica assim manifesto que qualquer juramento proferido segundo outra fórmula ou ritual senão o daquele que jura seja em vão: não é juramento algum. Além disso, quem jura só pode fazê-lo por aquele que julgue ser Deus. Porque embora os homens costumem às vezes jurar pelo seu rei, por medo ou lisonja, com isso dão a entender que lhe atribuem honra divina. E jurar desnecessariamente por Deus não é mais do que profanar o seu nome, ao mesmo tempo que jurar por outras coisas, como os homens o fazem no discurso vulgar, não é jurar, e sim um costume ímpio, adquirido por um excesso de veemência na linguagem.

Só por Deus há juramento.

Fica manifesto também que o juramento nada acrescenta à obrigação. Porque um pacto, caso seja legítimo, vincula aos olhos de Deus, tanto sem o juramento como com ele; caso seja ilegítimo, não vincula nada, mesmo que seja confirmado por um juramento.

Juramento nada acrescenta à obrigação.

CAP. XV
De outras Leis de Natureza

Daquela lei de natureza pela qual somos obrigados a transferir aos outros direitos que, se forem conservados, impedem

A justiça, terceira lei de natureza.

Parte 1 – Do Homem

a paz da humanidade, segue-se uma terceira: *Que os homens cumpram os pactos que celebrarem*. Sem esta lei os pactos seriam vãos, e não passariam de palavras vazias; com o direito de todos os homens a todas as coisas ainda em vigor, permanecemos na condição de guerra.

O que são justiça e injustiça.

Nesta lei da natureza reside a fonte e a origem da JUSTIÇA. Porque sem um pacto anterior não há transferência de direito, e todo homem tem direito a todas as coisas; consequentemente nenhuma ação pode ser injusta. Mas, depois de celebrado um pacto, rompê-lo é *injusto*. E a definição da INJUSTIÇA não é outra senão *o não cumprimento de um pacto*. E tudo o que não é injusto é *justo*.

Justiça e propriedade começam a constituição da república.

Ora, como os pactos de confiança mútua são inválidos sempre que de qualquer dos lados exista receio de não cumprimento (conforme se disse no capítulo anterior), embora a origem da justiça seja a celebração dos pactos, não pode haver realmente injustiça antes de ser removida a causa desse medo; o que não pode ser feito enquanto os homens se encontram na condição natural de guerra. Portanto, para que as palavras "justo" e "injusto" possam ter lugar, é necessária alguma espécie de poder coercitivo, capaz de obrigar igualmente os homens ao cumprimento dos seus pactos, mediante o terror de algum castigo que seja superior ao benefício que esperam tirar do rompimento do pacto, e capaz de confirmar propriedade que os homens adquirem por contrato mútuo, como recompensa do direito universal a que renunciaram. E não pode haver tal poder antes de se erigir uma república. Também a definição comum de justiça fornecida pelos escolásticos permite deduzir o mesmo, na medida em que afirmam que a *justiça é a vontade constante de dar a cada um o que é seu*. Portanto, onde não há o *seu*, isto é, não há propriedade, não pode haver injustiça, e onde não foi estabelecido um poder coercitivo, isto é, onde não há república, não há propriedade, pois todos os homens têm direito a todas as coisas. Portanto, onde não há república nada é injusto. De modo que a natureza da justiça consiste no cumprimento dos pactos válidos, mas a validade dos pactos só começa com a cons-

[72]

XV. De outras Leis de Natureza

tituição de um poder civil suficiente para obrigar os homens a cumpri-los, e é também só aí que começa a haver propriedade.

O néscio disse em seu coração que a justiça é coisa que não existe, e às vezes disse-o também com a língua, afirmando com toda a seriedade que, se a conservação e a satisfação de cada homem está entregue ao seu próprio cuidado, não pode haver razão para que cada um deixe de fazer o que supõe conduzir a esse fim. Portanto, também fazer ou deixar de fazer, cumprir ou deixar de cumprir os pactos não é contra a razão, nos casos em que contribui para o benefício próprio. Com isso ele não pretende negar que existem pactos, e que algumas vezes eles são desrespeitados e outras são cumpridos, e que o seu desrespeito pode ser chamado injustiça, e a sua observância, justiça. Mas pergunta se a justiça, pondo de lado o temor a Deus (porque o mesmo néscio disse no seu coração que não há Deus), não poderá às vezes concordar com aquela mesma razão que dita a cada um o seu próprio bem, sobretudo quando ela produz um benefício capaz de colocar um homem em posição de desprezar, não apenas censuras e os ultrajes, mas também o poder dos outros homens. O Reino de Deus conquista-se pela violência. E se ele fosse conquistado pela violência injusta? Seria contra a razão assim o conquistar, quando é impossível que daí resulte qualquer dano? E se não é contra a razão não é contra a justiça, caso contrário a justiça não pode ser considerada uma coisa boa. Graças a raciocínios como este, a perversidade triunfante adquiriu o nome de virtude, e alguns que em todas as outras coisas condenam a violação da fé aprovam-na quando é para conquistar um reino. E os pagãos que acreditavam que *Saturno* foi deposto pelo seu filho *Júpiter* acreditavam, por outro lado, que o mesmo *Júpiter* era o vingador da injustiça. Coisa semelhante se encontra num texto jurídico dos comentários de *Coke* sobre *Litleton*, na qual se diz que o legítimo herdeiro da coroa que for culpado de traição deverá, mesmo assim, ser coroado, e *eo instante* a culpa será anulada. Desse exemplo se pode muito bem concluir que, se o herdeiro legitimário de um reino matar o ocupante do trono, mesmo que seja o seu pai, pode-se

A justiça não é contrária à razão.

Parte 1 – Do Homem

dar a isso o nome de injustiça, ou qualquer outro nome que se queira, mas jamais se poderá dizer que é contra a razão, dado que todas as ações voluntárias dos homens tendem para o seu benefício próprio, e as ações mais razoáveis são as que melhor conduzem aos seus fins. Todavia, este especioso raciocínio é falso.

[73] Pois a questão não diz respeito a promessas mútuas quando de ambos os lados não há garantia de cumprimento, assim como ocorre quando não há um poder civil estabelecido acima dos autores das promessas. Essas promessas, com efeito, não são pactos. Mas seja quando um dos lados já cumpriu a sua parte, seja quando há um poder capaz de obrigar a cumprir, põe-se o problema de saber se é contra a razão, isto é, contra o benefício do outro, cumprir ou não a sua parte. E eu afirmo que não é contra a razão. Para prová-lo, há várias coisas a considerar. Em primeiro lugar, quando alguém faz algo que, embora possa ser previsto e calculado, tende para a sua própria destruição, mesmo que algum acidente inesperado venha a tornar essa ação benéfica para ele, tais acontecimentos não a transformam numa ação razoável ou judiciosa. Em segundo lugar, numa condição de guerra, em que cada homem é inimigo de cada homem, por falta de um poder comum que os mantenha a todos aterrados, ninguém pode esperar ser capaz de se defender da destruição só com a sua própria força ou sagacidade, sem o auxílio de aliados, em alianças das quais cada um espera a mesma defesa. Portanto, quem declarar que considera razoável enganar aos que o ajudam não pode razoavelmente esperar outros meios de segurança senão os que dependem do seu poder isolado. Portanto, quem quebra o seu pacto, e por conseguinte declara que pode fazê-lo de acordo com a razão, não pode ser aceito por nenhuma sociedade que se constitua em vista da paz e da defesa, a não ser devido a um erro dos que o aceitam. E se for aceito não se pode continuar a admiti-lo, quando se vê o perigo desse erro; e não seria razoável esse homem contar com tais erros como garantia da sua segurança. Portanto, alguém que seja deixado fora ou expulso

XV. De outras Leis de Natureza

de uma sociedade está condenado a perecer, e se viver nessa sociedade será graças aos erros dos outros homens, os quais ele não podia prever nem calcular, e consequentemente contra a razão da sua preservação. Assim, como todos os homens que não contribuem para a destruição dele evitam-no apenas por ignorância do que é bom para si mesmos.

Quanto à hipótese de adquirir uma segura e perpétua felicidade no céu, por qualquer meio, trata-se de uma pretensão frívola, pois para tal só se pode imaginar uma maneira: não rompendo os pactos, mas cumprindo-os.

Quanto à outra hipótese, de alcançar a soberania pela rebelião, é evidente que a tentativa, mesmo coroada de êxito, é contrária à razão: por um lado porque não é razoável esperar que tenha êxito, antes pelo contrário; por outro, porque ao fazê-lo se ensina aos outros a conquistar a soberania da mesma maneira. Portanto, a justiça, isto é, o cumprimento dos pactos, é uma regra da razão, pela qual somos proibidos de fazer todas as coisas que destroem a nossa vida; por conseguinte é uma lei de natureza.

Há alguns que vão ainda mais longe, e não aceitam que a lei de natureza seja constituída por aquelas regras que conduzem à preservação da vida do homem na Terra, mas pelas regras que permitem conseguir uma felicidade eterna depois da morte, à qual pensam que o rompimento dos pactos possa conduzir, sendo este portanto justo e razoável (são esses que consideram obra meritória matar, depor, ou rebelar-se contra o poder soberano constituído acima deles pelo seu próprio consentimento). Mas, como não há nenhum conhecimento natural da condição do homem depois da morte, e muito menos da recompensa que lá se dá à falta de palavra, havendo apenas uma crença baseada na afirmação de outros homens, que dizem conhecê-la sobrenaturalmente, ou dizem conhecer aqueles que conheceram os que conheceram outros que a conheceram sobrenaturalmente, não é possível, por conseguinte, considerar a falta de palavra um preceito da razão, ou da natureza. [74]

Outros há que, embora reconheçam o cumprimento da palavra dada como uma lei de natureza, não obstante abrem exce-

Os pactos não são anulados pelo vício da pessoa com quem são feitos.

ção para certas pessoas, tais como os hereges e todos aqueles que não têm como costume o cumprimento dos seus pactos; e também isto é contra a razão. Pois, se qualquer falta de um homem for suficiente para nos dispensar do cumprimento de um pacto, o mesmo deveria ter sido, perante a razão, suficiente para nos ter impedido de o celebrar.

O que são a justiça dos homens e a justiça das ações.

As palavras *justo* e *injusto*, quando atribuídas a homens, significam uma coisa, e quando atribuídas a ações, significam outra. Quando são atribuídas a homens indicam a conformidade ou a incompatibilidade entre os costumes e a razão. Mas quando são atribuídas a ações indicam a conformidade ou a incompatibilidade com a razão, não dos costumes, mas de ações determinadas. Portanto, um homem justo é aquele que toma o maior cuidado possível para que todas as suas ações sejam justas, e um homem injusto é o que despreza esse cuidado. É mais frequente que na nossa língua esses homens sejam designados pelas palavras "probo" e "improbo", em vez de "justo" e "injusto", embora o significado seja o mesmo. Portanto, um homem probo não perde o direito a esse título por causa de uma ou algumas ações injustas, derivadas de paixões repentinas ou de erros sobre coisas ou pessoas. Nem um homem improbo deixa de assim ser considerado por causa das ações que pratica ou deixa de praticar devido ao medo, pois a sua vontade não é determinada pela justiça, mas pelo benefício manifesto do que faz. O que presta às ações humanas o sabor da justiça é uma certa nobreza ou bravura (raras vezes encontrada), em virtude da qual se desdenha dever o bem-estar da vida à fraude ou à quebra das promessas. É essa justiça da conduta que se quer indicar quando se chama virtude à justiça, e vício à injustiça.

Mas a justiça das ações não faz que aos homens se chame justos, e sim *inocentes*; e a injustiça das ações (também chamada dano) faz-lhes atribuir *o*[1] nome de *culpados*.

Justiça dos costumes e justiça das ações.

Além disso, a injustiça de costumes é a disposição ou aptidão para praticar dano, e é injustiça antes de passar aos atos, e

---

[1] *Syn.*: apenas o

XV. De outras Leis de Natureza

sem supor que se tenha causado dano a algum indivíduo determinado. Mas a injustiça de uma ação (quer dizer, um dano) pressupõe que se tenha causado dano a um determinado indivíduo, nomeadamente aquele com quem se celebrou o pacto. Assim, muitas vezes se causa dano a um homem, mas o dano redunda a outro. Por exemplo, quando o senhor ordena ao seu servo que dê dinheiro a um estranho: se tal não for feito, o dano será feito ao senhor, a quem anteriormente o servo se comprometera a obedecer, mas o prejuízo recai sobre o estranho, para com o qual ele não tinha obrigação, e portanto não poderia sofrer dano. O mesmo se passa nas repúblicas: indivíduos podem perdoar uns aos outros as suas dívidas, mas não os roubos ou outras violências que lhes causem dano. Porque não pagar uma dívida é um dano causado a eles mesmos, ao passo que o roubo e a violência são danos causados à pessoa da república. [75]

Tudo o que seja feito a um homem de conformidade com a sua própria vontade, manifestada ao autor da ação, não é dano causado a ele. Porque se quem pratica a ação não tiver anteriormente transmitido o seu direito original de fazer o que lhe aprouver, mediante um pacto antecedente, não há quebra de pacto, portanto não há dano. E se o tiver, nesse caso a manifestação, pelo outro, da vontade de que o faça liberta-o desse pacto, e consequentemente não há dano causado ao outro. *Nada que é feito a alguém com o seu consentimento é dano.*

Os autores dividem a justiça das ações em *comutativa* e *distributiva*, e dizem que a primeira consiste numa proporção aritmética, e a segunda, numa proporção geométrica. Assim, a justiça comutativa é por eles atribuída à igualdade de valor das coisas que são objeto de contrato, e a justiça distributiva à distribuição de benefícios iguais a pessoas de mérito igual – como se fosse injustiça vender mais caro do que se comprou, ou dar a um homem mais do que ele merece. O valor de todas as coisas contratadas é medido pelo apetite dos contratantes, portanto o valor justo é aquele que eles acham conveniente oferecer. E o mérito (sem contar o que ocorre num pacto, em que o cumprimento por uma das partes merece o cumprimento da outra parte, e cai sob a alçada da justiça comutativa, não da dis- *Justiça comutativa e distributiva.*

tributiva) não é devido por justiça, é recompensado apenas pela graça. Portanto, esta distinção não é correta, no sentido em que costumava ser exposta. Para falar com propriedade, a justiça comutativa é a justiça de um contratante, ou seja, o cumprimento dos pactos, na compra e venda, no aluguel ou sua aceitação, ao emprestar ou tomar emprestado, na troca, na permuta e outros atos de contrato.

E a justiça distributiva é a justiça de um árbitro, isto é, o ato de definir o que é justo. Por essa razão (como merecedor da confiança dos que o escolheram como árbitro), se ele corresponder a essa confiança, se diz que distribui a cada um o que lhe é devido. Com efeito, esta é uma distribuição justa, e pode ser chamada (embora impropriamente) justiça distributiva. Mais próprio seria chamar-lhe equidade, a qual é também uma lei de natureza, conforme se mostrará no lugar oportuno.

A gratidão, quarta lei de natureza.

Tal como a justiça depende de um pacto antecedente, também a GRATIDÃO depende de uma graça antecedente, quer dizer, de uma dádiva antecedente. É esta a quarta lei de natureza, que pode ser assim formulada: *Quem recebeu benefício de outro homem, por simples graça, deve se esforçar para que o doador não venha a ter motivo razoável para se arrepender da sua boa vontade*. Pois quem dá o faz tendo em mira um benefício próprio, porque a dádiva é voluntária, e o objeto de todos os atos voluntários é sempre o benefício de cada um. Se esta expectativa for frustrada, não poderá haver benevolência nem confiança, nem, consequentemente, ajuda mútua, ou reconciliação entre um homem e outro. Portanto, permanecerão na condição de *guerra*, a qual é contrária à lei primeira e fundamental de natureza, que ordena aos homens *procurarem a paz*. O desrespeito a esta lei chama-se *ingratidão*, e tem com a graça a mesma relação que há entre a injustiça e a obrigação por contrato.

A quinta, a acomodação recíproca ou complacência.

A quinta lei de natureza é a COMPLACÊNCIA, quer dizer: *Cada homem deve se esforçar por se acomodar com os outros*. Para compreender esta lei é preciso levar em conta que na aptidão dos homens para a sociedade existe certa diversidade de natureza, derivada da diversidade das suas inclinações, de manei-

XV. De outras Leis de Natureza

ra semelhante ao que verificamos nas pedras que juntamos para a construção de um edifício. Pois, tal como os construtores põem de lado, como inaproveitáveis e perturbadoras, as pedras que, devido à sua aspereza ou à irregularidade da sua forma, tiram às outras mais espaço do que elas mesmas ocupam, e além disso, pela sua dureza, não são fáceis de aplanar; assim também aqueles que, devido à aspereza da sua natureza, se esforçarem por guardar aquelas coisas que para eles são supérfluas e para os outros são necessárias, e devido à obstinação das suas paixões não puderem ser corrigidos, deverão ser abandonados ou expulsos da sociedade, como hostis a ela. Pois sendo de esperar que cada homem, não apenas por direito mas também pela necessidade da sua natureza, se esforce o mais que possa por conseguir o que é necessário à sua conservação, todo aquele que a tal se oponha, por causa de coisas supérfluas, é culpado da guerra que daí venha a resultar e portanto age contrariamente à lei fundamental de natureza que ordena *procurar a paz*. Aos que respeitam esta lei pode chamar-se SOCIÁVEIS (os latinos chamavam-lhes *commodi*), e aos que não o fazem, *obstinados, insociáveis, refratários* ou *intratáveis*.

A sexta lei de natureza é: *Como garantia do tempo futuro, que se perdoem as ofensas passadas, àqueles que se arrependam e o desejem.* Porque o PERDÃO não é mais do que uma garantia de paz, a qual, embora quando dada aos que perseveram na sua hostilidade não seja paz, mas medo, quando recusada aos que oferecem garantia do tempo futuro é sinal de aversão pela paz, o que é contrário à lei de natureza.

A sexta, a facilidade de perdoar.

A sétima lei é: *Que na vingança* (isto é, a retribuição do mal com o mal) *os homens não olhem à importância do mal passado, mas só à importância do bem futuro.* Isso nos proíbe aplicar castigo com qualquer intenção que não seja a correção do ofensor ou o exemplo para os outros. Pois esta lei é consequência da que lhe é anterior, a qual ordena o perdão em vista da segurança do tempo futuro. Além do mais, a vingança que não visa ao exemplo ou ao proveito vindouro é um triunfo ou glorificação, com base no dano causado ao outro, que não tende para fim

A sétima, que na vingança só se olhe ao bem futuro.

algum (pois o fim é sempre alguma coisa vindoura). Ora, glorificar-se sem tender a um fim é vanglória, e contrário à razão, e causar dano sem razão tende a provocar a guerra, o que é contrário à lei de natureza. E geralmente se designa pelo nome de *crueldade*.

A oitava, contra a contumélia.

E dado que todos os sinais de ódio ou desprezo provocam a luta, tanto que a maior parte dos homens prefere arriscar a vida a ficar sem vingança, podemos formular em oitavo lugar, como lei de natureza, o seguinte preceito: *Que ninguém por atos, palavras, atitude ou gesto declare ódio ou desprezo pelo outro*. Ao desrespeito a esta lei se chama geralmente *contumélia*.

A nona, contra o orgulho.

[77]

A questão a respeito de quem é o melhor homem não tem lugar na condição de simples natureza, na qual (conforme se mostrou) todos os homens são iguais. A desigualdade atualmente existente foi introduzida pelas leis civis. Bem sei que *Aristóteles*, no Livro I da sua *Política*, como fundamento da sua doutrina, afirma que por natureza alguns homens são dignos de mandar, referindo-se aos mais sábios (entre os quais se incluía a si próprio, devido à sua filosofia), e outros têm mais capacidade para servir (referindo-se com isto aos que tinham corpos fortes, mas não eram filósofos como ele); como se senhor e servo não tivessem sido criados pelo consentimento dos homens, mas pela diferença de inteligência, o que não só é contrário à razão, mas é também contrário à experiência. Pois poucos há tão insensatos que não prefeririam governar-se a si mesmos a ser governados por outros; tampouco quando os que julgam a si mesmos sábios contendem pela força com aqueles que desconfiam da sua sabedoria saem vitoriosos sempre, frequentemente ou algumas vezes. Portanto, se a natureza fez todos os homens iguais, essa igualdade deve ser reconhecida; ou se a natureza fez os homens desiguais, como os que se consideram iguais só aceitarão as cláusulas da paz em termos equitativos, tal igualdade deve ser admitida. Por conseguinte, como nona lei de natureza, proponho esta: *Que cada homem reconheça os outros como seus iguais por natureza*. A falta a este preceito chama-se *orgulho*.

XV. De outras Leis de Natureza

Desta lei depende uma outra: *Que uma vez aceitas as cláusulas da paz ninguém exija reservar para si um direito que não aceite que seja também reservado para qualquer dos outros.* Assim como é necessário a todos os homens que buscam a paz renunciar a certos direitos de natureza, quer dizer, perder a liberdade de fazer tudo o que desejam, também é necessário para a vida do homem que alguns desses direitos sejam conservados, como o de governar o próprio corpo, desfrutar o ar, a água, o movimento, os caminhos para ir de um lugar a outro, e todas as outras coisas sem as quais não se pode viver, ou não se pode viver bem. Se neste caso, ao celebrar a paz, alguém exigir para si aquilo que não aceita que seja concedido aos outros, estará agindo contrariamente à lei precedente, que ordena o reconhecimento da igualdade natural, e contrariamente também, portanto, à lei de natureza. Quem respeita esta lei é geralmente chamado *modesto*, e quem não a respeita, *arrogante*. Os gregos chamavam à violação desta lei πλεονεξία, isto é, o desejo de possuir mais do que a sua parte.

A décima, contra a arrogância.

E também, *Se a alguém for confiado servir de juiz entre dois homens*, é um preceito da lei de natureza *que trate a ambos equitativamente*. Pois sem isso as controvérsias entre os homens só podem ser decididas pela guerra. Portanto, aquele que for parcial num julgamento estará fazendo todo o possível para impedir os homens de recorrer a juízes e árbitros, por conseguinte (contra a lei fundamental de natureza) estará sendo causa de guerra.

A décima primeira, a equidade.

A observância desta lei que ordena distribuir equitativamente a cada homem o que segundo a razão lhe pertence chama-se EQUIDADE ou (conforme já disse) justiça distributiva. A sua violação chama-se *acepção de pessoas*, προσωποληψία.

E desta deriva uma outra lei: *Que as coisas que não podem ser divididas sejam gozadas em comum, se assim puder ser; e se a quantidade da coisa o permitir, sem limite; caso contrário, proporcionalmente ao número daqueles que a ela têm direito.* Se não for assim, a distribuição será desigual e contrária à equidade.

A décima segunda, o uso equitativo das coisas comuns.

Mas há algumas coisas que não podem ser divididas nem gozadas em comum. Para esses casos, a lei de natureza que pres-

[78]
A décima terceira, o sorteio.

Parte 1 – Do Homem

creve a equidade exige *Que o direito pleno, ou então (se o uso for alternado) a primeira posse, sejam determinados por sorteio.* Porque a distribuição equitativa faz parte de lei de natureza, e é impossível imaginar outras maneiras de fazer uma distribuição equitativa.

A décima quarta, da primogenitura e primeira posse.

Há duas espécies de *sorteio*, o *arbitrário* e o *natural*. O arbitrário é aquele com o qual os competidores concordaram; o natural ou é a *primogenitura* (que os gregos chamavam Κληρονομία, o que significa *dado por sorteio*) ou é a *primeira posse*.

Portanto, aquelas coisas que não podem ser gozadas em comum, nem divididas, devem ser adjudicadas ao primeiro possuidor, e em alguns casos ao primogênito, como adquiridas por sorteio.

A décima quinta, dos mediadores.

É também lei de natureza: *Que a todos aqueles que servem de mediadores para a paz seja concedido salvo-conduto.* Porque a lei que ordena a paz, enquanto *fim*, ordena a intercessão, como *meio*. E o meio para a intercessão é o salvo-conduto.

A décima sexta, da submissão à arbitragem.

Mas como, por mais desejosos de cumprir estas leis que os homens estejam, é não obstante sempre possível que surjam controvérsias relativas às ações: primeiro, se foram ou não praticadas; segundo (se praticadas), se foram ou não contrárias à lei – à primeira das quais se chama questão *de fato*, e à segunda, questão *de direito* –, e portanto, se as partes em litígio não pactuarem mutuamente aceitar a sentença de um terceiro, estarão tão longe da paz como antes. Esse outro a cuja sentença se submetem chama-se ÁRBITRO. Portanto, é da lei de natureza *Aqueles entre os quais há controvérsia devem submeter o seu direito ao julgamento de um árbitro.*

A décima sétima, ninguém é seu próprio juiz.

Considerando que todo homem supostamente faz todas as coisas tendo em vista o seu próprio benefício, ninguém pode ser árbitro adequado em causa própria; e, como a equidade atribui a cada parte um benefício igual, à falta de árbitro adequado, se um for aceito como juiz o outro também o deve ser; desta maneira a controvérsia, isto é, a causa da guerra, permanece contrária à lei de natureza.

XV. De outras Leis de Natureza

Pela mesma razão, em nenhuma causa alguém pode ser aceito como árbitro, se aparentemente para ele resultar mais proveito, honra ou prazer com a vitória de uma das partes do que com a da outra. Porque nesse caso ele recebeu um suborno (embora um suborno inevitável), e ninguém pode ser obrigado a confiar nele. Também neste caso a controvérsia e a condição de guerra permanecem contra a lei de natureza. A décima oitava, que não seja juiz quem tem em si causa natural de parcialidade.

Numa controvérsia de *fato*, dado que o juiz não pode dar mais crédito a um do que a outro (na ausência de outros argumentos), precisa dar crédito a um terceiro, ou a um terceiro e a um quarto, ou mais. Caso contrário a questão não pode ser decidida, a não ser pela força, contra a lei de natureza. *A décima nona, das testemunhas.*

São estas as leis da natureza, que ditam a paz como meio de conservação dos homens em multidões, e as únicas que dizem respeito à doutrina da sociedade civil. Há outras coisas que contribuem para a destruição dos indivíduos, como a embriaguez e outras formas de intemperança, as quais portanto também podem ser contadas entre aquelas que a lei de natureza proíbe. Mas não é necessário referi-las, nem seria pertinente fazê-lo neste lugar.

Embora esta possa parecer uma dedução das leis de natureza demasiado sutil para ser apreciada por todos os homens, a maior parte dos quais está demasiado ocupada na busca de sustento, sendo os restantes demasiado negligentes para a poderem compreender, mesmo assim, para não permitir que ninguém seja escusável, todas elas foram condensadas num resumo acessível e inteligível, mesmo para os de capacidade mais mesquinha. Esse resumo é: *Não faças aos outros o que não gostarias que te fizessem a ti*. Isso mostra a cada um que, para aprender as leis de natureza, o que tem a fazer é apenas, quando ao pesar as suas ações com as dos outros, estas últimas parecerem excessivamente pesadas, colocá-las no outro prato da balança e no lugar delas as suas próprias, de maneira que as suas paixões e seu amor-próprio em nada modifiquem o peso. Não haverá então nenhuma destas leis de natureza que não lhe pareça perfeitamente razoável. [79] *Uma regra pela qual se possa facilmente examinar as leis de natureza.*

Parte 1 – Do Homem

As leis de natureza obrigam sempre em consciência, mas de fato só quando há segurança.

As leis de natureza obrigam *in foro interno*, quer dizer, tornam impositivo o desejo de que sejam cumpridas; mas *in foro externo*, isto é, tornando impositivo o desejo de as colocar em prática, nem sempre obrigam. Pois aquele que fosse modesto e tratável, e cumprisse todas as suas promessas numa época e num lugar em que mais ninguém assim fizesse, tornar-se-ia presa fácil para os outros, e inevitavelmente provocaria a sua própria ruína, contrariamente ao fundamento de todas as leis de natureza, que tendem para a preservação de natureza. Mais ainda, aquele que, embora possua garantia suficiente de que os outros observarão para com ele as mesmas leis, mesmo assim não as observa, não procura a paz, mas a guerra, e consequentemente a destruição da sua natureza pela violência.

Todas as leis que obrigam *in foro interno* podem ser violadas, não apenas por um fato contrário à lei, mas também por um fato conforme a ela, no caso de o seu autor o considerar contrário. Pois, embora neste caso a sua ação seja conforme à lei, a sua intenção é contrária à lei, que constitui uma violação quando a obrigação é *in foro interno*.

As leis de natureza são eternas;

As leis de natureza são imutáveis e eternas, pois a injustiça, a ingratidão, a arrogância, o orgulho, a iniquidade, a acepção de pessoas etc. jamais podem ser tornados legítimos. Pois nunca poderá ocorrer que a guerra preserve a vida e a paz a destrua.

Mas apesar disso são fáceis.

Essas leis, na medida em que obrigam apenas a um desejo e a um esforço, isto é, um esforço não fingido e constante, são fáceis de obedecer. Pois, na medida em que exigem apenas esforço, aquele que se esforça por as cumprir está-lhes a obedecer. E aquele que obedece à lei é justo.

A ciência dessas leis é a verdadeira filosofia moral.

E a ciência dessas leis é a verdadeira e única filosofia moral. Porque a filosofia moral não é mais do que a ciência do que é *bom* e *mau*, no convívio e na sociedade humana. O *bem* e o *mal* são nomes que significam os nossos apetites e aversões, os quais são diferentes conforme os diferentes temperamentos, costumes e doutrinas dos homens. E homens diversos não divergem apenas, no seu julgamento, quanto às sensações do que

XV. De outras Leis de Natureza

é agradável ou desagradável ao gosto, ao olfato, ao ouvido, ao tato e à vista; divergem também quanto ao que é conforme ou repulsivo à razão, nas ações da vida cotidiana. Mais, o mesmo homem, em momentos diferentes, diverge de si mesmo, às vezes louvando, isto é, chamando bom aquilo mesmo que outras vezes despreza e a que chama mau. Daqui procedem disputas, controvérsias e, finalmente, a guerra. Portanto, enquanto os homens se encontram na condição de simples natureza (que é uma condição de guerra), o apetite pessoal é a medida do bem e do mal. Por conseguinte, todos os homens concordam que a paz é uma boa coisa, e portanto que também são bons o caminho ou meios da paz, os quais (conforme mostrei) são a *justiça*, a *gratidão*, a *modéstia*, a *equidade*, a *misericórdia* e o restante das leis de natureza; quer dizer, as *virtudes morais*; e que os seus *vícios* contrários são maus. Ora, a ciência da virtude e do vício é a filosofia moral, portanto a verdadeira doutrina das leis de natureza é a verdadeira filosofia moral. Mas os autores de filosofia moral, embora reconheçam as mesmas virtudes e vícios, não sabem ver em que consiste a sua excelência, não sabem ver que elas são louvadas como meios para uma vida pacífica, sociável e confortável, e fazem-nas consistir numa mediocridade das paixões. Como se não fosse na causa, e sim no grau de intrepidez, que consiste a força; ou como se não fosse na causa, e sim na quantidade de uma dádiva, que consiste a liberalidade.

[80]

A estes ditames da razão os homens costumam dar o nome de leis, mas impropriamente. Pois eles são apenas conclusões ou teoremas relativos ao que contribui para a conservação e defesa de cada um, enquanto a lei, em sentido próprio, é a palavra daquele que tem direito de mando sobre outros. No entanto, se considerarmos os mesmos teoremas como transmitidos pela palavra de Deus, que tem direito de mando sobre todas as coisas, nesse caso serão propriamente chamados leis.

CAP. XVI
Das Pessoas, Autores *e coisas Personificadas*

O que é uma pessoa.

Uma Pessoa é aquele *cujas palavras ou ações são consideradas quer como as suas próprias, quer como representando as palavras ou ações de outro homem, ou de qualquer outra coisa a que sejam atribuídas, seja verdade ou ficção.*

Pessoa natural e artificial.

Quando são consideradas como as suas próprias, ele chama-se uma *pessoa natural*. Quando são consideradas como representando as palavras e ações de um outro, chama-se-lhe uma *pessoa fictícia* ou *artificial*.

De onde vem a palavra pessoa.

A palavra "pessoa" é de origem latina. Em lugar dela os gregos tinham πρόσωπον, que significava *rosto*, tal como em latim *persona* significa o *disfarce* ou a *aparência exterior* de um homem, imitada no palco. Mais particularmente, às vezes significa aquela parte dele que disfarça o rosto, como máscara ou viseira. E do palco a palavra foi transferida para qualquer representante da palavra ou da ação, tanto nos tribunais como nos teatros. De modo que uma *pessoa* é o mesmo que um *ator*, tanto no palco como no convívio comum. E *personificar* é *atuar*, ou *representar* a si mesmo ou a outro; e daquele que representa outro diz-se que é portador da sua pessoa, ou que atua em seu nome (sentido usado por *Cícero* quando diz: *Unus sustineo tres Personas; Mei, Adversarii, et Judicis* – Sou portador de três pessoas; eu mesmo, o meu adversário e o juiz). Recebe designações diversas, conforme as ocasiões: *representante, mandatário, lugar-tenente, vigário, advogado, delegado, procurador, ator* e outras semelhantes.

[81]

Ator, autor.

Quanto às pessoas artificiais, em certos casos algumas das suas palavras e ações *pertencem* àqueles a quem representam. Nesses casos a pessoa é o *ator*, e aquele a quem pertencem as suas palavras e ações é o Autor, casos estes em que o ator atua por autoridade. Pois aquele que, ao falarmos de bens e posses, é chamado *dono*, em latim *Dominus*, e em grego κύριος, ao falarmos

XVI. Das Pessoas, Autores e coisas Personificadas

de ações é chamado *de um autor*[1]. E tal como o direito de posse se chama domínio, assim também o direito de fazer qualquer ação se chama *AUTORIDADE e às vezes *mandato**[2]. De modo que por autoridade entende-se sempre o direito de praticar qualquer ação, e *feito por autoridade* significa sempre feito por comissão ou licença daquele a quem pertence o direito.

Autoridade.

Disso se segue que, quando o ator faz um pacto por autoridade, compromete assim o autor, não menos do que se este mesmo o fizesse, nem o sujeita menos a todas as suas consequências. Portanto, tudo o que já se disse (cap. XIV) sobre a natureza dos pactos entre homens na sua capacidade natural é válido também para os que são feitos pelos seus atores, representantes ou procuradores, que possuem autoridade para tal dentro dos limites da sua comissão, mas não para além destes.

Pactos por autoridade comprometem o autor.

Portanto, aquele que faz um pacto com o ator ou representante, sem saber que autoridade ele tem, o faz por sua conta e risco. Porque ninguém está obrigado por um pacto do qual não é autor, nem consequentemente por um pacto feito contra ou à margem da autoridade que ele mesmo conferiu.

Quando o ator faz qualquer coisa contra a lei de natureza por ordem do autor, se por pacto prévio estiver obrigado a obedecer-lhe, não é ele, e sim o autor, quem viola a lei de natureza. Pois a ação, embora seja contra a lei de natureza, não é sua; pelo contrário, recusar-se a praticá-la é contra a lei de natureza, que proíbe o rompimento do pacto.

Mas não o ator.

E aquele que faz um pacto com o autor, pela mediação do ator, sem saber que autoridade este tem, mas simplesmente confiando na sua palavra, no caso de esta autoridade não lhe ser comprovada quando pedida, não mais está obrigado. Porque o pacto feito com o autor não é válido sem essa garantia. Mas, se aquele que assim pactuou sabia de antemão que não podia esperar outra garantia senão a palavra do ator, neste caso o pacto é válido, porque aqui o ator constitui a si mesmo como autor. Portanto, do mesmo modo que, quando a autoridade

A autoridade deve ser comprovada.

---

[1] *Syn.*: Autor   [2] *Syn.*: AUTORIDADE

Parte 1 – Do Homem

é evidente, o pacto obriga o autor, e não o ator, também, quando a autoridade é simulada, ele obriga apenas o ator, pois o único autor é ele próprio.

Coisas personificadas, inanimadas.

Poucas são as coisas que não podem ser representadas por ficção. As coisas inanimadas, como uma igreja, um hospital, uma ponte, podem ser personificadas por um reitor, um diretor ou um supervisor. Mas as coisas inanimadas não podem ser autores, nem portanto conferir autoridade aos seus atores. Todavia, os atores podem ter autoridade para prover à sua conservação, a eles conferida pelos donos ou governadores dessas coisas. Portanto, essas coisas não podem ser personificadas enquanto não houver um estado de governo civil.

Irracionais;

De maneira semelhante, as crianças, os débeis e os loucos, que não têm o uso da razão, podem ser personificados por guardiões ou curadores, mas não podem ser autores (durante esse tempo) de nenhuma ação praticada por eles, a não ser que (quando tiverem recobrado o uso da razão) venham a considerar razoável essa ação. Porém, enquanto durar a loucura aquele que tem o direito de os governar pode conferir autoridade ao guardião. Mas também isto só pode ter lugar num Estado civil, porque antes desse estado não há domínio de pessoas.

Falsos deuses;

Um ídolo, ou mera ficção do cérebro, pode ser personificado, como o eram os deuses dos pagãos, que eram personificados pelos funcionários para tal nomeados pelo Estado, e tinham posses e outros bens, assim como direitos, que os homens de vez em quando a eles dedicavam e consagravam. Mas os ídolos não podem ser autores, porque um ídolo não é nada. A autoridade provinha do Estado, portanto antes da instituição do governo civil os deuses dos pagãos não podiam ser personificados.

O verdadeiro Deus.

O verdadeiro Deus pode ser personificado, conforme efetivamente foi, primeiro por *Moisés*, que governou os israelitas (que não eram o seu povo, e sim o povo de Deus), não em seu próprio nome, com *Hoc dicit Moses*, mas em nome de Deus, com *Hoc dicit Dominus*. Em segundo lugar pelo Filho do Homem, o Seu próprio Filho, nosso Abençoado Salvador *Jesus Cristo*, que

XVI. Das Pessoas, Autores e coisas Personificadas

veio para submeter os judeus e induzir todas as nações a entrar no reino do seu Pai, não em seu próprio nome, mas como enviado por seu Pai. Em terceiro lugar pelo Espírito Santo, ou confortador, que falava e atuava nos apóstolos. Esse Espírito Santo era um confortador que não veio por si mesmo, mas foi enviado pelos outros dois e provinha de *ambos no dia de Pentecostes*[1].

Uma multidão de homens se torna *uma* pessoa quando é representada por um só homem ou pessoa, de maneira que tal seja feito com o consentimento de cada um dos que constituem essa multidão. Porque é a *unidade* do representante, e não a *unidade* do representado, que faz a pessoa ser *una*. E é o representante o portador da pessoa, e só de uma pessoa. E não é possível entender de nenhuma outra maneira a *unidade* numa multidão.

Como uma multidão de homens é uma pessoa.

Dado que a multidão naturalmente não é *um*, mas *muitos*, ela não pode ser tomada por um só, mas por muitos autores, de cada uma das coisas que o representante diz ou faz em seu nome; pois cada homem confere ao seu representante comum a sua própria autoridade em particular, e a cada um pertencem todas as ações praticadas pelo representante, caso lhe haja conferido autoridade sem limites. Caso contrário, quando o limitam àquilo ou até o ponto em que os representará, a nenhum deles pertence mais do que aquilo em que deu comissão para agir.

Todos são autores.

Se o representante for constituído por muitos homens, a voz da maioria deverá ser considerada a voz de todos eles. Porque se a minoria votar a favor (por exemplo), e a maioria votar contra, haverá votos contrários mais do que suficientes para destruir os favoráveis. E assim o excesso de votos contrários, não sendo impugnados, é a voz única do representante.

Um ator pode ser muitos homens feitos um só por pluralidade de votos.

[83]

Um corpo representativo de número par, sobretudo quando o número não é grande, em que portanto as vozes contrárias são frequentemente iguais, é consequentemente outras tantas vezes mudo e incapaz de ação. Todavia, em alguns casos as vozes contrárias iguais em número podem decidir uma questão,

Os representativos são inúteis quando o número é par.

---

[1] *Syn.*: ambos.

Parte 1 – Do Homem

tal como na condenação ou absolvição a igualdade de votos, na medida em que não condena, efetivamente absolve; mas, pelo contrário, não condena na medida em que não absolve. Porque, quando se realiza a audiência de uma causa, não condenar é o mesmo que absolver; mas a recíproca, isto é, dizer que não absolver é o mesmo que condenar, não é verdadeira. O mesmo se passa numa deliberação entre a execução imediata e o adiamento para outra ocasião, pois quando os votos são iguais não decretar a execução é um decreto de dilação.

Poder de voto.

Por outro lado, se o número for ímpar, como três ou mais (seja homens ou assembleias), em que cada um tem autoridade, por poder de voto, para anular o efeito de todos os votos dos demais, esse número não é representativo. Porque devido à diversidade de opiniões e interesses dos homens, muitas vezes, e em casos da maior gravidade, ele se torna uma pessoa muda, incapaz para muitas coisas bem como para o governo de uma multidão, especialmente em tempo de guerra.

Há duas espécies de autores. O autor da primeira espécie, sendo simplesmente assim chamado, defini como aquele a quem pertence, simplesmente, a ação de um outro. Da segunda espécie é aquele a quem pertence uma ação, ou um pacto de um outro, condicionalmente – isto é, ele empreende a ação se o outro não a faz até ou antes de determinado momento. Estes autores condicionais são geralmente chamados FIADORES, em latim *fidejussores* e *sponsores*; quando especialmente para dívidas, *praedes*; e para comparecimento perante um juiz ou magistrado, *vades*.

PARTE 2

DA REPÚBLICA [85]

CAP. XVII
Das Causas, Geração e Definição de uma REPÚBLICA

A causa final, finalidade e desígnio dos homens (que amam naturalmente a liberdade e o domínio sobre outros), ao introduzir aquela restrição sobre si mesmos sob a qual os vemos viver em repúblicas, é a precaução com a sua própria conservação e com uma vida mais satisfeita. Quer dizer, o desejo de sair daquela mísera condição de guerra, que é a consequência necessária (conforme se mostrou) das paixões naturais dos homens, quando não há um poder visível capaz de os manter em respeito e os forçar, por medo do castigo, ao cumprimento dos seus pactos e à observância das leis de natureza que foram expostas nos capítulos XIV e XV.

Porque as leis de natureza (como a *justiça*, a *equidade*, a *modéstia*, a *piedade*, ou em resumo, *fazer aos outros o que queremos que nos façam*) por si mesmas, na ausência do temor de algum poder que as faça ser respeitadas, são contrárias às nossas paixões naturais, as quais nos fazem tender para a parcialidade, o orgulho, a vingança e coisas semelhantes. E os pactos sem a espada não passam de palavras, sem força para dar segurança a ninguém. Portanto, apesar das leis de natureza (que cada um

A finalidade da república é a segurança individual:

Cap. XIII.

E isso não se alcança da lei de natureza:

Parte 2 – Da República

respeita quando tem vontade de as respeitar e quando o poder fazer com segurança), se não for instituído um poder suficientemente grande para a nossa segurança, cada um confiará, e poderá legitimamente confiar, apenas na sua própria força e capacidade, como proteção contra todos os outros. Em todos os lugares onde os homens viviam em pequenas famílias, roubar-se e espoliar-se uns aos outros sempre foi um comércio, e tão longe de ser considerado contrário à lei de natureza que quanto maior era a espoliação conseguida maior era a honra adquirida. Nesse tempo os homens tinham como únicas leis as da honra, ou seja, evitar a crueldade, isto é, deixar aos outros as suas vidas e os seus instrumentos de trabalho. Tal como então faziam as pequenas famílias, também hoje as cidades e os reinos, que não são mais do que famílias maiores (para sua própria segurança) ampliam os seus domínios e, sob qualquer pretexto de perigo, de medo de invasão ou de assistência que possa ser prestada aos invasores, com toda a justiça se esforçam o mais possível para subjugar ou enfraquecer os seus vizinhos, por meio da força ostensiva e de artifícios secretos, por falta de qualquer outra segurança; e em épocas futuras esses feitos são evocados com honra.

Nem da associação de uns poucos homens ou famílias:

[86]

Não é a união de um pequeno número de homens que é capaz de oferecer essa segurança, porque quando os números são pequenos basta um pequeno aumento de um ou outro lado para tornar a vantagem da força suficientemente grande para garantir a vitória, constituindo portanto tal aumento um incentivo à invasão. A multidão que pode ser considerada suficiente para garantir a nossa segurança não pode ser definida por um número exato, mas apenas por comparação com o inimigo que tememos, e é suficiente quando a superioridade do inimigo não é de importância tão visível e manifesta que baste para determinar o desfecho da guerra, incitando-o ao ataque.

Nem de uma grande multidão, a não ser que dirigida por um só julgamento.

Mesmo que haja uma grande multidão, se as ações de cada um dos que a compõem forem determinadas pelo julgamento e pelos apetites individuais de cada um, não se poderá esperar que ela seja capaz de dar defesa e proteção a ninguém,

XVII. Das Causas de uma República

seja contra o inimigo comum, seja contra os danos causados uns aos outros. Pois, se suas opiniões divergem quanto ao melhor uso e aplicação da sua força, em vez de se ajudarem só se atrapalham uns aos outros, e essa oposição mútua faz reduzir a nada a sua força. Assim, não apenas facilmente serão subjugados por uns poucos que tenham entrado em acordo, mas além disso, mesmo sem haver inimigo comum, facilmente farão guerra uns contra os outros, por causa dos seus interesses particulares. Pois se conseguíssemos imaginar uma grande multidão capaz de consentir na observância da justiça e das outras leis de natureza, sem um poder comum que mantivesse a todos em respeito, igualmente conseguiríamos imaginar a humanidade inteira capaz de fazer o mesmo. Nesse caso não haveria, nem seria necessário, nenhum governo civil ou república, pois haveria paz sem sujeição.

Tampouco basta para garantir aquela segurança que os homens desejariam durasse todo o tempo das suas vidas que eles sejam governados e dirigidos por um julgamento único apenas durante um período limitado, como é o caso numa batalha ou numa guerra. Porque mesmo que o seu esforço unânime lhes permita obter uma vitória contra um inimigo estrangeiro, depois disso, quando ou não terão mais um inimigo comum, ou aquele que por alguns é tido por inimigo é por outros tido como amigo, é inevitável que as diferenças entre os seus interesses os levem a desunir-se, voltando a cair em guerra uns contra os outros.

E isso de modo permanente.

É certo que há algumas criaturas vivas, como as abelhas e as formigas, que vivem socialmente umas com as outras (e por isso são incluídas por *Aristóteles* entre as criaturas políticas), sem outra orientação a não ser os julgamentos e apetites particulares, nem linguagem por meio da qual possam indicar umas às outras o que consideram adequado para o benefício comum. Assim, talvez haja alguém interessado em saber por que a humanidade não pode fazer o mesmo. A isso tenho a responder o seguinte.

Por que certas criaturas sem razão ou linguagem vivem em sociedade, sem nenhum poder coercitivo.

Primeiro, os homens estão constantemente envolvidos numa competição pela honra e pela dignidade, o que não ocorre no caso dessas criaturas. E é devido a isso que surgem entre os homens a inveja e o ódio, e finalmente a guerra, ao passo que entre aquelas criaturas tal não acontece.

Segundo, entre essas criaturas não há diferença entre o bem comum e o bem individual e, como por natureza tendem para o benefício individual, acabam por promover o benefício comum. Mas o homem, cuja alegria consiste em se comparar, só encontra felicidade na comparação com os outros homens, só pode apreciar o que é eminente.

[87] Terceiro, como essas criaturas não possuem (ao contrário do homem) o uso da razão, elas não veem nem julgam ver nenhuma falha na administração de suas atividades em comum. Ao passo que entre os homens são muitos os que se julgam mais sábios e mais capacitados do que os outros para o exercício do poder público. E esses esforçam-se por empreender reformas e inovações, uns de uma maneira e outros doutra, acabando assim por levar o país à perturbação e à guerra civil.

Quarto, essas criaturas, embora façam certo uso da voz para dar a conhecer umas às outras os seus desejos e outras inclinações, carecem daquela arte das palavras mediante a qual alguns homens são capazes de descrever aos outros o que é bom sob a aparência do mal, e o que é mau sob a aparência do bem; e aumentar ou diminuir a manifesta grandeza do bem ou do mal, semeando o descontentamento entre os homens e perturbando a seu bel-prazer a paz em que os outros vivem.

Quinto, as criaturas irracionais são incapazes de distinguir entre *dano* e *prejuízo*, e consequentemente basta que estejam satisfeitas para nunca se ofenderem com os seus semelhantes. O homem, por sua vez, é tanto mais implicativo quanto mais satisfeito se sente, pois é neste caso que tende mais para exibir a sua sabedoria e para controlar as ações dos que governam a república.

Por último, o acordo vigente entre essas criaturas é natural; o dos homens se dá apenas através de um pacto, que é artificial. Portanto, não é de admirar que seja necessária alguma coisa mais, além de um pacto, para tornar constante e duradou-

XVII. Das Causas de uma República

ro o seu acordo; ou seja, um poder comum que os mantenha em respeito, e que dirija as suas ações para o benefício comum.

A única maneira de instituir um tal poder comum, capaz de os defender das invasões dos estrangeiros e dos danos uns dos outros, garantindo-lhes assim uma segurança suficiente para que, mediante o seu próprio labor e graças aos frutos da terra, possam alimentar-se e viver satisfeitos, é conferir toda a sua força e poder a um homem, ou a uma assembleia de homens, que possa reduzir todas as suas vontades, por pluralidade de votos, a uma só vontade. Isso equivale a dizer: designar um homem ou uma assembleia de homens como portador de suas pessoas, admitindo-se e reconhecendo-se cada um como autor de todos os atos que aquele que assim é portador de sua pessoa praticar ou levar a praticar, em tudo o que disser respeito à paz e à segurança comuns; todos submetendo desse modo as suas vontades à vontade dele, e as suas decisões à sua decisão. Isto é mais do que consentimento ou concórdia, é uma verdadeira unidade de todos eles, numa só e mesma pessoa, realizada por um pacto de cada homem com todos os homens, de um modo que é como se cada homem dissesse a cada homem: *Autorizo e transfiro o meu direito de me governar a mim mesmo a este homem, ou a esta assembleia de homens, com a condição de transferires para ele o teu direito, autorizando de uma maneira semelhante todas as suas ações*. Feito isto, à multidão assim unida numa só pessoa chama-se REPÚBLICA*, em latim CIVITAS. É esta a geração daquele grande LEVIATÃ, ou antes (para falar em termos mais reverentes) daquele *Deus mortal*, ao qual devemos, abaixo do *Deus imortal*, a nossa paz e defesa. Pois, graças a esta autoridade que lhe é dada por cada indivíduo na república, é-lhe conferido o uso de tamanho poder e força que o terror assim inspirado o torna capaz de *con*¹ formar as vontades de

A geração de uma república.

[88]

---

¹ Aqui há uma supressão (ver p. LXI), substituindo "per".
* No original, *commonwealth*. Embora na Introdução desta obra Hobbes tenha traduzido *civitas* como "Estado" e "república" (ver p. 11), é notável sua preferência por este último termo. Talvez isso se deva à intenção de deixar mais clara a ideia de um governo por consentimento, ou até mesmo de estabelecer alguma ligação entre o Leviatã e o governo republicano. No capítulo XXVI adiante, o autor voltará a traduzir *civitas* por *commonwealth*, ou república. (N. da R. T.)

todos eles, no sentido da paz no seu próprio país, e da ajuda mútua contra os inimigos estrangeiros. É nele que consiste a essência da república, a qual pode ser assim definida: *uma pessoa de cujos atos uma grande multidão, mediante pactos recíprocos uns com os outros, foi instituída por todos como autora, de modo que ela pode usar a força e os recursos de todos, da maneira que considerar conveniente, para assegurar a paz e a defesa comuns.*

<small>*A definição de uma república.*</small>

<small>*O que são soberano e súdito.*</small>

Àquele que é portador dessa pessoa chama-se SOBERANO, e dele se diz que possui *poder soberano*. Todos os demais são SÚDITOS.

Esse poder soberano pode ser adquirido de duas maneiras. Uma delas é a força natural, como quando um homem obriga os seus filhos a submeterem-se e a submeterem os seus próprios filhos à sua autoridade, na medida em que é capaz de os destruir em caso de recusa. Ou como quando um homem sujeita através da guerra os seus inimigos à sua vontade, concedendo-lhes a vida com essa condição. A outra é quando os homens concordam entre si em se submeterem a um homem, ou a uma assembleia de homens, voluntariamente, confiando que serão protegidos por ele contra os outros. Esta última pode ser chamada uma república política, ou por *instituição*. À primeira pode chamar-se uma república por *aquisição*. Vou em primeiro lugar referir-me à república por instituição.

CAP. XVIII
Dos DIREITOS *dos Soberanos por Instituição*

<small>*O que é o ato de instituir uma república.*</small>

Considera-se que uma *república* tenha sido *instituída* quando uma *multidão* de homens concorda e *pactua, cada um com cada um dos outros*, que a qualquer *homem* ou *assembleia de homens* a quem seja atribuído pela maioria o *direito de representar* a pessoa de todos eles (ou seja, de ser o seu *representante*), todos sem

XVIII. Dos Direitos dos Soberanos por Instituição

exceção, tanto os que *votaram a favor dele* como os que *votaram contra ele*, deverão *autorizar* todos os atos e decisões desse homem ou assembleia de homens, tal como se fossem os seus próprios atos e decisões, a fim de viverem em paz uns com os outros e serem protegidos dos demais homens.

É desta instituição da república que derivam todos os *direitos* e *faculdades* daquele ou daqueles a quem o poder soberano é conferido, mediante o consentimento do povo reunido.

As consequências dessa instituição são:

Em primeiro lugar, na medida em que pactuam, deve entender-se que não se encontram obrigados por um pacto anterior a nada que contradiga o atual. Consequentemente, aqueles que já instituíram uma república, dado que são obrigados pelo pacto a reconhecer como seus os atos e decisões de alguém, não podem licitamente celebrar entre si um novo pacto de obediência a outrem, seja no que for, sem sua licença. Portanto, os súditos de um monarca não podem sem licença deste renegar a monarquia, voltando à confusão de uma multidão desunida, nem transferir sua pessoa daquele que dela é portador para outro homem, ou outra assembleia de homens. Pois são obrigados, cada homem perante cada homem, a reconhecer e a ser considerado autor de tudo quanto aquele que já é seu soberano fizer e considerar bom fazer, já que a dissensão de alguém levaria todos os demais a romper o pacto feito com esse alguém, o que constitui injustiça. Além disso, cada homem conferiu a soberania àquele que é portador da sua pessoa, e por isso se o depuserem estarão-lhe tirando o que lhe pertence, o que também constitui injustiça. Mais ainda, se aquele que tentar depor o seu soberano for morto, ou por ele castigado devido a essa tentativa, será o autor do seu próprio castigo, dado que por instituição é autor de tudo quanto o seu soberano fizer. E, como constitui injustiça alguém praticar qualquer ato em razão do qual possa ser castigado pela sua própria autoridade, também a esse título ele estará sendo injusto. E quanto aos homens que usaram de pretexto para sua desobediência ao seu soberano um novo pacto, não com homens, mas com Deus, também isto é injusto, pois não há pacto com Deus a não ser

1. Os súditos não podem mudar a forma de governo.

[89]

pela mediação de algum corpo que represente a pessoa de Deus, e disso somente é capaz o lugar-tentente de Deus, o detentor da soberania abaixo de Deus. Mas esse pretexto de um pacto com Deus é uma mentira tão evidente, mesmo perante a própria consciência de quem tal pretexta, que não constitui apenas um ato injusto, mas também um ato próprio de um caráter vil e inumano.

2. Não se perde o direito ao poder soberano.

Em segundo lugar, como o direito de portar a pessoa de todos é conferido ao que é tornado soberano mediante um pacto celebrado apenas entre cada um e cada um, e não entre o soberano e cada um dos outros, não pode haver quebra do pacto da parte do soberano; consequentemente nenhum dos súditos pode libertar-se da sujeição, sob qualquer pretexto de que o soberano transgrediu seus direitos. É evidente que quem é tornado soberano não faz antecipadamente nenhum pacto com os seus súditos, porque teria ou que o celebrar com toda a multidão, na qualidade de parte do pacto, ou que celebrar diversos pactos, um com cada um deles. Com o todo, na qualidade de parte, é impossível, porque nesse momento eles ainda não constituem uma pessoa. E se fizer tantos pactos quantos forem os homens, depois de ele receber a soberania esses pactos serão nulos, pois qualquer ato que um deles possa alegar como rompimento do pacto será um ato praticado tanto por ele mesmo como por todos os outros, porque será um ato praticado na pessoa e pelo direito de cada um deles em particular. Além disso, se algum ou mais de um deles alegar que houve rompimento do pacto feito pelo soberano quando da sua instituição, e outros ou um só dos seus súditos, ou mesmo apenas ele próprio, alegar que não houve tal rompimento, não haverá nesse caso nenhum juiz capaz de decidir a controvérsia. Há portanto um retorno à guerra, e cada um recupera o direito de se defender com sua própria força, contrariamente à intenção que o levara àquela instituição. Portanto, é inútil conferir a soberania à guisa de um pacto anterior. A opinião segundo a qual qualquer monarca recebe o seu poder de um pacto, quer dizer, condicionalmente, deriva de não se compreender esta simples verdade: que os pactos, não passando de palavras e vento, não

XVIII. Dos Direitos dos Soberanos por Instituição

têm nenhuma força para obrigar, dominar, constranger ou proteger ninguém, a não ser a que deriva da espada pública; ou seja, das mãos livres e sem peias daquele homem, ou assembleia de homens, que detém a soberania, cujas ações são garantidas por todos e realizadas pela força de todos os que nele se encontram unidos. Ora, quando se confere a soberania a uma assembleia de homens, ninguém imagina que um tal pacto tenha ocorrido no momento da instituição. Pois ninguém é suficientemente tolo para dizer, por exemplo, que o povo de *Roma* fez um pacto com os romanos para deter a soberania sob tais e tais condições, as quais, quando não cumpridas, dariam aos romanos o direito de depor o povo de Roma. O fato de os homens não verem a razão para que se passe o mesmo numa monarquia e num governo popular deriva da ambição de alguns, que são mais indulgentes com o governo de uma assembleia, da qual podem ter a esperança de vir a participar, do que o de uma monarquia, da qual é impossível esperarem desfrutar.

[90]

Em terceiro lugar, se a maioria, por voto de consentimento, escolher um soberano, os que tiverem discordado devem passar a consentir juntamente com os restantes. Ou seja, devem aceitar reconhecer todos os atos que ele venha a praticar, ou então serem justamente destruídos pelos restantes. Aquele que voluntariamente ingressou na congregação dos que constituíam a assembleia declarou suficientemente com esse ato a sua vontade (e portanto tacitamente fez um pacto) de se conformar ao que a maioria decidir. Portanto, se depois se recusar a aceitar ou protestar contra qualquer dos seus decretos, age contrariamente ao pacto, isto é, age injustamente. E quer faça parte da congregação, quer não faça, e quer o seu consentimento seja pedido, quer não seja, ou terá que se submeter aos seus decretos ou será deixado na condição de guerra em que antes se encontrava, e na qual pode, sem injustiça, ser destruído por qualquer um.

3. Ninguém pode, sem injustiça, protestar contra a instituição do soberano apontado pela maioria.

Em quarto lugar, dado que todo súdito é por instituição autor de todos os atos e decisões do soberano instituído, segue-se que nada do que este faça pode ser considerado dano a nenhum dos seus súditos, e que nenhum deles o pode acusar

4. Não há justiça nas acusações que o súdito faça aos atos dos soberanos.

Parte 2 – Da República

de injustiça. Pois quem faz alguma coisa em virtude da autoridade de um outro não pode nunca causar injúria àquele em virtude de cuja autoridade está agindo. Ao contrário, por meio dessa instituição da república, cada indivíduo é autor de tudo quanto o soberano fizer; por consequência aquele que se queixar de dano causado pelo seu soberano estará se queixando daquilo de que ele próprio é autor, portanto não deve acusar ninguém a não ser a si próprio; e não pode acusar-se a si próprio de dano, pois causar dano a si próprio é impossível. É certo que os detentores do poder soberano podem cometer iniquidades, mas não podem cometer injustiça nem dano em sentido próprio.

5. Nada que o soberano faz pode ser punido pelo súdito.

Em quinto lugar, e em consequência do que foi dito por último, aquele que detém o poder soberano não pode justamente ser morto, nem de nenhuma outra maneira pode ser punido pelos seus súditos. Pois, uma vez que todo súdito é autor dos atos do seu soberano, cada um estaria castigando outrem pelos atos cometidos por si mesmo.

6. O soberano é juiz do que é necessário para a paz e defesa dos seus súditos.

Visto que o fim dessa instituição é a paz e a defesa de todos, e visto que quem tem direito a um fim tem direito aos meios, pertence de direito a qualquer homem ou assembleia que detenha a soberania ser juiz tanto dos meios para a paz e a defesa como de tudo o que possa perturbar ou dificultar estas últimas; e fazer tudo o que considere necessário ser feito, tanto antecipadamente, para a preservação da paz e da segurança, mediante a prevenção da discórdia interna e da hostilidade externa, quanto também, depois de perdidas a paz e a segurança, para a recuperação de ambas.

[91]

E juiz de quais doutrinas são próprias para lhes serem ensinadas.

Em sexto lugar, pertence à soberania ser juiz de quais as opiniões e doutrinas são contrárias à paz, e quais as que lhe são propícias. E, em consequência, de em que ocasiões, até que ponto e o que se deve conceder àqueles que falam a multidões de pessoas, e de quem deve examinar as doutrinas de todos os livros antes de serem publicados. Pois as ações dos homens derivam das suas opiniões, e é no bom governo das opiniões que consiste o bom governo das ações dos homens, tendo em vista

XVIII. Dos Direitos dos Soberanos por Instituição

a paz e a concórdia entre eles. E embora em matéria de doutrina não se deva olhar para nada senão para a verdade, nada se opõe à sua regulação em função da paz. Pois uma doutrina contrária à paz não pode ser verdadeira, tal como a paz e a concórdia não podem ser contrárias à lei de natureza. É certo que, numa república em que, devido à negligência ou incapacidade dos governantes e dos mestres, venham a ser geralmente aceitas falsas doutrinas, as verdades contrárias podem ser geralmente ofensivas. Mas mesmo a mais brusca e repentina irrupção de uma nova verdade nunca vem quebrantar a paz: pode apenas às vezes despertar a guerra. Pois os homens que são tão desleixadamente governados que chegam a ousar pegar em armas para defender ou impor uma opinião, esses encontram-se ainda em condição de guerra. A sua situação não é de paz, mas apenas uma suspensão de hostilidades por medo uns dos outros. É como se vivessem continuamente num prelúdio de batalha. Portanto, compete ao detentor do poder soberano ser o juiz, ou constituir todos os juízes de opiniões e doutrinas, como coisa necessária para a paz, evitando assim a discórdia e a guerra civil.

Em sétimo lugar, está anexado à soberania todo o poder de prescrever as regras através das quais todo homem pode saber quais os bens de que pode gozar e quais ações pode praticar, sem ser incomodado por nenhum dos seus concidadãos: é a isto que os homens chamam *propriedade*. Porque antes da constituição do poder soberano (conforme já foi mostrado) todos os homens tinham direito a todas as coisas, o que necessariamente provocava a guerra. Portanto, esta propriedade, dado que é necessária à paz e depende do poder soberano, é um ato desse poder, tendo em vista a paz pública. Essas regras da propriedade (ou *meum* e *tuum*), tal como o *bom* e o *mau*, ou o *lícito* e o *ilícito* nas ações dos súditos, são as leis civis, ou seja, as leis de cada república específica, embora hoje o nome de direito civil se aplique apenas às antigas leis civis da cidade de *Roma*, pois, sendo esta a capital de uma grande parte do mundo, as suas leis eram nesse tempo o direito civil dessa região.

7. *O direito de fazer regras pelas quais todos os súditos possam saber o que lhes pertence, e nenhum outro súdito pode tirar-lhes sem injustiça.*

Parte 2 – Da República

8. Também a ele pertencem a autoridade judicial e a decisão das controvérsias:

Em oitavo lugar, está anexada à soberania a autoridade judicial, quer dizer, o direito de ouvir e julgar todas as controvérsias que possam surgir com respeito às leis, tanto civis como naturais, ou com respeito aos fatos. Porque sem a decisão das controvérsias não pode haver proteção de um súdito contra os danos de um outro. Serão em vão as leis relativas ao *meum* e ao *tuum*, e a cada homem pertence, devido ao natural e necessário apetite da sua própria conservação, o direito de se proteger a si mesmo com a sua força individual, o que é uma condição de guerra, contrária aos fins que levaram à instituição de cada república.

9. E de fazer a guerra e a paz, como lhe parecer melhor:

Em nono lugar, está anexado à soberania o direito de fazer a guerra e a paz com outras nações e repúblicas. Quer dizer, o de decidir quando a guerra corresponde ao bem comum e qual a quantidade de forças que devem ser reunidas, armadas e pagas para esse fim, e de arrecadar dinheiro entre os súditos, a fim de pagar as suas despesas. Porque o poder mediante o qual o povo vai ser defendido consiste nos seus exércitos, e a força de um exército consiste na união das suas forças sob um comando único. Poder que pertence, consequentemente, ao soberano instituído, pois o comando da *militia*, na ausência de outra instituição, torna soberano aquele que o possui. Portanto, seja quem for o escolhido para general de um exército, aquele que possui o poder soberano é sempre o generalíssimo.

10. E de escolher todos os conselheiros e ministros, tanto da paz como da guerra:

Em décimo lugar, está anexada à soberania a escolha de todos os conselheiros, ministros, magistrados e funcionários, tanto na paz como na guerra. Dado que o soberano está encarregado dos fins, que são a paz e a defesa comuns, entende-se que ele possui o poder de usar aqueles meios que considerar mais adequados para o seu propósito.

11. E de compensar e punir, e (quando nenhuma lei precedente tenha determinado a sua medida) de fazê-lo a seu arbítrio:

Em décimo primeiro lugar, é confiado ao soberano o direito de recompensar com riquezas e honras, e o de punir, com castigos corporais ou pecuniários, ou com a ignomínia, qualquer súdito, de acordo com a lei que previamente estabeleceu. Caso não haja lei estabelecida, de acordo com o que considerar mais capaz de incentivar os homens a servir a república, ou de desestimular a prática de desserviços a ela.

XVIII. Dos Direitos dos Soberanos por Instituição

Por último, levando em conta os valores que os homens tendem naturalmente a atribuir a si mesmos, o respeito que esperam receber dos outros, e o pouco valor que atribuem aos outros homens – o que dá origem entre eles a uma emulação constante, assim como querelas, facções, e por último à guerra, à destruição de uns pelos outros e à diminuição da sua força perante um inimigo comum –, tudo isto torna necessário que existam leis de honra, e uma avaliação pública da dignidade dos homens que merecem, ou que são capazes de bem merecer da república; e também que seja posta força nas mãos de alguns, a fim de dar execução a essas leis. Mas já foi mostrado que não é apenas a *militia* inteira, ou forças da república, mas também o julgamento de todas as controvérsias, que pertence à soberania. Ao soberano compete pois também conceder títulos de honra, e designar a ordem de lugar e dignidade que cabe a cada um, assim como quais os sinais de respeito, nos encontros públicos ou privados, que devem manifestar uns para com os outros.

12. E da honra e da ordem.

São estes os direitos que constituem a essência da soberania, e são as marcas pelas quais se pode distinguir em que homem, ou assembleia de homens, se localiza e reside o poder soberano. Porque esses direitos são incomunicáveis e inseparáveis. O poder de cunhar moeda, de dispor das propriedades e pessoas dos infantes herdeiros, de ter opção de compra nos mercados, assim como todas as outras prerrogativas legais, pode ser transferido pelo soberano, sem que por isso perca o poder de proteger os seus súditos. Mas se transferir o comando da *militia* será em vão que conservará o poder judicial, pois as leis não poderão ser executadas. Se alienar o poder de recolher impostos, o comando da *militia* será em vão, e se renunciar à regulação das doutrinas os súditos serão levados à rebelião com medo a espíritos. Se examinarmos cada um dos referidos direitos, imediatamente veremos que conservar todos os outros menos ele não produzirá nenhum efeito para a preservação da paz e da justiça, que é o fim em vista do qual todas as repúblicas são instituídas. E esta é a divisão da qual se diz que *um reino*

Esses direitos são indivisíveis.

[93]

dividido em si mesmo não se pode manter, pois, a menos que esta divisão anteriormente se verifique, a divisão em exércitos opostos jamais poderá ocorrer. Se ao princípio não houvesse sido aceita, na maior parte da *Inglaterra*, a opinião segundo a qual esses poderes eram divididos entre o rei e os Lordes e a Câmara dos Comuns, o povo jamais haveria se dividido nem caído nesta guerra civil: primeiro entre *os que discordavam em matéria de política, e depois entre os dissidentes acerca da liberdade de religião*[1]; lutas que de tal modo instruíram os homens quanto a este ponto do direito do soberano que poucos há hoje (na *Inglaterra*) que não vejam que esses direitos são inseparáveis, e assim serão universalmente reconhecidos quando se restituir a paz; e assim continuarão, até que essas desgraças sejam esquecidas, e não mais do que isso, a não ser que o vulgo seja mais bem-educado do que tem sido até agora.

E por nenhuma outorga podem ser transferidos sem direta renúncia ao poder soberano.

E como se trata de direitos essenciais e inseparáveis, segue-se necessariamente que, quaisquer que sejam as palavras em que qualquer deles pareça ser alienado, mesmo assim, se não se renunciar em termos expressos ao próprio poder soberano, e o nome de soberano não mais for dado pelos outorgados àquele que a eles outorga, nesse caso a outorga é nula: porque depois de ele ter outorgado tudo quanto queira, se lhe outorgamos de volta a soberania, tudo fica assim restabelecido, e inseparavelmente anexado a ele.

O poder e honra dos súditos se desvanece na presença do poder soberano.

Como esta grande autoridade é indivisível e inseparavelmente anexada à soberania, há pouco fundamento para a opinião dos que afirmam que os reis soberanos, embora sejam *singulis majores*, ou seja, tenham maior poder do que qualquer dos seus súditos, são *universus minores*, isto é, têm menos poder do que eles todos juntos. Porque, se por *todos juntos* não entendem o corpo coletivo como uma pessoa, nesse caso *todos juntos* e *cada um* significam o mesmo, e o discurso é absurdo. Mas, se por *todos juntos* os entendem como uma pessoa (pessoa da qual

---

[1] O manuscrito do copista vem assim redigido: as facções temporais de parlamentaristas e realistas, sob o nome de *Roundheads* e *Cavaliers*, e posteriormente entre as facções doutrinais de presbiterianos e independentes.

XVIII. *Dos Direitos dos Soberanos por Instituição*

o soberano é portador), nesse caso ao poder de todos juntos é o mesmo que o poder do soberano, e mais uma vez o discurso é absurdo; absurdo esse que veem com clareza sempre que a soberania reside numa assembleia do povo, mas que num monarca não veem. E no entanto o poder da soberania é o mesmo, seja a quem for que pertença.

E do mesmo modo que o poder, também a honra do soberano deve ser maior do que a de qualquer um, ou a de todos os seus súditos. Porque é na soberania que está a fonte da honra. Os títulos lorde, conde, duque e príncipe são suas criaturas. Tal como na presença do amo os servos são iguais, e não possuem nenhuma espécie de honra, assim também o são os súditos na presença do soberano. E embora quando não estão na sua presença alguns tenham mais brilho, e outros menos, perante ele não brilham mais do que as estrelas na presença do sol.

Mas poderia aqui objetar-se que a condição de súdito é muito miserável, pois se encontra sujeita à lascívia e a outras paixões irregulares daquele ou daqueles que detêm nas suas mãos poder tão ilimitado. Geralmente os que vivem sob um monarca pensam que isso é culpa da monarquia, e os que vivem sob o governo de uma democracia, ou de outra assembleia soberana, atribuem todos os inconvenientes a essa forma de república. Ora, o poder é sempre o mesmo, sob todas as formas, se estas forem suficientemente perfeitas para proteger os súditos. E isto sem levar em conta que o estado do homem nunca pode deixar de ter uma ou outra incomodidade, e que a maior que é possível cair sobre o povo em geral, em qualquer forma de governo, é de pouca monta quando comparada com as misérias e horríveis calamidades que acompanham a guerra civil, ou aquela condição dissoluta de homens sem senhor, sem sujeição às leis e a um poder coercitivo capaz de atar as suas mãos, impedindo a rapina e a vingança. E também sem levar em conta que o que mais impulsiona os soberanos governantes não é nenhum deleite ou proveito que esperem recolher do prejuízo ou debilitamento causado aos seus súditos, em cujo vigor consiste a sua própria força e glória, e sim a obstinação

[94]

O poder soberano não é tão prejudicial como a sua falta, e o prejuízo deriva na sua maior parte de não haver pronta aceitação de um prejuízo menor.

daqueles que, contribuindo de má vontade para a sua própria defesa, tornam necessário que os governantes deles arranquem tudo o que podem em tempo de paz, a fim de obterem os meios para resistir ou vencer os seus inimigos, em qualquer emergência ou súbita necessidade. Porque todos os homens são dotados por natureza de grandes lentes de aumento (ou seja, as paixões e o amor-próprio), através das quais todo pequeno pagamento aparece como um imenso agravo; mas são destituídos daquelas lentes prospectivas (a saber, a ciência moral e civil) que permitem ver de longe as misérias que os ameaçam, e que sem tais pagamentos não podem ser evitadas.

CAP. XIX
Das diversas Espécies de República *por Instituição e da Sucessão do Poder Soberano*

São apenas três as distintas formas de república.

A diferença entre as repúblicas consiste na diferença do soberano, ou pessoa representante de todos e cada um dos membros da multidão. E como a soberania ou reside em um homem ou em uma assembleia de mais de um, e que em tal assembleia ou todos têm o direito de participar, ou nem todos, mas apenas certos homens distintos dos restantes, torna-se evidente que só pode haver três espécies de república. Pois o representante é necessariamente um homem ou mais de um, e caso seja mais de um a assembleia será de todos ou apenas de uma parte. Quando o representante é um só homem, a república é uma Monarquia. Quando é uma assembleia de todos os que se uniram, é uma Democracia, ou governo popular. Quando é uma assembleia apenas de uma parte, chama-se-lhe

XIX. Das diversas Espécies de República

ARISTOCRACIA. Não pode haver outras espécies de governo, porque o poder soberano pleno (que já mostrei ser indivisível) tem que pertencer a um ou mais homens, ou a todos.
Encontramos outros nomes de espécies de governo, como *tirania* e *oligarquia*, nos livros de história e de política. Porém não se trata de nomes de outras formas de governo, e sim das mesmas formas quando são detestadas. Pois os que estão descontentes sob uma *monarquia* chamam-lhe *tirania*, e aqueles que se acham agravados sob uma *aristocracia* chamam-lhe *oligarquia*. Do mesmo modo, os que se sentem agravados sob uma *democracia* chamam-lhe *anarquia* (o que significa ausência de governo), embora, creio eu, ninguém pense que a ausência de governo é uma nova espécie de governo. Pela mesma razão, também não devem as pessoas pensar que o governo é de uma espécie quando gostam dele, e de uma espécie diferente quando o detestam ou quando são oprimidos pelos governantes.

É evidente que os homens que se encontrarem numa situação de absoluta liberdade poderão, se lhes aprouver, conferir a um só homem a autoridade de representar todos eles, ou então conferir essa autoridade a qualquer assembleia de homens. Poderão portanto, se tal considerarem conveniente, submeter-se a um monarca de maneira tão absoluta como a qualquer outro representante. Assim, quando já estiver instituído um poder soberano, só será possível haver outro representante das mesmas pessoas para determinados fins particulares, definidos pelo próprio soberano. Caso contrário, instituir-se-iam dois soberanos, tendo cada homem a sua pessoa representada por dois atores, os quais se oporiam um ao outro, e assim necessariamente dividiriam esse poder que, para que o povo possa viver em paz, tem que ser indivisível. Dessa forma, a multidão seria reduzida a uma situação de guerra, contrariamente ao fim para que é instituída toda e qualquer soberania. Portanto, do mesmo modo que seria absurdo supor que uma assembleia soberana, ao convidar o povo dos seus domínios a enviar os seus deputados, com poder para dar a conhecer as suas opiniões ou desejos, estaria assim considerando esses deputados, e não os mem-

[95]
Tirania e oligarquia, apenas nomes diferentes da monarquia e da aristocracia.

Os representantes subordinados são perigosos.

Parte 2 – Da República

bros da própria assembleia, como representantes absolutos do povo, também seria absurdo supor o mesmo numa monarquia. E não compreendo como uma verdade tão evidente como esta pode ultimamente ter sido tão pouco observada: numa monarquia, quem detinha a soberania por uma descendência de seiscentos anos era o único a ser chamado soberano, havia recebido de cada um de seus súditos o título de majestade, e era inquestionavelmente considerado por todos como seu rei, e contudo jamais foi considerado seu representante, sendo esta palavra tomada, sem que ninguém o contradissesse, como o título daqueles que, por ordem do rei, foram designados pelo povo para apresentar as suas petições e (caso o rei o permitisse) para exprimir as suas opiniões. Que isso sirva de advertência àqueles que são os verdadeiros e absolutos representantes do povo, a fim de ensinarem a todos a natureza do seu cargo e tomarem cuidado com a maneira como admitem a existência de qualquer outra representação geral, em qualquer ocasião que seja, se pretenderem corresponder à confiança neles depositada.

Comparação da monarquia com assembleias soberanas.

A diferença entre essas três espécies de república não reside numa diferença de poder, mas numa diferença de conveniência, isto é, de capacidade para garantir a paz e a segurança do povo, fim para o qual foram instituídas. Comparando a monarquia com as outras duas, impõem-se várias observações. Em primeiro lugar, seja quem for o portador da pessoa do povo, ou membro da assembleia que dela é portadora, é também portador da sua própria pessoa natural. Embora tenha o cuidado, na sua pessoa política, de promover o interesse comum, terá mais ainda, ou não terá menos cuidado de promover o seu próprio bem pessoal, assim como o da sua família, seus parentes e amigos. E, na maior parte dos casos, se porventura houver conflito entre o interesse público e o interesse pessoal, preferirá o interesse pessoal, pois em geral as paixões humanas são mais fortes do que a razão. Disso se segue que, quanto mais intimamente unidos estiverem o interesse público e o interesse pessoal, mais se beneficiará o interesse público. Ora, na monarquia o

XIX. Das diversas Espécies de República

interesse pessoal é o mesmo que o interesse público. A riqueza, o poder e a honra de um monarca provêm unicamente da riqueza, da força e da reputação dos seus súditos. Porque nenhum rei pode ser rico ou glorioso, ou pode ter segurança, se acaso os seus súditos forem pobres, ou desprezíveis, ou demasiado fracos, por carência ou dissensão, para manter uma guerra contra os seus inimigos. Por outro lado, numa democracia ou numa aristocracia a prosperidade pública concorre menos para a fortuna pessoal de alguém que seja corrupto ou ambicioso do que, muitas vezes, uma decisão pérfida, uma ação traiçoeira ou uma guerra civil.

Em segundo lugar, um monarca recebe conselhos de quem lhe apraz, e quando e onde lhe apraz. Em consequência, tem a possibilidade de ouvir as pessoas versadas na matéria sobre a qual está deliberando, seja qual for a posição ou a qualidade dessas pessoas, com a antecedência que quiser em relação ao momento da ação, e com o sigilo que quiser. Pelo contrário, quando uma assembleia soberana precisa de conselhos, só são admitidas as pessoas que desde o início a tal têm direito, as quais na sua maioria são mais versadas na aquisição de riquezas do que na de conhecimentos, e darão o seu conselho em longos discursos, que podem incitar os homens à ação, e geralmente o fazem, mas jamais os refreiam de agir. Porque o *entendimento*, submetido à chama das paixões, jamais é iluminado, mas sempre ofuscado. E nunca há lugar nem tempo em que uma assembleia possa receber conselhos em sigilo, devido à sua própria multidão.

Em terceiro lugar, as resoluções de um monarca estão sujeitas a uma única inconstância, que é a da natureza humana, ao passo que nas assembleias, além da natureza, verifica-se a inconstância do número. Porque a ausência de uns poucos, que poderiam manter firme a resolução uma vez tomada (ausência que pode ocorrer por segurança, por negligência ou por impedimentos pessoais), ou a diligente aparição de uns poucos da opinião contrária pode desfazer hoje tudo o que ontem ficou decidido.

Parte 2 – Da República

Em quarto lugar, é impossível um monarca discordar de si mesmo, seja por inveja ou por interesse; mas numa assembleia isso é possível, e em grau tal que pode chegar a provocar uma guerra civil.

Em quinto lugar, numa monarquia existe o inconveniente de qualquer súdito poder ser, pelo poder de um só homem, e com o fim de enriquecer um favorito ou um adulador, privado de tudo quanto possui. Este, confesso, é um grande e inevitável inconveniente. Mas o mesmo pode também acontecer quando o poder soberano reside numa assembleia, pois o seu poder é o mesmo, e os seus membros encontram-se tão sujeitos aos maus conselhos, ou a serem seduzidos por oradores, como um monarca por aduladores; e, tornando-se aduladores uns dos outros, servem mutuamente à cobiça e à ambição uns dos outros. E enquanto os favoritos de um monarca são poucos, e ele tem para favorecer apenas os seus parentes, os favoritos de uma assembleia são muitos, e os parentes são em muito maior número do que os de um monarca. Além do mais, não há favorito de um monarca que não seja tanto capaz de ajudar os seus amigos como de prejudicar os seu inimigos. Ora, oradores, ou seja, os favoritos das assembleias soberanas, embora possuam grande poder para prejudicar, pouco têm para ajudar. Porque acusar exige menos eloquência (assim é a natureza do homem) do que desculpar, e a condenação se parece mais com a justiça do que com a absolvição.

Em sexto lugar, há na monarquia o inconveniente de ser possível a soberania ser herdada por uma criança, ou por alguém incapaz de distinguir entre o bem e o mal. O inconveniente reside no fato de ser necessário que o uso do poder fique nas mãos de um outro homem, ou nas de uma assembleia, que deverá governar pelo seu direito e em seu nome, como curador e protetor da sua pessoa e autoridade. Mas dizer que é inconveniente pôr o uso do poder soberano nas mãos de um homem ou de uma assembleia é dizer que todo governo é mais inconveniente do que a confusão e a guerra civil. E todo o perigo que se pode alegar só virá, portanto, das lutas entre aque-

XIX. Das diversas Espécies de República

les que, por causa de um cargo de tamanha honra e proveito, se tornarão competidores. Para ver claramente que este inconveniente não se deve à forma de governo a que chamamos monarquia, basta lembrar que o monarca anterior pode indicar o tutor do infante seu sucessor, quer expressamente, por testamento, quer tacitamente, não se opondo ao costume que neste caso é normal. Assim, tal inconveniente (se existir) não deverá ser atribuído à monarquia, mas à ambição e injustiça dos súditos, que são as mesmas em todas as espécies de governo em que o povo não é competentemente instruído quanto aos seus deveres e quanto aos direitos da soberania. No caso de o monarca anterior não haver tomado nenhuma medida quanto a essa tutoria, basta a lei de natureza para fornecer esta regra suficiente: que o tutor seja aquele que por natureza tenha maior interesse na preservação da autoridade do infante, e a quem menos beneficie a sua morte, ou a diminuição dessa autoridade. Pois, como por natureza todo homem procura o seu próprio interesse e benefício, colocar o infante nas mãos de quem possa beneficiar-se com a sua destruição ou prejuízo não é tutoria, mas traição. Portanto, se forem tomadas suficientes precauções contra qualquer justa querela a respeito do governo de um menor de idade, se surgir qualquer disputa que venha perturbar a paz pública, ela não deve ser atribuída à forma da monarquia, mas à ambição dos súditos e à ignorância do seu dever. Por outro lado, não há nenhuma grande república cuja soberania resida numa grande assembleia que não se encontre, quanto às consultas da paz e da guerra e quanto à elaboração das leis, na mesma situação de um governo pertencente a uma criança. Porque do mesmo modo que à criança falta julgamento para discordar dos conselhos que lhe dão, precisando portanto pedir a opinião daquele ou daqueles a quem foi confiada, assim também a uma assembleia falta liberdade para discordar do conselho da maioria, seja ele bom ou mau. E do mesmo modo que uma criança tem necessidade de um tutor ou protetor para preservar a sua pessoa e autoridade, assim também (nas grandes repúblicas) a assembleia soberana, por

Parte 2 – Da República

[98]

ocasião de todos os grandes perigos e perturbações, tem necessidade de *custodes libertatis*, ou seja, de ditadores e protetores da sua autoridade. Estes são o equivalente de monarcas temporários, aos quais ela pode entregar, por um tempo determinado, o completo exercício do seu poder. E tem acontecido mais frequentemente ela ser por eles privada do poder (ao fim desse tempo) do que os infantes serem privados dele pelos seus protetores, regentes ou quaisquer outros tutores.

Embora, conforme acabei de mostrar, as espécies de soberania sejam apenas três, ou seja, a monarquia, quando pertence a um só homem, a democracia, quando pertence à assembleia geral dos súditos, e a aristocracia, quando reside numa assembleia de certas pessoas designadas, ou de qualquer outra maneira distinguidas das demais, apesar disso, aquele que examinar as repúblicas específicas que efetivamente existiram e existem no mundo talvez não encontre facilidade em reduzi-las a três, podendo assim tender para acreditar que existem outras formas, derivadas da mistura daquelas três. Como por exemplo as monarquias eletivas, em que o poder soberano é colocado nas mãos dos reis por um tempo determinado, ou as monarquias em que o poder do rei é limitado, governos que não obstante são pela maior parte dos autores chamados monarquias. De maneira semelhante, se uma república popular ou aristocrática subjugar um país inimigo, e governar este último através de um presidente, um procurador ou outro magistrado, neste caso poderá parecer à primeira vista que se trata de um governo popular ou aristocrático. Mas não é esse o caso. Porque os monarcas eletivos não são soberanos, mas ministros dos que têm o poder soberano. E aquelas províncias que se encontram submetidas a uma democracia ou aristocracia de uma outra república não são democrática ou aristocraticamente governadas, e sim monarquicamente.

Em primeiro lugar, com respeito ao monarca eletivo, cujo poder está limitado à duração da sua vida, como acontece atualmente em muitas regiões da cristandade, ou a certos anos ou meses, como no caso do poder dos ditadores entre os romanos,

XIX. Das diversas Espécies de República

se ele tiver o direito de designar o seu sucessor não será mais eletivo, mas hereditário. Mas se ele não tiver o direito de escolher o seu sucessor, nesse caso haverá algum outro homem ou assembleia conhecida, que após a sua morte poderá indicar um novo monarca, pois caso contrário a república morreria e se dissolveria com ele, voltando à condição de guerra. Se for sabido quem terá o poder de conceder a soberania após a sua morte, será também sabido que já antes a soberania lhe pertencia. Porque ninguém tem o direito de dar aquilo que não tem o direito de possuir, e guardar para si mesmo se assim lhe aprouver. E se não houver ninguém com o poder de conceder a soberania, após a morte daquele que foi eleito em primeiro lugar, nesse caso este tem o poder, ou melhor, é obrigado pela lei de natureza a garantir, mediante a escolha do seu sucessor, que aqueles que lhe confiaram o governo não voltem a cair na miserável condição de guerra civil. Consequentemente, ele foi, quando eleito, designado como soberano absoluto.

Em segundo lugar, o rei cujo poder é limitado não é superior àquele ou àqueles que têm o direito de o limitar. E aquele que não é superior não é supremo, isto é, não é soberano. Portanto, a soberania sempre residiu naquela assembleia que teve o direito de o limitar, e em consequência o governo não é monarquia, mas democracia ou aristocracia, como acontecia antigamente em *Esparta*, onde os reis tinham o privilégio de comandar os seus exércitos, mas a soberania residia nos *éforos*. [99]

Em terceiro lugar, mesmo enquanto o povo romano governou a região da *Judeia* (por exemplo) através de um presidente, a *Judeia* jamais foi uma democracia, porque os seus habitantes não eram governados por uma assembleia da qual alguns deles tinham o direito de fazer parte; nem uma aristocracia, pois não eram governados por uma assembleia da qual qualquer um podia fazer parte por sua eleição. Eram governados por uma só pessoa que, embora em relação ao povo de *Roma* fosse uma assembleia do povo, ou democracia, em relação ao povo da *Judeia*, que não tinha nenhum direito de participar no governo, era um monarca. Pois embora quando o povo é governado por uma assembleia, escolhida por ele próprio em seu próprio seio, o governo se chame uma democracia ou aristocracia, quando o povo é governado por uma assembleia que não é da sua própria escolha, o governo é uma monarquia; não de *um* homem sobre outro homem, mas de um povo sobre outro povo.

Do direito de sucessão. Dado que a matéria de todas estas formas de governo é mortal, de modo que não apenas os monarcas morrem, mas também assembleias inteiras, é necessário para a conservação da paz entre os homens que, assim como foram tomadas medidas para a criação de um homem artificial, também sejam tomadas medidas para uma eternidade artificial da vida. Sem isso, os homens que são governados por uma assembleia voltarão à condição de guerra em cada geração, e com os que são governados por um só homem o mesmo acontecerá assim que morrer o seu governante. Esta eternidade artificial é o que se chama direito de *sucessão*.

Não existe nenhuma forma perfeita de governo em que a decisão da sucessão não se encontre nas mãos do soberano vigente. Porque se esse direito pertencer a qualquer outro homem, ou a qualquer assembleia particular, ele pertence a um súdito, e pode ser tomado pelo soberano a seu bel-prazer, e por consequência o direito pertence a ele próprio. Se o direito não pertencer a nenhuma pessoa em especial, e estiver na dependência de uma nova escolha, neste caso a república encontra-se dissolvida, e o direito pertence a quem dele puder se apoderar, contrariamente à intenção dos que instituíram a república, tendo em vista uma segurança perpétua e não apenas temporária.

Numa democracia é impossível que a assembleia inteira venha a faltar, a não ser que falte também a multidão que deverá ser governada. Portanto, as questões relativas ao direito de sucessão não podem ter lugar algum nessa forma de governo.

Numa aristocracia, quando morre qualquer dos membros da assembleia, a eleição de outro em seu lugar compete à própria assembleia, na qualidade de soberano a quem pertence o direito de escolher todos os conselheiros e funcionários. Pois tudo quanto o representante faz, como ator, cada um dos súdi-

XIX. Das diversas Espécies de República

tos faz também como autor. E embora a assembleia soberana possa dar a outrem os poderes para eleger novos membros para completar seu tribunal, mesmo assim continua a ser em virtude da sua autoridade que se faz a eleição, e por ela pode ser revogada, quando o interesse público assim o exigir.

O monarca atual tem o direito de dispor da sucessão.

Com respeito ao direito de sucessão, a maior dificuldade ocorre no caso da monarquia. E a dificuldade surge do fato de, à primeira vista, não ser evidente quem deve designar o sucessor, nem muitas vezes quem foi que ele designou. Porque em ambos os casos é necessária maior precisão de raciocínio do que geralmente se tem o costume de aplicar. Quanto ao problema de saber quem deve designar o sucessor de um monarca que é detentor da soberana autoridade, ou seja, quem deve determinar o direito de herança (dado que os monarcas eletivos não têm a propriedade, mas apenas o uso do poder soberano), deve-se admitir que ou aquele que tem a posse tem o direito de decidir a sucessão ou esse direito volta para a multidão dissolvida. Porque a morte daquele que tem a propriedade do poder soberano deixa a multidão destituída de qualquer soberano, isto é, sem nenhum representante no qual possa ser unida e tornar-se capaz de praticar qualquer espécie de ação. Ela fica, portanto, incapaz de proceder à eleição de um novo monarca, pois cada um tem igual direito de se submeter a quem considerar mais capaz de o proteger, ou então, se puder, de se proteger a si mesmo com a sua própria espada, o que equivale a um regresso à confusão e à condição de guerra de todos os homens contra todos os homens, contrariamente ao fim para que a monarquia foi instituída. Torna-se assim evidente que, pela instituição de uma monarquia, a escolha do sucessor é sempre deixada ao juízo e vontade do possessor atual.

[100]

Quanto ao problema que às vezes pode surgir, de saber quem foi que o atual monarca designou como herdeiro e sucessor do seu poder, este é determinado por palavras expressas, num testamento ou por outros sinais tácitos considerados suficientes.

Considera-se que há palavras expressas ou testamento quando tal é declarado em vida do soberano, *viva voce* ou por escri-

A sucessão passa por palavras expressas;

Parte 2 – Da República

to, como os primeiros imperadores de *Roma* declaravam quem deviam ser os seus herdeiros. Porque a palavra "herdeiro" não significa por si mesma os filhos ou parentes mais próximos de um homem, mas seja quem for que de qualquer modo este último declarar que deverá suceder-lhe em seu domínio. Portanto, se um monarca declarar expressamente que determinada pessoa deverá ser sua herdeira, quer oralmente quer por escrito, nesse caso essa pessoa será, imediatamente após o falecimento do seu predecessor, investida no direito de ser monarca.

Ou por não regular um costume;

Mas na ausência de testamento e palavras expressas é preciso guiar-se por outros sinais naturais da vontade, um dos quais é o costume. Portanto, quando o costume é que o parente mais próximo seja o sucessor absoluto, também nesse caso é o parente mais próximo quem tem direito à sucessão, visto que, se fosse diferente a vontade do que detinha o poder, facilmente ele poderia assim ter declarado quando em vida. De maneira semelhante, quando o costume é que o sucessor seja o parente masculino mais próximo, também nesse caso o direito de sucessão pertence ao parente masculino mais próximo, pela mesma razão. E o mesmo seria se o costume fosse dar preferência ao parente feminino. Porque seja qual for o costume que um homem tenha a possibilidade de regular através de uma palavra, e não o faz, está-se perante um sinal natural de que ele quer que esse costume se mantenha.

[101]

Ou pela presunção de afeição natural.

Mas quando não há costume ou testamento anterior, deve-se entender, primeiro, que a vontade do monarca é que o governo continue sendo monárquico, dado que aprovou essa forma de governo em si mesmo. Segundo, que o seu próprio filho, homem ou mulher, seja preferido a qualquer outro, dado que se supõe que os homens tendem por natureza a favorecer mais os seus próprios filhos do que os dos outros homens; e, de entre os seu filhos, mais os do sexo masculino que os do feminino, porque os homens são naturalmente mais capazes do que as mulheres para as ações que implicam esforço e perigo. Terceiro, caso não deixe descendentes, mais um irmão do que um estranho, e mesmo assim o de sangue mais próximo de preferência ao mais remoto, dado que se supõe que o parente mais chega-

XIX. Das diversas Espécies de República

do é também o mais chegado ao afeto, e é evidente que sempre se recebe, por reflexo, mais honra devido à grandeza do parente mais próximo.

Mas, sendo legítimo que um monarca decida a sua sucessão por palavras de contrato ou testamento, alguém poderá talvez objetar um grave inconveniente: que ele pode vender ou dar a um estrangeiro o seu direito de governar. Ora, como os estrangeiros (isto é, os homens que não estão habituados a viver sob o mesmo governo e não falam a mesma língua) geralmente dão pouco valor aos outros, isso poderia redundar na opressão dos súditos. Este é sem dúvida um grande inconveniente, mas não deriva necessariamente da sujeição ao governo de um estrangeiro, e sim da falta de habilidade dos governantes que ignoram as verdadeiras regras da política. Assim, os romanos, quando haviam subjugado muitas nações a fim de tornarem o seu governo mais aceitável, tinham o hábito de eliminar essa causa de ressentimento, tanto quanto consideraram necessário, concedendo às vezes a nações inteiras, e às vezes aos homens mais importantes das nações que conquistaram, não apenas os privilégios, mas também o nome de romanos. E a muitos deles deram um lugar no Senado, assim como cargos públicos, *na*[1] cidade de Roma. E era isto que o nosso mui sábio *rei*[2] *Jaime* visava ao esforçar-se por realizar a união dos dois reinos da *Inglaterra* e da *Escócia*. Se tal tivesse conseguido, é muito provável que tivesse evitado as guerras civis, que tornaram os dois reinos, hoje, miseráveis. Portanto, não constitui dano provocado ao povo que um monarca decida por testamento a sua sucessão, embora, por culpa de muitos príncipes, tal haja sido às vezes considerado inconveniente. Em favor da legitimidade de uma tal decisão há também um outro argumento: que sejam quais forem os inconvenientes que possam derivar da entrega de um reino a um estrangeiro, o mesmo pode também acontecer devido ao casamento com um estrangeiro, dado que o direito de sucessão pode acabar por recair nele. Todavia, isto é considerado legítimo por todos os homens.

Dispor da sucessão, mesmo a de um rei de outra nação, não é ilegítimo.

[1] *Syn.*: inclusive na   [2] *Syn.*: Rei, o Rei

CAP. XX
Do Domínio Paterno *e* Despótico

A república por aquisição.

Uma *república por aquisição* é aquela em que o poder soberano foi adquirido pela força. E este é adquirido pela força quando os homens, individualmente ou em grande número e por pluralidade de votos, por medo da morte ou do cativeiro, autorizam todas as ações daquele homem ou assembleia que tem em seu poder as suas vidas e a sua liberdade.

[102]

Em que difere da república por instituição.

Esta espécie de domínio ou soberania difere da soberania por instituição apenas num aspecto: os homens que escolhem o seu soberano fazem-no por medo uns dos outros, e não daquele a quem instituem. Mas, no caso vertente, submetem-se àquele de quem têm medo. Nos dois casos fazem-no por medo, o que deve ser notado por todos aqueles que consideram nulos os pactos originados no medo da morte ou da violência. Se isso fosse verdade, ninguém poderia, em nenhuma espécie de república, ser obrigado à obediência. É certo que numa república já instituída, ou adquirida, as promessas derivadas do medo da morte ou da violência não são pactos nem geram obrigação quando a coisa prometida é contrária às leis; mas a razão disso não é que tenha sido feita por medo, e sim que aquele que prometeu não tinha nenhum direito à coisa prometida. Além disso, quando alguém pode legitimamente cumprir uma promessa e não o faz não é a invalidez do pacto que o absolve, e sim a sentença do soberano. Se assim não fosse, todas as vezes em que um homem legitimamente prometesse ele estaria ilegitimamente não cumprindo. Porém, quando o soberano, como ator, de tal o dispensa, ele está sendo dispensado por aquele que obteve a promessa, na qualidade de autor dessa absolvição.

Os direitos de soberania são os mesmos em ambos.

Mas os direitos e consequências da soberania são os mesmos em ambos os casos. O seu poder não pode, sem o seu consentimento, ser transferido para outrem; ele não perde o direi-

XX. Do Domínio Paterno e Despótico

to a esse poder; não pode ser acusado de praticar dano por nenhum dos seus súditos; não pode por eles ser punido. É juiz do que é necessário para a paz, e juiz das doutrinas; é o único legislador, e supremo juiz das controvérsias, assim como dos tempos e motivos da guerra e da paz; é a ele que compete a escolha dos magistrados, conselheiros, comandantes, assim como todos os outros funcionários e ministros; é ele quem determina as recompensas e castigos, as honras e as ordens. As razões de tudo isto são as mesmas que foram apresentadas no capítulo anterior, para os mesmos direitos e consequências da soberania por instituição.

O domínio pode ser adquirido de duas maneiras: por geração e por conquista. O direito de domínio por geração é aquele que o pai tem sobre os seus filhos, e chama-se PATERNO. Esse direito não deriva da geração, como se o pai tivesse domínio sobre o seu filho por o ter criado, e sim do consentimento do filho, seja expressamente ou por outros argumentos suficientemente declarados. Quanto à geração, quis Deus que o homem tivesse uma colaboradora, e há sempre dois que são igualmente pais; portanto o domínio sobre o filho deveria pertencer igualmente a ambos, e ele deveria estar igualmente submetido a ambos, o que é impossível, pois ninguém pode obedecer a dois senhores. Assim, os que atribuem o domínio apenas ao homem, por ser do sexo mais excelente, enganam-se totalmente. Porque nem sempre se verifica essa diferença de força e prudência entre o homem e a mulher de maneira que o direito possa ser determinado sem guerra. Nas repúblicas essa controvérsia é decidida pela lei civil, e na maior parte dos casos, embora nem sempre, a sentença é favorável ao pai; porque em sua maioria as repúblicas foram criadas pelos pais, não pelas mães de família. Mas agora a questão diz respeito ao estado de mera natureza, em que se supõe não existam leis matrimoniais, nem leis referentes à educação das crianças, mas apenas a lei de natureza e a inclinação natural dos sexos, um para com o outro e para com seus filhos. Nesta condição de simples natureza, ou os pais decidem entre si, por contrato, o domínio sobre os filhos,

Como se adquire o domínio paterno.

Não por geração, mas por contrato;

[103]

ou nada decidem a tal respeito. Se houver essa decisão, o direito se aplicará conforme o contrato. Diz-nos a história que as *amazonas* faziam com os homens dos países vizinhos, aos quais recorriam para terem filhos, um contrato pelo qual as crianças do sexo masculino seriam enviadas de volta, e as do sexo feminino ficavam com elas; assim, o domínio sobre as filhas pertencia à mãe.

Ou educação;

Caso não haja contrato, o domínio pertence à mãe. Porque na condição de simples natureza, em que não existem leis matrimoniais, é impossível saber quem é o pai, a não ser que tal seja declarado pela mãe. Portanto, o direito de domínio sobre os filhos depende da vontade dela, e consequentemente pertence-lhe. Além disso, visto que a criança se encontra inicialmente em poder da mãe, de modo que esta tanto pode alimentá-la como abandoná-la, caso seja alimentada fica devendo a vida à mãe, sendo portanto obrigada a obedecer-lhe, e não a outrem; por consequência, é a ela que pertence o domínio sobre a criança. Mas se a abandonar, e um outro a encontrar e alimentar, nesse caso o domínio pertence a quem a alimentou, pois ela deve obedecer a quem a preservou. Como a preservação da vida é o fim em vista do qual um homem fica sujeito a outro, supõe-se que todo homem prometa obediência àquele que tem o poder de o salvar ou de o destruir.

Ou anterior sujeição de um dos pais ao outro.

Se a mãe se encontrar submetida ao pai, o filho encontra-se em poder do pai, e se o pai estiver submetido à mãe (como quando uma rainha soberana desposa um dos seus súditos) o filho fica submetido à mãe, visto que o pai também a ela está submetido.

Se um homem e uma mulher, monarcas de dois reinos diferentes, tiverem um filho, e fizerem um contrato estabelecendo quem deverá ter domínio sobre ele, o direito de domínio será conforme a esse contrato. Se não houver contrato, o domínio será conforme ao domínio do lugar onde o filho reside. Porque o soberano de cada país tem direito de domínio sobre todos quantos lá residem.

Aquele que tem domínio sobre um filho tem também domínio sobre os filhos desse filho, e sobre os filhos dos seus fi-

XX. Do Domínio Paterno e Despótico

lhos. Porque aquele que tem domínio sobre a pessoa de alguém também tem domínio sobre tudo quanto lhe pertence, sem o que o domínio seria apenas um título, desprovido de quaisquer efeitos.

Com o direito de sucessão ao domínio paterno passa-se o mesmo que com o direito de sucessão à monarquia, sobre o qual já disse o suficiente no capítulo anterior.

O direito de sucessão segue as regras do direito de posse.

O domínio adquirido por conquista, ou vitória militar, é aquele que alguns autores chamam DESPÓTICO, de Δεσπότης, que significa *senhor* ou *amo*, e é o domínio do senhor sobre o seu servo. O domínio é então adquirido pelo vencedor quando o vencido, para evitar o iminente golpe de morte, promete por palavras expressas, ou por outros suficientes sinais da sua vontade, que, enquanto a sua vida e a liberdade do seu corpo lho permitirem, o vencedor terá direito ao seu uso, a seu bel-prazer. Após realizado esse pacto o vencido torna-se SERVO, mas não antes. Porque pela palavra *servo* (quer seja derivada de *servire*, servir, ou de *servare*, salvar, disputa que deixo para os gramáticos) não se entende um cativo, que é guardado na prisão ou a ferros, até que o dono daquele que o tomou, ou o comprou de alguém que o fez, decida o que vai fazer com ele – porque esses homens (geralmente chamados escravos) não têm obrigação alguma, e podem, sem injustiça, destruir as suas cadeias ou prisão, e matar ou levar cativo o seu senhor –; por servo entende-se alguém a quem se permite a liberdade corpórea e que, após prometer não fugir nem praticar violência contra o seu senhor, recebe a confiança deste último.

Como se adquire o domínio despótico.

[104]

Portanto, não é a vitória que confere o direito de domínio sobre o vencido, mas o pacto celebrado por este. E ele não adquire a obrigação por ter sido conquistado, isto é, batido, tomado ou posto em fuga, mas por ter vindo se submeter ao vencedor. E o vencedor não é obrigado pela rendição do inimigo (se não lhe tiver prometido a vida) a poupá-lo, por se ter entregue à sua discrição; o que só obriga o vencedor na medida em que este em sua própria discrição considerar bom.

Não pela vitória mas pelo consentimento do vencido.

E o que os homens fazem quando pedem *quartel* (como agora se lhe chama, e a que os gregos chamavam Ζωγρία, *tomar com vida*) é escapar pela submissão à fúria presente do vencedor, e chegar a um acordo para salvar a vida, mediante resgate ou prestação de serviços. Portanto, aquele a quem é dado quartel não recebe garantia de vida, mas apenas um adiamento até uma deliberação posterior, pois não se trata de se entregar em troca de uma condição de vida, mas de se entregar à discrição. A sua vida só se encontra em segurança, e o seu serviço só se torna devido depois de o vencedor lhe ter outorgado a sua liberdade corpórea. Porque os escravos que trabalham nas prisões ou amarrados por cadeias não o fazem por dever, mas para evitar a crueldade dos seus guardas.

O senhor do servo é também senhor de tudo quanto este tem, e pode exigir o seu uso. Isto é, dos seus bens, do seu trabalho, dos seus servos e seus filhos, tantas vezes quantas lhe aprouver. Porque ele recebeu a vida do seu senhor, mediante o pacto de obediência, isto é, o reconhecimento e autorização de tudo o que o senhor vier a fazer. E caso o senhor, se ele recusar, o matar ou o puser a ferros, ou de outra maneira o castigar pela desobediência, ele próprio será o autor dessas ações, e não o pode acusar de provocar dano.

Em resumo, os direitos e consequências tanto do domínio *paterno* como do *despótico* são exatamente os mesmos que os do soberano por instituição, e pelas mesmas razões já apresentadas no capítulo anterior. Assim, no caso de alguém que é monarca de nações diferentes, tendo numa recebido a soberania por instituição do povo reunido, e noutra por conquista, isto é, por submissão de cada indivíduo, para evitar a morte ou as cadeias, exigir de uma nação mais do que da outra, por causa do título de conquista, *ou por*[1] ser uma nação conquistada, é um ato de ignorância dos direitos da soberania. Porque ele é igualmente soberano absoluto das duas nações, caso contrário não haveria soberania alguma, e cada um poderia legitimamente proteger-se a si mesmo, conforme pudesse, com a sua própria espada, o que é uma situação de guerra.

---

[1] *Syn.*: por

XX. Do Domínio Paterno e Despótico

    Torna-se assim patente que uma grande família, se não fizer parte de nenhuma república, é em si mesma, quanto aos direitos de soberania, uma pequena monarquia. E isto quer a família seja formada por um homem e seus filhos, ou por um homem e seus servos, ou por um homem e seus filhos e servos em conjunto, dos quais o pai ou senhor é o soberano. Apesar disso, uma família não é propriamente uma república, a não ser que graças ao seu número, ou a outras circunstâncias, tenha poder suficiente para só ser subjugada pelos azares da guerra. Porque quando um certo número de pessoas manifestamente é demasiado fraco para se defender em conjunto, cada uma pode usar a sua própria razão nos momentos de perigo para salvar a sua vida, seja pela fuga ou pela sujeição ao inimigo, conforme achar melhor – assim como uma pequena companhia de soldados, surpreendida por um exército, pode baixar as armas e pedir quartel, ou então fugir, em vez de ser passada ao fio da espada. E isto é o bastante, relativamente ao que eu estabeleci, por especulação e dedução, sobre os direitos soberanos, a partir da natureza, necessidades e desígnios dos homens, na criação das repúblicas e na submissão a monarcas ou assembleias, a quem outorgam poder suficiente para a sua proteção.

Diferença entre uma família e um reino.

    Examinemos agora o que as Escrituras ensinam relativamente às mesmas questões. Assim disseram a *Moisés* os filhos de *Israel*: *Fala-nos, e ouvir-te-emos; mas que Deus não nos fale, senão morreremos.* Isto implica uma obediência absoluta a *Moisés*. A respeito do direito dos reis, disse o próprio Deus pela boca de *Samuel*: *Este será o direito do rei que sobre vós reinará. Ele tomará vossos filhos, e os fará guiar os seus carros, e ser seus cavaleiros, e correr na frente dos seus carros; e colher a sua colheita, e fazer as suas máquinas de guerra e instrumentos dos seus carros; e levará as vossas filhas para fazerem perfumes, para serem suas cozinheiras e padeiras. Ele tomará vossos campos, vossos vinhedos e vossos olivais, e dá-los-á aos seus servos. Tomará as primícias do vosso grão e do vosso vinho, e dá-las-á aos seus camareiros e aos outros servos. Tomará vossos servos e vossas criadas, e a flor da vossa juventude, para empregá-los nos seus negócios. Tomará as primícias dos vossos rebanhos, e vós sereis seus servos.* Trata-se aqui de

Os direitos da monarquia pelas Escrituras.
Ex 20,19.

1 Sm 8,11 ss.

Parte 2 – Da República

um poder absoluto, resumido nas últimas palavras, *vós sereis seus servos*. Mais ainda, quando o povo soube qual o poder que o seu rei iria ter, apesar de tudo consentiu, e assim disse: *Nós seremos como todas as outras nações, e o nosso rei julgará as nossas causas, e irá à nossa frente para nos comandar nas nossas guerras*. Aqui se encontra confirmado o direito que têm os soberanos, tanto à *militia* como a todo o *judiciário*, direito que encerra o poder mais absoluto que a um homem é possível transferir a outro. Além disso, foi a seguinte a oração do rei *Salomão* a Deus: *Dá ao teu servo entendimento para julgar o teu povo, e para distinguir entre o bem e o mal*. Pertence portanto ao soberano ser *juiz*, e prescrever as regras para *distinguir entre o bem e o mal*, regras estas que são as leis; por consequência, é nele que reside o poder legislativo. *Saul* pôs a prêmio a vida de *Davi*, mas este, quando estava em seu poder dar a morte a *Saul*, e os seus servos se aprestavam a fazê-lo, impediu-os dizendo: *Deus não permita que eu cometa tal ação contra o meu senhor, o ungido de Deus*. Sobre a obediência dos servos disse São Paulo: *Servos, obedecei ao vosso senhor em todas as coisas*. E também: *Filhos, obedecei aos vossos pais em todas as coisas*. Há obediência simples naqueles que estão sujeitos ao domínio paterno ou despótico. Mais: *Os escribas e fariseus estão sentados na cadeira de Moisés, portanto, tudo o que vos mandarem observar, observai-o e fazei-o*. E São Paulo: *Adverti-os para que se submetam aos príncipes outras pessoas de autoridade, e que lhes obedeçam*. Esta obediência também é simples. Por último, mesmo o nosso Salvador reconhece que os homens devem pagar os impostos exigidos pelos reis, quando diz: *Dai a César o que é de César*; e ele próprio pagava esses impostos. E reconhece também que a palavra do rei é suficiente para tirar qualquer coisa de qualquer súdito, quando tal é necessário, e que o rei é o juiz dessa necessidade; porque ele próprio, como rei dos judeus, ordenou aos discípulos que tomassem a burra e o seu burrinho para o levarem a Jerusalém, dizendo: *Ide à aldeia que fica diante de vós, e lá encontrareis uma burra amarrada, e com ela o seu burrinho; desamarrai-os e trazei-mos. E se alguém vos perguntar o que pretendeis, dizei que o Senhor tem necessidade deles; e deixar-vos-ão partir*. Ninguém per-

XX. Do Domínio Paterno e Despótico

guntará se essa necessidade constitui um direito suficiente, nem se ele é juiz dessa necessidade, mas simplesmente acatarão a vontade do Senhor.

A estas passagens pode ser acrescentada outra do Gênese: *Vós sereis como deuses, conhecendo o bem e o mal.* E o versículo 11: *Quem vos disse que estáveis nus? Haveis comido da árvore da qual vos ordenei que não comêsseis?* Porque sendo o conhecimento ou juízo do *bem* e do *mal* proibido sob o símbolo do fruto da árvore do conhecimento, como prova a que foi submetida a obediência de *Adão*, o diabo, a fim de excitar a ambição da mulher, a quem o fruto já parecia belo, disse-lhe que se o provassem seriam como deuses, conhecendo o *bem* e o *mal*. E depois de ambos terem comido, efetivamente assumiram o ofício de Deus, que é o juízo do bem e do mal, mas não adquiriram nenhuma nova aptidão para distinguir corretamente entre eles. E embora se diga que, depois de comerem, viram que estavam nus, nunca ninguém interpretou essa passagem como querendo dizer que antes eles eram cegos e não viam a sua própria pele; o significado é claramente que foi essa a primeira vez que julgaram a sua nudez (na qual foi a vontade de Deus criá-los) como inconveniente; e, sentindo-se envergonhados, tacitamente censuraram o próprio Deus. Ao que Deus disse: *Haveis comido etc.*, como se quisesse dizer: Vós, que me deveis obediência, pretendeis atribuir-vos a capacidade de julgar os meus mandamentos? Isso quer dizer claramente (embora alegoricamente) que os mandamentos daqueles que têm o direito de mandar não devem ser censurados nem discutidos pelos seus súditos.

De modo que parece bem claro ao meu entendimento, tanto com base na razão como nas Escrituras, que o poder soberano, quer resida num homem, como numa monarquia, quer numa assembleia, como nas repúblicas populares e aristocráticas, é o maior que possivelmente se imaginam os homens capazes de criar. E, embora seja possível imaginar muitas más consequências de um poder tão ilimitado, ainda assim as consequências da falta dele, isto é, a guerra perpétua de todos os homens com os seus semelhantes, são muito piores. Nesta vida

Gn 3,5.

[107]

O poder soberano deve ser absoluto em todas as repúblicas.

Parte 2 – Da República

a condição ao homem jamais poderá deixar de ter alguns inconvenientes, mas numa república jamais se verifica nenhum grande inconveniente, a não ser o que resulta da desobediência dos súditos, e o rompimento daqueles pactos a que a república deve a sua existência. E quem procurar diminuir o poder soberano por considerá-lo demasiado grande terá de submeter-se a um poder capaz de o limitar – quer dizer, a um poder ainda maior.

A maior objeção diz respeito à prática: pergunta-se sobre onde e quando um tal poder foi reconhecido pelos súditos. Ora, então se pode retorquir perguntando quando e onde já existiu um reino que tenha permanecido muito tempo livre de sedições e guerras civis. Naquelas nações cujas repúblicas tiveram vida longa e só foram destruídas pela guerra exterior, os súditos jamais discutiram o poder soberano. E seja como for, um argumento tirado da prática de homens que nunca conseguiram examinar a fundo, e com exata razão pesar as causas e natureza das repúblicas, e que sofreram diariamente aquelas misérias que derivam da ignorância dessas causas e dessa natureza, é um argumento sem validade. Porque, mesmo que em todos os lugares do mundo os homens costumassem construir sobre a areia as fundações das suas casas, daí não seria possível inferir que é assim que deve ser feito. A habilidade de fazer e conservar repúblicas consiste em certas regras, tal como a aritmética e a geometria, e não (como o jogo do tênis) apenas na prática. Nessas regras nem os homens pobres têm lazer, nem os homens que dispõem de lazer tiveram até agora curiosidade ou método suficientes para descobrir.

CAP. XXI
Da LIBERDADE dos Súditos

LIBERDADE ou INDEPENDÊNCIA significa, em sentido próprio, a ausência de oposição (entendendo por oposição os impedimentos externos do movimento), e não se aplica menos às criaturas irracionais e inanimadas do que às racionais. Porque de tudo o que estiver amarrado ou envolvido de modo que não se possa mover senão dentro de um certo espaço, sendo esse espaço determinado pela oposição de algum corpo externo, dizemos que não tem liberdade de ir mais além. E o mesmo se passa com todas as criaturas vivas, quando se encontram presas ou limitadas por paredes ou cadeias; e também das águas, quando são contidas por diques ou canais, do contrário se espalhariam por um espaço maior, costumamos dizer que não têm a liberdade de se mover da maneira que fariam se não fossem esses impedimentos externos. Mas quando o que impede o movimento faz parte da constituição da própria coisa não costumamos dizer que lhe falta liberdade, mas que lhe falta o poder de se mover; tal como uma pedra que está parada, ou um homem que se encontra amarrado ao leito pela doença.

O que é a liberdade.

De acordo com este significado próprio e geralmente aceito da palavra, *Um* HOMEM LIVRE *é aquele que, naquelas coisas que graças à sua força e engenho é capaz de fazer, não é impedido de fazer o que tem vontade de fazer*. Mas, sempre que as palavras *livre* e *liberdade* são aplicadas a qualquer coisa que não é um *corpo*, há um abuso de linguagem, pois o que não se encontra sujeito ao movimento não se encontra sujeito a impedimentos. Portanto, quando se diz, por exemplo, que o caminho está livre, não se quer exprimir a liberdade do caminho, e sim daqueles que por ele caminham sem se deter. E, quando se diz que uma doação é livre, não se está exprimindo nenhuma liberdade de doação, e sim do doador, que não é obrigado a fazê-la por nenhuma lei

[108]
O que é ser livre.

ou pacto. Assim, quando *falamos livremente*, não se trata da liberdade da voz, ou da pronúncia, e sim do homem ao qual nenhuma lei obrigou a falar de maneira diferente da que usou. Por último, do uso da expressão *livre-arbítrio* não é possível inferir nenhuma liberdade da vontade, do desejo ou da inclinação, mas apenas a liberdade do homem. Esta consiste no fato de ele não deparar com entraves ao fazer aquilo que tem vontade, desejo ou inclinação de fazer.

Medo e liberdade compatíveis.

O medo e a liberdade são compatíveis: quando alguém atira os seus bens ao mar por *medo* de fazer afundar o seu barco, apesar disso o faz por vontade própria, podendo recusar fazê-lo se quiser. Trata-se portanto da ação de alguém que é *livre*. Assim também às vezes só se pagam as dívidas por *medo* de ser preso, o que, como ninguém impede a abstenção do ato, constitui o ato de uma pessoa em *liberdade*. E de maneira geral todos os atos praticados pelos homens no interior de repúblicas, por *medo* da lei, são ações que os seus autores têm a *liberdade* de não praticar.

Liberdade e necessidade compatíveis.

A *liberdade* e a *necessidade* são compatíveis*, o que ocorre com*[1] a água que não tem apenas a *liberdade*, mas também a *necessidade* de descer pelo canal, também ocorre com as ações que os homens voluntariamente praticam: estas, como derivam de sua vontade, derivam da *liberdade*, e contudo, porque todo ato da vontade dos homens, todo desejo e inclinação deriva de alguma causa, e esta de uma outra causa, numa cadeia contínua (cujo primeiro elo está na mão de Deus, a primeira de todas as causas), eles derivam também da *necessidade*. De modo tal que para quem pudesse ver a conexão dessas causas a *necessidade* de todas as ações voluntárias dos homens pareceria manifesta. Portanto Deus, que vê e dispõe todas as coisas, vê também que a *liberdade* que o homem tem de fazer o que quer é acompanhada pela *necessidade* de fazer aquilo que Deus quer, e nem mais nem menos do que isso. Porque, embora os homens possam fazer muitas coisas que Deus não ordenou, e das quais

---

[1] Aqui há uma supressão (ver minha "Nota sobre o texto", p. LX) que foi substituída por "o que ocorre com".

XXI. Da Liberdade dos Súditos

portanto não é autor, não lhes é possível ter paixão ou apetite por nada de cujo apetite a vontade de Deus não seja a causa. E se acaso a sua vontade não garantisse a *necessidade* da vontade do homem, e consequentemente de tudo o que depende da vontade, a *liberdade* dos homens seria uma contradição *e um*[1] impedimento à onipotência e *liberdade* de Deus. E isto é suficiente (quanto ao assunto em pauta) sobre aquela *liberdade* natural que é a única propriamente chamada *liberdade*.

Mas, do mesmo modo que os homens criaram um homem artificial, a que chamamos república, para alcançar a paz e com isso sua própria conservação, também criaram laços artificiais, chamados *leis civis*, os quais eles mesmos, mediante pactos mútuos, prenderam numa das pontas à boca daquele homem ou assembleia a quem confiaram o poder soberano, e na outra ponta aos seus próprios ouvidos. Ainda que esses laços sejam fracos pela sua própria natureza, é no entanto possível mantê--los, pelo perigo, embora não pela dificuldade de os romper.

Laços artificiais, ou pactos.

[109]

É unicamente em relação a esses laços que vou agora falar da *liberdade* dos *súditos*. Pois, como não existe nenhuma república do mundo em que foram suficientemente estabelecidas regras para regular todas as ações e palavras dos homens (o que é uma coisa impossível), segue-se necessariamente que em todas as espécies de ações omitidas pelas leis os homens têm a liberdade de fazer o que a razão de cada um sugerir, como o mais favorável ao seu interesse. Porque, se tomarmos a liberdade no seu sentido próprio, como liberdade corpórea, isto é, como estar livre das cadeias e prisões, torna-se inteiramente absurdo que os homens clamem, como o fazem, por uma liberdade de que tão manifestamente desfrutam. Mais ainda, se tomarmos a liberdade como isenção das leis, não é menos absurdo que os homens exijam, como fazem, aquela liberdade mediante a qual todos os outros homens se podem tornar senhores das suas vidas. No entanto, por mais absurdo que isso seja, é isto o que eles reivindicam, pois ignoram que as leis não têm poder algum

A liberdade dos súditos consiste em liberdade em face dos pactos.

---

[1] *Syn.*: e

Parte 2 – Da República

para os proteger, se não houver uma espada nas mãos de um homem, ou homens encarregados de pôr as leis em execução. Portanto, a liberdade dos súditos está apenas naquelas coisas que, ao regular as suas ações, o soberano preteriu: como a liberdade de comprar e vender, ou de outro modo realizar contratos mútuos; de cada um escolher a sua residência, a sua alimentação, a sua profissão, e instruir os seus filhos conforme achar melhor, e coisas semelhantes.

Liberdade do súdito é compatível com o poder ilimitado do soberano.

Não devemos todavia concluir que com essa liberdade fica abolido ou limitado o poder soberano de vida e de morte. Porque já foi mostrado que nada que o soberano representante faça a um súdito pode, sob nenhum pretexto, ser propriamente chamado injustiça ou dano. Porque cada súdito é autor de todos os atos praticados pelo soberano, de modo que a este nunca falta o direito seja ao que for, a não ser na medida em que ele próprio é súdito de Deus, e consequentemente obrigado a respeitar as leis de natureza. Portanto pode ocorrer, e frequentemente ocorre nas repúblicas, que um súdito seja condenado à morte por ordem do poder soberano, e apesar disso nenhum dos dois ter feito mal ao outro. Assim sucedeu quando *Jefté* levou a sua filha para ser sacrificada, caso este, como em todos os casos semelhantes, em que quem assim morreu tinha liberdade para praticar a ação pela qual, não obstante, foi sem causar dano condenado à morte. O mesmo vale também para um príncipe soberano que leve à morte um súdito inocente. Embora o ato seja contrário à lei de natureza, por ser contrário à equidade, como foi o caso de *Davi* ao matar *Urias*, contudo não constitui dano causado a *Urias*, e sim a *Deus*. Não a *Urias*, porque o direito de fazer o que lhe aprouvesse lhe foi dado pelo próprio *Urias*, mas a *Deus*, porque *Davi* era súdito de *Deus*, e estava proibido de toda a iniquidade pela lei de natureza. Essa distinção foi confirmada pelo próprio *Davi* de maneira evidente, quando se arrependeu do fato e disse: *Somente contra vós pequei*. Da mesma maneira o povo de *Atenas*, quando baniu por dez anos o homem mais poderoso de sua república, embora não praticasse nenhuma injustiça, nunca procurou saber que crime

[110]

XXI. Da Liberdade dos Súditos

ele havia cometido, mas apenas o mal que poderia fazer. Mais, ordenaram o banimento daqueles que não conheciam: quando cada cidadão levava para a praça do mercado a sua concha de ostra, tendo escrito o nome daquele a quem desejava banir, sem realmente o chegar a acusar, umas vezes bania um *Aristides*, pela sua reputação de Justiça, e outras vezes um ridículo bufão, como *Hipérbolo*, apenas como gracejo. Contudo, é impossível dizer que o povo soberano de *Atenas* carecia de direito para os banir, ou que a cada *ateniense* faltava a liberdade de gracejar, ou de ser justo.

A liberdade à qual se encontram tantas e tão honrosas referências nas obras de história e filosofia dos antigos gregos e romanos, assim como nos escritos e discursos dos que deles receberam todo o seu saber em matéria de política, não é a liberdade dos indivíduos, mas a da república, que é idêntica à que teria todo homem, se não houvesse leis civis nem nenhuma espécie de república. E os efeitos daí decorrentes também são os mesmos. Porque, tal como entre homens sem senhor existe uma guerra perpétua de cada homem contra o seu vizinho, sem que haja herança a transmitir ao filho nem a esperar do pai, nem propriedade de bens e de terras, nem segurança, mas uma plena e absoluta liberdade de cada indivíduo, assim também, nos Estados e repúblicas independentes umas das outras, cada república (não cada indivíduo) tem absoluta liberdade de fazer tudo o que considerar (isto é, aquilo que o homem ou assembleia que os representa considerar) mais favorável a seu benefício. Além disso, vivem numa condição de guerra perpétua, e sempre na iminência da batalha, com as fronteiras em armas e canhões apontados contra os seus vizinhos a toda a volta. Os *atenienses* e *romanos* eram livres, quer dizer, repúblicas livres. Isso não significa que qualquer indivíduo tivesse a liberdade de resistir ao seu próprio representante: o seu representante é que tinha a liberdade de resistir a um outro povo, ou de o invadir. Até hoje se encontra escrita em grandes letras, nas torres da cidade de *Lucca*, a palavra *LIBERTAS*; mas ninguém pode daí inferir que qualquer indivíduo lá possui maior liber-

A liberdade louvada pelos autores é a liberdade dos soberanos, não a dos indivíduos.

Parte 2 – Da República

dade, ou imunidade em relação ao serviço da república, do que em *Constantinopla*. Quer a república seja monárquica, quer seja popular, a liberdade é sempre a mesma.

Mas é coisa fácil os homens deixarem-se iludir pelo especioso nome de liberdade e, por falta de critério para distinguir, tomarem por herança pessoal e direito inato aquilo que é apenas direito comum. E quando o mesmo erro é confirmado pela autoridade de autores reputados pelos seus escritos sobre o assunto, não é de admirar que ele provoque sedições e mudanças de governo. Nestas regiões ocidentais do mundo, costumamos receber as nossas opiniões relativas à instituição e aos direitos da república de *Aristóteles*, *Cícero* e outros autores, gregos e romanos, que viviam em Estados populares, e em vez de fazerem derivar esses direitos dos princípios da natureza transcreviam-nos para os seus livros a partir da prática de suas próprias repúblicas, que eram populares – tal como os gramáticos descrevem as regras da linguagem a partir da prática do tempo, ou as regras da poesia a partir dos poemas de *Homero* e *Virgílio*. E como aos atenienses se ensinava (para neles impedir o desejo de mudar de governo) que eram homens livres, e que todos os que viviam em monarquia eram escravos, *Aristóteles* escreveu na sua *Política* (livro 6, cap. 2): *Na democracia deve supor- -se a liberdade; porque é geralmente reconhecido que ninguém é livre em nenhuma outra forma de governo*. Tal como *Aristóteles*, também *Cícero* e outros autores baseavam a sua doutrina civil nas opiniões dos romanos, que eram ensinados a odiar a monarquia, primeiro por aqueles que depuseram o soberano e passaram a partilhar entre si a soberania de *Roma*, e depois pelos seus sucessores. Graças à leitura desses autores gregos e latinos, os homens desde a infância adquiriram o hábito (sob uma falsa aparência de liberdade) de fomentar tumultos e de exercer um licencioso controle sobre os atos dos seus soberanos, e, depois, o de controlar esses controladores, com uma imensa efusão de sangue. Por isso creio poder sinceramente afirmar que jamais uma coisa foi paga tão caro como estas partes ocidentais pagaram o aprendizado das línguas grega e latina.

[111]

XXI. Da Liberdade dos Súditos

Passando agora concretamente à verdadeira liberdade dos súditos, ou seja, quais são as coisas que, embora ordenadas pelo soberano, não obstante eles podem sem injustiça recusar-se a fazer, é preciso examinar que direitos transferimos no momento de criarmos uma república. Ou então, o que é a mesma coisa, que liberdade a nós mesmos negamos, ao reconhecer todas as ações (sem exceção) do homem ou assembleia a quem fazemos nosso soberano. Porque do nosso ato de *submissão* fazem parte tanto a nossa *obrigação* como a nossa *liberdade*, as quais portanto devem ser inferidas por argumentos daí tirados, pois ninguém tem nenhuma obrigação que não derive de algum dos seus próprios atos, visto que todos os homens são, por natureza, igualmente livres. E como tais argumentos terão que ser tirados ou das palavras expressas *eu autorizo todas as suas ações*, ou da intenção daquele que se submete ao seu poder (intenção que deve ser entendida como o fim devido ao qual assim se submeteu), a obrigação e a liberdade do súdito deve ser derivada, ou daquelas palavras (ou outras equivalentes), ou do fim da instituição da soberania, a saber: a paz dos súditos entre si, e a sua defesa contra um inimigo comum.

Como medir a liberdade dos súditos.

Portanto, em primeiro lugar, dado que a soberania por instituição assenta num pacto entre cada um e todos os outros, e a soberania por aquisição em pactos entre o vencido e o vencedor, ou entre o filho e o pai, torna-se evidente que todo súdito tem liberdade em todas aquelas coisas cujo direito não pode ser transferido por um pacto. Já no capítulo XIV mostrei que os pactos no sentido de cada um se abster de defender o seu próprio corpo são nulos. Portanto,

Os súditos têm a liberdade de defender os seus próprios corpos, mesmo contra quem legitimamente os ataque;

Se o soberano ordenar a alguém (mesmo que justamente condenado) que se mate, se fira ou se mutile a si mesmo, ou que não resista aos que o atacarem, ou que se abstenha de usar os alimentos, o ar, os medicamentos, ou qualquer outra coisa sem a qual não poderá viver, esse alguém tem a liberdade de desobedecer.

Não são obrigados a ferir-se;

[112]

Se alguém for interrogado pelo soberano ou por sua autoridade, relativamente a um crime que cometeu, não é obrigado (a não ser que receba garantia de perdão) a confessá-lo, porque ninguém (conforme mostrei no mesmo capítulo) pode ser obrigado por um pacto a acusar-se a si próprio.

Além disso, o consentimento de um súdito ao poder soberano está contido nas palavras *eu autorizo, ou assumo como minhas todas as suas ações,* nas quais não há nenhuma espécie de restrição à sua antiga liberdade natural. Porque ao permitir-lhe que *me mate* não fico obrigado a matar-me quando ele me ordena. Uma coisa é dizer: *mata-me, ou ao meu companheiro, se te aprouver,* e outra coisa é dizer: *matar-me-ei, ou ao meu companheiro.* Segue-se portanto que

Ninguém fica obrigado pelas próprias palavras a matar-se a si mesmo ou a outrem. Por consequência, a obrigação que às vezes se pode ter, por ordem de soberano, de executar qualquer missão perigosa ou desonrosa, não depende das palavras da nossa submissão, mas da intenção, a qual deve ser entendida como o seu fim. Portanto, quando a nossa recusa de obedecer prejudica o fim em vista do qual foi criada a soberania, não há liberdade de recusar; caso contrário, há essa liberdade.

Nem à guerra, a não ser que voluntariamente a empreendam.

Por esta razão, um soldado a quem se ordene combater o inimigo, embora o seu soberano tenha suficiente direito de o punir com a morte em caso de recusa, pode não obstante em muitos casos recusar, sem praticar injustiça, como quando se faz substituir por um soldado suficiente em seu lugar, caso este em que não está desertando do serviço da república. E deve também admitir o temor natural, não só às mulheres (das quais não se espera o cumprimento de tão perigoso dever), mas também aos homens de coragem feminina. Quando dois exércitos combatem, há sempre os que fogem, de um dos lados, ou de ambos; mas quando não o fazem por traição, e sim por medo, não se considera que o fazem injustamente, mas desonrosamente. Pela mesma razão, evitar o combate não é injustiça, é covardia. Mas aquele que se alista como soldado, ou toma dinheiro público emprestado, perde a desculpa de uma natureza timorata, e fica obrigado não apenas a ir para o combate, mas também a dele não fugir sem licença do seu comandante.

XXI. Da Liberdade dos Súditos

E, quando a defesa da república exige o concurso simultâneo de todos os que são capazes de pegar em armas, todos têm essa obrigação, porque de outro modo teria sido vã a instituição da república, à qual não têm o propósito ou a coragem de defender.

Ninguém tem a liberdade de resistir à espada da república em defesa de outrem, seja culpado ou inocente. Porque essa liberdade priva a soberania dos meios para nos proteger, sendo portanto destrutiva da própria essência do governo. Mas caso um grande número de homens em conjunto tenha já resistido injustamente ao poder soberano, ou tenha cometido algum crime capital, pelo qual cada um deles pode esperar a morte, terão eles ou não a liberdade de se unirem e se ajudarem e defenderem uns aos outros? Certamente que a têm: porque se limitam a defender as suas vidas, o que tanto o culpado como o inocente podem fazer. Sem dúvida, havia injustiça na primeira falta ao seu dever; mas o ato de pegar em armas subsequente a essa primeira falta, embora seja para manter o que fizeram, não constitui um novo ato injusto. E se for apenas para defender as suas pessoas de modo algum será injusto. Mas a oferta de perdão tira àqueles a quem é feita o pretexto da defesa própria, e torna ilegítima a sua insistência em ajudar ou defender os demais.

[113]

Quanto às outras liberdades, dependem do silêncio da lei. Nos casos em que o soberano não tenha estabelecido uma regra, o súdito tem a liberdade de fazer ou de omitir, conformemente à sua discrição. Portanto, essa liberdade em alguns lugares é maior e noutros menor, e em algumas épocas maior e noutras menor, conforme os que detêm a soberania consideram mais conveniente. Por exemplo, houve um tempo na *Inglaterra* em que um homem podia entrar nas suas próprias terras, desapossando pela força quem ilegitimamente delas se houvesse apossado. Mas posteriormente essa liberdade de entrada à força foi abolida por uma lei feita (pelo rei) no Parlamento. E em alguns lugares do mundo os homens têm a liberdade de possuir muitas esposas, sendo que em outros lugares tal liberdade não é permitida.

A maior liberdade dos súditos depende do silêncio da lei.

Parte 2 – Da República

Se um súdito tem uma controvérsia com o seu soberano, quanto a uma dívida ou um direito de posse de terras ou bens, ou quanto a qualquer serviço exigido das suas mãos, ou quanto a qualquer pena, corporal ou pecuniária, baseando-se numa legislação precedente, tem a mesma liberdade de defender o seu direito se fosse contra outro súdito, e perante os juízes que o soberano houver designado. Pois, como o soberano demanda por força de uma lei anterior, e não em virtude do seu poder, declara com isso não estar exigindo mais do que parecer devido por essa lei. Portanto, a ação judicial não é contrária à vontade do soberano, e em consequência disso o súdito tem o direito de pleitear que a sua causa seja julgada e decidida de acordo com a lei. Mas, se o soberano pleitear ou tomar alguma coisa em nome do seu poder, nesse caso deixa de haver lugar para qualquer ação da lei, pois tudo o que ele faz em virtude do seu poder é feito pela autoridade de cada súdito, e em consequência quem mover uma ação contra o soberano estará movendo-a contra si mesmo.

Se um monarca ou uma assembleia soberana conceder uma liberdade a todos ou a qualquer dos súditos, concessão essa que lhe faz perder a capacidade de prover à sua segurança, a concessão é nula, a não ser que diretamente renuncie, ou transfira a soberania para outrem. Porque dado que poderia ter abertamente (se tal fosse a sua vontade), e em termos claros, renunciado ou transferido a soberania, e não o fez, deve entender-se que não era essa a sua vontade, e que a concessão teve origem na ignorância da incompatibilidade entre uma tal liberdade e o poder soberano. Portanto, a soberania continua nas suas mãos, assim como todos os poderes que são necessários para o seu exercício, como o da paz e da guerra e o poder judicial, e o de designar funcionários e conselheiros, e o de levantar impostos, e os restantes referidos no capítulo XVIII.

[114]

Em que casos os súditos são dispensados da obediência ao seu soberano.

Entende-se que a obrigação dos súditos para com o soberano dura enquanto, e apenas enquanto, dura também o poder mediante o qual ele é capaz de os proteger. Porque o direito que por natureza os homens têm de se defender a si mes-

XXI. Da Liberdade dos Súditos

mos, quando ninguém mais os pode proteger, não pode ser abandonado através de pacto algum. A soberania é a alma da república, e uma vez separada do corpo os membros deixam de receber dela o seu movimento. A finalidade da obediência é a proteção, e seja onde for que um homem a veja, quer na sua própria espada quer na de um outro, a natureza quer que a ela obedeça e se esforce por conservá-la. Embora a soberania seja imortal, na intenção daqueles que a criaram, não apenas ela se encontra, por sua própria natureza, sujeita à morte violenta em razão de guerra externa, mas encerra também em si mesma, devido à ignorância e às paixões dos homens, desde a sua própria instituição, grande número de sementes de mortalidade natural, por causa de discórdia interna.

Se um súdito for feito prisioneiro de guerra, ou a sua pessoa ou os seus meios de vida se encontrarem entregues à guarda do inimigo, e se a sua vida e a sua liberdade corpórea lhe forem oferecidas, com a condição de se tornar súdito do vencedor, ele tem a liberdade de aceitar essa condição. E depois de a ter aceito passa a ser súdito de quem o aprisionou, pois era essa a única maneira de se preservar. O caso será idêntico se ele ficar retido num país estrangeiro sob as mesmas condições. Mas se um homem for mantido na prisão ou a ferros, ou se não lhe for confiada a liberdade do seu corpo, nesse caso não se pode dizer que esteja obrigado à sujeição por um pacto, podendo portanto, se for capaz, fugir por quaisquer meios que sejam.

Em caso de cativeiro.

Se um monarca renunciar à soberania, tanto para si mesmo como para os seus herdeiros, os súditos voltam à absoluta liberdade da natureza. Porque, embora a natureza possa declarar quem são os seus filhos e quem é o parente mais próximo, continua dependendo da sua própria vontade (conforme se disse no capítulo anterior) designar quem deverá ser o herdeiro. Assim, se ele não tiver herdeiro, não há mais soberania nem sujeição. O mesmo ocorre se ele morrer sem parentes conhecidos e sem declarar quem deverá ser o herdeiro. Porque nesse caso não pode ser conhecido herdeiro algum, e por consequência não pode ser devida nenhuma sujeição.

Caso o soberano renuncie ao governo, por si mesmo e pelos seus herdeiros.

Parte 2 – Da República

Em caso de banimento.

Se o soberano banir um súdito, durante o banimento ele não será súdito. Mas quem tiver sido enviado com uma mensagem, ou tiver obtido licença para viajar, continua a ser súdito. Contudo, o é por contrato entre soberanos, não em virtude do pacto de sujeição. Pois quem quer que penetre nos domínios de outrem passa a estar sujeito a todas as leis aí vigentes, a não ser que tenha um privilégio, por acordo entre os soberanos ou por licença especial.

Em caso de o soberano se tornar súdito de um outro.

Se um monarca vencido na guerra se fizer súdito do vencedor, os seus súditos ficam livres da obrigação anterior, e passam a ter obrigação para com o vencedor. Mas se ele for feito prisioneiro, ou não dispuser da liberdade do seu próprio corpo, nesse caso não se entende que ele tenha renunciado ao direito de soberania, e em consequência os seus súditos são obrigados a prestar obediência aos magistrados que anteriormente tiverem sido nomeados para governar, não em nome deles mesmos, mas no do soberano. Porque, se o seu direito ainda subsiste, o problema diz respeito apenas à administração, isto é, aos magistrados e funcionários, e se a ele faltarem meios para os nomear deve supor-se que aprova aqueles que ele próprio anteriormente nomeou.

[115]

CAP. XXII
Dos SISTEMAS *Subordinados, Políticos e Privados*

As diversas espécies de sistemas de pessoas.

Depois de ter falado da geração, forma e poder de uma república, cabe agora falar das partes que a constituem. E em primeiro lugar dos sistemas, que se parecem com as partes semelhantes, ou músculos de um corpo natural. Por SISTEMA entendo qualquer número de homens unidos por um interesse ou um negócio, dentre os quais alguns são *regulares* e outros *irre-*

XXII. Dos Sistemas Subordinados, Políticos e Privados

gulares. Os *regulares* são aqueles em que se institui um homem ou uma assembleia como representante de todo o conjunto. Todos os outros são *irregulares*.

Dos regulares, alguns são *absolutos* e *independentes*, sujeitos apenas ao seu próprio representante, e só são deste tipo as repúblicas, das quais já falei nos últimos capítulos. Outros são dependentes, quer dizer, subordinados a um poder soberano, do qual todos, incluindo o seu representante, são *súditos*.

Dos sistemas subordinados, uns são *políticos* e outros são *privados*. Os *políticos* (também chamados *corpos políticos* ou *pessoas jurídicas*) são os criados pelo poder soberano da república. Os *privados* são os constituídos pelos próprios súditos entre si, ou pela autoridade de um estrangeiro. Porque nenhuma autoridade derivada de um poder estrangeiro, dentro do domínio de um outro, é pública, mas privada.

Dos sistemas privados, alguns são *legítimos* e outros são *ilegítimos*. São *legítimos* todos os que são permitidos pela república, e todos os outros são *ilegítimos*. Os sistemas *irregulares* são aqueles que, não tendo representante, consistem apenas numa reunião de pessoas; se não forem proibidos pela república, nem forem constituídos com malévola intenção (como a confluência de pessoas aos mercados, às feiras ou para quaisquer outros fins inofensivos), são legítimos. Mas se a intenção for malévola, ou então (caso o número seja considerável) se for desconhecida, nesse caso são ilegítimos.

Nos corpos políticos o poder do representante é sempre limitado, e quem estabelece os seus limites é o poder soberano. Porque o poder ilimitado é soberania absoluta. E em todas as repúblicas o soberano é o representante absoluto de todos os seus súditos, portanto nenhum outro pode ser representante de nenhuma parte deles, a não ser na medida em que ele o permita. E permitir que um corpo político de súditos tenha um representante absoluto, para todos os efeitos e fins, seria abandonar o governo de uma parte idêntica da república, e dividir o domínio contrariamente aos interesses da paz e da defesa, o

Em todos os corpos políticos o poder do representante é limitado.

Parte 2 – Da República

[116]

que é inconcebível que o soberano possa fazer, por qualquer concessão que não os dispense clara e diretamente da sua sujeição. Porque as consequências das palavras não são sinais da sua vontade, quando outras consequências são sinais do contrário; são sinais de erro e de falta de cálculo, coisa a que todos os homens estão sujeitos.

Os limites do poder que é concedido ao representante de um corpo político dependem de duas coisas. Uma são os mandados ou cartas que recebe do soberano, a outra são as leis da república.

Por cartas-patentes:

Porque embora na instituição ou aquisição de uma república independente não haja necessidade dessas cartas, dado que nesse caso o poder do representante tem apenas os limites estabelecidos pela lei de natureza, que não é escrita, nos corpos subordinados são tais as diversidades de limitação que se tornam necessárias, relativamente às suas funções, tempos e lugares, que não poderiam ser lembrados sem essas cartas, e não poderiam ser conhecidos se essas cartas não fossem patentes, de forma que lhes possam ser lidas, e além disso seladas e autenticadas com os selos ou outros sinais permanentes da autoridade soberana.

E pelas leis.

E como essa limitação nem sempre é fácil, ou talvez passível de ser descrita numa carta, é preciso que as leis ordinárias, comuns a todos os súditos, determinem o que é legítimo aos representantes fazer, em todos os casos sobre os quais as cartas se omitam. Portanto

Quando o representante é um só homem, os seus atos não autorizados são apenas seus.

Num corpo político, se o representante for um só homem, qualquer coisa que faça na pessoa do corpo, que não seja autorizada pelas suas cartas ou pelas leis, é o seu próprio ato, e não o ato do corpo, nem de nenhum dos membros deste além dele mesmo. Porque para além dos limites estabelecidos pelas suas cartas e pelas leis ele não representa a pessoa de ninguém, a não ser a dele próprio. Mas aquilo que ele fizer de acordo com elas será o ato de todos, pois do ato do soberano todos são autores, dado que ele é o seu representante ilimitado. E o ato do repre-

XXII. Dos Sistemas Subordinados, Políticos e Privados

sentante que não divergir das cartas do soberano será um ato do soberano; logo, cada um dos membros do corpo é seu autor.

Mas, se o representante for uma assembleia, qualquer coisa que essa assembleia decrete, não autorizada pelas cartas ou pelas leis, será o ato da assembleia, ou corpo político, e o ato de cada um daqueles por cujo voto o decreto foi decidido. Mas não será o ato de cada um dos que, estando presentes, votaram contra, nem de nenhum dos ausentes, a não ser que tenham votado por procuração. É o ato da assembleia, porque foi votado pela maioria; e, se for um crime, a assembleia pode ser punida, na medida em que de tal é passível, como por dissolução, ou cassação das suas cartas (o que é mortal, para esses corpos artificiais e fictícios), ou então por multa pecuniária, se a assembleia tiver um capital comum do qual nenhum dos membros inocentes seja proprietário. Porque dos castigos corporais a natureza livrou todos os corpos políticos. Mas aqueles que não deram o seu voto são inocentes, porque a assembleia não pode representar ninguém em coisas que não sejam autorizadas pelas cartas, e em consequência disso não são envolvidos no voto geral.

Quando é uma assembleia, é apenas o ato daqueles que assentiram.

Se a pessoa do corpo político for um homem, e este pedir dinheiro emprestado a um estranho, isto é, a alguém que não pertença ao mesmo corpo (dado ser desnecessário que as cartas limitem os empréstimos, limitação esta que já é feita pelas inclinações naturais dos homens), a dívida é do representante. Porque, se das suas cartas recebesse autoridade para fazer os membros pagarem a sua dívida, teria também, em consequência, soberania sobre eles. E nesse caso a outorga seria nula, enquanto derivada de um erro frequentemente verificado na natureza humana, e sinal insuficiente da vontade do outorgante. E se for permitida por ele é porque ele é soberano representante, e deixa de estar abrangido pela presente questão, que diz respeito apenas aos corpos subordinados. Portanto nenhum membro, a não ser o próprio representante, tem obrigação de pagar a dívida assim contraída, pois aquele que emprestou, enquanto estranho às cartas e à qualificação do corpo, entendeu

[117]

Quando o representante é um homem, e ele pedir dinheiro emprestado, ou o dever por contrato, só ele é responsável, e não os membros.

como seus devedores apenas os que nessa qualidade se comprometeram. E dado que só o representante, e mais ninguém, pode assumir tal compromisso, é ele o único devedor, portanto é ele quem deve pagar, tirando o dinheiro do capital comum, se o houver, ou das suas próprias propriedades, se não houver esse capital.

Quando é uma assembleia, só são responsáveis os que assentiram.

Se o representante contrair uma dívida através de contrato ou de multa, o caso será o mesmo.

Mas, quando o representante é uma assembleia e o credor é um estranho, apenas são responsáveis pela dívida os que deram voto favorável à contratação do empréstimo, ou ao contrato que originou a dívida, ou ao fato devido ao qual a multa foi imposta. Porque cada um dos que assim votaram se comprometeu pessoalmente a pagar, visto que quem for autor de um pedido de empréstimo ficará obrigado ao pagamento, inclusive do total da dívida, embora fique dela dispensado no caso de alguém a pagar.

Se o credor for um membro da assembleia, só o corpo desta tem a obrigação.

Mas, se o credor for um membro da assembleia, é apenas esta que se encontra obrigada a pagar, com o capital comum, se o houver. Havendo liberdade de voto, se o credor votou que se fizesse o empréstimo, votou que ele fosse pago. Mas se votou que não se fizesse o empréstimo, ou estava ausente, apesar disso, pelo próprio fato de emprestar, votou pelo empréstimo, contrariando o seu voto anterior, e fica obrigado pelo último, tornando-se ao mesmo tempo devedor e credor. Não pode portanto exigir o pagamento a nenhum indivíduo em particular, mas apenas ao tesouro comum, e se tal inexistir não há solução, nem tem ele razão de queixa, a não ser contra si mesmo, pois tinha conhecimento dos atos da assembleia e das suas possibilidades de pagamento, e, sem ser forçado, não obstante aceitou, num ato de insanidade, emprestar o seu dinheiro.

Protestar contra os decretos dos corpos políticos às vezes é legítimo, mas nunca contra o poder soberano.

Fica assim manifesto que, nos corpos políticos subordinados e sujeitos ao poder soberano, por vezes se torna não apenas legítimo, mas também útil, que um indivíduo abertamente proteste contra os decretos da assembleia representativa, fazendo que a sua discordância seja registrada ou testemunhada. Caso

XXII. Dos Sistemas Subordinados, Políticos e Privados

contrário, esse indivíduo poderia ser obrigado a pagar dívidas contraídas, ou tornar-se responsável por crimes cometidos por outrem. Mas numa assembleia soberana essa liberdade desaparece, tanto porque quem aí protesta ao mesmo tempo nega a soberania da assembleia, quanto porque tudo o que é ordenado pelo poder soberano é perante o súdito (embora nem sempre aos olhos de Deus) justificado pela própria ordem, pois de tal ordem cada um dos súditos é autor.

A variedade dos corpos políticos é quase infinita, pois não se distinguem apenas em função dos diversos tipos de atividade para que são constituídos (deste ponto de vista há uma indizível diversidade), mas também em função dos tempos, lugares e números, sujeitos a muitas limitações. Entre as atividades, algumas dizem respeito ao governo. Primeiro, o governo de uma província pode ser delegado a uma assembleia, cujas resoluções dependem todas do voto da maioria; esta assembleia será um corpo político, e o seu poder será limitado pela delegação. A palavra "província" significa um cargo ou função que aquele a quem pertence a função delega a um outro, para que este o administre por ele e sob a sua autoridade. Assim, quando numa república há diversos países onde vigoram leis diferentes, ou que são separados por grandes distâncias, e quando a administração do governo é delegada a diversas pessoas, esses países onde o soberano não reside e governa por delegação são chamados províncias. Mas do governo de uma província por uma assembleia residente na própria província há poucos exemplos. Os romanos, que tinham soberania sobre muitas províncias, governavam-nas sempre por meio de presidentes e pretores, não por assembleias, como governavam a cidade de *Roma* e os territórios adjacentes. De maneira semelhante, quando a *Inglaterra* enviou colonos para cultivar a *Virgínia* e as *ilhas de Sommer*, embora o governo dessas colônias fosse delegado a assembleias em *Londres*, jamais estas assembleias delegaram a sua função governativa a nenhuma assembleia residente no local, mas enviaram um governador para cada colônia. Pois embora todo homem, quando por natureza pode estar presente, dese-

[118]
Corpos políticos para governo de uma província, colônia ou cidade.

je participar do governo, quando não pode estar presente inclina-se, também por natureza, para delegar o governo dos seus interesses comuns a uma forma monárquica, de preferência a uma forma popular de governo. Isso também é evidente nos homens que têm grandes propriedades territoriais, pois, quando não querem se dar ao trabalho de administrar os seus negócios, preferem confiar num único servidor a confiar numa assembleia, quer dos seus amigos, quer dos seus servidores. Mas seja como for na realidade, podemos supor que o governo de uma província ou de uma colônia seja delegado a uma assembleia. Quando *assim é*[1], o que neste lugar tenho a dizer é o seguinte: seja qual for a dívida que essa assembleia contraia, e seja qual for o ato ilegal decretado, será apenas o ato dos que votarem a favor, e não dos que discordaram ou estavam ausentes, pelas razões anteriormente apresentadas. Além disso, uma assembleia residente fora dos limites da colônia cujo governo lhe pertence é incapaz de exercer qualquer poder sobre as pessoas, ou sobre os bens de qualquer membro da colônia, para os punir por dívida ou qualquer outro dever, em qualquer lugar fora da própria colônia, pois fora dela não possui jurisdição nem autoridade, e deve-se contentar com a solução que as leis locais lhe oferecerem. Embora a assembleia tenha direito de aplicar multas a qualquer dos seus membros que desrespeite as leis de sua autoria, fora do território da colônia não tem nenhum direito de executar a cobrança dessa multa. E o que aqui ficou dito sobre os direitos de uma assembleia no governo de uma província ou colônia aplica-se também a uma assembleia no governo de uma cidade, uma universidade, um colégio ou uma Igreja, ou a qualquer outro governo exercido sobre seres humanos.

    De maneira geral, em todos os corpos políticos, se qualquer dos membros se considerar injustiçado pelo próprio corpo, o julgamento da sua causa compete ao soberano e aos que o so-

---

[1] *Syn.*: o é,

XXII. Dos Sistemas Subordinados, Políticos e Privados

berano tenha nomeado como juízes de tais causas, ou nomeie para julgar essa causa particular, e não ao próprio corpo político. Porque o corpo político inteiro é neste caso um outro súdito, coisa que não se passa com uma assembleia soberana, caso em que, se o soberano não for juiz, embora em causa própria, não pode haver juiz algum.

Num corpo político, para a boa administração do comércio exterior, a forma de representação mais conveniente é uma assembleia de todos os membros, quer dizer, uma assembleia tal que todos os que investiram o seu dinheiro possam estar presentes a todas as deliberações e resoluções do corpo, se assim o quiserem. Como prova disto basta ter presente o fim em vista do qual os que são comerciantes, e podem comprar e vender, ou exportar e importar as suas mercadorias conforme a sua própria discrição, apesar disso se vinculam a uma corporação. Não há dúvida de que são poucos os comerciantes capazes, com a mercadoria que compram no próprio país, de fretar um navio para a exportar, ou, com a que compram no exterior, de trazê-las, para o país. Portanto, em geral precisam se reunir numa sociedade em que cada um possa participar nos lucros, em proporção ao seu investimento, ou tirar o seu próprio lucro da venda do que transporta ou importa, ao preço que considerar adequado. Mas no caso não se trata de um corpo político, pois inexiste qualquer representante comum capaz de os obrigar a qualquer lei além daquela que é comum a todos os outros súditos. O fim dessa incorporação é tornar maior o seu lucro, o que pode ser feito de duas maneiras: por simples compra ou simples venda, tanto no país como no estrangeiro. De modo que autorizar uma companhia de comerciantes a tornar-se uma corporação, ou corpo político, é o mesmo que lhe conferir um duplo monopólio, um de compradores exclusivos, e o outro de vendedores exclusivos. Porque quando existe uma companhia incorporada para determinado país estrangeiro ela só exporta as mercadorias vendáveis nesse país, e isso é só comprar no país e só vender no país estrangeiro. Porque no país há apenas um comprador, e no estrangeiro apenas

Corpos políticos para o ordenamento do comércio.

Parte 2 – Da República

um vendedor, sendo as duas coisas lucrativas para o comerciante, pois assim compra no país a preço mais baixo e vende no estrangeiro a preço mais alto. E no exterior há apenas um comprador de mercadoria estrangeira, e no país há apenas um vendedor, sendo ambas as coisas, mais uma vez, lucrativas para quem investe.

[120]

Deste duplo monopólio, uma parte é desvantajosa para o povo do país, e a outra, para os estrangeiros. Porque no país, graças ao exclusivo da exportação, estabelecem os preços que lhes apraz para os produtos da terra e da manufatura do povo, e graças ao exclusivo da importação estabelecem os preços que lhes apraz para todas as mercadorias de que o povo necessita, sendo ambas as coisas prejudiciais para o povo. Por outro lado, graças ao exclusivo da venda das mercadorias nacionais no estrangeiro, e ao exclusivo da compra local das mercadorias estrangeiras, elevam o preço das primeiras e abaixam o preço das últimas em prejuízo dos estrangeiros. Porque, quando só um vende, as mercadorias são mais caras, e quando só um compra, elas são mais baratas, e assim essas corporações não passam de monopólios, embora fossem altamente proveitosas para a república se pudessem ser reunidas num só corpo nos mercados estrangeiros, e ao mesmo tempo serem livres no próprio país, cada um comprando e vendendo ao preço que pudesse.

Não sendo portanto a finalidade desses corpos de comerciantes o benefício comum do corpo inteiro (que neste caso tem como único capital comum aquele que é deduzido de cada empreendimento, para construir, comprar, carregar e equipar os navios), e sim o lucro particular de cada um dos empreendedores, é razoável que cada um esteja a par do emprego do seu próprio dinheiro, isto é, que cada um seja membro da assembleia que terá o poder de decidir esse emprego, e também que cada um seja informado das suas contas. Portanto, o representante de um corpo dessa espécie tem que ser uma assembleia, na qual cada um dos membros do corpo possa estar presente, se quiser, a todas as decisões.

XXII. Dos Sistemas Subordinados, Políticos e Privados

Se um corpo político de comerciantes contrair uma dívida com um estranho por ato da sua assembleia representativa, cada um dos membros será individualmente responsável pelo todo. Porque um estranho não pode se informar das suas leis particulares, pelo contrário, encara-os a todos como outros tantos indivíduos, cada um deles obrigado ao total do pagamento, até que o pagamento feito por um desonera todos os demais. Mas, se a dívida for para com um dos membros da companhia, o credor será devedor do todo perante si próprio, não podendo portanto exigir o pagamento, a não ser tirado do capital comum, se o houver.

Se a república baixar um imposto sobre o corpo político, entende-se que ele recai sobre cada um dos membros, proporcionalmente à sua participação individual na companhia. Porque neste caso o único capital comum que existe é o que é feito dos seus investimentos individuais.

Se for aplicada ao corpo político alguma multa, devido a qualquer ato ilegal, só estão sujeitos a ela aqueles por cujos votos esse ato foi decidido, ou aqueles com cujo auxílio o ato foi executado. Porque quanto a todos os outros o único crime que há é pertencer ao corpo, e isso, se for um crime, não é deles (pois o corpo foi criado pela autoridade da república).

Se um dos membros for devedor do corpo político, pode ser por este processado, mas os seus bens não podem ser confiscados, nem a sua pessoa pode ser presa pela autoridade do corpo, mas apenas pela autoridade da república. Porque se o corpo político puder fazê-lo pela sua própria autoridade, poderá também pela sua própria autoridade julgar que a dívida é devida, o que é o mesmo que ser juiz em causa própria.

Esses corpos instituídos para o governo dos homens ou do comércio podem ser perpétuos, ou limitados a uma duração estabelecida por escrito. Mas também há corpos cuja duração é limitada apenas pela natureza dos seus negócios. Se por exemplo um monarca soberano ou uma assembleia soberana houver por bem dar ordem às cidades, ou a outras regiões do seu território, para que lhe enviem os seus delegados, para o infor-

Um corpo político para aconselhar o soberano.

Parte 2 – Da República

[121]

mar sobre a situação e necessidade dos súditos, ou para aconselhar na feitura de boas leis, ou por qualquer outra razão, com uma pessoa representando toda região, e a esses delegados for fixado um lugar e um tempo de reunião, eles constituem nesse lugar e durante esse tempo um corpo político, representando todos os súditos desse domínio. Mas isso é apenas para aqueles assuntos que lhes foram propostos por aquele homem ou assembleia que, pela autoridade soberana, os mandou chamar, e a partir do momento em que seja declarado que nada mais será por eles proposto ou debatido o corpo político fica dissolvido. Porque se eles fossem os representantes absolutos do povo, nesse caso seriam a assembleia soberana, havendo assim duas assembleias soberanas, ou dois soberanos, para um só e mesmo povo, o que não é compatível com a paz desse povo. Portanto, onde já há uma soberania a única representação absoluta do povo que pode haver é através dela própria. Quanto aos limites dentro dos quais um tal corpo político pode representar o povo inteiro, esses são estabelecidos por escrito por quem o convocou. Pois o povo não pode escolher os seus delegados para outro fim senão o que se encontrar expresso no mandado a ele enviado pelo seu soberano.

São legítimos os corpos regulares privados, como as famílias.

Os corpos privados regulares e legítimos são aqueles que são constituídos sem cartas, ou outra autoridade escrita, a não ser as leis comuns a todos os outros súditos. Dado que se encontram unidos numa pessoa representativa, são considerados regulares, tal como o são todas as famílias, em que o pai ou senhor comanda a família inteira. Porque ele tem autoridade sobre os seus filhos e serviçais até onde a lei permite, embora não possa ir além disso, pois nenhum deles é obrigado a obedecer naquelas ações que a lei proíbe praticar. Em todas as outras ações, durante o tempo em que estiverem submetidos ao governo doméstico, estão submetidos aos seus pais e senhores, como a seus soberanos imediatos. Sendo o pai e senhor, antes da instituição da república, soberano absoluto da sua própria família, depois dessa instituição só perde da sua autoridade aquilo que a lei da república lhe tirar.

XXII. Dos Sistemas Subordinados, Políticos e Privados

Os corpos privados regulares, mas ilegítimos, são aqueles que se unem numa só pessoa representativa sem nenhuma espécie de autoridade pública. É o caso das corporações de mendigos, ladrões e ciganos, destinadas a organizar melhor as suas ocupações de mendicância e de roubo. E o das corporações de homens que se unem, pela autoridade de qualquer pessoa estrangeira, em outro domínio, para a propagação mais fácil de qualquer doutrina, ou para constituir um partido contrário ao poder da república.

Corpos privados regulares mas ilegítimos.

Os sistemas irregulares, que pela sua natureza não passam de ligas, ou por vezes de mera convergência de pessoas, sem união em vista de nenhum desígnio determinado *por*[1] obrigação recíproca, a não ser apenas a resultante de uma semelhança de vontades e inclinações, tornam-se legítimos ou ilegítimos conforme a legitimidade ou ilegitimidade dos desígnios de cada um dos indivíduos que os constituem, e estes desígnios devem ser interpretados conforme as circunstâncias.

Sistemas irregulares, como as ligas privadas.

As ligas de súditos (pois é corrente fazerem-se ligas de defesa mútua) são numa república (que não é mais do que uma liga de todos os súditos juntos) em sua maioria desnecessárias, e têm um sabor de intenção ilegítima; por esse motivo são ilegítimas, recebendo geralmente o nome de facções ou conspirações. Como uma liga é uma união de homens por meio de pactos, se não for conferido poder a um homem ou a uma assembleia (como na condição de simples natureza) para os obrigar ao cumprimento de tais pactos, a liga só será válida enquanto não surgir justa causa de desconfiança. Portanto, as ligas entre as repúblicas, acima das quais não há nenhum poder humano constituído, capaz de os manter a todos em respeito, não apenas são legítimas como são também proveitosas durante o tempo que duram. Mas as ligas de súditos de uma mesma república, em que cada um pode defender o seu direito por meio do poder soberano, são desnecessárias para a preservação da paz e da justiça e (caso os seus desígnios sejam malévolos, ou des-

[122]

---

[1] *Syn.*: nem por

Parte 2 – Da República

Cabalas secretas.

conhecidos da república) também ilegítimas. Porque toda a união das forças de indivíduos particulares é, se a intenção for malévola, injusta; e se a intenção for desconhecida é perigosa para o poder público e injustamente escondida.

Se o poder soberano residir numa grande assembleia, e um determinado número de indivíduos, membros dessa assembleia, sem autorização para tal, instigam uma parte com o fim de influenciar a conduta dos demais, neste caso trata-se de uma facção ou conspiração ilegítima, pois constitui uma sedução fraudulenta da assembleia, em defesa dos seus interesses particulares. Mas, se aquele cujo interesse particular vai ser debatido e julgado pela assembleia fizer o maior número de amigos possível, não há nenhuma injustiça, porque neste caso ele não faz parte da assembleia. Ainda que suborne esses amigos com dinheiro (salvo se houver uma lei expressa contra isso), mesmo assim não há injustiça. Porque às vezes (dados os costumes humanos como são) é impossível obter justiça sem dinheiro, e cada um pode pensar que a sua própria causa é justa até o momento de ser ouvida e julgada.

Lutas entre famílias privadas.

Em todas as repúblicas, sempre que um particular tiver mais servos do que os necessários para a administração das suas propriedades e o legítimo uso que deles possa fazer, trata-se de uma facção, e ilegítima. Como ele dispõe da proteção da república, não tem necessidade de se defender com uma força pessoal. E embora nas nações não inteiramente civilizadas várias famílias numerosas sempre tenham vivido em permanente hostilidade, atacando-se umas às outras com forças particulares, é suficientemente evidente que o fizeram de forma injusta, ou então que não havia república.

Facções para governo.

Tal como as facções familiares, assim também as facções que se propõem o governo da religião, como os papistas, os protestantes *etc.*[1], ou o do Estado, como os patrícios e plebeus dos antigos tempos de *Roma*, e os aristocráticos e democráti-

---

[1] O manuscrito do copista traz: Independentes.

XXII. Dos Sistemas Subordinados, Políticos e Privados

cos dos antigos tempos da *Grécia*, são injustas, pois são contrárias à paz e à segurança do povo, e equivalem a tirar a espada de entre as mãos do soberano.

O ajuntamento de pessoas é um sistema irregular, cuja legitimidade ou ilegitimidade depende das circunstâncias e do número dos que se reúnem. Se as circunstâncias forem legítimas e manifestas o ajuntamento é legítimo, como por exemplo a habitual reunião de pessoas numa igreja, ou num espetáculo público, nos números habituais. Porque, se o número de pessoas for extraordinariamente grande, as circunstâncias deixam de ser evidentes, e em consequência aquele que não for capaz de apresentar uma explicação satisfatória da sua presença no local deve ser considerado consciente de um desígnio ilegítimo e tumultuoso. Pode ser legítimo que milhares de pessoas façam uma petição para ser apresentada a um juiz ou magistrado, mas se milhares de pessoas forem levar essa petição trata-se de uma assembleia tumultuosa, porque para tal fim um ou dois são bastantes. Mas em casos como este não é um número fixo que torna ilegítima uma assembleia, mas aquele número que os funcionários presentes não têm a possibilidade de subjugar e entregar à justiça. [123]

Quando um número inusitado de pessoas se reúne contra alguém a quem acusam, a assembleia é um tumulto ilegítimo, porque lhes é possível entregar a acusação ao magistrado por uns poucos ou apenas um só. Foi esse o caso de São Paulo em *Éfeso*, quando *Demétrio* e um grande número de outros homens levaram perante o magistrado dois dos companheiros de São Paulo, clamando a uma só voz: *Grande é Diana de Éfeso*. O que era uma maneira de exigir justiça contra eles, por ensinarem ao povo uma doutrina que era contrária à sua religião e aos seus negócios. Neste caso as circunstâncias eram justas, levando em conta as leis desse povo. Mas a sua assembleia considerou ilegítima essa ação, e por ela o magistrado repreendeu-os, com estas palavras: *Se Demétrio e os outros artífices podem acusar qualquer homem de alguma coisa, existem audiências e deputados; que se* At 19,40.

Parte 2 – Da República

acusem uns aos outros. E se tendes mais alguma coisa a pedir o vosso caso poderá ser julgado por uma assembleia legalmente convocada. Pois corremos o risco de ser acusados pela sedição deste dia, visto que não existe motivo capaz de justificar este ajuntamento de pessoas. Com isto ele qualificou uma assembleia, para a qual os homens não conseguem apresentar nenhuma boa explicação, de sedição, e sedição pela qual não poderiam responder. E isto é tudo quanto eu tinha a dizer relativamente aos *sistemas* e assembleias de pessoas, que podem ser comparados, conforme já disse, às partes semelhantes do corpo do homem: os que forem legítimos, aos músculos, e os que forem ilegítimos, aos tumores, cálculos e apostemas, engendrados pelo afluxo antinatural de humores malignos.

CAP. XXIII
Dos Ministros Públicos do Poder Soberano

No último capítulo falei das partes semelhantes da república. Neste capítulo vou falar das partes orgânicas, que são os ministros públicos.

Quem é ministro público.

Um Ministro Público é aquele que é encarregado pelo soberano (quer este seja um monarca ou uma assembleia) de qualquer atividade, com autoridade, no desempenho desse cargo, para representar a pessoa da república. E enquanto qualquer homem ou assembleia a quem pertença a soberania representa duas pessoas, ou então, como é mais comum dizer-se, tem duas capacidades, uma natural e outra política (um monarca não tem apenas a pessoa da república, mas também a de um homem, e uma assembleia soberana não tem apenas a pessoa da república, mas também a da assembleia), aqueles que são seus servidores na sua capacidade natural não são ministros

XXIII. Dos Ministros Públicos do Poder Soberano

públicos, são-no apenas os que servem na administração dos negócios públicos. Portanto, nem os oficiais de justiça, nem os alguazis, nem os outros funcionários que servem na assembleia tendo como única finalidade a conveniência dos membros da assembleia, numa aristocracia ou numa democracia; nem os despenseiros, camareiros e caixeiros, nem nenhum outro servidor de cada monarca são ministros públicos numa monarquia.

Dos ministros públicos, alguns têm a seu cargo a administração geral, quer de todo o domínio, quer de uma parte dele. No caso do todo, pode ser confiada a alguém, como protetor ou regente, pelo antecessor de um infante-rei, durante a menoridade deste, toda a administração do seu reino. Neste caso, todos os súditos têm obrigação de obediência às ordenações que faça, assim como às ordens que dê em nome do rei, desde que não sejam incompatíveis com o poder soberano. No caso de só uma parte, ou província, tanto um monarca como uma assembleia soberana podem entregar a sua administração geral a um governador, lugar-tenente, prefeito ou vice-rei. E também neste caso todos os habitantes dessa província são obrigados a fazer tudo quanto ele ordenar em nome do soberano, e *que não seja*[1] incompatível com o direito do soberano. Porque esses protetores, vice-reis e governadores só têm como direitos aqueles que dependem da vontade do soberano. E nenhuma delegação de poder que lhes seja feita pode ser interpretada como uma declaração da vontade de transferir a soberania, sem que haja palavras expressas e evidentes para tal fim. E esta espécie de ministros públicos assemelha-se aos nervos e tendões que movem os diversos membros de um corpo natural.

Outros têm administração especial, quer dizer, estão encarregados de alguma função especial, seja no país ou no estrangeiro. No país, temos em primeiro lugar, para a economia da república, aqueles que possuem autoridade relativamente ao *tesouro*, aos tributos, impostos, rendas, multas ou qualquer rendi-

[124]

Ministro para a administração geral.

Para administração especial, como a economia.

---

[1] *Syn.*: que

mento público, assim como para receber, recolher, publicar ou tomar as respectivas contas, e que são ministros públicos. Ministros, porque estão a serviço da pessoa representante, e nada podem fazer contra as suas ordens, ou sem a sua autorização. Públicos, porque a servem na sua capacidade política.

São também ministros públicos, em segundo lugar, os que têm autoridade com relação à *militia* para ter a custódia das armas, fortes e portos, para o recrutamento, pagamento e comando dos soldados; ou para a provisão de todas as coisas necessárias para conduta da guerra, tanto em terra como nos mares. Mas um soldado sem comando, embora esteja lutando pela república, nem por isso representa a sua pessoa, porque não tem ninguém perante quem possa representá-la. Porque todos os que têm um comando representam-no apenas perante aqueles que comandam.

Para instrução do povo.

Também são ministros públicos os que têm autoridade para ensinar, ou para permitir a outros que ensinem ao povo os seus deveres para com o poder soberano, instruindo-o no conhecimento do que é justo ou injusto, a fim de tornar o povo mais apto a viver em paz e harmonia e a resistir ao inimigo comum. São ministros na medida em que não fazem tudo isso pela sua própria autoridade, e sim pela de outrem; e são públicos porque o fazem (ou devem fazê-lo) apenas em virtude da autoridade do soberano. Só o monarca, ou a assembleia soberana, possui abaixo de Deus autoridade para ensinar e instruir o povo, e nenhum homem além do soberano recebe o seu poder *Dei gratia* simplesmente, isto é, de um favor que vem apenas de Deus. Todos os outros recebem os seus poderes do favor e providência de Deus e dos seus soberanos, e assim numa monarquia se diz *Dei gratia & Regis*, ou *Dei providentia & voluntate Regis*.

[125]

Para o poder judicial.

Também são ministros públicos aqueles a quem é concedido o poder judicial. Porque nas suas sedes de justiça representam a pessoa do soberano, e a sua sentença é a sentença dele. Porque, conforme foi declarado, todo o poder judicial está essencialmente anexado à soberania, portanto todos os outros juízes são apenas ministros daquele ou daqueles que têm o

XXIII. Dos Ministros Públicos do Poder Soberano

poder soberano. E todas as controvérsias são de duas espécies, a saber, de *fato* e de *direito*, e assim são também os julgamentos, uns de fato e outros de direito. De modo que para julgar a mesma controvérsia pode haver dois juízes, um de fato e outro de direito.

E em qualquer desses tipos de controvérsia pode surgir uma controvérsia entre a parte julgada e o juiz, a qual, como ambos são súditos do soberano, manda a equidade que seja julgada por homens aceitos por consentimento de ambos, pois ninguém pode ser juiz em causa própria. Mas o soberano já está aceito por ambos como juiz, e portanto deverá ou ouvir a causa e decidi-la ele mesmo, ou nomear um juiz com o qual ambos concordem. Considera-se então que esse acordo foi realizado entre eles de diversas maneiras. Em primeiro lugar, se ao acusado for permitido objetar àqueles juízes cujos interesses o façam suspeitar deles (tendo o queixoso já escolhido o seu próprio juiz), aqueles a que ele não objetar serão juízes com os quais ele próprio concordou. Em segundo lugar, se apelar para qualquer outro juiz, não poderá depois voltar a apelar, porque esse apelo foi de sua escolha. Em terceiro lugar, se apelar para o próprio soberano, e for este a proferir a sentença, em pessoa ou por meio de delegados com os quais ambas as partes tenham concordado, essa sentença é definitiva, porque o acusado foi julgado pelos seus próprios juízes, quer dizer, por ele próprio.

Depois de examinadas estas propriedades de uma justa e racional administração judicial, não posso deixar de observar a excelente constituição dos tribunais de justiça estabelecidos na *Inglaterra*, tanto para os litígios comuns como para os políticos. Entendo por litígios comuns aqueles em que tanto o queixoso como o acusado são súditos, e por litígios políticos (também chamados pleitos da Coroa), aqueles em que o queixoso é o soberano. Porque quando havia duas ordens na sociedade, sendo uma a dos lordes e a outra dos comuns, os lordes tinham o privilégio de ter por *juízes, se o litígio fosse público*[1], em

---
[1] *Syn.*: Juízes

Parte 2 – Da República

todos os crimes capitais, apenas os outros lordes; e desses lordes, todos quantos estivessem presentes. Já que isto era reconhecido como privilégio de favor, os seus juízes eram apenas aqueles que eles mesmos solicitavam. E em todas as controvérsias, todo súdito (como também os lordes, nas controvérsias civis) tinha como juízes habitantes da região a que correspondia a questão controvertida, e em relação a esses podia exercer o direito de recusa, até que finalmente se escolhessem doze homens contra os quais não houvesse objeção, sendo então o súdito julgado por esses doze. Assim, como cada uma das partes tinha os seus próprios juízes, não havia nenhum motivo para alegar que a sentença não era definitiva. Essas pessoas públicas, que recebem do poder soberano autorização tanto para instruir como para julgar o povo, são aqueles membros da república que podem adequadamente ser comparados aos órgãos da fala num corpo natural.

[126]

Para execução.

São também ministros públicos todos aqueles que receberam do soberano autorização para proceder à execução de todas as sentenças, para publicar as ordens do soberano, para reprimir tumultos, para prender e encarcerar os malfeitores, e praticar outros atos tendentes à preservação da paz. Porque cada ato que praticam em nome dessa autoridade é um ato da república e a sua função é comparável à das mãos, num corpo natural.

Os ministros públicos nomeados para o estrangeiro são aqueles que representam a pessoa do seu próprio soberano perante os Estados estrangeiros. São dessa espécie os embaixadores, os mensageiros, os agentes e arautos, enviados com a autorização pública, e em missão política.

Mas aqueles que são enviados apenas pela autoridade de um partido privado de um Estado conturbado, mesmo que sejam aceitos pelo país estrangeiro, não são ministros públicos nem privados da república, porque nenhuma das suas ações tem como autor a própria república. De maneira semelhante, um embaixador enviado por um príncipe para apresentar feli-

XXIII. Dos Ministros Públicos do Poder Soberano

citações ou condolências, ou para estar presente a uma solenidade, ainda que a autoridade seja pública, é uma pessoa privada, porque se trata de um assunto privado e que lhe compete na sua capacidade natural. E também um homem que seja enviado a outro país, com o fim secreto de investigar as opiniões lá vigentes e a força do país, embora tanto a autorização como a missão sejam públicas, e dado que não é possível que alguém veja nele outra pessoa a não ser a sua própria, é apenas um ministro privado. Mas apesar disso é um ministro da república, e pode ser comparado aos olhos do corpo natural. E aqueles que são escolhidos para receber as petições ou outras informações do povo, e são como se fossem os ouvidos públicos, são ministros públicos, e nessa qualidade representam o seu soberano.

Um conselheiro (ou um conselho de Estado, se o considerarmos destituído de qualquer autoridade judicial ou de comando, e tendo apenas a de dar a sua opinião ao soberano quando ela for pedida, ou de a propor quando não for pedida) também não é uma pessoa pública. Porque a opinião é apresentada apenas ao soberano, cuja pessoa não pode na sua própria presença ser representada para ele por um outro. Mas um corpo de conselheiros nunca deixa de ter alguma autoridade, tanto judicial como de administração imediata. Numa monarquia, eles representam o monarca, transmitindo as suas ordens aos ministros públicos. Numa democracia, o conselho ou senado propõe ao povo os resultados das suas deliberações, enquanto conselho; mas quando designa juízes, ou julga causas, ou concede audiência a embaixadores, o faz na qualidade de ministro do povo. E numa aristocracia o conselho de Estado é a própria assembleia soberana, oferecendo conselho apenas a si própria.

Conselheiros sem outra função além de orientar não são ministros públicos.

CAP. XXIV
Da Nutrição e Procriação
de uma República

A nutrição de uma república consiste nos bens do mar e da terra:

A NUTRIÇÃO de uma república consiste na *abundância* e na *distribuição* das *matérias-primas* necessárias à vida; no seu *acondicionamento* e *preparação* e, uma vez acondicionados, na sua *entrega* para uso público, através de canais adequados.

Quanto à abundância de matéria, é uma coisa limitada por natureza àqueles bens que, por intermédio da terra e do mar (os dois peitos da nossa mãe comum), Deus geralmente ou dá de graça ou em troca do trabalho dos homens.

No que se refere à matéria dessa nutrição, composta de animais, vegetais e minerais, Deus colocou-os generosamente ao nosso alcance, à superfície da terra ou perto dela, de modo tal que não é preciso mais do que trabalho e esforço para os colher. Assim, a abundância depende simplesmente (a seguir ao favor de Deus) do trabalho e do esforço dos homens.

Essa matéria, a que geralmente se chama bens, em parte é *nativa* e em parte é *estrangeira*. *Nativa*, quando pode ser obtida dentro do território da república. *Estrangeira*, quando é importada do exterior. E como não existe território algum sob o domínio de uma república (a não ser que seja de uma extensão imensa) que produza todas as coisas necessárias para a manutenção e movimento do corpo inteiro, e poucos são os que não produzem alguma coisa mais além do necessário, os bens supérfluos que se obtêm no interior deixam de ser supérfluos, e passam a suprir as necessidades internas, mediante a importação do que pode ser obtido no exterior, seja através de troca, de justa guerra ou de trabalho. Porque o trabalho de um homem também é um bem que pode ser trocado por benefícios, tal como qualquer outra coisa. E já houve repúblicas que, não tendo mais território suficiente para os seus habitantes, conseguiram, apesar disso, não apenas manter, mas até aumentar o

XXIV. Da Nutrição e Procriação de uma República

seu poder, em parte graças à atividade mercantil entre um lugar e outro, e em parte através da venda de manufaturas cujas matérias-primas eram trazidas de outros lugares.

A distribuição das matérias-primas dessa nutrição é a constituição do *meu*, do *teu* e do *seu*. Isto é, uma palavra, da *propriedade*. E em todas as espécies de república é da competência do poder soberano. Porque onde não há república, conforme já se mostrou, há uma guerra perpétua de cada homem contra o seu semelhante, na qual portanto cada coisa é de quem a apanha e conserva pela força, o que não é *propriedade* nem *comunidade*, mas *incerteza*. Isso é a tal ponto evidente que até *Cícero* (um apaixonado defensor da liberdade), numa arenga pública, atribui toda propriedade às leis civis: *Se as leis civis*, disse ele, *alguma vez forem abandonadas, ou negligentemente conservadas (para não dizer oprimidas), não haverá nada mais que alguém possa estar certo de receber dos seus antepassados, ou deixar aos seus filhos*. E também: *Suprimi as leis civis, e ninguém mais saberá o que é seu e o que é dos outros*. Visto portanto que a introdução da *propriedade* é um efeito da república, que nada pode fazer a não ser por intermédio da pessoa que a representa, tal propriedade só pode ser um ato do soberano, e consiste em leis que só podem ser feitas por quem tiver o poder soberano. Bem o sabiam os antigos, que chamavam Νόμος (quer dizer, *distribuição*) ao que chamamos lei, e definiam a justiça como a *distribuição* a cada um do que é *seu*.

Nesta distribuição, a primeira lei diz respeito à distribuição da própria terra, da qual o soberano atribui a todos os homens uma porção, conforme o que ele, e não conforme o que qualquer súdito, ou qualquer número deles, considerar compatível com a equidade e com o bem comum. Os filhos de Israel constituíam uma república no deserto, e careciam dos bens da terra, até o momento em que se tornavam senhores da Terra Prometida, a qual foi posteriormente dividida entre eles, não conforme a sua própria discrição, mas conforme a discrição do sacerdote *Eleazar* e do general *Josué*. Estes, quando já havia doze tribos, ao fazer delas treze mediante a subdivisão da tribo de

E na sua correta distribuição.

[128]

Toda propriedade privada da terra deriva originalmente da distribuição arbitrária do soberano.

Parte 2 – Da República

José, dividiram a terra em apenas doze porções, e não atribuíram nenhuma terra à tribo de *Levi*, designando-lhe a décima parte da totalidade dos frutos da terra, divisão que portanto era arbitrária. E embora quando um povo toma posse de um território por meio da guerra nem sempre ele extermine os antigos habitantes (como fizeram os judeus), deixando as suas terras a muitos, ou à maior parte, ou a todos, é evidente que depois essas terras passam a ser patrimônio do vencedor, como aconteceu com o povo da *Inglaterra*, que recebeu todas as suas terras de *Guilherme, o Conquistador*.

A propriedade de um súdito não exclui o domínio do soberano, mas apenas o de outros súditos.

Disso podemos concluir que a propriedade que um súdito tem nas suas terras consiste no direito de excluir todos os outros súditos do uso dessas terras, mas não de excluir o soberano, quer este seja uma assembleia ou um monarca. Pois, considerando que o soberano, quer dizer, a república (cuja pessoa ele representa), nada faz que não seja em vista da paz e segurança comuns, essa distribuição das terras se faz em vista da mesma finalidade. Em consequência, qualquer distribuição que *um outro*[1] faça em prejuízo dessa paz e dessa segurança é contrária à vontade de todos os súditos, que confiaram a paz e a segurança das suas vidas à discrição e consciência do soberano; e assim essa distribuição deve, pela vontade de cada um deles, ser considerada nula. É certo que um monarca soberano, ou a maioria de uma assembleia soberana, pode ordenar a realização de muitas coisas seguindo os ditames das suas paixões e contrariamente à sua consciência, e isso constitui uma quebra da confiança e da lei de natureza. Mas isto não é suficiente para autorizar nenhum súdito a pegar em armas contra o seu soberano, ou mesmo a acusá-lo de injustiça, ou de qualquer modo falar mal dele. Porque os súditos autorizaram todas as suas ações, e ao lhe atribuírem o poder soberano fizeram-nas suas. Mas em que casos as ordens do soberano são contrárias à equidade e à lei de natureza é coisa que será examinada adiante em outro lugar.

[1] *Syn.*: se

XXIV. Da Nutrição e Procriação de uma República

Na distribuição das terras, a própria república pode ter uma porção, possuindo e melhorando-a através do seu representante. E essa porção pode ser de molde a tornar-se suficiente para sustentar todas as despesas necessárias para a paz e defesa comuns. Isso seria muito verdadeiro se fosse possível conceber qualquer representante que estivesse livre da paixões e fraquezas humanas. Mas, sendo a natureza humana o que é, a atribuição de terras públicas ou de uma renda determinada para a república seria inútil, e faria tender para a dissolução do governo e a condição de simples natureza e guerra, sempre que o poder soberano caísse nas mãos de um monarca, ou de uma assembleia, que ou fosse excessivamente negligente em questões de dinheiro, ou suficientemente ousado para arriscar o patrimônio público numa guerra longa e dispendiosa. As repúblicas não podem suportar uma dieta, pois não sendo as suas despesas limitadas pelo seu próprio apetite, e sim por acidentes externos e pelos apetites dos seus vizinhos, a riqueza pública não pode ser limitada por outros limites senão os que forem exigidos por cada ocasião. Embora na *Inglaterra* o Conquistador tenha reservado algumas terras para seu próprio uso (além de florestas e coutadas, tanto para sua recreação como para a preservação dos bosques), e tenha também reservado diversos serviços nas terras que deu aos seus súditos, parece apesar disso que elas não foram reservadas para a sua manutenção *enquanto em*[1] sua capacidade pública, mas *enquanto em*[2] sua capacidade natural, pois tanto ele como os seus sucessores lançaram impostos arbitrários sobre as terras de todos os seus súditos, sempre que tal consideraram necessário. E mesmo que essas terras e serviços públicos tivessem sido estabelecidos como suficiente manutenção da república, tal teria sido contrário à finalidade da instituição, pois eram insuficientes (conforme ficou claro, dados esses impostos subsequentes), e além disso estavam sujeitos à alienação e diminuição (conforme foi tornado claro pela posterior pequena renda da Coroa). Portanto, é

O poder público isento de dieta.
[129]

[1] *Syn.*: em   [2] *Syn.*: em

Parte 2 – Da República

Os lugares e objetos de tráfico dependem, tal como a sua distribuição, do soberano.

As leis da transferência de propriedade também competem ao soberano.

[130]

O dinheiro é o sangue de uma república.

inútil atribuir uma porção à república, que pode vendê-la ou dá-la, e efetivamente a vende e a dá quando tal é feito pelo seu representante.

Quanto às terras do país, sua distribuição compete ao soberano, assim como a decisão sobre em que lugares, e com que mercadorias, os súditos estão autorizados a manter tráfico com o estrangeiro. Porque se às pessoas privadas competisse usar nesses assuntos da sua própria discrição, algumas delas seriam levadas, pela ânsia do lucro, tanto a fornecer ao inimigo os meios para prejudicar a república como a prejudicá-la elas mesmas, importando aquelas coisas que, ao mesmo tempo que agradam aos apetites dos homens, são para eles nocivas, ou pelo menos inúteis. Compete portanto à república (quer dizer, apenas ao soberano) aprovar ou desaprovar tanto os lugares como os objetos do tráfico externo.

Além do mais, dado que não é suficiente para o sustento da república que cada indivíduo tenha a propriedade de uma porção de terra, ou de alguns poucos bens, ou a propriedade natural de alguma arte útil (e *que não*[1] existe arte no mundo que não seja necessária ou para a existência ou para o bem-estar de quase todos os indivíduos), é necessário que os homens distribuam o que são capazes de acumular, transferindo essa propriedade mutuamente uns aos outros, através da troca e de contratos mútuos. Compete portanto à república, isto é, ao soberano, determinar de que maneira se devem fazer entre os súditos todas as espécies de contrato (de compra, venda, troca, empréstimo, arrendamento), e mediante que palavras e sinais esses contratos devem ser considerados válidos. Quanto à matéria e à distribuição de alimento a todos os membros da república, o que até então foi dito, levando em conta o modelo da presente obra, é suficiente.

Entendo por acondicionamento a transformação de todos os bens que não são imediatamente consumidos, e são reservados para alimentação num momento posterior, a alguma coisa

---

[1] *Syn.*: não

XXIV. Da Nutrição e Procriação de uma República

de igual valor, e além disso suficientemente portátil para não atrapalhar o movimento das pessoas de um lugar para outro, a fim de que se possa ter em qualquer local toda a nutrição que o lugar seja capaz de fornecer. E isso não é outra coisa senão o ouro, a prata e o dinheiro. Pois, como o ouro e a prata têm um elevado valor em quase todos os países do mundo, eles constituem uma medida cômoda do valor de todas as outras coisas entre nações diferentes. E o dinheiro (qualquer que seja a matéria-prima em que se faça cunhar pelo soberano de uma república) constitui a medida suficiente do valor de todas as outras coisas, entre os súditos dessa república. Graças a essas medidas, torna-se possível que todos os bens, tanto os móveis como os imóveis, acompanhem qualquer indivíduo a todo lugar para onde ele se desloque, dentro e fora do local da sua residência habitual. E torna-se possível que os mesmos bens sejam passados de indivíduo a indivíduo, dentro da república, e vão circulando a toda a volta, alimentando, à medida que passa, todas as partes dessa república, a tal ponto que este acondicionamento é, por assim dizer, a corrente sanguínea de uma república, pois o sangue natural se forma também, similarmente, dos frutos da terra; e, circulando, vai alimentando pelo caminho todos os membros do corpo do homem.

E porque o ouro e a prata recebem o seu valor da própria matéria de que são feitos, são eles os primeiros a ter o seguinte privilégio: o seu valor não pode ser alterado pelo poder de uma ou algumas repúblicas, pois é a medida comum das mercadorias em todos os lugares. Mas a moeda corrente do país pode facilmente ter o seu valor aumentado ou rebaixado. Em segundo lugar, o ouro e a prata têm o privilégio de imprimir movimento às repúblicas, fazendo-as, quando tal se torna necessário, estender os seu braços até os países estrangeiros, e o de aprovisionar, não apenas os súditos que viajam, mas também exércitos inteiros. No entanto, aquela moeda que não tem valor devido ao material de que é feita, e sim devido à cunhagem local, é incapaz de suportar a mudança de ares e só produz efeitos no seu próprio país; e mesmo neste encontra-se sujeita

Parte 2 – Da República

Caminhos e canais do dinheiro para uso público.

[131]

As colônias são os filhos de uma república.

à mudança das leis, podendo assim ter o seu valor diminuído, muitas vezes em prejuízo dos que a possuem.

Os caminhos e canais através dos quais o dinheiro circula para uso público são de duas espécies: os da primeira conduzem-no até os cofres públicos, e os da outra fazem-no sair outra vez, para efetuar os pagamentos públicos. À primeira espécie pertencem os recolhedores, recebedores e tesoureiros, e à segunda pertencem igualmente os tesoureiros, assim como os funcionários designados para fazer os pagamentos dos vários ministros públicos ou privados. E também nisto o homem artificial conserva a sua semelhança com o homem natural, cujas veias recebem o sangue das diversas partes do corpo e o transportam até o coração; e depois de vitalizá-lo o coração volta a expelir o sangue por meio das artérias, a fim de vivificar e tornar possível o movimento a todos os membros do corpo.

A procriação, ou os filhos de uma república, são aquilo a que chamamos *plantações* ou *colônias*, que são grupos de pessoas enviadas pela república, sob a direção de um chefe ou governador, para povoar um país estrangeiro, quer este já se encontre vazio de habitantes, quer seja tornado vazio por meio da guerra. E, depois de estabelecida a colônia, ou esta constitui por si só uma república, dispensada da sujeição ao soberano que enviou os colonos (como foi feito por muitas repúblicas nos tempos antigos), e neste caso a república de que partiram era chamada sua metrópole, ou mãe, e não exigia da colônia mais do que os pais costumam exigir dos filhos a quem emancipam e libertam do seu governo doméstico, ou seja, a honra e a amizade; ou então permanece unida à metrópole, como as colônias do povo de *Roma*, e neste caso não são repúblicas independentes, mas províncias e parte integrante da república que enviou os colonos. De modo que o direito das colônias (fora a honra e a ligação com a sua metrópole) depende totalmente da licença ou carta por meio da qual o soberano os autorizou a se estabelecer.

CAP. XXV
Do CONSELHO

Nada mostra mais claramente como é falacioso ajuizar da natureza das coisas por meio do uso vulgar e inconstante das palavras do que a confusão entre os conselhos e as ordens, resultante da maneira imperativa de falar em ambos utilizada, e em muitos outros casos além destes. Porque as palavras *Faz isto* não são apenas as palavras de quem ordena, mas também as de quem dá um conselho ou de quem exorta. No entanto, são poucos os que não veem que estas coisas são muito diferentes, ou que são incapazes de distinguir entre elas, quando percebem quem está falando, a quem se está dirigindo, e em que ocasião. Ora, quando se encontram estas frases nos escritos dos homens, e não se é capaz ou não se quer levar em consideração as circunstâncias, confundem-se às vezes os preceitos dos conselheiros com os daqueles que ordenam, e outras vezes o oposto, conforme seja mais adequado às conclusões que se quer tirar ou às ações a que se dá aprovação. Para evitar tais erros, e restituir as suas significações próprias e distintas a esses termos de ordenar, aconselhar e exortar, defino-os da seguinte maneira.

O que é conselho.

Uma ORDEM é quando alguém diz: *Faz isto* ou *Não faças isto*, e não se pode esperar outra razão a não ser a vontade de quem o diz. Daí manifestamente se segue que quem ordena visa com isso ao seu próprio benefício, pois a razão da sua ordem é apenas a sua própria vontade, e o objeto próprio da vontade de todo homem é sempre algum benefício para si mesmo.

Diferenças entre ordem e conselho.

[132]

Um CONSELHO é quando alguém diz: *Faz isto* ou *Não faças isto*, e deduz as suas razões do benefício que tal acarreta para aquele a quem o diz. Torna-se a partir daqui evidente que aquele que dá conselho pretende apenas (seja qual for a sua intenção oculta) o benefício daquele a quem o dá.

Há portanto entre um conselho e uma ordem grande diferença: a ordem é dirigida para benefício de quem a dá, e o conselho para benefício de outrem. E daqui deriva outra diferença: um homem pode ser obrigado a fazer aquilo que lhe ordenam, como quando fez a promessa de obedecer, mas ninguém pode ser obrigado a fazer o que lhe aconselham, porque o prejuízo resultante de não seguir o conselho é apenas o seu próprio; e, se acaso tiver feito a promessa de o seguir, o conselho já adquiriu a natureza de uma ordem. Uma terceira diferença entre ambos é que ninguém pode reivindicar o direito de dar conselhos a outra pessoa, porque não é possível alegar que daí tire algum benefício próprio; mas reclamar o direito de dar conselho a outrem revela uma vontade de conhecer os desígnios do outro, ou de conseguir algum outro benefício para si mesmo, o que, conforme já disse, é o objeto próprio da vontade de cada um.

Outra coisa também faz parte da natureza do conselho: que seja quem for que peça não pode, de acordo com a equidade, acusar ou punir quem o der. Porque pedir conselho a outrem é permitir-lhe que dê esse conselho da maneira que achar melhor, e em consequência quem dá conselhos ao seu soberano (quer seja um monarca ou uma assembleia) a pedido deste não pode, de acordo com a equidade, ser punido por causa do conselho, quer este seja ou não conforme a opinião da maioria, quanto à proposta em debate. Porque se a decisão da assembleia puder ser conhecida antes de terminado o debate, então ela não deve pedir nem aceitar nenhum conselho, pois a decisão da assembleia é a resolução do debate e o fim de toda a deliberação. E geralmente quem pede conselho é autor dele, portanto não pode punir, e aquilo que o soberano não pode fazer nenhum outro pode também. Mas se um súdito der a outro algum conselho de fazer coisas contrárias às leis, quer o conselho provenha de más intenções ou apenas da ignorância, pode ser punido pela república, porque a ignorância da lei não é desculpa suficiente, já que todos são obrigados a se informar das leis a que estão sujeitos.

O que são exortação e dissuasão.

A EXORTAÇÃO e a DISSUASÃO são conselhos acompanhados de sinais, naquele que os dá, de um veemente desejo de que sejam aceitos. Ou, em termos mais breves, trata-se de um *con-*

XXV. Do Conselho

selho em que se insiste com veemência. Porque quem exorta não deduz as consequências daquilo que aconselha a fazer, vinculando-se assim ao rigor do raciocínio verdadeiro, mas incita aquele a quem aconselha à ação, do mesmo modo que ao dissuadir procura afastá-lo da ação. Levam assim em conta seus discursos, ao deduzirem as suas razões, as paixões e opiniões comuns dos homens; e fazem uso de similitudes, metáforas, exemplos e outros recursos da oratória, a fim de persuadirem os seus ouvintes da utilidade, da honra ou da justiça da aceitação do seu conselho.

Disso se pode concluir, em primeiro lugar, que a exortação e a dissuasão têm em vista o bem de quem dá o conselho, não de quem o pede, o que é contrário ao dever de um conselheiro, pois este, segundo a definição do conselho, não devia ter em conta o seu próprio benefício, e sim o benefício daquele a quem aconselha. Que nesse conselho tem em vista o seu próprio benefício fica bem patente na longa e veemente insistência ou no artifício com que é dado; que, não lhe tendo sido pedido, e em consequência derivando dos seus próprios motivos, visa principalmente ao seu próprio benefício, e só acidentalmente, ou de nenhum modo, poderá redundar em benefício de quem é aconselhado. [133]

Em segundo lugar, o uso da exortação e da dissuasão só tem cabimento quando alguém vai se dirigir a uma multidão, porque, quando o discurso é dirigido a uma só pessoa, esta pode interromper o orador, examinando as suas razões com mais rigor do que pode ser feito por uma multidão, que é constituída por um número excessivo de gente para que seja possível estabelecer uma disputa e um diálogo com quem se dirige indiferentemente a todos ao mesmo tempo.

Em terceiro lugar, os que exortam ou dissuadem, quando se lhes pediu que aconselhassem, são conselheiros corruptos, como se estivessem subornados pelo seu próprio interesse. Por melhor que seja o conselho, quem o der não será bom conselheiro, tal como quem der uma sentença justa a troco de uma recompensa não será um juiz justo. Mas quando alguém tem o

Parte 2 – Da República

direito de comandar, como pai da sua família ou como chefe de um exército, as suas exortações e dissuasões não apenas são legítimas, mas também necessárias e louváveis. No entanto, nesse caso não se trata mais de conselhos, mas de ordens; e estas, quando visam à execução de um trabalho árduo, manda às vezes a necessidade, e sempre a humanidade, que sejam dadas de maneira suavizada, para melhor encorajarem, e no tom e estilo de um conselho, de preferência à linguagem mais áspera de uma ordem.

Podemos encontrar exemplos da diferença entre a ordem e o conselho nos modos de discurso que exprimem ambos nas Sagradas Escrituras: *Não tenhais outros deuses senão eu; Não façais para vós mesmos nenhuma imagem gravada; Não pronuncieis o nome de Deus em vão; Santificai o sábado; Honrai pai e mãe; Não mateis; Não roubeis* etc. são ordens. Porque a razão pela qual lhes devemos obedecer é tirada da vontade de Deus nosso Rei, a quem temos a obrigação de obedecer. Mas as palavras: *Vendei tudo o que tiverdes, dai-o aos pobres e segui-me*, são um conselho, porque a razão pela qual devemos fazê-lo é tirada do nosso próprio benefício, a saber, que assim ganharemos um *tesouro no céu*. As palavras: *Ide à aldeia que fica diante de vós, e lá encontrareis uma burra amarrada, e com ela o seu burrinho; desamarrai-a e trazei-ma*, são uma ordem, porque a razão delas é tirada da vontade do Senhor. Mas as palavras: *Arrependei-vos, e batizai-vos em nome de Jesus* são um conselho, porque a razão de eles assim fazerem não visa a nenhum benefício de Deus Todo-Poderoso, que continuará sendo o Rei mesmo que nos rebelemos, mas a nosso próprio benefício, pois não temos outra maneira de evitar o castigo que nos ameaça por via dos nossos *pecados pretéritos*[1].

Diferenças entre os conselheiros adequados e os conservados.

[134]

Tal como a diferença entre o conselho e a ordem pôde ser deduzida da natureza do conselho, consistindo numa dedução do benefício ou prejuízo que pode resultar para quem é aconselhado, pelas consequências necessárias ou prováveis da ação proposta, assim também podem ser derivadas as diferenças entre

---

[1] *Syn.*: pecados.

XXV. Do Conselho

os conselheiros *capazes* e os *incapazes*. Pois não sendo a experiência mais do que a memória de ações semelhantes anteriormente observadas, e não sendo o conselho mais do que o discurso através do qual essa experiência é transmitida a outrem, as virtudes e defeitos de um conselho são idênticos às virtudes e defeitos intelectuais. E quanto à pessoa de uma república, seus conselheiros fazem-lhe as vezes de memória e de discurso mental. Mas a esta semelhança entre a república e o homem natural vem-se acrescentar uma dissemelhança da maior importância, a saber: um homem natural recebe a sua experiência dos objetos naturais dos sentidos, que influenciam a sua própria paixão ou interesse, ao passo que quem dá conselho à pessoa representante de uma república pode ter, e muitas vezes tem, os seus fins e paixões particulares, o que torna os seus conselhos sempre suspeitos, e muitas vezes infidedignos. Deve portanto estabelecer-se como primeira condição de um bom conselheiro *que os seus fins e interesses não sejam incompatíveis com os fins e interesses daquele a quem aconselha.*

Em segundo lugar, dado que a função de um conselheiro, quando se passa a deliberar sobre qualquer ação, consiste em tornar manifestas as consequências desta, a fim de que quem é aconselhado possa ser informado de maneira clara e correta, ele deve apresentar o seu conselho no modo do discurso que melhor permita à verdade aparecer de modo evidente, quer dizer, com um raciocínio firme e uma linguagem significante e própria, e com a maior brevidade que a evidência permita. Portanto, as *inferências apressadas e destituídas de evidência* (como as que são tiradas apenas de exemplos, ou da autoridade dos livros, e não são argumentos sobre o que é bom ou mau, mas testemunhos de fato ou de opinião), *as expressões obscuras, confusas e ambíguas, e também todos os discursos metafóricos, que tendem a excitar as paixões* (porque tal raciocínio e tais expressões servem apenas para iludir, ou para levar quem aconselhamos a fins que não são os seus), *tudo isto é incompatível com o cargo de conselheiro.*

Em terceiro lugar, dado que a capacidade para aconselhar deriva da experiência e de muito estudo, e ninguém pode ser

Parte 2 – Da República

considerado possuidor de experiência em todas as coisas que é necessário conhecer para a administração de uma grande república, *ninguém pode ser considerado bom conselheiro, a não ser naquelas questões em que não apenas seja muito versado, mas sobre as quais tenha também longamente meditado e refletido*. Pois, considerando que as questões da república consistem em manter o povo em paz no país, e defendê-lo de invasão estrangeira, é evidente que elas exigem profundo conhecimento da condição do gênero humano, dos direitos do governo e da natureza da equidade, da justiça e da honra, conhecimento a que não se pode chegar sem estudo; e também o da força, dos bens e dos lugares do próprio país e dos seus vizinhos, assim como das inclinações e desígnios de todas as nações que de qualquer maneira o possam prejudicar. E nada disto se consegue sem muita experiência. Não apenas a soma de todas estas coisas, mas mesmo cada um dos aspectos exige a idade e a observação de um homem avançado em anos, e com estudos mais do que medianos. Conforme disse anteriormente (cap. VIII), o talento que se exige para o conselho é o juízo. E as diferenças entre os homens quanto a este ponto dependem das diferenças de educação, de uns para um tipo de estudo e de ocupação, e de outros para um outro. Quando para fazer todas as coisas existem regras infalíveis (como as da geometria, para as máquinas e os edifícios), nem toda a experiência do mundo é capaz de igualar o conselho daquele que aprendeu ou descobriu a regra. Quando não existe tal regra, aquele que tem mais experiência no tipo de questão de que se trata será senhor do melhor juízo, e será o melhor conselheiro.

Em quarto lugar, para ter a capacidade de dar conselho a uma república, numa questão que diga respeito a uma outra república, *é necessário ter-se conhecimento de todas as inteligências e cartas que de lá vêm, assim como de todos os registros de tratados e transações de Estado* entre os dois países, o que só pode ser feito por quem de tal o representante considerar capaz. Disso podemos concluir que os que não são convidados a dar conselho não têm, em tais casos, de se meter onde não são chamados.

XXV. Do Conselho

Em quinto lugar, supondo-se que o número de conselheiros seja par, recebe-se melhor conselho ouvindo-os separadamente, em vez de numa assembleia, e isso por muitas razões. Em primeiro lugar, ouvindo-os separadamente se é informado da opinião de cada um. E numa assembleia muitos deles exprimem a sua opinião dizendo simplesmente *sim* ou *não*, ou com as mãos ou pés, e sem serem motivados pela sua própria reflexão, mas pela eloquência de outrem, ou por medo de desagradar a alguns que já falaram ou a toda a assembleia, caso os contradigam; ou por medo de parecer de compreensão mais embotada do que os que aplaudiram a opinião contrária. Em segundo lugar, numa assembleia constituída por muitos é inevitável que alguns tenham interesses contrários ao interesse público; estes podem deixar-se apaixonar pelos seus interesses, a paixão pode torná-los eloquentes, e a eloquência pode conquistar outros para a mesma opinião. Porque as paixões dos homens, que isoladamente são moderadas, como o calor de uma tocha, numa assembleia são como muitas tochas, que se inflamam umas às outras (especialmente quando sopram umas nas outras com discursos) até porem fogo na república, sob pretexto de a aconselharem. Em terceiro lugar, ao ouvir cada um separadamente torna-se possível examinar, quando necessário, a verdade ou a probabilidade das razões de cada um, e os fundamentos da opinião defendida, mediante frequentes interrupções e objeções. Isso é impossível numa assembleia, em que (em todas as questões difíceis) se fica mais estupefato e aturdido pela variedade dos discursos do que informado sobre a decisão a ser tomada. Além do mais, quando uma assembleia numerosa é convocada para dar conselho, nunca podem deixar de aparecer alguns que têm a ambição de ser considerados eloquentes e conhecedores de política, e estes não comunicarão a sua opinião preocupados com a questão em pauta, e sim com o sucesso dos seus discursos variados, tecidos de polícromos fios, ou fragmentos de autores. No mínimo, isso é uma impertinência, que rouba o tempo de uma consulta séria, e é [136] fácil de evitar se o conselho for dado separadamente e de maneira sigilosa. Em quarto lugar, nas deliberações que devem ser mantidas em segredo (o que é extremamente frequente nas questões públicas), os conselhos de um grande número, e sobretudo os das assembleias, são perigosos. Assim, as grandes assembleias são obrigadas a confiar essas questões a um número menor de pessoas, e às que são mais *versadas neles*[1] e em cuja fidelidade têm mais confiança.

Para concluir, haverá alguém que concorde que se peça conselho a uma grande assembleia de conselheiros, que desejem ou aceitem ocupar-se com seus problemas, quando se tratar de casar os seus filhos, de dispor das suas terras, de governar a sua casa ou de administrar o seu patrimônio privado, especialmente se houver entre eles alguns que não desejem a sua prosperidade? Quem quer que trate dos seus negócios com a ajuda de muitos e prudentes conselheiros, consultando a cada um separadamente e no seu elemento próprio, é o que deles trata melhor, tal como quem usa parceiros competentes no jogo do tênis, colocados nos lugares próprios. Aquele que em seguida deles tratará melhor será quem usar apenas o seu próprio julgamento, tal como aquele que não usa parceiro algum. Mas quem nos seus negócios é levado de cá para lá por um conselho complexo, que só é capaz de agir com a pluralidade de opiniões concordantes, cuja execução é geralmente atrasada (devido à inveja ou ao interesse) pela parte discordante, é quem deles trata pior, *e é*[2] comparável a quem é levado até a bola, embora por bons jogadores, num carrinho de mão, ou outro veículo, já de si mesmo pesado, e além disso é atrapalhado pelas opiniões e esforços divergentes dos que o vão empurrando; e tanto mais quanto mais numerosos forem os que nele ponham as mãos; e sobretudo quando entre eles existe um, ou mais, que deseja que ele perca o jogo. E embora seja verdade que muitos olhos veem mais do que um, não deve isto ser considerado aplicável a um grande número de conselheiros, a não ser quando a resolução final pertença apenas a um homem.

[1] *Syn.*: versadas   [2] *Syn.*: e

XXVI. Das Leis Civis

Caso contrário, dado que muitos olhos veem a mesma coisa em diversos planos, e tendem a olhar de soslaio para o seu interesse pessoal, quem deseja não falhar o alvo, embora olhe à volta com ambos os olhos, quando aponta o faz sempre com um só. Assim, nunca uma grande república popular se conservou, a não ser graças a um inimigo exterior que uniu o seu povo, ou graças à reputação de algum homem eminente em seu seio, ou ao conselho secreto de uns poucos, ou ao medo recíproco de duas facções equivalentes, mas nunca graças à consulta aberta da assembleia. Quanto às repúblicas muito pequenas, sejam elas populares ou monárquicas, não há sabedoria humana capaz de as conservar para além do que durar a rivalidade entre os seus poderosos vizinhos.

CAP. XXVI
Das LEIS CIVIS

Entendo por LEIS CIVIS aquelas leis que os homens são obrigados a respeitar, não por serem membros desta ou daquela república em particular, mas por serem membros de uma república. Porque o conhecimento das leis particulares é da competência dos que estudam as leis dos seus diversos países, mas o conhecimento da lei civil é de caráter geral e compete a todos os homens. A antiga lei de *Roma* era chamada a sua *lei civil*, da palavra *Civitas*, que significa república. E os países que, tendo estado submetidos ao Império Romano e governados por essas leis, ainda conservam delas a parte que consideram necessária, *e chamam*[1] a essa parte a lei civil, para a distinguir do resto das suas próprias leis civis. Mas não é disso que é meu propósito falar aqui, pois não pretendo mostrar o que são as leis aqui e ali, e sim o que é a lei – assim como fize-

O que são leis civis.

[137]

---

[1] *Syn.*: chamam [mas é possível que seja apenas uma melhor redação].

ram *Platão*, *Aristóteles* e *Cícero* e muitos outros, sem que tenham adotado como profissão o estudo das leis.

E em primeiro lugar é evidente que a lei, em geral, não é um conselho, mas uma ordem. E também não é ordem dada por qualquer um a qualquer um, pois é dada por quem se dirige a alguém já anteriormente obrigado a lhe obedecer. Quanto à lei civil, acrescenta esta apenas o nome da pessoa que ordena, que é a *persona civitatis*, a pessoa da república.

Considerado isto, defino a lei civil da seguinte maneira: *A* LEI CIVIL *é para todo súdito constituída por aquelas regras que a república lhe impõe, oralmente ou por escrito, ou por outro sinal suficiente da sua vontade, para usar como critério de distinção entre o bem e o mal, isto é, do que é contrário à regra.*

Nessa definição não há nada que não seja evidente à primeira vista. Pois não há ninguém que não veja que algumas leis são dirigidas a todos os súditos em geral, algumas só a determinadas províncias, outras a determinadas ocupações e outras a determinadas pessoas, sendo portanto leis para aqueles a quem a ordem é dirigida, e para ninguém mais. E também que as leis são as regras do justo e do injusto, não havendo nada que seja considerado injusto e não seja contrário a alguma lei. E igualmente que ninguém pode fazer leis a não ser o Estado, pois a nossa sujeição é unicamente para com a república; e que as ordens devem ser expressas por sinais suficientes, pois de outro modo ninguém saberia como lhes obedecer. Portanto, tudo o que possa ser deduzido desta definição como consequência necessária deve ser reconhecido como verdadeiro. E dela passo a deduzir o que se segue:

O soberano é legislador:

1. Em todas as repúblicas o legislador é unicamente o soberano, seja este um homem, como numa monarquia, ou uma assembleia, como numa democracia ou numa aristocracia. Porque o legislador é aquele que faz a lei, e apenas a república prescreve e ordena a observância daquelas regras a que chamamos leis. Portanto a república é o único legislador. Mas a república só é uma pessoa, com capacidade para fazer seja o que for, por meio do representante (isto é, o soberano); portanto

XXVI. Das Leis Civis

o soberano é o único legislador. Pela mesma razão, ninguém pode revogar uma lei já feita, a não ser o soberano, porque uma lei só pode ser revogada por outra lei que proíba a sua execução.

2. O soberano de uma república, quer seja uma assembleia ou um homem, não se encontra sujeito às leis civis. Como tem o poder de fazer e revogar as leis, pode, quando lhe aprouver, libertar-se dessa sujeição, revogando as leis que o estorvam e fazendo outras novas: por consequência, já antes era livre. Porque é livre quem pode ser livre quando quiser. Além disso, a ninguém é possível estar obrigado perante si mesmo, pois quem pode obrigar pode libertar; logo, quem está obrigado apenas perante si mesmo não está obrigado.

E não está sujeito às leis civis.

[138]

3. Quando um costume prolongado adquire a autoridade de lei, não é a grande duração que lhe dá autoridade, mas a vontade do soberano expressa pelo seu silêncio (pois às vezes o silêncio é um argumento de aquiescência), e só continua sendo lei enquanto o soberano mantiver esse silêncio. Portanto, se o soberano tiver um caso de direito que não se baseie na sua vontade presente, e sim nas leis anteriormente feitas, a passagem do tempo não trará prejuízo ao seu direito, e o caso será julgado pela equidade. Porque muitas ações injustas, e sentenças injustas, passam sem controle durante mais tempo do que qualquer homem pode lembrar. E os nossos juristas só aceitam as leis consuetudinárias que são razoáveis, e consideram necessário abolir os costumes maléficos, mas a decisão sobre o que é razoável e o que deve ser abolido pertence a quem faz a lei, que é a assembleia soberana ou o monarca.

O costume não é lei em virtude do tempo, mas apenas do consentimento do soberano.

4. A lei de natureza e a lei civil contêm-se uma à outra e têm igual alcance. Porque as leis de natureza, que consistem na equidade, na justiça, na gratidão e outras virtudes morais destas dependentes, na condição de simples natureza (conforme já disse, no final do capítulo XV) não são propriamente leis, mas qualidades que predispõem os homens para a paz e a obediência. Só depois de instituída a república elas efetivamente se tornam leis, nunca antes, pois passam então a ser ordens da república, portanto também leis civis, na medida em que é

A lei de natureza e a lei civil contêm-se uma à outra.

Parte 2 – Da República

o poder soberano que obriga os homens a obedecer-lhes. Porque para declarar, nas dissensões entre particulares, o que é equidade, o que é justiça e o que é virtude moral, e torná-las obrigatórias, são necessárias as ordenações do poder soberano, e punições estabelecidas para quem as infringir, ordenações essas que portanto fazem parte da lei civil. Desta forma, a lei de natureza faz parte da lei civil, em todas as repúblicas do mundo. E também, reciprocamente, a lei civil faz parte dos ditames da natureza. Porque a justiça, quer dizer, o cumprimento dos pactos e dar a cada um o que é seu, é um ditame da lei de natureza. Ora, os súditos de uma república fizeram a promessa de obedecer à lei civil (quer a tenham feito uns aos outros, como quando se reúnem para escolher um representante comum, quer cada um individualmente com o próprio representante quando, subjugados pela espada, prometem obediência em troca da garantia da vida); portanto a obediência à lei civil também faz parte da lei de natureza. A lei civil e a lei natural não são diferentes espécies, mas diferentes partes da lei, uma das quais é escrita e chama-se civil, e a outra não é escrita e chama-se natural. Mas o direito de natureza, isto é, a liberdade natural do homem, pode ser limitado e restringido pela lei civil; mais, a finalidade das leis não é outra senão essa restrição, sem a qual não será possível haver paz. E não foi outra a razão pela qual a lei surgiu no mundo senão para limitar a liberdade natural dos indivíduos, de maneira tal que eles sejam impedidos de causar dano uns aos outros, e em vez disso se ajudem e se unam contra um inimigo comum.

[139]

As leis provinciais não são feitas pelo costume, mas pelo poder soberano.

5. Se o soberano de uma república subjugar um povo que haja vivido sob outras leis escritas, e posteriormente o governar através das mesmas leis pelas quais antes era governado, essas leis serão, não obstante, as leis civis da república vencedora, e não as da vencida. Porque o legislador não é aquele por cuja autoridade as leis pela primeira vez foram feitas, mas aquele por cuja autoridade elas continuam a ser leis. Portanto, quando diversas províncias são abrangidas pelo domínio de uma república, e nessas províncias há uma diversidade de

XXVI. Das Leis Civis

leis, às quais geralmente se chama os costumes de cada província, não devemos entender que esses costumes recebem a sua força apenas da passagem do tempo. Ao contrário, eles eram antigamente leis escritas, ou de algum outro modo dadas a conhecer, para as constituições e promulgações dos seus soberanos. E se agora são leis não é devido à prescrição do tempo, e sim às constituições do atual soberano. Mas se em todas as províncias de um domínio se verificar a observância geral de uma lei não escrita, e se no seu uso não se manifestar nenhuma iniquidade, essa lei não pode ser outra coisa senão uma lei de natureza, igualmente obrigatória para todos os homens.

6. Dado que todas as leis, escritas ou não, recebem a sua força e autoridade da vontade da república, quer dizer, da vontade do representante, que numa monarquia é o monarca e nas outras repúblicas é a assembleia soberana, há lugar para perguntar de onde derivam aquelas opiniões que se encontram nos livros de eminentes juristas de várias repúblicas, segundo as quais o Poder Legislativo depende, diretamente ou por consequência, de indivíduos particulares ou juízes subordinados. Como, por exemplo, *Que a lei comum só está submetida ao controle do Parlamento*, o que só é verdade se o Parlamento detém o poder soberano e só pode se reunir ou dissolver pela sua própria discrição. Pois, se outrem tiver o direito de o dissolver, terá o direito de o controlar, e consequentemente o de controlar os seus controles. E, caso não exista tal direito, o controlador das leis não será o *Parlamentum*, e sim o *Rex in Parlamento*. E quando um Parlamento é soberano, por mais numerosos e mais sábios que sejam os homens que reúna, das regiões a ele submetidos, e seja por que motivo for, tal não levará ninguém a acreditar que por isso a assembleia adquiriu o poder legislativo. Da mesma forma que os dois braços de uma república são *a força e a justiça, dos quais o primeiro é o rei e o segundo está depositado nas mãos do Parlamento*. Como se fosse possível subsistir uma república em que a força estivesse em mãos que a justiça não tivesse a autoridade de comandar e governar.

Algumas opiniões tolas dos juristas a respeito da criação das leis.

Parte 2 – Da República

7. Que a lei nunca pode ser contrária à razão é coisa com que os nossos juristas concordam, bem como que não é a letra (isto é, cada uma das suas frases) a lei, e sim aquilo que é conforme à intenção do legislador. Isto é verdade, mas subsiste a dúvida quanto àquele cuja razão deve ser aceita como lei. Não pode tratar-se de nenhuma razão privada, porque nesse caso haveria tantas contradições nas leis como as há nas Escolas. Nem tampouco (como pretende sir *Edward Coke*) de uma *perfeição artificial da razão, obtida através de muito estudo, observação e experiência* (como era a dele). Porque é possível que muito estudo fortaleça e confirme sentenças errôneas e, quando se constrói sobre falsos fundamentos, quanto mais se constrói, maior é a ruína. Além disso, as razões e resoluções dos que estudam e observam com igual diligência e durante tempo idêntico são e sempre serão discordantes. Portanto, o que faz a lei não é aquela *juris prudentia*, ou sabedoria dos juízes subordinados, mas a razão deste nosso homem artificial, a república, e suas ordens. E sendo a república, no seu representante, uma só pessoa, não é fácil surgir nenhuma contradição nas leis, e quando tal acontece a mesma razão é capaz, por interpretação ou alteração, de eliminar a contradição. Em todos os tribunais de justiça quem julga é o soberano (que é a pessoa da república). O juiz subordinado deve levar em conta a razão que levou o soberano a fazer determinada lei, para que a sua sentença seja conforme a esta, e nesse caso a sentença é do soberano, caso contrário é dele mesmo, e é injusta.

8. Partindo daqui, de que a lei é uma ordem, e de que uma lei consiste na declaração ou manifestação da vontade de quem ordena, oralmente ou por escrito, mediante outros suficientes argumentos da mesma vontade, podemos compreender que a ordem da república só é lei para aqueles que têm meios para dela se informarem. A lei não se aplica aos débeis naturais, às crianças e aos loucos, tal como não se aplica aos animais, nem podem eles ser classificados como justos ou injustos, pois nunca tiveram capacidade para fazer nenhum pacto ou para compreender as suas consequências; portanto, nunca acei-

[140]

Sir Edw. Coke, sobre Littleton, liv. 2. cap. 6, fl. 97,6b.

Lei feita, se não também feita conhecida, não é lei.

XXVI. Das Leis Civis

taram autorizar as ações do soberano, como é necessário que façam para criar uma república. Tal como aqueles a quem a natureza ou um acidente tirou a possibilidade de se informar das leis em geral, também todo aquele a quem qualquer acidente, que lhe não seja imputável, tirou os meios para se informar de qualquer lei, será desculpado quando não a observar. Para falar em termos próprios, para ele essa lei não é lei. Torna-se portanto necessário examinar aqui quais os argumentos e sinais suficientes para o conhecimento do que é a lei, quer dizer, do que é da vontade do soberano, tanto nas monarquias como nas outras formas de governo.

Em primeiro lugar, se for uma lei obrigatória para todos os súditos sem exceção, e não estiver escrita ou de algum outro modo publicada em lugares onde se possam informar, trata-se de uma lei de natureza. Porque tudo o que os homens conhecem como lei, não pelas palavras de outros homens, mas cada um através da sua própria razão, deve ser válido para a razão de todos os homens, o que não pode acontecer com nenhuma lei, a não ser a lei de natureza. Portanto, as leis de natureza não precisam ser públicas nem proclamadas, pois estão contidas nesta única sentença, aprovada por toda gente: *Não faças aos outros o que não consideras razoável que seja feito por outrem a ti mesmo.*

As leis não escritas são todas leis de natureza.

Em segundo lugar, se for uma lei obrigatória apenas para uma determinada categoria de pessoas, ou de uma determinada pessoa, e não for escrita nem oralmente tornada pública, trata-se igualmente de uma lei de natureza, e é conhecida pelos mesmos argumentos e sinais que distinguem essa categoria dos demais súditos. Porque toda lei que não seja escrita, ou de alguma maneira publicada por aquele que faz a lei, só pode ser conhecida pela razão daquele que lhe obedece, portanto é uma lei também natural e não apenas civil. Por exemplo, se o soberano nomear um ministro público sem lhe dar instruções escritas sobre o que deve fazer, o ministro é obrigado a tomar como instruções os ditames da razão. Se nomear um juiz, este deve tomar cuidado para que a sua sentença esteja de acordo

[141]

com a razão do seu soberano e, sendo esta sempre entendida como equidade, é obrigatória para ele segundo a lei de natureza. Se nomear um embaixador, este deverá, em todas as coisas que não constarem das suas instruções escritas, tomar como instruções o que a razão lhe ditar como o mais vantajoso para os interesses do soberano, e o mesmo se passa com todos os outros ministros da soberania, públicos e privados. Todas estas instruções da razão natural devem ser compreendidas sob o nome comum de *fidelidade*, que é um dos ramos da justiça natural.

Com exceção da lei de natureza, faz parte da essência de todas as outras leis serem dadas a conhecer a todos os que são obrigados a obedecer-lhes, quer oralmente, quer por escrito, ou mediante qualquer outro ato que se saiba proceder da autoridade soberana. Porque a vontade de alguém só pode ser compreendida por meio das suas palavras ou atos, ou então por uma conjectura feita a partir dos seus objetivos e propósitos, os quais devem sempre ser considerados, na pessoa da república, como conformes à equidade e à razão. E nos tempos antigos, quando as letras ainda não eram de uso comum, muitas vezes as leis eram postas em verso, para que o povo inculto, tomando prazer em cantar e recitar, as pudesse mais facilmente guardar na memória. Pela mesma razão, *Salomão* aconselhou a um homem que estabelecesse uma relação entre os dez mandamentos e os seus dez dedos. E *Moisés*, quando deu a lei ao povo de *Israel*, na renovação do pacto, recomendou que a ensinassem aos seus filhos, discorrendo sobre ela tanto em casa como nos caminhos, tanto ao deitar como ao levantar, e escrevendo-a nos montantes e nas portas das suas casas; e também que se reunisse o povo, homens, mulheres e crianças, para a ouvirem ler.

E não basta que a lei seja escrita e publicada, é preciso também que haja sinais manifestos de que ela deriva da vontade do soberano. Porque os indivíduos que têm ou julgam ter força suficiente para garantir os seus injustos desígnios, e levá--los em segurança até os seus ambiciosos fins, podem publicar como lei o que lhes aprouver, independentemente da autorida-

Pr. 7,3.
Dt. 11,19.

Dt. 31,12.

Nada é lei quando o legislador não pode ser conhecido.

XXVI. Das Leis Civis

de legislativa ou mesmo contra ela. Portanto, não basta apenas uma declaração da lei, são necessários também sinais suficientes do autor e da autoridade. Em todas as repúblicas, supõe-se que esteja claro quem é o autor ou legislador, pois ele é o soberano, e tendo sido constituído pelo consentimento de todos deve-se considerar que é suficientemente conhecido por todos. E embora a ignorância e ousadia da maior parte dos homens seja tal que, quando se desvanece a recordação da primeira constituição de sua república, deixam de levar em conta qual poder costuma defendê-los dos seus inimigos, dá proteção à sua indústria e lhes garante justiça quando são ofendidos, apesar disso, dado que nenhum dos homens que tal levam em conta o pode colocar em dúvida, não é possível alegar como desculpa a ignorância de onde reside a soberania. E é um ditame da razão natural, e consequentemente uma evidente lei de natureza, que ninguém deve enfraquecer esse poder, cuja proteção todos pediram ou conscientemente aceitaram contra outros. Portanto, ninguém pode pôr em dúvida quem é o soberano, a não ser por sua própria culpa (malgrado o que homens pérfidos possam sugerir). A dificuldade reside na evidência da autoridade que dele deriva, e a possibilidade de eliminar essa dificuldade depende de conhecimento dos registros públicos, dos conselhos públicos, dos ministros públicos e dos selos públicos, pelos quais todas as leis são suficientemente confirmadas. Digo confirmadas, não autorizadas, pois a confirmação é apenas o testemunho e o registro, não a autoridade da lei, a qual consiste unicamente na ordem do soberano. [142]

Portanto, se alguém tem um caso de dano fundado na lei de natureza, quer dizer, da equidade comum, a sentença do juiz que possui por delegação autoridade para examinar tais causas constitui, nesse caso individual, suficiente confirmação da lei de natureza. Pois, embora a opinião de quem professa o estudo das leis seja útil para evitar litígios, trata-se apenas de uma opinião: é ao juiz que compete dizer aos homens o que é a lei, depois de ter escutado a controvérsia.

Mas, quando se trata de um caso de dano ou crime baseado numa lei escrita, qualquer um pode, se quiser, ser suficien-

Diferença entre confirmadas e autorizadas.

A lei verificada pelo juiz subordinado.

Pelos registros públicos.

temente informado, mediante o recurso aos registros, por si mesmo ou através de outros, antes de praticar tal dano, ou cometer o crime, quer se trate de dano ou não. Mais: é isso que se deve fazer. Porque quando alguém duvida se um ato que vai praticar é justo ou injusto, e pode se informar, se quiser, o ato é ilegítimo. De maneira semelhante, quem se considerar vítima de dano, num caso determinado pela lei escrita, a qual pode por si mesmo ou através de outros ver e examinar, se se queixar antes de consultar a lei fá-lo-á injustamente, manifestando mais uma tendência para vexar os outros do que para exigir os seus direitos.

Por cartas patentes e selo público.

Se o caso for de obediência a um funcionário público, constitui suficiente confirmação da sua autoridade ter visto a sua comissão para o cargo com o selo público, e ouvir a sua leitura, ou ter meios para dela se informar, caso o queira. Pois todo homem tem a obrigação de fazer todos os esforços para se informar de todas as leis escritas que possam ter relação com as ações futuras.

A interpretação da lei depende do poder soberano.

[143]

Se o legislador for conhecido, e se as leis, tanto por escrito como pela luz da natureza, forem suficientemente publicadas, mesmo assim fica faltando uma circunstância absolutamente essencial para torná-las obrigatórias. Porque a natureza da lei não consiste na letra, mas na intenção ou significado, isto é, na autêntica interpretação da lei (ou seja, do que o legislador quis dizer), portanto a interpretação de todas as leis depende da autoridade soberana, e os intérpretes só podem ser aqueles que o soberano (única pessoa a quem o súdito deve obediência) venha a designar. Se assim não for, a astúcia do intérprete pode fazer que a lei adquira um sentido contrário ao que o soberano quis dizer, e desse modo o intérprete tornar-se-á legislador.

Todas as leis precisam de interpretação.

Todas as leis, escritas ou não, têm necessidade de uma interpretação. A lei de natureza, que não é escrita, embora seja fácil para aqueles que sem parcialidade ou paixão fazem uso da sua razão natural, deixando portanto sem desculpa os seus violadores, tornou-se agora, por haver poucos, ou talvez nin-

XXVI. Das Leis Civis

guém que em alguns casos não se deixe cegar pelo amor de si ou qualquer outra paixão, a mais obscura de todas as leis, e consequentemente é a que tem mais necessidade de intérpretes capazes. Quanto às leis escritas, se forem breves, facilmente serão mal interpretadas, por causa da diversidade de significações de uma ou duas palavras; se forem longas, ainda serão mais obscuras, devido à diversidade de significações de muitas palavras. De modo que nenhuma lei escrita, quer seja expressa em poucas ou em muitas palavras, pode ser bem compreendida sem uma perfeita compreensão das causas finais para as quais a lei foi feita, e o conhecimento dessas causas finais está com o legislador. Para este, portanto, nenhum dos nós da lei pode ser insolúvel, seja achando-lhe as pontas e por aí desatando-o, seja fazendo quantas pontas lhe aprouver (como *Alexandre* fez com a sua espada ao nó górdio), por meio do Poder Legislativo, coisa que nenhum intérprete pode fazer.

Numa república, a interpretação das leis da natureza não depende dos livros de filosofia moral. Sem a autoridade da república, a autoridade dos escritores não basta para transformar em leis as suas opiniões, por mais verdadeiras que sejam. Tudo o que escrevi neste tratado sobre as virtudes morais, a sua necessidade para a obtenção e preservação da paz, embora seja evidentemente verdadeiro, não passa por isso a ser imediatamente lei. Se o é, é porque em todas as repúblicas do mundo faz parte das leis civis. Embora seja naturalmente razoável, apenas graças ao poder soberano se torna lei. Caso contrário, seria um grande erro chamar lei não escrita às leis de natureza, sobre a qual vemos tantos volumes *publicados por diversos autores*[1], com tão grande número de contradições, uns dos outros e de si mesmos.

A autêntica interpretação da lei não é a dos escritores.

A interpretação da lei de natureza é a sentença do juiz constituído pela autoridade soberana, para ouvir e determinar as controvérsias que nela se fundam, e consiste na aplicação da lei ao caso em questão. Porque no ato de judicatura o juiz não

O intérprete da lei é o juiz que dá sentença viva voce em cada caso particular.

---

[1] *Syn.*: publicados,

Parte 2 – Da República

faz mais do que examinar se o pleito de cada uma das partes é compatível com a equidade e a razão natural, sendo portanto a sua sentença uma interpretação da lei de natureza, interpretação essa que não é autêntica por ser a sua sentença pessoal, mas por ser dada pela autoridade do soberano, mediante a qual ela se torna uma sentença do soberano, que então se torna lei para as partes em litígio.

[144]
A sentença de um juiz não o obriga, nem aos outros juízes, a dar a mesma sentença em todos os casos subsequentes.

Mas como não existe nenhum juiz subordinado nem soberano que não erre num julgamento relativo à equidade, se posteriormente, em outro caso semelhante, considerar mais compatível com a equidade proferir uma sentença contrária, tem obrigação de fazê-lo. O erro de um homem nunca se torna a sua própria lei, nem o obriga a nele persistir. Tampouco, pela mesma razão, se torna lei para outros juízes, mesmo que tenham jurado segui-lo. Pois embora uma sentença errada dada pela autoridade do soberano, caso ela a conheça e autorize, nas leis que são mutáveis, seja constituição de uma nova lei, para os casos em que todas as mais diminutas circunstâncias sejam idênticas, nas leis imutáveis, como as leis de natureza, tal sentença não se torna lei para o mesmo ou outros juízes, nos casos semelhantes que a partir de então possam ocorrer. Os príncipes sucedem-se uns e outros, e um juiz passa e outro vem; mais, o céu e a terra passarão; mas nem um artigo da lei de natureza passará, porque ela é a eterna lei de Deus. Portanto, mesmo todas as sentenças juntas de todos os juízes que já existiram são incapazes de fazer uma lei contrária à equidade natural. E nem todos os exemplos dos juízes anteriores chegam para justificar uma sentença irracional, ou para dispensar um juiz do esforço de estudar o que é a equidade (quanto ao caso que vai julgar), com base nos princípios da sua própria razão natural. Por exemplo, é contrário à lei de natureza *castigar os inocentes*, e inocente é aquele que é absolvido judicialmente, e reconhecido como inocente pelo juiz. Suponhamos então que um homem é acusado de um crime capital e, à vista do poder e malícia de algum inimigo e da frequente corrupção e parcialidade dos juízes, foge com medo de ser condenado. Se posteriormente for

XXVI. Das Leis Civis

apanhado e levado a julgamento legal, e mostrar claramente que não é culpado do crime, sendo ele absolvido, e não obstante for condenado à perda dos seus bens, trata-se de manifesta condenação de um inocente. Concluo assim que não há nenhum lugar no mundo onde isto possa ser considerado uma interpretação da lei de natureza, ou possa ser tornado lei pelas sentenças de juízes anteriores que hajam feito o mesmo. Pois aquele que julgou primeiro o fez injustamente, e nenhuma injustiça pode servir de padrão para o julgamento dos juízes posteriores. Pode haver uma lei escrita que proíba os inocentes de fugir, e eles podem ser punidos se fugirem. Mas que fugir por medo a sofrer dano seja tomado *como uma*[1] presunção de culpa, depois de alguém já ter sido judicialmente absolvido do crime, é contrário à natureza da presunção, que não pode ter lugar depois de feito o julgamento. No entanto, isso é considerado a lei comum da *Inglaterra* por um grande jurista[2]. *Se um homem* (diz ele) *que é inocente for acusado de um crime, e fugir com medo da acusação, embora seja judicialmente absolvido do crime deverá, malgrado a sua inocência, perder todas as suas posses, bens móveis, dívidas e cargos. Porque quanto ao confisco destes a lei não admite prova contra a presunção legal baseada na sua fuga.* Vemos aqui *um inocente, judicialmente absolvido, malgrado a sua inocência* (quando nenhuma lei escrita o proibia de fugir), depois da absolvição, *com base numa presunção legal*, ser condenado à perda de todos os seus bens. Se a lei basear na sua fuga uma presunção do fato (que era capital), a sentença também deverá ser capital; se a presunção não fosse do fato, por que deveria ele perder os seus bens? Portanto, isto não é nenhuma lei da *Inglaterra*, e a condenação não se baseia numa presunção legal, e sim numa presunção dos juízes. Também é contra a lei dizer que não pode ser admitida prova contra uma presunção legal. Porque qualquer juiz, seja soberano ou subordinado, que se recusar ouvir as provas estará recusando fazer justiça. Pois, mesmo que a sentença seja justa, os juízes que condenam sem ouvir as provas apresentadas são

[145]

---

[1] *Syn.*: como   [2] isto é, Edward Coke (ver as notas biográficas).

juízes injustos e a sua presunção é apenas preconceito – o que ninguém deve levar consigo para a sede da justiça, sejam quais forem os julgamentos ou exemplos precedentes que se pretenda estar seguindo. Há outros casos desta natureza em que os julgamentos foram pervertidos por seguirem precedentes, mas isto é suficiente para mostrar que, embora a sentença do juiz seja lei para as partes litigantes, não é lei para nenhum dos juízes que lhe venham a suceder no cargo.

De maneira semelhante, quando é posto em questão o significado das leis escritas, quem escreve um comentário delas não pode ser considerado seu intérprete. Porque em geral os comentários estão mais sujeitos a chicanas do que o texto, suscitando novos comentários, e assim tal interpretação nunca teria fim. Portanto, a não ser que haja um intérprete autorizado pelo soberano, do qual os juízes subordinados não podem divergir, os intérpretes não podem ser outros senão os juízes comuns, do mesmo modo que o são no caso da lei não escrita. E as suas sentenças devem ser tomadas pelos litigantes como leis para aquele caso particular, porém não obrigam outros juízes a dar sentenças idênticas em casos idênticos. Porque é possível um juiz errar na interpretação mesmo das leis escritas, mas nenhum erro de um juiz subordinado pode mudar a lei, que é a sentença geral do soberano.

A diferença entre a letra e a sentença da lei.

No caso das leis escritas, é costume estabelecer uma diferença entre a letra e a sentença da lei. Quando por letra se entende tudo o que se possa inferir das meras palavras, a distinção é correta. Porque a significação de quase todas as palavras, quer em si mesmas, quer no seu uso metafórico, é ambígua, e na argumentação podem adquirir muitos sentidos; mas na lei há apenas um sentido. No entanto, se por letra se entender o sentido literal, nesse caso não pode haver distinção entre a letra e a sentença ou intenção da lei. Porque o sentido literal é aquele que o legislador pretendia que pela letra da lei fosse significado. Ora, supõe-se que a intenção do legislador é sempre a equidade, pois seria grande contumélia que um juiz pensasse de maneira diferente do soberano. Portanto ele deve, caso *as

XXVI. Das Leis Civis

palavras*¹ da lei não autorizem plenamente uma sentença razoável, supri-la com a lei de natureza ou então, se o caso for difícil, suspender o julgamento até receber mais ampla autoridade. Suponhamos que uma lei escrita ordene que aquele que for expulso da sua casa à força deva ser a ela restituído pela força, e aconteça que por descuido alguém deixe a sua casa vazia, e ao voltar seja impedido de entrar pela força, caso para o qual não foi estabelecida uma lei especial. É evidente que este caso é abrangido pela mesma lei, senão não poderia haver nenhuma espécie de solução para ele, o que deve ser considerado contrário à intenção do legislador. Mais ainda, a palavra da lei ordena que se julgue de acordo com a prova. Suponhamos agora que alguém é acusado falsamente de uma ação que o próprio juiz viu ser cometida por outro, e não por aquele que está sendo acusado. Neste caso nem a letra da lei deve ser seguida de maneira que condene um inocente, nem o juiz deve dar a sua sentença contra a prova testemunhal, porque a letra da lei diz o inverso. Pelo contrário, deve solicitar do soberano que nomeie outro juiz, e que ele próprio seja testemunha. De modo que o inconveniente resultante das meras palavras de uma lei escrita pode remeter o juiz para a intenção da lei, a fim de a interpretar melhor; mas não há inconveniente que possa justificar uma sentença contrária à lei. Porque o juiz do certo e do errado não é juiz do que é conveniente ou inconveniente para a república.

[146]

As aptidões necessárias a um bom intérprete da lei, quer dizer, a um bom juiz, não são as mesmas de um advogado, a saber, o estudo das leis. Porque um juiz, assim como deve tomar conhecimento dos fatos exclusivamente pelas testemunhas, também não deve tomar conhecimento da lei por intermédio de nada que não sejam as promulgações e constituições do soberano, alegados no pleito, ou a ele declarados por alguém autorizado pelo poder soberano a declará-los. E não precisa se preocupar antecipadamente com o que vai julgar, por-

Aptidões necessárias a um juiz.

¹ *Syn.*: a palavra

Parte 2 – Da República

que o que deverá dizer relativamente aos fatos ser-lhe-á dado pelas testemunhas, e o que deverá dizer em matéria de lei ser-lhe-á dado por aqueles que nas suas alegações o mostrarem, o que por autoridade interpretará no próprio local. Os lordes do Parlamento da *Inglaterra* eram juízes, e causas muito difíceis foram ouvidas e decididas por eles, mas poucos eram bastante versados no estudo das leis, e menos ainda eram os que disso faziam profissão. Embora consultassem juristas nomeados para estarem presentes para esse fim, só eles tinham autoridade para dar sentenças. De maneira semelhante, nos julgamentos de direito comum os juízes são doze homens do povo, que dão sentença não apenas de fato mas também de direito; e pronunciam-se simplesmente pelo queixoso ou pelo acusado, quer dizer, são juízes não apenas do fato mas também do direito; e num caso criminal não se limitam a determinar se o crime foi ou não praticado, mas também se se tratou de *assassinato*, *homicídio*, *felonia*, *assalto* e coisas semelhantes, que são determinações da lei. Mas como não se supõe que eles próprios conheçam a lei, há alguém com autoridade para os informar dela, em cujo caso particular deverão ser juízes. Mas, no caso de não julgarem em conformidade com o que ele lhes diz, não ficam sujeitos a nenhuma penalidade, a não ser que se torne patente que o fizeram contra as suas consciências ou que foram corrompidos por qualquer suborno.

As coisas que fazem um bom juiz, ou um bom intérprete da lei, são, em primeiro lugar, *uma correta compreensão* daquela lei principal de natureza a que se chama equidade, a qual não depende da leitura das obras de outros homens, mas apenas da sanidade da própria razão e meditação natural de cada um, e portanto deve-se presumir existir em maior grau nos que têm maior oportunidade e maior inclinação para sobre ela meditarem. Em segundo lugar, o *desprezo pelas riquezas desnecessárias* e pelas preferências. Em terceiro, *ser capaz, no julgamento, de se despir de todo o medo, raiva, ódio, amor* e *compaixão*. Em quarto e último lugar, *paciência para ouvir, atenção diligente ao ouvir e memória para reter, digerir e aplicar o que se ouviu.*

XXVI. Das Leis Civis

A diferença e divisão das leis foi feita de diversas maneiras, conforme os diferentes métodos daqueles que escreveram sobre elas. Pois trata-se de uma coisa que não se funda na natureza, mas na perspectiva do autor, e depende do método peculiar a cada um. Nas Instituições de *Justiniano* encontramos sete espécies de leis civis.

Divisões da lei.

1. Os *éditos, constituições* e *epístolas do príncipe*, isto é, do imperador, porque todo o poder do povo residia nele. São semelhantes a estes as proclamações dos reis da *Inglaterra*.

2. *Os decretos de todo o povo de Roma* (incluindo o Senado), quando eram postos em discussão pelo *Senado*. Inicialmente estes eram leis em virtude do poder soberano que residia no povo, e os que não foram revogados pelos imperadores continuaram a ser leis pela autoridade imperial. Pois entende-se que todas as leis obrigatórias são leis em virtude da autoridade de quem tem poder para as revogar. De certo modo semelhantes a estas leis são as leis do Parlamento da *Inglaterra*.

3. *Os decretos do povo comum* (excluindo o Senado), quando eram postos em discussão pelos *tribunos* do povo. Os que não foram revogados pelo imperador continuaram sendo leis pela autoridade imperial. Eram semelhantes a estes as ordens da Câmara dos Comuns na *Inglaterra*.

4. *Senatus consulta*, as *ordens do Senado*. Porque quando o povo de *Roma* se tornou demasiado numeroso para poder se reunir sem inconveniente, o imperador considerou preferível que se consultasse o Senado em vez do povo. Estas têm alguma semelhança com os atos de conselho.

5. *Os éditos dos pretores*, e (em alguns casos) os dos *edis*, tais como os dos juízes supremos nos tribunais da *Inglaterra*.

6. *Responsa prudentum*, que eram as sentenças e opiniões dos juristas a quem o imperador autorizou a interpretar a lei, e a responder a todos quantos em matéria de lei pediam o seu conselho. Essas respostas os juízes, ao proferirem as suas sentenças, eram obrigados a respeitar pelas constituições do imperador. Seriam semelhantes aos pareceres de casos julgados, se pelas leis da *Inglaterra* outros juízes fossem obrigados a res-

Parte 2 – Da República

peitá-las. Porque os juízes da lei comum na *Inglaterra* não são propriamente juízes, mas *juris consulti*, aos quais tanto os lordes como os doze homens do povo são obrigados pela lei a pedir conselho.

7. Finalmente, os *costumes não escritos* (que são por natureza uma imitação da lei) são autênticas leis, pelo consentimento tácito do imperador, caso não sejam contrários à lei de natureza.

[148] Outra maneira de dividir as leis é em *naturais* e *positivas*. As *naturais* são as que têm sido leis desde toda a eternidade, e não são apenas chamadas *naturais*, mas também leis *morais*. Consistem nas virtudes morais, como a justiça, a equidade, e todos os hábitos de espírito propícios à paz e à caridade, dos quais já falei nos capítulos XIV e XV.

As *positivas* são as que não existem desde toda a eternidade, e foram tornadas leis pela vontade daqueles que tiveram o poder soberano sobre outros. Podem ser escritas, ou então dadas a conhecer aos homens por qualquer outro argumento da vontade do seu legislador.

Outra divisão da lei. Além disso, das leis positivas umas são *humanas* e outras *divinas*; e das leis positivas humanas umas são *distributivas* e outras *penais*. As *distributivas* são as que determinam os direitos dos súditos, declarando a cada um, por meio do que adquire e conserva, a propriedade de terras ou bens, e um direito ou liberdade de ação; estas leis são dirigidas a todos os súditos. As *penais* são as que declaram qual penalidade deve ser infligida àqueles que violam a lei, e são dirigidas aos ministros e funcionários encarregados da execução das leis. Porque, embora todos devam ser informados das penas previstas para as suas transgressões, a ordem não se dirige ao delinquente (do qual não se pode esperar que conscientemente se castigue a si próprio), mas aos ministros públicos encarregados de mandar executar a penalidade. Estas leis penais são na sua maioria escritas juntamente com as leis distributivas, e por vezes são chamadas julgamentos. Porque todas as leis são julgamentos ou sentenças gerais do legislador, tal como cada julgamento particular é uma lei para aquele cujo caso é julgado.

XXVI. Das Leis Civis

As *leis positivas divinas* (pois sendo as leis naturais eternas e universais são todas elas divinas) são as que, sendo os mandamentos de Deus (não desde toda a eternidade, nem universalmente dirigidas a todos os homens, mas apenas a um determinado povo, ou a determinadas pessoas), são declaradas como tais por aqueles a quem Deus autorizou a assim os declarar. Mas como pode ser conhecida esta autoridade do homem para declarar quais são essas leis positivas de Deus? Deus pode ordenar a um homem, por meios sobrenaturais, que comunique leis aos outros homens. Mas, como faz parte da essência da lei que aquele que se tornar obrigado receba garantias da autoridade de quem lho declara, e não podemos naturalmente nos informar de que isso provém de Deus, *como é possível, sem revelação sobrenatural, ter a garantia da revelação recebida pelo declarante, e como é possível ter-se a obrigação de lhe obedecer?* Quanto à primeira pergunta, é evidentemente impossível alguém ter a garantia da revelação feita a outrem sem receber uma revelação feita particularmente a si próprio. Mesmo que alguém seja levado a acreditar em tal revelação, graças aos milagres que vê o outro fazer, ou à extraordinária santidade da sua vida ou por ver a extraordinária sabedoria ou o extraordinário sucesso das suas ações, essas não são provas garantidas de uma revelação especial. Os milagres são feitos maravilhosos, mas o que é maravilhoso para um pode não sê-lo para outro. A santidade pode ser fingida, e os sucessos visíveis deste mundo são as mais das vezes obra de Deus por meio de causas naturais e vulgares. Portanto, ninguém pode infalivelmente saber pela razão natural que alguém recebeu uma revelação sobrenatural da vontade de Deus; pode apenas ter uma crença, e, conforme os seus sinais pareçam maiores ou menores, uma crença mais firme ou uma crença mais fraca.

Quanto à segunda pergunta, como podemos adquirir a obrigação de lhe obedecer, já não é tão difícil. Porque se a lei declarada não for contrária à lei de natureza (a qual é indubitavelmente a lei de Deus) e alguém se esforçar por lhe obedecer, esse alguém é obrigado pelo seu próprio ato: obrigado a obedecer-lhe, não obrigado a acreditar nela. Porque as crenças e cogi-

Como se sabe que as leis positivas divinas são leis.

[149]

tações interiores dos homens não estão sujeitas aos mandamentos, mas apenas à operação de Deus, ordinária e extraordinária. A fé na lei sobrenatural não é um cumprimento, mas apenas um assentimento a essa lei, e não é um dever que oferecemos a Deus, mas um dom que Deus faz livremente a quem lhe apraz. Do mesmo modo, a incredulidade também não é uma infração de nenhuma das suas leis, mas uma rejeição de todas elas, exceto as leis naturais. Mas isto que digo ficará mais claro com os exemplos e testemunhos das Sagradas Escrituras relativos a este ponto. O pacto que Deus fez com *Abraão* (de maneira sobrenatural) dizia o seguinte: *Este é o pacto que deves observar entre mim e ti, e tua semente depois de ti*. A semente de *Abraão* não teve essa revelação, nem sequer ainda existia, mas participou do pacto, ficando obrigada a obedecer o que *Abraão* lhes apresentasse como lei de Deus. Isso só foi possível em virtude da obediência que deviam aos seus pais, os quais (se não estiverem sujeitos a nenhum outro poder terreno, como era o caso de *Abraão*) têm poder soberano sobre os seus filhos e servos. Além disso, quando Deus disse a *Abraão*: *Em ti serão abençoadas todas as nações da Terra, pois sei que ordenarás aos teus filhos e à tua casa que continuem depois de ti a seguir a via do Senhor, e a observar a retidão e o julgamento*, é evidente que a obediência da sua família, que não teve nenhuma revelação, dependia da obrigação anterior de obedecer ao seu soberano. No monte *Sinai*, só *Moisés* subiu até Deus. O povo foi proibido de se aproximar sob pena de morte, e mesmo assim foi obrigado a obedecer a tudo quanto *Moisés* lhe apresentasse como lei de Deus. Com que fundamento, a não ser a sua própria submissão, podiam dizer: *Fala-nos, e nós te ouviremos, mas que Deus não nos fale, senão morreremos*? Estas duas passagens mostram suficientemente que numa república os súditos que não tenham recebido uma revelação segura e certa relativamente à vontade de Deus, feita pessoalmente a cada um deles, devem obedecer como tais às ordens da república. Porque se os homens tivessem a liberdade de tomar por mandamentos de Deus os seus próprios sonhos e fantasias, ou os sonhos e fantasias de determinados indivíduos, dificilmen-

XXVI. Das Leis Civis

te haveria dois homens capazes de concordar quanto ao que *são os mandamentos de Deus*[1], e além disso, por respeito a eles, todos desprezariam os mandamentos da república. Concluo portanto que, em tudo o que não seja contrário à lei moral (quer dizer, à lei de natureza), todos os súditos são obrigados a obedecer como lei divina ao que como tal for declarado pelas leis da república. Isso é evidente para a razão de qualquer homem, pois tudo o que não for contrário à lei de natureza pode ser tornado lei em nome dos detentores do poder soberano, e não há razão para que seja menos obrigatório obedecer-lhe quando é proposta em nome de Deus. Além do mais, não há lugar algum no mundo onde seja permitido aceitar como mandamento de Deus o que não seja declarado como tal pela república. Os Estados cristãos castigam os que se rebelam contra a religião cristã, assim como todos os outros Estados castigam os que aderem a qualquer religião por eles proibida. Pois, em tudo o que não for regulado pela república, é conforme à equidade (que é a lei de natureza, e portanto uma eterna lei de Deus) que cada um desfrute igualmente da sua liberdade. [150]

Há ainda uma outra distinção de leis, entre as *fundamentais* e as *não fundamentais*, mas nunca consegui ver em autor algum o que significa lei fundamental. Ainda assim, é possível estabelecer, sob este aspecto, uma distinção razoável entre leis.

Outra divisão das leis.

Em cada república, lei fundamental é aquela que, se eliminada, a república é destruída e irremediavelmente dissolvida, como um edifício cujos alicerces se arruínam. Portanto, lei fundamental é aquela pela qual os súditos são obrigados a apoiar qualquer poder que seja conferido ao soberano, quer se trate de um monarca ou de uma assembleia soberana, sem o qual a república não poderia subsistir, como é o caso do poder da guerra e da paz, o da judicatura, o da designação dos funcionários, e o de fazer o que considerar necessário para o bem público. Uma lei não fundamental é aquela cuja revogação não acarreta a dissolução da república, como é o caso das leis rela-

O que é uma lei fundamental.

---

[1] *Syn.*: é mandamento de Deus;

tivas às controvérsias entre súditos. E é tudo, quanto à divisão das leis.

Diferença entre lei e direito:

Penso que as expressões *lex civilis* e *jus civile*, quer dizer, *lei* e *direito civil*, são usadas promiscuamente para designar a mesma coisa, mesmo entre os mais doutos autores, e não deveria ser assim. Porque *direito* é *liberdade*, nomeadamente a liberdade que a lei civil nos permite, e a *lei civil* é uma *obrigação* que nos priva da liberdade que a lei de natureza nos deu. A natureza deu a cada homem o direito de se proteger com a sua própria força, e o de invadir um vizinho suspeito a título preventivo, e a lei civil tira essa liberdade, em todos os casos em que a proteção da lei pode ser imposta de modo seguro. Nessa medida, *lex* e *jus* são tão diferentes como *obrigação* e *liberdade*.

E entre uma lei e uma carta.

De maneira semelhante, as *leis* e as *cartas* são promiscuamente tomadas pela mesma coisa. Mas as cartas são doações do soberano, e não são leis, mas isenções da lei. Os termos usados na lei são *jubeo, injungo, mando* e *ordeno*, e os termos usados numa carta são *dedi, concessi, dei* e *concedi*. Ora, o que é dado e concedido a um homem não lhe é imposto por uma lei. Uma lei pode ser obrigatória para todos os súditos de uma república, mas uma liberdade ou carta destina-se apenas a uma pessoa, ou apenas a uma parte do povo. Porque dizer que todo o povo de uma república tem liberdade em determinado caso é o mesmo que dizer que, para tal caso, não foi feita lei alguma, ou então que se o foi já está revogada.

[151]

CAP. XXVII
Dos Crimes, Desculpas *e* Atenuantes

O que é pecado.

Um *pecado* não é apenas uma transgressão da lei, é também qualquer manifestação de desprezo pelo legislador. Porque um tal desprezo é uma violação de todas as leis ao mesmo

XXVII. Dos Crimes, Desculpas e Atenuantes

tempo. Pode portanto consistir, além da *perpetração* de um ato, ou do pronunciar de palavras proibidas pela lei, ou da *omissão* do que a lei ordena, também na *intenção* ou propósito de transgredir. Porque o propósito de infringir a lei manifesta um certo grau de desprezo por aquele a quem compete mandá-la executar. Deliciar-se apenas na imaginação com a ideia de possuir os bens, os serviçais ou a mulher de um outro, sem nenhuma intenção de lhos tirar pela força ou pela fraude, não constitui infração da lei que diz: *Não cobiçarás*. Também não é pecado o prazer que se pode ter ao imaginar ou sonhar com a morte de alguém de cuja vida não se pode esperar mais do que prejuízo e desprazer; só o é a resolução de executar qualquer ato que a tal tenda. Porque sentir prazer com a ficção daquilo que agradaria se fosse real é uma paixão tão inerente à natureza tanto do homem como das outras criaturas vivas que fazer disso um pecado seria o mesmo que considerar pecado ser-se um homem. Levando isto em conta, considero excessivamente severos, tanto para si próprios como para os outros, os que sustentam que os primeiros movimentos do espírito são pecados, embora reprimidos pelo temor a Deus. Mas reconheço que é mais seguro errar desse lado do que errar do outro.

Um CRIME é um pecado que consiste em cometer (por atos ou palavras) algo que a lei proíbe, ou em omitir-se de algo que ela ordena. Assim, todo crime é um pecado, mas nem todo pecado é um crime. A intenção de roubar ou matar é um pecado, mesmo que nunca se manifeste em palavras ou atos, porque Deus, que vê os pensamentos dos homens, pode culpá-los por eles. Mas antes de aparecer por meio de alguma coisa feita ou dita, em que um juiz humano possa descobrir a intenção, não se pode falar em crime. Tal distinção os gregos já haviam observado nas palavras ἁμάρτημα, ἔγκλημα ou αἰτία, das quais a primeira, que se traduz por *pecado*, significava qualquer espécie de desvio da lei, e as duas últimas, que se traduzem por *crime*, significavam apenas o pecado do qual um homem pode acusar outro. Ora, não há lugar para acusação humana de intenções que nunca se tornam visíveis em ações exteriores.

O que é crime.

Parte 2 – Da República

De maneira semelhante, os latinos, com a palavra *peccatum* (*pecado*) designavam toda espécie de desvio em relação à lei, e com a palavra *crimen* (derivada de *cerno*, que significava perceber) designavam apenas os pecados que podem ser apresentados perante um juiz, e portanto não são simples intenções.

Quando não há lei civil não há crime.
[152]

Destas relações entre o pecado e a lei, e entre o crime e a lei civil, pode inferir-se, em primeiro lugar, que quando acaba a lei acaba também o pecado. Mas, como a lei de natureza é eterna, a violação dos pactos, a arrogância, a ingratidão e todos os atos contrários a qualquer virtude moral nunca podem deixar de ser pecados. Em segundo lugar, onde acaba a lei civil acaba também o crime, pois na ausência de qualquer lei que não seja a lei de natureza deixa de haver lugar para acusação, sendo cada homem seu próprio juiz, acusado apenas pela sua própria consciência e desculpado pela retidão das suas próprias intenções. Portanto, se há reta intenção o ato não é pecado, e no caso contrário o ato é pecado mas não é crime. Em terceiro lugar, quando não há mais poder soberano também não há mais crime, pois quando não há tal poder não é possível conseguir a proteção da lei, e então cada um pode-se proteger com o seu próprio poder. Porque no momento da instituição do poder soberano não se pode supor que alguém renuncie ao direito de preservar o seu próprio corpo, para cuja segurança foi estabelecida a soberania. Mas isto deve-se aplicar apenas aos que não contribuíram pessoalmente para a derrubada do poder que os protegia, já que isto foi um crime desde o início.

A ignorância da lei de natureza não desculpa ninguém.

A fonte de todo crime é algum defeito do entendimento, ou algum erro de raciocínio, ou alguma brusca força das paixões. O defeito de entendimento é *ignorância*, e o de raciocínio é *opinião errônea*. Além disso, a ignorância pode ser de três espécies: da *lei*, do *soberano* e da *pena*. A ignorância da lei de natureza não pode ser desculpa para ninguém, pois deve supor-se que todo o homem capaz de usar a razão sabe que não deve fazer aos outros o que jamais faria a si mesmo. Portanto, seja onde for que alguém se encontre, tudo o que fizer contra esta lei será um crime. Se alguém vier das *Índias* para o nosso país,

XXVII. Dos Crimes, Desculpas e Atenuantes

e persuadir os homens daqui a aceitar uma nova religião, ou lhes ensinar qualquer coisa que tenda à desobediência das leis deste país, mesmo que esteja perfeitamente persuadido da verdade do que ensina estará cometendo um crime, e pode ser justamente punido por ele, não apenas porque a sua doutrina é falsa, mas também por estar fazendo uma coisa que não aprovaria em outrem, a saber, que partindo daqui procure modificar lá a religião. Mas a ignorância da lei civil serve de desculpa a quem se encontrar num país estranho, até que ela lhe seja declarada, pois até esse momento nenhuma lei civil é obrigatória.

De maneira semelhante, se a lei civil do próprio país não for suficientemente declarada a um homem, de modo que ele a possa conhecer se quiser, e se a ação não for contrária à lei de natureza, a ignorância é uma desculpa razoável. Nos outros casos a ignorância da lei civil não constitui desculpa.

A ignorância da lei civil desculpa às vezes.

A ignorância do poder soberano, no país de residência habitual de um homem, não o desculpa, pois ele tem a obrigação de saber qual é o poder pelo qual lá tem sido protegido.

A ignorância do soberano não desculpa.

A ignorância da pena, quando a lei é declarada, não é desculpa para ninguém. Pois quem infringir uma lei, a qual sem o medo de uma pena disso resultante não seria uma lei, mas palavras vãs, estará submetido à pena, mesmo que não saiba qual é, porque quem pratica voluntariamente uma ação aceita todas as consequências conhecidas dessa ação. Ora, em qualquer república, a punição é uma consequência conhecida da violação das leis, e se essa punição já estiver determinada pela lei é a ela que se está submetido, caso contrário se está sujeito a uma punição arbitrária. Pois manda a razão que quem pratica dano, sem outra limitação a não ser a da sua própria vontade, sofra punição sem outra limitação a não ser a vontade daquele cuja lei foi violada.

A ignorância da pena não desculpa.

[153]

Mas quando a pena está associada ao crime na própria lei, ou quando ela costuma ser aplicada em casos semelhantes, o delinquente fica desculpado de uma pena maior. Pois o castigo conhecido de antemão, *se não for*[1] suficientemente gran-

Castigos declarados antes do ato desculpam de maiores castigos depois dele.

---
[1] *Syn.*: se não

Parte 2 – Da República

de para dissuadir da ação, constitui um convite a esta ação. Pois, quando alguém compara o benefício tirado da sua injustiça com o prejuízo decorrente do castigo, escolhe por necessidade da natureza o que lhe parece melhor para si mesmo. Portanto, quando sofre uma punição maior do que a prevista pela lei, ou maior do que outros sofreram pelo mesmo crime, foi a lei que o tentou e o enganou.

Nada pode ser tornado crime por uma lei feita depois do fato.

Nenhuma lei feita depois de praticado um ato pode transformar este num crime, pois, se o ato for contrário à lei de natureza, a lei existe antes do ato, e uma lei positiva não pode ser conhecida antes de ser feita, portanto não pode ser obrigatória. Mas, quando a lei que proíbe o ato é feita antes de este ser praticado, quem praticou o ato está sujeito à pena estabelecida posteriormente, caso já não seja conhecida uma pena menor, por escrito ou pelo exemplo, pela razão imediatamente antes apresentada.

Os falsos princípios do certo e do errado são causas do crime.

Por defeito de raciocínio (quer dizer, por erro) os homens se dispõem a violar as leis de três maneiras. Em primeiro lugar, por presunção de falsos princípios. Por exemplo, observando que em todos os lugares e em todas as épocas ações injustas foram autorizadas pela força e as vitórias dos que as praticaram, e que, quando os poderosos conseguem abrir caminho entre o emaranhado das leis do seu país, são só os mais fracos ou os que falharam nos seus empreendimentos, que são considerados criminosos, passam a derivar o seu raciocínio dos seguintes princípios e fundamentos: *que a justiça não passa de uma palavra vã, que tudo o que um homem consiga adquirir pela sua indústria ou pela sorte lhe pertence; que a prática de todas as nações não pode ser injusta; que os exemplos de épocas anteriores são bons argumentos para voltar a fazer o mesmo;* e muitos outros da mesma espécie. Se tais princípios forem aceitos, nenhum ato poderá ser por si só um crime, mas terá que ser tornado tal, não pela lei, mas pelo sucesso de quem o comete. E o mesmo ato poderá ser virtuoso ou vicioso conforme à fortuna aprouver, de modo que o que *Mário* torna um crime, *Sila* poderá tornar meritório, e *César* (supondo que as leis não mudem) poderá transformar outra vez

XXVII. Dos Crimes, Desculpas e Atenuantes

num crime, provocando a perpétua perturbação da paz da república.

Em segundo lugar, por falsos mestres, que deturpam a lei de natureza, tornando-a incompatível com a lei civil, ou então ensinam leis e doutrinas de sua autoria, ou tradições de tempos anteriores, que são incompatíveis com o dever de um súdito.

Falsos mestres deturpam a lei de natureza.

Em terceiro lugar, por inferências erradas feitas de princípios verdadeiros. Isso acontece geralmente aos que são apressados e precipitados em concluir e decidir o que fazer, como os que ao mesmo tempo têm em alta conta o seu próprio entendimento e estão convencidos de que coisas desta natureza não exigem tempo de estudo, bastando a simples experiência e um bom talento natural, coisas de que ninguém se considera desprovido – enquanto, por outro lado, ninguém aspira ao conhecimento do bem e do mal, que não é de menor dificuldade, sem grandes e prolongados estudos. E não há nenhum desses defeitos de raciocínio capaz de desculpar um crime (embora alguns possam servir de atenuantes) a quem pretende poder administrar os seus negócios pessoais, e muito menos a quem desempenha um cargo público. Porque nesses casos pretende-se dotado de razão, e só a falta desta poderia servir de fundamento para a desculpa.

[154]

E inferências falsas tiradas pelos mestres de princípios verdadeiros.

Das paixões que mais frequentemente se tornam causas do crime uma é a vanglória, isto é, o insensato sobrestimar do próprio valor. Como se a diferença de valor fosse efeito do talento, da riqueza ou do sangue, ou de qualquer outra qualidade natural, sem depender da vontade dos que detêm a autoridade soberana. Daí deriva a presunção de que as punições ordenadas pelas leis, e geralmente aplicáveis a todos os súditos, não deveriam ser infligidas a alguns com o mesmo rigor com que são infligidas aos homens pobres, obscuros e simples, abrangidos pela designação de *vulgo*.

Pelas suas paixões;

Assim, acontece muito que os que se avaliam pela importância da sua fortuna se aventuram a praticar crimes com a esperança de escapar ao castigo, mediante a corrupção da justiça pública ou a obtenção do perdão em troca de dinheiro ou outras recompensas.

Presunção de riqueza.

Parte 2 – Da República

E amigos;

E também os que têm multidões de parentes poderosos, assim como os homens populares, que adquiriram boa reputação junto à multidão, adquirem coragem para violar as leis devido à esperança de dominar o poder ao qual compete mandá-las executar.

Sabedoria.

E também os que têm uma grande e falsa opinião da sua própria sabedoria se atrevem a repreender as ações e a pôr em questão a autoridade dos que os governam, transtornando as leis com o seu discurso público, tentando fazer que só seja crime o que os seus próprios desígnios exigem que o seja. Também acontece a eles terem tendência para todos os crimes que dependem da astúcia e da capacidade de enganar o próximo, pois imaginam que os seus desígnios são demasiado sutis para serem percebidos. São estes os que considero os efeitos de uma falsa presunção da sabedoria própria. Porque dos que são os primeiros instigadores da perturbação da república (o que nunca pode ocorrer sem guerra civil) muito poucos serão os que viverão o bastante para assistir ao triunfo dos seus novos desígnios. De modo que os seus crimes redundam em benefício da posteridade, e da maneira que menos teriam desejado, o que prova que não eram tão sábios como pensavam. E aqueles que enganam com a esperança de não serem descobertos geralmente enganam-se a si mesmos (as trevas em que pensam estar escondidos não são mais do que a sua própria cegueira), e não são mais sábios do que as crianças que pensam esconder-se quando tapam os seus próprios olhos.

[155]

De maneira geral, todos os homens cheios de vanglória (a não ser que sejam inteiramente timoratos) estão sujeitos à ira, pois têm mais tendência do que os outros para interpretar como desprezo a normal liberdade de convivência. E poucos são os crimes que não podem ser resultado da ira.

Ódio, concupiscência, ambição são causas do crime.

Quanto às paixões do ódio, da concupiscência, da ambição e da cobiça, é tão óbvio quais são os crimes capazes de produzir, para a experiência e entendimento de qualquer um, que nada é preciso dizer sobre eles, a não ser que são doenças tão inerentes à natureza, tanto do homem como de todas as

XXVII. Dos Crimes, Desculpas e Atenuantes

outras criaturas vivas, que os seus efeitos só podem ser evitados por um extraordinário uso da razão ou por uma constante severidade no seu castigo. Porque, em todas as coisas que odeiam, os homens encontram um constante e inevitável incômodo, perante o qual a paciência de cada um precisa ser inesgotável, ou então é preciso encontrar alívio na eliminação do poder que causa o incômodo. A primeira solução é difícil, e a segunda muitas vezes é impossível sem alguma violação da lei. Além disso, a ambição e a cobiça são paixões que exercem continuamente a sua pressão e influência, ao passo que a razão não se encontra continuamente presente para lhes resistir. Assim, sempre que surge a esperança de impunidade, verificam-se os seus efeitos. Quanto à concupiscência, o que lhe falta em continuidade sobra-lhe em veemência, que é suficiente para dissipar o receio de castigos leves e incertos.

De todas as paixões, a que menos faz os homens tender a violar as leis é o medo. Mais: excetuando algumas naturezas generosas, é a única coisa que leva os homens a respeitá-las (quando a violação das leis não parece poder dar lucro ou prazer). Apesar disso, em muitos casos o medo pode levar a cometer um crime.

Por vezes o medo é causa do crime, como quando o perigo não está presente nem é corpóreo.

Porque não é qualquer espécie de medo que justifica a ação que produz, mas apenas o medo de sofrimento corporal (a que se chama *medo físico*), do qual não se possa ver como se livrar a não ser através dessa ação. Um homem é atacado, teme uma morte imediata e não vê maneira de escapar senão ferindo quem o ataca; logo, se o ferir de morte não há crime. Porque não se supõe que ninguém, ao criar uma república, haja renunciado à defesa da sua vida e dos seus membros, quando não há tempo para a lei vir em seu auxílio. Mas matar um homem porque, por seus atos ou ameaças, posso concluir que ele me matará quando puder, é um crime (considerando... que disponho de tempo e de meios para pedir proteção ao poder soberano...). Além disso, se alguém sofre palavras desagradáveis, ou algumas pequenas injúrias (para as quais os que fizeram as leis não previram castigo, nem acharam que valesse a pena um homem no uso da razão levá-las em conta) e tem medo, caso não se vingue, de se tornar objeto de desprezo, ficando consequentemente sujeito a receber de outros idênticas injúrias, e para evitar isto viola a lei, protegendo-se a si mesmo para o futuro pelo terror da sua vingança privada, neste caso trata-se de um crime. Porque o prejuízo não é corpóreo, e sim imaginário, e (embora neste rincão do mundo seja considerado intolerável à luz de um costume iniciado não há muitos anos, entre homens jovens e vaidosos) tão insignificante que um homem corajoso, e seguro da sua própria coragem, não pode levá-lo a sério. Pode acontecer ainda que um homem tenha medo dos espíritos, seja devido à sua própria superstição ou a ter dado excessivo crédito a outros homens, que lhe falem de estranhos sonhos e visões. É levado então a acreditar que esses espíritos lhe causarão dano, se fizer ou omitir diversas coisas, cuja prática ou omissão seja contrária às leis. Aquilo que nestas condições é feito ou omitido não pode ser desculpado por esse medo, e é um crime. Porque, conforme já mostrei no capítulo II, os sonhos são naturalmente apenas as fantasias que perduram durante o sono, derivadas das impressões recebidas pelos sentidos em estado de vigília, e quando por qualquer acaso não se tem a certeza de ter dormido parecem verdadeiras visões. Assim, quem violar a lei baseando-se nos seus próprios sonhos e pretensas visões, ou nos de outrem, ou numa fantasia do poder dos espíritos invisíveis diferente da que é permitida pela república, estará se afastando da lei de natureza, o que é um delito certo, e estará seguindo os produtos da sua própria imaginação ou da de um outro, dos quais jamais poderá saber se significam alguma coisa ou se não significam nada, nem se quem lhe conta os seus sonhos está mentindo ou dizendo a verdade. Se a cada indivíduo fosse permitido fazer isso (como o seria pela lei de natureza, se alguma houvesse), nenhuma lei poderia existir, e toda a república seria dissolvida.

Os crimes não são todos iguais.

A partir destas diferentes fontes do crime, já vai ficando claro que nem todos os crimes são da mesma linhagem, ao con-

XXVII. Dos Crimes, Desculpas e Atenuantes

trário do que pretendiam os antigos estoicos. Não apenas há lugar para DESCULPAS, mediante as quais se prova não ser crime aquilo que parecia sê-lo, mas também para ATENUANTES, mediante as quais um crime que parecia grande se torna menor. Pois, embora todos os crimes mereçam igualmente o nome de injustiça, tal como todo o desvio de uma linha reta implica igual sinuosidade, conforme acertadamente observaram os estoicos, não se segue daí que todos os crimes sejam igualmente injustos, tal como nem todas as linhas tortas são igualmente tortas. Por deixarem de observar isto, os estoicos consideravam crimes igualmente graves matar uma galinha, contra a lei, e matar o próprio pai.

O que desculpa inteiramente um ato, tirando-lhe todo o caráter criminoso, só pode ser aquilo que ao mesmo tempo tira à lei o seu caráter obrigatório. Porque se for cometido um ato contrário à lei, e quem o cometeu tiver obrigação perante a lei, esse ato só pode ser um crime. *Desculpas totais.*

A falta de meios para conhecer a lei desculpa totalmente, porque a lei da qual não há meios para adquirir informação não é obrigatória. Mas a falta de diligência para se informar não pode ser considerada como falta de meios, e ninguém que pretenda possuir razão suficiente para dirigir os seus próprios assuntos pode ser considerado como carente de meios para conhecer as leis de natureza, pois estas são conhecidas através da razão que ele pretende possuir. Só as crianças e os loucos estão desculpados de qualquer ofensa à lei natural.

Quando um homem se encontra em cativeiro, ou em poder do inimigo (e encontra-se em poder do inimigo quando a sua pessoa ou os seus meios de vida assim se encontram), se não for por sua própria culpa, cessa a obrigação da lei. Porque é preciso que obedeça ao inimigo para não morrer, e em consequência disso tal obediência não é crime; porque ninguém é obrigado (quando falta a proteção da lei) a deixar de se proteger, da maneira que puder.

Se alguém for obrigado, pelo terror de uma morte iminente, a praticar um ato contrário à lei, fica inteiramente descul- [157]

pado, porque nenhuma lei pode obrigar um homem a renunciar à sua própria preservação. Supondo que essa lei fosse obrigatória, mesmo assim o raciocínio seria o seguinte: *Se não o fizer morrerei imediatamente, e se o fizer morrerei mais tarde; fazendo-o, portanto, ganho tempo de vida*. Consequentemente, a natureza obriga à prática do ato.

Quando alguém se encontra privado de alimento e de outras coisas necessárias à sua vida, e só é capaz de se preservar por meio de um ato contrário à lei, como obter pela força ou pelo roubo, durante uma grande fome, o alimento que não consegue com dinheiro ou pela caridade, ou em defesa da própria vida arrancar a espada das mãos de outrem, nesses casos o crime é totalmente desculpado, pela razão acima apresentada.

Desculpas contra o autor.

Além disso, os atos praticados contra a lei por autoridade de outrem são por essa autoridade desculpados perante o autor, pois ninguém deve acusar do seu próprio ato a quem não passa de seu instrumento. Mas o ato não é desculpado perante uma terceira pessoa por ele prejudicada, pois na violação da lei tanto o autor como o ator são criminosos. Daí se segue que, quando aquele homem ou assembleia que detém o poder soberano ordena a alguém que faça uma coisa contrária a uma lei anterior, esse ato será totalmente desculpado. E o próprio soberano não o deve condenar, por ser ele o autor, e o que não pode ser justamente condenado pelo soberano não pode ser justamente punido por ninguém. Além do mais, quando o soberano ordena que se faça alguma coisa contrária à sua própria lei anterior, essa ordem, quanto a esse ato particular, é uma revogação da lei.

Se o homem ou assembleia que tem o poder soberano renunciar a qualquer direito essencial para a soberania, resultando daí para o súdito a aquisição de qualquer liberdade incompatível com o poder soberano, quer dizer, com a própria existência da república, se o súdito recusar obedecer às suas ordens em alguma coisa contrária à liberdade concedida, apesar de tudo trata-se de um pecado, contrário ao dever do súdito. Porque este deve saber o que é incompatível com a soberania, pois que esta última foi criada pelo seu próprio consentimento e

XXVII. Dos Crimes, Desculpas e Atenuantes

para sua própria defesa, e que essa liberdade, sendo incompatível com ela, foi concedida por ignorância das consequências funestas do ato. Mas se ele não apenas desobedecer, como ainda resistir a um ministro público na sua execução, neste caso trata-se de um crime, pois poderia ter protestado e com isso retificado o erro, sem nenhuma violação da paz.

Os graus do crime distribuem-se em várias escalas, e são medidos, em primeiro lugar, pela malignidade da fonte ou causa; em segundo lugar, pelo contágio do exemplo; em terceiro lugar, pelo prejuízo do efeito; e em quarto lugar pela concorrência de tempos, lugares e pessoas.

O mesmo ato praticado contra a lei, se derivar da presunção de força, riqueza e amigos capazes de resistir aos que devem executar a lei, é um crime maior do que se derivar da esperança de não ser descoberto ou de poder escapar pela fuga. Porque a presunção da impunidade pela força é uma raiz da qual sempre brotou, em todas as épocas e devido a todas as tentações, o desprezo por todas as leis, ao passo que no segundo caso o receio do perigo que leva um homem a fugir torna-o mais obediente para o futuro. Um crime que sabemos sê-lo é maior do que o mesmo crime baseado numa falsa persuasão de que o ato é lícito. Pois quem o comete contra a sua consciência está confiando na sua força, ou outro poder, o que o encoraja a cometer o mesmo crime outra vez; mas quem o faz por erro volta a conformar-se com a lei, depois de lhe mostrarem o erro.

A presunção de poder é agravante.

[158]

Aquele cujo erro deriva da autoridade de um mestre, ou de um intérprete da lei publicamente autorizado, tem menos culpa do que aquele cujo erro deriva de uma peremptória prossecução dos seus próprios princípios e raciocínios. Pois o que é ensinado por alguém que ensina por autoridade pública é ensinado pela república, e tem aparência de lei até que a mesma autoridade o controle; e, em todos os crimes que não encerram uma recusa do poder soberano, nem são contrários a uma *lei ou doutrina autorizada*[1] evidente, desculpa totalmente. Por outro lado, quem baseia as suas ações no seu juízo

Maus professores são atenuantes.

---

[1] *Syn.*: lei,

pessoal deve, conforme a retidão ou o erro desse juízo, manter-se de pé ou cair por terra.

Os exemplos de impunidade são atenuantes.

O mesmo ato, se tiver sido constantemente punido em outros casos, é um crime maior do que se houver muitos exemplos precedentes de impunidade. Porque esses exemplos são outras tantas esperanças de impunidade, dadas pelo próprio soberano. E quem dá a um homem tal esperança e presunção de perdão, animando-o a cometer a ofensa, tem a sua parte nesta última, portanto não é razoável que atribua a culpa inteira ao ofensor.

A premeditação é agravante.

Um crime provocado por uma paixão súbita não é tão grande como quando deriva de uma longa meditação. Porque no primeiro caso há lugar para atenuantes, baseadas na comum fraqueza da natureza humana, mas quem o praticou com premeditação usou de circunspecção, e pensou na lei, no castigo e nas consequências do crime para a sociedade. E ao cometer o crime desprezou tudo isto, preferindo o seu próprio apetite. Mas não há paixão tão súbita que possa servir de desculpa total, pois todo o tempo que medeia entre o conhecimento da lei e a prática do ato deve ser tomado como um tempo de deliberação, já que cada um deve, meditando sobre a lei, corrigir a irregularidade das suas *paixões continuamente*[1].

Quando a lei é lida e interpretada pública e assiduamente, perante o povo inteiro, um ato praticado contra ela é um crime pior do que o praticado quando os homens não recebem essa instrução, tendo de se informar com dificuldade, incerteza e interrupção de suas vocações, e junto a indivíduos particulares. Porque neste caso parte da culpa é atribuída à comum fraqueza, mas no primeiro há manifesta negligência, que não deixa de implicar um certo desprezo pelo poder soberano.

A aprovação tácita do soberano é atenuante.

Os atos que a lei condena expressamente, mas que o legislador tacitamente aprova, por meio de outros sinais manifestos da sua vontade, são crimes menores do que os mesmos atos quando são condenados tanto pela lei como pelo legislador.

[1] *Syn.*: paixões.

XXVII. Dos Crimes, Desculpas e Atenuantes

Como a vontade do legislador é a lei, temos nesse caso duas leis contraditórias, que serviriam de desculpa total se os homens fossem obrigados a tomar conhecimento da aprovação do soberano por outros argumentos que não os expressos pelas suas ordens. Mas como existem castigos consequentes, não apenas à transgressão da sua lei, mas também à sua observância, ele em parte é causa da transgressão, e portanto não é razoável que atribua ao delinquente todo crime. Por exemplo: a lei condena os duelos, e a punição é capital. Em contrapartida, quem recusa um duelo fica sujeito ao desprezo e ao escárnio, irremediavelmente; e por vezes é considerado pelo próprio soberano indigno de desempenhar qualquer cargo de comando na guerra. Dado isso, se alguém aceitar um duelo, levando em conta que todos os homens legitimamente se esforçam por conquistar uma opinião favorável dos detentores do poder soberano, manda a razão que não se aplique um castigo rigoroso, uma vez que parte da culpa pode ser atribuída a quem castiga. E não digo isto por desejar a liberação das vinganças privadas, nem nenhuma outra espécie de desobediência, e sim por desejar que os governantes tenham o cuidado de não sancionar obliquamente o que diretamente proíbem. Os exemplos dos príncipes são e sempre foram, para quem os vê, mais fortes como motivos da ação do que as próprias leis. E, embora o nosso dever seja fazer, não o que eles fazem, mas o que dizem, este é um dever que só será seguido quando aprouver a Deus dar aos homens uma graça extraordinária e sobrenatural, para obedecer a esse preceito.

[159]

Mais ainda, podemos comparar os crimes por meio do malefício dos seus efeitos. Em primeiro lugar, o mesmo ato, quando redunda no prejuízo de muitos, mais grave do que se resulta em dano para poucos. Portanto, quando um ato é prejudicial, não apenas no presente, mas também, pelo exemplo, no futuro, ele é um crime mais grave do que se prejudicar apenas no presente. Isso porque o primeiro é um crime fértil, que se multiplica em prejuízo de muitos, ao passo que o segundo é estéril. Defender doutrinas contrárias à religião oficial da

Comparação dos crimes por meio dos seus efeitos.

Parte 2 – Da República

república é uma falta mais grave num pregador autorizado do que numa pessoa privada, do mesmo modo que viver de modo profano ou incontinente, ou praticar qualquer espécie de ação irreligiosa. Igualmente, é um crime mais grave num professor de direito do que em qualquer outro homem sustentar qualquer argumento, ou praticar qualquer ato que contribua para o enfraquecimento do poder soberano. O mesmo vale para um homem possuidor de tal reputação de sabedoria que todos os seus conselhos sejam seguidos e os seus atos imitados por muitos: se ele atentar contra a lei o seu ato será um crime maior do que o mesmo ato praticado por outrem. Porque tais homens não se limitam a cometer crimes, mas ensinam-nos como leis a todos os outros homens. E de maneira geral todos os crimes se tornam mais graves quando provocam escândalo, quer dizer, quando se tornam obstáculos para os fracos, que olham menos para o caminho que estão seguindo do que para a luz que outros homens levam na sua frente.

Laesa majestas.

Também os atos de hostilidade à situação presente da república são crimes maiores do que os mesmos atos praticados contra pessoas privadas, porque o prejuízo se estende a todos. São desse tipo a revelação das forças e dos segredos da república a um inimigo, assim como quaisquer atentados contra o representante da república, seja ele um monarca ou uma assembleia, e todas as tentativas, por palavras ou atos, para diminuir sua autoridade, quer no momento presente quer na sucessão. Os latinos definiam esses crimes como *crimina laesae majestatis*, que consistem em propósitos ou atos contrários a uma lei fundamental.

Suborno e falso testemunho.

De maneira semelhante, os crimes que invalidam os julgamentos são mais graves do que os danos causados a uma ou mais pessoas. Por exemplo, receber dinheiro para dar falso testemunho ou proferir julgamento é um crime maior do que defraudar alguém, de qualquer maneira, numa quantia idêntica ou maior. Pois não apenas se comete injustiça a quem sucumbe por causa desse julgamento, mas além disso todos os julgamentos se tornam inúteis, dando-se oportunidade ao uso da força e da vingança pessoal.

XXVII. Dos Crimes, Desculpas e Atenuantes

Também o roubo e dilapidação do tesouro ou da renda pública é um crime mais grave do que roubar ou defraudar um particular, porque roubar o público é roubar muitos ao mesmo tempo.

Dilapidação.

E também a usurpação fraudulenta de um ministério público, a falsificação de selos públicos ou da moeda nacional é mais grave do que se fazer passar pela pessoa de um particular, ou falsificar o seu selo, porque a primeira fraude vai prejudicar a muitos.

Falsificar a autoridade.

Dos atos contrários à lei, praticados contra particulares, o maior crime é o que provoca maior dano, segundo a opinião comum entre os homens. Portanto,

Comparação dos crimes contra pessoas privadas.

Matar contra a lei é um crime maior do que qualquer outro dano que não sacrifique vidas.

Matar com tortura é mais grave do que simplesmente matar.

A mutilação de um membro é mais grave do que despojar alguém dos seus bens.

E despojar alguém dos seus bens pelo temor da morte ou ferimentos é mais grave do que mediante clandestina subtração.

E por clandestina subtração é mais grave do que por consentimento fraudulentamente conseguido.

E a violação da castidade pela força é mais grave do que por sedução.

E a de uma mulher casada é mais grave do que a de uma mulher solteira.

Porque de maneira geral é assim que essas coisas são avaliadas, embora algumas pessoas sejam mais e outras menos sensíveis à mesma ofensa. Porém, a lei não olha ao particular, e sim às inclinações gerais da espécie humana.

Assim, a ofensa causada por contumélia, seja por palavras ou gestos, quando o único prejuízo que causa é o agravo de quem a recebe, foi ignorada pela lei dos gregos, romanos e outras repúblicas, tanto antigas como modernas, partindo do princípio de que a verdadeira causa do agravo não está na contumélia (que não produz efeitos sobre pessoas conscientes da sua própria virtude), e sim na pusilanimidade de quem se considera ofendido.

Além disso, um crime contra um particular é muito agravado pela pessoa, tempo e lugar. Porque matar os seus próprios pais é um crime maior do que matar qualquer outro, dado que o pai deve ter a honra de um soberano (embora tenha cedido o seu poder à lei civil), pois a tinha originalmente por natureza. E roubar um pobre é um crime maior do que roubar um rico, pois para o pobre o prejuízo é mais importante.

E um crime cometido num momento e num lugar reservados à devoção é maior do que se cometido noutro momento e noutro lugar, pois revela maior desprezo pela lei.

Poderiam acrescentar-se muitos outros casos de agravantes e atenuantes, mas pelos já apresentados fica fácil para qualquer um medir o nível de outros crimes que se queira considerar.

O que são crimes públicos.

Por último, como em quase todos os crimes se causa dano, não apenas a um particular mas também à república, o mesmo crime é chamado *crime público*[1], quando a acusação é feita em nome da república, e quando esta é feita em nome de um particular chama-se-lhe *crime privado*[2]. E os litígios correspondentes chamam-se públicos, *judicia publica*, litígios da Coroa, ou litígios privados. Numa acusação de assassinato, se o acusador é um particular, o litígio é privado, e se o acusador é o soberano, o litígio é público.

CAP. XXVIII
Das Punições e Recompensas

Definição da punição.

Uma Punição *é um dano infligido pela autoridade pública, a quem fez ou omitiu o que pela mesma autoridade é considerado trans-*

---

[1] *Syn.*: crime público;   [2] *Syn.*: crime privado;

XXVIII. Das Punições e Recompensas

gressão da lei, a fim de que assim a vontade dos homens fique mais disposta à obediência.

Antes de inferir seja o que for desta definição, há uma pergunta da maior importância a que é mister responder, a saber, qual é em cada caso a porta por onde entra o direito ou autoridade de punir? Pois, segundo o que anteriormente ficou dito, ninguém é considerado obrigado pelo pacto a abster-se de resistir à violência, não se podendo portanto pretender que alguém deu a outrem nenhum direito de usar de violência contra a sua pessoa. Ao fundar uma república, cada um renuncia ao direito de defender os outros, mas não de se defender a si mesmo. Além disso, cada um obriga-se a ajudar o soberano na punição de outrem, mas não na sua própria. No entanto, pactuar assistir ao soberano a causar dano a outrem, salvo se aquele que assim pactua tiver ele próprio esse mesmo direito, não é dar-lhe o direito de punir. Fica assim manifesto que o direito de punir que pertence à república (isto é, àquele ou àqueles que a representam) não tem o seu fundamento em nenhuma concessão ou dádiva dos súditos. Mas também já mostrei que, antes da instituição da república, cada um tinha direito a todas as coisas, e a fazer o que considerasse necessário para a sua própria preservação, podendo com esse fim subjugar, ferir ou matar qualquer um. E é este o fundamento daquele direito de punir que é exercido em todas as repúblicas. Porque não foram os súditos que deram ao soberano esse direito; simplesmente, ao renunciarem ao seu, reforçaram o uso que ele pode fazer do seu próprio, da maneira que achar melhor, para a preservação de todos eles. De modo que o direito de punir não foi dado ao soberano, foi-lhe deixado, e apenas a ele; e tão pleno (com exceção dos limites estabelecidos pela lei natural) como na condição de simples natureza, ou de guerra de cada um contra o seu próximo.

Da definição da punição infiro, em primeiro lugar, que nem as vinganças pessoais nem os danos provocados por particulares podem propriamente ser classificados como *punições*[1], pois não derivam da autoridade pública.

De onde provém o direito de punir.

[162]

Os danos de particulares e as vinganças não são punições.

---
[1] *Syn.*: punição

Parte 2 – Da República

Nem a recusa de nomeação:

Em segundo lugar, que não constitui punição o ser esquecido ou desfavorecido pelo favor público, pois dessa maneira não se faz mal a ninguém, apenas se o deixa na situação em que estava antes.

Nem o mal infligido sem condenação pública:

Em terceiro lugar, que o mal infligido pela autoridade pública, sem condenação pública anterior, não deve ser classificado como punição, mas como ato hostil. Porque o ato devido ao qual se aplica a alguém uma punição deve primeiro ser julgado pela autoridade pública como transgressão da lei.

Nem o mal infligido por poder usurpado:

Em quarto lugar, que o mal infligido pelo poder usurpado ou por juízes não autorizados pelo soberano não é punição, mas ato de hostilidade, porque os atos do poder usurpado não têm como autor a pessoa condenada, portanto não são atos de autoridade pública.

Nem o mal infligido sem respeito ao bem futuro.

Em quinto lugar, que todo dano infligido sem intenção ou possibilidade de predispor o delinquente, ou outros homens, pelo exemplo, à obediência às leis, não é punição, mas ato de hostilidade, porque sem tal fim nenhum dano merece receber esse nome.

As más consequências naturais não são punições.

Em sexto lugar, enquanto certas ações implicam por natureza diversas consequências danosas, como ocorre, por exemplo, quando ao atacar outrem alguém acaba morto ou ferido, ou quando se é acometido de doença por causa da prática de um ato ilegal, esses danos, embora quanto a Deus, que é o autor da natureza, possam ser considerados infligidos, sendo portanto castigos divinos, não podem ser considerados punições quanto aos homens, porque não são infligidos pela autoridade dos homens.

Prejuízo infligido menor que o benefício na transgressão não é punição.

Em sétimo lugar, se o dano infligido for menor do que o benefício ou satisfação naturalmente resultante do crime cometido, tal dano não é abrangido pela definição, e é mais preço ou resgate do que punição aplicada por um crime. Porque é da natureza da punição ter por fim predispor os homens a obedecer às leis, fim esse que não será atingido se forem menores do que o benefício da transgressão, redundando a punição no efeito contrário.

XXVIII. Das Punições e Recompensas

Em oitavo lugar, se uma punição for determinada e prescrita pela própria lei, e se depois de cometido o crime for infligida uma pena mais pesada, o excesso não é punição, e sim ato de hostilidade. Uma vez que a finalidade da punição não é a vingança, mas o terror, e uma vez que se tira o terror de uma pena mais pesada com a declaração de uma que o é menos, a inesperada adição não faz parte da punição. Mas quando a lei não determina punição alguma, qualquer uma que seja infligida tem a natureza de uma punição. Pois quem se arrisca a violar uma lei para a qual não está determinada uma pena espera uma punição indeterminada, quer dizer, arbitrária.

Quando a punição é prescrita pela lei, um dano maior não é punição, mas hostilidade.

[163]

Em nono lugar, que os danos infligidos por um ato praticado antes de haver uma lei que o proibisse não são punições, mas atos de hostilidade. Porque antes da lei não há transgressão da lei, e a punição supõe um ato julgado como transgressão de uma lei. Portanto, os danos infligidos antes de feita a lei não são punições, mas atos de hostilidade.

Dano infligido por fato anterior à lei não é punição.

Em décimo lugar, os danos infligidos ao representante da república não são punições, mas atos de hostilidade. Porque é da natureza das penas serem infligidas pela autoridade pública, que é apenas a autoridade do próprio representante.

O representante da república não é punível.

Por último, os danos infligidos a quem é um inimigo declarado não podem ser classificados como punições. Como esse inimigo ou nunca esteve sujeito à lei, e portanto não a pode transgredir, ou esteve sujeito a ela e professa não mais o estar, negando em consequência que a possa transgredir, todos os danos que lhe possam ser causados devem ser tomados como atos de hostilidade. E numa situação de hostilidade declarada é legítimo infligir qualquer espécie de danos. Disso se segue que, se por atos ou palavras, sabida e deliberadamente, um súdito negar a autoridade do representante da república (seja qual for a penalidade prevista para a traição), o representante pode legitimamente fazê-lo sofrer o que bem entender. Porque ao negar a sujeição ele negou as punições previstas pela lei, portanto deve sofrer como inimigo da república, isto é, conforme a vontade do representante. Porque as punições estabelecidas

Dano a súbitos revoltados é feito por direito de guerra, não como punição.

Parte 2 – Da República

pela lei são para os súditos, não para os inimigos, como é o caso daqueles que, tendo-se tornado súditos pelos seus próprios atos, deliberadamente se revoltam e negam o poder soberano.

A primeira e mais geral distribuição das punições é em *divinas* e *humanas*. Das primeiras terei ocasião de falar mais adiante, em lugar mais conveniente.

As punições *humanas* são as que são infligidas por ordem dos homens, e podem ser *corporais*, *pecuniárias*, a *ignomínia*, a *prisão*, o *exílio*, ou uma mistura destas.

Punições corporais.

As *punições corporais* são as infligidas diretamente ao corpo, e conforme a intenção de quem as inflige, como a flagelação, os ferimentos, ou a privação dos prazeres do corpo de que antes legitimamente se desfrutava.

Capitais.

Destas, umas são *capitais* e outras *menos* do que *capitais*. Pena capital é a morte, dada de modo simples ou com tortura. Menos do que capitais são a flagelação, os ferimentos, as cadeias ou quaisquer outros castigos corporais que pela sua própria natureza não são mortais. Porque se quando da aplicação de uma punição resultar a morte, sem ser por intenção de quem a aplicou, a pena não deve ser considerada capital, mesmo que o dano resulte mortal devido a um acidente imprevisível, caso em que a morte não é infligida mas apressada.

[164]

As *penas pecuniárias* são as que consistem não apenas no confisco de uma soma em dinheiro, mas também de terras ou quaisquer outros bens que geralmente são comprados e vendidos por dinheiro. Caso a lei que estabelece uma dessas penas seja feita com o propósito de recolher dinheiro daqueles que a transgredirem, não se trata propriamente de uma punição, e sim do preço de um privilégio e isenção da lei, a qual não proíbe o ato de maneira absoluta, mas proíbe-o apenas aos que não têm a possibilidade de pagar a soma em questão – a não ser que se trate de uma lei natural, ou de parte da religião, pois estes casos não dizem respeito a uma isenção da lei, mas à sua transgressão. Se, por exemplo, uma lei impuser uma multa pecuniária aos que usarem o nome de Deus em vão, o pagamento da multa não será o preço de uma licença para blasfemar,

XXVIII. Das Punições e Recompensas

mas uma punição aplicada à transgressão de uma lei da qual não há dispensa. De maneira semelhante, se uma lei impuser o pagamento de uma quantia em dinheiro a quem se causou dano, trata-se apenas de uma compensação do prejuízo causado, que extingue apenas a acusação da parte ofendida, e não o crime do ofensor.

A *ignomínia* consiste em infligir um mal considerado desonroso ou privar de um bem considerado honroso pela república. Porque algumas coisas são honrosas por natureza, como os efeitos da coragem, da magnanimidade, da força, da sabedoria e outras qualidades do corpo e do espírito. Outras são tornadas honrosas pela república, como as insígnias, títulos e cargos, assim como quaisquer outros sinais singulares do favor do soberano. As primeiras, embora delas possamos ser privados por natureza ou acidente, não nos podem ser tiradas pela lei, portanto a sua perda não constitui uma punição. Mas as últimas podem ser tiradas pela autoridade que as tornou honrosas, e neste caso trata-se de punições propriamente ditas – como, por exemplo, quando se degrada um condenado, privando-o das suas insígnias, títulos e cargos, ou declarando-o indigno deles para o futuro.

Ignomínia.

A *prisão* ocorre quando alguém é privado da liberdade pela autoridade pública, e pode ser imposta tendo em vista dois fins diferentes, sendo um deles a segura detenção do acusado e o outro infligir um mal ao condenado. No primeiro caso não se trata de uma punição, pois não é possível punir alguém antes de ser judicialmente ouvido e declarado culpado. Portanto, seja qual for o dano infligido a um homem, por prisão ou confinamento, antes de a sua causa ser ouvida, para além do que for necessário para garantir a sua detenção, é contrário à lei de natureza. Mas no outro caso trata-se de uma punição, porque é um dano infligido pela autoridade pública, em virtude de algo que foi pela mesma autoridade considerado transgressão da lei. A palavra prisão abrange toda a restrição de movimentos causada por um obstáculo exterior, seja uma casa, a que se dá o nome geral de prisão, seja uma ilha, caso em que se diz que as

Prisão.

Parte 2 – Da República

pessoas lá ficam confinadas, seja um lugar onde as pessoas são obrigadas a trabalhar, como antigamente se condenavam as pessoas às pedreiras, e atualmente se condenam às galés, seja mediante correntes ou qualquer outro impedimento.

[165]
Exílio.

O *exílio* (banimento) ocorre quando por causa de um crime alguém é condenado a sair dos domínios da república, ou de uma das suas partes, para durante um tempo determinado ou para sempre ficar impedido de lá voltar. E por sua própria natureza, sem outras circunstâncias, não parece ser uma punição, mas mais uma fuga, ou então uma ordem pública para por meio da fuga evitar a aplicação da pena. *Cícero* dizia que jamais tal punição foi aplicada na cidade de *Roma*, e chamava--lhe um refúgio para quem está em perigo. Pois, se alguém for banido e apesar disso for autorizado a desfrutar dos seus bens e do rendimento das suas terras, a simples mudança de ares não constitui uma punição, nem contribui para o benefício da república, em vista da qual todas as punições são ditadas (quer dizer, para que a vontade dos homens seja conformada à observância da lei), e muitas vezes constitui um prejuízo para a república. Porque um homem banido é um inimigo legítimo da república que o baniu, não sendo mais um de seus membros. Mas se além disso for privado das suas terras ou bens, nesse caso não é no exílio que a punição consiste, e esta deve ser incluída entre as penas pecuniárias.

As punições de súditos inocentes são contrárias à lei de natureza.

Todas as punições aplicadas a súditos inocentes, quer sejam grandes ou pequenas, são contrárias à lei de natureza, pois as punições só podem ser aplicadas por transgressão da lei, não podendo assim os inocentes sofrer punições. Isso é portanto uma violação, em primeiro lugar, daquela lei de natureza que proíbe a todos os homens, nas suas vinganças, olhar para algo que não seja o bem futuro, pois nenhum bem pode resultar para a república da punição de um inocente. Em segundo lugar, constitui violação da lei que proíbe a ingratidão: como todo poder soberano originalmente é dado pelo consentimento de cada um dos súditos, a fim de que por ele sejam protegidos, enquanto se mantiverem obedientes, a punição de um inocente equivale a

XXVIII. Das Punições e Recompensas

pagar um bem com um mal. Em terceiro lugar, é violação da lei que ordena a equidade, quer dizer, uma distribuição equitativa da justiça, o que deixa de se respeitar quando se castiga um inocente.

Mas infligir qualquer dano a um inocente que não é súdito, se for para benefício da república, e sem violação de nenhum pacto anterior, não constitui desrespeito à lei de natureza. Porque todos os homens que não são súditos ou são inimigos, ou deixaram de sê-lo em virtude de algum pacto anterior. E contra os inimigos a quem a república julgue capaz de lhe causar dano é legítimo fazer guerra, em virtude do direito de natureza original, no qual a espada não julga, nem o vencedor faz distinção entre culpado e inocente, como acontecia nos tempos antigos, nem tem outro respeito ou clemência senão o que contribui para o bem do seu povo. É também com este fundamento que, no caso dos súditos que deliberadamente negam a autoridade da república, a vingança se estende legitimamente, não apenas aos pais, mas também à terceira e quarta gerações ainda não existentes, que consequentemente são inocentes do ato em virtude do qual vão sofrer. Porque a natureza desta ofensa consiste na renúncia à sujeição, que é um regresso à condição de guerra a que vulgarmente se chama rebelião, e os que assim ofendem não sofrem como súditos, mas como inimigos. Porque a *rebelião* é apenas a guerra renovada.

A RECOMPENSA pode ser por *dádiva* ou por *contrato*. Quando é por contrato chama-se *salário* ou *ordenado*, que é o benefício devido por serviços prestados ou prometidos. Quando é por dádiva é um benefício proveniente da *graça* de quem o confere, a fim de estimular ou capacitar alguém para lhe prestar serviços. Portanto, quando o soberano de uma república estipula um salário para qualquer cargo público, aquele que o recebe é obrigado em justiça a desempenhar o seu cargo; caso contrário, fica apenas obrigado, pela honra, a reconhecer e a esforçar-se por retribuir. Embora não haja recurso lícito para os homens que são ordenados abandonar os seus negócios pessoais a fim de desempenhar funções públicas, sem recompensa ou sa-

Mas o dano causado a inocentes na guerra não o é.

Nem o que é causado a rebeldes declarados.

[166]

A recompensa é salário ou graça.

Parte 2 – Da República

lário, mesmo assim não são a tal obrigados, nem pela lei de natureza nem pela instituição da república, a não ser que o serviço em questão não possa ser realizado de outra maneira. Porque se considera que o soberano pode fazer uso de todas as capacidades desses homens, desde que a estes se reconheça o mesmo direito que ao mais ínfimo soldado, o de reclamar como uma dívida o pagamento dos serviços prestados.

Os benefícios outorgados por medo não são recompensas.

Os benefícios outorgados pelo soberano a um súdito, por medo do seu poder ou da sua capacidade para causar dano à república, não são propriamente recompensas. Não são salários, porque neste caso não se supõe a existência de nenhum contrato, estando já cada homem obrigado a não prestar desserviços à república. Também não são graças, porque são extorquidos pelo medo, o qual nunca deve ser inerente ao poder soberano. São mais sacrifícios, feitos pelo soberano (considerado na sua pessoa natural, e não na pessoa da república) com o fim de aplacar o descontentamento de quem considera mais poderoso do que ele próprio, para o estimular, não à obediência, mas pelo contrário à continuação e intensificação de futuras extorsões.

Salários certos e casuais.

Enquanto alguns salários são certos, provenientes do Tesouro público, e outros são incertos ou ocasionais, provenientes da execução do cargo para o qual o salário foi estipulado, casos há em que os últimos são nocivos para a república, como por exemplo no caso da judicatura. Com efeito, quando o benefício dos juízes e ministros dos tribunais de justiça resulta da multidão de causas que são levadas ao seu conhecimento, daí se seguem necessariamente dois inconvenientes. Um deles é a multiplicação dos processos, porque quantos mais eles forem, maior será o benefício. O outro depende do primeiro, e é a disputa acerca da jurisdição, pois cada tribunal procura atribuir-se o julgamento do maior número possível de processos. Mas nos cargos executivos estes inconvenientes não se verificam, pois o lucro não pode ser aumentado por nenhum esforço que se possa despender. E isto bastará quanto à natureza das punições e das recompensas, as quais são como que os

XXIX. Das coisas que Enfraquecem uma República

nervos e tendões que movem os membros e as juntas de uma república.

Até aqui expus a natureza do homem (cujo orgulho e outras paixões o obrigaram a submeter-se ao governo), juntamente com o grande poder do seu governante, ao qual comparei com o *Leviatã*, tirando essa comparação dos dois últimos versículos do capítulo 41 de Jó, onde Deus, após ter estabelecido o grande poder do *Leviatã*, lhe chamou Rei dos Soberbos. *Não há nada na Terra*, disse ele, *que se lhe possa comparar. Ele é feito de maneira que nunca tenha medo. Ele vê todas as coisas abaixo dele, e é o Rei de todos os Filhos da Soberba.* Mas por ser mortal, e sujeito à degenerescência, do mesmo modo que todas as outras criaturas terrenas, e por existir no céu (embora não na terra) algo de que ele deve ter medo, e a cuja lei deve obedecer, vou falar no capítulo seguinte das suas doenças, e das causas da sua mortalidade; e de quais leis de natureza a que deve obedecer.

[167]

CAP. XXIX
Das coisas que Enfraquecem ou levam à Dissolução *de uma República*

Muito embora nada do que os mortais fazem possa ser imortal, contudo, se os homens se servissem da razão da maneira como aspiram a fazê-lo, podiam pelo menos evitar que as suas repúblicas perecessem por causa de doenças internas. Pois, pela natureza da sua instituição, estão destinados a viver tanto tempo como a humanidade, ou como as leis de natureza, ou como a própria justiça que lhes dá vida. Portanto, quando acontece serem dissolvidos, não por violência externa, mas por desordem interna, a causa não reside nos homens enquanto *matéria*, mas enquanto seus *obreiros* e organizadores. Pois os homens, quando finalmente se cansam de choques e batidas irregulares e recíprocas, e desejam de todo o coração transfor-

Discussão das repúblicas derruba a instituição imperfeita.

Parte 2 – Da República

mar-se num edifício sólido e duradouro, por falta quer da arte de fazer leis adequadas para ajustar as suas ações, quer também de humildade e paciência para aceitarem ver aplainados os pontos ásperos e escabrosos da sua presente grandeza, não conseguem, sem a ajuda de um arquiteto muito hábil, se coligir em outra coisa senão num edifício desarticulado, que, mal se aguentando durante a sua própria época, necessariamente cairá sobre a cabeça da posteridade.

Portanto, entre as *debilidades* de uma república incluirei em primeiro lugar as que têm origem numa instituição imperfeita, e se assemelham às doenças de um corpo natural que provêm de uma procriação defeituosa.

Falta de poder absoluto. Esta é uma dessas debilidades: *Um homem, para obter um reino, contenta-se muitas vezes com menos poder do que é necessário para a paz e defesa da república.* Daí se segue que a retomada, para a segurança pública, do exercício do poder que se deixara de lado tem a aparência de um ato injusto, que predispõe um grande número de homens (quando a ocasião se apresenta) para a rebelião – do mesmo modo que os corpos das crianças nascidas de pais doentes estão sujeitos quer a uma morte precoce, quer a purgar a infeliz propriedade, resultante da sua concepção viciosa, que rebenta em bile e pústulas. E quando os reis se negam a si próprios uma parte desse poder tão necessário, nem sempre é (muito embora por vezes o seja) por ignorância daquilo que é necessário ao cargo que ocupam, mas muitas vezes pela esperança de a recuperarem quando lhes aprouver.

[168] Nesse aspecto, não raciocinam corretamente, porque os que quiserem obrigá-los a cumprir as suas promessas serão ajudados contra eles pelas repúblicas estrangeiras, as quais, para bem dos seus próprios súditos, não perderão uma ocasião de *enfraquecer* o domínio dos seus vizinhos. *Thomas Becket*, arcebispo de *Cantuária*, foi assim apoiado contra *Henrique II* pelo papa, tendo a sujeição dos eclesiásticos à república sido dispensada por *Guilherme, o Conquistador*, no momento da sua recepção, quando fez o juramento de não infringir a liberdade da Igreja. Do mesmo modo os *barões*, cujo poder foi elevado a um grau incompatível

XXIX. Das coisas que Enfraquecem uma República

com o poder soberano por *Guilherme Rufus* (a fim de obter a sua ajuda na transferência da sucessão do seu irmão mais velho para ele próprio), foram ajudados pelos franceses na sua rebelião contra o rei *João*.

Mas isto não acontece apenas nas monarquias. Pois enquanto a fórmula da antiga república romana era *o Senado e o povo de Roma*, nem o Senado nem o povo aspiravam à totalidade do poder, o que primeiro causou as sedições de *Tibério Graco*, *Caio Graco*, *Lúcio Saturnino* e outros, e mais tarde as guerras entre o Senado e o povo, no tempo de *Mário* e *Sila*, e novamente no tempo de *Pompeu* e *César*, com a extinção da sua democracia e a instalação da monarquia.

O povo de *Atenas* obrigou-se reciprocamente a tudo, menos a uma única ação, a saber, que ninguém, sob pena de morte, podia propor o recomeço da guerra pela ilha de *Salamina*; e contudo por essa razão, se *Sólon* não espalhasse que estava louco e se mais tarde com os gestos e os trajes de um louco, e em verso, não a tivesse proposto ao povo que o rodeava, teriam tido um inimigo perpetuamente em pé de guerra, mesmo às portas da sua cidade. Todas as repúblicas que têm o seu poder limitado, mesmo que seja pouco, são levadas a esses estragos ou mudanças.

Em segundo lugar examinarei as *doenças* de uma república que derivam do veneno das doutrinas sediciosas, uma das quais é a seguinte: *todo o indivíduo particular é juiz das boas e más ações*. Isto é verdade na condição de simples natureza, quando não existem leis civis, e também sob o governo civil nos casos que não estão determinados pela Lei. Mas não sendo assim é evidente que a medida das boas e das más ações é a lei civil, e o juiz legislador, que sempre é *o representante*[1] da república. Partindo desta falsa doutrina, os homens adquirem a tendência para debater entre si e discutir as ordens da república, e mais tarde para lhes obedecer ou desobedecer conforme acharem conveniente nos seus juízos particulares. Assim, a república se perturba e *enfraquece*.

Juízo particular sobre o bem e o mal.

---

[1] *Syn.*: representante

Parte 2 – Da República

Consciência errônea.

[169]

Pretensão de inspiração.

Outra doutrina incompatível com a sociedade civil é a de que *é pecado o que alguém fizer contra a sua consciência*, e depende do pressuposto de que o homem é juiz do bem e do mal. Pois a consciência de um homem e o seu julgamento são uma e mesma coisa, e tal como o julgamento também a consciência pode ser errônea. Portanto, muito embora aquele que não está sujeito à lei civil peque em tudo o que fizer contra a sua consciência, porque não possui nenhuma outra regra que deva seguir senão a sua própria razão, o mesmo não acontece com aquele que vive numa república, porque a lei é a consciência pública, pela qual ele já aceitou ser conduzido. Do contrário, em meio a tal diversidade de consciências particulares, que não passam de opiniões particulares, a república tem necessariamente de ser perturbada, e ninguém ousa obedecer ao poder soberano senão na medida em que isso se afigurar bom aos seus próprios olhos.

Também tem sido frequentemente ensinado que *a fé e a santidade não devem ser alcançadas pelo estudo e pela razão, mas sim por inspiração sobrenatural, ou infusão*, o que, uma vez aceito, não vejo por que alguém deveria apresentar as razões de sua fé, ou por que todos os cristãos não seriam também profetas, ou por que alguém deveria seguir, como regra de ação, a lei do seu país em vez da sua própria inspiração. E assim caímos outra vez no erro de atribuir a nós mesmos o julgar do bem e do mal, ou de tornar seus juízes esses indivíduos particulares que fingem ser inspirados sobrenaturalmente, o que leva à dissolução de todo o governo civil. A fé vem pelo ouvido, e, ouvindo, pelos acidentes que nos guiam à presença daqueles que nos falam. Esses acidentes são todos provocados por Deus Todo-Poderoso, e contudo não são sobrenaturais, mas apenas inobserváveis, devido ao grande número que concorre para cada efeito. Sem dúvida a fé e a santidade não são muito frequentes; porém não são milagres, mas provocadas pela educação, pela disciplina, pela correção, e por outros meios naturais pelos quais Deus as produz no seu eleito, no momento que julgar adequado. E estas três opiniões, perniciosas à paz e ao gover-

XXIX. Das coisas que Enfraquecem uma República

no, têm nesta região do mundo se originado principalmente nas línguas e nos escritos de teólogos ignorantes, os quais, juntando as palavras das Sagradas Escrituras de uma maneira diversa daquela que é conforme à razão, fazem tudo para levar os homens a pensar que a santidade e a razão natural não podem coexistir.

Uma quarta opinião, incompatível com a natureza da república, é a de que *o detentor do poder soberano está sujeito às leis civis*. É certo que todos os soberanos estão sujeitos às leis de natureza, porque tais leis são divinas e não podem ser revogadas por nenhum homem ou república. Mas o soberano não está sujeito àquelas leis que ele próprio, ou melhor, que a república fez. Pois estar sujeito a leis é estar sujeito à república, isto é, ao soberano representante, ou seja, a si próprio, o que não é sujeição, mas liberdade em relação às leis. Este erro, porque coloca as leis acima do soberano, coloca também um juiz acima dele, com poder para castigá-lo, o que é fazer um novo soberano, e também pela mesma razão um terceiro para castigar o segundo, e assim sucessivamente, para confusão e dissolução da república.

Sujeição do poder soberano às leis civis.

A quinta doutrina que tende para a dissolução da república é que *todo indivíduo particular tem propriedade absoluta dos seus bens, a ponto de excluir o direito do soberano*. Todo o homem tem na verdade uma propriedade que exclui o direito de qualquer outro súdito, e tem-na apenas devido ao poder soberano, sem cuja proteção qualquer outro homem teria igual direito à mesma coisa. Mas, se o direito do soberano for também excluído, ele não poderá desempenhar o cargo em que o colocaram, o qual consiste em defendê-los quer dos inimigos externos quer dos ataques uns dos outros, e consequentemente deixará de haver república.

Atribuição de propriedade absoluta aos súditos.

[170]

E se a propriedade dos súditos não exclui o direito do soberano representante aos bens deles, muito menos o exclui em relação aos cargos de judicatura, ou de execução, nos quais representam o próprio soberano.

Existe uma sexta doutrina, aberta e diretamente contrária à essência da república, que é esta: *o poder soberano pode ser dividi-*

Divisão do poder soberano.

do. Pois em que consiste dividir o poder de uma república senão em *dissolvê-lo?*¹ – uma vez que os poderes divididos se destroem mutuamente uns aos outros. E para estas doutrinas os homens apoiam-se principalmente em alguns daqueles que, fazendo das leis sua profissão, tentam torná-las dependentes do seu próprio saber, e não do Poder Legislativo.

Imitação das nações vizinhas.

E do mesmo modo que as falsas doutrinas, também muitas vezes o exemplo de governos diferentes em nações vizinhas predispõe os homens para a alteração da forma já estabelecida. Assim o povo judeu foi instigado a rejeitar Deus e a pedir ao profeta *Samuel* um rei, à maneira das outras nações; do mesmo modo as cidades menores da *Grécia* foram continuamente perturbadas com sedições das facções aristocrática e democrática, desejando uma parte de quase todas as repúblicas imitar os lacedemônios e a outra parte os atenienses. E não duvido que muitos homens tenham ficado contentes com as recentes perturbações na *Inglaterra*, para imitar os Países Baixos, supondo que de nada mais precisavam para se tornar ricos do que mudar, como estes tinham feito, a forma do seu governo. Por si só, a constituição da natureza humana já está sujeita ao desejo de novidade. Quando portanto são incitados à novidade também pela vizinhança daqueles que foram enriquecidos por ela, é quase impossível que não fiquem contentes com aqueles que os convidam a mudar, e que não gostem dos primeiros tempos *(embora se aflijam com a continuação)*² da desordem – tal como os indivíduos de sangue quente que, quando têm comichões, se arranham com as próprias unhas até não poderem mais suportar o ardor.

Imitação dos gregos e romanos.

Quanto à rebelião contra a monarquia em particular, uma das suas causas mais frequentes é a leitura de livros de política e de história dos antigos gregos e romanos, da qual os jovens, e todos aqueles que são desprovidos do antídoto de uma sólida razão, recebendo uma impressão forte e agradável das grandes façanhas de guerra praticadas pelos condutores dos exér-

---

¹ *Syn.*: dissolvê-lo;   ² *Syn.*: embora se aflijam com a continuação

XXIX. Das coisas que Enfraquecem uma República

citos, formam uma ideia agradável de tudo o mais que fizeram. Além disso, imaginam que a sua grande prosperidade procedeu, não da emulação de indivíduos particulares, mas da virtude da sua forma popular de governo, não atentando nas frequentes sedições e guerras civis provocadas pela imperfeição da sua política. Graças à leitura, digo, de tais livros, os homens empreenderam matar os seus reis, porque os autores gregos e latinos, nos seus livros e discursos de política, consideraram legítimo e louvável fazê-lo, desde que antes de os matar os chamassem tiranos. Pois não dizem que seja legítimo o *regicídio*, isto é, o assassinato de um rei, mas sim o *tiranicídio*, isto é, o assassinato de um tirano. Por causa dos mesmos livros, aqueles que vivem numa monarquia formam a opinião de que os súditos de uma república popular gozam de liberdade e aqueles que o são de uma monarquia são todos escravos. Repito, aqueles que vivem numa monarquia formam tal opinião, mas não aqueles que vivem num governo popular, pois não notam essa questão. Em resumo, não consigo imaginar coisa mais prejudicial a uma monarquia do que a permissão de se lerem tais livros em público, sem mestres sensatos lhes fazerem aquelas correções capazes de lhes retirar o veneno que contêm, veneno esse que não hesito em comparar à mordida de um cão raivoso, que constitui uma doença denominada pelos físicos *hidrofobia*, ou *medo da água*. Pois assim como aquele que foi mordido tem um contínuo tormento de sede e contudo não pode ver a água, e fica num estado tal como se o veneno o conseguisse transformar num cão, quando uma monarquia é mordida até o âmago pelos autores democráticos que continuamente rosnam para esse regime, também ela de nada mais precisa do que de um monarca forte, que contudo quando surgir será detestado devido a uma certa *tiranofobia*, ou medo de ser governado pela força.

[171]

Assim como houve doutores que sustentaram que há três almas no homem, também há aqueles que pensam poder haver mais de uma alma (isto é, mais de um soberano) numa República e levantam a *supremacia* contra a *soberania*, os *cânones* con-

Parte 2 – Da República

tra as *leis*, e a *autoridade espiritual* contra a *autoridade civil*, agindo sobre o espírito dos homens com palavras e distinções que em si mesmas nada significam, mas revelam (pela sua obscuridade) que vagueia no escuro (como alguns pensam, de maneira invisível) um outro reino, como se fosse um reino de fadas. Ora, dado ser manifesto que o poder civil e o poder da república são uma e mesma coisa, e que a supremacia e o poder de fazer cânones e dar permissão a faculdades implicam uma república, segue-se então que onde um é soberano e o outro é supremo, onde um pode fazer leis e o outro pode fazer cânones, tem de haver duas repúblicas compostas exatamente dos mesmos súditos – eis um reino cindido e que não pode durar. Pois, apesar da insignificante distinção entre *temporal* e *espiritual*, não deixa de haver dois reinos e cada súdito fica sujeito a dois senhores. Pois, como o poder *espiritual* reclama o direito de declarar o que é pecado, reclama por consequência o direito de declarar o que é lei (nada mais sendo o pecado do que a transgressão da lei) e dado que, por outro lado, o poder civil reclama o direito de declarar o que é lei, todo súdito tem de obedecer a dois senhores, ambos os quais querem ver as suas ordens cumpridas como leis, o que é impossível. Ora, se houver apenas um reino, ou o *civil*, que é o poder da república, tem de estar subordinado ao *espiritual*, e então não há nenhuma soberania exceto a *espiritual*; ou o *espiritual* tem de estar subordinado ao *temporal* e então não existe outra *supremacia* senão a *temporal*. Quando portanto estes dois poderes se opõem um ao outro, a república só pode estar em grande perigo de guerra civil e dissolução. Pois, sendo a autoridade *civil* mais visível e aparecendo na luz mais clara da razão natural, não pode fazer outra coisa senão atrair para ela em todas as épocas uma parte muito considerável do povo. A autoridade *espiritual*, por sua vez, permanece na escuridão das distinções dos escolásticos e das palavras difíceis, mas, como o medo da escuridão e dos espíritos é maior do que os outros medos, não pode deixar de congraçar um partido suficiente para a desordem e muitas vezes para a destruição da república. E isto é uma doença que não é inadequado comparar à epilepsia, ou

XXIX. Das coisas que Enfraquecem uma República

mal-caduco (que os judeus consideravam como uma espécie de possessão pelos espíritos) no corpo natural. Pois, assim como nesta doença há um espírito não natural ou vento na cabeça, que obstrui as raízes dos nervos e, agitando-os violentamente, faz desaparecer o movimento que naturalmente eles deviam ter, como resultado do poder da alma sobre o cérebro – e que por isso causa movimentos violentos e irregulares (as chamadas convulsões) nas partes, a ponto de aquele que é tomado por eles cair umas vezes na água, outras vezes no fogo, como um homem destituído de sentidos –, também no corpo político, quando o poder espiritual agita os membros de uma república pelo terror dos castigos e pela esperança das recompensas (que são os seus nervos) e não pelo poder civil (que é a alma da república) como deviam ser movidos, e por meio de palavras estranhas e difíceis sufoca o seu entendimento, necessariamente deixa aturdido o povo, e submerge a república na opressão, ou a lança no fogo de uma guerra civil.

Acontece por vezes também que no governo meramente civil há mais do que uma alma, como, por exemplo, quando o poder de arrecadar impostos (que é a faculdade nutritiva) depende de uma assembleia geral, o poder de conduzir e comandar (que é a faculdade motora) depende de um só homem, e o poder de fazer leis (que é a faculdade racional) depende do consenso acidental não apenas daqueles dois, mas também de um terceiro. Isto coloca em perigo a república, às vezes por falta de consenso para boas leis, mas sobretudo por falta daquele alimento que é necessário para a vida e para o movimento. Pois, muito embora alguns percebam que tal governo não é governo, mas divisão da república em três facções, e a chamem monarquia mista, a verdade é que não é uma república independente, mas três facções independentes, não uma pessoa representante, mas três. No Reino de Deus pode haver três pessoas independentes sem quebra da unidade no Deus que reina, mas, quando são os homens que reinam e estão sujeitos à diversidade de opiniões, isso não pode acontecer. E portanto se o rei é portador da pessoa do povo e a assembleia geral também porta a

Governo misto.

Parte 2 – Da República

pessoa do povo, e uma outra assembleia é portadora da pessoa de uma parte do povo, não há apenas uma pessoa nem um soberano, mas três pessoas e três soberanos.

Não sei a que doença do corpo natural do homem posso comparar exatamente esta irregularidade de uma república. Mas uma vez vi um homem que tinha outro homem saindo de um dos seus lados, com cabeça, braço, tronco e estômago próprios. Se tivesse outro homem do outro lado, a comparação podia então ser exata.

Falta de dinheiro. Até aqui tenho-me referido às doenças da república que representam um perigo maior e mais premente. Há outras não tão graves que convém contudo observar. Em primeiro lugar, a dificuldade de conseguir dinheiro para os gastos necessários da república, especialmente em vésperas de guerra. Esta dificuldade surge da opinião de que cada súdito tem nas suas terras e bens uma propriedade exclusiva do direito do soberano ao seu uso. Daqui se segue que o poder soberano, que prevê as necessidades e perigos da república (encontrando obstruída pela teimosia do povo a passagem do dinheiro para o tesouro público), quando se devia ampliar para enfrentar e evitar tais perigos no seu início, contrai-se tanto quanto possível, e, quando já não o pode fazer mais, luta com o povo por meio dos estratagemas da lei a fim de obter pequenas somas, que, não sendo suficientes, o levam afinal a se decidir a abrir violentamente o caminho para o fornecimento necessário, ou então perecerá. E, sendo muitas vezes forçado a estes extremos, reduz por fim o povo à atitude devida, caso contrário a república necessariamente perecerá. De tal modo que podemos muito bem comparar este desarranjo a uma febre sezão, na qual, estando coaguladas as partes carnosas, ou obstruídas por matéria peçonhenta, as veias que pelo seu curso natural esvaziam-se no coração não são (como deviam ser) supridas pelas artérias, e disso resulta primeiro uma contração fria e um tremor dos membros, e depois um esforço violento e forte do coração, a fim de forçar a passagem do sangue; e antes que o consiga fazer, contenta-se com os pequenos alívios provocados por aquelas

XXIX. Das coisas que Enfraquecem uma República

coisas que refrescam momentaneamente, até que (se a natureza for suficientemente forte) vence finalmente a resistência das partes obstruídas e dissipa o veneno em suor, ou então (se a natureza for demasiado fraca) o doente morre.

Também existe às vezes na república uma doença, que se assemelha à pleurisia, e isso se dá quando o tesouro da república, saindo do seu curso normal, se concentra com demasiada abundância em um ou vários indivíduos particulares, por meio de monopólios ou de arrendamentos das rendas públicas, do mesmo modo que o sangue numa pleurisia, alcançando a membrana do tórax, causa aí uma inflamação, acompanhada de febre e de pontadas dolorosas.

Monopólios e abusos dos publicanos.

Também a popularidade de um súdito poderoso (a menos que a república tenha uma garantia muito forte da sua fidelidade) constitui uma perigosa doença, porque o povo (que devia receber o seu movimento da autoridade do soberano), pela adulação e reputação de um homem ambicioso, é desviado da sua obediência às leis para seguir alguém cujas virtudes e desígnios desconhece. E isto representa habitualmente um perigo maior num governo popular do que numa monarquia, porque o exército é tão forte e numeroso que se torna fácil acreditar que ele é o povo. Por este meio *Júlio César*, que fora erguido pelo povo contra o Senado, depois de conquistar para si próprio a afeição do seu exército, tornou-se senhor tanto do Senado como do povo. E este procedimento de homens populares e ambiciosos é pura rebelião e pode ser comparado aos efeitos da feitiçaria.

Homens populares.

[174]

Outra debilidade da república é a grandeza imoderada de uma cidade, quando esta é capaz de fornecer de seu próprio perímetro os contingentes e os recursos para um grande exército; como também constitui uma debilidade o grande número de corporações, que são como que muitas repúblicas menores nas entranhas de uma maior, como vermes nas entranhas do homem natural. A isso se pode acrescentar a liberdade de dis-

Grandeza excessiva de *uma cidade ou*[1] multidão de corporações.

Liberdade de discutir o poder soberano.

---

[1] *Syn.*: cidade,

Parte 2 – Da República

cutir o poder absoluto daqueles que fingem ter prudência política, os quais, educados na maior parte entre as fezes do povo, mas animados por falsas doutrinas, estão em perpétua contenda com as leis fundamentais, para grande incômodo da república, tal como os pequenos vermes que os médicos denominam *ascárides*.

Podemos ainda acrescentar o apetite insaciável, ou *bulimia*, de alargar os domínios, as *feridas* incuráveis muitas vezes por isso mesmo recebidas do inimigo; e os *tumores* de conquistas caóticas, que constituem muitas vezes uma carga e que são conservadas com maior perigo do que se fossem perdidas; e também a *letargia* do ócio, e o *consumo* dos tumultos e vãs despesas.

Dissolução da república.

Finalmente, quando numa guerra (externa ou interna) os inimigos obtêm uma vitória final, a ponto de (não se mantendo mais em campo as forças da república) não haver mais proteção dos súditos leais, então está a república DISSOLVIDA, e todo o homem tem a liberdade de proteger a si próprio por aqueles meios que a sua prudência lhe sugerir. Pois o soberano é a alma pública, que dá vida e movimento à república, e quando esta expira os membros deixam de ser governados por ela tal como a carcaça do homem quando se separa da sua alma (ainda que imortal). Pois, muito embora o direito de um monarca soberano não possa ser extinguido pelo ato de outro, a obrigação dos membros pode. Pois aquele que quer proteção pode procurá-la em qualquer lugar, e quando a obtém fica obrigado (sem o pretexto fraudulento de se ter submetido por medo) a proteger a sua proteção enquanto for capaz. Mas, quando o poder de uma assembleia é suprimido, o seu direito desaparece completamente, porque a própria assembleia fica extinta e por conseguinte não há nenhuma possibilidade de a soberania reaparecer.

CAP. XXX
Do Cargo do Soberano Representante

[175]

O Cargo do soberano (seja ele um monarca ou uma assembleia) consiste no fim para o qual lhe foi confiado o poder soberano, nomeadamente a obtenção da *segurança do povo*, ao qual está obrigado pela lei de natureza e do qual tem de prestar contas a Deus, o autor dessa lei, e a mais ninguém além dele. Mas por segurança não entendemos aqui uma simples preservação, como também todos os outros confortos da vida, que cada homem, por esforço lícito, sem perigo ou inconveniente para a república, adquire para si próprio.

Obtenção do bem do povo.

E pensa-se que isto deve ser feito, não por meio de um cuidado com os indivíduos maior do que a sua proteção em relação a ofensas de que se queixem, mas por uma providência geral, contida em instrução pública, quer de doutrina, quer de exemplo, e na feitura e execução de boas leis, que os indivíduos possam aplicar aos seus próprios casos.

Pela instrução e leis.

E porque, se os direitos essenciais da soberania (anteriormente especificados no capítulo XVIII) forem retirados, a república fica por isso dissolvida, e cada homem volta à condição e calamidade de uma guerra com os outros homens (que é o maior mal que pode acontecer nesta vida), faz parte do cargo do soberano manter esses direitos na sua integridade, e consequentemente é contra o seu dever, em primeiro lugar, transferir para outro ou abdicar de qualquer deles. Pois aquele que desampara os meios desampara os fins, e desampara os meios aquele que, sendo o soberano, reconhece estar sujeito às leis civis e renuncia ao poder da judicatura suprema, ou ao poder de fazer a paz e a guerra por sua própria autoridade, ou de julgar as necessidades da república, ou de arrecadar impostos e recrutar soldados, quando e na medida em que, segundo a sua própria consciência, lhe parecer necessário, ou de nomear

É contra o dever do soberano renunciar a qualquer direito essencial de soberania:

Parte 2 – Da República

Ou deixar de ensinar ao povo os seus fundamentos.

funcionários e ministros quer da guerra quer da paz, ou de nomear professores e de examinar que doutrinas são conformes ou contrárias à defesa, paz e bem do povo. Em segundo lugar, é contra o seu dever deixar o povo ser ignorante ou desinformado dos fundamentos e razões daqueles seus direitos essenciais, porque assim os homens são facilmente seduzidos e levados a resistir-lhe, quando a república precisar da sua cooperação e ajuda.

[176]

Antes, os fundamentos desses direitos devem ser ensinados de forma diligente e verdadeira, porque não podem ser mantidos por nenhuma lei civil, ou pelo terror de uma punição legal. Pois uma lei civil que proíba a rebelião (e nisso consiste toda a resistência aos direitos essenciais da soberania) não é (como uma lei civil) nenhuma obrigação, a não ser por virtude da lei de natureza que proíbe a violação do juramento, a qual obrigação natural, se não for conhecida dos homens, impede que eles conheçam o direito de qualquer lei que o soberano faça. E quanto à punição, encaram-na apenas como um ato de hostilidade que, quando julgarem ter força suficiente, tentarão evitar através de atos de hostilidade.

Objeção dos que dizem que não há princípios da razão para a soberania absoluta.

Como tenho ouvido dizer a alguns que a justiça não passa de uma palavra sem substância, e que seja o que for que um homem possa pela força ou por artifício adquirir para si próprio (não apenas em situação de guerra, mas também numa república) é dele mesmo, o que já mostrei ser falso, do mesmo modo também há aqueles que sustentam não existirem fundamentos nem princípios racionais que apoiem aqueles direitos essenciais que tornam absoluta a soberania. Porque, se existissem, teriam sido descobertos em algum lugar, e o que vemos até agora é que ainda não existiu nenhuma república em que esses direitos tenham sido reconhecidos ou discutidos. Esse argumento é tão ruim como o seria os dos selvagens da América que negassem quaisquer fundamentos ou princípios racionais para construir uma casa capaz de durar tanto como os materiais, porque nunca viram ainda uma tão bem constituída. O tempo e a indústria todos os dias produzem conhecimento.

XXX. Do Cargo do Soberano Representante

E, tal como a arte de bem construir deriva de princípios racionais, observados pelos homens industriosos que durante muito tempo estudaram a natureza dos materiais e os diversos efeitos de figura e proporção, muito depois de a humanidade começar (ainda que pobremente) a construir – do mesmo modo muito tempo depois que os homens começaram a constituir repúblicas, imperfeitas e susceptíveis de cair em desordem, podem ser descobertos, por meio de uma industriosa meditação, princípios racionais para tornar duradoura a sua constituição (excetuada a violência externa). E tais são aqueles que tenho apresentado neste discurso, preocupando-me hoje muito pouco que não sejam vistos por aqueles que têm o poder para os utilizar ou que sejam desprezados por eles ou não. Mesmo supondo que estes meus princípios não sejam princípios da razão, tenho a certeza de que são princípios tirados da autoridade das Escrituras, como mostrarei quando falar do Reino de Deus (administrado por *Moisés*) sobre os judeus, seu povo dileto por meio de um pacto.

Mas insistem que muito embora os princípios possam estar certos, o povo vulgar não tem capacidade suficiente para ser levado a entendê-los. Ficaria contente se os súditos ricos e poderosos de um reino, ou aqueles que são considerados mais instruídos, não fossem tão incapazes como o povo. Ora, todos sabem que a oposição a este tipo de doutrina não resulta tanto da dificuldade do assunto como do interesse daqueles que a devem aprender. Os homens poderosos dificilmente digerem algo que estabeleça um poder para refrear as suas paixões, e os homens eruditos, algo que descubra os seus erros e portanto diminua a sua autoridade. Por sua vez, o espírito da gente vulgar, a menos que esteja enodoado por uma dependência em relação aos poderosos, ou rabiscado com as opiniões dos seus doutores, é como papel em branco, pronto para receber seja o que for que a autoridade pública queira nele imprimir. Devem nações inteiras ser levadas a *aquiescer* aos grandes mistérios da religião cristã, que estão acima da razão, e devem milhões de homens ser levados a acreditar que o mesmo corpo

Objeção extraída da incapacidade do vulgo.

[177]

Parte 2 – Da República

pode estar em inúmeros lugares ao mesmo tempo, o que é contra a razão? E, em virtude do ensino e pregação protegidos por lei, não devem os homens ser capazes de só aceitar o que é conforme à razão, de maneira tal que qualquer homem sem preconceitos nada mais precise para aprendê-lo do que ouvi-lo? Concluo portanto que na instrução do povo acerca dos direitos essenciais (que são as leis naturais e fundamentais) da soberania não há nenhuma dificuldade (enquanto um soberano conservar inteiro o seu poder), exceto aquilo que resulta dos seus próprios erros, ou dos erros daqueles a quem confia a administração da república; e consequentemente é seu dever fazer que seja assim instruído, e não apenas seu dever, mas seu benefício também, e segurança, contra o perigo que pode vir da rebelião para a sua pessoa natural.

Os súditos devem ser ensinados a não gostar das mudanças de governo:

E (descendo aos pormenores) deve ensinar-se ao povo, em primeiro lugar, que ele não se deve enamorar de qualquer forma de governo que veja nas nações vizinhas, mais do que da sua própria, tampouco (seja qual for a presente prosperidade que observem em nações governadas de maneira diferente da sua) deve desejar a mudança. Pois a prosperidade de um povo governado por uma assembleia aristocrática ou democrática não vem nem da aristocracia nem da democracia, mas da obediência e concórdia dos súditos; assim como também o povo não floresce numa monarquia porque um homem tem o direito de o governar, mas porque lhe obedece. Retirem de qualquer espécie de Estado a obediência (e consequentemente a concórdia do povo) e ele não só não florescerá, como a curto prazo será dissolvido. E aqueles que empreendem reformar a república pela desobediência verão que assim o destroem, como as loucas filhas de *Pélias* (na fábula), as quais, desejando trazer de volta a juventude do pai decrépito, seguindo o conselho de *Medeia*, o cortaram em pedaços e o cozinharam juntamente com ervas estranhas, porém não fizeram dele um novo homem. Este desejo de mudar é como a quebra do primeiro dos mandamentos de Deus, pois aí Deus diz: *Non habebis Deos alienos*. Não terás os deuses das outras nações; e em outro texto referente aos *reis*, que eles são *deuses*.

XXX. Do Cargo do Soberano Representante

Em segundo lugar, deve ser ensinado a não se deixar levar pela admiração da virtude de nenhum dos seus concidadãos, por muito alto que se eleve ou por mais brilho que tenha na república, nem de nenhuma assembleia (exceto a assembleia soberana) a ponto de lhe prestar a obediência ou honra adequada apenas ao soberano que (nas suas posições específicas) eles representam; nem a receber nenhuma influência deles, além da que lhes é conferida pela autoridade soberana. Pois não se concebe que um soberano ame o seu povo como deve se não for zeloso dele, e se permitir que seja, pela lisonja de homens populares, seduzido e afastado da sua lealdade, como muitas vezes tem sido, não apenas secretamente mas abertamente, a ponto de proclamar o seu casamento com eles *in facie ecclesiae* por meio de pregadores, e publicando a mesma coisa nas ruas, o que pode ser adequadamente comparado à violação do segundo dos dez mandamentos.

E a não aderir (contra o soberano) a pessoas populares:

[178]

Em terceiro lugar, em consequência disto, o povo deve ser informado de como é uma falta grave falar mal do soberano representante (quer se trate de um homem quer se trate de uma assembleia) ou pôr em questão e disputar o seu poder, ou de qualquer modo usar seu nome com irreverência, de modo que seja desprezado pelo povo e que permita a obediência deste (na qual reside a segurança da república) afrouxar-se – doutrina que o terceiro mandamento aponta por semelhança.

Nem a disputar o poder soberano:

Em quarto lugar, como o povo não consegue aprender isto ou, aprendendo-o, não consegue lembrá-lo nem mesmo depois de uma geração, sequer para saber em que reside o poder soberano, sem se afastar do seu trabalho habitual algumas vezes para poder escutar aqueles que foram designados para instruí-lo, é necessário que sejam determinadas ocasiões em que se possa reunir (depois das orações e das ações de graças a Deus, o Soberano dos Soberanos) para ouvir seus deveres, para que as leis positivas, principalmente as que se referem a todos, sejam lidas e expostas e para que se recordem da autoridade que as tornou leis. Com essa finalidade tinham os *judeus* a cada sete dias um *Sabá*, em que a lei era lida e exposta, e nesta sole-

E a ter dias próprios para aprender o seu dever,

nidade lhes era lembrado que o seu rei era Deus; que, tendo criado o mundo em seis dias, Ele descansou no sétimo dia; e, por descansarem do seu trabalho, era seu rei aquele Deus que os redimiu das tarefas servis e penosas que faziam no *Egito*, e lhes concedeu um período, depois de se terem regozijado em Deus, para se alegrarem também por meio de um divertimento legítimo. De tal modo que a primeira tábua dos mandamentos é toda dedicada a enumerar a suma do poder absoluto de Deus, não apenas como Deus, mas como rei por pacto (em especial) dos judeus; e pode portanto iluminar aqueles que receberam o poder soberano por consentimento dos homens, a fim de verem que doutrina devem ensinar aos seus súditos.

E a honrar seus pais.

E, porque a primeira instrução das crianças depende do cuidado dos pais, é necessário que elas lhes obedeçam enquanto estão sob a sua tutela, e não apenas isto, mas que também mais tarde (como a gratidão o exige) reconheçam os benefícios da sua educação através de sinais externos de honra. Para esse fim devem ser ensinadas que originariamente o pai de todo homem era também o seu senhor supremo, com poder de vida e de morte sobre eles; e que os pais de família quando, ao instituírem a república, abdicaram daquele poder absoluto, nunca pretenderam perder a honra que lhes era devida pela educação que davam. Pois não era necessário à instituição do soberano renunciar a tal direito, nem haveria nenhuma razão para que alguém desejasse ter filhos, ou ter o encargo de os alimentar e instruir, se mais tarde não devesse receber deles benefícios diferentes daqueles que recebem dos outros homens. E isto concorda com o quinto mandamento.

[179]

E a evitar praticar dano:

Também todo soberano deve fazer que a justiça seja ensinada, o que (consistindo esta em não tirar a nenhum homem aquilo que é dele) equivale a dizer que deve fazer os homens serem ensinados a não despojar, por violência ou fraude, os seus vizinhos de nada que seja deles pela autoridade do soberano. Entre as coisas tidas em propriedade, aquelas que são mais caras ao homem são a sua própria vida e membros, e no grau seguinte (na maior parte dos homens) as que se referem à

XXX. Do Cargo do Soberano Representante

afeição conjugal, e depois delas as riquezas e os meios de vida. Portanto o povo deve ser ensinado a abster-se de violência para com as pessoas dos outros por meio de vinganças pessoais; de violação da honra conjugal; e de rapina violenta e de subtração fraudulenta dos bens uns dos outros. Para esse propósito é também necessário que lhe sejam mostradas as más consequências de falsos julgamentos, por causa de corrupção dos juízes ou das testemunhas, pelos quais desaparece a distinção de propriedade e a justiça se torna de nenhum efeito: coisas que estão todas preconizadas no sexto, sétimo, oitavo e nono mandamentos.

Finalmente, deve-lhe ser ensinado que não apenas os fatos injustos, mas também os desígnios e intenções de os praticar (embora acidentalmente impedidos) constituem injustiça, a qual consiste tanto na depravação da vontade como na irregularidade do ato. E esta é a intenção do décimo mandamento, e a súmula da segunda tábua, a qual toda ela se reduz a este mandamento de caridade mútua, *Amarás a teu próximo como a ti mesmo*, assim como a súmula da primeira tábua se reduz ao *amor de Deus*, que então tinham recebido havia pouco tempo como seu rei. *E a fazer tudo isto sinceramente de bom grado.*

Quanto aos meios e instrumentos pelos quais o povo pode receber esta instrução, devemos investigar por que meios tantas opiniões contrárias à paz da humanidade, embora apoiadas em princípios fracos e falsos, nele se enraizaram tão profundamente. Refiro-me àquelas que especifiquei no capítulo precedente, como a que afirma deverem os homens julgar aquilo que é lícito ou ilícito, não de acordo com a própria lei, mas segundo as suas próprias consciências, isto é, pelos seus juízes particulares; também que os súditos pecam ao obedecer às ordens da república, a menos que primeiro tenham verificado serem elas lícitas; que a sua propriedade em bens é tal que exclui o domínio que a república tem sobre eles; que é legítimo os súditos matarem os que denominam tiranos; que o poder soberano pode ser dividido, e assim por diante. Essas opiniões vêm a ser instiladas no povo da maneira como se segue: tanto *O uso das universidades.*

aqueles que, por necessidade ou cobiça, dedicam sua atenção aos negócios e lidas, como aqueles, de outro lado, cuja superfluidade ou indolência os impelem à busca de prazeres sensuais (as duas espécies de homens que compõem a maior parte da humanidade), ao se desviarem da meditação profunda que necessariamente exige o aprendizado da verdade – não apenas em questões de justiça natural, mas também em todas as outras questões –, recebem as noções dos seus deveres basicamente dos teólogos no púlpito, e em parte daqueles seus vizinhos ou familiares que, tendo a faculdade de discorrer prontamente e de maneira plausível, parecem mais sábios e mais instruídos em casos de lei e de consciência do que eles próprios. Quanto aos teólogos, e outros que fazem ostentação de erudição, tiram o seu conhecimento das universidades e das escolas de direito, ou de livros que foram publicados por homens eminentes nessas escolas e universidades. É portanto manifesto que a instrução do povo depende totalmente de um adequado ensino da juventude nas universidades. Mas (podem alguns dizer) não são as universidades da *Inglaterra* já suficientemente eruditas para fazer isso? Ou será que desejais ensinar as Universidades? Perguntas difíceis. Contudo não hesito em responder à primeira que, até por volta dos últimos anos do reinado de *Henrique VIII*, o poder do papa se erguia sempre contra o poder da república, principalmente por meio das Universidades, e que as doutrinas defendidas por tantos pregadores contra o poder soberano do rei e por tantos juristas e outros que ali tinham recebido a sua educação, constituem um argumento suficiente de que, muito embora as universidades não fossem as autoras daquelas falsas doutrinas, não souberam semear a verdade. Pois no meio de tantas opiniões contraditórias, o mais certo é que não tenham sido suficientemente instruídas, e não é de causar espanto se ainda conservam os sabores daquela sutil bebida, em algum momento temperada contra a autoridade civil. Mas quanto à segunda pergunta, não me compete nem é necessário dizer sim nem não, pois qualquer homem que veja o que estou fazendo pode facilmente perceber aquilo que penso.

XXX. Do Cargo do Soberano Representante

A segurança do povo exige além disso, da parte daquele ou daqueles que detêm o poder soberano, que a justiça seja administrada com igualdade a todas as categorias do povo, isto é, que tanto aos ricos e poderosos como às pessoas pobres e obscuras se faça justiça das ofensas contra eles praticadas. Assim, os grandes não terão maior esperança de impunidade quando fazem violências, desonras ou quaisquer ofensas aos de condição inferior, do que quando um destes faz o mesmo a um deles. Com efeito, nisso consiste a equidade, à qual, na medida em que é um preceito da lei de natureza, um soberano está tão sujeito como o mais ínfimo do povo. Todas as violações da lei são ofensas contra a república, mas há algumas que o são também contra as pessoas privadas. Só aquelas que dizem respeito à república podem, sem violação da equidade, ser perdoadas, pois todo homem pode perdoar aquilo que é feito contra ele próprio, conforme achar melhor. Mas uma ofensa contra um indivíduo particular não pode ser, de acordo com a equidade, perdoada sem o consentimento daquele que foi ofendido, ou sem uma razoável satisfação.

A desigualdade dos súditos resulta dos atos do poder soberano e portanto não tem mais lugar na presença do soberano, isto é, num Tribunal de Justiça, do que a desigualdade entre os reis e seus súditos, na presença do Rei dos Reis. A honra das grandes pessoas deve ser avaliada pela sua beneficência e pela ajuda que dão aos homens de condição mesquinha, ou sem condição nenhuma. E as violências, opressões e ofensas que cometem não são atenuadas mas antes agravadas pela grandeza das suas pessoas, porque têm menos necessidade de as cometer. As consequências desta parcialidade para com os grandes sucedem-se do seguinte modo: a impunidade faz a insolência; a insolência, o ódio e o ódio, a tentativa de derrubar toda a grandeza opressora e insolente, ainda que com a ruína da república.

Da igualdade da justiça faz parte também a igual cobrança de impostos, igualdade que não depende da igualdade dos bens mas da igualdade da dívida que cada homem tem para com a república, para sua defesa. Não é suficiente que um ho- [181]

Impostos iguais.

mem trabalhe para sustentar sua vida; é necessário também que lute (se for preciso) para assegurar o seu trabalho. Ou faz como os judeus fizeram depois do regresso do cativeiro, reedificando o templo com uma mão e segurando a espada com a outra, ou então contrata outros para lutar por ele. Pois os impostos que são cobrados ao povo pelo soberano nada mais são do que os soldos devidos àqueles que seguram a espada pública para defender os particulares no exercício de *suas várias*[1] atividades e profissões. Considerando então que o benefício que todos retiram disso é o usufruto da vida, que é igualmente cara ao pobre e ao rico, a dívida que o homem pobre tem para com aqueles que defendem a sua vida é a mesma que o homem rico tem pela defesa da sua, exceto que os ricos, que têm o serviço dos pobres, podem ser devedores não apenas das suas pessoas mas de muitas mais. Por causa disso, a igualdade dos impostos consiste mais na igualdade daquilo que é consumido do que nos bens das pessoas que o consomem. Pois que razão há para que aquele que trabalha muito e, poupando os frutos do seu trabalho, consome pouco tenha uma carga superior à daquele que, vivendo ociosamente, ganha pouco e gasta tudo o que ganha, se um não recebe maior proteção da república do que o outro? Mas quando os impostos incidem sobre as coisas que os homens consomem, todos pagam igualmente por aquilo que usam e a república também não é defraudada pelo desperdício luxurioso dos particulares.

Caridade pública.

E sempre que muitos homens, por um acidente inevitável, se tornam incapazes de se sustentar com o seu trabalho, não devem ser deixados à caridade de particulares, mas ser supridos (tanto quanto as necessidades da natureza o exigirem) pelas leis da república. Pois, assim como é falta de caridade em qualquer homem abandonar aquele que não tem forças, também o é no soberano de uma república expô-lo aos acasos de uma caridade tão incerta.

Prevenção do ócio.

Mas, no que diz respeito àqueles que possuem corpos vigorosos, a questão coloca-se de outro modo: devem ser forçados

---

[1] *Syn.*: várias

XXX. Do Cargo do Soberano Representante

a trabalhar e, para evitar a desculpa de que não encontram emprego, deve haver leis que incentivem todas as espécies de ofícios, como a navegação, a agricultura, a pesca e todo tipo de manufatura que exige trabalho. Caso houver o aumento constante da multidão de pessoas pobres mas vigorosas, elas deverão ser removidas para regiões ainda não suficientemente habitadas, onde não deverão exterminar aqueles que lá encontrarem, mas obrigá-los a habitar mais perto uns dos outros e a não explorar uma grande extensão de solo para colher o que encontram, e sim tratar cada pequeno pedaço de terra com arte e cuidado a fim de este lhes dar o sustento na devida época. E quando toda a terra estiver superpovoada, então a última solução é a guerra, que trará aos homens ou a vitória ou a morte.

Pertence ao cuidado do soberano fazer boas leis. Mas o que é uma boa lei? Por boa lei não entendo uma lei justa, pois nenhuma lei pode ser injusta. A lei é feita pelo poder soberano e tudo o que é feito por tal poder é permitido e reconhecido como seu por todo o povo, e aquilo que qualquer homem assim tiver ninguém pode dizer que é injusto. Acontece com as leis da república o mesmo que com as leis do jogo: seja o que for que os jogadores estabeleçam, não é injustiça para nenhum deles. Uma boa lei é aquela que é *necessária* para o *bem do povo* e além disso *clara*. [182] *O que são boas leis.*

Pois o objetivo das leis (que são apenas regras autorizadas) não é coibir o povo de todas as ações voluntárias, mas sim dirigi-lo e mantê-lo num movimento tal que não se fira com os seus próprios desejos impetuosos, com a sua precipitação, ou indiscrição, do mesmo modo que as sebes não são colocadas para deter os viajantes, mas sim para os manter no caminho. E, portanto, uma lei que não é necessária, não tendo a verdadeira finalidade de uma lei, não é boa. Pode imaginar-se que uma lei seja boa quando é para benefício do soberano, muito embora não seja necessária para o povo, mas não é assim. Pois o bem do soberano e do povo não podem ser separados. É um soberano fraco o que tem súditos fracos, e é um povo fraco aquele cujo soberano carece de poder para governar à sua von- *As que são necessárias.*

Parte 2 – Da República

tade. Leis desnecessárias não são boas leis, mas sim armadilhas para dinheiro; são supérfluas quando o direito do soberano é reconhecido, e quando este não é reconhecido são insuficientes para defender o povo.

As que são claras. A clareza não consiste tanto nas palavras da própria lei como na declaração das causas e motivos que lhe deram origem. Isto é o que nos mostra a intenção do legislador, e, conhecida a intenção do legislador, a lei é mais facilmente compreendida com poucas palavras do que com muitas. Pois todas as palavras estão sujeitas à ambiguidade, e portanto a multiplicação de palavras no texto da lei é uma multiplicação da ambiguidade. Além disso parece implicar (por demasiada diligência) que quem puder evadir as palavras estará fora do alcance da lei. E isto é a causa de muitos processos desnecessários. Pois, quando vejo quão curtas eram as leis dos tempos antigos, e como a pouco e pouco se foram tornando mais extensas, penso ver uma luta entre os redatores e os litigantes da lei: os primeiros buscam circunscrever os segundos, e os segundos evadir suas circunscrições, tendo estes alcançado a vitória. Pertence portanto à função do legislador (tal é em todas as repúblicas o supremo representante, seja ele um homem ou uma assembleia) tornar clara a razão pela qual a lei foi feita, e o próprio corpo da lei tão curto, mas em termos tão adequados e significantes quanto possível.

Punições. Pertence também ao cargo do soberano estabelecer uma correta aplicação das punições e recompensas. E considerando que o objetivo da punição não é a vingança nem dar largas à cólera, mas sim a correção do ofensor, ou de outros através do exemplo, as mais severas punições devem ser infligidas aos crimes que são de maior perigo para a coisa pública, como os que provêm de dolo contra o governo estabelecido, os que brotam do desprezo da justiça, os que provocam indignação na multidão e os que, quando não punidos, parecem autorizados, como os cometidos por filhos, servidores ou favoritos dos homens com autoridade, pois a indignação leva os homens não só contra os atores e autores da injustiça, mas também contra

[183]

XXX. Do Cargo do Soberano Representante

todo poder que os parece proteger, como no caso de *Tarquínio*, quando por causa do ato insolente de um dos seus filhos foi expulso de *Roma*, e a própria monarquia foi dissolvida. Mas crimes por fraqueza, como os que resultam de grande provocação, de grande temor, de grande necessidade, ou de ignorância, seja ou não o ato em crime grave, muitas vezes dão ensejo à clemência, sem prejuízo para a república, e a clemência, quando para ela há ensejo, é exigida pela lei de natureza. A punição aos líderes e mentores num tumulto, e não ao pobre povo seduzido, pode ser útil à república como exemplo. Ser severo com o povo é punir a ignorância que pode em grande parte ser atribuída ao soberano, cujo erro consistiu em não o ter instruído melhor.

Do mesmo modo pertence ao cargo e ao dever do soberano distribuir as suas recompensas sempre que delas possa resultar um benefício para a república, e nisso consiste seu emprego e sua finalidade. E isso se verifica quando aqueles que bem serviram à república são, com a menor despesa possível para o Tesouro comum, bem recompensados a ponto de outros ficarem encorajados, quer para a servir com a maior lealdade possível, quer para estudarem as artes que lhes permitam fazê-lo melhor. Comprar com dinheiro, ou com mercês, um súdito ambicioso e popular para que fique quieto e desista de provocar más impressões no espírito do povo nada tem a ver com recompensa (a qual não é dada por desserviços, mas sim por bons serviços passados), nem sinal de gratidão, mas de medo; tampouco contribui para o benefício, mas para o prejuízo da coisa pública. É uma luta contra a ambição, como a que *Hércules* travou com o monstro de *Hidra*, o qual, tendo muitas cabeças, para cada uma que desaparecia havia outras três que cresciam. Pois da mesma maneira, quando a ousadia de um homem popular é dominada com recompensa, surgem muitos mais (devido ao exemplo) que fomentam idêntica discórdia, na esperança de receberem igual benefício – como todas as espécies de manufatura, a malevolência aumenta por ser vendável. E muito embora às vezes se possa adiar uma guerra civil com

Recompensas.

Parte 2 – Da República

tais meios, o perigo torna-se ainda maior e a ruína do público mais certa. É portanto contra o dever do soberano, a quem está entregue a segurança pública, recompensar aqueles que aspiram à grandeza perturbando a paz do seu país, em vez de se opor às primeiras iniciativas de tais homens correndo um pequeno risco, que se torna maior com o passar do tempo.

Conselheiros.

Outra tarefa do soberano consiste em escolher bons conselheiros, quero dizer, aqueles cujo conselho deve ouvir no governo da república. Pois esta palavra conselho, *consilium*, corruptela de *considium*, tem uma ampla significação e inclui todas as assembleias que se reúnam não apenas para deliberar o que deve ser feito no futuro, mas também para julgar os fatos passados e a lei para o presente. Aqui emprego-a apenas no primeiro sentido, e neste sentido não há escolha de conselho, nem numa democracia nem numa aristocracia, porque as pessoas que aconselham são parte da pessoa aconselhada. A escolha de conselheiros, portanto, é própria da monarquia, na qual o soberano que não procurar escolher aqueles que em todos os sentidos são os mais aptos não desempenha o seu cargo como deve. Os conselheiros mais capazes são os que menos têm a ganhar com um mau conselho, e aqueles que possuem maior conhecimento daquilo que leva à paz e defesa da república. É difícil saber quem espera benefícios das perturbações públicas, mas os sinais que guiam uma suspeição justa são a adulação do povo em seus agravos desarrazoados ou irremediáveis, por parte de homens cujas posses não são suficientes para cobrir as suas despesas habituais, sinais estes que podem ser facilmente observados por qualquer pessoa que se interesse por descobri-los. Mas ainda é mais difícil conhecer quem tem maior conhecimento dos negócios públicos, e aqueles que os conhecem precisam muito pouco destes. Com efeito, conhecer aqueles que conhecem as regras de quase todas as artes constitui um grau elevado de conhecimento da mesma arte, já que nenhum homem se pode certificar da verdade das regras dos outros, salvo aquele que primeiro aprendeu a compreendê-las. Mas os melhores sinais de conhecimento de qualquer arte são a familiaridade

XXX. Do Cargo do Soberano Representante

com ela e seus constantes bons efeitos. O bom conselho não vem por sorte nem por herança, e portanto não há mais razão para esperar bom conselho do rico ou nobre, em questões de Estado, do que no delinear das dimensões de uma fortaleza – salvo se pensarmos que não é necessário método no estudo da política (como é necessário no estudo da geometria), bastando ser bom observador, o que não é verdade, pois a política é dos dois estudos o mais difícil. Nestas regiões da *Europa* tem sido considerado um direito de certas pessoas fazer parte do mais alto conselho de Estado por herança, o que tem origem nas conquistas dos antigos germanos, nas quais muitos senhores absolutos, reunindo-se para conquistar outras nações, não entrariam na confederação sem aqueles privilégios que pudessem constituir marcas de diferença em tempos vindouros, entre a sua posteridade e a posteridade dos seus súditos. Embora esses privilégios sejam incompatíveis com o poder soberano, pela graça do soberano parecem conservá-los; mas, lutando por eles como se fossem seus direitos, têm necessariamente de os perder a pouco e pouco e por fim não recebem mais honras do que aquelas que resultam naturalmente das suas capacidades.

E por muito capazes que sejam os conselheiros, em qualquer questão, o benefício do seu conselho é maior quando dão a qualquer pessoa a sua opinião juntamente com as razões dela, do que quando o fazem numa assembleia por meio de um discurso, e é maior quando pensaram antes o que vão dizer do que quando o fazem de improviso: em ambos os casos porque tiveram mais tempo para examinar as consequências da ação e estão menos sujeitos a cair em contradição, devido à inveja, à emulação ou a outras paixões que surgem da diversidade de opiniões.

O melhor conselho, naquelas coisas que não dizem respeito a outras nações, mas apenas ao bem-estar e aos benefícios de que os súditos podem usufruir por leis que visam apenas ao interior, deve ser tomado das informações gerais e das queixas do povo de cada província, que melhor está a par das suas próprias necessidades: queixas estas que, portanto, quando nada é pedido que prejudique os direitos essenciais da soberania, [185] devem ser diligentemente levadas em conta. Pois sem esses direitos essenciais (como disse muitas vezes antes) a república de modo algum pode subsistir.

Comandantes.

O comandante-em-chefe de um exército, se não for popular, não será amado nem temido como deve pelo seu exército, e por conseguinte não pode desempenhar com êxito aquela função. Tem portanto que ser industrioso, valente, afável, liberal e afortunado, a fim de obter uma reputação quer de suficiência quer de amor aos seus soldados. A isto se chama popularidade, e alimenta nos soldados quer o brio quer a coragem para caírem em suas graças, e protege a severidade do general ao castigar (quando se torna necessário) os soldados rebeldes ou negligentes. Mas este amor dos soldados (se não houver garantia da fidelidade do comandante) é coisa perigosa para o poder soberano, especialmente quando reside nas mãos de uma assembleia que não é popular. Faz parte portanto da segurança do povo que aqueles a quem o soberano entrega os seus exércitos sejam ao mesmo tempo bons chefes e súditos fiéis.

Mas, quando o próprio soberano é popular, isto é, respeitado e amado pelo povo, não existe nenhum perigo na popularidade de um súdito. Pois os soldados em geral nunca são tão injustos que se aliem ao seu capitão, muito embora o amem, contra o seu soberano, quando não só amam a sua pessoa como também a sua causa. E, portanto, aqueles que pela violência alguma vez destruíram o poder do seu legítimo soberano, antes de conseguirem instalar-se no seu lugar, sempre se encontraram na situação penosa de forjar os seus títulos a fim de poupar ao povo a vergonha de os receber. Possuir um direito reconhecido ao poder soberano é uma qualidade tão popular que aquele que o possui já não precisa, por seu lado, atrair para si os corações dos súditos, mas apenas que o vejam absolutamente capaz de governar a sua própria família; nem requer, do lado dos seus inimigos, senão a dispersão dos seus exércitos. Pois a parte maior e mais ativa da humanidade nunca até agora esteve contente com o presente.

No que se refere às atribuições de um soberano para com outro, que estão incluídas naquele direito que é comumente chamado *direito das gentes*, não preciso aqui dizer nada, porque o direito das gentes e a lei de natureza são uma e mesma coisa. E qualquer soberano tem o mesmo direito, ao buscar a segurança do seu povo, que qualquer homem privado precisa ter para buscar *a sua própria segurança*[1]. E a mesma lei que dita aos homens destituídos de governo civil o que devem fazer e o que devem evitar no que se refere uns aos outros dita o mesmo às repúblicas, isto é, às consciências dos príncipes soberanos e das assembleias soberanas. Não há, de fato, nenhum tribunal de justiça natural, exceto na própria consciência, e aí não é o homem que reina, mas Deus, cujas leis (como as que obrigam toda a humanidade) no que se refere a Deus – na medida em que é o autor da natureza – são *naturais*, e no que se refere ao mesmo Deus – na medida em que é Rei dos Reis – são *leis*. Mas do Reino de Deus, como Rei dos Reis, e também como Rei de um determinado povo, falarei no restante deste discurso.

[186]

CAP. XXXI
Do Reino de Deus por Natureza

Que a condição de simples natureza, isto é, de absoluta liberdade, como é a daqueles que não são súditos nem soberanos, é anarquia e condição de guerra; que os preceitos pelos quais os homens são levados a evitar tal condição são as leis de natureza; que uma república sem poder soberano não passa de uma palavra sem substância e não pode subsistir; que os súditos devem aos soberanos simples obediência em todas as coisas nas quais a sua obediência não é incompatível com as leis de Deus, provei suficientemente por meio daquilo que já escre-

Finalidade dos capítulos seguintes.

---

[1] *Syn.*: a segurança de seu próprio corpo.

Parte 2 – Da República

vi. Falta apenas, para um completo conhecimento do dever civil, saber o que são essas leis de Deus. Pois sem isso um homem não sabe, quando algo lhe é ordenado pelo poder civil, se isso é contrário à lei de Deus ou não; e assim, ou por uma excessiva obediência civil ofende a Divina Majestade, ou com receio de ofender a Deus transgride os mandamentos da república. Para evitar ambos estes escolhos, é necessário saber o que são as leis divinas. E dado que o conhecimento de toda lei depende do conhecimento do poder soberano, direi algo nos capítulos seguintes sobre o REINO DE DEUS.

Sl 96,1.
Sl 98,1.
Quem são os súditos no Reino de Deus.

Deus é rei, que a terra se alegre, escreve o salmista. E também: *Deus é rei, muito embora as nações não o queiram; e é aquele que está sentado sobre os querubins, muito embora a terra seja movida.* Quer os homens queiram, quer não, têm de estar sempre sujeitos ao poder divino. Negando a existência, ou a providência de Deus, os homens podem livrar-se de seu conforto, porém não do seu jugo. No entanto, chamar esse poder de Deus, que se estende não só ao homem mas também aos animais e plantas e corpos inanimados, pelo nome de reino, é apenas um uso metafórico da palavra. Pois só reina propriamente quem governa os seus súditos com a palavra e com a promessa de recompensa àqueles que lhe obedecem, e com a ameaça de castigo àqueles que não lhe obedecem. Portanto, os súditos do Reino de Deus não são os corpos inanimados nem as criaturas irracionais, porque não compreendem os seus preceitos; tampouco os ateus, ou aqueles que não acreditam que Deus se preocupe com as ações humanas, porque não reconhecem nenhuma palavra como sua, nem têm esperança nas suas recompensas nem receio das suas ameaças. Aqueles, portanto, que acreditam haver um Deus que governa o mundo e que deu preceitos e propôs recompensas e castigos para a humanidade, são os súditos de Deus; todos os outros devem ser entendidos como seus inimigos.

[187]

A tripla palavra de Deus: razão, revelação, profecia.

Governar com palavras exige que tais palavras sejam tornadas conhecidas de forma manifesta, pois de outro modo não são leis. Pertence à natureza das leis uma promulgação suficiente e clara, de tal modo que afaste a desculpa de ignorância. Nas

XXXI. Do Reino de Deus por Natureza

leis dos homens só há uma maneira de fazer essa proclamação ou promulgação: pela voz do homem. Deus, porém, declara as suas leis de três maneiras: pelos ditames da *razão natural*, pela *revelação*, e pela *voz* de algum *homem*, ao qual, por operar milagres, concede crédito junto dos outros. Daqui surge uma tripla voz de Deus, *racional, sensível* e *profética*, à qual corresponde uma tripla audição, *justa razão, sensação sobrenatural* e *fé*. Quanto à sensação sobrenatural, que consiste na revelação, ou inspiração, não foi dada nenhuma lei universal, porque Deus só fala desse modo a determinadas pessoas, e a homens diversos diz coisas diversas.

A partir da diferença entre as outras duas espécies de palavras de Deus, *racional* e *profética*, pode ser atribuído a Deus um duplo reino, *natural* e *profético*: natural, quando governa pelos ditames naturais da justa razão todos aqueles homens que reconhecem a sua providência; e profético, quando, tendo elegido uma nação específica (os judeus) como seus súditos, os governa, e a nenhum outro além deles, não apenas pela razão natural mas também por leis positivas, que lhes dá pela boca dos seus profetas. Pretendo falar do Reino Natural de Deus neste capítulo.

O duplo Reino de Deus, natural e profético.

O direito de natureza, pelo qual Deus reina sobre os homens e pune aqueles que violam as suas leis, deve ser derivado, não do fato de os ter criado, como se exigisse obediência por gratidão pelos seus benefícios, mas sim do seu *poder irresistível*. Mostrei primeiro como o direito soberano nasce de um pacto; para mostrar como o mesmo direito pode surgir da natureza nada mais é preciso do que mostrar em que casos esse direito nunca é subtraído. Dado que todos os homens por natureza têm direito a todas as coisas, cada um deles tem direito a reinar sobre todos os outros. Mas porque este direito não pode ser obtido pela força, interessa à segurança de cada um pôr de lado esse direito a fim de escolher homens (com autoridade soberana) por consentimento comum para o governar e defender, visto que, se tivesse havido um homem de poder irresistível, não haveria razão para ele não governar por aquele poder e se de-

O direito de soberania de Deus derivado da sua onipotência.

Parte 2 – Da República

fender a si próprio e a eles, conforme lhe parecesse melhor. Para aqueles portanto cujo poder é irresistível, o domínio de todos os homens é obtido naturalmente pela sua excelência de poder; e por consequência é por aquele poder que o reino sobre os homens, e o direito de afligir os homens a seu bel-prazer, pertence naturalmente a Deus Todo-Poderoso, não como criador e concessor de graças, mas como onipotente. E muito embora o castigo seja devido apenas ao pecado – porque por essa palavra se entende sofrimento pelo pecado –, o direito de fazer sofrer nem sempre resulta dos pecados dos homens, mas do poder de Deus.

[188]

O pecado não é causa de toda aflição.

Esta questão: *Por que razão os homens maus prosperam e os homens bons sofrem reveses* foi muito discutida pelos antigos, e o mesmo acontece com esta nossa questão: *Por que direito Deus dispensa as prosperidades e os reveses desta vida*; e é de tamanha dificuldade que tem abalado a fé não apenas do vulgo, mas também dos filósofos e, o que é mais, dos santos, no que se refere à divina providência. *Como é bom* (diz *Davi*) *o Deus de Israel para aqueles que têm um coração justo; contudo os meus pés tinham quase desaparecido, as minhas pisadas tinham quase desaparecido, pois fiquei revoltado contra os maus, quando vi os gentios em tal prosperidade.* E *Jó*, com que vigor apostrofou Deus por tantos sofrimentos que passara, apesar da sua retidão? Esta questão, no caso de *Jó*, é resolvida pelo próprio Deus, não por argumentos tirados dos pecados de *Jó*, mas do seu próprio poder. Pois, enquanto os amigos de *Jó* deduziram de seus pecados os seus argumentos para o sofrimento dele, e ele se defendeu pela consciência da sua inocência, o próprio Deus tomou à sua conta o assunto, e tendo justificado o sofrimento com argumentos tirados do seu poder – como por exemplo este: *Onde estavas tu quando lancei as fundações da terra?* e outros semelhantes – não só aprovou a inocência de *Jó* como reprovou a errônea doutrina dos seus amigos. Conforme a esta doutrina é a frase do nosso Salvador que se refere ao homem que nasceu cego, com estas palavras: *Nem este homem pecou nem os seus pais, para que as obras de Deus nele pudessem ser tornadas manifestas.* E, muito embora seja dito que a

Sl. 72, ver 1, 2, 3.

Jó 38, v. 4.

XXXI. Do Reino de Deus por Natureza

morte entrou no mundo através do pecado (com o que se quer dizer que se *Adão* nunca tivesse pecado nunca teria morrido, isto é, nunca teria sofrido a separação da sua alma e do seu corpo), não se segue daí que Deus não tivesse podido fazê-lo sofrer, muito embora ele não tivesse pecado, tal como provocou sofrimento em outros seres vivos que não podem pecar.

Tendo afirmado que o direito de soberania de Deus assenta apenas na natureza, devemos considerar em seguida o que são as leis divinas, ou ditames da razão natural, leis essas que dizem respeito quer aos deveres naturais de cada homem para com os outros, quer às honras naturalmente devidas ao nosso divino soberano. As primeiras são as mesmas leis de natureza de que já falei nos capítulos XIV e XV deste tratado, a saber: a equidade, a justiça, a compaixão, a humildade e as outras virtudes morais. Resta-nos portanto considerar que preceitos são ditados aos homens apenas pela sua razão natural, sem outra palavra de Deus, referentes à honra e ao culto da Divina Majestade.

Leis divinas.

A honra consiste no pensamento interior e na opinião do poder e bondade de outra pessoa, e portanto honrar a Deus é pensar tão bem quanto possível do seu poder e bondade. E os sinais externos desta opinião que aparecem nas palavras e nos atos dos homens recebem o nome de *culto*, que é uma parte daquilo que os latinos designavam pela palavra *cultus*, pois *cultus* significa, em sentido próprio e constante, aquele trabalho que o homem exerce sobre uma coisa com o propósito de obter com isso um benefício. Ora, essas coisas de que tiramos benefícios ou estão sujeitas a nós, e a vantagem produzida advém como um efeito natural do trabalho que sobre elas aplicamos, ou não estão sujeitas a nós, mas correspondem ao nosso trabalho segundo a sua própria vontade. No primeiro sentido o trabalho exercido sobre a terra é denominado *cultivo*, e a educação das crianças o *cultivo* dos seus espíritos. No segundo sentido, quando se deve cultivar a vontade dos homens para o nosso objetivo, não pela força mas pela complacência, significa o mesmo que cortejar, isto é, conquistar as boas graças por meio

O que é honra e culto.

[189]

Parte 2 – Da República

de bons préstimos, como por exemplo louvores, reconhecimento do seu poder e tudo aquilo que agradar àqueles de quem esperamos benefícios. E isto é propriamente *culto*, e neste sentido *publícola* significa aquele que faz o culto do povo e *cultus Dei* significa o culto de Deus.

Vários sinais de honra.

Da honra interna que consiste na opinião do poder e da bondade nascem três paixões: o *amor*, que se refere à bondade, a *esperança* e o *temor*, que estão relacionados com o poder; e três partes do culto externo, *louvor*, *glorificação* e *bênção*, sendo o sujeito do louvor a bondade, e o sujeito da glorificação e da bênção, o poder, e o efeito deles, a felicidade. O louvor e a glorificação são expressos quer por palavras quer por atos: por palavras quando dizemos que um homem é bom ou grande; por atos quando lhe agradecemos pela sua bondade e obedecemos ao seu poder. A opinião da felicidade de alguém só pode ser expressa por palavras.

Culto natural e arbitrário.

Há alguns sinais de honra (quer nos atributos quer nos atos) que o são naturalmente: entre os atributos, *bom, justo, liberal* e outros semelhantes; e entre os atos, *orações, ações de graças* e *obediência*. Outros o são por instituição ou costume dos homens, e em alguns tempos e lugares são honrosos, em outros não são honrosos, em outros são indiferentes, como por exemplo os gestos na saudação, na oração e nas ações de graças, em diferentes tempos e lugares usados de forma diferente. O primeiro é o culto *natural* e o segundo o culto *arbitrário*.

Culto obrigatório e livre.

E quanto ao culto arbitrário há duas diferenças, pois algumas vezes trata-se de um culto *obrigatório* e outras vezes de *um culto *voluntário**[1] obrigatório, quando é da maneira que quer aquele que é cultuado; livre, quando é daquela maneira que o cultuador considera adequada. Quando é obrigatório, não são as palavras ou gestos, mas sim a obediência que constitui o culto. Mas, quando é livre, o culto consiste na opinião dos espectadores, pois, se as palavras ou atos pelos quais pensamos venerar lhes parecem ridículos e tendentes à contumélia,

[1] *Syn*.: voluntário

XXXI. Do Reino de Deus por Natureza

não constituem culto, porque não são sinais de honra, e não são sinais de honra porque um sinal não é sinal para aquele que o dá, mas para aquele a quem é dedicado, isto é, o espectador.

Também há um culto *público* e um culto *privado*. Público é o culto que uma república realiza como pessoa. Privado é aquele que é feito por um particular. O público, no que se refere à república como um todo, é livre, mas no que se refere aos particulares não o é. O culto privado é secretamente livre, mas perante a multidão nunca existe sem algumas restrições, quer por parte das leis, quer por parte das opiniões dos homens, o que é contrário à natureza da liberdade.

Culto público e privado.

A finalidade do culto entre os homens é o poder. Pois quando um homem vê outro ser cultuado considera-o poderoso e fica mais pronto a obedecer-lhe, o que torna o seu poder ainda maior. Mas Deus não possui finalidades: o culto que lhe prestamos é um resultado do nosso dever e é regulado, segundo a nossa capacidade, por aquelas regras de honra que a razão dita para serem observadas pelos fracos em relação aos homens mais poderosos, na esperança de benefícios, por medo de perseguições ou como agradecimentos por um bem já deles recebido.

A finalidade do culto. [190]

Para que possamos conhecer que culto de Deus nos é ensinado pela luz da natureza, começarei com os seus atributos. Em primeiro lugar, é evidente que lhe devemos atribuir *existência*, pois ninguém quererá venerar aquilo que julga não existir.

Atributos da honra divina.

Em segundo lugar, os filósofos que disseram que o mundo, ou a alma do mundo, era Deus, falaram indignamente dele, e negaram a sua existência, pois por Deus entendemos a causa do mundo, e dizer que o mundo é Deus é dizer que não há causa dele, isto é, que não existe Deus.

Em terceiro lugar, dizer que o mundo não foi criado, mas que é eterno (dado que aquilo que é eterno não tem causa), é negar que haja um Deus.

Em quarto lugar, aqueles que atribuem a inatividade a Deus (como pensam) lhe retiram o cuidado com a humanidade, lhe retiram a sua honra, pois isso faz desaparecer o amor e o temor dos homens, que é a raiz da honra.

Parte 2 – Da República

Em quinto lugar, naquelas coisas que significam grandeza e poder, dizer que é *finito* não é honrá-lo, pois não é um sinal da vontade de honrar a Deus atribuir-lhe menos do que podemos, e finito é menos do que podemos, porque ao finito é fácil acrescentar mais.

Portanto, atribuir-lhe *figura* não é honrá-lo, pois toda figura é finita.

Nem dizer que concebemos, e imaginamos, ou temos uma *ideia* dele no nosso espírito, pois seja o que for que concebamos é finito.

Nem atribuir-lhe *partes* ou *totalidade*, que são atributos apenas de coisas finitas.

Nem dizer que ele está neste ou naquele *lugar*, pois tudo o que está num lugar é limitado e finito.

Nem que ele se *move* ou *descansa*, pois ambos estes atributos lhe conferem lugar.

Nem que há mais do que um Deus, porque isso implica que todos são finitos, pois não pode haver mais do que um infinito.

Nem atribuir-lhe (a menos que seja metaforicamente, querendo exprimir não a paixão, mas o efeito) paixões que participam da dor como *arrependimento*, *cólera*, *compaixão*, ou da carência, como *apetite*, *esperança*, *desejo*, ou de qualquer faculdade passiva, pois a paixão é o poder limitado por alguma coisa.

E, portanto, quando atribuímos uma *vontade* a Deus, ela não deve ser entendida, como a do homem, por *apetite racional*, mas como o poder pelo qual tudo faz.

Do mesmo modo, quando lhe atribuímos *visão* e outros atos dos sentidos, e também *conhecimento* e *entendimento*, o que em nós nada mais é do que um tumulto do espírito, provocado pelas coisas externas que pressionam as partes orgânicas do corpo do homem. Pois não existe tal coisa em Deus, e, sendo coisas que dependem de causas naturais, não lhe podem ser atribuídas.

Aquele que quiser atribuir a Deus apenas o que é garantido pela razão natural, ou deve servir-se de atributos negativos,

XXXI. Do Reino de Deus por Natureza

como *infinito*, *eterno*, *incompreensível*; ou de superlativos, como *o mais alto*, *o maior*, e outros semelhantes; ou de indefinidos, como *bom*, *justo*, *sagrado*, *criador*, e em tal sentido como se não quisesse declarar aquilo que ele é (pois isso seria circunscrevê-lo dentro dos limites de nossa imaginação) mas sim como o admiramos e como estamos prontos a obedecer-lhe, o que é um sinal de humildade e de vontade de honrar tanto quanto possível, pois só existe um nome para exprimir a nossa concepção da sua natureza e esse nome é Eu Sou, e apenas um nome da sua relação conosco, e esse é *Deus*, no qual está contido o Pai, o Rei e o Senhor.

No que se refere aos atos do culto divino, é preceito da razão absolutamente geral que eles devem ser sinais da intenção de honrar a Deus, como são em primeiro lugar as *orações*, pois não se pensa que os escultores, quando fazem as imagens, fazem delas deuses, mas sim o povo que *reza* diante delas.

Ações que são sinais de honra divina.

Em segundo lugar, as *ações de graças*, que no culto divino diferem das orações apenas na medida em que estas precedem o benefício e aquelas lhe sucedem, sendo a finalidade de ambas reconhecer Deus como o autor de todos os benefícios, tanto passados como futuros.

Em terceiro lugar, as *ofertas*, isto é, *sacrifícios* e *oblações* (se forem dos melhores), são sinais de honra, pois são ações de graças.

Em quarto lugar, *Não jurar senão por Deus* é naturalmente um sinal de honra, pois é uma confissão de que só Deus conhece o coração, e que a sabedoria ou a força de nenhum homem pode proteger alguém contra a vingança de Deus sobre o perjuro.

Em quinto lugar, faz parte de um culto racional falar com consideração de Deus, pois revela medo dele, e o medo é uma confissão do seu poder. Daqui se segue que o nome de Deus não deve ser usado de maneira precipitada e sem nenhum propósito, pois isso é o mesmo que usá-lo em vão. E não tem nenhum propósito, a menos que seja por meio de juramento e por ordem da república, para dar garantia aos julgamentos, ou entre repúblicas, para evitar a guerra. E a discussão sobre a natureza de Deus é contrária à sua honra, pois se supõe que neste reino natural de Deus não existe nenhuma outra maneira de conhecer nada, exceto pela razão natural, isto é, pelos princípios da ciência natural, a qual está tão longe de nos ensinar alguma coisa sobre a natureza de Deus como de nos ensinar a nossa própria natureza, ou a natureza do mais ínfimo ser vivo. E portanto, quando os homens abandonam os princípios da razão natural e discutem sobre os atributos de Deus, nada mais fazem do que desonrá-lo, pois nos atributos que damos a Deus não devemos considerar a significação da verdade filosófica, mas a significação da intenção piedosa de lhe prestarmos a maior honra de que somos capazes. Por faltar esta consideração, ocorreram milhares de discussões sobre a natureza de Deus que não tendem à sua honra, mas à honra da nossa própria sabedoria e erudição, e nada mais são do que abusos vãos e inconsiderados do seu sagrado nome.

[192] Sexto, nas *orações, ações de graças, ofertas* e *sacrifícios*, é um ditame da razão natural que eles devem ser na sua espécie os melhores e os mais capazes de expressar honra. Por exemplo, que as rezas e ações de graças sejam feitas com palavras e frases que não sejam nem abruptas, nem frívolas, nem plebeias, mas belas e bem compostas, pois de outro modo não honraremos a Deus tão bem quanto podemos. E, portanto, os gentios procediam de maneira absurda quando veneravam imagens de deuses; mas era razoável fazê-lo em verso, e com música, quer de vozes, quer de instrumentos. Estavam também concordes com a razão, por resultarem de uma intenção de o venerar, os animais que ofereciam em sacrifício, e as ofertas que faziam, e os seus atos de veneração estavam cheios de submissão e celebravam os benefícios recebidos.

Sétimo, a razão aponta não apenas para o culto de Deus em particular, mas também, e especialmente, em público e à vista dos homens, pois sem isso se perde (o que em honra é mais aceitável) levar os outros a honrá-lo.

Finalmente, a obediência às suas leis (isto é, neste caso, às leis de natureza) é o maior de todos os cultos. Pois, tal como a obediência é mais aceitável para Deus do que o sacrifício, assim

XXXI. Do Reino de Deus por Natureza

também deixar de atender aos seus mandamentos é a maior de todas as contumélias. E estas são as leis daquele culto divino que a razão natural dita aos particulares.

Mas, dado que a república é apenas uma pessoa, deve também apresentar a Deus um só culto, o que faz quando ordena que seja ostentado publicamente pelos particulares. E isto é culto público, cuja propriedade é ser *uniforme*, pois aquelas ações que são feitas de maneira diferente, por homens diferentes, não podem ser consideradas como culto público. E portanto, quando são permitidas muitas espécies de culto, resultantes das diferentes religiões dos particulares, não se pode dizer que haja algum culto público, nem que a república tenha alguma religião.

O culto público consiste na uniformidade.

E porque as palavras (e por consequência os atributos de Deus) recebem a sua significação por acordo e constituição dos homens, devem ser tidos como capazes de expressar honra os atributos que os homens decidam que assim sejam; e aquilo que puder ser feito pela vontade dos particulares, quando não existe outra lei além da razão, pode ser feito pela vontade da república por meio das leis civis. E porque a república não tem vontade e não faz outras leis senão aquelas que são feitas pela vontade daquele ou daqueles que têm o poder soberano, segue-se que aqueles atributos que o soberano ordena, no culto de Deus, como sinais de honra, devem ser aceitos e usados como tais pelos particulares no seu culto público.

Todos os atributos dependem das leis civis.

No entanto, como nem todas as ações são sinais por constituição – ao contrário, algumas são naturalmente sinais de honra, outras de contumélia –, estas últimas (que são aquelas que os homens têm vergonha de fazer à vista daqueles a quem reverenciam) não podem ser tornadas parte do culto divino por meio do poder humano, nem as primeiras (na medida em que são um comportamento decente, modesto e humilde) podem ser separadas dele. Mas, visto que há um número infinito de ações e gestos de natureza indiferente, aqueles que a república ordenar que estejam pública e universalmente em uso, como sinais de honra e parte do culto de Deus, devem ser acei-

Porém, nem todas as ações.

[193]

Parte 2 – Da República

Punições naturais.

tos e usados como tais pelos súditos. E aquilo que é dito nas Escrituras: *Mais vale obedecer a Deus do que aos homens*, tem lugar no Reino de Deus por pacto e não por natureza.

Tendo assim falado rapidamente do Reino natural de Deus e das suas leis naturais apenas acrescentarei a este capítulo uma breve exposição acerca das suas punições naturais. Não existe nesta vida nenhuma ação do homem que não seja o começo de uma cadeia de consequências tão longa que nenhuma providência *do homem*[1] é suficientemente alta para dar uma visão do seu fim. E nesta cadeia estão ligados acontecimentos agradáveis e desagradáveis, de tal maneira que quem quiser fazer alguma coisa para seu prazer tem de aceitar sofrer todas as dores a ele anexadas; e estas dores são as punições naturais das ações que são o início de um mal maior do que o bem. E daqui resulta que a intemperança é naturalmente castigada com doenças; a precipitação, com desastres; a injustiça, com a violência dos inimigos; o orgulho, com a ruína; a covardia com a opressão, o governo negligente dos príncipes com a rebelião, e a rebelião com a carnificina. Pois, uma vez que as punições são consequentes com a violação das leis, as punições naturais têm de ser naturalmente consequentes com a quebra das leis de natureza e portanto segui-las como seus efeitos, naturais e não arbitrários.

Conclusão da segunda parte.

E isto no que se refere à constituição, natureza e direito dos soberanos, e no que se refere ao dever dos súditos derivado dos princípios da razão natural. E agora, considerando como é diferente esta doutrina da prática da maior parte do mundo, especialmente nas regiões ocidentais que receberam seu saber moral de *Roma* e de *Atenas*, e como é necessária uma profunda filosofia moral àqueles que têm a administração do poder soberano, estou a ponto de acreditar que este meu trabalho seja inútil, como a república de *Platão*, pois também ele é de opinião que é impossível desaparecerem as desordens do Estado e as mudanças de governo por meio de guerras civis,

---

[1] *Syn.*: humana

XXXI. Do Reino de Deus por Natureza

enquanto os soberanos não forem filósofos. Mas quando considero novamente que a ciência da justiça natural é a única ciência necessária para os soberanos e para os seus principais ministros, e que eles não precisam de ser mais sobrecarregados com as ciências matemáticas (como o são por *Platão*), do que por boas leis capazes de incentivar os homens ao seu estudo, e que nem *Platão* nem qualquer outro filósofo até agora colocou em ordem e provou suficientemente ou com probabilidade todos os teoremas da doutrina moral, que os homens podem aprender a partir daí não só a governar como a obedecer, retomo alguma esperança de que esta minha obra venha um dia a cair nas mãos de um soberano, que a examinará por si próprio (pois é curta e penso que é clara), sem a ajuda de algum intérprete interessado ou invejoso, e que pelo exercício da plena soberania, protegendo o ensino público desta obra, converterá esta verdade especulativa à utilidade da prática.

PARTE 3

DA REPÚBLICA CRISTÃ

CAP. XXXII
Dos Princípios da POLÍTICA CRISTÃ

Até aqui deduzi os direitos do poder soberano e os deveres dos súditos unicamente dos princípios da natureza que a experiência tenha mostrado serem verdadeiros, ou dos que o consentimento (relativamente ao uso das palavras) assim tenha tornado. Quer dizer, partindo da natureza do homem, que conhecemos através da experiência, e de definições (das palavras que são essenciais para todo o raciocínio político) que são universalmente aceitas. Mas quanto àquilo de que vou tratar em seguida, isto é, a natureza e direitos de uma REPÚBLICA CRISTÃ, que depende muito das revelações sobrenaturais da vontade de Deus, o fundamento do meu discurso deverá ser não apenas a palavra natural de Deus, mas também a sua palavra profética.

A palavra de Deus transmitida pelos profetas é o princípio fundamental da política cristã.

Não obstante, não convém renunciar aos sentidos e à experiência, nem àquilo que é a palavra indubitável de Deus, a nossa razão natural. Pois foram esses os talentos que ele pôs nas nossas mãos para negociarmos até o retorno do nosso abençoado Salvador. Portanto não são para serem envoltos no manto

Mesmo assim, não se deve renunciar à razão natural.

de uma fé implícita, mas para serem usados na busca da justiça, da paz e da verdadeira religião. Pois embora haja na palavra de Deus muitas coisas que estão acima da razão, quer dizer, que não podem ser demonstradas nem refutadas pela razão natural, não há nessa palavra nada contrário a ela. E quando assim parece ser, a culpa é da nossa inábil interpretação, ou do nosso incorreto raciocínio.

Portanto, quando alguma coisa aí escrita se mostra demasiado árdua para nosso exame, devemos propor-nos cativar o nosso entendimento às palavras, e não ao esforço de peneirar uma verdade filosófica por intermédio da lógica, a respeito daqueles mistérios que não são compreensíveis, e aos quais não se aplica nenhuma regra da ciência natural. Pois com os mistérios da nossa religião se passa o mesmo que com as pílulas salutares para os doentes, que quando são engolidas inteiras têm a virtude de curar, mas quando mastigadas voltam na sua maior parte a ser cuspidas sem nenhum efeito.

[196]

O que é cativar o entendimento.

Mas o cativeiro do nosso entendimento não deve ser interpretado como uma submissão da faculdade intelectual à opinião de outrem, e sim à vontade de obedecer, quando a obediência é devida. Porque os sentidos, a memória, o entendimento, a razão e a opinião não podem por nós ser mudados à vontade, pois são sempre necessariamente tais como no-los sugerem as coisas que vemos, ouvimos e consideramos. Não são portanto efeitos da nossa vontade, é a nossa vontade que é efeito deles. Cativamos o nosso entendimento e a nossa razão quando evitamos a contradição, quando falamos da maneira como a legítima autoridade nos ordena, e quando vivemos de tal maneira. Em suma, trata-se de confiança e fé, que depositamos naquele que fala, embora o espírito seja incapaz de conceber qualquer espécie de noção a partir das palavras proferidas.

Como Deus fala aos homens.

Quando Deus fala ao homem, tem que ser ou imediatamente ou pela mediação de outro homem, ao qual ele próprio haja antes falado imediatamente. Qual a maneira como Deus fala ao homem imediatamente é algo que pode ser bastante bem entendido por aqueles a quem assim falou, mas como a

XXXII. Dos Princípios da Política Cristã

mesma coisa deve ser entendida por outros é algo difícil, se não impossível de saber. Pois, se alguém me disser que Deus lhe falou sobrenaturalmente e imediatamente, e se eu de tal duvidar, não me é fácil ver que argumento pode ele apresentar para me obrigar a acreditar. É certo que, se ele for meu soberano, pode obrigar-me à obediência, impedindo-me de declarar, por atos ou palavras, que não acredito, mas não pode me obrigar a pensar de maneira diferente daquela de que a minha razão me persuade. Mas, se alguém que não tenha sobre mim tal autoridade disser a mesma coisa, nada será capaz de impor seja a crença, seja a obediência.

Porque dizer que Deus lhe falou nas Sagradas Escrituras não é o mesmo que dizer que Deus lhe falou imediatamente, e sim pela mediação dos profetas, ou dos apóstolos, ou da Igreja, da mesma maneira como fala a todos os outros cristãos. Dizer que Deus lhe falou em sonhos não é mais do que dizer que ele *sonhara*[1] que Deus lhe havia falado, o que não tem eficácia para conquistar a crença de quem sabe que os sonhos na sua maioria são naturais, e podem ter origem nos pensamentos anteriores; e que sonhos como esses não passam da manifestação de uma alta estima de si mesmo e de uma insensata arrogância, assim como de uma falsa opinião sobre a sua própria devoção, ou outra virtude pela qual julga ter merecido o favor de uma revelação extraordinária. Dizer que teve uma visão, ou que ouviu uma voz, é o mesmo que dizer que sonhou entre o sono e a vigília, pois acontece muitas vezes alguém assim tomar naturalmente o seu sonho por uma visão, por não ter reparado bem que estava dormitando. Dizer que fala por inspiração sobrenatural é o mesmo que dizer que sente um ardente desejo de falar, ou alguma alta opinião de si mesmo, para os quais não consegue encontrar uma razão natural e suficiente. De modo que, embora Deus possa falar a alguém através de sonhos, visões, voz e inspiração, Ele não obriga ninguém a acreditar que efetivamente assim fez a qualquer um que tenha

---

[1] *Syn.*: sonhou

Parte 3 – Da República Cristã

essa pretensão. Porque, sendo um homem, pode estar enganado e, o que é mais, pode estar mentindo.

Por que sinais são conhecidos os profetas.

1 Rs 22.

[197]

1 Rs 13.

Como pode então aquele a quem Deus nunca revelou imediatamente a sua vontade (a não ser por intermédio da razão natural) saber quando deve ou não obedecer à palavra dos que pretendem ser profetas? Dos quatrocentos profetas aos quais o rei de *Israel* pediu conselho, a respeito da guerra que fazia contra *Ramoth Gilead*, só *Miqueias* era um verdadeiro profeta. O profeta que foi enviado para profetizar contra *Jeroboão*, embora fosse um verdadeiro profeta, e, mediante dois milagres feitos na sua presença mostrasse ser um profeta enviado por Deus, foi apesar disso enganado por outro velho profeta, que o persuadiu a comer e beber com ele como se fosse uma ordem dada pela boca de Deus. Se um profeta foi capaz de enganar outro, que certeza pode haver de conhecer a vontade de Deus por outro meio que não seja o da razão? Ao que respondo, baseado nas Sagradas Escrituras, que há dois sinais que em conjunto, mas não separadamente, permitem identificar o verdadeiro profeta. Um deles é a realização de milagres; o outro é não ensinar nenhuma religião que não a já oficial. Separadamente, conforme disse, nenhum deles é suficiente. *Se entre vós se erguer um profeta, ou um sonhador de sonhos, que pretenda realizar um milagre, e o milagre acontecer; se ele disser para seguirdes deuses estranhos, aos quais não conheçais, não lhe dareis ouvidos etc. E esse profeta ou sonhador de sonhos deve ser condenado à morte, pois vos disse para vos revoltardes contra Deus vosso Senhor.* Nestas palavras há duas coisas a salientar. Em primeiro lugar, que Deus não aceita que os milagres bastem como argumentos para aceitar a vocação de um profeta; como é o caso no terceiro versículo, eles servem para experimentar a constância da nossa dedicação a Deus. Porque as obras dos feiticeiros *egípcios*, embora não fossem tão grandes como as de *Moisés*, mesmo assim eram grandes milagres. Em segundo lugar, que, por maior que seja o milagre, se ele tender a provocar a revolta contra o rei, ou contra aquele que governa em virtude da autoridade do rei, deve pensar-se apenas que quem realizou tal milagre foi enviado para

Dt 13 v. 1, 2, 3, 4 e 5.

XXXII. Dos Princípios da Política Cristã

pôr à prova a fidelidade do povo. Porque as palavras *vos revoltardes contra Deus vosso Senhor* são nesta passagem equivalentes a *vos revoltardes contra o vosso rei*. Com efeito, Deus havia-se tornado seu rei por um pacto celebrado no sopé do monte *Sinai*, e Deus governava-os unicamente por intermédio de *Moisés*, pois só este falava com Deus, e de vez em quando comunicava ao povo os mandamentos de Deus. De maneira semelhante, Cristo nosso Salvador, depois de ter feito os discípulos reconhecerem-no como o *Messias* (quer dizer, como o ungido de Deus, que a nação dos *judeus* dia após dia esperou como seu rei, mas recusou quando ele chegou), não deixou de os avisar contra o perigo dos milagres. *Surgirão*, disse ele, *falsos Cristos e falsos profetas, e farão grandes maravilhas e milagres, capazes até de seduzir (se tal fosse possível) os próprios eleitos*. Isso mostra que os falsos profetas podem ter o poder de fazer milagres, e mesmo assim não devemos aceitar a sua doutrina como a palavra de Deus. Além disso, São Paulo disse aos *Gálatas* que, *se ele mesmo, ou um anjo do céu, lhes pregasse um outro Evangelho, diferente do que ele pregara, que ele fosse amaldiçoado*. Esse Evangelho dizia que Cristo era rei, de modo que toda pregação contra o poder do rei reconhecido, em consequência destas palavras, é amaldiçoada por São Paulo. Pois as suas palavras eram dirigidas àqueles que, devido à sua pregação, já tinham reconhecido *Jesus* como *Cristo*, quer dizer, como rei dos *judeus*.

Mt 24, 24.

Gl 1,8.

Tal como os milagres sem a pregação da doutrina estabelecida por Deus são argumento insuficiente de uma revelação imediata, assim também o é a pregação da verdadeira doutrina sem a realização de milagres. Porque se um homem que não ensina falsas doutrinas pretextasse ser um profeta sem mostrar nenhum milagre, de modo algum a sua pretensão deveria ser aceita, como é evidente em Dt 18,21: *Se perguntais em vosso coração como saber que a palavra* (do profeta) *não é aquela que Deus proferiu; se o profeta tiver falado em nome do Senhor, e se tal não for verdade, essa é a palavra que o Senhor não proferiu, e o profeta proferiu-a com o orgulho do seu coração: não o temais*. Mas poderia aqui também perguntar-se: quando o profeta prediz uma coisa, como po-

[198]

Os sinais de um profeta da lei antiga são os milagres e a doutrina conforme à lei.

demos saber se ela virá ou não a ocorrer? Porque ele pode predizer uma coisa que só virá a acontecer depois de muito tempo, mais do que o tempo de vida de um homem, ou pode dizer, de maneira indefinida, que tal virá a ocorrer em qualquer momento, e neste caso esse sinal do profeta é inútil. Portanto, os milagres que nos obrigam a acreditar num profeta devem ser confirmados por um acontecimento imediato, e não adiado por muito tempo. Fica assim manifesto que o ensino da religião estabelecida por Deus, juntamente com a realização *imediata*[1] de um milagre, foram os únicos sinais aceitos pelas Escrituras como próprios de um verdadeiro profeta, quer dizer, como impondo o reconhecimento de uma revelação imediata, e que nenhum deles por si só é suficiente para obrigar alguém a aceitar o que ele diz.

Cessando os milagres cessam os profetas, e as Escrituras entram no seu lugar.

Portanto, uma vez que agora não se produzem mais milagres, não resta nenhum sinal que permita reconhecer as pretensas revelações ou inspirações de nenhum indivíduo. E não há obrigação alguma de dar ouvidos a nenhuma doutrina, para além do que é conforme às Sagradas Escrituras, que desde o tempo do nosso Salvador substituem e suficientemente compensam a falta de qualquer outra profecia, e a partir das quais, mediante sábia e douta interpretação e cuidadoso raciocínio, podem facilmente ser deduzidos todos os preceitos e regras necessários para conhecer o nosso dever, para com Deus e para com os homens, sem entusiasmo ou inspiração sobrenatural. E é destas Escrituras que vou extrair os princípios do meu discurso a respeito dos direitos dos que são na Terra os supremos governantes das repúblicas cristãs, e dos deveres dos súditos cristãos para com os seus soberanos. E com esse fim vou falar no capítulo seguinte dos livros, autores, alcance e autoridade da Bíblia.

---

[1] *Syn.*: imediata

CAP. XXXIII
Do Número, Antiguidade, Alcance, Autoridade e Intérpretes dos Livros das Sagradas ESCRITURAS

Entendo por livros das Sagradas ESCRITURAS aqueles que devem ser o *Cânone*, quer dizer, as regras da vida cristã. E como as regras da vida, que os homens são em consciência obrigados a respeitar, são leis, o problema das Escrituras é o problema de saber o que é lei, tanto natural como civil, para toda a cristandade. Porque, embora as Escrituras não determinem quais são as leis que cada rei cristão deve ditar nos seus domínios, não obstante elas determinam quais são as leis que eles não devem ditar. Assim, como já provei que nos seus domínios os soberanos são os únicos legisladores, só são canônicos, isto é, só constituem lei em cada nação os livros estabelecidos como tais pela autoridade soberana. É certo que Deus é o soberano de todos os soberanos, e portanto quando fala a qualquer súdito deve ser obedecido, seja o que for que qualquer potentado terreno ordene em sentido contrário. Mas o problema não é o da obediência a Deus, e sim o de *quando* e *o que* Deus disse, e isso só pode ser conhecido pelos súditos que não receberam revelação sobrenatural, através da razão natural, a qual os levou a obedecer, a fim de conseguir a paz e a justiça, à autoridade das suas diversas repúblicas, quer dizer, dos seus legítimos soberanos. Conformemente a esta obrigação, só posso reconhecer como Sagradas Escrituras, dos livros do Antigo Testamento, aqueles que a autoridade da Igreja *Anglicana* ordenou que fossem reconhecidos como tais. É suficientemente sabido quais são esses livros, sem ser preciso enumerá-los aqui: são os mesmos reconhecidos por São *Jerônimo*, que considera *apócrifos* os restantes, a saber, a *Sabedoria de Salomão*, o *Eclesiastes*, *Judite*, *Tobias*, o primeiro e o segundo

Dos livros das Sagradas Escrituras.

dos *Macabeus* (apesar de ele ter visto o primeiro em *hebreu*), e o terceiro e o quarto de *Esdras*. *Josefo*, um sábio *judeu* que escreveu na época do Imperador *Domiciano*, reconhece vinte e dois dos canônicos, fazendo o número coincidir com o alfabeto *hebreu*. São *Jerônimo* faz o mesmo, embora ambos os reconheçam de maneiras diferentes. Porque *Josefo* conta *cinco* livros de *Moisés*, *treze* dos *Profetas*, que escreveram a história da sua própria época (e veremos depois como concordam com os escritos dos profetas contidos na Bíblia) e *quatro* dos *Hinos* e preceitos morais. Mas São *Jerônimo* reconhece *cinco* livros de *Moisés*, *oito* dos *Profetas* e *nove* outros sagrados escritos, aos quais chama *Hagiógrafos*. Os *Septuaginta*, que eram setenta sábios *judeus*, enviados por *Ptolomeu*, rei do *Egito*, para traduzir a lei *judaica* do *hebreu* para o *grego*, não nos deixaram, como Sagradas Escrituras em língua *grega*, nada a não ser o mesmo que é aceito pela Igreja *Anglicana*.

[200]

Quanto aos livros do Novo Testamento, são igualmente reconhecidos como cânone por todas as Igrejas cristãs e por todas as seitas de cristãos que admitem qualquer livro como canônico.

Sua antiguidade.

Quanto a quem foram os autores originais dos vários livros das Sagradas Escrituras, é coisa que não foi tornada evidente por nenhum testemunho suficiente de outra história (que é a única prova em matéria de fato), nem pode sê-lo por nenhum argumento da razão natural, pois a razão serve para convencer da verdade (não dos fatos, mas) das consequências. Portanto, a luz que nos deve guiar nesta questão deve ser a que provém dos próprios livros, e embora esta luz não nos mostre o autor de cada livro ela não deixa de ter utilidade para nos dar a conhecer a época em que foram escritos.

O Pentateuco não foi escrito por Moisés.

Em primeiro lugar, quanto ao *Pentateuco*, não constitui argumento suficiente para afirmar que foi escrito por *Moisés* o fato de serem chamados os cinco livros de *Moisés*. Tal como os títulos do livro de *Josué*, do livro dos *Juízes*, do livro de *Rute* e dos livros dos *Reis* não são argumentos suficientes para provar que eles foram escritos por *Josué*, pelos *Juízes*, por *Rute* ou pelos

XXXIII. Dos Livros das Sagradas Escrituras

Reis. Porque nos títulos dos livros o tema é tão frequentemente assinalado como o autor. A *História de Lívio* denota o autor, mas a *História de *Alexandre**[1] é denominada em função do tema. Lemos no último capítulo do *Deuteronômio*, versículo 6, a respeito do sepulcro de *Moisés*, *que ninguém conhecia o seu sepulcro até este dia*, isto é, ao dia em que estas palavras foram escritas. Portanto, é manifesto que estas palavras foram escritas depois do seu funeral. Porque seria uma estranha interpretação dizer que *Moisés* falou do seu próprio sepulcro (mesmo por profecia), afirmando não ter sido encontrado até esse dia em que ele ainda estava vivo. Mas talvez alguém possa alegar que apenas o último capítulo, e não todo o *Pentateuco*, foi escrito por outra pessoa, e não o restante. Examinemos, portanto, o que se encontra no livro do Gn 12,6: *E* Abraão *passou pela terra até o lugar de* Sichem, *na planície de* Moreh, *e então o* cananeu *estava na terra*. Estas têm necessariamente que ser as palavras de alguém que escreveu quando o *cananeu* não estava na terra, portanto não podem ser de *Moisés*, que morreu depois de ele para lá ter ido. De maneira semelhante, nos Nm 21,14, o autor cita outro livro mais antigo, intitulado *O livro das guerras do Senhor*, onde foram registrados os feitos de *Moisés* no mar Vermelho e na ponte de *Arnon*. Fica assim perfeitamente evidente que os cinco livros de *Moisés* foram escritos depois do seu tempo, embora não seja manifesto quanto tempo depois.

Mas embora *Moisés* não tenha compilado inteiramente esses livros, na forma em que os conhecemos, ele escreveu tudo o que aí se diz que escreveu. Como por exemplo o Volume da Lei, que segundo parece está contido no capítulo 11 do *Deuteronômio*, e os capítulos seguintes até o 27, que também foi ordenado que fossem escritos em pedras, na entrada para a terra de *Canaã*. E isto escreveu-o o próprio *Moisés*, e entregou-o aos sacerdotes e anciãos de *Israel*, para ser lido todo sétimo ano em *Israel* inteiro, na assembleia da festa do Tabernáculo. E foi dessa lei que Deus ordenou que os seus reis (quando estabele-

Dt 31,9.
[201]

---

[1] *Syn.: Scanderberg*

Parte 3 – Da República Cristã

Dt 31,26.
2 Rs, 22,8; 23,1-3.

ceram essa forma de governo) tirassem uma cópia para os sacerdotes e levitas, e foi ela que *Moisés* ordenou aos sacerdotes e levitas que colocassem ao lado da arca, e a mesma que, depois de estar perdida, voltou muito tempo depois a ser encontrada por *Hilkias*, que a enviou ao rei *Josias*, o qual, fazendo que ela fosse lida ao povo, renovou o pacto estabelecido entre este último e Deus.

O livro de Josué foi escrito depois do seu tempo.
Js 4,9.

Que o livro de *Josué* também foi escrito muito depois do tempo de *Josué* é coisa que se pode inferir de muitos trechos do próprio livro. *Josué* tinha colocado doze pedras no meio do *Jordão*, como monumento da sua passagem, e sobre isto diz o autor que *elas lá ficaram até este dia*. Ora, *até este dia* é uma frase que significa um tempo passado, muito além da memória do homem. De maneira semelhante, depois da fala do Senhor, que tinha libertado o povo do opróbrio do *Egito*, diz o autor que *o lugar se chama* Gilgal *até este dia*. O que teria sido impróprio, se dito no tempo de *Josué*. E também sobre o nome do vale de *Achor*, pela perturbação causada por *Acã* no acampamento, diz o autor que *ficou até este dia*, o qual portanto deve necessariamente ser muito posterior ao tempo de *Josué*. E há muitos outros argumentos deste tipo, como em Js 8,29; 13,13; 14,14 e 15,63.

Js 5,9.

Js 7,26.

O livro dos Juízes e Rute foi escrito muito depois do seu cativeiro.

A mesma coisa é manifesta em argumentos semelhantes do livro dos *Juízes*, capítulos 1,21,26; 6,24; 10,4; 15,19; 17,6 e Rt 1,1, mas especialmente Js 18,30, onde se diz que *Jônatas e seus filhos eram sacerdotes da tribo de* Dan, *até o dia do cativeiro da terra*.

O mesmo quanto aos livros de Samuel.

2 Sm 6,4.

Que os livros de *Samuel* também foram escritos depois do seu tempo prova-se com base em argumentos idênticos: 1 Sm 5,5; 7,13,15; 27,6 e 30,25, onde, depois de *Davi* ter distribuído partes iguais dos despojos entre os que guardaram as munições e os que combateram, diz o autor: *Ele fez disso um estatuto e uma ordenação para* Israel, *até este dia*. Além disso, quando *Davi*, desgostoso por Deus ter dado a morte a *Oza*, por estender a mão para segurar a arca, chamou ao lugar *Perez-Uzzah*, diz o autor que ele é assim chamado *até este dia*. Portanto, a época

XXXIII. Dos Livros das Sagradas Escrituras

em que o livro foi escrito deve ser muito posterior ao fato, quer dizer, muito tempo depois da época de *Davi*.

Quanto aos dois livros dos *Reis* e aos dois livros das *Crônicas*, além dos trechos que fazem referência aos monumentos que, segundo o autor, permaneceram até o seu próprio tempo – como em 1 Rs 9,13,21; 10,12; 12,19 e 2 Rs 2,22; 8,22; 10,27; 14,7; 16,6; 17,23,34,41, e 1 Cr 4,41; 5,26 –, constitui argumento suficiente de que foram escritos depois do cativeiro da *Babilônia* o fato de a sua história continuar até esse tempo. Porque os fatos registrados são sempre mais antigos do que o registro, e muito mais antigos do que os livros que referem ou citam esse registro, como fazem esses livros em diversas passagens, remetendo o leitor para as crônicas dos reis de *Judá*, para as crônicas dos reis de *Israel*, para os livros do profeta *Samuel*, do profeta *Natan* e do profeta *Aías*, assim como para a Visão de *Jehdo* e os livros do profeta *Servias* e do profeta *Addo*.

Os livros dos Reis e as crônicas.

Não resta dúvida de que os livros de *Esdras* e *Neemias* foram escritos depois do seu regresso do cativeiro, pois fazem referência a esse regresso, à reconstrução das muralhas e casas de *Jerusalém*, à renovação do pacto e às ordenações da sua política.

[202]

Esdras e Neemias.

A história da rainha *Ester* é do tempo do cativeiro, portanto o autor deve ser da mesma época, ou de uma posterior.

Ester.

O livro de *Jó* não mostra nenhum sinal do tempo em que foi escrito, embora pareça suficientemente evidenciado (Ez 14,14 e Tg 5,11) que não era uma pessoa inventada; contudo, o livro não parece ser uma história, e sim um tratado sobre uma questão muito discutida nos tempos antigos: *Por que frequentemente os maus prosperam neste mundo e os bons são afligidos?* Parece ser isso o mais provável porque desde o início até o terceiro versículo do terceiro capítulo, quando se inicia o lamento de *Jó*, o *hebreu* é em prosa, conforme testemunha São *Jerônimo*; daí até o sexto versículo do último capítulo é em versos hexâmetros; e o resto do capítulo volta a ser em prosa. Assim, a discussão é toda em verso e a prosa só é acrescentada como prefácio no início e como epílogo no fim. Ora, o verso não é o estilo habitual dos que se encontram em grande aflição, como

Jó.

Parte 3 – Da República Cristã

Jó, nem dos que vão confortá-los como amigos. Mas nos tempos antigos era frequente em filosofia, sobretudo em filosofia moral.

Os Salmos. Os *Salmos* foram escritos na sua maioria por *Davi*, para uso do coro. A eles foram acrescentados alguns cantos de *Moisés* e de outros homens santos, sendo alguns deles posteriores ao regresso do cativeiro, como o 137 e o 126, por onde fica manifesto que o Saltério foi compilado e posto na forma atual depois do regresso dos *judeus* da *Babilônia*.

Os Provérbios. Os *Provérbios*, como são uma coleção de sábias e piedosas sentenças, em parte da autoria de *Salomão* e em parte de *Agur*, filho de *Jaque*, e em parte da mãe do rei *Lamuel*, não é provável que tenham sido coligidos por *Salomão*, ou por *Agur*, ou pela mãe de *Lamuel*; embora as sentenças sejam deles, a coleção ou compilação de todos num único livro provavelmente foi obra de algum outro homem devoto, que viveu depois de todos eles.

Eclesiastes e Cânticos. Os livros do *Eclesiastes* e dos *Cânticos* não têm nada que não seja de *Salomão*, a não ser os títulos e inscrições. Porque *As palavras do pregador, filho de* Davi, *rei de* Jerusalém, e *O Cântico dos Cânticos* parecem ter sido feitos para fins de distinção, quando os livros das Escrituras foram reunidos num único corpo de lei, para que também os autores, e não só a doutrina, pudessem subsistir.

Os profetas. Dos profetas, os mais antigos são *Sofonias*, *Jonas*, *Amós*, *Oseias*, *Isaías* e *Miqueias*, que viveram no tempo de *Amasias* e *Azarias*, ou *Ozias*, reis de *Judá*. Mas o livro de *Jonas* não é propriamente um registro da sua profecia (a qual está contida em poucas palavras: *Quarenta dias e* Nínive *será destruída*), e sim a história ou narração da sua rebeldia e desrespeito aos mandamentos de Deus; assim, dado que ele é o tema do livro, há pouca probabilidade de que seja também o seu autor. Mas o livro de *Amós* é a sua própria profecia.

[203] *Jeremias*, *Abdias*, *Naum* e *Habacuc* profetizaram no tempo de *Josias*.

Ezequiel, *Daniel*, *Ageu* e *Zacarias* profetizaram no cativeiro.

Quanto ao tempo em que *Joel* e *Malaquias* profetizaram, não se torna evidente a partir dos seus escritos. Mas exami-

XXXIII. Dos Livros das Sagradas Escrituras

nando as inscrições ou títulos dos seus livros fica bastante claro que todas as Escrituras do Antigo Testamento foram postas na forma que possuem após o regresso dos judeus do cativeiro na *Babilônia*, e antes do tempo de *Ptolomeu Filadelfo*, que as mandou traduzir para o *grego* por setenta homens, que lhe foram mandados da *Judeia* para esse fim. E se os livros *Apócrifos* (que nos são recomendados pela Igreja, embora não como canônicos, mas como livros proveitosos para a nossa instrução) neste ponto merecem crédito, as Escrituras foram postas na forma que lhes conhecemos por *Esdras*. Isso se nota no que ele mesmo diz, no segundo livro, capítulo 14, versículos 21,22 etc., ao dirigir-se a Deus: *A tua lei foi queimada, portanto ninguém conhece as coisas que fizeste, nem as obras que estão para começar. Mas, se encontro graça perante ti, envia o Espírito Santo até mim, e escreverei tudo o que foi feito no mundo, desde o início, todas as coisas que foram escritas na lei, para que os homens possam encontrar teu caminho, e para que possam viver aqueles que irão viver nos dias mais longínquos.* E no versículo 45: *E veio a acontecer que depois de cumpridos os quarenta dias o Altíssimo falou, e disse: o primeiro que escreveste, publica-o abertamente, para que os dignos e os indignos possam lê-lo; mas guarda os últimos setenta, para que possas entregá-los apenas àqueles de entre o povo que sejam sábios.* E isto é quanto basta acerca do tempo em que foram escritos os livros do Antigo Testamento.

Os autores do Novo Testamento viveram todos menos de uma geração depois da Ascensão de Cristo, e todos eles viram o nosso Salvador, ou foram seus discípulos, com exceção de São Paulo e São Lucas. Em consequência, tudo o que por eles foi escrito remonta à época dos apóstolos. Mas a época em que os livros do Novo Testamento foram aceitos e reconhecidos pela Igreja como seus escritos não é uma época tão remota. Porque, assim como os livros do Antigo Testamento não nos vêm de uma época mais antiga do que a de *Esdras*, que sob a direção do Espírito de Deus os recuperou quando estavam perdidos, também os do Novo Testamento, cujas cópias não eram muitas, nem facilmente poderiam estar todas nas mãos de uma só pessoa, não podem datar de uma época mais antiga do que

O Novo Testamento.

Parte 3 – Da República Cristã

aquela em que os dirigentes da Igreja os reuniram, aprovaram, e os recomendaram a nós como os escritos desses apóstolos e discípulos por cujos nomes são designados. A primeira enumeração de todos os livros, tanto do Antigo como do Novo Testamento, são os Cânones dos Apóstolos, que se supõe terem sido coligidos por *Clemente*, *o primeiro*[1] bispo de *Roma*. Mas como isso não passa de uma suposição que muitos contestam, o concílio de *Laodiceia* é o primeiro que conhecemos a recomendar a Bíblia às então Igrejas cristãs, como os escritos dos profetas e apóstolos, e esse concílio reuniu-se no ano de 364 depois de Cristo. *Depois dessa*[2] época, embora até então a ambição tivesse dominado entre *poucos*[3] doutores da Igreja, fazendo-os deixar de reconhecer os imperadores, apesar de cristãos, como pastores, mas só como ovelhas, e considerar como lobos os imperadores não cristãos, e de se terem esforçado por apresentar a sua doutrina, não como conselho e informação, na qualidade de pregadores, mas como leis, na qualidade de governantes absolutos – embora tais fraudes pretendessem tornar o povo mais piedoso e mais obediente à doutrina cristã –, apesar de tudo estou convencido de que isso não os levou a falsificar as Escrituras, embora as cópias dos livros do Novo Testamento estivessem apenas nas mãos dos eclesiásticos. Com efeito, se tivessem a intenção de assim fazer sem dúvida os teriam tornado mais favoráveis do que são ao seu poder sobre os príncipes cristãos. Portanto, não vejo nenhuma razão para duvidar que o Antigo e o Novo Testamento, tais como atualmente os conhecemos, são os verdadeiros registros das coisas que foram feitas e ditas pelos profetas e apóstolos. Assim, talvez alguns daqueles livros que são chamados Apócrifos não tenham sido deixados fora do Cânone por inconformidade de doutrina com o restante, mas apenas por não terem sido encontrados em hebreu. Porque depois da conquista da Ásia por Alexandre, o Grande, eram poucos os judeus cultos que não conheciam perfeitamente a língua grega. Os setenta

---

[1] *Syn.*: o primeiro (depois de São Pedro) [2] *Syn.*: Nessa [3] *Syn.*: os grandes

XXXIII. Dos Livros das Sagradas Escrituras

intérpretes que verteram a Bíblia para o grego eram todos hebreus, e ainda temos as obras de *Fílon* e de *Josefo*, ambos judeus, por eles eloquentemente escritas em grego. Mas o que torna canônico um livro não é o autor, é a autoridade da Igreja. E, embora esses livros tenham sido escritos por diversos homens, é manifesto que todos eles estavam imbuídos do mesmo espírito pois todos conspiram para o mesmo fim, que era o estabelecimento dos direitos do Reino de *Deus*, do *Pai*, do *Filho* e do *Espírito Santo*. Porque o livro do *Gênese* derivava a genealogia do povo de Deus desde a criação do mundo até a ida para o Egito. Os outros quatro livros de *Moisés* contêm a eleição de Deus como rei desse povo, e as leis que ele prescreveu para o seu governo. Os livros de *Josué*, dos *Juízes*, de *Rute* e de *Samuel*, até o tempo de *Saul*, descrevem as ações do povo de Deus, até o momento em que se libertaram do jugo de Deus e escolheram um rei, à maneira das nações vizinhas. O resto da história do Antigo Testamento deriva da sucessão da linha de *Davi*, até o cativeiro, linha essa da qual viria a nascer o restaurador do Reino de Deus, o nosso abençoado Salvador *Deus Filho*, cuja vinda foi prevista nos livros dos profetas, depois dos quais os evangelistas escreveram a sua vida, as suas ações e a sua pretensão ao trono, enquanto viveu sobre a Terra. Por último, os Atos e Epístolas dos apóstolos declaram a vinda de Deus, o *Espírito Santo*, e a autoridade que ele lhes deixou, e aos seus sucessores, para a direção dos judeus e para a conversão dos gentios. Em resumo, tanto as histórias e profecias do Antigo Testamento como os Evangelhos e Epístolas do Novo Testamento tiveram um só e único objetivo, a conversão dos homens à obediência a Deus: 1, em *Moisés* e nos sacerdotes; 2, no homem *Cristo*; e 3, nos *apóstolos* e nos sucessores do poder apostólico. Porque efetivamente estes representaram, em momentos diversos, a pessoa de Deus: *Moisés* e os seus sucessores, os Sumos Sacerdotes e reis de Judá, no Antigo Testamento; o próprio *Cristo* durante o tempo em que viveu na Terra; e os *apóstolos* e seus sucessores, desde o dia do Pentecostes (quando o *Espírito Santo* baixou sobre eles) até o dia de hoje.

Sua finalidade.

[205]

Parte 3 – Da República Cristã

A questão da autoridade das Escrituras.

É uma questão muito disputada entre as diversas seitas da religião cristã *de onde as Escrituras tiram a sua autoridade*. Questão que às vezes é formulada em outros termos: *Como sabemos que elas são a palavra de Deus?* ou *Por que acreditamos que elas o são?* A dificuldade de resolver essa questão vem sobretudo da impropriedade das palavras em que a própria questão está formulada. Porque em toda a parte se acredita que foi Deus o seu primeiro e original *autor,* logo não é essa a questão que está em disputa. Por outro lado é evidente que só podem saber que elas são a palavra de Deus (embora todos os verdadeiros cristãos em tal creiam) aqueles a quem o próprio Deus o revelou sobrenaturalmente, portanto não é correto colocar a questão em termos do nosso *conhecimento* de tal fato. Por último, quando se levanta a questão da nossa *crença*, dado que uns são levados a acreditar por uma razão e outros por outras diferentes, não é possível dar uma resposta geral válida para todos. A formulação correta da questão é *por que autoridade elas são tornadas lei.*

Sua autoridade e interpretação.

Na medida em que não diferem das leis de natureza, não há dúvida de que são a lei de Deus, e são portadoras de uma autoridade legível por todos os homens que têm o uso da razão natural. Mas esta autoridade não é outra senão a de toda outra doutrina moral conforme à razão, cujos ditames são leis, não *feitas,* mas *eternas.*

Se elas são tornadas leis pelo próprio Deus, são da natureza das leis escritas, que são leis apenas para aqueles perante quem Deus suficientemente as publicou, de modo que ninguém se possa desculpar dizendo que não sabia que elas eram as suas leis.

Portanto, aquele a quem Deus não revelou sobrenaturalmente que elas são as suas leis, nem que aqueles que as publicaram foram enviados por ele, não é obrigado a obedecer-lhes por nenhuma autoridade a não ser a daquele cujas ordens já têm força de lei, quer dizer, por nenhuma outra autoridade que não a da república, única a possuir o poder legislativo. Além disso, se não for a autoridade legislativa da república que lhes confere força de lei, deve ser alguma outra autoridade deriva-

XXXIII. Dos Livros das Sagradas Escrituras

da de Deus, seja pública ou privada. Se for privada, obriga apenas àquele a quem Deus aprouve revelá-la em particular. Porque, se todos os homens fossem obrigados a aceitar como lei de Deus o que qualquer particular, a pretexto de inspiração ou revelação pessoal, lhes pretenda impor (sendo tal número de homens que, por orgulho ou ignorância, tomam os seus próprios sonhos e extravagantes fantasias e loucuras por testemunho do Espírito de Deus, ou por ambição pretextam os divinos testemunhos, falsamente e contra as suas próprias consciências), seria impossível que qualquer lei divina fosse reconhecida. Se for pública, ou é a autoridade da *república* ou é a da *Igreja*. Mas a Igreja, se for uma pessoa, é a mesma coisa que uma república de cristãos, sendo uma república porque consiste num dado número de homens unidos numa pessoa, o seu soberano, e sendo uma *Igreja* porque é formada de cristãos, unidos sob um soberano cristão. Mas, se a Igreja não for uma pessoa, então não possui nenhuma espécie de autoridade: não pode mandar nem praticar nenhuma espécie de ação, nem é capaz de ter nenhum poder ou nenhum direito a nada; e não tem nenhuma espécie de vontade, razão ou voz, porque todas essas qualidades são pessoais. Ora, se todos os cristãos não se encontrarem abrangidos por uma única república, eles não constituem uma pessoa, nem existe uma Igreja universal que tenha sobre eles nenhuma autoridade. Portanto, as Escrituras não são tornadas leis pela Igreja Universal. E se ela é uma república, nesse caso todos os monarcas e nações cristãs são pessoas privadas, sujeitas a serem julgadas, depostas e punidas por um soberano universal de toda a cristandade. Portanto, a questão da autoridade das Escrituras fica reduzida a isto: *Se os reis cristãos, e as assembleias soberanas das repúblicas cristãs, são absolutos no seu próprio território, imediatamente abaixo de Deus, ou se estão sujeitos a um vigário de Cristo, constituído *sobre**[1] *a Igreja Universal, podendo ser julgados, condenados, depostos ou mortos, consoante ele achar conveniente ou necessário para o bem comum.*

[206]

---

[1] *Syn.: da* [embora corrigida na *Errata*].

Questão esta que só poderá ser resolvida mediante um exame mais atento do Reino de Deus, o qual nos permitirá também julgar a autoridade de interpretar as Escrituras. Porque quem tiver o poder de tornar lei a qualquer escrito terá também o poder de aprovar ou desaprovar sua interpretação.

[207]

CAP. XXXIV
Do Significado de ESPÍRITO, ANJO *e* INSPIRAÇÃO *nos Livros das Sagradas Escrituras*

Como corpo e espírito são entendidos nas Escrituras.

Considerando que o fundamento de todo o raciocínio verdadeiro é o significado constante das palavras – que na doutrina seguinte não depende da vontade do autor, como na ciência natural, nem do uso vulgar, como na conversação corrente, mas do sentido que têm nas Escrituras, torna-se necessário, antes de ir mais adiante, determinar que significado têm na Bíblia as palavras que, devido à sua ambiguidade, podem tornar obscuro ou discutível o que a partir delas vou inferir. Vou começar com as palavras CORPO e ESPÍRITO, que na linguagem dos escolásticos se denominam *substâncias corpóreas* e *incorpóreas*.

A palavra *corpo*, na sua acepção mais geral, significa o que preenche ou ocupa um determinado espaço ou um lugar imaginado, que não dependa da imaginação, mas seja uma parte real do que chamamos o *universo*. Como o *universo* é o agregado de todos os corpos, não há nenhuma das suas partes reais que não seja também *corpo*, nem há coisa alguma que seja propriamente um *corpo* e não seja também parte desse agregado de todos os *corpos* que é o *universo*. Além disso, uma vez que os corpos estão sujeitos à mudança, quer dizer, à variedade da aparência para os sentidos das criaturas vivas, ao mesmo se chama também *substância*, quer dizer, *sujeito*, a diversos aci-

XXXIV. Do Significado de Espírito, Anjo e Inspiração

dentes, como às vezes ser posto em movimento, outras a ficar parado; ou a parecer nos nossos sentidos às vezes quente, outras vezes frio, às vezes de uma cor, cheiro, gosto ou som, e outras vezes de outro diferente. E atribuímos esta variedade do parecer (produzida pela diversidade das operações dos corpos sobre os órgãos dos nossos sentidos) às alterações dos corpos que operam, e chamamos-lhes *acidentes* desses corpos. Segundo esta acepção da palavra, *substância* e *corpo* significam a mesma coisa. Portanto, *substância incorpórea* são palavras que, quando reunidas, se destroem uma à outra, tal como se alguém falasse de um *corpo incorpóreo*.

Mas na linguagem popular nem todo o universo é chamado corpo, só o sendo aquelas das suas partes que podem ser discernidas pelo sentido do tato, como resistentes à pressão, ou pelo sentido da vista, como impedindo uma perspectiva mais longínqua. Portanto, na linguagem comum *ar* e *substâncias aéreas* não costumam ser tomados como *corpos*, mas chama-se-lhes *vento* ou *hálito* (na medida em que se sentem os seus efeitos) ou *espíritos* (porque em latim são chamados *spiritus*) – como, por exemplo, quando se chama *espíritos animais* e *vitais* àquela substância aérea que, no corpo de toda criatura viva, lhe dá vida e movimento. Quanto àqueles ídolos do cérebro, que nos representam corpos onde eles não existem – como num espelho, num sonho, ou para um cérebro acordado, mas destemperado – eles nada são (como disse em geral de todos os ídolos o Apóstolo). Não são absolutamente nada, dizia eu, no lugar onde parecem estar, e no próprio cérebro nada mais são do que tumulto, proveniente da ação dos objetos ou da desordenada agitação dos órgãos dos nossos sentidos. E os homens que se ocupam de muitas coisas, menos de investigar suas causas, não sabem por si mesmos o que lhes chamar, podendo portanto facilmente ser persuadidos por aqueles cujo conhecimento tanto reverenciam, alguns a chamar-lhes *corpos*, pensando que são feitos de ar tornado compacto por um poder sobrenatural, já que a vista os julga corpóreos, e outros a chamar-lhes *espíritos*, porque o sentido do tato nada discerne no lugar onde apare-

[208]

cem que seja capaz de resistir à pressão dos dedos. De modo que a significação própria de *espírito*, na linguagem comum, tanto pode ser um corpo sutil, fluido e invisível, como um fantasma, ou outro ídolo ou fantasia da imaginação. Mas significações metafóricas há muitas, pois às vezes é tomado como uma disposição ou inclinação da mente, como quando designamos a disposição para controlar o que os outros dizem como *espírito de contradição*; ou uma *tendência para a impureza* como *espírito impuro*; ou a *tendência para a maldade* como *espírito perverso*; ou a *estupidez* como *espírito tosco*; e a *tendência para a piedade* ou *para o serviço de Deus* como *Espírito de Deus*. E às vezes designamos com essa palavra uma capacidade eminente, ou uma paixão extraordinária, ou uma enfermidade da mente, como quando uma *grande sabedoria* é chamada *espírito de sabedoria*, ou quando se diz dos *loucos* que estão *possuídos por um espírito*.

Não encontro em lugar algum outras significações de *espírito*. E, quando nenhuma dessas é capaz de dar conta do sentido dessa palavra nas Escrituras, a passagem não está ao alcance do entendimento humano, e a nossa fé, nesse caso, não consiste na nossa opinião, mas na nossa submissão. Isso ocorre em todas as passagens em que se diz que Deus é um *espírito*, ou quando com *Espírito de Deus* se pretende designar o próprio Deus. Porque a natureza de Deus é incompreensível, quer dizer, nada entendemos *do que Ele é*, mas apenas *que Ele é*. Portanto, os atributos que lhe damos não são para dizermos uns aos outros *o que Ele é*, nem para indicar a nossa opinião da sua natureza, mas o nosso desejo de o honrar com os nomes que consideramos mais honrosos entre nós mesmos.

O Espírito de Deus entendido nas Escrituras às vezes como um vento ou sopro.

Gn 1,2. *O Espírito de Deus pairava sobre as águas.* Se aqui por *Espírito de Deus* se entender o próprio Deus, está-se atribuindo *movimento* a Deus, e consequentemente *lugar*, o que só é inteligível quanto aos corpos, não quanto às substâncias incorpóreas. Assim, esta passagem está acima do nosso entendimento, que é incapaz de conceber algo que se mova e que não mude de lugar, ou que não tenha dimensões; e tudo o que tem dimensões é corpo. Mas o significado dessas palavras entende-se melhor

XXXIV. Do Significado de Espírito, Anjo e Inspiração

numa passagem semelhante, Gn 8,1. Quando a Terra estava coberta pelas águas, como no princípio, e Deus pretendia fazê--las baixar, para descobrir de novo a terra firme, usou estas palavras: *Quero levar o meu Espírito sobre a Terra, e as águas diminuirão*. Nesta passagem, deve entender-se por *Espírito* um vento (que é um ar ou *espírito movido*), que poderia ser chamado, como na passagem anterior, o *Espírito de Deus*, porque era obra de Deus.

Gn 41,38. O *Faraó* chamou à *sabedoria de José* o *Espírito de Deus*. Tendo *José* o aconselhado a procurar um homem sábio e discreto, para o mandar à terra do Egito, disse ele: *Poderemos encontrar um homem como este, no qual exista o Espírito de Deus?* E Ex 28,3: *Ireis falar* (disse Deus) *a todos os de coração sábio, aos quais enchi com o espírito da sabedoria, para que façam roupas para Aarão, a fim de o consagrarem*. Aqui, um entendimento extraordinário, embora apenas para fazer roupas, sendo um *dom* de Deus, é chamado *Espírito* de Deus. O mesmo se encontra também em Ex 31,3-6 e 35,31. E em Is 11,20, *o*[1] profeta diz ao falar do Messias: *O Espírito do Senhor irá habitar nele, o Espírito da sabedoria e do entendimento, o Espírito do conselho e da firmeza; e o Espírito do temor ao Senhor*. Aqui, manifestamente não se quer falar de outros tantos fantasmas, mas de outras tantas *graças* eminentes que Deus lhe daria.

No livro dos *Juízes* um extraordinário zelo e coragem em defesa do povo de Deus é chamado o *Espírito* de Deus. Como quando estimulou a Otoniel, Gedeão, Jefté e Sansão para que o libertassem da servidão (Jz 3,10; 6,34; 11,29; 13,25; 14,6 e 19). Sobre *Saul*, ao receber notícias da insolência dos amonitas para com os homens de Jabesh Gilead, diz-se (1 Sm 11,6) que *o Espírito de Deus baixou sobre Saul, e a sua ira* (ou, na versão latina, *a sua fúria*) *foi grandemente incendiada*. Aqui, não é provável que se esteja falando de um fantasma, e sim de um extraordinário *zelo* de castigar a crueldade dos amonitas. De maneira semelhante, pelo *Espírito* de Deus que baixou sobre Saul, quando ele se encontrava entre os profetas que louvavam a Deus

[209]

Segundo, como dotes extraordinários do entendimento.

Terceiro, como afeições extraordinárias.

---
[1] *Syn.*: em que

Parte 3 – Da República Cristã

com canções e músicas (1 Sm 19,20), não se deve entender um fantasma, mas um *zelo* inesperado e súbito de se unir a eles na sua devoção.

Quarto, como o dom da predição por sonhos e visões.

O falso profeta *Sedecias* disse a *Miqueias* (1 Rs 22,24): *Por onde se foi de mim o Espírito do Senhor para te falar?* Nessa passagem, não pode ser tomado como um fantasma, pois *Miqueias* declarou perante os reis de Israel e Judá o acontecimento da batalha como proveniente de uma *visão*, e não de um *espírito* falando nele.

Do mesmo modo se depreende dos livros dos profetas que estes últimos, apesar de falarem pelo *Espírito* de Deus, quer dizer, por uma graça especial de predição, não recebiam o seu conhecimento do futuro de um fantasma dentro deles, e sim de um *sonho* ou *visão* sobrenatural.

Quinto, como vida.

Gn 2,7. Diz-se que *Deus fez o homem do pó da terra, e insuflou nas suas narinas* (spiraculum vitae) *o sopro da vida, e o homem foi tornado uma alma vivente.* Aqui o *sopro da vida* insuflado por Deus significa simplesmente que Deus lhe deu a vida. E também (Jó 27,3) dizer *enquanto o Espírito de Deus estiver nas minhas narinas* é o mesmo que dizer *enquanto eu viver.* Assim em Ez 1,20 o *espírito da vida estava nas rodas* é equivalente de *as rodas estavam vivas.* E em Ez 2,30 a expressão *o espírito entrou em mim e pôs-me de pé* significa *recuperei a minha força vital,* e não que algum fantasma ou substância incorpórea entrou no meu corpo e o possuiu.

Sexto, como subordinação à autoridade.

[210]

No capítulo 11 dos *Números*, versículo 17: *Tomarei* (disse Deus) *do Espírito que está em ti, e dá-lo-ei a eles, e eles suportarão contigo o fardo do povo.* Trata-se dos sete anciãos, de dois dos quais se diz que profetizam no acampamento, e disso alguns se queixaram, e Josué quis que Moisés de tal os proibisse, ao que Moisés se recusou. De onde se depreende que Josué não sabia que eles estavam autorizados a fazê-lo, e profetizavam de acordo com a vontade de Moisés, quer dizer, por um *espírito* ou *autoridade* subordinada à deste último.

Em sentido semelhante, lemos (Dt 34,9) que *Josué estava cheio do espírito de sabedoria, porque Moisés tinha posto as suas mãos sobre ele.* Isto é, porque lhes foi *ordenado* por Moisés que continuas-

XXXIV. Do Significado de Espírito, Anjo e Inspiração

se a obra por ele próprio iniciada (a saber, levar o povo de Deus até a terra prometida), e que a morte o impediu de terminar.

Em sentido semelhante se diz (Rm 8,9): *Se algum homem não tiver o Espírito de Cristo, ele não é dos seus*. Com isto não se quer referir o *fantasma* de Cristo, e sim a *submissão* à sua doutrina. E também (1 Jo 4,2): *Por isso conhecereis o Espírito de Deus; todo o Espírito que confessar que Jesus Cristo veio carnalmente é de Deus*. Com isso se quer referir o espírito da genuína cristandade, ou a *submissão* àquele artigo principal da fé cristã, que Jesus é o Cristo, o que não pode ser interpretado como um fantasma.

E do mesmo modo nestas palavras (Lc 4,1): *E Jesus, cheio do Santo Fantasma* (isto é, conforme vem expresso em Mt 4,1 e em Mc 1,12, *do Espírito Santo*) deve ler-se o *zelo* de realizar a obra para que fora enviado por Deus Pai. Mas interpretar isso como um fantasma é o mesmo que dizer que o próprio Deus (pois nosso Salvador o era) estava cheio de Deus, o que é extremamente impróprio e insignificante. Não vou examinar como chegamos a traduzir *espíritos* pela palavra *fantasmas*, que nada significa, nem no céu nem na Terra, a não ser os habitantes imaginários do cérebro do homem. Digo apenas que no texto a palavra *espírito* não significa tal coisa, e ou significa propriamente uma *substância* real, ou significa metaforicamente alguma *aptidão* ou *feito* extraordinário da mente ou do corpo.

Os discípulos de Cristo, ao verem-no caminhar sobre as ondas (Mt 14,26 e Mc 6,49), julgaram que ele era um *espírito*, querendo com isso referir um *corpo* aéreo, e não um fantasma. Pois se diz que todos eles o viram, o que é impossível dizer-se das ilusões do cérebro (que não são comuns a muita gente ao mesmo tempo, como são os corpos visíveis, mas singulares, devido às diferenças das imaginações), só podendo dizer-se dos corpos. O mesmo aconteceu quando ele foi tomado por um *espírito* pelos mesmos Apóstolos (Lc 24,37), e também (At 12,15), quando São Pedro foi libertado da prisão, *e não*[1] se deu crédito à notícia. E quando a donzela disse que ele estava à porta

Sétimo, como corpos aéreos.

---

[1] *Syn.*: não

disseram que era o seu *anjo*, com o que certamente se queria referir a uma substância corpórea; e é preciso dizer que os próprios discípulos aceitavam a opinião comum *tanto de*[1] judeus como gentios de que *tais*[2] aparições não eram imaginárias, mas reais, e sem precisarem da fantasia do homem para existirem. A estas os judeus chamavam *espíritos* e *anjos*, bons ou maus, e os gregos davam a elas o nome de *demônios*. E algumas dessas aparições podem ser reais e substanciais, quer dizer, corpos sutis que Deus pode formar pelo mesmo poder com que fez todas as coisas, e que pode usar como ministros e mensageiros (quer dizer, anjos) para declarar a sua vontade e executá-la quando lhe aprouver, de maneira extraordinária e sobrenatural. Mas depois de Ele assim as formar elas são substâncias, dotadas de dimensões, ocupando espaço e podendo ser movidas de um lugar para outro, conforme é peculiar aos corpos. Portanto, não são fantasmas *incorpóreos*, quer dizer, fantasmas que não estão em *lugar algum*, quer dizer, que estão em *nenhures*; quer dizer, que, parecendo ser *algo*, não são *nada*. Mas se se entender corpóreo da maneira mais vulgar, como substâncias perceptíveis pelos nossos sentidos externos, nesse caso a substância incorpórea não é uma coisa imaginária, e sim real, a saber, uma substância tênue e invisível, mas que tem as mesmas dimensões dos corpos mais sólidos.

O que é anjo.   A palavra ANJO significa geralmente um *mensageiro*, e na maior parte dos casos um *mensageiro de Deus*. E por mensageiro de Deus entende-se algo que dá a conhecer a sua presença extraordinária, quer dizer, a manifestação extraordinária do seu poder, especialmente através de um sonho ou de uma visão.

Não há nada nas Escrituras relativamente à criação dos *anjos*. Frequentemente se repete que são espíritos, mas este nome significa, tanto nas Escrituras como na linguagem vulgar, tanto entre os judeus como entre os gentios, às vezes corpos tênues, como o ar, o vento, os espíritos vitais e animais das criaturas vivas; outras vezes significa as imagens que surgem na imagi-

[1] *Syn.*: de tanto   [2] *Syn.*: algumas de tais

XXXIV. Do Significado de Espírito, Anjo e Inspiração

nação por ocasião dos sonhos e visões, as quais não são substâncias reais e não duram mais do que o sonho ou visão em que aparecem; aparições essas que, embora não sejam substâncias reais, mas acidentes do cérebro, quando são criadas sobrenaturalmente por Deus para manifestar a sua vontade, não é impropriamente que são chamadas mensageiros de Deus, quer dizer, seus *anjos*.

    Tal como os gentios concebiam as imaginações do cérebro como coisas realmente existentes fora deles e independentes da imaginação, e forjaram a partir daí as suas opiniões dos *demônios*, bons e maus, aos quais, dado que pareciam existir realmente, chamavam *substâncias*, e dado que não lhes era possível senti-los com as mãos chamavam *incorpóreos*, assim também os judeus, com o mesmo fundamento, sem haver nada no Antigo Testamento que a tal os obrigasse, eram geralmente de opinião (com exceção da seita dos saduceus) de que essas aparições (que por vezes a Deus aprazia fazer surgir na imaginação dos homens, para seu próprio serviço, e portanto lhes chamava seus *anjos*) eram substâncias independentes da imaginação, mas criaturas permanentes de Deus. Assim, os que julgavam bons para eles eram considerados *anjos de Deus*, e os que julgavam ser-lhes prejudiciais eram chamados *anjos maus* ou espíritos malignos. Esse era o caso do espírito de Piton, e dos espíritos dos loucos, dos lunáticos e dos epilépticos. Pois consideravam *endemoninhados* todos os que eram afligidos por essas doenças.

    Mas, se examinarmos as passagens do Antigo Testamento em que se faz referência aos anjos, veremos que na maior parte delas a única coisa que se pode entender pela palavra *anjo* é uma imagem criada (sobrenaturalmente) na imaginação, para indicar a presença de Deus na execução de alguma obra sobrenatural. Portanto, nas passagens restantes, em que a sua natureza não é explicitada, essa palavra deve ser entendida da mesma maneira. [212]

    Pois lemos em Gn 16 que à mesma aparição se chama não apenas *anjo*, mas também *Deus*; e que o que é chamado (versículo 7) o *anjo* do Senhor diz a Agar no décimo versículo:

Multiplicarei abundantemente a tua linhagem; quer dizer, fala na pessoa de Deus. E esta aparição não era uma imaginação figurada, mas uma voz. Por isso se torna evidente que *anjo* significa aqui simplesmente o próprio *Deus*, o qual fez sobrenaturalmente que Agar ouvisse uma voz vinda do céu; ou melhor, trata-se simplesmente de uma voz sobrenatural, testemunhando a presença especial de Deus. Sendo assim, por que não poderão os anjos que apareceram a Ló, e são chamados *homens* (Gn 19,13), e aos quais, embora fossem dois, Ló falou como se fosse só um (versículo 18), e a esse um como se fosse Deus (porque as palavras são *Ló lhes disse: Não, rogo-vos, Senhor*), ser entendidos como imagens de homens, sobrenaturalmente formadas na imaginação, tal como antes um anjo foi entendido como uma voz imaginada? Quando do céu o anjo chamou a Abraão, para que detivesse a sua mão que ia matar Isaac (Gn 22,11), não houve aparição, mas apenas uma voz. Entretanto, com bastante propriedade se chamou mensageiro ou *anjo* de Deus, pois declarou sobrenaturalmente a vontade de Deus, o que evita o esforço de supor quaisquer fantasmas permanentes. Os anjos que Jacó viu na escada do céu (Gn 28,12) eram uma visão do seu sonho, portanto eram apenas uma fantasia e um sonho; mas como essas aparições são sobrenaturais, e sinais da presença especial de Deus, não é impróprio chamar-lhes *anjos*. O mesmo se deve entender (Gn 31,11), quando Jacó diz: *O anjo do Senhor apareceu-me durante o sono*. Com efeito, uma aparição a um homem durante o sono é o que toda a gente chama um sonho, quer esse sonho seja natural ou sobrenatural. E aquilo a que Jacó chamou *anjo* era o próprio Deus, porque o mesmo anjo disse (versículo 13): *Eu sou o Deus de Bethel*.

Também (Ex 14,9), o anjo que foi à frente do exército de Israel até o mar Vermelho, e depois se pôs atrás dele, é o próprio Deus (versículo 19). E ele não apareceu sob a forma de um belo homem, mas de dia, sob a forma de uma *coluna de nuvens*, e de noite, sob a forma de uma *coluna de fogo*. Contudo, esta coluna foi toda a aparição e o *anjo* prometido a Moisés (Ex 14,9) como guia do exército. Pois se diz que essa coluna

XXXIV. Do Significado de Espírito, Anjo e Inspiração

nebulosa desceu do céu e ficou à porta do Tabernáculo, e falou com Moisés.

Vemos neste caso o movimento e a linguagem, que geralmente se atribuem aos anjos, atribuídos a uma nuvem, porque a nuvem era um sinal da presença de Deus, e não era menos um anjo do que se tivesse a forma de um homem ou uma criança de beleza inexcedível, *com asas*[1], como geralmente são pintados, para falsa instrução da gente do vulgo. Porque não é a forma que deles faz anjos, mas o seu uso. Ora, este uso deve ser a significação da presença de Deus nas operações sobrenaturais, como quando Moisés (Ex 33,14) quis que Deus fosse junto com o exército (como sempre tinha feito antes de fazerem o bezerro de ouro), e Deus não respondeu *Irei* nem *Mandarei um anjo em meu lugar*, e sim *A minha presença irá convosco*.

[213]

Seria demasiado longo enumerar todas as passagens do Antigo Testamento em que se encontra a palavra anjo. Assim, para as abranger todas ao mesmo tempo direi que não há nenhum texto, naquela parte do Antigo Testamento que a Igreja Anglicana considera canônica, de que possamos concluir que existe ou que foi criada alguma coisa permanente (designada pelo nome de *espírito* ou *anjo*) que não possua quantidade, e não possa ser dividida pelo entendimento, quer dizer, examinada por partes, de modo tal que uma parte esteja num lugar e a parte seguinte no lugar seguinte ao primeiro. Em resumo, que não seja corpórea (considerando corpo aquilo que é alguma coisa ou que está em algum lugar). Pelo contrário, em todas as passagens o sentido permite a interpretação de anjo como mensageiro, como João Batista é chamado um anjo, e Cristo o anjo do pacto, e também como (segundo a mesma analogia) a pomba e as línguas de fogo, na medida em que eram sinais da presença especial de Deus, poderiam igualmente ser chamadas anjos. Embora em Daniel encontremos dois nomes de anjos, *Gabriel* e *Miguel*, o próprio texto deixa claro (Dn 12,1) que por *Miguel* se entende o *Cristo*, não como anjo, mas como príncipe;

---

[1] *Syn.*: asas,

Parte 3 – Da República Cristã

e que *Gabriel* (tal como as idênticas aparições a outros santos homens durante o sono) não passava de um fantasma sobrenatural, pelo qual pareceu a *Daniel*, no seu sonho, que estando dois santos a falar um deles disse ao outro: *Gabriel, vamos fazer este homem entender a sua visão*. Porque Deus não precisa distinguir os seus servos celestes com nomes, que só se tornam úteis para as curtas memórias dos mortais. No Novo Testamento não há nenhuma passagem que permita provar que os anjos (a não ser quando se trata daqueles homens de quem Deus fez os mensageiros e ministros da sua palavra ou das suas obras) sejam coisas permanentes, e além disso incorpóreas. Que são permanentes pode-se depreender das palavras do nosso Salvador (Mt 25,41), quando ele diz que será dito aos perversos no dia do Juízo: *Ide, malditos, para o fogo eterno preparado para o Diabo e seus anjos*. Essa passagem mostra bem a permanência dos anjos maus (a não ser que entendamos o nome do Diabo e seus anjos como indicando os adversários da Igreja e seus ministros), mas que é incompatível com a sua imaterialidade, porque o fogo eterno não seria um castigo para substâncias impalpáveis, como são todas as coisas incorpóreas. Portanto, aí não fica provado que os anjos sejam incorpóreos. De maneira semelhante, quando São Paulo diz (1 Cor 6,3): *Não sabeis que julgaremos os anjos?*; e também (2 Pd 2,4): *Porque se Deus não perdoou aos anjos que pecaram, e os precipitou no inferno*; e ainda (Jt 1,6): *E aos anjos que não conservaram o seu estado primitivo, e abandonaram a sua primitiva habitação, ele reservou a obscuridade em eternas cadeias, até o Juízo do último dia*; em todas estas passagens, embora prove a permanência da natureza angelical, confirma também a sua materialidade. E também (Mt 22,30): *Na ressurreição os homens não casam, nem dão em casamento, mas são como os anjos de Deus no céu*; mas na ressurreição os homens serão permanentes, e não incorpóreos, portanto os anjos também o serão.

Há diversas outras passagens das quais se poderia tirar a mesma conclusão. Para os homens que entendem o significado das palavras *substância* e *incorpóreo*, dado que *incorpóreo* não é tomado como corpo sutil, mas como *não corpo*, elas implicam,

XXXIV. Do Significado de Espírito, Anjo e Inspiração

quando juntas, uma contradição. Nessa medida, dizer que um anjo ou espírito é (nesse sentido) uma substância incorpórea é efetivamente o mesmo que dizer que não há nenhuma espécie de anjos ou espíritos. Assim, levando em conta a significação da palavra anjo no Antigo Testamento, e a natureza dos sonhos e visões que acontecem aos homens através dos processos comuns da natureza, inclino-me para pensar que os anjos não são mais do que aparições sobrenaturais da imaginação, suscitadas pela intervenção especial e extraordinária de Deus, a fim de dar a conhecer à humanidade, e principalmente ao seu próprio povo, a sua presença e os seus mandamentos. Mas as numerosas passagens do Novo Testamento, e as próprias palavras do nosso Salvador, em textos em que não há suspeita de corrupção das Escrituras, arrancaram à minha débil razão o reconhecimento e a crença de que também há anjos substanciais e permanentes. Mas acreditar que eles não estão em parte alguma, quer dizer, em nenhures, quer dizer, que não são nada, como dizem (embora indiretamente) os que os consideram incorpóreos, não pode ser provado a partir das Escrituras.

Da significação da palavra *espírito* depende a da palavra INSPIRAÇÃO, que ou é tomada em sentido próprio, e neste caso não é mais do que o insuflar num homem de um ar ou vento fino e sutil, tal como um homem enche uma bexiga com o seu sopro, ou, se os espíritos não são corpóreos e têm a sua existência apenas na imaginação, *então não*[1] é mais do que o insuflar de um fantasma; o que só pode ser dito de maneira imprópria e impossível, pois os fantasmas não são nada, apenas parecem ser alguma coisa. Portanto, essa palavra é usada nas Escrituras apenas metaforicamente. Como quando se diz (Gn 2,7) que Deus *inspirou* ao homem o sopro da vida, não se querendo dizer outra coisa senão que Deus lhe deu o movimento vital. Porque não devemos pensar que Deus fez primeiro um sopro vivo, e depois o insuflou em Adão depois de este já estar feito, quer esse sopro fosse real ou aparente, mas ape-

O que é inspiração.

---
[1] *Syn.*: não

Parte 3 – Da República Cristã

nas (At 17,25) *que lhe deu vida e alento*, quer dizer, que fez dele uma criatura viva. E quando se diz (2 Tm 3,16) *todas as Escrituras são dadas por inspiração de Deus*, falando aí das Escrituras do Antigo Testamento, trata-se de uma simples metáfora, significando que Deus inclinou o espírito ou mente desses autores a escrever o que seria útil para ensinar, reprovar, corrigir e instruir os homens no reto caminho da vida. Mas quando São *Pedro* diz (2 Pd 1,21) que *nos tempos antigos a profecia não proveio da vontade dos homens, mas os santos homens de Deus falaram enquanto movidos pelo Espírito Santo*, entende-se por Espírito Santo a voz de Deus num sonho ou visão sobrenatural, que não é uma *inspiração*. E quando o nosso Salvador lançou o seu alento sobre os discípulos, dizendo *recebei o Espírito Santo*, esse alento também não era o espírito, mas um sinal das graças espirituais que lhes estava concedendo. E embora se diga de muitos, inclusive do nosso próprio Salvador, que estava cheio do *Espírito* Santo, mesmo assim essa plenitude não deve ser entendida como *infusão* da substância de Deus, mas como acumulação dos seus dons, como o dom da santidade da vida, ou o dom das línguas, e outros semelhantes, quer sejam conseguidos sobrenaturalmente ou pelo estudo e pelo trabalho, pois em todos os casos trata-se de dons de Deus. De maneira semelhante, quando Deus diz (Jl 2,28) *derramarei o meu espírito sobre a carne, e os vossos filhos e filhas profetizarão, os vossos velhos sonharão sonhos, e os vossos jovens verão visões*, não devemos entendê-lo em sentido próprio, como se o *espírito* fosse como a água, sujeito a efusão e infusão, mas no sentido de Deus ter prometido dar-lhe sonhos e visões proféticas. Porque o uso próprio da palavra *infundido*, ao falar das graças de Deus, constitui um abuso da palavra, dado que as graças são virtudes, e não corpos que podem ser levados para aqui e para ali, ou que podem ser despejados para dentro dos homens como se estes fossem barris.

Da mesma maneira, tomar *inspiração* em sentido próprio, ou dizer que entraram nos homens *espíritos* benéficos que lhes permitem profetizar, ou *espíritos* maléficos que os tornam frenéticos, lunáticos ou epiléticos, não é tomar a palavra no sentido das Escrituras, pois nestas o espírito é tomado como poder de Deus, atuando por meio de causas que nos são desconhecidas. Como também o vento (At 2,2), que lá se diz ter enchido a casa onde os apóstolos estavam reunidos no dia de Pentecostes, não deve ser entendido como o *Espírito* Santo, o qual é a própria divindade, mas como um sinal externo da intervenção especial de Deus nos seus corações, para neles tornar efetivas as graças internas e as santas virtudes que considerava necessárias para a realização do seu apostolado.

CAP. XXXV
Do Significado de Reino de Deus, Santo, Sagrado *e* Sacramento *nas Escrituras*

[216]

Nas obras dos teólogos, especialmente nos sermões e tratados de devoção, o *Reino de Deus* é geralmente tomado como a eterna felicidade depois desta vida, no altíssimo céu, ao qual também chamam o Reino de Glória e às vezes é tomado também como santificação (o máximo dessa felicidade), ao que chamam Reino da Graça. Mas nunca o tomam como monarquia, quer dizer, o poder soberano de Deus sobre quaisquer súditos, adquirido pelo consentimento destes, que é a significação própria de Reino.

Pelo contrário, verifico que na maioria das passagens das Escrituras Reino de Deus significa um *reino propriamente dito*, constituído pelos votos do povo de Israel de maneira peculiar, segundo a qual escolheram Deus como seu rei mediante um pacto celebrado com Ele, após Deus lhes ter prometido a posse da terra de Canaã, e poucas vezes tem um significado metafórico. E mesmo nestes casos é tomado como *domínio sobre o pecado* (apenas no Novo Testamento), pois um domínio

O Reino de Deus entendido metaforicamente pelos teólogos, mas nas Escrituras em sentido próprio.

Parte 3 – Da República Cristã

como esse todo súdito o terá no Reino de Deus, sem prejuízo para o soberano.

Desde a própria criação, Deus não apenas reinou *naturalmente* sobre todos os homens, através do seu poder, mas teve também súditos *peculiares*, aos quais comandava por intermédio de uma voz, da mesma maneira que um homem fala com outro. Foi dessa maneira que *reinou* sobre Adão, dando-lhe ordem de se abster da árvore do conhecimento do bem e do mal. Quando ele desobedeceu e dela provou propôs-se ser como Deus, julgando entre o bem e o mal, seguindo o seu próprio critério em vez dos mandamentos do seu criador, e o seu castigo foi a privação do estado de vida eterna no qual inicialmente Deus o tinha criado. E posteriormente Deus castigou pelos seus vícios a sua posteridade, com exceção de apenas oito pessoas, com um dilúvio universal. E era nessas pessoas que consistia nesse momento o *Reino de Deus*.

A origem do Reino de Deus.

Mais tarde, prouve a Deus falar a Abraão, e fazer com ele um pacto (Gn 17,7s.) nestes termos: *Estabelecerei o meu pacto entre mim e ti, e a tua semente depois de ti nas suas gerações, por um pacto perpétuo para ser um Deus para ti e para a sua semente depois de ti. E dar-te-ei a ti e à tua semente depois de ti a terra onde és um estranho, toda a terra de Canaã para uma posse perpétua.* Neste pacto, *Abraão prometeu por si mesmo e sua posteridade obedecer ao que Deus, nosso Senhor, lhe dissesse, e por sua parte Deus prometeu a Abraão a posse perpétua da terra de Canaã.* E como memorial e símbolo do pacto ordenou (versículo 11) o *sacramento da circuncisão*. É a isto que se chama o *Antigo Pacto* ou *Testamento*, que encerra um contrato entre Deus e Abraão, mediante o qual Abraão fica obrigado, assim como a sua posteridade, a se sujeitar de maneira peculiar à lei positiva de Deus, porque à lei moral já estava obrigado antes, por intermédio de um juramento de obediência. Embora ainda não seja dado a Deus o nome de *rei*, nem a Abraão e sua descendência o nome de *reino*, a coisa é a mesma, a saber, a instituição mediante um pacto da soberania peculiar de Deus sobre a descendência de Abraão, tanto assim que renovação do mesmo pacto por Moisés, no monte Sinai, é expres-

XXXV. Do Significado de Reino de Deus

samente chamado um *Reino de Deus* peculiar sobre os judeus. E foi de Abraão (não de Moisés) que São *Paulo* disse (Rm 4,11) que ele é o *Pai dos fiéis*, quer dizer, dos que são leais e não violam a obediência jurada a Deus, primeiro pela circuncisão, e depois, no *novo pacto*, pelo batismo.

Este pacto, no sopé do monte Sinai, foi renovado por Moisés (Ex 19,5) quando o Senhor ordenou a Moisés que falasse ao povo desta maneira: *Se efetivamente obedecerdes à minha voz e respeitardes o meu pacto, então sereis um povo peculiar para mim, pois toda a terra me pertence. E sereis sob mim um reino sacerdotal e uma nação santa.* Povo peculiar era, no latim vulgar, *peculium de cunctis populis*; na tradução inglesa feita no reinado de Jaime, *a minha propriedade peculiar dentre todos os povos*, e na tradução francesa de Genebra, *a joia mais preciosa de todas as nações*. Mas a tradução correta é a primeira, pois é confirmada pelo próprio São *Paulo* (Tt 2,14), quando diz, aludindo a essa passagem, que o nosso abençoado Salvador *se deu a si mesmo por nós, com o fim de nos purificar para si mesmo, como um povo peculiar* (isto é, extraordinário). Porque em grego a palavra é περιούσιος, que geralmente se opõe à palavra ἐπιούσιος, e, assim como esta significa *vulgar, quotidiano*, ou (como na oração do Senhor) *de uso diário*, assim também a outra significa *excedente*, e *armazenado*, e *gozado de maneira especial*, e é a isso que os latinos chamavam *peculium*. E este significado da passagem é confirmado pela razão para ela dada por Deus imediatamente a seguir, quando ele acrescenta: *Todas as nações do mundo são minhas*, mas não é dessa maneira que sois meus, e sim de uma *maneira especial*. Porque elas são minhas em virtude do meu poder, mas vós sereis meus por vosso próprio consentimento e pacto. Isso constitui um acrescento ao seu título geral sobre todas as nações.

Além disso, o mesmo é confirmado nas palavras expressas do mesmo texto: *Vós sereis para mim um reino sacerdotal e uma nação santa*. O latim vulgar era *regnum sacerdotale*, com o que concorda a tradução dessa passagem (1 Pd 2), *sacerdotium regale*, um *sacerdócio real*. Como concorda também a própria instituição pela qual ninguém podia entrar no *sanctum sanctorum*, quer dizer, nin-

O Reino de Deus em sentido próprio é a sua soberania civil sobre um dado povo por pacto.

Parte 3 – Da República Cristã

[218]

guém podia investigar a vontade de Deus imediatamente do próprio Deus, mas só através do sumo sacerdote. A tradução inglesa aqui citada, seguindo a de Genebra, refere *um reino de sacerdotes*, o que ou significa a sucessão de um sumo sacerdote após outro, ou então não está de acordo com São Pedro nem com o exercício do sumo sacerdócio. Porque nunca competiu a ninguém, a não ser apenas ao sumo sacerdote, informar o povo da vontade de Deus, nem jamais nenhuma convocação de sacerdotes permitiu entrar no *sanctum sanctorum*.

Mais ainda, o título de *nação santa* confirma a mesma coisa, porque *santo* significa aquilo que é de Deus por direito especial, não por direito geral. Conforme se diz nos textos, a Terra inteira é de Deus, mas nem toda a Terra é chamada *santa*, sendo-o apenas aquela que é posta de parte para um serviço especial, como era o caso da nação dos judeus. Portanto, esta passagem mostra suficientemente que por *Reino de Deus* se entende propriamente uma república, instituída (pelo consentimento dos que lhe iriam ficar sujeitos) para o seu governo civil e para o controle do seu comportamento, não apenas para com Deus, seu rei, mas também uns para com os outros nas questões de justiça, e para com as outras nações tanto na paz como na guerra. E ele era propriamente um reino, onde Deus era o rei e o Sumo Sacerdote viria a ser (após a morte de Moisés) o seu único vice-rei ou lugar-tenente.

Mas há muitas outras passagens que provam claramente o mesmo. Em primeiro lugar (1 Sm 8,7) aquela em que os anciãos de Israel (aflitos com a corrupção dos filhos de Samuel) pediram um rei, e Samuel mostrou o seu desagrado e orou ao Senhor, e o Senhor em resposta lhe disse: *Escuta a voz do povo, pois não foi a ti que eles rejeitaram, foi a mim, para que não reine sobre eles.* Disso resulta evidente que o próprio Deus era então o seu rei, e que Samuel não comandava o povo, mas apenas a ele comunicava o que de vez em quando Deus lhe indicava.

Também, quando Samuel disse ao povo (1 Sm 12,12): *Quando vistes que Nahash, rei dos filhos de Amon, marchava contra vós, haveis-me dito: Não, só um rei deve reinar sobre nós, dado que Deus, nosso*

XXXV. Do Significado de Reino de Deus

Senhor, era vosso rei, fica manifesto que Deus era o seu rei, e governava o regime civil de sua república.

E depois de os israelitas rejeitarem Deus os Profetas predisseram a sua restituição (Is 24,23): *Então a Lua ficará confundida, e o Sol ficará envergonhado, quando o Senhor das Hostes reinar no monte Sião e em Jerusalém.* Aqui se fala expressamente do seu reino em Sião e em Jerusalém, quer dizer, na Terra. E também (Mq 4,7): *E o Senhor reinará sobre eles no monte Sião*; este monte Sião é em Jerusalém, na Terra. E também (Ez 20,33): *Como vivo, disse Deus nosso Senhor, seguramente com mão poderosa e o braço estendido, e com fúria derramada, governarei sobre vós*; e (versículo 37) *Far-vos-ei passar sob a vara, e levar-vos-ei até o laço do pacto*; quer dizer, reinarei sobre vós, e obrigar-vos-ei a respeitar aquele pacto que fizestes comigo através de Moisés, e ao qual haveis quebrado com a vossa rebelião contra mim no tempo de Samuel, e na vossa eleição de um outro rei.

E no Novo Testamento o anjo Gabriel disse do nosso Salvador (Lc 1,32.33): *Ele será grande, e será chamado o Filho do Altíssimo, e o Senhor lhe dará o trono do seu pai Davi; e ele reinará para sempre sobre a casa de Jacó e o seu reino não mais terá fim.* Aqui também se trata de um reino na Terra, e foi porque o reclamou que lhe foi dada a morte, como inimigo de César. A insígnia da sua cruz era *Jesus de Nazaré, Rei dos Judeus*; por escárnio, foi coroado com uma coroa de espinhos; e por sua proclamação diz-se dos discípulos (At 17,7): *Isso todos eles fizeram contrariamente aos decretos de César, dizendo que havia um outro rei, chamado Jesus.* Portanto, o Reino de Deus é um reino real, não um reino metafórico, e é neste sentido que é tomado, não só no Antigo Testamento como também no Novo. Quando dizemos *porque vosso é o Reino, o Poder e a Glória*, deve entender-se o Reino de Deus pela força do nosso pacto, e não pelo direito do poder de Deus; porque tal reino Deus sempre teve, portanto seria supérfluo dizer nas nossas preces *venha a nós o Vosso Reino*, se isso não significasse a restauração daquele Reino de Deus pelo Cristo, esse reino que a revolta dos israelitas interrompeu com a eleição de Saul. E também não seria próprio dizer *o Reino do Céu está na tua mão*, ou rezar *venha a nós o vosso Reino*, se ele tivesse continuado.

[219]

Parte 3 – Da República Cristã

Existe tão grande número de outras passagens que confirmam esta interpretação que seria de espantar tal não ter sido mais notado, não fosse a maneira como elas esclarecem os reis cristãos, fazendo-os ver o seu direito ao governo eclesiástico. Isto muito bem viram os que em vez de *reino sacerdotal* traduziram *reino de sacerdotes*, pois também teriam podido traduzir *sacerdócio real* (como em São Pedro) por *sacerdócio de reis*. E tal como traduzem *povo peculiar* por *joia preciosa* ou *propriedade*, assim também se poderia chamar ao regimento ou companhia especial de um general a joia preciosa, ou a propriedade do general.

Em resumo, o Reino de Deus é um reino civil, que consiste, em primeiro lugar, na obrigação do povo de Israel para com as leis que Moisés lhe deveria trazer do monte Sinai, e que posteriormente o Sumo Sacerdote do momento lhe deveria comunicar perante os *querubins* do *sanctum sanctorum*. Renegado na eleição de Saul, esse reino seria restaurado por Cristo – previram os profetas –, e é por essa restauração que diariamente oramos, quando dizemos na prece ao Senhor *venha a nós o Vosso Reino*. Seu direito reconhecemos quando acrescentamos *porque Vosso é o Reino, o Poder e a Glória, por todos os séculos dos séculos, amém*, reino este proclamado na pregação dos apóstolos, e para o qual os homens são preparados pelos mestres do Evangelho. Por sua vez, a aceitação desse Evangelho (quer dizer, a promessa de obediência ao governo de Deus) equivale a estar no *Reino da Graça*, porque Deus lhes concedeu *gratuitamente* o direito de serem súditos (isto é, filhos) de Deus posteriormente, quando Cristo viesse em majestade para julgar o mundo, e para governar efetivamente o seu povo, ao que se chama *Reino de Glória*. Se o Reino de Deus (também chamado Reino do Céu, devido à gloriosa e admirável altura desse trono) não fosse um reino exercido por Deus na Terra, através dos seus lugares-tenentes e vigários, que transmitem os seus mandamentos ao povo, não teria havido tantas discussões e guerras para determinar através de quem Deus nos fala, nem tantos padres se teriam preocupado com a jurisdição espiritual, nem rei algum a teria negado a eles.

O que é santo. A partir desta interpretação literal do *Reino de Deus* surge também a verdadeira interpretação da palavra SANTO. Pois é

XXXV. Do Significado de Reino de Deus

uma palavra que corresponde, no Reino de Deus, àquilo que os homens nos seus reinos costumam chamar *público*, isto é, os *reis*. Em qualquer país o rei é a pessoa *pública*, ou representante de todos os seus súditos. E Deus, rei de Israel, era a pessoa *santa* de Israel. A nação que está sujeita a um soberano terreno é a nação desse soberano, isto é, da pessoa pública. Assim os judeus, que eram a nação de Deus, eram chamados (Ex 19,6) *uma nação santa*. Porque por *santo* se entendeu ou o próprio Deus, ou o que é propriedade de Deus. E *público* sempre significou ou a própria pessoa da república ou alguma coisa que pertence à república de modo tal que nenhuma pessoa particular pode pretender a sua propriedade.

Portanto, o sábado (dia de Deus) é um *dia santo*, o templo (casa de Deus) é *uma casa santa*, os sacrifícios, dízimos e oferendas (tributos de Deus) são *deveres santos*, os padres, profetas e os reis ungidos por Cristo (ministros de Deus) são *homens santos*, os espíritos ministeriais celestes (mensageiros de Deus) são *santos anjos*, e assim por diante. E sempre que a palavra *santo* é usada adequadamente expressa ainda alguma propriedade, obtida por consentimento. Ao dizer *santificado seja o vosso nome*, não fazemos mais do que rogar a Deus pela graça de respeitar o primeiro mandamento, de *não ter outros deuses senão ele*. A humanidade é a nação de Deus por propriedade, mas só os judeus são uma *nação santa*. Por que razão, senão porque se tornaram sua propriedade por meio do pacto?

E a palavra *profano* geralmente é usada nas Escrituras com o sentido de *comum*; consequentemente os seus contrários, *santo* e *próprio*, no Reino de Deus devem significar também o mesmo. Mas em sentido figurado também se chamam *santos* àqueles homens cujas vidas foram tão retas como se eles tivessem renunciado a qualquer propósito mundano, e se dedicado e se dado inteiramente a Deus. Em sentido próprio, diz-se que é *santificado* por Deus aquilo que se torna *santo* quando Deus de tal se apropria e separa para o seu próprio uso, como o sétimo dia no quarto mandamento, e como, segundo o Novo Testamento, os eleitos são *santificados* no momento em que são investidos do

O que é sagrado.

espírito de piedade. E o que é tornado *santo* pela dedicação dos homens, e entregue a Deus, a fim de ser usado unicamente no seu serviço público, é também chamado SAGRADO, e diz-se que está consagrado, como os templos e outras casas de oração pública, assim como os seus utensílios, padres e ministros, vítimas, oferendas, e a matéria externa dos sacramentos.

Graus de santidade.

Existem diferentes graus de *santidade*, pois dentre as coisas que são postas de parte para o serviço de Deus pode haver algumas que são novamente postas de parte, para o seu serviço mais próximo e mais especial. A nação inteira dos israelitas era um povo santo de Deus, mas a tribo de Levi era entre os israelitas uma tribo santa, e entre os levitas os sacerdotes eram os mais santos, e entre os sacerdotes o Sumo Sacerdote era o mais santo de todos. E assim também a terra da Judeia era a terra santa, mas a cidade santa onde Deus devia ser adorado era a mais santa, e por sua vez o templo era mais santo do que a cidade, e o *sanctum sanctorum* era mais santo do que o resto do templo.

Sacramento.

Um SACRAMENTO é a separação de uma coisa visível do seu uso comum, e a sua consagração para o serviço de Deus, como sinal, seja da nossa admissão no Reino de Deus, como pertencentes ao seu povo peculiar, seja de sua comemoração. No Antigo Testamento o sinal de admissão era a *circuncisão*, e no Novo Testamento é o *batismo*. A sua comemoração no Antigo Testamento era *comer o cordeiro pascal* (num momento determinado, que era o aniversário), mediante o que se lembrava da noite em que os judeus foram libertados da escravidão do Egito. No Novo Testamento é a celebração da *ceia do Senhor*, mediante a qual nos lembramos da nossa libertação da escravidão do pecado, pela morte do nosso abençoado Salvador na cruz. Os sacramentos de *admissão* só podem ser usados uma vez, porque só é preciso haver uma *admissão*, mas, como é preciso ser-nos frequentemente lembrada a nossa libertação e a nossa fidelidade, os sacramentos de *comemoração* necessitam ser reiterados. E são estes os principais sacramentos, que são, por assim dizer, os juramentos solenes de fidelidade que fazemos. Também há outras consagrações que podem ser chamadas sacramentos, dado que a palavra implica consagração ao serviço de Deus; mas como ela implica também um juramento ou promessa de fidelidade a Deus, não se encontra no Antigo Testamento nenhum outro além da *circuncisão* e da *extrema-unção*, e no Novo Testamento não há nenhum outro além do *batismo* e da *ceia do Senhor*.

CAP. XXXVI
Da Palavra de Deus
e dos Profetas

[222]

    Sempre que há referência à *palavra de Deus* ou do *homem*, tal não significa uma parte do discurso, como são para os gramáticos os nomes, ou os verbos, ou qualquer termo isolado, sem um contexto com outras palavras que lhe deem significado, e sim uma oração ou discurso perfeito, em que o orador *afirma, nega, ordena, promete, ameaça, deseja* ou *interroga*. E neste sentido uma *palavra* não significa *vocabulum*, mas *sermo* (em grego λόγος), isto é, uma *oração, discurso* ou *fala*.

O que é a palavra.

    Mais ainda, quando falamos da *palavra de Deus* ou do *homem*, isso pode às vezes entender-se do orador (como as palavras que Deus proferiu, ou que um homem proferiu). Neste sentido, quando falamos do Evangelho de São Mateus, entendemos que São Mateus foi o seu autor. Outras vezes pode entender-se do tema, e nesse sentido, quando lemos na Bíblia *as palavras dos dias dos reis de Israel e de Judá*, isso significa que as ações praticadas nesses dias foram o tema dessas palavras. E na língua grega, que nas Escrituras conserva muitos hebraísmos, entende-se muitas vezes pela palavra de Deus não aquela que é dita por Deus, mas a que é dita a respeito de Deus e do seu governo, quer dizer, a doutrina da religião. Assim, é a

As palavras ditas por Deus e a respeito de Deus, ambas chamadas palavra de Deus nas Escrituras.

Parte 3 – Da República Cristã

mesma coisa dizer λόγος θεοῦ ou *theologia*, a doutrina a que precisamente chamamos *teologia*, conforme é manifesto na seguinte passagem (At 13,46): *Então Paulo e Barnabé passaram à ousadia e disseram: é necessário que a palavra de Deus primeiro vos seja dita, mas vendo que a recusais e que vos julgais indignos de uma vida eterna, vede, voltamos para os gentios!* O que aqui se chamava palavra de Deus era a doutrina da religião cristã, como fica evidente pelo que precede. E, quando (At 5,20) um anjo diz aos apóstolos: *Erguei-vos e dizei no templo todas as palavras desta vida*, a expressão *palavras desta vida* significa a doutrina do Evangelho, como se torna evidente pelo que eles fizeram no templo, e encontra-se expresso no último versículo do mesmo capítulo: *Diariamente no templo e em cada casa eles não cessavam de ensinar e pregar a Cristo Jesus*. Fica manifesto nesta passagem que Jesus Cristo era o tema desta *palavra da vida*, ou então, o que é o mesmo, o tema das *palavras desta eterna vida* que o nosso Salvador lhes ofereceu. Assim (At 15,7), a palavra de Deus é chamada *a palavra do Evangelho*, porque encerrava a doutrina do Reino de Cristo, e a mesma palavra (Rm 10,8-9) é chamada *a palavra da fé*, isto é, conforme aí se encontra expresso, a doutrina de Cristo erguido e regressado de entre os mortos. E também em (Mt 13,19): *Quando alguém escutar a palavra do Reino*, isto é, a doutrina do Reino ensinada por Cristo. E da mesma palavra se diz (At 12,24) que *cresce e se multiplica*, o que é fácil ser entendido da doutrina evangélica, mas é difícil e estranho ser entendido da voz ou fala de Deus. No mesmo sentido, *doutrina dos diabos* não significa as palavras de qualquer diabo, e sim a doutrina dos pagãos a respeito dos *demônios*, e os fantasmas a quem eles adoravam como deuses.

Examinando estas duas significações da PALAVRA DE DEUS, conforme aparece nas Escrituras, é manifesto neste último sentido (quando tomada como doutrina da religião cristã) que as Escrituras inteiras são a palavra de Deus; mas no primeiro sentido não é esse o caso. Por exemplo, embora as palavras *Eu sou o Senhor teu Deus etc.*, no final dos dez mandamentos, tenham sido ditas a Moisés por Deus, apesar disso, o Prefácio,

XXXVI. Da Palavra de Deus e dos Profetas

Deus proferiu estas palavras e disse, deve ser entendido como as palavras daquele que escreveu a história santa. A *palavra de Deus*, no sentido daquela que Ele proferiu, às vezes entende-se *propriamente*, e às vezes *metaforicamente*. Propriamente, como as palavras que Ele disse aos Seus profetas, e *metaforicamente* como a Sua sabedoria, poder e eterno decreto, ao fazer o mundo. Neste sentido, os *fiat* de Gn 1, *Faça-se a luz, Faça-se um firmamento, Façamos o homem* etc., são a palavra de Deus. E no mesmo sentido se diz (Jo 1,3): *Todas as coisas são feitas com ela, e sem ela nada foi feito do que foi feito*; e também (Heb 1,3): *Ele manteve todas as coisas pela palavra do seu poder*, quer dizer, pelo poder da Sua palavra, ou seja, pelo Seu poder; ainda (Heb 11,3): *Os mundos foram forjados pela palavra de Deus*; e muitas outras passagens com o mesmo sentido. Assim como também entre os latinos a palavra *fate*, que significava propriamente *a palavra dita*, era tomada no mesmo sentido.

A palavra de Deus usada metaforicamente, primeiro, para os decretos do poder de Deus.

Em segundo lugar, entende-se como os efeitos da Sua palavra, quer dizer, como a própria coisa que pela Sua palavra é afirmada, ordenada, ameaçada ou prometida. Como quando se diz (Sl 105,19) que José foi mantido na prisão *até que a sua palavra chegou*, isto é, até vir a acontecer aquilo que ele havia predito (Gn 40,13) ao copeiro do Faraó, a respeito da sua restauração nesse cargo; porque a *sua palavra chegou* significa aí que a própria coisa aconteceu. E também Elias disse a Deus (1 Rs 18,36): *Eu fiz todas estas vossas palavras*, em vez de dizer: *Eu fiz todas estas coisas por vossa palavra*, ou ordem. E (Jr 17,15) *Onde está a palavra do Senhor* está em vez de *Onde está o mal que ele ameaçou*. E (Ez 12,28), em *Nenhuma das minhas palavras se prolongará mais*, entende-se por *palavras* aquelas *coisas* que Deus havia prometido ao seu povo. E no Novo Testamento (Mt 24,35) *o céu e a terra passarão, mas as minhas palavras não passarão* quer dizer que não há nada do que eu prometi ou predisse que não venha a acontecer. E é neste sentido que São João Evangelista e, segundo creio, apenas São João, chamava ao próprio Salvador a encarnação da *palavra de Deus* (como em Jo 1,14: *a palavra se fez carne*), quer dizer, a palavra ou promessa de que Cristo viria ao mun-

Segundo, como efeito da Sua palavra.

[224]

do; *que no princípio estava com Deus*, quer dizer, era intenção de Deus Pai enviar ao mundo a Deus Filho, a fim de iluminar os homens no caminho da vida eterna; mas até esse momento essa intenção não foi posta em execução e efetivamente encarnada, e assim o nosso Salvador é aí chamado *a palavra*, não porque ele fosse a promessa, mas porque era a coisa prometida. Aqueles que se apoiam nesta passagem para lhe chamar o Verbo de Deus não fazem mais do que tornar o texto mais obscuro. Também lhe poderiam ter chamado o Nome de Deus, porque por *nome*, tal como por *verbo*, entende-se apenas uma parte do discurso, uma voz, um som, que nem afirma nem nega, não ordena nem promete, e também não é nenhuma substância corpórea ou espiritual, da qual portanto não se pode dizer que seja Deus ou homem, ao passo que o nosso Salvador era ambas essas coisas. E essa *palavra* que São João disse no seu Evangelho que estava com Deus é (na sua primeira Epístola, versículo 1) chamada a *palavra da vida*, e (versículo 2) *a vida eterna, que estava com o Pai*, de modo que Deus só pode ser chamado a *palavra* na medida em que é chamado *vida eterna*, quer dizer, *aquele que nos trouxe a vida eterna*, pelo fato de se ter feito carne. Assim também (Ap 19,13) o apóstolo, ao falar do Cristo, vestido com uma túnica empapada de sangue, disse: seu nome é *a palavra de Deus*, o que deve ser entendido como se ele tivesse dito que o seu nome era *Aquele que veio conformemente à intenção de Deus desde o princípio, e conformemente à sua palavra e promessas transmitidas pelos profetas*. Portanto, aqui de modo algum se trata da encarnação da palavra, mas da encarnação de Deus Filho, ao qual portanto se chama *a palavra*, porque a sua encarnação foi o cumprimento da promessa. Da mesma maneira que ao Espírito Santo se chama *a promessa*.

At 1,4.
Lc 24,49.

Terceiro, como palavra de razão e equidade.

Há também passagens das Escrituras em que *a palavra de Deus* significa as palavras que são conformes à razão e à equidade, embora às vezes não sejam proferidas nem por um profeta nem por um homem santo. Porque o faraó Necau era um idólatra, e no entanto dizem que suas palavras ao bom rei Josias, nas quais o aconselhava, por intermédio de mensageiros, a não

XXXVI. Da Palavra de Deus e dos Profetas

se opor à sua marcha contra *Carchemish*, provinham da boca de Deus, e Josias, como não lhes deu ouvidos, foi morto na batalha, conforme se pode ler em 2 Cr 35,21-23. É certo que quando a mesma história é narrada no primeiro livro de Esdras não é o faraó, e sim Jeremias quem diz essas palavras a Josias, a partir da boca do Senhor. Mas devemos dar crédito às Escrituras canônicas, seja o que for que esteja escrito nos apócrifos.

A *palavra de Deus* também deve ser tomada como os ditames da razão e da equidade, quando dela se diz nas Escrituras que está escrita no coração do homem, como no Salmo 36,31, em Jr 31,33, em Dt 30,11 e 14, e em muitas outras passagens semelhantes.

O nome de PROFETA significa nas Escrituras às vezes *prolocutor*, quer dizer, aquele que fala de Deus ao homem, ou do homem a Deus, outras vezes *praedictor*, aquele que prediz as coisas futuras, e outras vezes aquele que fala incoerentemente, como os homens que estão confusos. É usado mais frequentemente no sentido de quem fala de Deus ao povo. Assim *Moisés, Samuel, Elias, Isaías, Jeremias* e outros eram *profetas*. E neste sentido o Sumo Sacerdote era um *profeta*, pois só ele entrava no *sanctum sanctorum*, para inquirir de Deus e transmitir a sua resposta ao povo. Portanto, de quando Caifás disse ser conveniente que um homem morresse pelo povo, diz São João (cap. 11,15) que *Ele não disse isso por si mesmo, mas sendo o Sumo Sacerdote desse ano profetizou que um homem morreria pela nação*. Também daqueles que nas congregações cristãs ensinavam o povo (1 Cor 14,3) se diz que profetizavam. Foi no mesmo sentido que Deus disse a *Moisés*, a respeito de *Aarão* (Ex 4,14): *Ele será o teu porta-voz perante o povo, e para ti ele será uma boca, e tu para ele farás as vezes de Deus*; o que aqui é chamado *porta-voz* é (no cap. 7,1) interpretado como profeta: *Vê* (disse Deus), *fiz de ti um Deus para Faraó, e teu irmão Aarão será o teu profeta* (Gn 20,7); quando num sonho Deus fala a Abimelec desta maneira: *Restitui portanto agora ao homem sua mulher, porque ele é um profeta, e rezará por ti*, de onde se pode também concluir que o nome de profeta pode ser dado, e não impropriamente, aos que nas igrejas cristãs têm a voca-

Diversas acepções da palavra profeta.

[225]

ção de dizer orações públicas para a congregação. No mesmo sentido, dos profetas que desceram do alto lugar (ou colina de Deus) com um saltério, um adufe, uma flauta e uma harpa (1 Sm 10,5-6), entre os quais Saul (versículo 10), se diz que profetizaram, na medida em que dessa maneira publicamente louvaram a Deus. No mesmo sentido Miriam é chamada uma profetisa (Ex 15,20). O mesmo deve ser entendido quando São Paulo diz (1 Cor 11,4-5): *Todo homem que ora ou profetiza com a cabeça coberta etc., e toda mulher que ora ou profetiza com a cabeça descoberta*; porque nesta passagem profetizar significa apenas louvar a Deus em salmos e santas canções, o que as mulheres podiam fazer na igreja, embora não fosse legítimo que elas falassem à congregação. E é neste sentido que os poetas dos pagãos, que compunham hinos e outros tipos de poema em honra dos seus deuses, eram chamados *vates* (profetas), como bem sabem todos os que são versados nos livros dos gentios, e como fica evidente quando São Paulo diz aos cretenses (Tt 1,12) que um dos seus profetas dissera que eles eram mentirosos. Não que São Paulo considerasse profetas os seus poetas, pois ele simplesmente reconhecia assim que a palavra *profeta* era geralmente usada para designar os que celebravam em verso a honra de Deus.

A predição de contingências futuras nem sempre é profecia.

Na medida em que profecia significa predição ou previsão de contingências futuras, não eram profetas apenas os que eram porta-vozes de Deus e prediziam para os outros as coisas que Deus havia predito a eles; eram-no também todos aqueles impostores que simulavam, com a ajuda de espíritos familiares ou por supersticiosas adivinhações dos acontecimentos passados, partidas de falsas causas, prever a ocorrência de acontecimentos semelhantes no futuro. Destes há muitas espécies (conforme já declarei no capítulo XII deste discurso), que adquirem, na opinião das gentes do vulgo, maior reputação de profecia, graças a um acontecimento casual distorcido em seu proveito, do que a passível de perderem depois por um grande número de fracassos. A profecia não é uma arte, tampouco (quando é tomada como predição) uma vocação constante, mas um emprego extraordinário e temporário por Deus, na

XXXVI. Da Palavra de Deus e dos Profetas

maior parte dos casos de homens bons, mas às vezes também de homens maus. A mulher de Endor, da qual se diz que tinha um espírito familiar, com o qual evocou o fantasma de Samuel e previu a morte de Saul, não era, portanto, uma profetisa. Pois nem possuía uma ciência mediante a qual pudesse evocar um tal fantasma, nem parece que Deus tenha ordenado essa evocação, tendo-se limitado a usar essa impostura como meio para aterrorizar e desencorajar Saul, levando-o à derrota de que sucumbiu. Quanto à linguagem incoerente, entre os gentios era tomada por uma espécie de profecia, porque as profecias dos seus oráculos, intoxicados por um espírito ou vapor da caverna do oráculo pítico de Delfos, ficavam por uns tempos realmente loucos e falavam como loucos, e das suas palavras desconexas podia-se tirar um sentido capaz de se aplicar a qualquer acontecimento, do mesmo modo que de todos os corpos se diz que são feitos de *matéria-prima*. Também nas Escrituras encontro o mesmo sentido (1 Sm 18,10), nestas palavras: *E o espírito maligno baixou sobre Saul, e ele profetizou no meio da casa.*

[226]

Embora haja nas Escrituras grande número de significações da palavra *profeta*, a mais frequente é a daquele a quem Deus falou imediatamente, e vai repeti-lo a outro homem ou ao povo. E aqui pode fazer-se uma pergunta, a saber, qual a maneira como Deus fala a um tal profeta? Poderá propriamente dizer-se, como dizem alguns, que Deus tem voz e linguagem, quando não pode propriamente dizer-se que ele tem língua ou outros órgãos como um homem? O profeta Davi usa o seguinte argumento: *Pode aquele que fez o olho não ver, e pode aquele que fez o ouvido não ouvir?* Mas isto pode ser dito, não (como habitualmente) para descrever a natureza de Deus, mas para expressar a nossa intenção de o honrarmos. Porque *ver* e *ouvir* são atributos honrosos, e podem ser dados a Deus para declarar a Sua onipotência (na medida em que a nossa capacidade A pode conceber). Mas, se fossem tomados em sentido estrito e próprio, poderia argumentar-se que, como Ele criou todas as outras partes do corpo humano, faz delas o mesmo uso que nós, o que na maioria dos casos seria inconveniente, além de que atribuir-lhO se-

A maneira como Deus falou aos profetas.

ria a maior contumélia deste mundo. Portanto, devemos interpretar o ato de Deus falar aos homens imediatamente como a maneira (seja ela qual for) através da qual Deus lhes dá a conhecer a Sua vontade. E são muitas as maneiras como Ele faz isso, e só devem ser procuradas nas Sagradas Escrituras, nas quais, embora muitas vezes se diga que Deus falou a esta ou àquela pessoa, sem declarar de que maneira, há por outro lado muitas passagens que revelam também os sinais mediante os quais essas pessoas deviam reconhecer a Sua presença e os Seus mandamentos, passagens essas através das quais se pode tornar possível entender de que maneira falou a muitas das restantes.

Aos profetas extraordinários do Antigo Testamento Ele falou por sonhos ou visões.

Não se encontra expressa a maneira como Deus falou a *Adão*, *Eva*, *Caim* e *Noé*, nem como falou a *Abraão*, até o momento em que este saiu da sua terra e foi a *Sichem*, na terra de *Canaã*, e aqui se diz (Gn 12,7) que Deus lhe *apareceu*. Portanto, há uma maneira pela qual Deus tornou manifesta a sua presença: isto é, através de uma *aparição* ou *visão*. Além disso (Gn 15,1), a palavra de Deus chegou a Abraão numa visão, quer dizer, alguma coisa, em sinal da presença de Deus, apareceu como mensageiro de Deus para lhe falar. O Senhor apareceu também a Abraão (Gn 18,1) através de uma aparição de três anjos, e a Abimelec (Gn 20,3) num sonho; a Ló (Gn 19,1) através da aparição de dois anjos, e a Agar (Gn 21,17) através da aparição de um anjo; e novamente a Abraão (Gn 22,11) através da aparição de uma voz do céu, e a Isaac (Gn 26,24) durante a noite (quer dizer, durante o sono, ou através de um sonho); e a Jacó (Gn 18,12) foi num sonho, quer dizer (conforme as palavras do texto), *Jacó sonhou que viu uma escada etc.*, e também (Gn 32,1) numa visão de anjos; e a Moisés (Ex 3,2) foi a aparição de uma chama ou fogo no meio da sarça. E depois da época de Moisés (na qual está expressa a maneira como Deus falou imediatamente ao homem no Antigo Testamento), Ele sempre falou por uma visão ou por um sonho, como nos casos de *Gedeão*, *Samuel*, *Elias*, *Eliseu*, *Isaías*, *Ezequiel*, e os demais profetas; e muitas vezes também no Novo Testamento, como nos casos de São *José*, São *Pedro*, São *Paulo* e São *João* Evangelista no Apocalipse.

XXXVI. Da Palavra de Deus e dos Profetas

Só a Moisés falou de maneira mais extraordinária, no monte *Sinai* e no *Tabernáculo*, e ao Sumo Sacerdote no *Tabernáculo* e no *sanctum sanctorum* do templo. Mas Moisés, e depois dele os Sumos Sacerdotes, eram profetas de lugar e posição mais eminente no favor de Deus, e o próprio Deus declarou por palavras expressas que aos outros profetas falava através de sonhos e visões, mas ao seu servo Moisés falava da maneira como um homem fala a um amigo. As palavras são estas (Nm 12,6-8): *Se há um profeta entre vós, eu, vosso Senhor, me darei a conhecer a ele numa visão, e a ele falarei num sonho. Com o meu servo Moisés não é assim, pois ele é fiel em toda a minha casa; com ele falarei de boca a boca, de maneira clara e não em palavras obscuras, e ele contemplará o semblante de Deus.* E também (Ex 33,11): *O Senhor falou a Moisés frente a frente, como um homem fala a um amigo.* Apesar disso esta fala de Deus a Moisés foi através da mediação de um anjo ou anjos, como é dito expressamente (At 7,35 e 53 e Gl 3,19), portanto através de uma visão, embora uma visão mais clara do que a que foi dada a outros profetas. Conformemente a isto, quando Deus diz (Dt 13,1): *Se surgir entre vós um profeta, ou sonhador de sonhos*, a última expressão é apenas uma interpretação da anterior. E também (Jl 2,28) *Os vossos filhos e filhas profetizarão, e os vossos velhos sonharão sonhos, e os vossos jovens verão visões*, em que mais uma vez a palavra *profecia* é exposta por *sonho* e *visão*. E foi da mesma maneira que Deus falou a Salomão, prometendo-lhe sabedoria, riqueza e honra, pois o texto diz (1 Rs 3,15): *E quando Salomão acordou viu que era um sonho.* De modo que em geral os profetas extraordinários do Antigo Testamento só tomaram conhecimento da palavra de Deus através dos seus sonhos ou visões, quer dizer, através das imaginações que tiveram durante o sono ou um êxtase, imaginações essas que em todos os verdadeiros profetas eram sobrenaturais, mas nos falsos profetas ou eram naturais, ou eram fingidas.

Não obstante, diz-se que os mesmos profetas falavam pelo espírito, como quando o profeta, falando dos judeus, disse (Zc 7,12): *Eles tornavam os seus corações duros como diamante, para não ouvirem a lei e as palavras que o senhor das hostes enviara no seu espírito*

[228]

pelos profetas anteriores. Disso fica manifesto que falar pelo *espírito*, ou *inspiração*, não era uma maneira especial de Deus falar, diferente de uma visão, quando aqueles de quem se dizia que falavam pelo espírito eram profetas extraordinários, tais que para cada nova mensagem havia de ter uma comissão particular, ou, o que é a mesma coisa, um novo sonho ou visão.

<small>*Aos profetas de vocação perpétua e suprema, Deus falou no Antigo Testamento do trono da misericórdia, de uma maneira não expressa nas Escrituras.*</small>

Dos profetas que o eram por uma vocação perpétua, no Antigo Testamento, uns eram *supremos* e outros eram *subordinados*. Dos supremos o primeiro foi Moisés, e depois dele os Sumos Sacerdotes, cada um no seu tempo, enquanto o sacerdócio foi real. E depois que o povo dos judeus rejeitou a Deus, para que não mais reinasse sobre eles, aqueles reis que se submeteram ao governo de Deus eram também os profetas principais, e o cargo do Sumo Sacerdote passou a ser ministerial. E quando Deus ia ser consultado eles envergavam a indumentária sagrada, e interrogavam o Senhor, quando o rei tal lhes ordenava, e eram privados dessa função sempre que assim ao rei aprazia. Assim, o rei Saul (1 Sm 13,9) ordenou que lhe trouxessem o sacrifício pelo fogo, e ordenou (1 Sm 14,18) que o sacerdote trouxesse a arca para perto dele, e de novo que a deixasse (versículo 19), por ver nisso uma vantagem sobre seus inimigos. E no mesmo capítulo Saul pede conselho a Deus. De maneira semelhante, do rei Davi, depois de ser ungido, embora antes de tomar posse do reino, se diz que *interrogou o Senhor* (1 Sm 23,2) sobre se deveria combater contra os filisteus em *Ceila*, e (versículo 10) Davi ordenou ao sacerdote que lhe trouxesse a estola sacerdotal, para perguntar se deveria ou não ficar em Ceila. E o rei Salomão (1 Rs 2,27) tirou a função sacerdotal a *Abiatar*, e deu-a a *Sadoc* (versículo 35). Portanto, Moisés, e os Sumos Sacerdotes, e os reis piedosos, que interrogavam a Deus em todas as ocasiões extraordinárias sobre que atitude deviam tomar ou que acontecimento iria ocorrer, eram todos profetas soberanos. Mas não é manifesto qual a maneira como Deus lhes falava. Dizer que a subida de Moisés até Deus no monte *Sinai* foi um sonho ou uma visão, como as que recebiam os outros profetas, é contrário à distinção estabelecida por Deus entre

XXXVI. Da Palavra de Deus e dos Profetas

Moisés e os outros profetas (Nm 12,6-8). Dizer que Deus falou ou apareceu na sua própria natureza é negar a Sua infinitude, a Sua invisibilidade e a Sua incompreensibilidade. Dizer que falou por inspiração ou infusão do Espírito Santo, dado que o Espírito Santo significa divindade, é fazer Moisés igual a Cristo, e só neste a divindade (conforme disse São Paulo, Cl 2,9) reside corporalmente. Por último, dizer que falou através do Espírito Santo, dado que isso significa as graças ou dádivas do Espírito Santo, não é atribuir-Lhe nada de sobrenatural. Porque Deus predispõe os homens para a piedade, a justiça, a misericórdia, a verdade, a fé, e toda a espécie de virtude, tanto moral como intelectual, através da doutrina, do exemplo, e de diversas maneiras naturais e comuns.

E assim como nada disto pode ser aplicado a Deus, ao falar a Moisés no monte *Sinai*, do mesmo modo não se lhe pode aplicar ao falar aos Sumos Sacerdotes na sede da misericórdia. Portanto, a maneira como Deus falou a esses soberanos profetas do Antigo Testamento, cujo ofício consistia em interrogá-Lo *por não ser declarada, tampouco é inteligível, a não ser pela voz*[1]. No tempo do Novo Testamento o único profeta soberano era o nosso Salvador, que era ao mesmo tempo o Deus que falava e o profeta a quem Ele falava.

Quanto aos profetas subordinados de vocação perpétua, não encontro passagem alguma que prove ter-lhes Deus falado sobrenaturalmente, mas apenas daquela maneira que inclina os homens para a piedade, a crença, a retidão e as outras virtudes de todos os cristãos. E essa maneira, embora consistisse na constituição, instrução e educação, e nas ocasiões e propensões dos homens para as virtudes cristãs, é apesar disso correctamente atribuída à intervenção do Espírito de Deus, ou Santo Espírito (que costumamos chamar Espírito Santo). Pois não há boa inclinação que não seja produto da intervenção de Deus. Mas essa intervenção nem sempre é sobrenatural. Portanto, quando se diz que um profeta fala no Espírito, ou pelo Espírito de Deus, devemos entender apenas que ele fala conformemente

[229]

Aos profetas de vocação perpétua, mas subordinados, Deus falou pelo espírito.

---

[1] *Syn.*: não é inteligível.

à vontade de Deus, declarada pelo supremo profeta. Porque a acepção mais comum da palavra *espírito* é quando ela significa a intenção, a mente e a disposição de um homem.

No tempo de Moisés havia além dele setenta homens que *profetizavam* no acampamento dos israelitas. Qual a maneira como Deus lhes falava é declarado no capítulo 11 dos *Números*, versículo 25: *O senhor desceu numa nuvem, e falou a Moisés, e tomou o Espírito que estava nele, e deu-o aos setenta anciãos. E aconteceu que, quando o Espírito pousou sobre eles, passaram a profetizar, e não mais cessaram.* Daqui fica manifesto, em primeiro lugar, que as profecias que faziam ao povo eram subservientes e subordinadas às profecias de Moisés, pois Deus tirou do Espírito de Moisés para dá-lo a eles; de modo que profetizavam da maneira que Moisés queria, caso contrário não se teria permitido que profetizassem. Com efeito, houve uma queixa feita a Moisés contra eles (vers. 27), e Josué queria *que Moisés os tivesse proibido*[1] de profetizar, coisa que ele não fez, e disse a Josué: *Não sejas zeloso em meu nome*. Em segundo lugar, nessa passagem o Espírito de Deus significa apenas a tendência e disposição para obedecer e ajudar Moisés na administração do governo. Pois se isso significasse que neles tinha sido inspirado o Espírito substancial de Deus, quer dizer, a natureza divina, nesse caso eles não o teriam menos do que o próprio Cristo, que é o único em quem o Espírito de Deus reside corporalmente. Isto significa portanto a dádiva e graça de Deus, que os levou a cooperar com Moisés, de quem derivava o Espírito deles. E está dito (versículo 16) que eles eram os que o próprio Moisés teria designado como anciãos e funcionários do povo. Porque as palavras são: *Reúne-me setenta homens, a quem conheças como anciãos e funcionários do povo*, e aqui *conheças* é o mesmo que *designas*, ou *designaste como tais*. Pois antes nos foi dito (Ex 18) que Moisés, seguindo os conselhos do seu sogro Jetro, designou como juízes e funcionários para o povo os tementes a Deus; e a esses pertenciam os setenta, os quais, recebendo de Deus o espírito

[230]

---

[1] *Syn.*: Moisés os proibisse

XXXVI. Da Palavra de Deus e dos Profetas

de Moisés, receberam também a disposição para ajudar Moisés na administração do reino. E neste sentido se diz que o Espírito de Deus (1 Sm 16,13s.), logo depois da unção de Davi, desceu sobre este e abandonou Saul, pois Deus concedeu a sua graça ao que escolheu para governar o seu povo, e retirou-a daquele a quem rejeitou. Portanto, pelo Espírito se entende uma inclinação para o serviço de Deus, e não qualquer revelação sobrenatural.

Deus também falou muitas vezes através do resultado de sorteios, que eram ordenados por aqueles a quem ele tinha dado autoridade sobre o seu povo. Assim, lemos que Deus manifestou, pelo sorteio que Saul mandou realizar (1 Sm 14,43), a falta cometida por Jônatas, ao comer um favo de mel, contrariamente ao juramento feito pelo povo. E Deus dividiu a terra de Canaã entre os israelitas (Js 18,10) mediante *o sorteio feito por Josué perante o Senhor em Siló*. Parece ter sido da mesma maneira que Deus revelou o crime de Acã (Js 7,16 etc.). E eram estas as maneiras como Deus manifestava a Sua vontade no Antigo Testamento.

Deus às vezes também falou por sorteios.

Todas essas maneiras usou-as Ele também no Novo Testamento. À *Virgem Maria*, através da visão de um anjo; a *José*, num sonho; a *Paulo*, no caminho de Damasco, através de uma visão do nosso Salvador; e a *Pedro*, através da visão de uma faixa descendo do céu, com diversas espécies de carne de animais puros e impuros; e, na prisão, com a visão de um anjo. E a todos os apóstolos e autores do Novo Testamento através das graças do seu Espírito, e aos apóstolos também por sorteio (como na escolha de Matias em lugar de Judas Iscariotes).

Assim, considerando que toda profecia supõe uma visão ou um sonho (sendo estas duas coisas o mesmo, quando são naturais), ou algum dom especial de Deus, coisa tão raramente verificada entre os homens que é para ser admirada quando se verifica, e considerando também que esses dons, como os mais extraordinários sonhos e visões, podem provir de Deus não apenas através de intervenção sobrenatural e imediata, mas também através de uma intervenção natural e da media-

Todos devem examinar a probabilidade de toda a pretensa vocação de profeta.

Parte 3 – Da República Cristã

ção de causas secundárias, é necessário o uso da razão e do julgamento para distinguir entre dons naturais e sobrenaturais, entre visões ou sonhos naturais e sobrenaturais. Em consequência disso, é preciso ser muito circunspecto e cuidadoso ao obedecer à voz de homens que se dizem profetas e exigem que obedeçamos a Deus da maneira que eles, em nome de Deus, nos dizem ser o caminho da felicidade. Porque quem pretende ensinar aos homens o caminho para tão grande felicidade pretende governá-los, quer dizer, dirigi-los e reinar sobre eles – coisa que todos os homens naturalmente desejam –, e portanto é de desconfiar que se trate de ambição e impostura. Consequentemente, tal pretensão deve ser examinada e posta à prova por todos, antes de lhes prestarem obediência, a não ser que tal já lhes tenha sido prestada, na instituição de uma república, quando o profeta é o soberano civil, ou é autorizado pelo soberano civil. Se este exame dos profetas e espíritos não fosse permitido a todas as gentes do povo, teria sido inútil definir os sinais pelos quais cada um é capaz de distinguir entre aqueles a quem deve e aqueles a quem não deve seguir. Portanto, como foram definidos esses sinais que permitem distinguir um profeta (Dt 13,1 etc.), e que permitem distinguir um espírito (1 Jo 4,1 etc.), e por haver tanta profecia no Antigo Testamento, e tanta pregação no Novo Testamento contra os profetas, e por haver geralmente *um número muito maior*[1] de falsos profetas do que de verdadeiros, cada um deve ter cuidado ao obedecer às suas determinações, por sua conta e risco. Em primeiro lugar, que houve muito mais falsos do que verdadeiros profetas verifica-se no fato de Acab (1 Rs 12) ter consultado quatrocentos profetas, e todos eles serem falsos e impostores, com a única exceção de Miqueias. E um pouco antes da época do cativeiro os profetas geralmente eram mentirosos. *Os profetas* (diz o Senhor em Jeremias, capítulo 14, versículo 14) *profetizam mentiras em meu nome. Não os enviei, nem nada lhes ordenei, nem lhes disse que vos profetizassem uma falsa visão, uma coisa inane e engano do seu coração.*

[231]

---

[1] *Syn.*: muito maior número

XXXVI. Da Palavra de Deus e dos Profetas

Assim, Deus ordenou ao povo que lhes não obedecesse, pela boca do profeta *Jeremias* (cap. 23,16): *Assim falou o Senhor das hostes, não deis ouvidos às palavras dos profetas que a vós profetizam. Eles vos iludem, falam de uma visão do seu próprio coração, e não da boca do Senhor.*

Considerando então que nos tempos do Antigo Testamento havia tais querelas entre os profetas visionários, um contestando o outro, e perguntando: quando foi que o espírito se foi de mim, para ir para ti?, como ocorreu entre Miqueias e os demais dos quatrocentos; e chamando-se mentirosos uns aos outros (como em Jr 14,14), e existindo controvérsias semelhantes, até hoje em dia, a respeito do Novo Testamento, entre os profetas espirituais; dado isso, tanto então como agora os homens eram e são obrigados a fazer uso da sua razão natural, aplicando a toda e qualquer profecia aquelas regras que Deus nos deu para distinguir entre o verdadeiro e o falso. Dessas regras, no Antigo Testamento, uma era a conformidade doutrinária com o que Moisés, o profeta soberano, havia ensinado, e a outra era o poder miraculoso de predizer o que Deus ia fazer acontecer, conforme já mostrei a partir de Dt 13,1 etc. E no Novo Testamento há apenas um único sinal, que é a pregação da doutrina *que Jesus é o Cristo*, isto é, o rei dos judeus prometido no Antigo Testamento. Quem quer que negasse esse artigo era um falso profeta, fossem quais fossem os milagres que parecesse capaz de realizar, e quem o ensinasse era um verdadeiro profeta. Pois São João (1 Jo 4,2 etc.), falando expressamente da maneira de examinar os espíritos, para ver se provinham ou não de Deus, depois de lhes ter dito que apareceriam falsos profetas, assim disse: *Desta maneira conhecereis o Espírito de Deus: todo espírito que confessar que Jesus Cristo veio encarnado é de Deus*; quer dizer, aprovado e reconhecido como profeta de Deus. Não que seja um homem piedoso, ou um dos eleitos, todo aquele que confessa, professa ou prega que Jesus é o Cristo, mas apenas que é um profeta reconhecido. Porque Deus às vezes fala por intermédio de profetas cujas pessoas não aceitou, como foi o caso de Balaão, e quando predisse a Saul a sua morte por intermédio da feiticeira

> *Toda profecia, com exceção da do profeta soberano, deve ser examinada pelos súditos.*

Parte 3 – Da República Cristã

[232]

de Endor. E no versículo seguinte: *Todo espírito que não confessar que Jesus Cristo veio encarnado não é de Cristo. E este é o espírito do Anticristo.* Assim, a regra é perfeita de ambos os lados: é um verdadeiro profeta quem prega que o Messias já veio, na pessoa de Jesus; e é um falso profeta quem nega que ele veio, e o espera em algum futuro impostor, que falsamente pretenderá tal honra, e a quem o apóstolo propriamente chamou o Anticristo. Portanto, todos devem examinar quem é o profeta soberano, quer dizer, quem é o vice-rei de Deus na Terra, e possui, abaixo de Deus, a autoridade de governar os cristãos; e respeitar como regra aquela doutrina que ele, em nome de Deus, ordenou fosse ensinada, e com ela examinar e pôr à prova a verdade das doutrinas que pretensos profetas, com milagre ou sem ele, em qualquer momento venham propor. E se acharem contrário a essa regra, devem fazer como fizeram os que foram a Moisés queixar-se de que havia alguns que profetizavam no acampamento, e de cuja autoridade duvidavam, deixando ao soberano, como fizeram com Moisés, o cuidado de os autorizar ou proibir, conforme lhe parecer; e se ele os desautorizar não mais obedecer à sua voz, e se ele os aprovar passar a obedecer-lhes, como homens a quem Deus deu uma parte do espírito do seu soberano. Porque quando os cristãos não aceitam o seu soberano cristão como profeta de Deus, ou têm que aceitar os seus próprios sonhos como a profecia pela qual tencionam governar-se, e a tumescência dos seus próprios corações como Espírito de Deus, ou então têm que aceitar ser dirigidos por um príncipe estrangeiro, ou por algum dos seus concidadãos capaz de os enfeitiçar, por difamação do governo, levando-os à rebelião, sem outro milagre para confirmar a sua vocação do que, às vezes, um extraordinário sucesso e impunidade. Com isso, destroem todas as leis, divinas e humanas, e reduzem toda a ordem, governo e sociedade ao caos primitivo da violência e da guerra civil.

CAP. XXXVII
Dos Milagres *e seu Uso*

Entende-se por *milagres* as obras admiráveis de Deus, e, portanto, chama-se-lhes também *maravilhas*. E como na maior parte dos casos são feitos para exprimir os seus mandamentos, em circunstâncias em que sem eles os homens seriam capazes de ter dúvidas (seguindo o seu raciocínio natural privado) sobre qual é o seu mandamento, e qual não é, eles são geralmente chamados nas Sagradas Escrituras *sinais*, no mesmo sentido em que são chamados pelos latinos *ostenta* e *portenta*, por mostrarem e anunciarem o que o Altíssimo vai fazer acontecer.

Um milagre é uma obra que causa admiração.

Portanto, para entender o que é um milagre é preciso primeiro entender quais obras causam assombro aos homens e são por isso chamadas admiráveis. E em qualquer circunstância há apenas duas coisas que causam assombro aos homens. A primeira são as coisas estranhas, quer dizer, de natureza tal que algo semelhante nunca aconteceu, ou só muito raramente. A segunda são as coisas que, depois de acontecidas, não podemos imaginar que tenham ocorrido por meios naturais, mas apenas imediatamente pela mão de Deus. Mas quando vemos para isso a possibilidade de uma causa natural, por mais raro que tenha sido tal acontecer, ou se tal tiver acontecido muitas vezes, mesmo que seja impossível imaginar as suas causas naturais, não mais nos assombramos e consideramos o fato como milagre.

E que portanto deve ser rara, e sem que seja conhecida a sua causa natural.

Portanto, se um cavalo ou uma vaca falassem seria um milagre, porque ao mesmo tempo a coisa seria estranha e a causa natural seria difícil de imaginar. E o mesmo seria se víssemos um estranho desvio da natureza na criação de alguma nova forma de criatura viva. Mas quando um homem ou outro animal engendra o seu semelhante, embora mais não saibamos neste caso como tal é feito do que no outro, não se trata de um milagre, porque é habitual. De maneira semelhante, se um homem se metamorfoseasse em pedra, ou numa coluna, seria um milagre, porque seria estranho. Mas se um pedaço de madeira as-

Parte 3 – Da República Cristã

sim se transformasse, como vemos isso muitas vezes, tal não seria um milagre. Todavia, não sabemos que operação de Deus faz isso acontecer, tanto num caso como no outro.

O primeiro arco-íris que foi visto no mundo foi um milagre, porque foi o primeiro, e consequentemente era estranho. E serviu como um sinal de Deus, colocado no céu, para garantir ao seu povo que não haveria mais destruição universal do mundo pelas águas. Mas atualmente, como é frequente, não é um milagre nem para os que conhecem as suas causas naturais, nem para os que não as conhecem. Além disso, há muitas obras raras produzidas pela arte do homem, mas quando sabemos que são *assim criadas*[1], visto que sabemos também os meios pelos quais são criados, não as consideramos milagres, pois não são forjadas imediatamente pela mão de Deus, e sim pela mediação do engenho humano.

[234]
O que a alguém parece milagre pode a outrem parecer outra coisa.

Além do mais, como a admiração e o assombro resultam do conhecimento e experiência de que os homens são dotados, uns mais e outros menos, segue-se que a mesma coisa pode ser milagre para um e não o ser para outro. Acontece assim que homens ignorantes e supersticiosos consideram grandes maravilhas as mesmas obras que outros homens, sabendo que elas derivam da natureza (que não é obra extraordinária, mas obra comum de Deus), não admiram de modo algum. Por exemplo, os eclipses do Sol e da Lua foram considerados obras sobrenaturais pelas gentes do vulgo, embora houvesse outros capazes, a partir das suas causas naturais, de prever a hora exata em que eles iam ocorrer. Ou então quando alguém, por confederação e secreta inteligência, tomar conhecimento das ações privadas de um homem ignorante e descuidado, e lhe disser o que ele fez no passado, isso parecer-lhe-á uma coisa miraculosa; mas entre os homens sábios e cautelosos não é fácil fazer milagres como esse.

Finalidade dos milagres.

Mais ainda, faz parte da natureza do milagre que ele sirva para granjear crédito aos mensageiros, ministros e profetas de Deus, a fim de que os homens possam saber que eles foram

---

[1] *Syn.*: criadas;

XXXVII. Dos Milagres e seu Uso

chamados, enviados e empregados por Deus, e fiquem assim mais inclinados a obedecer-lhes. Portanto, embora a criação do mundo, e depois a destruição de todas as criaturas vivas no dilúvio universal, fossem obras admiráveis, não é costume chamar-lhes milagres, porque não foram feitas para granjear crédito a nenhum profeta ou outro ministro de Deus. Por mais admirável que seja qualquer obra, a admiração não se deve ao fato de ela ter podido ser feita, porque os homens naturalmente acreditam que o Todo-Poderoso pode fazer todas as coisas, mas ao fato de ela ser feita devido à oração ou à palavra de um homem. Ora, as obras de Deus no Egito, pela mão de Moisés, foram propriamente milagres, porque foram feitas com a intenção de levar o povo de Israel a acreditar que Moisés não fora até eles por nenhum desígnio dependente do seu próprio interesse, e sim como enviado de Deus. Assim, depois que Deus lhe ordenou que libertasse os israelitas da servidão do Egito, quando disse: *Eles não me acreditarão, e dirão que o Senhor não me apareceu*, Deus deu a Moisés o poder de transformar numa serpente a vara que tinha na mão, e de mais uma vez a voltar a transformar numa vara, e o de ao pôr a mão no seu próprio peito fazê-lo leproso, e de novo ao tirá-la deixá-lo sadio, a fim de levar os filhos de Israel a acreditar (como se vê no versículo 5) que o Deus dos seus pais lhe havia aparecido. E como se isso não fosse suficiente deu-lhe o poder de transformar as suas águas em sangue. E depois de ele ter realizado estes milagres perante o povo diz-se (vers. 41) que *eles o acreditaram*. Não obstante, com medo do Faraó, eles não ousavam ainda obedecer-lhe. Portanto, as outras obras que foram realizadas para derramar pragas sobre o Faraó e os egípcios tendiam todas para levar os israelitas a acreditar em Moisés, e eram milagres propriamente ditos. De maneira semelhante, se examinarmos todos os milagres feitos pela mão de Moisés e dos restantes profetas, até o cativeiro, assim como os do nosso Salvador e depois os dos apóstolos, veremos que o seu fim foi sempre o de obter ou confirmar a crença de que eles não eram movidos por intenções pessoais, e que pelo contrário eram enviados de Deus. As Es- [235]

crituras nos permitem ainda observar que a finalidade dos milagres nunca foi fazer surgir a crença universalmente em todos os homens, tanto nos eleitos como nos réprobos, mas apenas nos eleitos, quer dizer, naqueles que Deus determina que se deveriam tornar seus súditos. Porque essas miraculosas pragas do Egito não tinham como fim a conversão do Faraó, já que Deus havia dito antes a Moisés que ia endurecer o coração do Faraó, para que ele não deixasse o povo partir, e quando ele finalmente o deixou partir não foi porque os milagres o tivessem persuadido, mas porque as pragas a tal o tinham forçado. Assim, também do nosso Salvador está escrito (Mt 13,58) que Ele não realizou muitos milagres no seu próprio país por causa da descrença dos seus habitantes, e além disso, em Mc 6,5, em vez de *não realizou muitos* está escrito *não podia realizar nenhum*. Não foi porque Lhe faltasse o poder para tal, pois dizer isto seria blasfemar contra Deus, nem que os milagres não tivessem o fim de converter a Cristo homens incrédulos, pois a finalidade de todos os milagres de Moisés, dos profetas, do nosso Salvador e de seus apóstolos era acrescentar homens à Igreja. Foi porque a finalidade dos seus milagres era acrescentar à Igreja, não todos os homens, mas os que deviam ser salvos, quer dizer, os eleitos por Deus. Assim, como o nosso Salvador foi enviado pelo seu Pai, não lhe era possível usar o seu poder na conversão daqueles que o seu Pai havia rejeitado. Aqueles que, ao expor esta passagem de São *Marcos*, dizem que a frase *Ele não podia* é equivalente a *Ele não queria* fazem-no sem se apoiar em nenhum exemplo da língua grega (na qual *não queria* se usa às vezes em lugar de *não podia*, no caso de coisas inanimadas, destituídas de vontade; mas nunca *não podia* em lugar de *não queria*), e assim colocam um obstáculo diante dos cristãos mais débeis, como se Cristo só pudesse fazer milagres entre os crédulos.

Definição de milagre. A partir do que aqui estabeleci, quanto à natureza e uso dos milagres podemos definir um MILAGRE como *uma obra de Deus (além da sua operação por meio da natureza, determinada na criação) feita para tornar manifesta aos seus eleitos a missão de um ministro extraordinário enviado para a sua salvação.*

XXXVII. Dos Milagres e seu Uso

E desta definição podemos inferir, em primeiro lugar, que em todos os milagres a obra não é um efeito de nenhuma virtude do profeta, pois é um efeito da intervenção imediata de Deus; quer dizer, Deus a realiza sem usar o profeta como causa subordinada.

Em segundo lugar, nenhum demônio, anjo ou outro espírito criado pode fazer um milagre. Pois deve ser ou em virtude de alguma ciência natural ou por encantamento, quer dizer, *em virtude*[1] das palavras. Porque se os encantadores o fazem pelo seu próprio poder independente é porque há algum poder que não deriva de Deus, coisa que todos os homens recusam; e se eles o fazem por um poder que lhes foi dado, então não se trata de obra feita pela intervenção imediata de Deus, mas pela sua intervenção natural, e consequentemente não se trata de um milagre.

Há alguns textos das Escrituras que parecem atribuir o poder de realizar maravilhas (equivalentes a alguns daqueles milagres imediatos realizados pelo próprio Deus) a certas artes de magia e encantamento. Por exemplo, lemos que, depois que a vara de Moisés, espetada no chão, se transformou numa serpente, *os magos do Egito fizeram o mesmo mediante os seus encantamentos*; e que depois de Moisés ter transformado em sangue as águas dos rios, regatos, tanques e lagos do Egito, *os magos também fizeram o mesmo com os seus encantamentos*; e que depois de Moisés, com o poder de Deus, ter enchido de rãs a terra, *os magos também fizeram o mesmo com os seus encantamentos, e encheram de rãs a terra do Egito*. Ora, não é natural depois disto atribuir milagres aos encantamentos, quer dizer, à eficácia do som das palavras, e pensar que isso está perfeitamente provado por esta e outras passagens? E contudo não há nenhuma passagem das Escrituras que nos diga o que é um encantamento. Portanto, se um encantamento não é, como muitos pensam, a realização de estranhos efeitos com feitiços e palavras, e sim impostura e ilusão, conseguida através de meios vulgares, e tão longe de

[236]
Ex 7,11.

Ex 7,22.

Ex 8,77.

---

[1] *Syn.*: virtude

ser sobrenatural que os impostores, para fazê-lo, precisam menos do estudo das causas naturais do que da vulgar ignorância, estupidez e superstição do gênero humano, esses textos que parecem consagrar o poder da magia, da feitiçaria e dos encantamentos devem necessariamente ter um sentido diferente daquele que à primeira vista parecem ter.

Porque é perfeitamente evidente que as palavras só têm efeito sobre aqueles que as compreendem, e neste caso têm o único efeito de exprimir as intenções ou paixões de quem fala, produzindo assim no ouvinte a esperança, o medo, ou outras paixões e concepções. Portanto, quando a vara parece tornar-se uma serpente, ou as águas se tornaram sangue, ou quando qualquer outro milagre parece realizar-se por encantamento, se isso não acontece para edificação do povo de Deus, nem a vara, nem a água, nem nenhuma outra coisa é encantada, quer dizer, modificada* pelas palavras, mas apenas o espectador. Assim, todo milagre consistiu apenas nisto: o encantador enganou alguém, o que não é milagre algum, mas coisa muito fácil de fazer.

Que os homens tendem a ser enganados por falsos milagres.

Porque são tais a ignorância e a tendência ao erro comuns a todos os homens, mas especialmente aos que não têm muito conhecimento das causas naturais, e da natureza e interesses dos homens, que são inúmeras e fáceis as maneiras de os enganar. Que reputação de poder miraculoso, antes de se saber que havia uma ciência do curso das estrelas, não poderia ter adquirido alguém que tivesse anunciado ao povo a hora ou o dia em que o Sol iria escurecer? O prestidigitador, com o manejo de seus copos e outras bugigangas, se tal arte não fosse hoje em dia vulgarmente praticada, levaria a pensar que as suas maravilhas são feitas graças ao poder do diabo, pelo menos. Quem adquirir a prática de falar contendo a respiração (os quais nos tempos antigos se chamavam *ventriloqui*), fazendo assim que a fraqueza da sua voz pareça provir, não da fraca impulsão dos

---

* Em inglês, *wrought upon*. Hobbes faz trocadilho intraduzível com os vários sentidos desse verbo, que significa "transformar", mas também "convencer", "persuadir", "influenciar". (N. da R. T.)

XXXVII. Dos Milagres e seu Uso

órgãos da fala, mas da distância do lugar, é capaz de fazer muita gente acreditar que se trata de uma voz do céu, sejam quais forem as coisas que diga. E para um homem ardiloso não é difícil, depois de se informar dos segredos e confissões familiares que normalmente uma pessoa faz a outra, sobre suas ações e aventuras passadas, voltar a contar essas coisas; e apesar disso houve muitos que, mediante esses artifícios, adquiriram a reputação de adivinhos. Seria demasiado longo enumerar as diversas espécies desses homens a quem os gregos chamavam *thaumaturgi*, quer dizer, capazes de fazer coisas maravilhosas, e no entanto, tudo o que eles fazem, fazem-no apenas graças à sua habilidade. E se examinarmos as imposturas realizadas por meio de conspiração, não há nada, por mais impossível que seja de fazer, que seja impossível de acreditar. Com efeito, dois homens que conspirarem para um se fingir de coxo e o outro fingir que o cura com um feitiço serão capazes de enganar a muitos, mas, se muitos conspirarem, um para se fingir de coxo, outro para fingir que o cura e os restantes para servir de testemunhas, serão capazes de enganar a muitos mais. [237]

Contra esta tendência do gênero humano para acreditar demais em pretensos milagres não há melhor precaução, e creio mesmo que não existe outra, do que a que Deus prescreveu, primeiro por Moisés (conforme já disse no capítulo anterior), no início do capítulo 13 e no final do capítulo 18 do *Deuteronômio*: não aceitemos como profetas os que ensinam uma religião diferente da estabelecida pelo lugar-tenente de Deus (que nesse tempo era Moisés), nem aqueles que, embora ensinem essa religião, não vejam confirmadas as suas predições. Portanto, Moisés no seu tempo, e Aarão e seus sucessores no seu tempo, e o soberano governante do povo de Deus, abaixo do próprio Deus, quer dizer, o chefe da Igreja em cada época, devem ser consultados sobre a doutrina que Ele estabeleceu, antes de se dar crédito a um pretenso milagre ou profeta. E uma vez feito isso, a coisa que dizem ser um milagre, é preciso que a vejamos ser feita e também que usemos todos os meios possíveis para verificar se realmente foi feita; e não apenas isto, mas verificar se

Cuidados contra a impostura dos milagres.

se trata de uma coisa que ninguém é capaz de fazer com o seu poder natural, e para a qual seja indispensável a intervenção imediata de Deus. Também quanto a isto devemos recorrer ao lugar-tenente de Deus, a quem submetemos os nossos julgamentos privados em todos os casos duvidosos. Por exemplo, se alguém disser que, depois de pronunciar algumas palavras sobre um pedaço de pão, Deus imediatamente fez que ele deixasse de ser pão, passando a ser Deus, ou um homem, ou ambos, e não obstante ele continuar como sempre com a aparência de pão, não há razão para ninguém acreditar que isso se tenha realizado, nem consequentemente para ter temor a esse alguém, até perguntar a Deus, por intermédio do seu vigário ou lugar-tenente, se isso foi feito ou não. Se este disser que não, segue-se o que disse Moisés (Dt 18,22): *ele disse-o presunçosamente, e não deveis temê-lo.* Se disser que sim, não devemos negá-lo. E também se não virmos um milagre, mas apenas ouvirmos falar dele, devemos consultar a Igreja legítima, quer dizer, o chefe legítimo desta, sobre até que ponto devemos dar crédito a quem o contou. E este é sobretudo o caso dos que hoje em dia vivem sob a autoridade de soberanos cristãos. E no nosso tempo não ouvi falar de um único homem que tenha visto qualquer dessas obras maravilhosas, feita pelo encantamento, ou palavra, ou prece de alguém, que seja considerada sobrenatural pelos que são dotados de uma razão um pouco mais que medíocre. E o problema não é mais o de saber se o que vemos fazer é um milagre, ou se o milagre de que ouvimos falar ou sobre o qual lemos é um fato real, e não um ato da língua ou da pena, e sim, em termos simples, se o relato é uma verdade ou uma mentira. E quanto a esse problema nenhum de nós deve aceitar como juiz a sua razão ou consciência privada, mas a razão pública, isto é, a razão do supremo lugar-tenente de Deus. E sem dúvida já o escolhemos como juiz, se já lhe demos um poder soberano para fazer tudo quanto seja necessário para a nossa paz e defesa. Um particular tem sempre a liberdade (visto que o pensamento é livre) de acreditar ou não acreditar, em seu coração, nos fatos que lhe forem apresentados como milagres, conforme veja qual o benefício que a sua crença pode acarretar para os que o afirmam ou negam, e conjecturando a partir daí se eles são milagres ou mentiras. Mas quando se trata da profissão pública dessa fé a razão privada deve se submeter à razão pública, quer dizer, ao lugar-tenente de Deus. Mas quem é o lugar-tenente de Deus e chefe da Igreja é coisa que será examinada adiante, em lugar adequado.

CAP. XXXVIII
Do Significado de VIDA ETERNA, INFERNO, SALVAÇÃO, MUNDO VINDOURO *e* REDENÇÃO *nas Escrituras*

Dado que a preservação da sociedade civil depende da justiça, e que a justiça depende do poder de vida e de morte, assim como de outras recompensas e castigos menores, que competem aos detentores da soberania da república, é impossível uma república subsistir se qualquer outro, que não o soberano, tiver o poder de dar recompensas maiores do que a vida, ou de aplicar castigos maiores do que a morte. Ora, sendo a *vida eterna* uma recompensa maior do que a *vida presente*, e sendo os *tormentos eternos* um castigo maior do que a *morte natural*, o significado que têm nas Sagradas Escrituras as expressões *vida eterna* e *tormentos eternos* é coisa que merece o exame de todos os que desejam (pela obediência à autoridade) evitar as calamidades da confusão e da guerra civil – assim como que ofensas, e cometidas contra quem, pelas quais os homens receberão os *tormentos eternos*, e que ações permitirão gozar uma *vida eterna*.

Parte 3 – Da República Cristã

O lugar da eternidade de Adão, se não tivesse pecado, teria sido o paraíso terrestre.

Gn 3,22.

[239]

Textos respeitantes ao lugar da vida eterna, para os crentes.

Em primeiro lugar, temos que Adão foi criado em tais condições de vida que, se não tivesse desobedecido aos mandamentos de Deus, teria gozado perpetuamente do paraíso do Éden. Porque lá havia a *árvore da vida*, da qual estava autorizado a comer, desde que se abstivesse de comer da árvore do conhecimento do bem e do mal, que não lhe era permitida. Assim, depois que desta comeu, Deus expulsou-o do paraíso, *para que ele não estendesse a sua mão, e colhesse também da árvore da vida, vivendo para sempre.* Disso se me afigura (o que contudo está sujeito, tanto nesta como em todas as questões cuja resolução depende das Escrituras, à interpretação da Bíblia autorizada pela república de que sou súdito) que Adão, se não tivesse pecado, teria gozado de uma vida eterna na Terra, e que tanto ele como a sua posteridade adquiriram a mortalidade devido a esse primeiro pecado. Não que tal tivesse acarretado uma morte imediata, pois nesse caso Adão jamais poderia ter filhos, e é certo que viveu muito tempo depois, e viu uma numerosa descendência antes de morrer. Mas onde se diz, *No dia em que dela comeres, morrerás seguramente,* o significado só pode ser a sua mortalidade e certeza da morte. Como a vida eterna se perdeu graças à transgressão de Adão ao cometer o pecado, aquele que anulasse essa pena deveria assim recuperar de novo essa vida. Ora, Jesus Cristo remiu os pecados de todos os que nele acreditam, portanto recuperou para todos os crentes aquela VIDA ETERNA que havia sido perdida pelo pecado de Adão. E é neste sentido que tem validade a comparação de São Paulo (Rm 5,18-19): *Assim como pela ofensa de um só todos os homens foram julgados e condenados, assim também, pela retidão de um só, veio para todos os homens a graça da justificação da vida.* Isto se exprime de maneira mais clara nestas palavras (1 Cor 15,21-22): *Pois assim como pelo homem veio a morte, assim também pelo homem veio a ressurreição dos mortos. Pois assim como em Adão todos morreram, assim também em Cristo todos serão vivificados.*

Quanto ao lugar onde os homens deverão gozar essa vida eterna que Cristo conseguiu para eles, os textos acima citados parecem indicar que é na terra. Pois tal como em Adão todos

XXXVIII. Da Vida Eterna, Inferno, Salvação e Redenção

morreram, isto é, perderam o direito ao paraíso e à vida eterna na terra, assim também em Cristo todos serão vivificados; portanto, todos os homens deverão viver na terra, pois caso contrário a comparação não seria própria. Com isto parece concordar o salmista (Sl 133,3): *Sobre Sião envia Deus a bênção, e também a vida perpétua*; pois Sião é em Jerusalém, na terra. E também São João (Ap 2,7): *ao que resistir darei a comer da árvore da vida, que fica no meio do Paraíso de Deus.* Esta era a árvore da vida eterna de Adão, e essa vida era para ser na terra. O mesmo parece ser confirmado também por São João (Ap 21,2): *Eu, João, vi a cidade santa, Nova Jerusalém, descendo de Deus no céu, preparada como uma noiva adornada para o seu marido*; e também o versículo 10 confirma o mesmo. É como se ele dissesse que a Nova Jerusalém, o Paraíso de Deus, quando do regresso de Cristo, deverá descer do céu para o povo de Deus, em vez de ser este a para lá partir da Terra. E isto em nada difere do que os dois homens de roupas brancas (isto é, os dois anjos) disseram aos apóstolos que estavam contemplando a ascensão de Cristo (At 1,11): *este mesmo Jesus que agora vos é arrebatado para o céu voltará, assim como o vistes subir ao céu.* Isso soa como se tivessem dito que ele voltaria para os governar sob seu Pai, eternamente aqui, e não como se se tratasse de os levar para os governar no céu; e é conforme à restauração do Reino de Deus, instituído sob Moisés, que era um governo político dos judeus na terra. Além disso, a afirmação do nosso Salvador (Mt 22,30): *que na ressurreição eles não casam, nem são dados em casamento, mas são como os anjos de Deus no céu*, é uma descrição de uma vida eterna semelhante à que perdemos em Adão, no que diz respeito ao casamento. Com efeito, considerando que Adão e Eva, se não tivessem pecado, teriam vivido na terra eternamente, nas suas pessoas individuais, é manifesto que não teriam procriado continuadamente a sua espécie. Porque se as almas imortais fossem capazes de geração, como é hoje o gênero humano, em pouco tempo não haveria mais lugar na terra para se ficar. Os judeus que perguntaram ao nosso Salvador quem seria na ressurreição o marido da mulher que havia desposado muitos irmãos desco-

Parte 3 – Da República Cristã

nheciam quais eram as consequências da vida eterna, e por isso o nosso Salvador lhes lembrou essa consequência da imortalidade: não haverá geração, e consequentemente não haverá casamento, tal como não há casamento nem geração entre os anjos. A comparação entre aquela vida eterna que Adão perdeu e a que o nosso Salvador recuperou pela sua vitória sobre a morte também é válida nisto, que tal como Adão perdeu a vida eterna pelo seu pecado e contudo ainda viveu algum tempo depois disso, assim também o fiel cristão recuperou a vida eterna pela paixão de Cristo, embora morra de morte natural e continue morto durante algum tempo, até a ressurreição. Pois tal como a morte se conta a partir da condenação de Adão, e não da sua execução, assim também a vida se conta a partir da absolvição, não da ressurreição dos que são eleitos em Cristo.

Ascensão ao céu.

Não é fácil concluir, de nenhum texto que eu possa encontrar, que o lugar onde os homens irão viver eternamente, depois da ressurreição, seja o céu, entendendo-se por céu aquelas regiões do mundo que são mais distantes da Terra, onde ficam as estrelas, ou acima das estrelas, num outro céu mais alto chamado *coelum empyreum* (do qual não existe referência nas Escrituras, nem fundamento na razão). Por Reino do Céu entende-se o reino do Rei que habita no céu, e o Seu reino era o povo de Israel, ao qual Ele *governava na terra*[1] por intermédio dos profetas seus lugares-tenentes, primeiro Moisés e depois dele Eleazar e os Soberanos Sacerdotes, até que no tempo de Samuel esse povo se revoltou e escolheu como rei um mortal, à maneira das outras nações. E quando Cristo, nosso Salvador, pela pregação dos seus ministros, persuadir os judeus a voltar e chamar os gentios à sua obediência, então haverá um novo Reino do Céu, porque então nosso rei será Deus, cujo *trono* fica no céu, sem que nas Escrituras haja nenhuma necessidade evidente de que os homens ascendam até essa felicidade mais alto do que o *escabelo* onde Deus apoia os pés, isto é, a terra. Pelo contrário, está escrito (Jó 3,13) que *ninguém ascenderá ao céu a não ser*

---

[1] *Syn.*: governava

XXXVIII. Da Vida Eterna, Inferno, Salvação e Redenção

aquele que desceu do céu, o filho do homem que está no céu. Aqui observo, aliás, que estas palavras não são, como as que imediatamente as antecedem, palavras do nosso Salvador, mas do próprio São João, pois nesse tempo Cristo não estava no céu, mas na Terra. O mesmo se diz de Davi (At 2,34) quando São Pedro, para provar a ascensão de Cristo, e usando as palavras do salmista (Sl 16,10): *Não deixarás a minha alma no inferno, nem suportarás que a tua santa alma contemple a corrupção,* diz que elas não foram ditas de Davi, mas de Cristo, e para prová-lo acrescenta esta razão: *que Davi não ascendeu ao céu.* Mas a isto seria fácil responder, dizendo que embora os corpos não devam ascender antes do dia do Juízo Final, as suas almas vão para o céu a partir do momento em que se separam do corpo, o que parece ser também confirmado pelas palavras do nosso Salvador, que, ao provar a ressurreição a partir das palavras de Moisés, disse (Lc 20,37-38): *Que os mortos são ressuscitados já Moisés o mostrou, quando chamou ao Senhor o Deus de Abraão, e o Deus de Isaac, e o Deus de Jacó. Pois ele não é um rei dos mortos, e sim dos vivos; porque todos eles vivem nele.* Mas, se estas palavras forem entendidas como referentes apenas à imortalidade da alma, elas de modo algum provam o que o nosso Salvador pretendia provar, que era a ressurreição do corpo, quer dizer, a imortalidade do homem. Portanto, o nosso Salvador queria dizer que esses patriarcas eram imortais, não por uma propriedade derivada da essência e natureza do gênero humano, mas pela vontade de Deus, ao qual aprazia, simplesmente pela sua graça, conceder a *vida eterna* aos fiéis. E embora nesse momento os patriarcas e muitos outros fiéis estivessem *mortos,* o que está no texto é que eles *viviam para Deus,* quer dizer, foram inscritos no livro da vida juntamente com os que foram absolvidos dos seus pecados, e escolhidos para a vida eterna depois da ressurreição. Que a alma do homem seja eterna pela sua própria natureza, e uma criatura viva independente do corpo, ou que qualquer simples homem seja mortal sem ser pela ressurreição no último dia (com exceção de *Enoque* e *Elias*) é uma doutrina que não é manifesta nas Escrituras. Todo o capítulo 14 de Jó, que não é uma fala

[241]

Parte 3 – Da República Cristã

dos seus amigos, mas dele mesmo, é um lamento sobre a mortalidade desta natureza, sem que seja uma negação da imortalidade na ressurreição. *Ainda há esperança na árvore* (diz o versículo) *mesmo quando cortada. Mesmo que a sua raiz envelheça e o seu tronco morra na terra, quando sentir a água reverdecerá, e dará rebentos como uma planta. Mas o homem morre e se esvai, sim, o homem exala o espírito, e onde está ele?* e também (versículo 12): *o homem cai e não se levanta mais, até que não haja mais céu.* Mas quando é que não haverá mais céu? São Pedro diz-nos que é no dia da ressurreição geral. Pois na sua segunda epístola, capítulo 3, versículo 7, ele diz que *o céu e a terra que hoje existem estão reservados ao fogo no dia do Julgamento, para perdição dos descrentes*, e (versículo 12) *esperando e apressando-se para a vinda de Deus, quando os céus ficarão em fogo, e se dissolverão, e os elementos fundirão com calor fervente. No entanto, conforme a promessa, nós esperamos por um novo céu e uma nova terra, onde impere a retidão.* Portanto, quando Jó disse que o homem não se levanta até que não haja mais céu, disse o mesmo que se dissesse que a vida imortal (nas Escrituras, alma e vida geralmente significam a mesma coisa) só começa para o homem na ressurreição e no dia do Juízo, e não tem como causa a sua natureza e geração específica, mas sim a promessa. Pois São Pedro *diz*[1] que *esperamos um novo céu e uma nova terra* (*não da natureza,*[2]) somente *da promessa*.

Por último, dado que já ficou provado com diversas e evidentes passagens das Escrituras, no capítulo XXXV deste livro, que o Reino de Deus é uma república civil, em que o próprio Deus é o soberano, primeiro em virtude do *antigo* pacto e depois em virtude do *novo* pacto, segundo o qual reina por intermédio do seu vigário e lugar-tenente, as mesmas passagens provam, portanto, também que, depois do retorno do nosso Salvador na sua majestade e glória, para reinar efetiva e eternamente, o Reino de Deus será na Terra. Mas como esta doutrina (apesar de provada por passagens das Escrituras que nem são poucas, nem obscuras) será pela maioria considerada

---

[1] *Syn.*: não diz   [2] *Syn.*: *da natureza*, mas

XXXVIII. Da Vida Eterna, Inferno, Salvação e Redenção

uma novidade, limito-me a propô-la, nada sustentando quanto a este ou qualquer outro paradoxo da religião, mas esperando o fim daquela disputa pela espada, a respeito da autoridade (ainda não decidida entre os meus concidadãos) pela qual toda a espécie de doutrina deverá ser aprovada ou rejeitada, e de quem dará as ordens, tanto oralmente como por escrito, que devem ser obedecidas (sejam quais forem as opiniões dos particulares) por todos os homens que pretendem ser protegidos pelas leis. Porque as questões de doutrina relativas ao Reino de Deus têm tamanha influência sobre o reino dos homens que só podem ser decididas por quem abaixo de Deus detém o poder soberano.

[242]

Tal como o Reino de Deus e a vida eterna, assim também os inimigos de Deus e os seus tormentos após o Juízo aparecem nas Escrituras como tendo lugar na Terra. O nome do lugar onde até a ressurreição ficam todos os homens, quer tenham sido enterrados ou tragados pela terra, é geralmente designado nas Escrituras por palavras que significam *debaixo da terra*. Os latinos usavam sobretudo *Infernus* e *Inferi*, os gregos ἅδης. Quer dizer, um lugar onde os homens não podem ver, compreendendo-se tanto o sepulcro como qualquer outro lugar mais profundo. No entanto, o lugar dos condenados depois da ressurreição não está determinado, quer no Antigo quer no Novo Testamento, por nenhuma indicação de situação, mas apenas pela companhia: será no lugar para onde foram os homens perversos que Deus, em ocasiões anteriores, e de maneira extraordinária e miraculosa, fez desaparecer da face da terra. Como por exemplo que estão *no Inferno, no Tártaro*, ou no poço sem fundo, porque *Coré, Datã* e *Abiram* foram engolidos vivos pela terra. Não que os autores das Escrituras pretendessem fazer-nos acreditar que poderia haver no globo terráqueo, que não é infinito, e além disso não é (se comparado com a altura das estrelas) de grandeza considerável, um poço sem fundo; quer dizer, um buraco de profundidade infinita, como os gregos na sua *Demonologia* (quer dizer, na sua doutrina a respeito dos *demônios*), e depois deles os romanos, chamavam *Tartarus*. Do qual Virgílio diz,

O lugar, após o Juízo Final, dos que nunca estiveram no Reino de Deus, ou que lá tendo estado foram expulsos.

O Tártaro.

Parte 3 – Da República Cristã

> *Bis patet in praeceps, tantum tenditque sub umbras,*
> *Quantum ad aetherum coeli suspectus Olympum:*

pois é uma coisa que não admite nenhuma proporção com a terra e o céu, mas que devemos acreditar ser lá, indefinidamente, onde estão os homens a quem Deus infligiu aquele castigo exemplar.

A congregação dos gigantes.

Além disso, como aqueles poderosos homens da terra, que viveram no tempo de Noé, antes do dilúvio (e a quem os gregos chamavam *heróis*, e as Escrituras *gigantes*, e ambos dizem que foram produzidos pela copulação dos filhos de Deus com os filhos dos homens), foram por causa da sua vida perversa destruídos pelo dilúvio geral, o lugar dos condenados também é às vezes assinalado pela companhia desses gigantes mortos, como em Pr 21,16: *O homem que se extravia do caminho do entendimento irá permanecer na congregação dos gigantes*; e Jó 26,5: *Contemplai os gigantes gemendo sob as águas, e os que moram com eles.* Neste caso o lugar dos condenados é debaixo da água. E em *Isaías* 14,9: *O Inferno perturba-se por te receber* (quer dizer, o rei da Babilônia) e *deslocará os gigantes para ti*; aqui mais uma vez o lugar dos condenados (se o sentido for literal) é debaixo da água.

Lago de fogo.

Em terceiro lugar, dado que as cidades de Sodoma e Gomorra, devido à sua perversidade, foram pela ira extraordinária de Deus consumidas com o fogo e o enxofre, e porque juntamente com elas a região ao redor fez-se um pestilento lago betuminoso, o lugar dos condenados é por vezes expresso pelo fogo e como um lago fervente. Por exemplo, em *Apocalipse* 21,8: *Mas os timoratos, os incrédulos e abomináveis, assim como os assassinos, os fornicadores, os feiticeiros e idólatras, e todos os mentirosos, terão a sua parte no lago que arde com fogo e enxofre, que é a segunda morte.* Fica assim manifesto que o fogo do Inferno, aqui expresso por metáfora, a partir do fogo verdadeiro de Sodoma, não significa uma espécie ou lugar determinado de tormento, mas deve ser tomado indefinidamente, por destruição, como é o caso no capítulo 20, versículo 14, onde se diz que a *morte e o Inferno foram lançados ao lago de fogo*, quer dizer, foram abolidos

XXXVIII. Da Vida Eterna, Inferno, Salvação e Redenção

e destruídos – como se depois da *segunda morte*[1] não houvesse mais mortes, nem se fosse mais para o Inferno, quer dizer, não se fosse mais para o *Hades* (palavra da qual talvez derive a que usamos*, o que é o mesmo que não mais morrer.

Em quarto lugar, a partir da praga das trevas infligida aos egípcios, sobre a qual está escrito (Ex 10,23): *Eles não se viam uns aos outros, e ninguém saiu de onde estava durante três dias, mas todos os filhos de Israel tinham luz nas suas moradas*; chama-se ao lugar dos perversos depois do Juízo as *trevas absolutas* ou (conforme o original) *trevas exteriores*. É o que está expresso (Mt 22,13) quando o rei ordena aos seus servos *que amarrem mãos e pés do homem que não tinha vestido a sua roupa de casamento, e que o expulsem,* εἰς τὸ σκότος τὸ ἐξώτερον, *para as trevas de fora* ou *trevas exteriores*; o que quando traduzido por *trevas absolutas* não significa a *grandeza* dessas trevas, mas *onde* elas ficam, a saber, *fora da morada* dos eleitos de Deus.   *Trevas absolutas.*

Por último, havia um lugar perto de Jerusalém, chamado *vale dos filhos de Hinom*, numa parte do qual, chamada *Tofete*, os judeus haviam cometido a mais tremenda idolatria, sacrificando os seus filhos ao ídolo Moloc, onde também Deus havia infligido aos seus inimigos os mais tremendos castigos, e onde Josias havia incinerado os sacerdotes de Moloc sobre os seus altares, como se verifica extensamente em 2 Rs 23. Mais tarde o lugar serviria para acumular o lixo e o esterco lá levado da cidade, e lá se costumava de vez em quando fazer fogueiras, para purificar o ar e eliminar o cheiro da putrefação. Por causa desse lugar abominável, os judeus passaram desde então a denominar o lugar dos condenados com o nome de *Geena* ou *vale de Hinom*. E *Geena* é a palavra que agora habitualmente se traduz por INFERNO, e é em razão das fogueiras que lá de tempos em tempos ardem que temos a noção de *fogo perpétuo* e *inextinguível*.   *Geena e Tofete*

Ora, visto não haver ninguém que interprete as Escrituras assim, isto é, que após o Juízo Final os perversos serão eter-   *Do sentido literal das Escrituras a respeito do Inferno.*

---

[1] *Syn.*: dia do Juízo Final,   * *Hell*: Inferno, em inglês. (N. dos T.)

Parte 3 – Da República Cristã

namente punidos no vale de Hinom, ou que se levantarão para depois ficarem eternamente debaixo do chão ou debaixo da água, ou que depois da ressurreição nunca mais se verão uns aos outros, ou não se mexerão do lugar onde estão, segue-se necessariamente, creio eu, que o que se diz a respeito do fogo do Inferno é dito metaforicamente, e portanto há um sentido próprio a investigar (porque para todas as metáforas há um fundamento real, capaz de ser expresso em termos próprios) tanto para o *lugar* do *Inferno* como para a natureza dos *tormentos infernais* e dos *atormentadores*.

[244]
Satanás e Diabo não são nomes próprios, mas apelativos.

Em primeiro lugar, a natureza e propriedades dos atormentadores são exata e propriamente expressas pelo nome do *inimigo*, ou *Satanás*, o *acusador*, ou *Diabolus*, e o *destruidor*, ou *Abadon*. Estes nomes significativos, *Satanás*, *Diabo* e *Abadon*, não nos apresentam nenhuma pessoa individual, como é costume com os nomes próprios, mas apenas uma função ou qualidade, sendo portanto nomes comuns, que não deviam ter deixado de ser traduzidos, como é o caso nas Bíblias latinas e modernas, porque assim parecem ser os nomes próprios de *demônios*, e os homens são mais facilmente seduzidos a acreditar na doutrina dos diabos, que nesse tempo era a religião dos gentios, e era contrária à de Moisés e de Cristo.

E dado que *inimigo*, *acusador* e *destruidor* são termos que significam o inimigo daqueles que estarão no Reino de Deus, se depois da ressurreição o Reino de Deus ficar na terra (conforme no capítulo anterior mostrei pelas Escrituras que parece ser), o inimigo e o seu reino devem-se também situar na terra. Pois também assim era no tempo anterior à deposição de Deus pelos judeus. Porque o Reino de Deus era na Palestina, e as nações circunvizinhas eram os reinos do inimigo, e assim por *Satanás* se entende qualquer inimigo terreno da Igreja.

Tormentos do Inferno.

Os tormentos do Inferno são por vezes expressos como *choro e ranger de dentes*, como em Mt 8,12; às vezes como o *verme da consciência*, como Is 66,24 e em Mc 9,44, 46 e 48; outras vezes como *fogo*, como na passagem *onde o verme não morre e o fogo não se extingue*; outras vezes como *vergonha e desprezo*, como em Dn 12,2; e *muitos dos que dormem no pó da terra despertarão, uns para uma*

XXXVIII. Da Vida Eterna, Inferno, Salvação e Redenção

vida eterna, e outros para eterna vergonha e desprezo. Todas estas passagens designam metaforicamente um pesar e descontentamento do espírito, à vista daquela eterna felicidade dos outros, que eles perderam devido à sua incredulidade e desobediência. E como essa felicidade dos outros só se torna considerável por comparação com a sua miséria presente, segue-se que eles deverão sofrer as dores e calamidades corporais a que estão sujeitos os que vivem submetidos a governantes maus e cruéis, e além disso têm como inimigo o eterno rei dos santos, Deus Todo-Poderoso. E entre essas dores corporais deve-se reconhecer também, para cada um dos perversos, uma segunda morte. Pois embora as Escrituras sejam claras quanto à ressurreição universal, não está escrito que a nenhum dos réprobos esteja prometida uma vida eterna. Porque São Paulo, à questão sobre com quais corpos os homens se erguerão de novo, respondeu (1 Cor 15,42 e 43) que *o corpo é semeado na corrupção, e erguido na incorrupção; é semeado na desonra, e erguido na glória; é semeado na fraqueza, e erguido no poder*; e aqui a glória e o poder não podem ser aplicados aos corpos dos perversos. E a expressão *segunda morte* não pode ser aplicada aos que morrem só uma vez: embora em discurso metafórico uma vida perpetuamente calamitosa possa ser chamada uma morte perpétua, não pode ser corretamente entendida como uma *segunda morte*. O fogo que espera os perversos é um fogo perpétuo, o que quer dizer que o estado no qual ninguém pode estar sem tortura, tanto de corpo como de espírito, depois da ressurreição, durará *para sempre*[1], e neste sentido o fogo será inextinguível e os tormentos serão perpétuos; mas daí não se pode inferir que quem for lançado nesse fogo ou atormentado por esses tormentos deverá suportá-los e resistir-lhes de modo tal que será eternamente queimado e torturado, mas jamais será destruído nem morrerá. Embora muitas passagens afirmem o fogo e os tormentos perpétuos (nos quais é possível lançar pessoas sucessivamente e umas atrás das outras, *para sempre*[2]), não encontro nenhuma onde se

[245]

---

[1] As edições "25 Ornaments" e "Bear" trazem: tanto quanto existir o mundo.
[2] As edições "25 Ornaments" e "Bear" trazem: tanto quanto durar o mundo.

Parte 3 – Da República Cristã

Ap 20,13 e 14.

afirme que lá haverá uma vida eterna para qualquer pessoa individual, e sim, pelo contrário, uma morte perpétua, que é a segunda morte: *Porque quando a morte e o sepulcro tiverem entregue os mortos que lá estavam, e cada homem tiver sido julgado conforme as suas ações, a morte e o sepulcro serão também lançados ao lago de fogo. Isto é a segunda morte.* Fica então evidente que deverá haver uma segunda morte para todos os que forem condenados no dia do Juízo, depois da qual não mais morrerão.

Alegrias da vida eterna e salvação são a mesma coisa. Salvação do pecado e da miséria são uma só.

Todas as alegrias da vida eterna estão abrangidas nas Escrituras pelas palavras SALVAÇÃO ou *salvar-se*. Salvar-se é livrar-se do mal, quer respectivamente, contra males especiais, quer absolutamente, contra todo o mal, incluindo a necessidade, a doença e a própria morte. E como o homem foi criado numa condição imortal, não sujeito à corrupção, nem consequentemente a nada que tenda para a dissolução da sua natureza, e perdeu essa felicidade por causa do pecado de Adão, segue-se que *salvar-se* do pecado é salvar-se de todos os males e calamidades que o pecado acarretou para nós. Portanto, nas Sagradas Escrituras a remissão dos pecados e a salvação da morte e da miséria são a mesma coisa, conforme se verifica nas palavras do nosso Salvador, que curou um homem que sofria de paralisia, dizendo (Mt 9,2): *Alegra-te, meu filho, que os teus pecados te serão perdoados*, e, sabendo que os escribas consideravam isso uma blasfêmia, perguntou-lhes (vers. 5) *se era mais fácil dizer: Os teus pecados serão perdoados* ou *Levanta-te e caminha*; querendo com isso dizer que era a mesma coisa, quanto à salvação dos doentes, dizer *os teus pecados serão perdoados* ou *Levanta-te e caminha*, e que ele usava essa forma de linguagem apenas para mostrar que tinha o poder de perdoar os pecados. Além disso, é evidente para a razão que, sendo a morte e a miséria os castigos do pecado, a isenção do pecado deve ser também a isenção da morte e da miséria, quer dizer, uma salvação absoluta, como a que os fiéis deverão gozar depois do dia do Juízo Final, pelo poder e favor de Jesus Cristo, que por esse motivo é chamado nosso SALVADOR.

Nada direi sobre as salvações individuais, tais como são entendidas em 1 Sm 14,39, *como vive o Senhor, que salvou Israel*, a

XXXVIII. Da Vida Eterna, Inferno, Salvação e Redenção

saber, dos seus inimigos temporários; em 2 Sm 22,4, *Tu és o meu Salvador, tu salvaste-me da violência*; e em 2 Rs 13,5, *Deus deu aos israelitas um Salvador, e assim eles foram libertados das mãos dos assírios*; e outras passagens semelhantes. Pois não há nenhuma dificuldade nem interesse em corromper a interpretação de textos deste gênero.

[246]

Mas, quanto à salvação geral, como ela se deve dar no Reino dos Céus, há uma grande dificuldade quanto ao lugar. Por um lado, enquanto se trata de um *reino* (que é um estado organizado pelos homens, para sua perpétua segurança contra os inimigos e as necessidades), parece que essa salvação se deve dar na terra. Com a salvação, o que nos espera é um glorioso reino do nosso rei, por conquista, e não a segurança pela fuga; portanto, quando procuramos a salvação devemos também procurar o triunfo; e antes do triunfo, a vitória; e antes da vitória, a batalha – que não se pode imaginar bem como se dará no céu. Mas, por melhor que seja este argumento, não confiarei nele sem confirmação por passagens perfeitamente evidentes das Escrituras. O estado de salvação é descrito de maneira geral em Is 33,20 a 24.

O lugar da salvação eterna.

Olha para Sião, a cidade das nossas solenidades; os teus olhos verão Jerusalém, uma morada tranquila, um tabernáculo que não deverá ser derrubado nem uma só das suas estacas deve ser retirada, nem uma só das suas cordas deve ser rompida.

Mas ali o glorioso Senhor porá ante nós um lugar de amplos rios e correntes, aonde não irá galera com remos, e por onde não passará galante navio.

Porque o Senhor é o nosso juiz, o Senhor é o nosso legislador, o Senhor é o nosso rei, e ele nos salvará.

Tuas cordas afrouxaram; elas não podem segurar bem o mastro; elas não podem esticar a vela; então se dividirá a presa de um grande despojo; os fracos tomam a presa.

E o habitante não dirá que está enfermo; ao povo que lá morará será perdoada a sua iniquidade.

Nesta passagem temos indicado o lugar de onde deve proceder a salvação, *Jerusalém, uma morada tranquila*; a sua eternidade, *um tabernáculo que não deverá ser derrubado* etc.; o Salvador,

Parte 3 – Da República Cristã

o *Senhor, seu juiz, seu legislador, seu rei, que nos salvará*; a salvação, *o Senhor porá ante eles uma vasta extensão de águas correntes* etc.; a condição dos seus inimigos, *as suas cordas afrouxaram, os seus mastros estão fracos, os fracos tomarão os seus despojos* etc.; a condição dos que se salvam, *o habitante não dirá que está enfermo*; e por último tudo isto é abrangido pelo perdão dos pecados, *ao povo que lá morará será perdoada a sua iniquidade*. Disso fica evidente que a salvação será na terra, quando Deus reinar em Jerusalém, por ocasião do retorno de Cristo; e de Jerusalém virá a salvação dos gentios que serão recebidos no Reino de Deus, como é também mais expressamente declarado pelo mesmo profeta, capítulo 65,20 e 21: *E eles* (isto é, os gentios que conservavam qualquer judeu em escravidão) *trarão todos os vossos irmãos, de todas as nações, para uma oferenda do Senhor, a cavalo, em carros e em liteiras, sobre mulas e animais velozes, para a minha montanha sagrada, Jerusalém, disse o Senhor, como os filhos de Israel levam uma oferenda numa vasilha limpa à casa do Senhor. E eu os tomarei também como sacerdotes e como levitas, disse o Senhor.* Disso fica manifesto que a sede principal do Reino de Deus (que é o lugar de onde virá a salvação daqueles de entre nós que somos gentios) será Jerusalém. E o mesmo é também confirmado pelo nosso Salvador, no seu diálogo com a mulher de Samaria sobre o lugar da adoração de Deus, à qual disse (Jo 4,22) que os samaritanos não conheciam o que adoravam, e os judeus adoravam o que conheciam, *pois a salvação é dos judeus* (*ex judaeis*, quer dizer, começa com os judeus). É como se dissesse: vós adorais a Deus, mas não sabeis por intermédio de que Ele vos salvará, ao contrário de nós, que sabemos que será um dos da tribo de Judá, um judeu, e não um samaritano. Assim, não foi impertinentemente que a mulher lhe replicou: *Nós sabemos que o Messias virá*. De modo que o que o nosso Salvador disse, *a salvação é dos judeus*, é o mesmo que diz *São Paulo*[1] (Rm 1,16 e 17): *O Evangelho é o poder de Deus para salvação de todos os que creem; primeiro para o judeu, e também para o grego. Porque aí a justiça de Deus se revela de fé*

---

[1] *Syn.*: Paulo

XXXVIII. Da Vida Eterna, Inferno, Salvação e Redenção

em fé; da fé do judeu para a fé do gentio. É no mesmo sentido que o profeta Joel, descrevendo o dia do Juízo Final (cap. 2,30 e 31), diz que Deus *mostraria maravilhas no céu e na terra, sangue, fogo e colunas de fumo. O sol transformar-se-ia em trevas e a lua em sangue, antes da vinda do grande e terrível dia do Senhor*; e acrescenta no versículo 32: e *acontecerá que quem invocar o nome do Senhor será salvo. Porque no monte Sião e em Jerusalém estará a salvação*. E Abdias, no versículo 17, diz o mesmo: *No monte Sião estará a libertação, e haverá santidade, e a casa de Jacó possuirá as suas posses*; isto é, as posses dos *pagãos*, estando essas *posses* expressas mais particularmente nos versículos seguintes, como o *monte de Esaú*, a *terra dos filisteus*, os *campos de Efraim*, de *Samaria*, *Gileade*, e as *cidades do sul*, e conclui com as palavras *o Reino será do Senhor*. Todas estas passagens são sobre a salvação e o Reino de Deus (depois do dia do Juízo Final) na terra. Por outro lado, não encontrei texto algum capaz de provar a probabilidade de uma ascensão dos santos aos céus, quer dizer, a uma *coelum empyreum*, ou outra região etérea. A não ser que ela se chame o Reino dos Céus, nome que pode ter porque Deus, que era o Rei dos judeus, os governava por meio das Suas ordens, enviadas a Moisés pelos anjos do céu. E depois que eles se revoltaram enviou do céu a Seu Filho, para os submeter à obediência, e de lá o enviará de novo, para os governar tanto a eles como a outros fiéis, desde o dia do Juízo até a eternidade. Ou porque o trono deste nosso grande rei está no céu, enquanto a terra é apenas o seu escabelo. Mas que os súditos de Deus tenham um lugar tão alto como o seu trono, ou mais alto do que o seu escabelo, é coisa que não parece compatível com a dignidade de um rei, e além disso não encontro em seu apoio nenhum texto evidente das Sagradas Escrituras.

Em razão de tudo quanto ficou dito a respeito do Reino de Deus e da salvação, não é difícil interpretar o que significa MUNDO VINDOURO. Nas Escrituras encontra-se referência a três mundos, o *mundo antigo*, o *mundo atual* e o *mundo vindouro*. Sobre o primeiro, diz São Pedro: *Se Deus não poupou o mundo antigo, e salvou apenas Noé, como oitava pessoa, um pregador da retidão, le-*

2 Pd 2,5.
[248]

Parte 3 – Da República Cristã

vando o dilúvio para sobre o mundo dos ímpios etc. Assim, o *primeiro mundo* vai desde Adão até o dilúvio geral. Sobre o mundo atual, diz o nosso Salvador (Jo 18,36): *O meu reino não é deste mundo.* Porque ele veio apenas para ensinar aos homens o caminho da salvação, e para renovar o reino do seu Pai através da sua doutrina. Sobre o mundo vindouro, diz São Pedro: *Não obstante esperamos, conforme a sua promessa, novos céus e uma nova terra.* É este aquele MUNDO onde Cristo, depois de descer dos céus, por entre as nuvens, com grande poder e glória, enviará os seus anjos, e reunirá os seus eleitos, idos dos quatro ventos e dos lugares mais longínquos da terra, para a partir de então reinar sobre eles (abaixo do seu Pai), perpetuamente.

2 Pd 3,13.

Redenção.

A *salvação* de um pecador supõe uma REDENÇÃO anterior, pois aquele que uma vez se tornou culpado de um pecado fica sujeito a sofrer uma pena por causa desse pecado, e é obrigado a pagar, ou alguém em seu lugar, o resgate que aquele que foi ofendido, e o tem em seu poder, quiser exigir. Considerando que a pessoa ofendida é Deus Todo-Poderoso, em cujo poder se encontram todas as coisas, esse resgate precisa de ser pago antes de ser possível conquistar a salvação, e será aquele que a Deus aprouver exigir. Não se entende por este resgate uma compensação do pecado equivalente à ofensa, algo de que nenhum pecador é capaz por si só, e nenhum homem reto é capaz de fazer por outrem. É possível compensar o prejuízo que um homem causa a outro mediante restituição ou recompensa, mas o pecado não pode ser eliminado mediante uma recompensa, pois isso seria transformar numa coisa vendável a liberdade de pecar. Mas os pecados podem ser perdoados aos que se arrependem, seja *grátis*, ou mediante uma penalidade que a Deus aprouver aceitar. O que Deus geralmente aceitava no Antigo Testamento era um sacrifício ou uma oferenda. Perdoar um pecado não é um ato de injustiça, ainda que tenha havido ameaça de punição. Mesmo entre os homens, embora uma promessa perante Deus seja obrigatória para *os promitentes*[1], as ameaças, quer dizer, as promessas de mal, não são

---

[1] *Syn.*: o promitente;

XXXIX. Da palavra Igreja nas Escrituras

obrigatórias, e muito menos obrigatórias devem ser para Deus, que é infinitamente mais misericordioso do que os homens. Portanto, para nos *redimir*, Cristo nosso Salvador não compensou os pecados dos homens nesse sentido de que a sua morte, por si mesma, poderia tornar injusto para Deus castigar os pecadores com a morte eterna. Mas esse seu sacrifício e oferenda de si mesmo fez ele, na sua primeira vinda, que a Deus aprouve exigir, para que na sua segunda vinda se salvassem aqueles que nesse meio tempo se arrependessem e nele cressem. E embora este ato da nossa *redenção* nem sempre seja chamado nas Escrituras um *sacrifício* e uma *oferenda*, mas às vezes seja chamado *preço*, não devemos entender por *preço* uma coisa por cujo valor ele podia exigir um direito de perdão para nós, ao seu Pai ofendido. Devemos entender, sim, aquele preço que a Deus o Pai, em sua misericórdia, aprouve pedir.

CAP. XXXIX
Do significado da palavra Igreja *nas Escrituras*

[247]

Nos livros das Sagradas Escrituras a palavra *Igreja* (*Ecclesia*) significa diversas coisas. Às vezes, embora não frequentemente, é tomada no sentido de *casa de Deus*, quer dizer, como um templo onde os cristãos se reúnem para cumprir publicamente os seus sagrados deveres, como em 1 Cor 14,34: *Que as mulheres se mantenham em silêncio nas igrejas.* Mas neste caso a palavra é usada metaforicamente, designando a congregação lá reunida, e desde então tem sido usada para designar o próprio edifício, a fim de distinguir entre os templos dos cristãos e os dos idólatras. O templo de Jerusalém era a *casa de Deus* e a casa de oração, e assim todo o edifício destinado pelos cristãos à adoração de Cristo é a *casa de Cristo*; por isso os padres gregos

A Igreja é a casa de Deus.

Parte 3 – Da República Cristã

lhe chamavam Κυριακὴ, *a casa do Senhor*, e a partir daí a nossa língua passou a chamar-lhe *kyrke* e *igreja**.

O que é propriamente Ecclesia.

Quando não é usada no sentido de uma casa, a palavra igreja significa o mesmo que *Ecclesia* significava nas repúblicas gregas, quer dizer, a congregação ou assembleia de cidadãos convocada para ouvir falar o magistrado, que na república de Roma se chamava *Concio*, e aquele que falava era chamado *Ecclesiastes* e *Concionator*. E quando a assembleia era convocada pela autoridade legítima ela era chamada *Ecclesia legitima*, uma *igreja legítima*, ἔννομος Ἐκκλησία. Mas quando era perturbada por clamores tumultuosos e sediciosos era considerada uma igreja confusa, Ἐκκλησία συγκεχυμένη.

At 19,39.

Às vezes a palavra também é usada para designar os homens que têm o direito de fazer parte da congregação, mesmo quando não se encontram efetivamente reunidos; quer dizer, para designar toda a multidão dos cristãos, por mais dispersos que possam estar, como em At 8,3, onde se diz que *Saul assolava a Igreja*. E neste sentido se diz que *Cristo* é a cabeça da Igreja. Às vezes a palavra também designa uma certa parte dos cristãos, como em Cl 4,15: *Saudai a igreja que está em sua casa*. E às vezes também apenas no sentido dos eleitos, como em Ef 5,27: *Uma Igreja gloriosa, sem manchas nem rugas, sagrada e sem mácula*; o que se diz da *Igreja triunfante*, ou *Igreja vindoura*. Às vezes designa uma congregação reunida, cujos membros professam o cristianismo, quer essa profissão seja verdadeira ou fingida, conforme se verifica em Mt 18,17, onde se diz: *Di-lo à Igreja e, se recusar ouvir a Igreja, que ele seja para ti como um gentio, ou um publicano*.

Em que sentido a Igreja é uma pessoa.

É apenas neste último sentido que a *Igreja* pode ser entendida como uma pessoa, quer dizer, que nela se pode admitir o poder de querer, de pronunciar, de ordenar, de ser obedecida, de fazer leis, ou de praticar qualquer espécie de ação. Porque quando não há autoridade de uma congregação legítima, seja qual for o ato praticado por um conjunto de pessoas,

---

* Em inglês, *church*, derivado de *kyrke*. (N. do T.)

XXXIX. Da palavra Igreja nas Escrituras

trata-se de um ato individual de cada um dos que estavam presentes e contribuíram para a prática desse ato, e não um ato de todos eles em conjunto, como um só corpo; e muito menos um ato dos que estavam ausentes, ou que estando presentes não queriam que ele fosse praticado. Neste sentido, defino uma IGREJA como *uma companhia de pessoas que professam a religião cristã, unidas na pessoa de um soberano, a cuja ordem se devem reunir, e sem cuja autorização não se devem reunir*. E como em todas as repúblicas são ilegítimas as assembleias não autorizadas pelo soberano civil, também aquela Igreja que se reúna, em qualquer república que lhe tenha proibido reunir-se, constitui uma assembleia ilegítima.

[248]

Definição de Igreja.

Daqui se segue também que não existe na terra nenhuma Igreja universal a que todos os cristãos sejam obrigados a obedecer, pois não existe na terra um poder ao qual todas as outras repúblicas se encontrem sujeitas. Existem cristãos, nos domínios dos diversos príncipes e Estados, mas cada um deles está sujeito à república da qual é membro, não podendo em consequência estar sujeito às ordens de nenhuma outra pessoa. Portanto, uma Igreja que seja capaz de mandar, julgar, absolver, condenar ou praticar qualquer outro ato é a mesma coisa que uma república civil formada por homens cristãos, e chama-se-lhe um *Estado civil* por os seus súditos serem *homens*, e uma *Igreja* por os seus súditos serem cristãos. Governo *temporal* e *espiritual* são apenas duas palavras trazidas ao mundo para levar os homens a se confundirem, enganando-se quanto ao seu *soberano legítimo*. É certo que os corpos dos fiéis, depois da ressurreição, não serão apenas espirituais, mas eternos; porém, nesta vida eles são grosseiros e corruptíveis. Portanto, nesta vida o único governo que existe, seja o do Estado seja o da religião, é o governo temporal; tampouco é legítimo que um súdito ensine doutrinas proibidas pelo governante do Estado e da religião. E esse governante tem que ser único, caso contrário seguem-se necessariamente a facção e a guerra civil na república, entre a *Igreja* e o *Estado*, entre os *espiritualistas* e os *temporalistas*, entre a *espada da justiça* e o *escudo da fé*. E, o que é

República cristã e Igreja são uma só

pior ainda, no próprio peito de cada cristão, entre o *cristão* e o *homem*. Os doutores da Igreja são chamados pastores, e assim o são também os soberanos civis. Mas se entre os pastores não houver alguma subordinação, de maneira que haja apenas um chefe dos pastores, serão ensinadas aos homens doutrinas contrárias, que poderão ser ambas falsas, e das quais uma necessariamente o será. Quem é esse chefe dos pastores, segundo a lei de natureza, já foi mostrado: é o soberano civil. Quanto a quem tal cargo foi atribuído pelas Escrituras, vê-lo-emos nos capítulos seguintes.

CAP. XL
Dos DIREITOS *do Reino de Deus em* Abraão, Moisés, *nos* Sumos Sacerdotes *e nos* Reis de Judá

Os direitos soberanos de Abraão.

O pai dos fiéis e o primeiro no Reino de Deus por contrato foi *Abraão*. Pois foi com ele que se celebrou o primeiro contrato, pelo qual ele se obrigou, e a sua descendência depois dele, a reconhecer e obedecer às ordens de Deus, não apenas aquelas de que tinha conhecimento (como as leis morais) pela luz da natureza, mas também aquelas que Deus lhe comunicasse de maneira especial por sonhos e visões. Pois quanto à lei moral, estavam já obrigados e não precisavam fazer contrato, pela promessa da terra de Canaã. Nem havia nenhum contrato que pudesse aumentar ou fortalecer a obrigação pela qual quer eles, quer todos os outros homens eram obrigados a obedecer naturalmente a Deus Todo-Poderoso. E, portanto, o contrato que Abraão fez com Deus era para receber como mandamento de Deus aquilo que em nome de Deus lhe fosse ordenado num sonho ou visão, e para o comunicar à sua família e a levar a observar as mesmas coisas.

XL. Dos Direitos do Reino de Deus

Neste contrato de Deus com Abraão podemos observar três pontos de importante consequência no governo do povo de Deus. Primeiro que, ao fazer este contrato, Deus só falou a Abraão e portanto não fez contrato com ninguém da sua família, ou descendência, a não ser na medida em que as suas vontades (que constituem a essência de todos os contratos) estavam antes do contrato implicadas na vontade de Abraão, que então se supôs possuir um poder legítimo para fazer realizar tudo o que ele tinha contratado em seu nome. Conforme a isso (Gn 18,18-19), Deus disse: *Todas as nações da Terra serão nele abençoadas, pois sei que ele governará os seus filhos e a sua casa depois dele, e que eles conservarão o caminho do Senhor.* Daí se pode concluir este primeiro ponto: aqueles a quem Deus não falou imediatamente devem receber do seu soberano as ordens positivas de Deus, como a família e os descendentes de Abraão as recebeu do seu pai, senhor e soberano civil. E, consequentemente, em toda república aqueles que não recebem revelação sobrenatural em contrário devem obedecer às leis do seu próprio soberano nos atos externos e na profissão de religião. Quanto ao *pensamento* interior e à *crença* dos homens, de que os governantes não podem ter conhecimento (pois só Deus conhece os corações), não são voluntários nem são efeito das leis, mas sim de uma vontade não revelada, e do poder de Deus, e consequentemente não estão incluídos na obrigação.

Só Abraão tinha o poder de ordenar a religião do seu Povo.

[250]

Donde se segue um outro ponto, a saber, que não era ilegítimo para Abraão punir os seus súditos, quando algum deles pretextasse ter uma visão particular ou espírito, ou outra revelação da parte de Deus, em apoio de qualquer doutrina que Abraão proibisse, ou quando aderissem ou seguissem a quem tivesse tamanha pretensão; e consequentemente agora é legítimo o soberano punir alguém que oponha o espírito particular às leis, pois ele ocupa o mesmo lugar na república que Abraão ocupava na sua própria família.

Nenhuma pretensão de espírito particular contra a religião de Abraão.

Disso deriva também um terceiro ponto: assim como ninguém, exceto Abraão na sua família, também ninguém, exceto o soberano numa república cristã, pode conhecer o que é

Abraão, único juiz e intérprete do que Deus disse.

Parte 3 – Da República Cristã

ou o que não é a palavra de Deus. Pois Deus falou apenas a Abraão e só ele podia saber o que Deus disse e interpretá-lo para a família. E, portanto, também aqueles que ocupam o lugar de Abraão numa república são os únicos intérpretes daquilo que Deus disse.

Fundamento da autoridade de Moisés.

O mesmo pacto foi renovado com Isaac e depois com Jacó, mas em seguida não o foi mais, até os israelitas se libertarem dos egípcios e terem chegado ao sopé do monte Sinai, e então foi renovado por Moisés (como disse antes, no capítulo XXXV), de tal modo que eles se tornaram dali em diante o Reino de Deus, cujo representante era Moisés, durante o seu tempo, e a sucessão daquele cargo foi atribuída a Aarão e seus herdeiros depois dele, para ser eternamente para Deus um reino sacerdotal.

Por meio dessa constituição, adquiriu-se um reino a Deus. Mas dado que Moisés não tinha autoridade para governar os israelitas como sucessor do direito de Abraão, porque não podia reclamá-lo por herança, parece que o povo só era obrigado a encará-lo como representante de Deus enquanto acreditava que Deus lhe falava. Portanto, a sua autoridade (apesar do contrato que tinha feito com Deus) dependia ainda só da opinião que tinha da sua santidade e da realidade das suas conversas com Deus, e da verdade dos seus milagres; vindo a mudar essa opinião, deixavam de estar obrigados a aceitar como lei de Deus tudo aquilo que ele lhes propunha em nome de Deus. Devemos portanto investigar que outro fundamento havia para a obrigação de lhe obedecerem. Com efeito, não podia ser a ordem de Deus que os obrigava, porque Deus não lhes falou imediatamente, mas pela mediação do próprio Moisés. E o nosso Salvador disse de si próprio: *Se eu trouxer testemunho de mim próprio, o meu testemunho não é verdadeiro*; muito menos se Moisés trouxesse testemunho de si próprio (especialmente numa reivindicação de poder monárquico sobre o povo de Deus) devia o seu testemunho ser aceito. A sua autoridade, portanto, tal como a autoridade de todos os outros príncipes, tem de ter como fundamento o consentimento do povo e a sua promessa de lhe obedecer. E assim foi: pois *o povo* (Ex 20,18), *quando viu os trovões*

Jo 5,31.

XL. Dos Direitos do Reino de Deus

e os relâmpagos, e o barulho da trombeta, e a montanha lançar fumo, ser afastada e ficar bem longe, disse a Moisés: fala-nos e ouvir-te-emos, mas que Deus não nos fale, senão morreremos. Aqui estava a sua promessa de obediência e foi deste modo que se obrigaram a obedecer a tudo o que ele lhes transmitisse por ordem de Deus.

E, apesar de o pacto constituir um reino sacerdotal, isto é, um reino hereditário a Aarão, isso deve ser entendido da sucessão, depois de Moisés ter morrido. Pois todo aquele que ordene e estabeleça a política, como primeiro fundador de uma república (seja ela uma monarquia, uma aristocracia ou uma democracia), precisa ter poder soberano sobre o povo durante todo o tempo em que o estiver fazendo. E que Moisés teve esse poder durante toda sua vida está afirmado com evidência nas Escrituras. Primeiro, no texto há pouco citado, porque o povo prometeu obediência a ele e não a Aarão. Segundo (Ex 24,1 e 2), *E Deus disse a Moisés: Vem até o Senhor, tu e Aarão, Nadabe e Abiú e setenta dos anciãos de Israel. E só Moisés chegará perto do Senhor, mas eles não chegarão perto, nem o povo subirá com ele.* Aí fica claro que Moisés, que foi chamado sozinho até Deus (e não Aarão, nem os outros sacerdotes nem os setenta anciãos, nem o povo a quem foi proibido subir), era o único que representava para os israelitas a pessoa de Deus, isto é, era o seu único soberano sob Deus. E embora depois seja dito (versículo 9): *Então subiram Moisés, e Aarão, Nadabe e Abiú, e setenta dos anciãos de Israel, e viram o Deus de Israel, e havia sob os seus pés algo que se assemelhava a um pavimento de pedra safira etc.*, contudo isto só foi depois de Moisés ter estado antes com Deus e de ter trazido para o povo as palavras que Deus lhe dissera. Só ele foi para tratar dos negócios do povo; aos outros, como aos nobres do seu séquito, foi admitida como honra uma graça especial, não concedida ao povo, que consistiu (como se vê pelo versículo seguinte) em ver Deus e viver. *Deus não pôs a sua mão sobre eles, viram Deus e comeram e beberam* (isto é, *viveram*), mas não transmitiram nenhuma ordem dele para o povo. Também é dito em toda a parte *O Senhor falou a Moisés*, como em todas as outras ocasiões de governo; assim também na ordenação das cerimô-

[251]

Moisés era (abaixo de Deus) soberano dos judeus, em todo o seu tempo, embora Abraão tivesse o sacerdócio.

Parte 3 – Da República Cristã

nias de religião contidas nos capítulos 25, 26, 27, 28, 29, 30 e 31 do *Êxodo* e em todo o *Levítico*; a Aarão raras vezes. O bezerro que Aarão fez foi lançado por Moisés no fogo. Finalmente a questão da autoridade de Aarão, por ocasião da revolta dele e de Miriam contra Moisés, foi (Nm 12) julgada pelo próprio Deus em vez de Moisés. Assim como na questão entre Moisés e o povo, quem tinha o direito de governar o povo, quando Coré, Datã e Abiram e duzentos e cinquenta príncipes da assembleia *se reuniram* (Nm 16,3) *contra Moisés e contra Aarão, e lhes disseram: Vós tomais demasiado sobre vós mesmos, dado que toda a congregação é sagrada, cada um deles, e o Senhor está entre eles, porque vos elevais acima da congregação do Senhor?* Deus fez que a terra engolisse vivos Coré, Datã e Abiram com as suas mulheres e crianças, e consumiu os duzentos e cinquenta príncipes pelo fogo. Portanto, nem Aarão, nem o povo, nem nenhuma aristocracia dos maiores príncipes do povo, mas só Moisés teve depois de Deus a sabedoria sobre os israelitas. E isto não apenas em questões de política civil, mas também de religião. Pois só Moisés falou com Deus, e portanto só ele podia dizer ao povo o que Deus exigia das suas mãos. Ninguém sob pena de morte podia ser tão presunçoso que se aproximasse da montanha onde Deus falou com Moisés. *Colocarás limites* (disse o Senhor, Ex 19,12) *ao povo à tua volta e dirás: Tende cautela convosco para que não subais a montanha ou toqueis a sua fronteira; aquele que tocar a montanha será certamente condenado à morte.* E também (vers. 21): *Desce, exorta o povo a que não irrompa para contemplar o Senhor*. Disso podemos concluir que todo aquele que numa república cristã ocupar o lugar de Moisés é o único mensageiro de Deus e o intérprete das suas ordens. E de acordo com isto ninguém devia, segundo a interpretação da Escritura, ir além dos limites que são colocados pelos seus vários soberanos. Pois as Escrituras, dado que Deus agora fala nelas, são o monte Sinai, cujos limites são as leis daqueles que representam a pessoa de Deus sobre a terra. Olhar para elas e ali contemplar as maravilhosas obras de Deus, e aprender a temê-lo é permitido, mas interpretá-las, isto é, intrometer-se naquilo que Deus disse àquele que Ele desig-

XL. Dos Direitos do Reino de Deus

nou para governar em Seu nome, e decidir, como um juiz, se ele governa como Deus lhe ordenou ou não, é transgredir os limites que Deus nos estabeleceu e olhar para Deus de maneira irreverente.

No tempo de Moisés não houve nenhum profeta nem ninguém pretextava ter o espírito de Deus senão aqueles que Moisés tinha aprovado e autorizado. Pois havia em seu tempo só setenta homens que se dizia profetizar por meio do Espírito de Deus, e estes eram todos da escolha de Moisés, a respeito dos quais Deus disse a Moisés (Nm 11,16): *Reúne-me setenta dos anciãos de Israel, que souberes serem os anciãos do povo.* A estes Deus concedeu o Seu espírito, mas não era um espírito diferente do de Moisés, pois disse (vers. 25): *Deus desceu numa nuvem, e tirou do espírito que estava sobre Moisés e deu-o aos setenta anciãos.* Mas como mostrei antes (cap. XXXVI) por *espírito* se entende a *mente*, e por isso o sentido do texto não é outro senão este: Deus os dotou de uma mente conforme e subordinada à de Moisés para que pudessem profetizar, isto é, falar ao povo em nome de Deus de tal modo que apresentassem (como ministros de Moisés e por autoridade sua) a doutrina concorde a Moisés. Pois não passavam de ministros, e quando dois deles profetizavam no acampamento isso era considerado uma coisa nova e ilegítima. Como mostram nos versículos 27 e 28 do mesmo capítulo, foram acusados disso, e Josué aconselhou Moisés a proibi-los, por não saberem que era pelo espírito de Moisés que eles profetizavam. Fica claro então que nenhum súdito deve ter pretensão à profecia, ou ao espírito, em oposição à doutrina estabelecida por aquele a quem Deus colocou no lugar de Moisés.

Morto Aarão e depois dele também Moisés, o reino, por ser um reino sacerdotal, passou em virtude do pacto ao filho de Aarão, Eleazar, o Sumo Sacerdote. E Deus declarou-o soberano (logo abaixo Dele), ao mesmo tempo em que designou Josué para general do seu exército. Pois assim falou Deus expressamente (Nm 27,21), referindo-se a Josué: *Ele ficará antes de Eleazar, o Sacerdote, que pedirá conselho para ele, diante do Senhor, perante a sua palavra sairão e perante a sua palavra entrarão, tanto ele*

Todos os espíritos eram subordinados ao espírito de Moisés.

[253]

Depois de Moisés, a soberania pertencia ao Sumo Sacerdote.

como todos os filhos de Israel com ele. Portanto, o supremo poder de fazer a guerra e a paz pertencia ao sacerdote. O supremo poder da judicatura pertencia também ao Sumo Sacerdote, pois o livro da lei estava à sua guarda e só os sacerdotes e levitas eram os juízes subordinados nas causas civis, como se vê em Dt 17,8--10. E quanto à maneira de se prestar culto a Deus, nunca houve dúvida de que o Sumo Sacerdote até o tempo de Saul tinha a autoridade suprema. Portanto, o poder civil e o eclesiástico estavam ambos reunidos numa única e mesma pessoa: o Sumo Sacerdote, e assim deve ser quando alguém governa por direito divino, isto é, por autoridade imediata de Deus.

Do poder soberano entre o tempo de Josué e o de Saul.

O intervalo entre a morte de Josué e a época de Saul é frequentemente indicado no livro dos *Juízes do seguinte modo*[1]: *nesses dias não havia rei em Israel*; e algumas vezes com esta adição: *cada homem fazia aquilo que a seus olhos era certo.* Disso se deve entender que, onde se diz que *não havia rei*, isso significa que *não havia soberano poder em Israel.* E assim era, se considerarmos o ato e o exercício de tal poder. Pois depois da morte de Josué e Eleazar *surgiu uma outra geração* (Jz 2,10) *que não conhecia o Senhor, nem as obras que tinha feito por Israel, e que procedeu mal perante o Senhor e serviu aos baalins.* E os judeus tinham aquela qualidade que São Paulo observou, *procurar um sinal*, não só antes de se submeterem ao governo de Moisés, mas também depois de se terem comprometido pela sua submissão. Pois os sinais e os milagres tinham por finalidade conseguir a fé, e não impedir os homens de a violarem, quando já a tinham dado, pois a isso os homens estão obrigados pela lei de natureza. Mas se considerarmos não o exercício, mas o direito de governar, o soberano poder ainda pertencia ao Sumo Sacerdote. Portanto, seja qual for a obediência prestada a qualquer dos juízes (que eram homens escolhidos extraordinariamente por Deus para salvar os seus súditos rebeldes das mãos do inimigo), isso não pode constituir argumento contra o direito do Sumo Sacerdote ao poder soberano, em todas as questões, quer de política,

---

[1] *Syn.*: Juízes

XL. Dos Direitos do Reino de Deus

quer de religião. E nem os juízes, nem o próprio Samuel receberam uma convocação comum para o governo; pelo contrário, receberam uma convocação extraordinária, e foram obedecidos pelos israelitas não por dever, mas por reverência para com o seu favor junto a Deus, que aparecia em sua sabedoria, coragem ou fortuna. A partir daí, portanto, ficaram inseparáveis o direito de regular a política e o de regular a religião.

Aos juízes sucederam os reis. Enquanto antes toda a autoridade, em religião e em política, estava no Sumo Sacerdote, agora ela estava toda no rei. Pois a soberania sobre o povo, que existia antes não apenas em virtude do poder divino, mas também por um pacto particular dos israelitas com Deus, e logo abaixo dele com o Sumo Sacerdote, como seu vice-rei sobre a terra, foi abandonada pelo povo com o consentimento do próprio Deus. Pois quando disseram a Samuel (1 Sm 8,5): *faz-nos um rei para nos julgar, como todas as outras nações*, expressaram o desejo de não mais ser governados pelas ordens que o Sacerdote lhes impunha, em nome de Deus, mas sim por alguém que os governasse da mesma maneira que todas as outras nações eram governadas. Assim, ao deporem o Sumo Sacerdote da autoridade real, aboliram o governo especial de Deus. E contudo Deus consentiu nisso, dizendo a Samuel (versículo 7): *Escuta com atenção a voz do povo em tudo o que ele te disser, pois ele não te rejeitou, mas me rejeitou a mim, para que não reinasse sobre ele.* Uma vez rejeitado Deus, em cujo nome os Sacerdotes governavam, não foi deixada nenhuma autoridade aos sacerdotes, exceto aquela que aprouvesse ao rei conceder-lhes, a qual era maior ou menor conforme os reis eram bons ou maus. E, quanto ao governo das questões civis, é manifesto que estava todo nas mãos do rei. Pois no mesmo capítulo, versículo 20, dizem que serão como todas as nações, que o seu rei será o seu juiz, e irá à frente deles e lutará nas suas batalhas, isto é, terá toda a autoridade, tanto na paz como na guerra. Nisso está contida também a autoridade religiosa, pois não havia nessa altura outra palavra de Deus pela qual regular a religião, a não ser a lei de Moisés, que era a sua lei civil. Além disso lemos (1 Rs 2,27)

[254]
Dos direitos dos reis de Israel.

Parte 3 – Da República Cristã

que Salomão *destituiu Abiatar de ser sacerdote perante o Senhor*. Tinha portanto autoridade sobre o Sumo Sacerdote como sobre qualquer súdito, o que é uma grande marca de supremacia em religião. E lemos também (1 Rs 8) que dedicou o templo, que abençoou o povo, e que ele em pessoa fez aquela excelente oração, usada na consagração de todas as igrejas e casas de oração, o que é uma outra grande marca de supremacia em religião. Também lemos (2 Rs 22) que quando foi questionado o livro da lei encontrado no templo, a decisão não coube ao Sumo Sacerdote, mas Josias enviou-o e a outros para inquirirem a tal respeito junto de Holda, a profetisa, o que constituiu uma outra marca da supremacia em religião. Finalmente lemos (1 Cr 26,30) que Davi tornou Hasabias e seus irmãos, hebronitas, oficiais de Israel a oeste do Jordão, *em todos os negócios do Senhor e no serviço do rei*. Do mesmo modo (versículo 32) que ele tornou outros hebronitas *governantes sobre os rubenitas, os gaditas e meia tribo de Manassés* (estes eram o restante de Israel que habitava para lá do Jordão) *para todas as questões que dissessem respeito a Deus e para os negócios do rei*. Não é isto o pleno poder, tanto *temporal* como *espiritual*, como lhe chamam aqueles que o dividem? Em conclusão: desde a primeira instituição do reino de Deus até o cativeiro, a supremacia da religião estava nas mesmas mãos que a da soberania civil, e o ofício de sacerdote depois da eleição de Saul não era magisterial, mas ministerial.

[255]

A prática da supremacia na religião não existia na época dos reis, de acordo com o direito a isso.

Apesar de o governo tanto na política como na religião estar unido, primeiro nos Sumos Sacerdotes e depois nos reis, pelo menos no que se refere ao direito, a mesma História Sagrada mostra que o povo não compreendeu assim. Pelo contrário, como muitos (provavelmente a maioria) só davam crédito à fama de Moisés ou aos colóquios entre Deus e os sacerdotes se viam grandes milagres ou (o que é equivalente a um milagre) grandes feitos, ou grande êxito nos empreendimentos de seus governantes, valiam-se de todas as oportunidades em que os governantes lhes desagradavam, ora censurando a política, ora a religião, para mudar o governo ou revoltar-se de sua obediência a seu bel-prazer. E daí se seguiram de tempos em tempos

XL. Dos Direitos do Reino de Deus

as guerras civis, as divisões e as calamidades da nação. Como, por exemplo, depois da morte de Eleazar e Josué, a geração seguinte, que não tinha visto os prodígios de Deus, mas foi deixada à sua própria e fraca razão, não se sabendo obrigada pelo pacto de um reino sacerdotal, deixou de acatar as ordens do sacerdote e qualquer lei de Moisés, e todos os homens passaram a fazer o que a seus olhos parecia certo, e nas questões civis obedeciam àqueles homens que de tempos em tempos julgavam capazes de os libertar das nações vizinhas que os oprimiam. Não consultavam Deus (como deviam fazer), mas apenas os homens ou mulheres que supunham ser profetas pelas suas predições das coisas que estavam para vir, e, muito embora tivessem um ídolo na sua capela, mesmo se tinham um levita como capelão, diziam adorar o Deus de Israel.

E depois, quando pediram um rei segundo os costumes das nações, não foi com a intenção de se afastarem do culto de Deus rei, mas, desesperando da justiça dos filhos de Samuel, queriam ter um rei para os julgar nas ações civis, mas não que permitissem ao seu rei mudar a religião que pensavam lhes fora recomendada por Moisés. De tal modo que sempre tinham reservado um pretexto, de justiça ou de religião, para se desembaraçarem da sua obediência, sempre que tinham esperança de ganhar. Samuel ficou aborrecido com o povo, porque eles desejaram um rei (pois Deus já era o seu rei e Samuel só tinha autoridade abaixo Dele); contudo, Samuel, quando Saul não observou os seus conselhos, destruindo Agag como Deus tinha ordenado, ungiu outro rei, a saber, Davi, para tomar a sucessão dos seus herdeiros. Roboão não era idólatra, mas quando o povo o considerou opressor, esse pretexto civil afastou dele dez tribos para Jeroboão, um idólatra. E em geral durante toda a história dos reis, tanto de Judá como de Israel, sempre houve profetas que controlavam os reis por transgredirem a religião, e às vezes também por erros de Estado, como Josafá foi censurado pelo profeta Jeú por ajudar o rei de Israel contra os sírios, e Ezequias por Isaías, por mostrar os seus tesouros aos embaixadores da Babilônia. Por tudo isto se vê que, embora o poder

2 Cr 19,2.
[256]

tanto do Estado como da religião estivesse nos reis, nenhum deles deixou de estar controlado no seu uso, a não ser quando eram bem vistos pelas suas capacidades naturais ou pela sua fortuna. De tal modo que das práticas daqueles tempos não se pode tirar nenhum argumento de que o direito de supremacia em religião não pertencia aos reis, a menos que o atribuamos aos profetas; nem concluir que, como as preces de Ezequias ao Senhor diante dos querubins não foram respondidas nesse momento, mas apenas mais tarde, pelo profeta Isaías, então era Isaías o chefe supremo da Igreja; ou que, como Josias consultou Holda, a profetisa, a respeito do livro da lei, portanto nem ele nem o Sumo Sacerdote, mas sim Holda, a profetisa, tinha a suprema autoridade em matéria de religião, o que penso não ser a opinião de nenhum doutor.

Depois do cativeiro os Judeus não tinham república fixa.

Durante o cativeiro os judeus não tinham república alguma e depois do seu regresso, embora renovassem o seu pacto com Deus, não foi feita promessa de obediência nem a Esdras nem a nenhum outro. E logo depois se tornaram súditos dos gregos (cujos costumes e demonologia, assim como a doutrina dos cabalistas, corromperam sobremaneira a sua religião), de tal modo que nada se pode coligir da sua confusão, tanto no Estado como na religião, a respeito da supremacia em nenhum deles. Portanto, no que se refere ao Antigo Testamento podemos concluir que quem tinha a soberania da república entre os judeus tinha também a suprema autoridade em matéria de culto exterior de Deus, e representava a pessoa de Deus, isto é, a pessoa de Deus Pai, embora não fosse chamado pelo nome de Pai até aquela altura em que enviou ao mundo o Seu Filho Jesus Cristo, para redimir a humanidade dos seus pecados e levá-la para o seu reino eterno para ser salva para sempre. Disso vamos falar no capítulo seguinte.

CAP. XLI
Do OFÍCIO do nosso
ABENÇOADO SALVADOR

Encontramos nas Sagradas Escrituras três partes do *ofício* do *Messias*. A primeira é como *Redentor* ou *Salvador*; a segunda é como *Pastor, Conselheiro* ou *Mestre*, isto é, o ofício de um profeta enviado por Deus para converter os que Deus havia eleito para a salvação; a terceira é como *Rei*, e um *rei eterno*, mas sob seu Pai, como foi o caso de Moisés e dos Sumos Sacerdotes nas suas respectivas épocas. E a essas três partes correspondem três épocas. A nossa redenção ele *a realizou*[1] na sua primeira vinda, pelo sacrifício mediante o qual se ofereceu na cruz pelos nossos pecados; a nossa conversão foi em parte levada a cabo pela sua própria pessoa, e em parte efetuada atualmente pelos seus ministros, o que assim continuará até o seu retorno. E após esse retorno começará o seu glorioso *reinado*[2] sobre os seus eleitos, que há de durar eternamente.

Pertence ao *ofício* de um *Redentor*, isto é, de quem pagou o resgate do pecado (resgate esse que é a morte), que ele tenha sido sacrificado, tendo assim carregado na sua própria cabeça e afastado de nós as nossas iniquidades, da maneira que Deus havia exigido. Não que a morte de um só homem, embora sem pecado, possa compensar as ofensas de todos os homens, no rigor da justiça, mas apenas na misericórdia de Deus, que ordenou os sacrifícios pelo pecado que na sua misericórdia lhe aproveitar. Na lei antiga (como está escrito no *Levítico*, capítulo 16) o Senhor exigia que se fizesse todos os anos uma reparação dos pecados de todo o Israel, tanto os sacerdotes como os outros. Para tal, Aarão devia sacrificar um boi jovem, por si mesmo e pelos sacerdotes. Quanto ao resto do povo, devia receber deste dois bodes jovens, dos quais devia *sacrificar* um, mas

Três partes do ofício de Cristo.

Seu ofício como Redentor.

---

[1] *Syn.*: realizou   [2] *Syn.*: reinado

quanto ao outro, que era o *bode expiatório*, devia pousar as mãos na sua cabeça e depositar sobre esta, pela confissão, todas as iniquidades do povo; depois, por meio de uma pessoa adequada, fazer que o bode fosse levado para o deserto e lá *fugisse**, levando consigo as iniquidades do povo. Tal como o sacrifício de um só dos bodes era um preço suficiente (porque aceitável) para o resgate de todo o Israel, assim também a morte do Messias é um preço suficiente para pagar os pecados de todo o gênero humano, pois nada mais foi exigido. Os sofrimentos de Cristo nosso Salvador parecem estar aqui figurados tão claramente como na oblação de Isaac, ou em qualquer dos seus outros símbolos no Antigo Testamento. Ele foi ao mesmo tempo o bode sacrificado e o bode expiatório. *Ele foi oprimido, e ele foi afligido* (Is 53,7); *ele não abriu a boca; foi levado como um cordeiro para a matança, e assim como um cordeiro fica mudo diante do tosquiador, assim também ele não abriu a boca.* Aqui ele é o *bode sacrificado. Ele suportou os nossos agravos, e levou as nossas aflições* (vers. 4). E também (vers. 6): *o Senhor carregou sobre si as iniquidades de todos nós.* Aqui ele é o *bode expiatório. Ele foi separado da terra dos vivos, pela transgressão do meu povo* (vers. 8). Aqui é mais uma vez o *bode sacrificado.* E também (vers. 11): *ele suportará os seus pecados.* Aqui é o *bode expiatório.* Assim, o cordeiro de Deus é o equivalente de ambos esses bodes: sacrificado no fato de ter morrido, e escapando na sua ressurreição, sendo erguido oportunamente pelo seu Pai e retirado da habitação dos homens na sua Ascensão.

O reino de Cristo não é deste mundo.

Assim, na medida em que quem *redime* não tem direito *à coisa redimida* antes da *redenção* e do pagamento do resgate, e este resgate era a morte do redentor, é manifesto que o nosso Salvador (enquanto homem) não era rei daqueles que redimiu antes de sofrer a morte, isto é, durante o tempo em que viveu corporalmente na terra. Digo que ele então não era rei, de maneira presente, em virtude do pacto que os fiéis fazem com ele no batismo. Não obstante, pela renovação do seu pacto com

---

* Jogo de palavras intraduzível com *scapegoat* (bode expiatório) e *escape* (escapar, fugir). (N. do T.)

XLI. Do Ofício do nosso Abençoado Salvador

Deus no batismo, eles ficam obrigados a obedecer-lhe como rei (sob seu Pai), a qualquer momento em que lhe aprouver assumir o Reino. De acordo com isto, o nosso Salvador disse expressamente ele mesmo (Jo 18,36): *O meu Reino não é deste mundo.* Ora, dado que nas Escrituras se encontra referência somente a dois *mundos desde o Dilúvio*[1], aquele que existe agora, e durará até o dia do Juízo Final (que portanto se chama também *o último dia*), e aquele que existirá depois do dia do Juízo, quando haverá um novo céu e uma nova terra; dado isso, o Reino de Cristo só vai começar depois da ressurreição geral. E foi isso que disse o nosso Salvador (Mt 16,27): *O Filho do homem virá na glória do seu Pai, com os seus anjos, e então recompensará a cada homem conforme os seus atos.* Recompensar a cada homem conforme os seus atos é exercer o ofício de um rei, e isso não acontecerá antes de ele vir na glória do seu Pai, com os seus anjos. Quando o nosso Salvador disse (Mt 23,2): *Os escribas e fariseus estão sentados na cadeira de Moisés, portanto tudo o que vos pedirem para fazer observai-o e fazei-o,* declarou claramente estar atribuindo, para esse tempo, o poder real, não a si mesmo mas a eles. E assim faz também quando diz (Lc 12,14): *Quem fez de mim um juiz ou um divisor para vós?* E também (Jo 12,47): *Eu não vim para julgar o mundo, mas para salvar o mundo.* Contudo, o nosso Salvador veio a este mundo para poder ser rei e juiz no mundo vindouro. Pois ele era o Messias, isto é, o Cristo, isto é, o sacerdote ungido e o soberano profeta de Deus. Quer dizer, ele viria a ter todo o poder que estava em Moisés, o profeta, nos Sumos Sacerdotes que sucederam a Moisés, e nos reis que sucederam aos Sacerdotes. E São João diz expressamente (cap. 5, vers. 22): *O Pai não julga ninguém, mas confiou todo o julgamento ao Filho.* E isto não é incompatível com aquela outra passagem: *Eu não vim para julgar o mundo,* pois isto se refere ao mundo presente, o outro, ao mundo vindouro. Assim como também onde está escrito que na segunda vinda de Cristo (Mt 19,28): *Vós que me seguistes na regeneração, quando o Filho do homem se sentar no trono*

[263]

---

[1] *Syn.*: mundos;

da sua glória também vos sentareis em doze tronos, julgando as doze tribos de *Israel, está claro que seu reino não começaria quando ele disse*[1]*.

A finalidade da vinda de Cristo era a renovação do pacto do Reino de Deus, e convencer os eleitos a aceitá-lo, o que era a segunda parte da sua missão.

Nesse caso, se enquanto Cristo estava na terra não tinha nenhum reino neste mundo, qual a finalidade da sua primeira vinda? Foi para restaurar a Deus, mediante um novo pacto, o Reino que era Seu pelo Antigo Pacto e havia sido interrompido pela rebelião dos israelitas, com a eleição de Saul. Para fazê-lo devia pregar a eles que ele era o *Messias*, isto é, o rei a eles prometido pelos profetas, e oferecer-se em sacrifício pelos pecados daqueles que, pela fé, deviam submeter-se-lhe. E caso a nação em geral o recusasse, devia chamar à sua obediência aqueles de entre os gentios que o acreditassem. De modo que há duas partes do ofício do nosso Salvador, durante a sua estada na terra. Uma é proclamar-se a si mesmo como Cristo, a outra é, pelo ensino e pela realização de milagres, persuadir e preparar os homens a viverem de maneira que se tornem merecedores da imortalidade que os crentes iriam gozar no tempo em que ele viesse em majestade, para tomar posse do Reino do seu Pai. E é por isso que a época da sua pregação é muitas vezes por ele mesmo chamada a *Regeneração*, o que não é propriamente um reino, nem portanto uma licença para negar obediência aos magistrados então existentes (pois ele ordenou-lhes que obedecessem aos que se sentavam na cadeira de Moisés, e que pagassem tributos a César), mas unicamente um adiantamento do Reino de Deus que estava para vir, dado àqueles a quem Deus havia concedido a graça de serem seus discípulos e de nele acreditarem. É por esta razão que dos piedosos se diz estarem já no *Reino da Graça*, enquanto naturalizados naquele Reino celeste.

A pregação de Cristo não era contrária à lei dos judeus nem à de César.

Até aqui, por conseguinte, nada foi feito ou ensinado por Cristo que tenda a diminuir o direito civil dos judeus ou de César. Pois no que diz respeito à república em que nessa época os judeus viviam, tanto os que governavam como os que eram go-

---

[1] *Syn.*: Israel.

XLI. Do Ofício do nosso Abençoado Salvador

vernados esperavam a vinda do Messias e do Reino de Deus, o que lhes teria sido impossível se as suas leis o proibissem, quando viesse, de se manifestar e se dar a conhecer. Assim, como Cristo nada fez senão ocupar-se de provar por meio de pregação e milagres que era o Messias, ele nada fez contra as leis dos judeus. O Reino que reclamava só viria num outro mundo. Ensinou todos os homens a nesse ínterim obedecerem aos que se sentavam na cadeira de Moisés; permitiu-lhes que dessem a César o seu tributo e recusou exercer ele mesmo as funções de juiz. Como podiam então as suas palavras ou ações serem sediciosas, ou tenderem para a derrubada do governo civil então existente? Mas como Deus havia determinado o seu sacrifício, a fim de levar os seus eleitos de volta à obediência do pacto primitivo, usou como meios para fazer que este se realizasse a malícia e a ingratidão dos judeus. E também nada fez de contrário às leis de César. Pois, embora o próprio Pilatos (para contentar os judeus) o entregasse para ser crucificado, antes de assim fazer declarou abertamente que nele não havia encontrado falta. E como justificação da sua condenação não alegou o que os judeus exigiam, *que ele pretextou ser rei*, mas simplesmente *que ele era rei dos judeus*; e malgrado o seu clamor recusou-se a alterá-la, dizendo: *O que está escrito está escrito*. [264]

Quanto à terceira parte de seu ofício, que era ser *rei*, já mostrei que o seu Reino não havia de começar antes da ressurreição. Então ele será rei, não apenas enquanto Deus, pois nesse sentido ele já é rei, e sempre o será de toda a terra, em virtude da sua onipotência, mas também peculiarmente rei dos seus eleitos, em virtude do pacto que eles com ele fazem no batismo. E é por isso que o nosso Salvador diz (Mt 19,28) que os seus apóstolos se sentarão em doze tronos, julgando as doze tribos de Israel, *quando o Filho do homem se sentar no seu trono em sua glória*. Com isso quer dizer que reinará em sua natureza humana. E em Mt 16,27: *O Filho do homem virá na glória do seu Pai, com os seus anjos, e então recompensará a cada homem conforme os seus atos*. O mesmo podemos ler em Mc 13,26; 14,62, e mais expressamente quanto ao tempo em Lc 22,29 e 30: *Eu vos concedo um*

A terceira parte de seu ofício era ser (sob seu Pai) rei dos eleitos.

Parte 3 – Da República Cristã

Reino, tal como meu Pai mo concedeu a mim, para que possais comer e beber à minha mesa no meu reino, e sentar-vos em tronos julgando as doze tribos de Israel. Isso deixa claro que o Reino de Cristo a ele concedido pelo seu Pai não há de chegar antes que o Filho do homem venha em glória e faça dos seus apóstolos os juízes das doze tribos de Israel. Mas aqui alguém pode perguntar: considerando que não existe casamento no Reino do Céu, e que os homens então não poderão nem comer nem beber, de que comida se pode tratar nessa passagem? Isto é explicado pelo nosso Salvador, quando diz (Jo 6,27): *Não trabalheis pela comida que perece, mas por aquela comida que dura uma vida eterna, e que o Filho do homem vos dará.* Assim, comer à mesa de Cristo significa comer da árvore da vida, quer dizer, gozar da imortalidade, no Reino do Filho do homem. Essas passagens, juntamente com muitas outras, permitem ver que o Reino do nosso Salvador será por ele exercido na sua natureza humana.

A autoridade de Cristo no Reino de Deus subordinada à do seu Pai.

Além disso, ele só será então rei como subordinado ou vice-rei de Deus Pai, como Moisés o era no deserto, e os Sumos Sacerdotes o eram antes do reinado de Saul, e os reis depois disso. Porque uma das profecias relativas a Cristo é que ele seria semelhante a Moisés (quanto ao ofício): *Eu erguerei para eles um profeta* (disse o Senhor, Dt 18,18), *de entre os seus irmãos como para vós, e porei as minhas palavras na sua boca*; e esta semelhança com Moisés manifesta-se também nas próprias ações do nosso Salvador, no tempo que passou na terra. Pois tal como Moisés escolheu os doze príncipes das tribos para governarem abaixo dele, assim também o nosso Salvador escolheu doze apóstolos, que se sentarão em doze tronos e julgarão as doze tribos de Israel. E, tal como Moisés autorizou setenta anciãos a receber o Espírito de Deus, e a profetizar perante o povo, isto é (conforme já disse antes), a falar-lhe em nome de Deus, assim também o nosso Salvador ordenou setenta discípulos, para pregarem o seu Reino e a salvação de todas as nações. E tal como quando apresentaram a Moisés uma queixa contra os setenta que profetizavam no acampamento de Israel, e ele os justificou dizendo que nisso eles estavam manifestando obediência ao seu go-

XLI. Do Ofício do nosso Abençoado Salvador

verno, assim também o nosso Salvador, quando São João se lhe foi queixar de um certo homem que exorcizava os demônios em seu nome, ele o justificou de tal fato, dizendo (Lc 9,50): *Não lho proíbas, pois quem não está contra nós está do nosso lado.*

Mais ainda, o nosso Salvador assemelhou-se a Moisés na instituição dos *sacramentos*, tanto de *admissão* no Reino de Deus como de *comemoração* da libertação dos eleitos da sua miserável condição. Tal como os filhos de Israel tinham como sacramento da sua recepção no Reino de Deus, antes do tempo de Moisés, o rito da *circuncisão*, rito esse que depois de ter sido omitido no deserto voltou a ser restaurado logo que eles chegaram à terra da promissão, assim também os judeus, antes da vinda do nosso Salvador, tinham o rito do *batismo*, isto é, de lavar com água todos os que antes eram gentios e haviam abraçado ao Deus de Israel. Era este rito que São João Batista usava na recepção de todos os que davam os seus nomes ao Cristo, o qual ele pregava já ter chegado a este mundo; e o nosso Salvador instituiu o mesmo rito como sacramento a ser dado a todos os que nele acreditavam. Nas Escrituras não se encontra formalmente expressa a razão por que se deu início ao rito do batismo, mas pode-se provavelmente considerar uma imitação da lei de Moisés respeitante à lepra, pela qual se ordenava que o leproso fosse obrigado a afastar-se durante algum tempo do acampamento de Israel, e, se depois desse tempo fosse por um sacerdote considerado curado, era readmitido no acampamento depois de uma solene lavagem. Pode portanto ter sido este o protótipo da lavagem do batismo, mediante a qual os homens que são curados, pela fé, da lepra do pecado são aceitos no seio da Igreja com a solenidade do batismo. Há uma outra conjectura extraída das cerimônias dos gentios, num determinado caso que raramente ocorre, e que era o seguinte: quando um homem depois de dado por morto conseguia restabelecer-se, os outros homens hesitavam conviver com ele, como hesitariam conviver com um fantasma, a não ser que ele fosse novamente aceito na multidão de homens mediante a lavagem, tal como as crianças recém-nascidas eram lavadas das impurezas da sua natividade, o que constituía uma espécie de novo nascimento. É bastante provável que essa cerimônia dos gregos, da época em que a Judeia estava sob o domínio de Alexandre e dos gregos seus sucessores, tenha-se insinuado na religião dos judeus. Mas como não é verossímil que o nosso Salvador sancionasse um rito pagão, é mais verossímil que ela tenha origem na cerimônia legal da lavagem depois da lepra. Quanto ao outro sacramento, o de comer o *cordeiro pascal*, é manifestamente imitado no sacramento da *ceia do Senhor*, na qual o partir do pão e o derramar do vinho trazem à memória a nossa libertação da miséria do pecado, pela paixão de Cristo, tal como comer o cordeiro pascal trazia à memória a libertação dos judeus da escravidão do Egito. Assim, considerando que a autoridade de Moisés era apenas subordinada, e que ele era apenas o lugar-tenente de Deus, segue-se que Cristo, cuja autoridade enquanto homem devia ser idêntica à de Moisés, não estava menos subordinado à autoridade do seu Pai. Este se encontrava mais manifestamente expresso no fato de ele nos ensinar a orar *Pai nosso, venha a nós o vosso Reino* e *Porque vosso é o Reino, o Poder e a Glória*; e por se dizer que *ele virá na glória do seu Pai*; e pelo que diz São Paulo (1 Cor 15,24): *então virá o fim, quando ele terá entregue o Reino de Deus Pai*; e por muitas outras passagens bastante claras.

Um e o mesmo Deus é a pessoa representada por Moisés e por Cristo.

Portanto, o nosso Salvador, tanto no ensinar como no reinar, representa (como o fez Moisés) a pessoa de Deus, ao qual, desse momento em diante, mas não antes, se chama o Pai; e, continuando a ser uma e mesma substância, é uma pessoa enquanto representado por Moisés, e uma outra pessoa enquanto representado pelo seu Filho, o Cristo. Porque, sendo *pessoa* algo relativo a um *representante*, é consequência da pluralidade de representantes que haja uma pluralidade de pessoas, embora de uma e mesma substância.

CAP. XLII
Do Poder Eclesiástico

Para compreender o que é o PODER ECLESIÁSTICO, e a quem pertence, é preciso fazer uma separação no tempo desde a Ascensão do nosso Salvador, dividindo-o em duas partes: uma antes da conversão dos reis e homens investidos do poder civil e a outra depois da sua conversão. Com efeito, só muito tempo depois da Ascensão é que um rei ou soberano civil abraçou e publicamente permitiu o ensino da religião cristã.

Quanto a esse tempo intermediário, é manifesto que o *poder eclesiástico* pertencia aos apóstolos, e depois destes àqueles que haviam sido por eles ordenados para pregar o Evangelho e converter os homens ao cristianismo, assim como para guiar os convertidos no caminho da salvação. Depois destes o poder foi mais uma vez entregue a outros por estes ordenados, o que era feito mediante a imposição das mãos sobre os que eram ordenados, gesto que significava a transmissão do Espírito Santo, ou Espírito de Deus, àqueles a quem ordenavam ministros de Deus, para promover o seu reinado. Assim, a imposição das mãos não era outra coisa senão o selo da sua missão de pregar a Cristo e ensinar a sua doutrina, e a transmissão do Espírito Santo através dessa cerimônia da imposição das mãos era uma imitação do que havia feito Moisés. Porque Moisés usou a mesma cerimônia com o seu ministro Josué, conforme lemos no Dt 34,9: *E Josué, filho de Nun, estava cheio do espírito da sabedoria, porque Moisés havia posto as suas mãos sobre ele*. Portanto, o nosso Salvador, entre a Ressurreição e a Ascensão, deu o seu Espírito aos apóstolos, primeiro *soprando sobre eles e dizendo* (Jo 20,22) *recebei o Espírito Santo*; e depois da Ascensão (At 2,2-3.) enviando sobre eles um *poderoso vento, e afiadas línguas de fogo*, e não pela imposição das mãos – tal como Deus não pôs as suas mãos sobre Moisés – e os seus apóstolos transmitiram depois o mesmo Espírito pela imposição das mãos – como Moisés fez com Josué. Fica claro então com quem permaneceu con-

Do Espírito Santo que baixou sobre os apóstolos.

Parte 3 – Da República Cristã

tinuamente o poder eclesiástico, naqueles primeiros tempos em que não havia nenhuma república cristã: com os que receberam esse poder dos apóstolos, pela sucessiva imposição das mãos.

Da trindade.

Temos portanto aqui a pessoa de Deus nascendo pela terceira vez. Pois, tal como Moisés e os Sumos Sacerdotes eram os representantes de Deus no Antigo Testamento, e mesmo o nosso Salvador, na qualidade de homem, durante a sua morada na terra, também o Espírito Santo, quer dizer, os apóstolos e os seus sucessores, no encargo de pregar e de ensinar o que receberam do Espírito Santo, tem deste então sido o seu representante.

[268]

Mas uma pessoa (conforme já mostrei, no capítulo XVI) é aquela que é representada tantas vezes quantas for representada. Portanto, Deus, que foi representado (isto é, personificado) três vezes, pode propriamente ser considerado como três pessoas, embora nem a palavra *pessoa* nem a palavra *trindade* lhe sejam atribuídas na Bíblia. Sem dúvida São João diz (1 Jo 5,7): *Existem três que dão testemunho no céu, o Pai, a Palavra e o Espírito Santo; e estes três são um só.* Mas isto não entra em contradição, pelo contrário, concorda perfeitamente com a ideia de três pessoas na significação própria de pessoas, ou seja, os que são representados por outros. Pois Deus Pai, enquanto representado por Moisés, é uma pessoa; enquanto representado pelo seu Filho, é outra pessoa, e, enquanto representado pelos apóstolos e pelos doutores que ensinavam pela autoridade deles recebida, é uma terceira pessoa. E, no entanto, aqui cada uma destas pessoas é a pessoa de um e um só Deus. Mas poderia aqui perguntar-se do que é que esses três prestam testemunho. E São João diz-nos (vers. 11) que eles prestam testemunho de que *Deus nos deu a vida eterna em seu Filho.* Além disso, se perguntarem onde se manifesta esse testemunho, a resposta é fácil, pois Deus deu prova dele pelos milagres que realizou, primeiro por meio de Moisés, depois por meio do seu próprio Filho, e por último por meio dos apóstolos, que haviam recebido o Espírito Santo. Todos estes, no seu tempo, representaram a pessoa de Deus e profetizaram ou pregaram a Jesus Cristo. Quanto aos apóstolos, era do caráter do apostolado, no

XLII. Do Poder Eclesiástico

caso dos doze primeiros e grandes apóstolos, prestar testemunho da sua ressurreição, como aparece expressamente em At 1, 21-22, onde São Pedro, quando ia ser escolhido um novo apóstolo para o lugar de Judas Iscariotes, usou estas palavras: *Destes homens que nos acompanharam todo o tempo que Jesus nosso Senhor esteve entre nós, desde o batismo de João até o próprio dia em que foi arrebatado de entre nós, deve ser ordenado um para conosco ser testemunha da sua ressurreição* – palavras que devem ser interpretadas como a *prestação de testemunho* de que fala São João. Na mesma passagem vem referida uma outra trindade das testemunhas na terra. Pois ele diz (versículo 8) que *há três que prestam testemunho na terra, o espírito, a água e o sangue, e estes três coincidem em um só*. Quer dizer, as graças do Espírito de Deus e os dois sacramentos, o batismo e a ceia do Senhor, todos os quais coincidem no testemunho, para garantir a vida eterna às consciências dos crentes, testemunho do qual ele disse (versículo 10): *Aquele que crê no Filho do homem tem em si mesmo a sua própria testemunha*. Nesta trindade na terra, a unidade não é a da coisa, porque o espírito, a água e o sangue não são a mesma substância, embora deem o mesmo testemunho. Mas na trindade do céu as pessoas são as pessoas de um só e mesmo Deus, embora representado em três momentos e ocasiões diferentes. Concluindo, e na medida em que tal pode ser diretamente tirado das Escrituras, a doutrina da trindade é em substância a seguinte: Deus, que é sempre um e o mesmo, foi a pessoa representada por Moisés, a pessoa representada pelo seu Filho encarnado, e a pessoa representada pelos apóstolos. Enquanto representado pelos apóstolos, o Espírito Santo pelo qual eles falavam é Deus; enquanto representado pelo seu Filho (que era Deus e homem), o Filho é esse Deus; enquanto representado por Moisés e pelos Sumos Sacerdotes, o Pai, quer dizer, o pai de nosso Senhor Jesus Cristo, é esse Deus. Daqui podemos inferir a razão pela qual os nomes *Pai*, *Filho* e *Espírito Santo*, significando a divindade, nunca são usados no Antigo Testamento: porque são pessoas, isto é, recebem os seus nomes do fato de representarem, o que só era possível depois de diversos homens te-

[269]

Parte 3 – Da República Cristã

rem representado a pessoa de Deus no governo ou direção de outros, sob a sua autoridade.

Vemos assim como o poder eclesiástico foi transmitido aos apóstolos pelo nosso Salvador, e como eles foram (a fim de melhor poderem exercer esse poder) investidos do Espírito Santo, que portanto é às vezes chamado no Novo Testamento *paracletus*, que significa *assistente*, alguém chamado em ajuda, embora seja geralmente traduzido como *consolador*. Passemos agora a examinar o próprio poder, o que era e sobre quem era exercido.

O poder eclesiástico é apenas o poder de ensinar.

O Cardeal Belarmino, na sua terceira controvérsia geral, tratou um grande número de questões relativas ao poder eclesiástico do papa de Roma, e começa com a seguinte: se ele deveria ser monárquico, aristocrático ou democrático. Todas estas espécies de poder são soberanas e coercitivas. Mas toda disputa seria em vão, se agora ficasse evidente que não lhes foi deixado pelo nosso Salvador nenhuma espécie de poder coercitivo, mas apenas o poder de proclamar o Reino de Cristo e de persuadir os homens a submeterem-se-lhe, e através de preceitos e bons conselhos ensinar aos que se submeteram o que devem fazer para serem recebidos no Reino de Deus quando ele chegar, e que os apóstolos e outros ministros do Evangelho são apenas nossos professores e não nossos comandantes, e que os seus preceitos não são leis, mas apenas salutares conselhos.

Argumento a favor disso *extraído do*[1] poder do próprio Cristo:

Já mostrei (no capítulo anterior) que o Reino de Cristo não é deste mundo, portanto os seus ministros não podem (a não ser que sejam reis) exigir obediência em seu nome. Pois, se o rei supremo não tiver o seu poder real neste mundo, por que autoridade pode ser exigida obediência aos seus funcionários? Tal como meu Pai me enviou (assim disse o nosso Salvador), assim também vos envio. Mas o nosso Salvador foi enviado para persuadir os judeus a voltarem para o reino do seu Pai, e os gentios, a aceitarem-no, e não para reinar em majestade, tampouco como lugar-tenente do seu Pai, até o dia do Juízo Final.

Extraído do nome de regeneração:

O tempo que vai desde a Ascensão até a ressurreição geral não é chamado um reinado, e sim uma regeneração, isto é,

---

[1] Syn.: o

XLII. Do Poder Eclesiástico

uma preparação dos homens para a segunda e gloriosa vinda de Cristo, no dia do Juízo. Isso se vê pelas palavras do nosso Salvador (Mt 19,28): *Vós que me seguistes na regeneração, quando o Filho do homem se sentar no trono da sua glória, também vós vos sentareis em doze tronos.* E nas de São Paulo (Ef 6,15): *Tendo os vossos pés calçados com a preparação do Evangelho da paz.* [270]

Isso é comparado pelo nosso Salvador com a pesca, isto é, com ganhar os homens para a obediência, não pela coerção e pela punição, mas pela persuasão; por isso ele não disse aos apóstolos que faria deles outros tantos Nimrods, ou *caçadores de homens,* e sim *pescadores de homens.* Também é comparado com a levedura, com a sementeira e com a multiplicação de uma semente de mostarda, comparação que exclui qualquer compulsão; não é portanto possível que nesse tempo haja um verdadeiro reinado. A obra dos ministros cristãos é a evangelização, isto é, a proclamação de Cristo e a preparação da sua segunda vinda, tal como a evangelização de São João Batista era uma preparação para a primeira vinda.

Extraído da comparação com a pesca, a levedura, a semente.

Além disso, o ofício dos ministros de Cristo neste mundo é levar os homens a crer e a ter fé em Cristo. Mas a fé não tem nenhuma relação ou dependência com a coerção e o mando, mas apenas com a certeza ou probabilidade de argumentos tirados da razão ou de alguma coisa em que já se acredita. Portanto, os ministros de Cristo neste mundo não recebem desse título nenhum poder para punir alguém por não acreditar ou por contradizer o que dizem, isto é, o título de ministros cristãos não lhes dá o poder de punir os que assim agem. Mas se tiverem poder civil soberano, por instituição política, nesse caso podem, sem dúvida, legitimamente unir qualquer contradição das suas leis. E São Paulo disse expressamente, sobre si mesmo e os outros pregadores do Evangelho: *Nós temos domínio sobre a vossa fé, somos os ajudantes da vossa alegria.*

Extraído da natureza da fé.

2 Cor 1,24.

Um outro argumento de que os ministros de Cristo neste mundo não têm o direito de comandar pode ser extraído da autoridade legítima que Cristo conferiu a todos os príncipes, tanto os cristãos como os infiéis. Diz São Paulo (Cl 3,20): *Vós,*

Extraído da autoridade que Cristo tinha deixado aos príncipes civis.

Parte 3 – Da República Cristã

filhos, obedecei em tudo aos vossos pais, pois isso muito agrada ao Senhor. E no versículo 22: *Vós, servos, obedecei em tudo a vossos senhores de acordo com a carne, não trabalhando apenas debaixo de olho, para agradar-lhes, mas com simplicidade de coração, por temor a Deus.* Isto se diz daqueles cujos senhores são infiéis, sendo mesmo assim obrigados a obedecer-lhes *em todas as coisas.* Por outro lado, a respeito da obediência aos príncipes (Rm 13, primeiros 6 versículos), São Paulo exorta a *sujeitar-se aos poderes superiores,* dizendo *que todo poder é ordenado por Deus, e que nos devemos sujeitar a eles, não apenas por* medo de incorrer na sua *ira, mas também por imperativo da consciência.* E São Pedro diz (1 Pd 2,13-15): *Submetei-vos a todas as ordens do homem, em nome do Senhor, quer seja para com o rei, como supremo, ou para com governadores, como aqueles que por ele foram enviados para castigar os malfeitores e para louvar os que praticam o bem: porque é essa a vontade de Deus.* E de novo São Paulo (Tt 3,1): *Lembrai aos homens que se sujeitem aos príncipes e poderes, e obedeçam aos magistrados.* Esses príncipes e poderes de que São Pedro e São Paulo falam aqui eram todos infiéis, logo muito mais devemos nós obedecer aos que são cristãos, a quem Deus conferiu um poder soberano sobre nós. Nesse caso, como podemos ser obrigados a obedecer a qualquer ministro de Cristo, se ele nos ordenar que façamos alguma coisa contrária às ordens do rei, ou outro representante soberano da república de que somos membros, e pelo qual esperamos ser protegidos? Portanto, é manifesto que Cristo não deu nenhuma autoridade para comandar os outros homens aos seus ministros neste mundo, a não ser que eles estejam também investidos de autoridade civil.

O que os cristãos podem fazer para evitar a perseguição.

Mas poderia objetar-se: e se um rei, ou um senado, ou qualquer outra pessoa soberana nos proibisse de acreditar em Cristo? Ao que respondo que essa proibição não teria efeito algum, porque a crença e a descrença nunca seguem as ordens dos homens. A fé é uma dádiva de Deus, que o homem é incapaz de dar ou tirar por promessas de recompensa ou ameaças de tortura. Mas se além disso se perguntar: e, se nos for ordenado pelo nosso príncipe legítimo que digamos com a nossa

XLII. Do Poder Eclesiástico

boca *aquilo em que nós*[1] não acreditamos, devemos obedecer a essa ordem? A confissão com a boca é apenas uma coisa externa, não mais do que qualquer outro gesto mediante o qual manifestamos a nossa obediência. Nesse caso, qualquer cristão, mantendo-se em seu coração firmemente fiel à fé de Cristo, tem a mesma liberdade de fazer que o profeta Eliseu concedeu a Naaman, o sírio. Naaman estava em seu coração convertido ao Deus de Israel, pois declarou (2 Rs 5,17): *De ora em diante teu servo não fará oferendas ou sacrifícios a outros deuses senão ao Senhor. E nesta coisa o Senhor perdoa ao seu servo, que quando o meu amo vai à casa de Rimmon para o culto, e se apoia na minha mão, eu inclino-me na casa de Rimmon; quando eu me inclino na casa de Rimmon, o Senhor perdoa ao seu servo nesta coisa.* O profeta aprovou, e lhe disse: *Vai em paz*. Em seu coração, Naaman era crente, mas ao inclinar-se perante o ídolo Rimmon negava efetivamente o verdadeiro Deus, tanto como se o houvesse feito com os seus lábios. Mas nesse caso o que devemos responder ao que disse o nosso Salvador: *A quem me negar diante dos homens eu negarei diante do meu Pai que está no céu*? Podemos dizer que tudo aquilo que um súdito, como era o caso de Naaman, é obrigado a fazer em obediência ao seu soberano, desde que não o faça segundo o seu próprio espírito, mas segundo as leis do seu país, não é uma ação propriamente sua, e sim do seu soberano; e neste caso não é ele quem nega Cristo perante os homens, mas o seu governante e as leis do seu país. E se alguém acusar esta doutrina de incompatibilidade com o verdadeiro e autêntico cristianismo, perguntar-lhe-ei: se acaso houver em qualquer república cristã um súdito que intimamente em seu coração seja da religião muçulmana, a quem o seu soberano ordene que esteja presente no serviço divino da Igreja cristã, e isso sob pena de morte, se nesse caso ele pensa que esse muçulmano é em sã consciência obrigado a sofrer a morte por essa causa, em vez de obedecer às ordens do seu príncipe legítimo. Se ele disser que é melhor sofrer a morte, estará autorizando todos os particulares a

---

[1] *Syn.*: nós

Parte 3 – Da República Cristã

[272]

desobedecer aos seus príncipes em defesa da sua religião, seja esta verdadeira ou falsa; se disser que deve obedecer, estará permitindo a si mesmo aquilo que nega ao outro, contrariamente às palavras do nosso Salvador: *Tudo o que quiseres que os outros te façam deves fazê-lo a eles*; e contrariamente à lei de natureza (que é a indubitável e eterna lei de Deus): *Não faças aos outros o que não queres que te façam a ti*.

Do martírio

Mas então o que devemos dizer sobre aqueles mártires acerca dos quais lemos na história da Igreja? Que eles desperdiçaram inutilmente as suas vidas? Para responder a isto é preciso estabelecer uma distinção quanto às pessoas que foram condenadas à morte por esse motivo, das quais algumas receberam a vocação de pregar e professar abertamente o Reino de Cristo, enquanto outras não receberam essa vocação, nem lhes foi exigido nada mais além da sua própria fé. As da primeira espécie, caso tenham sido condenadas à morte por prestarem testemunho sobre o fato de Jesus se ter erguido de entre os mortos, foram verdadeiros mártires. Porque um *mártir*, conforme a verdadeira definição da palavra, é uma testemunha da ressurreição de Jesus, o Messias, papel que só pode ser desempenhado pelos que com ele conviveram na terra e o viram depois de assim se ter erguido. Pois é preciso que uma testemunha tenha visto o que vai atestar, caso contrário o seu testemunho não tem valor. E que só esses podem propriamente ser chamados mártires de Cristo fica manifesto nas palavras de São Pedro (At 1,21 e 22): *Qualquer desses homens que nos tiver acompanhado todo o tempo em que Jesus nosso Senhor andou entre nós, desde o batismo de João até o próprio dia em que nos foi arrebatado, deve ser ordenado como mártir* (isto é, como testemunha) *da sua ressurreição juntamente conosco*. E aqui deve salientar-se que para ser testemunha da verdade da ressurreição de Cristo, quer dizer, da verdade deste artigo fundamental da religião cristã, que Jesus era o Cristo, é preciso ser um discípulo que tenha convivido com ele, e o tenha visto antes e depois da sua ressurreição. Portanto, é preciso ser um dos seus discípulos originais, e os que tal não foram podem testemunhar apenas que os seus antecesso-

XLII. Do Poder Eclesiástico

res o disseram, logo não passam de testemunhas dos testemunhos de outrem, e são apenas mártires secundários, ou mártires das testemunhas de Cristo.

Aquele que, para sustentar qualquer doutrina que ele próprio tenha tirado da história da vida do nosso Salvador, e dos Atos ou Epístolas dos apóstolos, ou na qual acredite por aceitar a autoridade de um particular, se opuser às leis e à autoridade do Estado civil, está muito longe de ser um mártir de Cristo, ou um mártir dos seus mártires. Há apenas um único artigo pelo qual vale a pena morrer e merecer nome tão honroso, e esse artigo é que *Jesus é o Cristo*, quer dizer, que Ele nos redimiu e que voltará para nos dar a salvação e a vida eterna no Seu glorioso reino. Não se exige morrer por nenhum dogma que sirva à ambição ou às vantagens do clero, e não é a morte da testemunha, e sim o próprio testemunho que faz o mártir, porque a palavra significa simplesmente o homem que presta testemunho, quer seja ou não condenado à morte por causa desse testemunho.

E também aquele que não foi enviado para pregar este artigo fundamental, mas assume tal tarefa pela sua própria autoridade pessoal, embora seja uma testemunha, e consequentemente um mártir, quer primariamente de Cristo, quer secundariamente dos seus apóstolos, discípulos ou seus sucessores, não é obrigado a sofrer a morte por essa causa, pois não foi chamado a tal, e portanto tal não lhe é exigido; e também não deverá queixar-se, se perder a recompensa que espera de quem nunca lhe confiou tal missão. Portanto não pode ser mártir, nem do primeiro nem do segundo grau, quem não tiver recebido autorização para pregar a Cristo regressado na carne, quer dizer, ninguém a não ser os que são enviados a converter os infiéis. Porque ninguém é testemunha para quem já acredita, e portanto não precisa de testemunhas, mas apenas para quem nega, ou duvida, ou de tal jamais ouviu falar. Cristo enviou os seus apóstolos, assim como os seus setenta discípulos, com autorização para pregar, não enviou todos os crentes. E enviou-os aos incréus: *Envio-vos* (disse ele) *como ovelhas entre os lobos*; não como ovelhas entre outras ovelhas.

[273]

Parte 3 – Da República Cristã

Argumento extraído dos pontos da sua missão,

Por último, nenhum dos pontos da sua missão, conforme se encontram expressamente estabelecidos pelo Evangelho, implica qualquer espécie de autoridade sobre a congregação.

Pregar;

Temos em primeiro lugar (Mt 10) que os doze apóstolos foram enviados *às ovelhas desgarradas da casa de Israel*, e ordenou-se-lhes pregarem *que o Reino de Deus estava próximo*. Mas, em sentido original, pregar é aquele ato que um pregoeiro ou um arauto, ou outro funcionário, costuma praticar publicamente ao proclamar um rei. Ora, um pregoeiro não tem direito de comandar ninguém. Além disso, os setenta discípulos foram enviados (Lc 10,2) como *lavradores, não como senhores da colheita,* e eram obrigados (versículo 9) a dizer: *O Reino de Deus chegou até vós.* Entende-se aqui por Reino não o Reino da Graça, mas o Reino da Glória, pois eles eram obrigados a anunciar (vers. 11) àquelas cidades que recusavam recebê-los, como ameaça, que tal dia seria mais tolerável para *Sodoma* do que para uma tal cidade. Além disso, o nosso Salvador disse aos seus discípulos que procuravam prioridade de lugar (Mt 20,28) que seu ofício era servir exatamente quando viesse o Filho do homem; não ser servidos, mas servir. Os pregadores não têm poder magistral, apenas poder ministerial. *Que não sejais chamados mestres* (disse o nosso Salvador, Mt 23,10), *pois só um é vosso mestre, e é Cristo.*

E ensinar;

Outro ponto da sua missão é *ensinar a todas as nações*, como se vê em Mt 28,19 e em Mc 16,15: *Ide pelo mundo inteiro, e pregai o Evangelho a todas as criaturas.* Portanto, ensinar e pregar são a mesma coisa. Porque quem proclama a vinda de um rei precisa de ao mesmo tempo dar a conhecer por que direito ele vem, se se pretender que os homens se lhe submetam. Como São Paulo fez com os judeus de Tessalônica, quando *durante três sábados argumentou com eles sobre as Escrituras, manifestando e alegando que Cristo teve necessariamente que sofrer e ressurgir de entre os mortos, e que este Jesus é o Cristo.* Mas ensinar, com base no Antigo Testamento, que Jesus era o Cristo (quer dizer, rei) e ressurgiu de entre os mortos, não é o mesmo que dizer que os homens têm obrigação, depois de o ter acreditado, de obedecer aos que lhe

XLII. Do Poder Eclesiástico

dizem, contra as leis e as ordens dos seus soberanos; mas apenas que agirão sabiamente os que esperarem a vinda futura de Cristo, com paciência e fé, e conservando a sua obediência aos magistrados atuais.

Outro ponto da sua missão é *batizar, em nome do Pai, do Filho e do Espírito Santo*. O que é o batismo? É mergulhar na água. Mas o que é mergulhar alguém na água em nome de alguma coisa? O significado destas palavras do batismo é o que se segue. Aquele que é batizado é mergulhado ou lavado como sinal da sua transformação num novo homem e num súdito leal daquele Deus cuja pessoa era representada nos tempos antigos por Moisés e os Sumos Sacerdotes, quando reinava sobre os judeus; e de Jesus Cristo, seu Filho, Deus e homem, que nos redimiu e em sua natureza humana representará a pessoa do seu Pai no seu reino eterno após a ressurreição; e como sinal de aceitação da doutrina dos apóstolos, os quais, ajudados pelo Espírito do Pai e do Filho, foram designados como guias para nos levar até esse reino, pelo único e seguro caminho para lá. Dado que esta é a nossa promessa de batismo, e dado que a autoridade dos soberanos terrenos não deverá ser derrubada antes do dia do Juízo Final (o que é expressamente afirmado por São Paulo, 1 Cor 15,22 a 24, quando diz: *Tal como em Adão todos morrem, assim também em Cristo todos serão revivificados. Mas cada um na sua ordem, tendo Cristo os primeiros frutos, e depois os que são de Cristo na sua vinda; depois vem o fim, quando nos será entregue o Reino de Deus Pai, depois de ele ter derrubado todo o mando, todo o poder e toda a autoridade*), é manifesto que no batismo não constituímos acima de nós nenhuma autoridade encarregada de dirigir as nossas ações externas nesta vida; apenas prometemos tomar a doutrina dos apóstolos como guia no caminho da vida eterna.

O poder da *remissão e retenção dos pecados*, também chamado o poder de *libertar* e *obrigar*, e às vezes as *chaves do Reino dos Céus*, é uma consequência da autoridade para batizar e para recusar batizar. Porque o batismo é o sacramento de submissão dos que serão recebidos no Reino de Deus, quer dizer, na vida eterna, quer dizer, da remissão dos pecados. Pois tal como a

[274]

Batizar;

E perdoar e remir os pecados.

Parte 3 – Da República Cristã

vida eterna se perde quando o pecado é cometido, assim também ela é recuperada com a remissão dos pecados dos homens. A finalidade do batismo é a remissão dos pecados, e por isso São Pedro, quando os que foram convertidos pelo seu sermão do dia de Pentecostes lhe perguntaram o que deviam fazer, aconselhou-os a *se arrependerem e se deixarem batizar em nome de Jesus, para a remissão dos pecados.* Portanto, como batizar é declarar a recepção dos homens no Reino de Deus, e recusar dar o batismo é declarar a sua exclusão, segue-se que o poder de declarar expulsos ou admitidos nele foi dado aos mesmos apóstolos, e aos seus substitutos e sucessores. Assim, depois de o nosso Salvador soprar sobre eles, dizendo (Jo 20,22): *recebei o Espírito Santo*, acrescenta no versículo seguinte: *Seja quem for que por vós tenha remido os seus pecados, estes estarão remidos; e seja quem for cujos pecados por vós sejam retidos, eles estarão retidos.* Com estas palavras não é conferida a autoridade de perdoar ou de reter os pecados simples e absolutamente, da maneira como Deus os perdoa [275] ou os retém, pois conhece o coração do homem e a verdade da sua penitência e conversão, mas apenas condicionalmente, ao penitente. E este perdão ou absolvição, caso o absolvido tenha apenas um arrependimento fingido, fica imediatamente, sem nenhum outro ato ou sentença do absolvente, nulo e sem nenhum efeito para a salvação, sendo pelo contrário uma agravante do pecado. Portanto, os apóstolos e seus sucessores devem-se guiar apenas pelos sinais exteriores do arrependimento, e se estes se manifestarem têm autoridade para negar a absolvição, mas se estes não se manifestarem não têm autoridade para absolver. O mesmo se pode também verificar no batismo, pois a um judeu convertido ou a um gentio os apóstolos não têm poder para negar o batismo, nem têm o de o conceder a um impenitente. Mas dado que ninguém é capaz de discernir a verdade do arrependimento de outrem, a não ser pelos sinais exteriores das suas palavras e ações, que estão sujeitas à hipocrisia, surge uma nova questão: quem pode ser constituído como juiz desses sinais. Questão que é decidida pelo nosso próprio Salvador: *Se o teu irmão* (diz ele) *pecar con-*

Mt 18,15 a 17

XLII. Do Poder Eclesiástico

tra ti, vai e fala-lhe da sua falta a sós entre ti e ele; se ele te ouvir, terás conquistado a teu irmão. Mas se ele não te quiser ouvir leva contigo mais um ou dois. E se ele recusar ouvi-los vai dizê-lo à Igreja, e se ele recusar ouvir a Igreja deixa que ele seja para ti como um pagão e um publicano. Isso deixa claro que a decisão acerca da verdade do arrependimento não compete a nenhum homem, mas à Igreja, isto é, à assembleia dos fiéis, ou àqueles que têm autoridade para ser seus representantes. Mas além da decisão é também necessário que seja pronunciada uma sentença, e isto compete sempre ao apóstolo, ou a algum pastor da Igreja, como prolocutor, do que o nosso Salvador fala no versículo 18: *Tudo o que ligares na terra será ligado no céu, e tudo o que desatares na terra será desatado no céu.* E é conforme a isto a prática de São Paulo, quando diz (1 Cor 5,3 a 5): *Porque eu em verdade, ausente de corpo mas presente em espírito, já determinei, como se estivesse presente, em relação àquele que praticou tal ato, em nome de nosso Senhor Jesus Cristo quando estamos reunidos, e do meu espírito, com o poder de nosso Senhor Jesus Cristo, entregar esse a Satanás*; quer dizer, expulsá-lo da Igreja, como alguém cujos pecados não foram perdoados. Neste caso foi *São Paulo*[1] quem pronunciou a sentença, mas primeiro a assembleia ouviu a causa (dado que São Paulo estava ausente), e foi ela que ditou a condenação. Mas no mesmo capítulo (versículos 11 e 12) o julgamento de um tal caso é mais expressamente atribuído à assembleia: *Mas agora vos escrevi que não aceitásseis a companhia de alguém que seja chamado irmão mas seja um fornicador etc., que com tal pessoa não comêsseis. Pois que me importa julgar os que estão fora? Não julgais vós os que estão fora?* Portanto, a sentença mediante a qual alguém foi expulso da Igreja foi pronunciada pelo apóstolo ou pastor, mas o julgamento acerca do mérito da causa competiu à Igreja, quer dizer (dado que isso foi antes da conversão dos reis e homens que tinham o poder soberano da república), à assembleia dos cristãos residentes na mesma cidade; em Corinto, era a assembleia dos cristãos de Corinto.

Esta parte do poder das chaves, mediante a qual os homens são expulsos do Reino de Deus, é o que se chama *excomunhão*.

[276]

Excomunhão.

---

[1] *Syn.*: Paulo

Parte 3 – Da República Cristã

E *excomungar*, no original, é ἀποσυνάγωγον ποιεῖν, *expulsar da Sinagoga*; quer dizer, expulsar do lugar do serviço divino. Essa palavra deriva do costume que tinham os judeus de expulsar das suas sinagogas os que eram considerados, quanto à conduta ou à doutrina, contagiosos, do mesmo modo que os leprosos, pela lei de Moisés, eram separados da congregação de Israel, até o momento em que fossem declarados sãos pelo sacerdote.

O uso da excomunhão sem poder civil,

O uso e efeito da excomunhão, no tempo em que ainda não estava fortalecida pelo poder civil, limitava-se a isto: os que não eram excomungados deviam evitar a companhia dos que o eram. Não bastava considerá-los como pagãos que nunca tivessem sido cristãos, pois com estes podia-se comer e beber, o que não se podia com as pessoas excomungadas, conforme se vê nas palavras de São Paulo em que ele diz (1 Cor 5,9 etc.) que antes lhes havia proibido a *companhia dos fornicadores*; no entanto (como isso não seria possível sem sair do mundo) limitou a regra aos fornicadores e outras pessoas viciosas que pertencessem aos irmãos. *Com tal pessoa* (disse ele) não se devia andar de companhia, *nem comer*. E isto não é mais do que o disse o nosso Salvador (Mt 18,17): *Que ele seja para ti como um pagão e um publicano*. Porque os publicanos (os colhedores e recebedores das rendas da república) eram tão odiados e detestados pelos judeus que pagavam os impostos, que *publicano* e *pecador* eram entre eles tomados pela mesma coisa. Tanto assim era que, quando o nosso Salvador aceitou o convite do publicano *Zaqueu*, embora fosse com o fim de o converter, isso foi-lhe assacado como um crime. Por isso, quando a *pagão* o nosso Salvador acrescentou *publicano*, proibiu efetivamente de se comer com uma pessoa excomungada.

Quanto a proibi-los de entrar nas suas sinagogas e lugares de reunião, não tinham poder para o fazer, a não ser como donos do lugar, quer como cristãos, quer como pagãos. E, como todos os lugares estão de direito no domínio da república, tanto o excomungado como o que nunca tinha sido batizado podiam lá entrar, com permissão do magistrado civil. Como por exemplo Paulo, antes da sua conversão, entrou nas sinago-

XLII. Do Poder Eclesiástico

gas de Damasco, para prender cristãos, homens e mulheres, e levá-los a ferros para Jerusalém, com permissão do Sumo Sacerdote.

Fica claro então que, num lugar onde o poder civil perseguisse ou não apoiasse a Igreja, os efeitos da excomunhão nada tinham que fosse capaz de causar dano neste mundo ou de inspirar terror ao cristão que se tornasse apóstata. Nenhum terror, devido à sua descrença; e nenhum dano porque com isso voltavam a gozar do favor do mundo; e no mundo futuro não iriam ficar em situação pior do que os que nunca tinham acreditado. O prejuízo redundava mais para a Igreja, pois com isso provocava os que expulsava a um mais livre exercício da sua maldade.

Portanto, a excomunhão só tinha efeito sobre os que acreditavam que Jesus Cristo havia de voltar em glória, para reinar para sempre, e para julgar tanto os vivos como os mortos, e que portanto ele recusaria a entrada no seu reino àqueles cujos pecados fossem retidos, quer dizer, aos que fossem excomungados pela Igreja. Por isso São Paulo chamou à excomunhão uma entrega da pessoa excomungada a Satanás. Porque fora o Reino de Cristo todos os outros reinos, após o Juízo Final, ficarão incluídos no Reino de Satanás. Era disto que o crente tinha medo, quando ameaçado de excomunhão, quer dizer, de uma situação em que os seus pecados não seriam perdoados. Daqui podemos concluir que a excomunhão, no tempo em que a religião cristã não era autorizada pelo poder civil, era usada apenas como correção dos costumes, e não dos erros de opinião. Porque se tratava de um castigo que só podia ser sentido pelos que acreditavam, e esperavam o regresso do nosso Salvador para julgar o mundo. E os que em tal acreditavam não precisavam, para conseguir a salvação, de nenhuma outra opinião, mas apenas de retidão de vida.

Existe excomunhão por injustiça, como em Mt 18: *Se teu irmão te ofender, diz-lho em particular, e depois com testemunhas, e por último di-lo à Igreja; e se ele então não te obedecer que ele seja para ti como um pagão e um publicano.* E existe excomunhão por vida escandalosa, como em 1 Cor 5,11: *Se qualquer um*

At 9,2.

Sem efeito sobre os apóstatas,

[277]

Mas apenas sobre os fiéis.

Para que faltas existe a excomunhão.

que seja chamado irmão for um fornicador, ou cobiçoso, ou idólatra, ou ébrio, ou extorsionista, com esse não deverás comer. Mas para excomungar alguém que aceitasse este fundamento, que *Jesus era o Cristo*, por causa de uma diferença de opinião quanto a outros pontos que não implicassem a destruição desse fundamento, não se encontra expressa nenhuma autoridade nas Escrituras, nem exemplo nos apóstolos. É certo que em São Paulo há um texto que parece ir em sentido contrário (Tt 3,10): *Se um homem é um herege, depois da primeira e da segunda admoestação, rejeitai-o.* Porque um *herege* é aquele que, sendo membro da Igreja, ensina uma opinião pessoal que a Igreja proibiu, e é a esse que São Paulo aconselha *Tito* a *rejeitar*, depois da primeira e da segunda admoestação. Mas nesta passagem *rejeitar* não é o mesmo que *excomungar*, e sim *desistir de o admoestar, deixando-o sozinho para discutir consigo mesmo*, como alguém que só por si mesmo pode ser convencido. O mesmo apóstolo diz (2 Tm 2,23) para *evitar as perguntas néscias e ignorantes*, sendo que *evitar* nesta passagem, e *rejeitar* na anterior, são o mesmo no original, παραιτοῦ; e as perguntas néscias podem ser postas de lado sem excomunhão. Além disso (Tt 3,9), *evitar as perguntas néscias* era no original περι ιστασο (*pô-las de lado*), e é o equivalente da palavra *rejeitar*. Não há nenhuma outra passagem em que se possa encontrar uma quantidade de matizes suficiente para justificar a expulsão da Igreja de homens fiéis, e crentes nos fundamentos, apenas por causa de uma própria e singular superestrutura, que talvez seja devida a uma boa e piedosa consciência. Pelo contrário, todas essas passagens que ordenam evitar tais disputas são escritas como lição para os pastores (como era o caso de Timóteo e de Tito), a fim de não inventarem novos artigos de fé, decidindo toda e qualquer pequena controvérsia, o que obriga os homens a sobrecarregar desnecessariamente a consciência, ou os leva a romper a sua união com a Igreja. Lição essa que os próprios apóstolos aproveitaram muito bem. São Pedro e São Paulo, embora fosse grande a controvérsia entre eles (como podemos ler em Gl 2,11), nem por isso se expulsaram um ao outro da Igreja. Não obstante, durante o tempo dos apóstolos, houve

XLII. Do Poder Eclesiástico

outros pastores que não a aproveitaram, como Diótrefes (3 Jo 9 etc.), que expulsou da Igreja aqueles que o próprio São João considerava merecedores de nela entrarem, devido ao orgulho que tinha da sua preeminência; tão cedo foi que a vanglória e a ambição conseguiram entrar na Igreja de Cristo.

São muitas as condições necessárias para que alguém fique sujeito à excomunhão. Em primeiro lugar, que seja membro de alguma república, quer dizer, de alguma assembleia legítima que tenha o poder de julgar a causa pela qual ele deve ser excomungado. Porque quando não há comunidade não pode haver excomunhão, nem há poder de dar sentença quando não há poder de julgar.

Das pessoas sujeitas à excomunhão.

Daqui se segue que uma Igreja não pode ser excomungada por outra. Porque ou ambas têm igual poder de excomungar-se uma à outra, e neste caso a excomunhão não é disciplina nem ato de autoridade, e sim um cisma e uma destruição da caridade. Ou então uma é subordinada à outra de modo tal que ambas têm uma só voz, caso em que são apenas uma Igreja; e a parte excomungada não é mais uma Igreja, mas apenas uma quantidade desagregada de pessoas individuais.

E porque a sentença de excomunhão comporta um conselho para não andar em companhia nem sequer comer com quem foi excomungado, se um príncipe ou uma assembleia soberana for objeto de excomunhão a sentença não tem efeito. Porque todos os súditos são obrigados a estar na companhia e presença do seu soberano (quando ele assim exigir) segundo a lei de natureza, e não podem legitimamente expulsá-lo de nenhum lugar do seu próprio domínio, quer sagrado, quer profano, nem podem abandonar esse domínio sem sua licença, e muito menos (se ele os chamar a tal honra) recusar-se a comer com ele. Quanto aos outros príncipes e Estados, dado que não são parte de uma congregação única, não precisam de nenhuma sentença alheia para os levar a evitar a companhia do Estado excomungado, porque a própria instituição que uniu um grande número de homens numa só comunidade dissociou ao mesmo tempo uma comunidade da outra, e assim a excomu-

Parte 3 – Da República Cristã

nhão não é necessária para manter afastados os reis e os Estados, nem tem nenhum efeito que não esteja na natureza da própria política, a não ser o de instigar os príncipes a fazer guerra uns aos outros.

Tampouco tem qualquer efeito a excomunhão de um súdito cristão que obedeça às leis do seu próprio soberano, seja cristão ou pagão. Porque se ele acreditar que *Jesus é o Cristo, é porque tem o Espírito de Deus* (1 Jo 4,1), *e Deus habita nele, e ele em Deus* (1 Jo 4,15). Ora, aquele que tem o Espírito de Deus, aquele que habita em Deus, aquele em quem Deus habita, não pode sofrer nenhum prejuízo com a excomunhão dos homens. Portanto, quem acredita que Jesus é o Cristo encontra-se livre de todos os perigos que ameaçam as pessoas excomungadas. Quem em tal não acredita não é cristão. Portanto, um cristão verdadeiro e autêntico não está sujeito à excomunhão, tampouco o está o cristão professo, até o momento em que a sua hipocrisia se manifeste na sua conduta, quer dizer, até que o seu comportamento se torne contrário à lei do seu soberano, que é a regra da conduta, e à qual Cristo e seus apóstolos nos ordenaram que nos sujeitássemos. Porque a Igreja só pode julgar a conduta mediante as ações externas, ações estas que só se podem tornar ilegítimas quando são contrárias à lei da república.

Se o pai, a mãe ou o amo de alguém for objeto de excomunhão, os filhos não ficam proibidos de andar na sua companhia ou de comer com eles, porque isso seria o mesmo (na maior parte dos casos) que obrigá-los a absolutamente não comer, por falta de meios para conseguir comida, e o mesmo que autorizá-los a desobedecer aos seus pais e ao seu amo, contrariamente aos preceitos dos apóstolos.

Em resumo, o poder de excomunhão não pode ultrapassar os limites que correspondem aos fins em razão dos quais os apóstolos e pastores da Igreja receberam a sua missão do nosso Salvador – missão que não consiste em governar pelo mando e pela coação, mas em ensinar e orientar os homens no caminho da salvação do mundo vindouro. E tal como um professor de qualquer ciência pode abandonar o seu estudante que

XLII. Do Poder Eclesiástico

obstinadamente se recuse a praticar as suas regras, mas não pode acusá-lo de injustiça, pois ele jamais teve obrigação de lhe obedecer, assim também um mestre da doutrina cristã pode abandonar os seus discípulos que obstinadamente continuem a levar uma vida pouco cristã, mas não pode afirmar que eles procedem mal para com ele, pois eles não têm obrigação de lhe obedecer. Pois ao mestre que assim se queixe pode-se aplicar a resposta que Deus deu a Samuel numa situação idêntica: *Não foi a ti que eles rejeitaram, mas a mim*. Portanto, a excomunhão, quando lhe faltar a ajuda do poder civil, como ocorre quando um Estado ou príncipe cristão é excomungado por uma autoridade estrangeira, não possui nenhum efeito, e consequentemente não deveria inspirar terror de espécie alguma. O nome de *fulmen excommunicationis* (isto é, *o raio da excomunhão*) teve origem numa fantasia do bispo de Roma, o primeiro a usá-la, de que ele era o rei dos reis, tal como os pagãos faziam de Júpiter o rei dos deuses, e lhe atribuíram nos seus poemas e quadros um raio, com o qual subjugou e castigou os gigantes que ousavam negar o seu poder. Essa fantasia se baseava em dois erros: primeiro, que o Reino de Cristo é deste mundo, contrariamente às próprias palavras do nosso Salvador: *O meu Reino não é deste mundo*; segundo, que ele era o vigário de Cristo, não apenas em relação aos seus próprios súditos, mas também em relação a todos os cristãos do mundo, para o que não existe nas Escrituras nenhum fundamento, e em seu devido lugar se provará precisamente o contrário.

 Quando São Paulo foi a Tessalônica, onde havia uma sinagoga dos judeus (At 17,2s.), *entrou como costumava e dirigiu-se a eles, e durante três sábados discutiu com eles as Escrituras, afirmando e alegando que Cristo necessariamente sofreu e voltou a erguer-se de entre os mortos, e que esse Jesus que ele pregava era o Cristo*. As Escrituras aqui referidas eram as Escrituras dos judeus, quer dizer, o Antigo Testamento. Os homens a quem ele ia provar que Jesus era o Cristo e que voltara a erguer-se de entre os mortos eram todos judeus, e já acreditavam que essas Escrituras eram a palavra de Deus. Quanto às afirmações de São Paulo, uns acreditavam

1 Sm 8.

[280]

Do intérprete das Escrituras antes de os soberanos civis se tornarem cristãos.

(vers. 4) e outros não acreditavam (vers. 5). Dado que todos acreditavam nas Escrituras, qual era a razão de não acreditarem todos da mesma maneira, uns aceitando e outros recusando a interpretação que São Paulo propunha das suas passagens, e cada um interpretando-as para si mesmo? Era a seguinte: São Paulo foi até eles sem estar encarregado de nenhuma missão legal, e à maneira de alguém que não pretende ordenar, mas persuadir. Isso necessariamente tem que ser feito ou por milagres, como Moisés fez com os israelitas no Egito, para que eles pudessem ver a sua autoridade nas obras de Deus; ou então por raciocínio a partir das Escrituras já previamente aceitas, para que eles pudessem ver a verdade da sua doutrina da palavra de Deus. Mas quem persuade por raciocínio a partir de princípios escritos torna aquele a quem se dirige um juiz, tanto do significado desses princípios como da força das inferências que faz a partir deles. Se esses judeus de Tessalônica não o eram, quem mais era juiz daquilo que São Paulo alegava sobre as Escrituras? Se era São Paulo, para que precisava de citar quaisquer passagens para provar a sua doutrina? Teria sido suficiente dizer: verifico que é assim nas Escrituras, quer dizer, nas vossas leis, das quais sou o intérprete enviado por Cristo. Portanto, não havia ninguém que fosse um intérprete das Escrituras cujas interpretações os judeus de Tessalônica fossem obrigados a aceitar: cada um deles podia acreditar ou deixar de acreditar, consoante as alegações lhe parecessem concordar ou não concordar com os significados das passagens alegadas. E de maneira geral, em todos os casos do mundo, aquele que pretende provar alguma coisa torna juiz da sua prova aquele a quem dirige o seu discurso. Quanto ao caso particular dos judeus, eles eram obrigados por palavras expressas (Dt 17) a aceitar a decisão de todas as questões difíceis que fossem apresentadas pelos sacerdotes e juízes de Israel nesse momento. Mas isto se aplica aos judeus que ainda não tinham sido convertidos.

Para a conversão dos gentios era inútil o recurso às Escrituras, nas quais não acreditavam. Portanto, os apóstolos trabalhavam com a razão a fim de refutar a sua idolatria e, isto feito,

XLII. Do Poder Eclesiástico

para os persuadir a aceitarem a fé em Cristo, mediante o seu testemunho da sua vida e ressurreição. Portanto, não podia ainda haver nenhuma controvérsia a respeito da autoridade para interpretar as Escrituras, dado que enquanto era infiel nenhum homem era obrigado a aceitar nenhuma interpretação de nenhuma Escritura, a não ser a interpretação das leis do seu país dada pelo seu soberano.

Passemos agora a examinar a própria conversão, para ver qual poderia ser a causa de uma tal obrigação. Os homens não eram convertidos a coisa alguma a não ser à crença naquilo que os apóstolos pregavam, e os apóstolos nada pregavam senão que Jesus era o Cristo, quer dizer, o rei que havia de os salvar, e reinar sobre eles eternamente no mundo vindouro. E consequentemente que ele não estava morto, mas tinha voltado a erguer-se de entre os mortos, e subido aos céus, e havia de voltar um dia para julgar o mundo (que também havia de voltar a erguer-se para ser julgado) e recompensar cada um conforme as suas obras. Nenhum deles pregava que ele próprio, ou qualquer dos outros apóstolos, era um intérprete das Escrituras tal que todos os que se tornavam cristãos deviam aceitar a sua interpretação como se fosse lei. Porque a interpretação das leis faz parte da administração de um reino atual, o que não era o caso dos apóstolos. Assim eles pregavam, tal como todos os outros pastores desde então, *Deixai que venha o reino*, e exortavam os seus conversos a obedecerem aos seus príncipes étnicos do momento. O Novo Testamento não estava ainda publicado num volume único. Cada um dos Evangelistas era intérprete do seu próprio Evangelho, e cada apóstolo da sua própria Epístola. Quanto ao Antigo Testamento, o nosso Salvador disse ele mesmo aos judeus (Jo 5,39): *Escrutinai as Escrituras, pois nelas pensais que tendes a vida eterna, e são elas que dão testemunho de mim*. Se ele não quisesse dizer que eles as deviam interpretar não lhes teria mandado tirar delas a prova de ele ser o Cristo: ou tê-las-ia interpretado ele mesmo, ou tê-los-ia remetido para a interpretação dos sacerdotes. [281]

Quando surgia uma dificuldade, os apóstolos e os anciãos da Igreja reuniam-se e decidiam o que devia ser pregado e ensinado, e como as Escrituras deviam ser interpretadas para o povo, mas não tiravam ao povo a liberdade de as ler e interpretar ele mesmo. Os apóstolos enviavam às igrejas diversas cartas e outros escritos para sua instrução, o que teria sido em vão se não as tivessem autorizado a interpretá-los, isto é, a examinar o seu significado. E tal como acontecia no tempo dos apóstolos, *assim também*[4] deve ser até o momento em que haja pastores que possam autorizar um intérprete cuja interpretação deva ser geralmente aceita, e isso só pode acontecer a partir do momento em que os reis são pastores, ou os pastores são reis.

Do poder de tornar lei as Escrituras.

Um escrito pode ser *canônico* em dois sentidos, já que *cânone* significa *regra*, e uma regra é o preceito pelo qual se é guiado e dirigido em qualquer espécie de ação. Esses preceitos, mesmo que sejam dados por um mestre ao seu discípulo, ou por um conselheiro ao seu amigo, não deixam de ser cânones, porque são regras. Mas quando são dados por alguém a quem o que os recebe é obrigado a obedecer, esses cânones não são apenas regras, mas leis. Portanto, aqui a questão diz respeito ao poder de transformar em leis as Escrituras (que são as regras da fé cristã).

Dos dez mandamentos.

[282]

A parte das Escrituras que se tornou lei em primeiro lugar foram os dez mandamentos, escritos nas duas tábuas de pedra e entregues pelo próprio Deus a Moisés, e dadas a conhecer por Moisés ao povo. Antes desse momento não havia lei de Deus escrita, pois ele não tinha ainda escolhido nenhum povo para ser o seu reino peculiar, e assim não tinha dado aos homens nenhuma lei a não ser a lei de natureza, quer dizer, os preceitos da razão natural, escritos no próprio coração de cada homem. Destas duas tábuas, a primeira encerrava a lei da soberania: 1. Que não obedecessem nem honrassem aos deuses das outras nações, nos seguintes termos: *Non habetis Deos alienos coram me*, isto é, *Não tereis como deuses os deuses que as outras nações adoram, mas apenas a mim* – mandamento mediante o qual ficavam proibidos de obedecer e honrar, como seu rei e governante, a qualquer outro deus que não o que lhes falava nesse mo-

---

[4] *Syn.*: também

XLII. Do Poder Eclesiástico

mento através de Moisés, e posteriormente através do Sumo Sacerdote. 2. Que *não deviam fazer uma imagem para O representar*, quer dizer, não deviam escolher, nem no céu nem na terra, nenhum representante criado por sua própria imaginação, mas deviam obedecer a Moisés e a Aarão, a quem ele designara para essa missão. 3. Que *não invocassem o nome de Deus em vão*, isto é, que não falassem irresponsavelmente do seu rei, e não contestassem o seu direito nem a missão de Moisés e Aarão, seus lugares-tenentes. 4. Que *em todo o sétimo dia se deviam abster de qualquer trabalho comum*, empregando o seu tempo em honrá-lo publicamente. A segunda tábua encerrava o dever de cada um para com os outros, como *honrar pai e mãe; não matar; não cometer adultério; não roubar; não corromper o julgamento com falsos testemunhos*; e por último *nem sequer em foro íntimo projetar causar dano aos outros*. Agora a questão é a seguinte: Quem deu a essas tábuas escritas a força obrigatória de leis? É indubitável que elas foram tornadas leis pelo próprio Deus. Mas, como uma lei não produz obrigação, nem é lei para ninguém a não ser os que a reconhecem como ato do seu soberano, como podia o povo de Israel, que foi proibido de se aproximar da montanha para ouvir o que Deus disse a Moisés, ser obrigado a obedecer a todas aquelas leis que Moisés lhes propunha? É certo que algumas delas eram as leis de natureza, como todas as da segunda tábua, e portanto deviam ser reconhecidas como boas leis, não apenas pelos israelitas, mas por toda a gente. Mas quanto às que eram peculiares aos israelitas, como as da primeira tábua, permanece de pé a questão, salvo que eles se haviam obrigado, logo depois de elas lhes terem sido propostas, a obedecer a Moisés, nas seguintes palavras (Ex 20,19): *Fala-nos, e nós ouvir-te-emos; mas que Deus não nos fale, senão morreremos*. Portanto, nesse momento era apenas Moisés, e depois dele somente o Sumo Sacerdote que através de Moisés fosse designado por Deus para administrar esse seu reino peculiar, quem tinha na terra o poder de fazer dessa curta escritura do decálogo a lei da república de Israel. E Moisés e Aarão, e os Sumos Sacerdotes subsequentes, eram os soberanos civis. Portanto, a partir de então a canonização, ou transformação das Escrituras em lei, competia ao soberano civil.

Parte 3 – Da República Cristã

Da lei judicial e levítica.

[283]

A lei judicial, quer dizer, as leis que Deus prescreveu aos magistrados de Israel, para dirigir a sua administração da justiça e das sentenças ou julgamentos que proferissem, nos litígios entre os homens, e a lei levítica, quer dizer, a regra prescrita por Deus relativamente aos ritos e cerimônias dos sacerdotes e levitas, todas essas leis foram transmitidas a eles unicamente por Moisés, e portanto também só se tornaram leis em virtude da mesma promessa de obediência a Moisés. Se essas leis foram escritas ou não o foram, mas foram ditadas ao povo por Moisés (depois de estar quarenta dias com Deus na montanha), de boca em boca, não se encontra expresso no texto, mas todas elas eram leis positivas, e equivalentes às Sagradas Escrituras, e tornadas canônicas por Moisés, na qualidade de soberano civil.

A segunda lei.

Depois que os israelitas chegaram às planícies de Moab, em frente a Jericó, e estavam prontos para entrar na terra prometida, Moisés acrescentou às primeiras leis diversas outras, as quais se chamaram portanto o *Deuteronômio*, isto é, as *Segundas Leis*. E elas são (conforme está escrito, Dt 29,1) *as palavras do pacto que Deus ordenou a Moisés que fizesse com os filhos de Israel, além do pacto que ele fez com eles em Horeb*. Porque depois de explicar essas primeiras leis, no começo do livro do *Deuteronômio*, ele acrescentou outras, que começam no capítulo 12 e vão até o final do capítulo 26 do mesmo livro. Esta lei (Dt 27,1) lhes foi ordenado que a escrevessem em grandes pedras emplastradas, ao atravessarem o Jordão. Esta lei foi também escrita pelo próprio Moisés num livro, e entregue nas mãos dos *sacerdotes e anciãos de Israel* (Dt 31,9), com a ordem de (versículo 26) *colocá-lo ao lado da Arca*, pois propriamente na Arca nada havia além dos *dez mandamentos*. Foi desta lei que Moisés (Dt 17,18) ordenou aos reis de Israel que guardassem uma cópia. E foi esta lei que, depois de durante muito tempo estar perdida, voltou a ser encontrada no templo, na época de Josias, tendo por sua autoridade sido aceita como lei de Deus. Mas tanto Moisés, ao escrevê-la, como Josias, ao recuperá-la, eram detentores da soberania civil. Portanto, a partir de então o poder de tornar canônicas as Escrituras era da competência do soberano civil.

XLII. Do Poder Eclesiástico

Não houve, além deste livro da lei, desde o tempo de Moisés até depois do cativeiro, nenhum outro livro aceito entre os judeus como lei de Deus. Porque os profetas (com exceção de alguns poucos) viveram durante o tempo do próprio cativeiro, e os restantes viveram apenas um pouco antes dele, e estavam tão longe de ver as suas profecias aceitas como leis que as suas pessoas eram perseguidas, em parte pelos falsos profetas e em parte pelos reis que por estes se deixavam seduzir. E mesmo esse livro que foi confirmado por Josias como lei de Deus, e com ele toda a história das obras de Deus, se perdeu no cativeiro e saque da cidade de Jerusalém, como se verifica em Esd 14,21: *A tua lei foi queimada, portanto ninguém conhece as coisas que foram feitas por ti, nem as obras que irão começar.* E antes do cativeiro, entre o tempo em que a lei se perdeu (o qual não vem referido nas Escrituras, mas pode provavelmente ser considerado o tempo de Roboão, quando Sisaque, rei do Egito, se apoderou dos despojos do templo) e o tempo de Josias, quando voltou a ser encontrada, eles não tinham uma lei de Deus escrita, e governavam conforme a sua própria discrição, ou conforme a orientação dos que cada um deles considerava como profetas.

1 Rs 14,26

[284]

Podemos daqui inferir que as Escrituras do Antigo Testamento que atualmente possuímos não eram canônicas, nem lei para os judeus, antes da renovação do seu pacto com Deus, quando do seu regresso do cativeiro e da restauração de sua república sob Esdras. Mas a partir desse tempo passaram a ser consideradas como leis dos judeus, e como tais foram traduzidas para o grego pelos setenta anciãos da Judeia, colocados na biblioteca de Ptolomeu em Alexandria e aprovadas como a palavra de Deus. Ora, dado que Esdras era o Sumo Sacerdote, e que o Sumo Sacerdote era o seu soberano civil, é manifesto que as Escrituras só foram tornadas leis pelo poder civil soberano.

Quando foi tornado canônico o Antigo Testamento.

Podemos verificar nos escritos dos padres que viveram na época anterior à aceitação da religião cristã, e sua autorização pelo Imperador Constantino, que os livros que atualmente possuímos do Novo Testamento eram considerados pelos cristãos desse tempo (com exceção de alguns poucos, tão poucos que

O Novo Testamento começou a ser canônico sob os soberanos cristãos.

Parte 3 – Da República Cristã

aos restantes se chamava Igreja católica, e a eles, hereges) como ditames do Espírito Santo, e consequentemente como cânone e regra da fé; tal era o respeito e elevada opinião em que tinham os seus mestres, tal como aliás não é pequena, de maneira geral, a reverência dos discípulos para com os seus primeiros mestres, quanto a toda a espécie de doutrina que deles recebem. Portanto, não há dúvida que, quando São Paulo escrevia às Igrejas que haviam se convertido, ou qualquer outro apóstolo ou discípulo de Cristo escrevia aos que haviam aceitado a Cristo, eles recebiam esses seus escritos como a verdadeira doutrina cristã. Mas nesse tempo, em que não era o poder e autoridade do mestre, e sim a fé do ouvinte que o levava a aceitá-lo, não eram os apóstolos que tornavam canônicos os seus escritos, era cada converso que assim os tornava para si mesmo.

Mas aqui o problema não diz respeito ao que cada cristão torna lei ou cânone para si mesmo (o que ele pode voltar a rejeitar, pelo mesmo direito com que o aceitou); diz respeito ao que era tornado cânone para eles, de modo tal que lhes fosse impossível fazer, sem injustiça, qualquer coisa contrária a isso. Que o Novo Testamento seja canônico neste sentido, quer dizer, seja lei em qualquer lugar onde a lei da república assim não o fez, é contrário à natureza da lei. Porque uma lei (conforme já foi mostrado) é a ordem de um homem ou assembleia a quem demos autoridade soberana, para fazer as regras que lhe aprouver para direção das nossas ações, e para nos castigar, quando fazemos alguma coisa contrária a elas. Portanto, quando algum outro homem nos propõe quaisquer outras regras, as quais o soberano governante não haja prescrito, elas não passam de pareceres e conselhos, e quanto a estes, sejam bons ou maus, quem é aconselhado pode sempre sem injustiça recusar-se a segui-los; e quando são contrários às leis já estabelecidas não pode segui-los sem injustiça, por melhores que pareçam ser. Ou seja, neste caso quem recebe conselhos não pode segui-los, nem nas ações, nem nas conversas com outros homens, embora possa, sem por isso merecer censura, acreditar nos mestres e desejar ter liberdade para seguir os seus conselhos, e que estes sejam publica-

XLII. Do Poder Eclesiástico

mente aceitos como lei. Porque a fé interior é por sua própria natureza invisível, e consequentemente está isenta de qualquer jurisdição humana, ao passo que as palavras e ações que dela derivam, na medida em que violam nossa obediência civil, constituem injustiça perante Deus e os homens. Assim, considerando que o nosso Salvador negou que o seu reino fosse deste mundo, e que ele disse não ter vindo para julgar, mas para salvar o mundo, ele não nos sujeitou a lei alguma a não ser as da república; quer dizer, os judeus à lei de Moisés (que, como disse – Mt 5 –, não veio para destruir, mas para realizar), e as outras nações às leis dos seus diferentes soberanos, e todos os homens às leis de natureza. Com efeito, tanto ele como os seus apóstolos na sua pregação nos recomendaram o respeito a estas leis como condição necessária para sermos aceitos por ele, no último dia, no seu Reino eterno, onde haverá proteção e vida perpétuas. Portanto, já que o nosso Salvador e os seus apóstolos não deixaram novas leis, obrigatórias para nós neste mundo, e sim uma nova doutrina para nos preparar para o mundo vindouro, os livros do Novo Testamento que encerravam essa doutrina, até o momento em que nos foi ordenado que lhes obedecêssemos, por aqueles a quem Deus tinha dado poder na terra para serem legisladores, não eram cânones obrigatórios, ou seja, leis, mas apenas bons e seguros conselhos, para direção dos pecadores no caminho da salvação, aos quais cada um pode aceitar ou recusar por sua conta e risco, sem injustiça.

Além disso, a missão da qual Cristo nosso Salvador encarregou os seus apóstolos e discípulos foi a de proclamar o seu Reino, não presente, mas vindouro; ensinar a todas as nações; batizar os que acreditassem; entrar nas casas dos que os recebessem; quando não fossem recebidos, sacudir contra eles a poeira dos seus pés, sem entretanto invocar o fogo dos céus para os destruir, nem obrigá-los à obediência pela espada. Em tudo isto nada é poder, mas apenas persuasão. Ele enviou-os como ovelhas entre lobos, não como reis entre os seus súditos. Eles não tinham a missão de fazer leis, mas a de obedecer e ensinar obediência às leis existentes; consequentemente não podiam fazer dos seus escritos cânones obrigatórios, sem a ajuda do poder civil soberano. Portanto, as Escrituras do Novo Testamento só se tornam lei quando o poder civil legítimo assim quis. E nesse caso o rei ou soberano também faz delas uma lei para si mesmo, com o que se sujeita, não ao doutor ou apóstolo que o converteu, mas ao próprio Deus, e a seu Filho Jesus Cristo, de maneira tão imediata como o fizeram os próprios apóstolos.

O poder dos concílios para tornar leis as Escrituras.

O que pode parecer conferir ao Novo Testamento, em relação aos que abraçaram a doutrina cristã, a força das leis, nos tempos e lugares onde houve perseguições, são os decretos que fazem entre si, nos seus sínodos. Porque lemos (At 15,28) que a fórmula usada no concílio dos apóstolos, dos anciãos e da Igreja inteira era a seguinte: *Pareceu bom ao Espírito Santo e a nós não vos impor um fardo maior do que estas coisas necessárias etc.*; fórmula esta que significa um poder para impor um fardo aos que tinham aceitado a sua doutrina. Ora, *impor um fardo a outrem* parecia o mesmo que *obrigar*, e assim os atos desse concílio eram leis para todos os que eram cristãos. No entanto, não eram mais do que os outros preceitos, como: *arrependei-vos; batizai-vos; guardai os mandamentos; acreditai no Evangelho; vinde a mim; vende tudo o que tens; dá-o aos pobres*; e *segue-me*, que não eram ordens, mas convites e exortações aos membros da cristandade, como o de Is 55,1: *Ó tu que tens sede, vem até as águas, vem, e compra vinho e leite sem dinheiro*. Porque, em primeiro lugar, o poder dos apóstolos não era diferente do do nosso Salvador, o de convidar os homens a aceitar o Reino de Deus, o qual eles próprios reconheciam ser um Reino vindouro, e não presente; e quem não tem reino não pode fazer leis. Em segundo lugar, se os seus atos de concílio fossem as leis não seria possível desobedecer-lhes sem pecado? Porém não lemos em lugar algum que os que não aceitavam a doutrina de Cristo se tornassem por isso pecadores, e sim que morreriam em pecado, isto é, que os seus pecados contra as leis a que deviam obediência não seriam perdoados. E essas leis eram as leis de natureza, e as leis civis do Estado ao qual cada cristão se havia submetido através de um pacto. Portanto, não devemos entender o fardo que os apóstolos podiam impor aos que tinham

XLII. Do Poder Eclesiástico

convertido como leis, mas como condições, propostas àqueles que procuravam a salvação; e que estes podiam aceitar ou recusar por sua conta e risco, sem nenhum novo pecado, embora não sem se arriscarem a ser condenados, e excluídos do Reino de Deus, por causa dos seus pecados passados. Por isso São João não disse dos infiéis que a ira de Deus *iria cair* sobre eles, e sim que *a ira de Deus permanecia sobre eles*; e não que eles iam ser condenados, e sim que *eles já estavam condenados*. E não é concebível que o benefício da fé *seja a remissão dos pecados*, a não ser que se conceba ao mesmo tempo que o prejuízo da infidelidade seja *a retenção dos mesmos pecados*. Jo 3,36. Jo 3,18.

Mas para que fim (poderá alguém perguntar) é que os apóstolos, e depois do tempo destes os outros pastores da Igreja, se haviam de reunir para se porem de acordo sobre a doutrina que devia ser ensinada, tanto para a fé como para a conduta, se ninguém fosse obrigado a obedecer aos seus decretos? Ao que se pode responder que os apóstolos e os anciãos desse concílio eram obrigados, pelo próprio fato de dele participarem, a ensinar a doutrina lá aprovada, e decretaram que ela fosse ensinada na medida em que nenhuma lei anterior, à qual fossem obrigados a obedecer, a tal fosse contrária; porém não que todos os outros cristãos fossem obrigados a respeitar o que eles ensinavam. Pois embora eles pudessem deliberar sobre o que cada um deles havia de ensinar, não podiam deliberar sobre o que os outros deviam fazer, a não ser que a sua assembleia tivesse poder legislativo, o que só os soberanos civis podiam ter. Porque, embora Deus seja o soberano do mundo inteiro, não somos obrigados a aceitar como sua lei tudo o que qualquer homem nos possa propor em seu nome, nem nenhuma coisa contrária à lei civil, à qual Deus nos ordenou expressamente que obedecêssemos. [287]

Assim, considerando que os atos do concílio dos apóstolos não eram leis, mas conselhos, muito menos eram leis os atos de quaisquer outros doutores ou concílios a partir de então, se se reuniram sem a autoridade do soberano civil. Consequentemente, os livros do Novo Testamento, embora sejam perfeitíssimas regras da doutrina cristã, não podiam ser tornados leis por nenhuma autoridade a não ser a dos reis ou assembleias soberanas.

Nada restou do primeiro concílio que fez cânones *as*[1] Escrituras que agora possuímos, porque a coleção dos cânones dos apóstolos que é atribuída a *Clemente*, o primeiro bispo de Roma depois de São Pedro, é objeto de controvérsia. Pois, embora aí tenham sido compilados os livros canônicos, as palavras *Sint vobis omnibus clericis & laicis libri venerandi etc.* encerram uma distinção entre o clero e os leigos que não era habitual aproximadamente na época de São Pedro. O primeiro concílio para estabelecer as Escrituras canônicas de que temos notícia foi o de Laodiceia, Can. 59, que proíbe a leitura de outros livros nas igrejas, o que é um mandato que não se dirige a todos os cristãos, mas apenas àqueles que tinham autorização para ler qualquer coisa publicamente na igreja, isto é, apenas aos eclesiásticos.

Do direito de constituir funcionários eclesiásticos no tempo dos apóstolos.

Dos funcionários eclesiásticos do tempo dos apóstolos uns eram magistrais e os outros ministeriais. Magistrais eram as funções de pregação do Evangelho do Reino de Deus aos infiéis, de administração dos sacramentos e do serviço divino, e de ensinar as regras da fé e da conduta aos que eram convertidos. Ministerial era a função dos diáconos, isto é, dos que eram encarregados da administração das necessidades seculares da Igreja, numa época em que esta vivia de um fundo comum de dinheiro, constituído pelas contribuições voluntárias dos fiéis.

De entre os funcionários magistrais, os primeiros e mais importantes eram os apóstolos, dos quais havia no início apenas doze, que foram escolhidos e nomeados pessoalmente pelo nosso Salvador, e a sua função não consistia apenas em pregar, ensinar e batizar, mas também em serem mártires (testemunhas da ressurreição do nosso Salvador). Este testemunho era a marca específica e essencial mediante a qual o apostolado se distinguia das outras magistraturas eclesiásticas, pois para ser

[1] *Syn.*: das [mas corrigido na Errata]

XLII. Do Poder Eclesiástico

um apóstolo era essencial ou ter visto o nosso Salvador depois da sua ressurreição, ou ter convivido com ele antes, e ter visto as suas obras e outros argumentos da sua divindade, que lhes permitissem ser considerados testemunhas adequadas. Assim, na eleição de um novo apóstolo para o lugar de Judas Iscariotes, disse São Pedro (At 1,21 e 22): *Destes homens que nos acompanharam, em todo o tempo em que Jesus nosso Senhor andou entre nós, desde o batismo de João até o próprio dia em que nos foi arrebatado, deve ser ordenado um para ser testemunha da sua ressurreição juntamente conosco.* Com a palavra *deve* fica implicada uma propriedade necessária para um apóstolo, a saber, ter acompanhado os primeiros apóstolos no tempo em que o nosso Salvador se manifestou em carne. [288]

O primeiro dos apóstolos que não foram nomeados por Cristo no tempo em que passou na terra foi *Matias*, escolhido da seguinte maneira. Reuniram-se em Jerusalém cerca de uns cento e vinte cristãos (At 1,15). Estes designaram dois, *José, o Justo*, e *Matias* (vers. 23), e tiraram a sorte entre ambos. *E a sorte caiu em Matias, que passou a contar-se entre os apóstolos* (vers. 26). Por aqui vemos que a ordenação deste apóstolo foi um ato da congregação, e não de São Pedro nem dos onze, a não ser enquanto membros da assembleia.

Matias feito apóstolo pela congregação.

Depois dele não houve nenhum apóstolo que fosse ordenado, a não ser Paulo e Barnabé, o que foi (conforme lemos nos At 13,1 a 3) da maneira seguinte: *Havia na igreja que ficava em Antioquia certos profetas e mestres, como Barnabé e Simeão, que era chamado Niger, e Lúcio de Cirene, e Manaém, que tinha sido criado com Herodes, o Tetrarca, e Saulo. Quando estes estavam ministrando ao Senhor, e jejuando, disse o Espírito Santo: Separai-me Barnabé e Saulo, para a obra para a qual os chamei. E depois de eles jejuarem e orarem, e posto as suas mãos sobre eles, despediram-nos.*

Paulo e Barnabé feitos apóstolos pela igreja de Antioquia.

Fica claro pelo exposto que, embora fossem convocados pelo Espírito Santo, essa convocação lhes foi declarada, e a sua missão foi autorizada pela igreja de Antioquia em especial. E que essa sua convocação se destinava ao apostolado é evidente pelo fato de a ambos se chamar apóstolos (At 14,14). E que foi em virtude desse ato da igreja de Antioquia que eles se torna-

Parte 3 – Da República Cristã

ram apóstolos é claramente declarado por São Paulo (Rm 1,1), pelo fato de ter usado a palavra que o Espírito Santo usou na sua convocação. Pois ele definia-se como *um apóstolo separado para o Evangelho de Deus*, aludindo às palavras do Espírito Santo, *separai-me Barnabé e Saulo etc.* Mas como a missão de um apóstolo era ser testemunha da ressurreição de Cristo, poderia aqui perguntar-se como é que São Paulo, que não havia convivido com o nosso Salvador antes da sua paixão, podia saber que ele ressuscitara. A isso facilmente se responde que o nosso Salvador lhe apareceu no caminho de Damasco, descendo do céu, após a Ascensão, *e escolheu-o como expoente para levar o seu nome aos gentios, e aos reis, e aos filhos de Israel*. Consequentemente (por ter visto o Senhor depois da sua paixão) ele era uma testemunha hábil da sua ressurreição. Quanto a Barnabé, era discípulo antes da Paixão. É portanto evidente que Paulo e Barnabé eram apóstolos, e foram escolhidos e autorizados, não apenas pelos primeiros apóstolos, mas pela igreja de Antioquia, tal como Matias foi escolhido e autorizado pela igreja de Jerusalém.

Quais as funções magistrais na igreja.

[289]

Bispo, palavra formada na nossa língua a partir do grego *Episcopus*, significa um inspetor ou superintendente de qualquer empreendimento, e particularmente um pastor. E depois por metáfora foi tomado, não apenas entre os judeus, que originalmente eram pastores, mas também entre os pagãos, no sentido da função de um rei ou qualquer outro dirigente ou guia do povo, quer governe pelas leis ou pela doutrina. Assim, os apóstolos foram os primeiros bispos cristãos, instituídos pelo próprio Cristo, e neste sentido o apostolado de Judas é chamado o *seu bispado* (At 1,20). E posteriormente, quando as igrejas cristãs nomearam anciãos, encarregados de guiar o rebanho de Cristo com a sua doutrina, esses anciãos foram também chamados bispos. Timóteo era um ancião (sendo a palavra *ancião*, no Novo Testamento, o nome de um cargo, além de indicar a idade) mas também era um bispo – nesse tempo os bispos contentavam-se com o título de anciãos. E o próprio São João, o apóstolo amado do Senhor, começa a sua segunda Epístola com as palavras *Do ancião para a senhora eleita*. Fica então evidente que *bispo, pastor,*

XLII. Do Poder Eclesiástico

ancião, doutor, quer dizer, *mestre*, eram apenas nomes diversos da mesma função no tempo dos apóstolos. Porque nesse tempo não havia governo por coerção, mas apenas por doutrina e persuasão. O Reino de Deus ainda estava para vir, num novo mundo, de modo que não podia haver em nenhuma igreja uma autoridade capaz de obrigar, antes de a república haver abraçado a fé cristã, e assim não podia haver diversidade de autoridade, embora houvesse diversidade de funções.

Além destes cargos magistrais da Igreja, nomeadamente os apóstolos, os bispos, os anciãos, os pastores e os doutores, cuja missão era proclamar Cristo aos judeus e incréus, e dirigir e ensinar os crentes, não encontramos menção de nenhum outro no Novo Testamento. Porque os nomes de *evangelista* e *profeta* não significam um cargo, mas diversos dons graças aos quais diversos homens se tornavam úteis à Igreja, seja como evangelistas, escrevendo a vida e os atos do nosso Salvador, como foi o caso dos apóstolos São Mateus e São João, e dos discípulos São Marcos e São Lucas, e de quem mais escreveu sobre esse assunto (como se diz que fizeram São Tomé e São Barnabé, embora a Igreja não tenha os livros que levavam os seus nomes); seja como profetas, pelo dom de interpretar o Antigo Testamento, e às vezes por comunicarem à Igreja as suas revelações especiais. Pois não eram esses dons, nem o dom das línguas, nem o dom de expulsar os demônios ou de curar outras doenças, nem nenhuma outra coisa que vinha atribuir um cargo da Igreja, a não ser unicamente a vocação e eleição para a função de ensinar.

Tal como os apóstolos Matias, Paulo e Barnabé não foram ordenados diretamente pelo nosso Salvador, mas eleitos pela Igreja, isto é, pela assembleia dos cristãos (nomeadamente Matias pela Igreja de Jerusalém, e Paulo e Barnabé pela igreja de Antioquia), assim também os *presbíteros* e *pastores* de outras cidades foram eleitos pelas igrejas dessas cidades. A fim de o provar, examinemos antes de mais nada a maneira como São Paulo procedeu à ordenação dos presbíteros nas cidades onde tinha convertido os habitantes à fé cristã, imediatamente após ele e

Ordenação de presbíteros.

Parte 3 – Da República Cristã

Barnabé terem recebido o seu apostolado. Lemos que (At 14, 23) *eles ordenaram anciãos em todas as igrejas*, e isso à primeira vista pode ser tomado como argumento provando que eles próprios os escolhiam e lhes conferiam a sua autoridade. Mas se considerarmos o texto original ficará manifesto que era a assembleia dos cristãos de cada cidade quem os autorizava e escolhia. Porque as palavras originais eram χειροτονήσαντες αὐτοῖς πρεσβυτέρους κατ' ἐκκλησίαν, isto é, *Quando eles os tinham ordenado anciãos pelo levantar das mãos em cada congregação.* olher os magistrados e funcionários era a pluralidade de sufrágios. E como a maneira normal de distinguir entre os votos afirmativos e os negativos era o levantar das mãos, em qualquer das cidades ordenar um funcionário não era mais do que reunir o povo para eleger o funcionário por pluralidade de votos, quer fosse pela pluralidade das mãos erguidas, quer pela pluralidade das vozes, ou pela pluralidade das bolas, feijões ou pedrinhas que cada um colocava num vaso marcado como afirmativo ou negativo, porque quanto a este ponto as diversas cidades tinham costumes diversos. Portanto, era a assembleia que elegia os seus próprios anciãos: os apóstolos eram apenas presidentes da assembleia, encarregados de a convocar para essa eleição e de proclamar os eleitos, dando-lhes a bênção, o que atualmente se chama consagração. E por este motivo os que eram presidentes das assembleias, como na ausência dos apóstolos era o caso dos anciãos, eram chamados προεστῶτες, e em latim *antistites* – palavras que significam a principal pessoa da assembleia, cuja função era contar os votos e declarar quem por eles fora escolhido, e, em caso de empate de votos, decidir o problema em questão, acrescentando o seu próprio voto, o que é a função do presidente de um concílio. E, como em todas as igrejas os presbíteros eram ordenados da mesma maneira, quando se usa a palavra *constituir* (como em Tt 1,5), ἵνα καταστήσῃς κατὰ πόλιν πρεσβυτέρους, *por este motivo te deixei em Creta, para que constituísses anciãos em todas as cidades*, deve entender-se a mesma coisa; a saber, que ele devia reunir os fiéis e ordenar presbíteros por pluralidade de sufrágios. Teria sido estranho que numa ci-

XLII. Do Poder Eclesiástico

dade onde provavelmente nunca se tinha visto escolher nenhum magistrado sem ser por uma assembleia, no momento em que os habitantes dessa cidade se tornassem cristãos eles chegassem sequer a pensar em outra maneira de eleger os seus mestres e guias, quer dizer, os seus presbíteros (também chamados bispos), que não fosse por esta pluralidade de sufrágios indicada por São Paulo (At 14,23) na palavra χειροτονήσαντες. Nem jamais houve nenhuma escolha de bispos (antes de os imperadores terem achado necessário regular o assunto, a fim de manter a paz entre eles) que não fosse mediante as assembleias de cristãos em cada uma das diversas cidades.

O mesmo é confirmado também pela prática constante até o dia de hoje na eleição dos bispos de Roma. Pois se em qualquer lugar o bispo tivesse o direito de escolher outro para lhe suceder na função pastoral em qualquer cidade, em qualquer momento em que dela saísse para implantá-la em outro lugar, muito mais teria o direito de designar o seu sucessor no lugar em que por último residira e morrera. E não constatamos que nenhum bispo de Roma tenha designado o seu sucessor. Pois durante muito tempo eles foram escolhidos pelo povo, como podemos verificar no caso da sedição suscitada entre *Dâmaso* e *Ursicino* por causa da sua eleição, da qual diz Amiano Marcelino ter sido tão grande que o prefeito *Juvêncio*, incapaz de manter a paz entre eles, se viu obrigado a sair da cidade; e que dentro da própria igreja foram nessa ocasião encontrados mortos mais de cem homens. E embora depois eles fossem escolhidos, primeiro por todo o clero de Roma, e mais tarde pelos cardeais, nunca um deles foi indicado para a sucessão pelo seu antecessor. Portanto, se eles não reivindicavam o direito de designar os seus sucessores, creio poder-se razoavelmente concluir que eles não tinham o direito de designar os sucessores dos outros bispos, antes de receberem qualquer novo poder, o qual não podia ser atribuído a ninguém pela Igreja, mas apenas por quem possuísse uma autoridade legítima, não apenas para ensinar, mas também para comandar a Igreja; isto é, por ninguém a não ser o soberano civil.

[291]

Parte 3 – Da República Cristã

O que são ministros da Igreja:

A palavra *ministro*, no original Διάκονος, significa alguém que faz voluntariamente o trabalho de outrem, e difere do servo apenas no fato de, por sua condição, o servo ter obrigação perante quem nele manda, ao passo que os ministros são obrigados apenas perante o seu empreendimento, não sendo portanto obrigados a mais do que empreenderam. De modo que tanto os que ensinam a palavra de Deus como os que administram os negócios seculares da Igreja são ministros, mas são ministros de pessoas diferentes. Porque os pastores da Igreja, chamados (At 6,4) *os ministros da palavra*, são ministros de Cristo, pois é dele essa palavra. Mas o ministério de um *diácono*, a que se chama (versículo 2 do mesmo capítulo) *serviço de altar*, é um serviço feito à igreja ou congregação. Assim, ninguém pode, nem sequer a igreja inteira, dizer que seu pastor é um ministro. Mas a um diácono, quer o seu cargo seja o de servir o altar, ou o de distribuir sustento aos cristãos, quando em cada cidade viviam de um fundo comum ou de coletas, como nos primeiros tempos, ou o de tomar conta da casa de orações, ou o de administrar as rendas e outros negócios terrenos da igreja, a esse diácono a congregação inteira pode propriamente chamar seu ministro.

Porque a sua função de diáconos era servir a congregação, embora ocasionalmente não deixassem de pregar o Evangelho, e de defender a doutrina de Cristo, cada um conforme os seus dons, como fazia Santo Estêvão; ou de ao mesmo tempo pregar e batizar, como fazia Filipe. Pois esse Filipe que pregava o Evangelho em Samaria (At 8,5) e batizou o eunuco (versículo 38) era Filipe, o diácono, não Filipe, o apóstolo. Porque é manifesto (versículo 1) que quando Filipe pregava em Samaria os apóstolos estavam em Jerusalém, e (vers. 14) *quando ouviram dizer que Samaria tinha recebido a palavra de Deus, enviou-lhes Pedro e João*, por imposição de cujas mãos os que foram batizados (vers. 15) receberam (o que antes do batismo de Filipe não tinham recebido) o Espírito Santo. Porque para ser concedido o Espírito Santo era necessário que o seu batismo fosse ministrado ou confirmado por um ministro da palavra, e não por um ministro da Igreja. Assim, para confirmar o batismo dos que Filipe, o diácono,

XLII. Do Poder Eclesiástico

havia batizado, os apóstolos enviaram de entre eles Pedro e João, de Jerusalém para Samaria. E eles concederam aos que antes apenas tinham sido batizados aquelas graças que eram os sinais do Espírito Santo que naquele tempo acompanhavam todos os verdadeiros crentes. E quais eles eram pode ver-se pelo que disse São Marcos (cap. 16,17): *Estes sinais seguem a quem crê no meu nome; eles expulsarão os demônios; eles falarão com novas línguas; eles pegarão em serpentes, e se beberem alguma coisa mortal ela não lhes fará mal; eles porão as mãos nos doentes, e estes serão curados.* A possibilidade de fazer isto não podia ser dada por Filipe, mas pelos apóstolos podia, e eles efetivamente a deram (como se verifica nesta passagem) a todos os que verdadeiramente acreditavam, e haviam sido batizados por um ministro de Cristo. E este poder os ministros de Cristo desta época não podem conferir, ou então há muito poucos verdadeiros crentes, ou Cristo tem muito poucos ministros.

Que os primeiros diáconos não eram escolhidos pelos apóstolos, mas pela congregação dos discípulos, isto é, de cristãos de toda a espécie, encontra-se manifesto em *Atos* 6, onde está escrito que os *doze*, depois que foi multiplicado o número de discípulos, os mandaram reunir e, depois de lhes dizer que não era próprio que os apóstolos deixassem a palavra de Deus para servirem o altar, acrescentaram (vers. 3): *Irmãos, procurai entre vós sete homens de honesto testemunho, cheios do Espírito Santo e de sabedoria, a quem possamos indicar para essa função.* Fica assim manifesto que, embora os apóstolos os declarassem eleitos, foi a congregação que os escolheu. Isso se afirma mais expressamente (vers. 5) onde está escrito que *esse parecer agradou à multidão, que escolheu sete etc.*

E como eram escolhidos.

No tempo do Antigo Testamento, a tribo de Levi era a única capaz de sacerdócio e outros cargos inferiores da Igreja. A terra foi dividida entre as outras tribos (excetuando-se a de Levi), que continuavam a ser doze, devido à divisão da tribo de José entre Efraim e Manassés. Para a habitação da tribo de Levi foram escolhidas certas cidades, com os subúrbios para o seu gado, e o seu quinhão devia ser a décima parte dos frutos da

Das rendas eclesiásticas sob a Lei de Moisés.

Parte 3 – Da República Cristã

terra dos seus irmãos. Além disso, os sacerdotes tinham para seu sustento um décimo dessa décima parte, juntamente com parte das oferendas e sacrifícios. Porque Deus dissera a Aarão (Nm 18,20): *Vós não tereis herança da terra deles, nem tereis parte entre eles; eu sou a vossa parte e a vossa herança entre os filhos de Israel.* Como então Deus era rei, e tinha constituído os membros da tribo de Israel como seus ministros públicos, concedeu-lhes para seu sustento a renda pública, quer dizer, a parte que Deus reservara para si mesmo, que eram os dízimos e as oferendas, e é isto que se entende quando Deus diz *eu sou a vossa herança*. Portanto, não é incorreto atribuir aos levitas a designação de *clero*, em razão de Κλῆρος, que significa lote ou herança – não que eles fossem os herdeiros do Reino de Deus, mais do que os outros, mas porque a herança de Deus era o seu sustento. Ora, dado que nesse tempo o próprio Deus era o seu rei, e Moisés, Aarão e os Sumos Sacerdotes subsequentes eram os seus lugares-tenentes, é manifesto que o direito aos dízimos e oferendas foi instituído pelo poder civil.

[293]

No tempo do nosso Salvador, e depois disso.

Depois de rejeitarem Deus e pedirem um rei, continuaram a desfrutar da mesma renda. Mas o direito a ela derivava do fato de o rei nunca lha ter tirado, pois a renda pública estava à disposição de quem fosse a pessoa pública, e esta (até o cativeiro) era o rei. Além disso, depois do regresso do cativeiro continuaram como antes a pagar os seus dízimos ao sacerdote. Portanto, até então os meios de vida da Igreja eram determinados pelo soberano civil.

Quanto ao sustento do nosso Salvador e dos seus apóstolos lemos apenas que eles tinham uma bolsa (levada por Judas Iscariotes). Além do mais, aqueles dentre os apóstolos que eram pescadores valiam-se às vezes de sua profissão, e quando o nosso Salvador enviou os doze apóstolos para pregar lhes proibiu *levar ouro, prata e bronze nas suas bolsas, pois o trabalhador merece a sua paga.* Sendo assim, parece provável que o seu sustento normal não estivesse em desacordo com o seu emprego, pois o seu emprego era (vers. 8) *dar gratuitamente, porque gratuitamente tinham recebido*; e o seu sustento era a *dádiva gratuita* daqueles

Mt 10,9 e 10.

XLII. Do Poder Eclesiástico

que acreditavam na boa-nova que eles levavam, da vinda do Messias, seu Salvador. A isso podemos acrescentar as contribuições feitas por gratidão, por aqueles que o nosso Salvador curara de doenças, entre os quais são referidas (Lc 8,2-3) *certas mulheres que tinham sido curadas de maus espíritos e enfermidades, Maria Madalena, da qual saíram sete diabos, e Joana, mulher de Cuza, procurador de Herodes, e Susana, e muitas outras, que lhes serviram das suas riquezas.*

Depois da Ascensão do nosso Salvador, os cristãos de todas as cidades viviam em comum do dinheiro proveniente da venda das suas terras e posses, as quais depuseram aos pés dos apóstolos por boa vontade, não por dever. Porque: *Enquanto conservavas a terra* (disse São Pedro a Ananias, At 5,4), *ela não era tua? E depois de ela ser vendida, não estava em teu poder?* Isso mostra que ele não teria precisado de mentir para conservar a sua terra e o seu dinheiro, pois não era obrigado a contribuir com coisa alguma, a não ser que tal lhe aprouvesse. E tal como no tempo dos apóstolos, também nos tempos posteriores, até depois de Constantino, o Grande, verificamos que o sustento dos bispos e pastores da Igreja cristã se devia apenas à contribuição voluntária dos que haviam abraçado a sua doutrina. Ainda não havia referência a dízimos, mas no tempo de Constantino e seus filhos era tal a afeição dos cristãos pelos seus pastores, conforme disse Amiano Marcelino, descrevendo a sedição de *Dâmaso* e *Ursicino* por causa do bispado, que a sua querela valia a pena, na medida em que os bispos desse tempo, graças à liberalidade do seu rebanho, e especialmente das matronas, viviam esplendidamente, eram transportados em carruagens e tinham mesa e roupagens suntuosas.

Mas aqui alguém poderá perguntar se nesse tempo os pastores eram obrigados a viver de contribuições voluntárias, como de esmolas. *Pois quem* (disse São Paulo, 1 Cor 9,7) *vai para a guerra à sua própria custa? Quem alimenta o rebanho, e não bebe o leite do rebanho?* E também: *Não sabeis que os que ministram sobre coisas sagradas vivem das coisas do templo, e que os que ajudam no altar partilham do altar?* Quer dizer, recebem parte do que é ofereci-

Atos 4,34.

[294]

Os ministros do Evangelho viviam da benevolência dos seus rebanhos.

1 Cor 9,13.

do no altar, para seu sustento. E conclui então: *E assim o Senhor determinou que os que pregam o Evangelho vivam do Evangelho.* Desta passagem pode sem dúvida inferir-se que os pastores da Igreja deviam ser sustentados pelos seus rebanhos, porém não competia aos pastores determinar a quantidade ou a espécie dos seus emolumentos, como quem numa partilha decide o seu próprio quinhão. Portanto, os seus emolumentos deviam necessariamente ser determinados pela gratidão e liberalidade de cada um dos membros do seu rebanho, ou então pela congregação inteira. Todavia não podia ser pela congregação inteira, pois nessa época as decisões desta não eram leis. Portanto, o sustento dos pastores, antes de os imperadores e soberanos civis o determinarem por lei, não era mais do que a benevolência. Os que serviam no altar viviam do que lhes era oferecido. Igualmente os pastores podem aceitar o que lhes é oferecido pelo seu rebanho, mas não podem exigir o que não lhes é oferecido. A que juízes podiam recorrer, se não tinham tribunais? Ou se entre eles existiam árbitros, quem podia executar as suas sentenças, visto que não tinham poder para armar os seus funcionários? Resta concluir que apenas a congregação inteira podia atribuir a quaisquer pastores da Igreja um sustento certo, e mesmo isto somente no caso de os seus decretos terem a força de *leis* (e não apenas de *cânones*), leis essas que só poderiam ser feitas pelos imperadores, reis e outros soberanos civis. O direito dos dízimos da lei de Moisés não podia ser aplicado aos ministros do Evangelho desse tempo, porque Moisés e os Sumos Sacerdotes eram os soberanos civis do povo, abaixo de Deus, cujo Reino entre os judeus era presente, ao passo que o Reino de Deus pelo Cristo ainda está para vir.

Até aqui mostrou-se o que são os pastores da Igreja, quais são os pontos da sua missão (como por exemplo pregar, ensinar, batizar, ser presidentes das suas respectivas congregações); o que é a censura eclesiástica, a saber, a excomunhão – quer dizer, nos lugares onde o cristianismo era proibido pelas leis civis, evitar a companhia dos excomungados, e onde o cristianismo era sancionado pelas leis civis, expulsar os excomunga-

XLII. Do Poder Eclesiástico

dos das congregações de cristãos – quem elegia os pastores e ministros da Igreja (que era a congregação), e quem os consagrava e abençoava (que era o pastor); quais as rendas que lhes eram devidas (que não eram mais do que as suas próprias posses e o seu próprio trabalho, e as contribuições voluntárias dos cristãos devotos e gratos). Passamos agora a examinar que função têm na Igreja as pessoas, que, sendo soberanos civis, ao mesmo tempo abraçaram a fé cristã.

[295]

Em primeiro lugar, é preciso lembrar que o direito de julgar que doutrinas favoráveis à paz devem ser ensinadas aos súditos se encontra em todas as repúblicas inseparavelmente dependente (conforme já se provou no capítulo XVIII) do poder civil soberano, quer ele pertença a um homem ou a uma assembleia. Pois mesmo para a mais medíocre inteligência é evidente que as ações dos homens derivam das suas opiniões acerca do bem ou do mal que dessas ações para eles redundam; e, em consequência, os homens que se deixam possuir pela opinião de que a sua obediência ao poder soberano lhes serão mais prejudicial do que a sua desobediência desobedecerão às leis, contribuindo assim para destruir a república e introduzir a confusão e a guerra civil; contra as quais todo o governo civil foi instituído. Assim, em todas as repúblicas dos pagãos os soberanos recebiam o nome de pastores do povo, pois não era legítimo que nenhum súdito ensinasse o povo sem sua licença e autorização.

Que o soberano civil, quando cristão, tinha o direito de nomear pastores.

Não se pode considerar que a conversão à fé de Cristo retire o direito dos reis pagãos, já que ele nunca determinou que os reis, devido a nele acreditarem, fossem depostos, isto é, sujeitos a alguém que não ele mesmo, ou então (o que é a mesma coisa) fossem privados do poder necessário para a preservação da paz entre os seus súditos e para a sua defesa contra os inimigos estrangeiros. Portanto, os reis cristãos continuam sendo os supremos pastores do seu povo, e têm o poder de ordenar os pastores que lhes aprouver, para ensinar na Igreja, isto é, para ensinar o povo que está a seu cargo.

Mais ainda, mesmo que o direito de os escolher pertença à Igreja (como acontecia antes da conversão dos reis), pois assim

Parte 3 – Da República Cristã

era no tempo dos próprios apóstolos (conforme já se mostrou neste capítulo), ainda assim o direito pertence ao soberano civil, desde que cristão. Pois pelo fato de ser cristão ele autoriza o ensino, e pelo fato de ser o soberano (o que é o mesmo que dizer: a Igreja por representação) os mestres por eles eleitos são eleitos pela Igreja. E quando uma assembleia de cristãos escolhe o seu pastor numa república cristã é o soberano quem o elege, pois tal é feito pela sua autoridade. Da mesma maneira como, quando uma cidade escolhe o seu prefeito, se trata de um ato daquele que detém o poder soberano, pois todo o ato praticado é um ato daquele sem cujo consentimento ele seria inválido. Assim, sejam quais forem os exemplos que se possam tirar da história, quanto à eleição dos pastores pelo povo ou pelo clero, esses exemplos não constituem argumentos contra o direito de nenhum soberano civil, pois aqueles que os elegeram fizeram-no pela sua autoridade.

[296] Portanto, considerando que em toda república cristã o soberano civil é o supremo pastor, que tem a seu cargo todo o rebanho dos seus súditos, e que consequentemente é pela sua autoridade que todos os outros pastores são nomeados e adquirem o poder de ensinar e de desempenhar todas as outras funções pastorais, segue-se também que é do soberano civil que todos os outros pastores recebem o direito de ensinar, de pregar, e outras funções pertinentes ao seu cargo. E também que eles são apenas seus ministros, do mesmo modo que os magistrados das cidades, os juízes dos tribunais de justiça e os comandantes dos exércitos são apenas ministros daquele que é o magistrado de toda a república, o juiz de todas as causas e o comandante de toda a milícia, que é sempre o soberano civil. E a razão disto não é que sejam seus súditos os que ensinam, mas que o são os que vão aprender. Suponhamos que um rei cristão confira a autoridade de ordenar pastores nos seus domínios a um outro rei (poder que diversos reis cristãos atribuem ao papa). Com isso ele não estará constituindo um pastor acima de si mesmo, nem um soberano pastor acima do seu povo, pois isso equivaleria a privar-se do poder civil, o qual, dependendo da opinião que os

XLII. Do Poder Eclesiástico

homens têm do seu dever para com ele, e do medo que têm do castigo num outro mundo, dependeria também da habilidade e lealdade dos doutores. E estes não estão menos sujeitos do que nenhuma outra espécie de homens, não apenas à ambição, mas também à ignorância. Por isso, quando um estrangeiro tem autoridade para escolher os mestres, esta é-lhe dada pelo soberano em cujos domínios ensina. Os doutores cristãos são nossos professores de cristianismo, mas os reis são pais de família, que podem aceitar professores para os seus súditos por recomendação de um estranho, porém não por ordem deste, especialmente se o mau ensino redundar em grande e manifesto proveito para aquele que os recomenda. Tampouco podem ser obrigados a conservá-lo mais do que o necessário para o bem público, que se encontra a seu cargo na exata medida em que conservam quaisquer outros direitos essenciais da soberania.

Portanto, se alguém perguntar a um pastor, no desempenho do seu cargo, como os principais sacerdotes e anciãos do povo perguntaram ao nosso Salvador (Mt 21,23) – *Por que autoridade fazes essas coisas, e quem te deu tal autoridade* – a única resposta correta será que o faz pela autoridade da república, a qual lhe foi dada pelo rei ou assembleia que o representa. Todos os pastores, com exceção do supremo pastor, desempenham as suas funções pelo direito, isto é, pela autoridade do soberano civil, isto é, *jure civili*. Mas o rei, ou qualquer outro soberano, desempenha o seu cargo de supremo pastor pela imediata autoridade de Deus, quer dizer, *por direito de Deus*, ou *jure divino*. Assim, só os reis podem incluir nos seus títulos (como marca da sua submissão apenas a Deus) *Dei gratia Rex etc.* Os bispos devem dizer, no início dos seus mandatos, *pelo favor da majestade do rei, bispo de tal ou tal diocese*, ou então, como ministros civis, *em nome de Sua Majestade*. Porque ao dizer *divina providentia*, que é o mesmo que *Dei gratia*, embora disfarçadamente, eles estão negando receber do Estado civil a sua autoridade, e estão sub-repticiamente tirando a coleira da sua sujeição civil, contrariamente à unidade e defesa da república.

Mas, se todo soberano cristão for o supremo pastor dos seus próprios súditos, possuirá também, ao que parece, a autoridade,

Só a autoridade pastoral dos soberanos é de jure divino, *e a dos outros pastores é* jure civili.

[297]

Os reis cristãos têm o poder de exercer todo tipo de função pastoral.

não apenas de pregar (o que talvez ninguém negue), mas também de batizar e de administrar o sacramento da ceia do Senhor, de consagrar ao serviço de Deus tanto os templos como os pastores, o que é negado pela maior parte das pessoas, em parte porque ele não costuma fazê-lo, e em parte porque a administração dos sacramentos e a consagração de pessoas e lugares para uso sagrado exige a imposição das mãos daqueles homens que, mediante uma idêntica imposição, e continuamente, desde o tempo dos apóstolos, foram ordenados para idêntico ministério. Assim, como prova de que os reis cristãos têm poder para batizar e consagrar, vou apresentar uma razão, para explicar por que eles não costumam fazê-lo, e também como, sem a habitual cerimônia da imposição das mãos, eles se tornam capazes de o fazer, se tal lhes aprouver.

Não resta dúvida de que qualquer rei, no caso de ser versado em ciências, poderia ele próprio dar aulas sobre elas, pelo mesmo direito do seu cargo com o qual autoriza outros a dar essas aulas nas Universidades. Não obstante, como o cuidado com o conjunto dos assuntos da república lhe toma completamente o tempo, não seria conveniente que ele se dedicasse pessoalmente a tal atividade. Também um rei pode, se assim lhe aprouver, tomar assento em juízo para ouvir e decidir toda espécie de causas, tal como pode dar a outros autoridade para o fazer em seu nome, mas as funções de mando e governo que lhe competem obrigam-no a estar constantemente ao leme, delegando as funções ministeriais a outros submetidos a ele. De maneira semelhante o nosso Salvador (que indubitavelmente tinha poder para batizar) não batizava ninguém pessoalmente, mas mandava batizar aos seus apóstolos e discípulos. E assim também São Paulo, devido à necessidade de pregar em diversos e distantes lugares, batizava poucos; dentre todos os coríntios batizou apenas *Crispo*, *Caio* e *Estêvão*, e a razão disso era que a sua função principal era a pregação. Fica então manifesto que o cargo maior (como o governo da Igreja) dispensa do menor. Assim, a razão de não ser costume os reis cristãos batizarem é evidente, e é a mesma pela qual ainda hoje poucos são os batizados pelos bispos, e pelo papa ainda menos.

Jo 4,2.

1 Cor 1,14 e 16.
1 Cor 1,17.

XLII. Do Poder Eclesiástico

Quanto à imposição das mãos, se ela é ou não necessária para autorizar os reis a batizar e a consagrar, podemos considerar o seguinte.

A imposição das mãos era entre os judeus uma antiquíssima cerimônia pública, mediante a qual era designada e tomada certa a pessoa ou qualquer outra coisa pretendida numa oração, bênção, sacrifício, consagração, condenação ou outro discurso de alguém. Assim, ao abençoar os filhos de José, Jacó (Gn 48,14) *pousou a sua mão direita sobre Efraim, o mais novo, e a sua mão esquerda sobre Manassés, o primogênito*; e fez isto *conscientemente* (embora eles lhe tivessem sido apresentados por José de maneira tal que se viu obrigado a estender os braços em cruz para o fazer) para indicar a quem pretendia dar a maior bênção. Também ao fazer o sacrifício da oferenda se ordena a Aarão (Ex 29,10) *colocar as suas mãos na cabeça do boi*, e (vers. 15) *colocar a sua mão na cabeça do carneiro*. O mesmo se diz também em Lv 1,4 e 8,14. De maneira semelhante Moisés, quando ordenou Josué como capitão dos israelitas, isto é, quando o consagrou ao serviço de Deus (Nm 27,23), *colocou suas mãos sobre ele, e deu-lhe o seu cargo*, designando e tornando certo a quem eles deviam obedecer na guerra. E na consagração dos levitas (Nm 8,10) Deus ordenou que *os filhos de Israel pousassem suas mãos sobre os levitas*. E na condenação daquele que tinha blasfemado contra o Senhor (Lv 24,14) Deus ordenou que *todos os que o ouvissem pousassem suas mãos na sua cabeça, e que toda a congregação o apedrejasse*. E por que haviam de ser apenas os que o ouvissem a pousar nele as suas mãos, em vez de um sacerdote, um levita ou outro ministro da justiça, a não ser porque mais ninguém seria capaz de designar e mostrar aos olhos da congregação quem era que tinha blasfemado, e merecia morrer? E usar a mão para designar à visão um homem ou qualquer outra coisa é menos passível de erro do que fazer a mesma coisa, mas usando um nome para dirigir-se ao ouvido.

E a tal ponto era observada esta cerimônia que, ao abençoar em conjunto toda a congregação, o que não pode ser feito pela imposição das mãos, ainda assim *Aarão* (Lv 9,22) *ergueu a*

[298]

sua mão em direção ao povo quando o abençoou. E lemos também sobre uma idêntica cerimônia de consagração dos templos entre os pagãos, que o sacerdote punha as mãos num dos pilares do templo, ao mesmo tempo que ia pronunciando as palavras de consagração. Daí que natural é designar qualquer coisa específica com a mão, para dar certeza aos olhos, de preferência às palavras para informar os ouvidos, nas questões do serviço público de Deus.

Portanto, essa cerimônia não era nova no tempo do nosso Salvador. Porque Jairo (Mc 5,23), cuja filha estava doente, não rogou ao nosso Salvador que a curasse, mas *que pousasse nela as suas mãos, para que ela se curasse*. E também (Mt 19,13) *eles levaram até ele criancinhas, para que ele pousasse as suas mãos sobre elas, e orasse*.

Segundo esse antigo ritual, os apóstolos e presbíteros, e o próprio presbiterato, punham as mãos sobre aqueles a quem ordenavam como pastores, ao mesmo tempo que oravam para que eles recebessem o Espírito Santo. E isso não apenas uma vez, mas em certos casos mais vezes, quando aparecia uma nova ocasião. Mas o fim era sempre o mesmo, isto é, uma designação pontual e religiosa da pessoa ordenada, quer fosse para uma função pastoral em geral, quer fosse para uma missão especial. Assim (At 6,6) *os apóstolos oraram e puseram as suas mãos* sobre os sete diáconos, o que não foi feito para lhes dar o Espírito Santo (pois eles estavam cheios do Espírito Santo antes de serem escolhidos, como se verifica imediatamente antes, no versículo 3), mas para os designar para essa função. E depois de Filipe, o diácono, ter convertido certas pessoas em Samaria, Pedro e João foram lá (At 8,17) *e pousaram as suas mãos sobre eles, e eles receberam o Espírito Santo*. E não eram apenas os apóstolos que tinham esse poder, mas também os presbíteros. Pois São Paulo aconselhou a Timóteo (1 Tm 5,22) que *não pusesse as mãos bruscamente em ninguém*, isto é, não designasse apressadamente a ninguém para o cargo de pastor. O presbiterato inteiro pôs as mãos em Timóteo, conforme lemos em 1 Tm 4,14, mas aqui deve-se entender que algum deles o fez por delegação do presbiterato, mui-

XLII. Do Poder Eclesiástico

to provavelmente o seu προεοτώς, ou prolocutor, que talvez fosse o próprio São Paulo. Porque em 2 Tm 1,6 ele diz-lhe: *Reparte o dom do Senhor que está em ti, pela imposição das minhas mãos*; onde de passagem se deve salientar que por Espírito Santo não se entende aqui a terceira pessoa da Trindade, mas os dons necessários para a função pastoral. Lemos também que São Paulo recebeu duas vezes a imposição das mãos, uma vez de Ananias em Damasco (At 9,17s.), no momento do seu batismo, e outra vez (At 13,3) em Antioquia, da primeira vez que foi enviado para pregar. Portanto, a utilidade desta cerimônia na ordenação dos pastores era designar a pessoa a quem se conferia esse poder. Mas se então tivesse havido algum cristão que já antes tivesse poder para ensinar, o seu batizado, isto é, o ato de fazer dele um cristão, não lhe teria dado nenhum novo poder, teria somente feito que ele pregasse a verdadeira doutrina, isto é, que ele usasse corretamente o seu poder, e portanto a imposição das mãos teria sido desnecessária, e o batismo por si só teria sido suficiente. Porém antes do cristianismo todo soberano tinha o poder de ensinar e de ordenar mestres, portanto o cristianismo não lhes veio dar nenhum novo direito, mas apenas orientá-los quanto à maneira de ensinar a verdade. Portanto não precisavam de nenhuma imposição das mãos (além da que é feita no batismo) para autorizá-los ao exercício de qualquer das funções pastorais, nomeadamente o batismo e a consagração. E no Antigo Testamento, embora o sacerdote tivesse o direito de consagrar durante o tempo em que a soberania residia no Sumo Sacerdote, não tinha esse direito no tempo em que a soberania residia no rei. Com efeito, lemos (1 Rs 8) que Salomão abençoou o povo, consagrou o templo e proferiu aquela oração pública que hoje serve de padrão para a consagração de todas as igrejas e capelas cristãs, o que mostra que ele não tinha apenas o direito ao governo eclesiástico, tinha também o de exercer funções eclesiásticas.

    Graças a essa consolidação do direito político e eclesiástico nos soberanos cristãos, fica evidente que eles têm sobre os seus súditos toda espécie de poder que pode ser conferido a um ho-

O soberano civil, quando cristão, é chefe da Igreja nos seus domínios.

Parte 3 – Da República Cristã

mem, para o governo das ações externas dos homens, tanto em política como em religião; e que podem fazer as leis que se lhes afigurarem melhores para o governo dos seus súditos, tanto na medida em que eles são a república como na medida em que eles são a Igreja, pois o Estado e a Igreja são os mesmos homens.

[300]

Portanto, se tal lhes aprouver, podem entregar ao papa (como hoje fazem muitos reis cristãos) o governo dos seus súditos em matéria de religião. Mas então o papa fica-lhes subordinado, quanto a este ponto, e exerce esse cargo no domínio de outrem *jure civili*, pelo direito do soberano civil, e não *jure divino*, pelo direito de Deus. Por conseguinte, pode ser demitido dessas funções, sempre que o soberano tal considerar necessário para o bem dos seus súditos. Este também pode, se tal lhe aprouver, confiar o cuidado da religião a um pastor Supremo, ou a uma assembleia de pastores, atribuindo-lhes o poder sobre a Igreja, ou uns sobre os outros, que considerar mais conveniente; e os títulos de honra que quiser, como bispo, arcebispo, padre ou presbítero; e estabelecer para seu sustento as leis que lhe aprouver, seja por dízimos ou de outra maneira, desde que o façam com sinceridade de convicção, da qual só Deus pode ser juiz. É ao soberano civil que compete nomear os juízes e intérpretes das Escrituras canônicas, pois é ele que as transforma em leis. Também é ele quem dá força às excomunhões, que seriam desprezadas se não fosse graças àquelas leis e castigos que são capazes de reduzir à humildade os mais obstinados libertinos, obrigando-os a se unirem ao restante da Igreja. Em resumo, é ele quem tem o poder supremo em todas as causas, quer eclesiásticas ou civis, no que diz respeito às ações e às palavras, pois só estas são conhecidas e podem ser acusadas. E do que ninguém pode ser acusado não existe juiz de espécie alguma, a não ser Deus, que conhece o coração. E estes direitos são inerentes a todos os soberanos, sejam monarcas ou assembleias, pois os que são os representantes de um povo cristão são os representantes da Igreja; porque uma Igreja e uma república de gente cristã são uma e mesma coisa.

Exame dos Livros do Cardeal Belarmino De Summo Pontifice.

Embora tudo isto que aqui disse, assim como em outras passagens deste livro, pareça suficientemente claro para afirmar

XLII. Do Poder Eclesiástico

O supremo poder eclesiástico dos soberanos cristãos, dado que a pretensão universal do papa de Roma a esse poder foi sustentada principalmente, e creio que com a maior força possível, pelo Cardeal Belarmino, na sua controvérsia *De Summo Pontifice*, considerei necessário examinar, com a maior brevidade possível, os fundamentos e a solidez do seu discurso.

Dos cinco livros que escreveu sobre o assunto, o primeiro contém três questões. A primeira refere-se a qual é, absolutamente, o melhor governo, a *monarquia*, a *aristocracia* ou a *democracia*; e conclui que nenhuma destas, e sim um governo misto de todas as três. A segunda, qual destas é o melhor governo da Igreja, e conclui por uma forma mista, mas com o predomínio da monarquia. A terceira, se nesta monarquia mista São Pedro ocupa o lugar de monarca. Quanto à sua primeira conclusão, já provei suficientemente (cap. XVIII) que todos os governos a que os homens são obrigados a obedecer são simples e absolutos. Na monarquia há apenas um homem com o poder supremo, e todos os outros homens que têm no Estado qualquer espécie de poder têm-no por sua delegação, enquanto tal lhe apraz, e usam desse poder em seu nome. E numa aristocracia ou numa democracia há apenas uma assembleia suprema, com o mesmo poder que na monarquia pertence ao monarca, o que não é soberania mista, mas absoluta. Mas, num lugar onde uma dessas três formas de governo já seja a estabelecida, não se deve discutir qual delas é a melhor, devendo ser sempre preferida, mantida e considerada melhor a que já existe, pois é contrário tanto à lei de natureza como à lei positiva divina fazer alguma coisa que tenda para a sua subversão. Além do mais, nada tem a ver com o poder de nenhum pastor (a não ser que detenha a soberania civil) qual seja a melhor forma de governo, pois a sua vocação não é de governar os homens pelo mando, mas de os ensinar e persuadir com argumentos, deixando-lhes o cuidado de decidir se devem aceitar ou rejeitar a doutrina ensinada. Porque a monarquia, a aristocracia e a democracia demarcam para nós três espécies de soberanos, não de pastores; ou então, como também podemos dizer, três espécies de chefes de família e não três espécies de professores para os filhos.

O primeiro livro.

Parte 3 – Da República Cristã

Portanto, a segunda conclusão relativa à melhor forma de governo da Igreja nada vale quanto à questão do poder do papa fora dos seus próprios domínios, pois em todas as outras repúblicas o seu poder (se tiver algum) é apenas o do professor, não o do chefe de família.

Quanto à terceira conclusão, a saber, que São Pedro era monarca da Igreja, cita ele como seu principal argumento uma passagem de São Mateus (caps. 16, 18 e 19): *Tu és Pedro, e sobre esta pedra construirei a minha Igreja etc. E dar-te-ei as chaves do céu; tudo o que ligares na terra será ligado no céu, e tudo o que desatares na terra será desatado no céu.* Passagem esta que, se bem examinada, nada mais prova senão que a Igreja de Cristo tinha como fundamento um único artigo, a saber: o que Pedro, professando em nome de todos os apóstolos, deu oportunidade ao nosso Salvador para falar as palavras aqui citadas. Para compreender claramente essas palavras devemos lembrar que o nosso Salvador pregava unicamente, por ele mesmo, por João Batista e pelos seus apóstolos, um único artigo de fé, *que ele era o Cristo*, não exigindo os outros artigos senão a fé que nesse se fundamenta. João começou primeiro (Mt 10,7), pregando apenas isto: *O Reino de Deus está próximo*. E o nosso Salvador pregava o mesmo (Mt 4,17); e quando encarrega os doze apóstolos da sua missão (Mt 10,7), não há referência à pregação de nenhum outro artigo a não ser esse. Era este o artigo fundamental, e é ele o fundamento da fé da Igreja. Posteriormente, quando os apóstolos voltaram a ele, perguntou a todos eles, e não apenas a Pedro (Mt 16,13), *quem os homens diziam que ele era*, e eles responderam que *alguns diziam que ele era São João Batista, outros Elias, outros Jeremias, ou um dos profetas*. Então ele voltou a perguntar-lhes, e não apenas a Pedro (vers. 15): *Quem dizeis vós que eu sou?* Ao que São Pedro respondeu (em nome de todos): *Tu és Cristo, Filho de Deus vivo*, e este, como já disse, é o fundamento da fé de toda a Igreja. Foi então que o nosso Salvador, aproveitando a ocasião, disse: *Sobre esta pedra construirei a minha Igreja*. Fica assim manifesto que a pedra fundamental da Igreja era o mesmo que o artigo fundamental da fé da Igreja. Mas então por que razão (ob-

XLII. Do Poder Eclesiástico

jetarão alguns) o nosso Salvador disse também as palavras *Tu és Pedro?* Se o original deste texto tivesse sido rigorosamente traduzido, a razão teria aparecido claramente: é preciso lembrar que o apóstolo Simão era apelidado *Pedra* (que é a significação da palavra siríaca *cephas* e da palavra grega *Petrus*). Portanto, depois da confissão daquele artigo fundamental, e referindo-se ao seu nome, disse ele assim (como se fosse na nossa língua): Tu és *Pedra*, e sobre esta pedra construirei a minha Igreja. O que equivale a dizer que o artigo *Eu sou Cristo* é o fundamento de toda a fé que eu exijo dos que vão ser membros da minha Igreja. E esta referência a um nome não é coisa inabitual na fala comum, mas teria sido uma fala estranha e obscura se o nosso Salvador, tencionando construir a sua Igreja sobre a pessoa de São Pedro, tivesse dito *Tu és uma pedra, e sobre esta pedra construirei a minha Igreja*, quando seria tão óbvio ter dito sem ambiguidade *construirei minha Igreja sobre ti*; pois neste caso teria continuado a haver a mesma referência ao seu nome.

E quanto às palavras *dar-te-ei as chaves do céu etc.*, não se trata de mais do que o nosso Salvador deu também aos seus restantes discípulos (Mt 18,18): *Tudo o que ligares na terra será ligado no céu, e tudo o que desatares na terra será desatado no céu.* Mas seja como for que isto se interprete, não resta dúvida de que o poder aqui conferido pertence a todos os Supremos Pastores, como são todos os soberanos civis cristãos nos seus próprios domínios. Tanto assim é que, se São Pedro ou o nosso Salvador em pessoa tivesse convertido qualquer desses soberanos, levando-o a acreditar nele e a reconhecer o seu Reino, como o seu Reino não é deste mundo, teria confiado unicamente a esse soberano o supremo cuidado de converter os seus súditos, caso contrário teria de o privar da soberania, à qual está indissoluvelmente ligado o direito de ensinar. E isto é quanto basta como refutação do seu primeiro livro, onde pretende provar que São Pedro foi o monarca universal da Igreja, quer dizer, de todos os cristãos do mundo.

O segundo livro tem duas conclusões. Uma é que São Pedro foi bispo de Roma, e lá morreu. A outra é que os papas de

O segundo livro.

Parte 3 – Da República Cristã

Roma são seus sucessores. Ambas estas conclusões têm sido contestadas por outros. Mas mesmo supondo que são verdadeiras, se acaso por bispo de Roma se entender o monarca da Igreja ou seu Supremo Pastor, esse bispo não foi Silvestre, e sim Constantino (que foi o primeiro imperador cristão). E do mesmo modo que Constantino também todos os outros imperadores cristãos eram por direito os bispos supremos do Império Romano. Digo do Império Romano, não de toda a cristandade, pois os outros soberanos cristãos tinham o mesmo direito nos seus diversos territórios, por tratar-se de um cargo essencialmente inerente à sua soberania. Isso vale como resposta ao seu segundo livro.

[303]
O terceiro livro.

No terceiro livro discute ele o problema de saber se o papa é o Anticristo. Quanto a mim não vejo argumento algum capaz de provar que ele o é, no sentido em que esse nome é usado nas Escrituras. E também não tiro da qualidade de Anticristo nenhum argumento capaz de contradizer a autoridade que ele exercia, ou que até então exercera nos domínios de qualquer outro príncipe ou Estado.

É evidente que os profetas do Antigo Testamento predisseram e os judeus esperavam um Messias, isto é, um Cristo, que viria restabelecer entre eles o Reino de Deus, por eles rejeitado no tempo de Samuel, quando pediram um rei à maneira das outras nações. Esta sua expectativa tornava-os sujeitos às imposturas de todos quantos tinham ao mesmo tempo a ambição de conseguir esse reino e a arte de enganar o povo mediante milagres falsificados, uma vida hipócrita ou orações e doutrinas plausíveis. Por isso, nosso Salvador e seus apóstolos preveniram o povo contra os falsos profetas e os falsos Cristos. Os falsos Cristos são aqueles que pretendem ser o *Cristo* porém não o são, e são propriamente chamados *Anticristos*, no mesmo sentido em que, quando se deu um cisma na Igreja, por causa da eleição de dois papas, cada um deles chamava ao outro *Antipapa*, ou falso papa. Portanto, o Anticristo, na sua significação própria, tem duas características essenciais. Uma delas é negar que Jesus é o Cristo, e a outra é pretender ser ele mesmo o Cristo. A primeira característica é definida por São João na sua primeira

XLII. Do Poder Eclesiástico

Epístola, capítulo 4, versículo 3: *Todo espírito que não confessa que Jesus Cristo veio em carne não é de Deus, e esse é o espírito do Anticristo*. A outra característica exprime-se nas palavras do nosso Salvador (Mt 24,5): *Muitos virão em meu nome, dizendo Eu sou o Cristo*; e também: *Se alguém vier a vós e disser, aqui está o Cristo, aí está Cristo, não o acrediteis*. Portanto, o Anticristo é forçosamente um falso Cristo, isto é, um dos que reivindicam ser o Cristo. E destas duas características, *negar que Jesus seja o Cristo* e *afirmar de si mesmo que é o Cristo*, segue-se que tem que existir também um *adversário de Jesus, o verdadeiro Cristo*, o que é uma outra significação habitual da palavra Anticristo. Mas entre estes numerosos Anticristos existe um especial, ὁ Ἀντίχριστος, *O Anticristo*, ou *Anticristo* definido como uma certa pessoa, e não indefinidamente *um Anticristo*. Ora, visto que o papa de Roma nem reivindica sê-lo ele mesmo, nem nega que Jesus seja o Cristo, não percebo como ele pode ser chamado Anticristo, palavra esta pela qual não se entende alguém que falsamente reivindica ser o *seu* lugar-tenente ou vigário geral, mas ser *Ele*. Há também uma característica relativa ao tempo desse Anticristo especial, como vemos em Mt 24,15, quando aquele abominável destruidor a que se refere Daniel se erguer no lugar sagrado, ocorrendo uma tribulação como nunca houve desde o princípio do mundo, nem voltará a haver, pois se durasse muito tempo (vers. 22) *nenhuma carne se salvaria, mas por causa dos eleitos esses dias serão encurtados* (serão menos dias). Mas essa tribulação ainda não ocorreu, pois ela será seguida imediatamente (vers. 29) por um obscurecimento do Sol e da Lua, por uma queda das estrelas, por um abalo dos céus, e o glorioso retorno do nosso Salvador por entre as nuvens. Portanto, *O Anticristo* ainda não chegou, ao passo que muitos papas já vieram e se foram. É certo que o papa, arrogando-se o direito de ditar leis a todos os reis e nações da cristandade, usurpou um reino deste mundo que Cristo não reservou para si, porém não faz *como Cristo*, e sim *para Cristo*, e nisso nada há de *O Anticristo*.

    No quarto livro, a fim de provar que o papa é o supremo juiz de todas as questões de fé e de costumes (*o que é o mesmo*

Dn 9,27.

[304]

O quarto livro.

Parte 3 – Da República Cristã

que ser o monarca absoluto de todos os cristãos do mundo), apresenta ele três proposições. A primeira é que os seus juízos são infalíveis. A segunda é que ele pode fazer autênticas leis, castigando os que não as respeitam. A terceira é que o nosso Salvador conferiu ao papa de Roma toda a jurisdição eclesiástica.

Textos a favor da infalibilidade dos juízos do papa em questões de fé.

Para provar a infalibilidade dos seus juízos alega as Escrituras, e em primeiro lugar uma passagem de Lc 22,31: *Simão, Simão, Satanás desejou poder peneirar-te como trigo; mas eu orei por ti, para que a tua fé não fraqueje; e tu, uma vez convertido, fortalece a teus irmãos.* Conforme a exposição de Belarmino, isto significa que Cristo concedeu aqui a Simão Pedro dois privilégios: um deles era que a sua fé não fraquejasse, nem a fé de nenhum dos seus sucessores; o outro era que nem ele nem nenhum dos seus sucessores jamais definira erroneamente, nem contrariamente à definição de um papa anterior, nenhum ponto relativo à fé ou aos costumes. Essa é uma interpretação estranha, e extremamente forçada. Quem ler com atenção esse capítulo verificará que não existe passagem em todas as Escrituras que mais milite contra a autoridade do papa do que precisamente esta passagem. Quando os sacerdotes e os escribas pretendiam matar o nosso Salvador na Páscoa, e Judas estava decidido a traí-lo, no dia da matança do cordeiro pascal o nosso Salvador celebrou-o com os seus apóstolos, o que declarou não voltaria a fazer até a chegada do Reino de Deus; e disse-lhes também que um deles o iria trair. Ao que eles perguntaram qual deles iria fazê-lo, e além disso, como a próxima Páscoa que o Mestre iria celebrar seria já como Rei, entraram numa discussão sobre quem seria então o maior homem. Então o nosso Salvador lhes disse que os reis das nações tinham domínio sobre os seus súditos, e eram designados por uma palavra que em hebreu significa generoso; mas isso eu não posso ser para vós, deveis esforçar-vos por vos servir uns aos outros; eu vos ordeno um Reino, mas tal como meu Pai mo ordenou a mim; um Reino que vou agora comprar com o meu sangue, e que só vou possuir após a minha segunda vinda; então comereis e bebereis à minha mesa, e sentar-vos-eis em tronos, julgando as doze tribos de Israel.

XLII. Do Poder Eclesiástico

Então, dirigindo-se a São Pedro, disse: *Simão, Simão, Satanás tenta*, sugerindo uma dominação presente, *enfraquecer a tua fé no futuro, mas eu orei por ti, para que a tua fé não fraqueje. Portanto tu* (notai isto), *estando convertido, e compreendendo que o meu Reino é de outro mundo, consolida a mesma fé nos teus irmãos*. Ao que São Pedro respondeu (como alguém que já não espera nenhuma autoridade neste mundo): *Senhor, estou pronto para ir contigo, não apenas para a prisão, mas também para a morte*. Fica claro, portanto, não apenas que não foi dada a São Pedro nenhuma jurisdição neste mundo, mas também que lhe foi dado o encargo de ensinar aos outros apóstolos que eles também não teriam nenhuma. Quanto à infalibilidade das sentenças definitivas de São Pedro em matéria de fé, o que pode atribuir-se-lhe com base neste texto é unicamente que São Pedro devia conservar a sua crença neste ponto, a saber, que Jesus voltaria de novo, e possuiria o Reino no dia do Juízo Final; o que por este texto não é atribuído a todos os seus sucessores, dado que no mundo atual vemos que o continuam a reclamar.

[305]

A segunda passagem é a de Mt 16: *Tu és Pedro, e sobre esta pedra construirei a minha Igreja, e os portões do inferno não prevalecerão contra ela*. Ela prova apenas (conforme já mostrei neste capítulo) que os portões do inferno não prevalecerão contra a confissão de Pedro que deu origem a essa fala; nomeadamente esta, que *Jesus é Cristo, Filho de Deus*.

O terceiro texto é o de Jo 21, versículos 16 e 17: *alimenta as minhas ovelhas*, e este encerra somente uma missão de ensinar. E se concedermos que os restantes apóstolos estão incluídos na designação de *ovelhas*, tratar-se-á do supremo poder de ensinar, mas apenas para o tempo em que não havia soberanos cristãos que já possuíssem essa supremacia. Mas já provei que os soberanos cristãos são nos seus domínios os supremos pastores, e que são instituídos como tais em virtude de serem batizados, embora sem nenhuma outra imposição de mãos. Como essa imposição é uma cerimônia para designar a pessoa, torna-se desnecessária, visto que ele já está designado para o poder de ensinar a doutrina que lhe aprouver, por sua instituição como detentor de um poder absoluto sobre os seus súditos. Pois, conforme já mostrei antes, os soberanos são, em virtude do seu cargo, os supremos mestres (em geral); e ficam obrigados (pelo seu batismo) a ensinar a doutrina de Cristo. E quando permitem a outros ensinarem ao seu povo fazem-no com risco das suas próprias almas, pois será aos chefes de família que Deus irá pedir contas da instrução dos seus filhos e servos. Foi do próprio Abraão e não de um contratado que Deus disse (Gn 18,19): *Sei que ele ordenará aos seus filhos e à sua casa que o sigam, no caminho do Senhor, fazendo justiça e julgamento.*

A quarta passagem é a de Ex 28,30: *Tu porás no peitoral do juízo o Urim e o Tumim*; o que ele diz ser interpretado pelos Septuaginta como δήλωσιν καὶ ἀλήθειαν, isto é, *evidência* e *verdade*. E daí conclui que Deus havia dado a evidência e a verdade (o que é quase a infalibilidade) ao Sumo Sacerdote. Mas quer seja a evidência e a verdade o que foi dado, quer seja apenas uma advertência ao sacerdote para se esforçar por se informar claramente, e proferir juízos corretos, o certo é que na medida em que tal foi dado ao Sumo Sacerdote foi-o também ao soberano civil. Pois era esta, abaixo de Deus, a qualidade do Sumo Sacerdote na república de Israel, o que constitui um argumento a favor da evidência e da verdade, isto é, da supremacia eclesiástica dos soberanos civis sobre todos os seus súditos, contra o pretenso poder do papa. São estes todos os textos por ele alegados em favor da infalibilidade de juízo do papa, em matéria de fé.

Textos sobre a mesma questão quanto aos costumes.

Quanto à infalibilidade de seu juízo relativamente aos costumes, alega ele um texto, que é o de Jo 16,13: *Quando o espírito da verdade chegar, ele vos guiará até toda a verdade*; onde (diz ele) por *toda a verdade* se entende, pelo menos, *toda a verdade necessária para a salvação*. Mas com esta forma mitigada ele não atribui ao papa mais infalibilidade do que a nenhuma pessoa que professe o cristianismo e não vai ser condenada. Pois, se qualquer pessoa errar em qualquer ponto onde não errar seja necessário para a salvação, é impossível que ela seja salva, pois para a salvação é necessário unicamente aquilo sem o que é impossível ser-se salvo. Quais são esses pontos, vou declará-lo com

XLII. Do Poder Eclesiástico

base nas Escrituras no capítulo seguinte. Aqui direi simplesmente que, mesmo concedendo que ao papa é impossível ensinar qualquer erro, tal não lhe dá direito a nenhuma jurisdição nos domínios de outro príncipe, a não ser que ao mesmo tempo sustentemos que cada um é obrigado em consciência a dar trabalho, em todas as ocasiões, ao melhor trabalhador, mesmo que tenha anteriormente prometido esse trabalho a um outro.

Além de recorrer aos textos, recorre também à razão, da maneira seguinte. Se o papa pudesse errar nas coisas necessárias, então Cristo não teria provisto suficientemente para a salvação da Igreja, pois lhe ordenou que seguisse as indicações do papa. Mas esta razão não é válida, a não ser que ele mostre quando e onde Cristo tal ordenou, ou sequer tomou qualquer conhecimento de algum papa. Mais, mesmo concedendo que tudo o que foi dado a São Pedro foi dado ao papa, visto não haver nas Escrituras nenhuma ordem para se obedecer a São Pedro, não poderá ser justo quem lhe obedecer quando as suas ordens forem contrárias às do seu soberano legítimo.

Por último, não foi declarado pela Igreja, nem pelo próprio papa, que ele seja o soberano civil de todos os cristãos do mundo. Portanto, os cristãos não são todos obrigados a reconhecer a sua jurisdição em matéria de costumes. Porque a soberania civil e a suprema judicatura quanto às controvérsias de costumes são uma e mesma coisa. E os criadores das leis civis não são apenas os declarantes, são também os criadores da justiça e injustiça das ações, pois nada há nos costumes dos homens que os faça íntegros e iníquos, a não ser a sua conformidade com a lei do soberano. Portanto, quando o papa reclama a supremacia quanto às controvérsias de costumes, está ensinando os homens a desobedecer ao soberano civil, o que é uma doutrina errônea, contrária aos muitos preceitos do nosso Salvador e seus apóstolos que nos foram transmitidos pelas Escrituras.

Para provar que o papa tem o direito de fazer leis, invoca ele muitas passagens. Em primeiro lugar, Dt 17,12: *O homem que age presunçosamente, não dando ouvidos ao Sacerdote (que está ali para ministrar perante o Senhor teu Deus, ou juiz), esse homem morrerá, e tu* [307] *farás desaparecer o mal de Israel*. Para responder a isto, convém lembrar que o Supremo Sacerdote (imediatamente abaixo de Deus) era o soberano civil, e que todos os juízes deviam por ele ser constituídos. Portanto, as palavras referidas significam o seguinte: *O homem que ousar desobedecer ao soberano civil do momento, ou a qualquer dos seus funcionários na execução das suas funções, esse homem morrerá etc.*, o que é claramente a favor da soberania civil e contra o poder universal do papa.

Em segundo lugar, alega ele em Mt 1: *Tudo o que ligares etc.*, e interpreta esse *ligar* como o mesmo que é atribuído aos escribas e fariseus (Mt 23,4), *Eles ligam pesados fardos, duros de carregar, e põem-nos aos ombros dos homens*; o que significa (segundo ele) fazer leis, e daí conclui que o papa pode fazer leis. Mas também isto somente milita em favor do Poder Legislativo dos soberanos civis, porque os escribas e fariseus sentavam-se na cadeira de Moisés, mas Moisés era abaixo de Deus o soberano do povo de Israel, e assim o nosso Salvador ordenou a este que fizesse tudo o que eles dissessem, porém não tudo o que eles fizessem. Isto é, que obedecessem às suas leis, não que seguissem os seus exemplos.

A terceira passagem é Jo 21,16: *alimenta as minhas ovelhas*. Aqui, não se trata de um poder para fazer leis, mas de uma ordem para ensinar. Fazer as leis é da competência do senhor da família, que pela sua própria discrição escolhe o capelão, e também o professor que vai ensinar os seus filhos.

A quarta passagem, Jo 20,21, é contra ele. As palavras são: *Como meu Pai me enviou a mim, vos envio eu a vós*. Mas o nosso Salvador foi enviado para redimir, com a sua morte, os que acreditassem, assim como para os preparar, por sua própria pregação e pela dos apóstolos, para a entrada no seu Reino, que, segundo ele mesmo disse, não era deste mundo, e nos ensinou a orar pela sua vinda futura, embora recusasse (At 1,6 e 7) dizer aos apóstolos quando ela se daria. E quando ela chegar, os doze apóstolos se sentarão em doze tronos (talvez cada um deles tão alto como o de São Pedro) para julgar as doze tribos de Israel. Considerando então que Deus Pai não enviou o nosso

XLII. Do Poder Eclesiástico

Salvador para fazer leis neste mundo, podemos concluir do texto que o nosso Salvador também não enviou a São Pedro para fazer leis aqui, e sim para persuadir os homens a esperar a sua segunda vinda com uma fé inquebrantável; e entretanto, se forem súditos, a obedecerem aos seus príncipes, e, se forem príncipes, tanto a em tal acreditarem eles próprios, quanto a fazerem todos os esforços para levarem os seus súditos a acreditar no mesmo – o que é a função de um bispo. Portanto, esta passagem milita muito fortemente em favor da atribuição da supremacia eclesiástica à soberania civil, contrariamente ao que o Cardeal Belarmino dela pretende concluir.

A quinta passagem é At 15,28: *Pareceu bom ao Espírito Santo, e a nós, não vos impor um fardo maior do que estas coisas necessárias: que vos abstenhais de oferecer sacrifícios aos ídolos, e do sangue, e de coisas estranguladas, e da fornicação.* Aqui interpreta ele a frase *impor um fardo* no sentido do poder legislativo. Mas quem poderá dizer, ao ler este texto, que esta fórmula dos apóstolos não pode ser usada com igual propriedade para dar conselho, assim como para fazer leis? A fórmula da lei é *nós ordenamos*; mas *parece-nos bom* é a fórmula habitual de quem se limita a dar conselho. E quem dá conselho impõe um fardo, embora seja condicional, isto é, um fardo tal que quem o receber conseguirá os seus fins. E é esse o caso do fardo de se abster das coisas estranguladas e do sangue, que não é absoluto, mas apenas para o caso de não se querer errar. Já antes mostrei (cap. XXV) que a lei se distingue do conselho no seguinte: a razão de uma lei é tirada do desígnio e benefício de quem a prescreve, ao passo que a razão de um conselho é tirada do desígnio e benefício daquele a quem é dado o conselho. E no presente caso os apóstolos visam apenas o benefício dos gentios convertidos, ou seja, a sua salvação, e não o seu próprio benefício, pois desde que cumpram a sua missão terão a sua recompensa, quer sejam obedecidos quer não. Portanto, os atos desse concílio não eram leis, eram conselhos.

A sexta passagem é a de Rm 13: *Que cada alma se sujeite aos poderes superiores, pois não há poder senão o de Deus.* Essa passagem,

[308]

Parte 3 – Da República Cristã

segundo ele, não se aplica apenas aos príncipes seculares, mas também aos príncipes eclesiásticos. Ao que respondo, em primeiro lugar, que os únicos príncipes eclesiásticos são os que são também soberanos civis, e que os seus principados não ultrapassam o âmbito da sua soberania civil; fora desses limites podem ser aceitos como doutores, porém não podem ser reconhecidos como príncipes. Pois se o apóstolo tivesse querido dizer que devemos ser súditos tanto dos nossos próprios príncipes como do papa ter-nos-ia ensinado uma doutrina que o próprio Cristo nos disse ser impossível, a saber: *servir a dois Senhores*. E, embora o apóstolo diga em outra passagem: *Escrevo estas coisas estando ausente, pois se estivesse presente usaria de dureza, de acordo com o poder que me deu o Senhor*, não significa isto que ele reclamasse o poder de condenar à morte, ou à prisão, ao banimento, ao açoitamento ou a uma multa a qualquer deles, sendo tudo isto punições. Reclamava apenas o poder de excomungar, o qual (sem o poder civil) não é mais do que abandonar a companhia e nada mais ter a ver com o excomungado do que com um pagão ou um publicano. Em muitos casos isso pode ser mais doloroso para o excomungante do que para o excomungado.

A sétima passagem é 1 Cor 4,21: *Devo ir a vós com uma vara, ou com amor e espírito de clemência?* Mas mais uma vez aqui não é o poder que um magistrado tem para punir os criminosos que se entende por uma vara, mas apenas o poder da excomunhão, que por sua natureza não é uma punição, mas apenas uma denúncia da punição que Cristo virá a infligir, quando estiver de posse do seu Reino, no dia do Juízo. E mesmo então não será propriamente uma punição, do tipo da que se aplica a um súdito que infringiu a lei, mas de uma vingança, como a que se aplica a um inimigo ou um rebelde que nega o direito do nosso Salvador ao seu reino. Portanto, isso não prova o poder legislativo de nenhum bispo que não possua também o poder civil.

[309]

A oitava passagem é 1 Tm 3,2: *Um bispo deve ser marido de uma só mulher, vigilante, sóbrio etc.* – que, segundo ele, trata-se de uma lei. Pensava eu que quem na Igreja podia fazer leis era

XLII. Do Poder Eclesiástico

unicamente o monarca da Igreja, São Pedro. Mas, mesmo supondo que esse preceito provenha da autoridade de São Pedro, não vejo razão para lhe chamar uma lei, e não um conselho, dado que Timóteo não era súdito de São Paulo, mas apenas seu discípulo; e os membros do rebanho que Timóteo tinha a seu cargo também não eram súditos do seu reino, mas seus escolares na escola de Cristo. Se todos os preceitos que ele deu a Timóteo fossem leis, por que não seria também uma lei o de *não beber mais água, mas usar um pouco de vinho por causa da saúde?* E por que não serão os preceitos dos bons médicos outras tantas leis? O que transforma um preceito numa lei não é a maneira imperativa de falar, e sim a sujeição absoluta a uma pessoa.

Da mesma maneira a nona passagem, 1 Tm 5,19: *Contra um ancião não aceites acusação, a não ser diante de duas ou três testemunhas*, é um sábio preceito, porém não é uma lei.

A décima passagem é Lc 10,16: *Aquele que vos ouve ouve-me a mim, e aquele que vos despreza despreza-me a mim.* E não resta dúvida de que quem despreza o conselho dos que são enviados por Cristo despreza o conselho do próprio Cristo. Mas quem são esses enviados por Cristo, senão os que são ordenados pastores pela autoridade legítima? E quem é legitimamente ordenado, se não for ordenado pelo pastor soberano? E quem é ordenado pelo pastor soberano numa república cristã se não for ordenado pela autoridade do soberano dessa república? Desta passagem conclui-se portanto que quem ouvir ao seu soberano, sendo este cristão, ouve a Cristo, e que quem despreza a doutrina autorizada pelo seu rei, sendo este cristão, despreza a doutrina de Cristo (e não era isto que Belarmino pretendia aqui provar, mas o contrário). Mas nada disto tem coisa alguma a ver com as leis. Mais ainda: não é na qualidade de pastor e mestre dos seus súditos que um rei cristão faz as suas doutrinas serem leis. Ele não pode obrigar as pessoas a acreditar, embora enquanto soberano civil possa fazer leis compatíveis com a sua doutrina, as quais possam obrigar os homens a certas ações, e às vezes ações que de outro modo eles não praticariam, e que ele não deveria ordenar. E, no entanto, por serem ordenadas elas são leis, e as ações externas praticadas em obediência a elas, sem aprovação interior, são ações do soberano e não do súdito, que neste caso é apenas um instrumento, sem nenhum movimento próprio, porque Deus ordenou que lhes obedecesse.

Em décimo primeiro lugar vêm todas as passagens em que os apóstolos usam, para designar um conselho, alguma palavra que se costuma usar com o significado de uma ordem, ou quando designam a aceitação dos seus conselhos com o nome de obediência. Assim, invoca-se de 1 Cor 11,2: *Recomendo-vos que guardeis os meus preceitos tais como vo-los dei*. No grego está: *Recomendo-vos que guardeis as coisas que vos dei tais como eu vo-las dei*. Isso está muito longe de significar que eram leis, ou qualquer coisa senão bons conselhos. E a de 1 Ts 4,2: *Vós sabeis que mandamentos vos demos*, onde a frase grega é παραγγελίας εδώκαμεν, equivalente a παρεδώκαμεν, *o que vos entregamos*, como na passagem anteriormente invocada, o que não prova que as tradições dos apóstolos fossem outra coisa senão conselhos, embora se diga no versículo 8: *Aquele que os despreza não despreza ninguém senão a Deus*. Porque mesmo o nosso Salvador não veio para julgar, isto é, para ser rei deste mundo, mas para se sacrificar pelos pecadores e para deixar na sua igreja doutores que guiassem, e não que empurrassem os homens para Cristo. Pois ele jamais aceitou ações forçadas (que é tudo o que a lei produz), mas apenas a conversão interior do coração, a qual não é obra das leis, e sim dos conselhos e da doutrina.

E a de 2 Ts 3,14: *Se algum homem não obedecer à nossa palavra nesta Epístola, assinalai esse homem, e não aceiteis a sua companhia, para que ele se envergonhe*; onde da palavra *obedecer* pretende ele inferir que esta Epístola era uma lei para os tessalônicos. Sem dúvida que as Epístolas dos imperadores eram leis. Portanto, se eles tivessem que obedecer também à Epístola de São Paulo, eles teriam de obedecer a dois senhores. Mas a palavra *obedecer*, que em grego é ὑπαχουει, significa *dar ouvidos a*, ou *pôr em prática*, não apenas aquilo que é ordenado por quem tem o direito de castigar, mas também aquilo que é apresentado sob a forma de conselho para nosso bem. Assim, São Paulo não diz que matem o desobediente, ou que lhe batam ou o prendam, ou que o

XLII. Do Poder Eclesiástico

multem, o que todos os legisladores podem fazer, e sim que evitem a sua companhia, para que se envergonhe. Daí ficar evidente que os cristãos se mantinham em respeito não por causa do império de um apóstolo, mas de sua reputação entre os fiéis.

A última passagem é a de Heb 13,17: *Obedecei aos vossos chefes, e submetei-vos a eles, pois eles velam pelas vossas almas, já que terão que prestar contas delas.* Também aqui se entende por obediência seguir os seus conselhos, já que a razão da nossa obediência não deriva da vontade e do mando dos nossos pastores, e sim do nosso próprio benefício, pois o que eles têm em atenção é a salvação das nossas almas, e não a exaltação do seu próprio poder e autoridade. Se aqui se pretendesse dizer que tudo o que eles ensinam são leis, daí resultaria que não apenas o papa, mas também cada pastor na sua paróquia, teria poder legislativo. Por outro lado, os que são obrigados a obedecer aos seus pastores não têm o poder de examinar as suas ordens. Que iremos então dizer a São João, que nos manda (1 Jo 4,1) *Não obedecer a todos os espíritos, mas provar os espíritos para saber se são de Deus, pois andam pelo mundo muitos falsos profetas*? Portanto, é manifesto que podemos contestar as doutrinas dos nossos pastores, mas ninguém pode contestar uma lei. As ordens dos soberanos civis são confirmadas como leis sob todos os aspectos. Se além deles alguém puder fazer leis, será o fim de toda a república, e consequentemente de toda a paz e justiça, o que é contrário a todas as leis, tanto divinas como humanas. Portanto, nada se pode concluir desta ou de nenhuma outra passagem das Escrituras, provando que os decretos do papa são leis, se ele não tiver também a soberania civil.

O último ponto que ele pretende provar é o seguinte: *Cristo, nosso Salvador, não confiou a jurisdição eclesiástica imediatamente a ninguém a não ser ao papa.* E aqui não trata da questão da supremacia entre o papa e os reis cristãos, mas entre o papa e os outros bispos. E em primeiro lugar diz estar estabelecido que a jurisdição dos bispos é, pelo menos em geral, *de jure divino*, isto é, pelo direito de Deus. Para prová-lo cita São Paulo, Ef 4,11, onde se diz que Cristo, após a sua Ascensão aos céus, *concedeu dons aos homens, uns como apóstolos, outros como profetas, outros como*

[311]
A questão da superioridade entre o papa e os outros bispos.

evangelistas, outros como pastores e outros como mestres. E daí infere que sem dúvida eles têm a sua jurisdição pelo direito de Deus, porém não concede que a recebam imediatamente de Deus, e sim por intermédio do papa. Mas se de alguém se disser que tem a sua jurisdição *de jure divino*, mas não imediatamente, qual a jurisdição legítima, ainda que apenas civil, que pode existir numa república cristã sem ser ao mesmo tempo *de jure divino*? Porque os reis cristãos recebem o seu poder civil imediatamente de Deus, e os magistrados abaixo deles exercem os seus diversos cargos em virtude da sua delegação, e o que nesse exercício fazem não é menos *de jure divino mediato* do que o que os bispos fazem em virtude da ordenação pelo papa. Todo poder legítimo é imediatamente divino no supremo governante, e mediatamente nos que têm autoridade abaixo dele. Assim, ou se reconhece que todo funcionário do Estado tem o seu cargo pelo direito de Deus, ou é impossível afirmar que assim o tem qualquer bispo além do próprio papa.

Mas toda esta discussão sobre se Cristo atribuiu a jurisdição apenas ao papa ou também a outros bispos, se não se referir aos lugares onde o papa detém a soberania civil, é uma disputa *de lana caprina*. Pois nem um nem os outros (quando não são soberanos) possuem nenhuma espécie de jurisdição. Porque a jurisdição é o poder de ouvir e decidir os litígios entre os homens, e não pode pertencer a ninguém a não ser àquele que possui o poder de prescrever as regras do bem e do mal, isto é, de fazer as leis, e com a espada da justiça obrigar os homens a obedecer às suas decisões, quer sejam proferidas por ele mesmo ou pelos juízes que nomeou para esse fim, coisa que só o soberano civil pode legitimamente fazer.

Quando portanto Belarmino alega, baseado no capítulo 6 de Lucas, que o nosso Salvador mandou reunir os seus discípulos e escolheu doze homens aos quais chamou apóstolos, prova apenas que Cristo os elegeu *todos, (exceto*[1] Matias, Paulo e Barnabé) e lhes deu poder e mando para pregar, porém não para julgar os litígios entre os homens, pois esse é um poder que

---

[1] *Syn.*: todos, exceto

XLII. Do Poder Eclesiástico

ele próprio recusou assumir, dizendo: *Quem fez de mim um juiz ou um divisor, entre vós?*, e em outra passagem: *O meu reino não é deste mundo*. E de quem não tem poder para ouvir e decidir os litígios entre os homens não se pode dizer que tem alguma espécie de jurisdição. Mas isto não impede que o nosso Salvador lhes tenha dado poder para pregar e batizar em todas as partes do mundo, desde que não fossem proibidos pelo seu próprio soberano legítimo. Porque o próprio Cristo e os seus apóstolos [312] expressamente nos ordenaram que obedecêssemos ao nosso soberano em todas as coisas.

Os argumentos mediante os quais ele pretende provar que os bispos recebem do papa a sua jurisdição são inúteis, dado que o próprio papa não tem nenhuma jurisdição nos domínios dos outros príncipes. Mas como, pelo contrário, eles provam que todos os bispos recebem dos seus soberanos civis a jurisdição que têm, não deixarei de os enumerar.

O primeiro é de Nm 11, no qual Moisés, sendo incapaz de arcar sozinho com todo o fardo da administração dos negócios do povo de Israel, recebeu de Deus a ordem de escolher setenta anciãos, e Deus tomou uma parte do espírito de Moisés para dar a esses setenta anciãos. Isso não significa que Deus tenha enfraquecido o espírito de Moisés, o que em nada teria vindo ajudar a este, mas que todos eles tinham dele recebido a sua autoridade – Belarmino interpreta de maneira autêntica e engenhosa esta passagem. Mas como Moisés tinha toda a soberania na república dos judeus, é manifesto que aquilo significa terem eles recebido do soberano civil a sua autoridade, e consequentemente a passagem prova que em todas as repúblicas cristãs os bispos recebem do soberano civil a sua autoridade, recebendo-a do papa apenas nos territórios deste último, e não nos territórios de nenhum outro Estado.

O segundo argumento deriva da natureza da monarquia, em que toda a autoridade pertence a um só homem, sendo a dos outros derivada deste. Mas o governo da Igreja, diz ele, é monárquico. Isto também milita em favor dos monarcas cristãos. Pois estes são realmente monarcas do seu próprio povo, isto é,

Parte 3 – Da República Cristã

da sua própria Igreja (porque a Igreja é a mesma coisa que um povo cristão), ao passo que o poder do papa, mesmo no caso de São Pedro, nem é monárquico, nem tem nada de *árquico* ou de *crático*, é apenas *didático*. Porque Deus não aceita uma obediência forçada, mas apenas voluntária.

O terceiro assenta no fato de o vaso de São Pedro ser chamado por São Cipriano a *cabeça*, a *fonte*, a *raiz*, o *sol* de que deriva a autoridade dos bispos. Mas pela lei de natureza (princípio do bem e do mal melhor do que a palavra de qualquer doutor, que é apenas um homem) o soberano civil de cada república é a *cabeça*, a *fonte*, a *raiz*, o *sol* de que deriva toda a jurisdição. Portanto, a jurisdição dos bispos deriva do soberano civil.

O quarto é tirado da desigualdade das suas jurisdições. Porque se Deus (diz ele) lha tivesse dado imediatamente teria conferido ao mesmo tempo igualdade de jurisdição e de ordem. Mas verifica-se que alguns são bispos de apenas uma cidade, outros de uma centena de cidades, e outros de muitas províncias inteiras, e estas diferenças não são determinadas pelas ordens de Deus. Portanto, a sua jurisdição não vem de Deus, e sim do homem, e ela é maior ou menor conforme apraz ao príncipe da Igreja – argumento este que teria servido ao seu propósito, se antes tivesse provado que o papa é detentor de uma jurisdição universal sobre todos os cristãos. Mas como isso não foi provado, e é sabido e notório que a ampla jurisdição do papa lhe foi dada pelos que a tinham, isto é, pelos imperadores de Roma (pois o patriarca de Constantinopla, baseado no mesmo título, ou seja, de ser bispo da capital do império e sede do imperador, pretendia ser igual a ele), segue-se que todos os outros bispos recebem a sua jurisdição dos soberanos dos lugares onde a exercem. E como devido a isso eles não têm autoridade *de jure divino*, também o papa não a tem *de jure divino*, a não ser onde tenha também o cargo de soberano civil.

[313]

O quinto argumento é o seguinte: *Se os bispos recebem a sua jurisdição imediatamente de Deus, o papa não lha pode tirar, pois nada pode fazer de contrário ao que Deus determinou.* Esta consequência é correta e bem provada. *Mas* (diz ele) *o papa pode fazê-lo, e*

XLII. Do Poder Eclesiástico

já o tem feito. Isso também se admite, desde que o faça nos seus próprios domínios ou nos domínios de qualquer outro príncipe que lhe tenha dado esse poder, mas não universalmente, como um direito do papado. Pois esse poder pertence a cada soberano cristão, dentro das fronteiras do seu império, e é inseparável da soberania. Antes de o povo de Israel (por ordem de Deus a Samuel) se ter submetido a um rei, à maneira das outras nações, o Sumo Sacerdote detinha o governo civil, e só ele podia nomear ou depor um sacerdote inferior. Mas posteriormente esse poder passou ao rei, conforme pode ser provado pelo mesmo argumento de Belarmino. Porque, se o sacerdote (fosse ele o Sumo Sacerdote ou qualquer outro) recebesse a sua jurisdição imediatamente de Deus, nesse caso o rei não lha poderia tirar, *pois nada pode fazer de contrário ao que Deus determinou*. Mas é sabido que o rei Salomão (1 Rs 2,26) privou do seu cargo ao Sumo Sacerdote Abiatar, colocando em seu lugar a Sadoc (vers. 35). Portanto, os reis podem do mesmo modo ordenar e demitir os bispos, conforme lhes aprouver, para o bom governo dos seus súditos.

O sexto argumento é o seguinte: se os bispos têm a sua jurisdição *de jure divino* (quer dizer, recebida *imediatamente de Deus*), os que o sustentam deveriam apresentar alguma palavra de Deus capaz de prová-lo, porém não conseguem apresentar nenhuma. O argumento é válido, portanto nada tenho a dizer contra ele. Todavia não é menos válido o argumento provando que o próprio papa não tem jurisdição nos domínios de nenhum outro príncipe.

Por último apresenta ele como argumento o testemunho de dois papas, *Inocêncio* e *Leão*. E não duvido de que ele poderia ter invocado, com idêntica razão, os testemunhos de quase todos os papas desde São Pedro. Dado o amor ao poder naturalmente implantado no gênero humano, quem quer que seja feito papa terá a tentação de sustentar a mesma opinião. No entanto, o que eles fariam seria apenas, como foi o caso de *Inocêncio* e *Leão*, prestar testemunho sobre si mesmos, e portanto o seu testemunho não seria válido.

Parte 3 – Da República Cristã

[314]
Do poder temporal
do papa.

No quinto livro apresenta ele quatro conclusões. A primeira é que *o papa não é senhor do mundo inteiro*. A segunda, que *o papa não é senhor de todo o mundo cristão*. A terceira, que *o papa* (fora do seu próprio território) *não tem DIRETAMENTE nenhuma jurisdição temporal*. Facilmente se aceitam estas três conclusões. A quarta é que *o papa* (nos domínios dos outros príncipes) *tem INDIRETAMENTE o supremo poder temporal*. Conclusão que nego, a não ser que *indiretamente* queira dizer que foi obtido por meios indiretos, caso em que a aceito. Mas suponho que, ao afirmar *indiretamente*, ele quer dizer que essa jurisdição temporal pertence ao papa de direito, e que esse direito é apenas uma consequência da sua autoridade pastoral, e ele não poderia exercê-lo se não tivesse também esta. Portanto, ao poder pastoral (ao qual chama espiritual) está necessariamente ligado o supremo poder civil, tendo ele assim o direito de mudar os reinos, dando-os a um e tirando-os de outros, quando pensar que tal contribui para a salvação das almas.

Antes de passar a examinar os argumentos mediante os quais ele pretende provar esta doutrina, não seria despropositado pôr a nu as suas consequências, a fim de que os príncipes e governantes detentores da soberania civil nos seus diversos Estados possam avaliar por si mesmos se é para eles conveniente aceitá-las e se elas contribuem para o bem dos seus súditos, do qual terão de prestar contas no dia do Juízo.

Quando se diz que o papa, nos territórios dos outros Estados, não tem *diretamente* o supremo poder civil, devemos entender que ele não o reclama, ao contrário dos outros soberanos civis, com base na submissão original daqueles que irão ser governados. Pois é evidente, e já foi neste tratado suficientemente demonstrado, que o direito de todos os soberanos deriva originariamente do consentimento de cada um dos que irão ser governados, quer o escolham tendo em vista a defesa comum contra um inimigo – como, por exemplo, quando concordam entre si em designar um homem ou uma assembleia para proteger – quer o façam para salvar as suas vidas, por submissão a um conquistador inimigo. Portanto o papa, quando re-

XLII. Do Poder Eclesiástico

nuncia à posse *direta* do supremo poder civil sobre os outros Estados, nega unicamente ter adquirido o seu poder dessa maneira. Nem por isso deixa de o exigir de outra maneira, a qual consiste (sem o consentimento dos que irão ser governados) num direito a ele dado por Deus (o que ele chama *indiretamente*) na sua assunção do papado. Mas, seja qual for a maneira de o adquirir, o poder continua a ser o mesmo, podendo ele (se tal lhe for concedido como um direito) depor príncipes e governantes sempre que tal seja pela salvação das almas, isto é, quantas vezes lhe aprouver; pois ele pretende também ser o único a ter o poder de julgar, seja ou não seja para a salvação das almas dos homens. E é esta a doutrina que não apenas Belarmino nesta obra, e muitos outros doutores, ensinam nos seus sermões e livros, mas também que alguns concílios decretaram, e conformemente a isso os papas puseram em prática, [315] sempre que a ocasião lhes foi propícia. Porque o quarto concílio de Latrão, realizado sob o papa *Inocêncio III* (no terceiro capítulo, *De Haereticis*), estabeleceu o seguinte cânone: *Se apesar de admoestado pelo papa um rei deixar de expurgar o seu reino dos hereges, e se depois de por tal ser excomungado não prestar satisfação dentro de um ano, os seus súditos ficarão dispensados de lhe obedecer.* Isto foi posto em prática em diversas ocasiões, como quando da deposição de *Chilperico*, rei da França, na translação do Império Romano para *Carlos Magno*, na opressão do rei *João* da Inglaterra, na transferência do reino de *Navarra*, e, em anos mais recentes, na liga contra *Henrique III* da França, além de muitas outras ocorrências. Penso haver poucos príncipes que não considerem isto injusto e inconveniente, mas preferiria que todos eles decidissem se querem ser reis ou súditos. Os homens não podem servir a dois senhores. Devem portanto os príncipes aliviá-los, seja tomando completamente nas suas mãos as rédeas do governo, seja deixando-as inteiramente nas mãos do papa, a fim de que os que desejam ser obedientes sejam protegidos na sua obediência. Porque essa distinção entre o poder temporal e o poder espiritual não passa de palavras. Dá-se uma divisão tão real do poder, e sob todos os aspectos tão perigosa, dividindo com outrem

Parte 3 – Da República Cristã

*um poder *indireto*, como um*[1] poder *direto*. Mas passemos agora aos seus argumentos.

O primeiro é o seguinte: *O poder civil está sujeito ao poder espiritual*. Portanto, o detentor do supremo poder espiritual tem o direito de mando sobre os príncipes temporais, e o de dispor das suas temporalidades tendo em vista o espiritual. Quanto à distinção entre o temporal e o espiritual, *vejamos*[2] em que sentido se pode dizer inteligivelmente que o poder temporal ou civil está sujeito ao espiritual. Há somente duas maneiras pelas quais estas palavras podem adquirir sentido. Com efeito, quando dizemos que um poder está sujeito a outro poder, ou isso significa que quem tem um deles está sujeito a quem tem o outro, ou então que um dos poderes está para o outro como um meio está para um fim. Porque é impossível entender que um poder tenha poder sobre outro poder, ou que um poder possa ter direito de mando sobre outro, visto que sujeição, mando, direito e poder não são acidentes de poderes, e sim de pessoas. Um poder pode estar subordinado a outro tal como a arte do seleiro o está à arte do cavaleiro. Assim, mesmo concedendo que o governo civil seja estabelecido como meio para nos conduzir a uma felicidade espiritual, daí não se segue que, se um rei tiver o poder civil, e o papa o poder espiritual, em consequência disso o rei seja obrigado a obedecer ao papa, tal como um seleiro não é obrigado a obedecer a nenhum cavaleiro. Portanto, tal como da subordinação de uma arte não se pode inferir a sujeição do mestre, assim também da subordinação de um governo não se pode inferir a sujeição de um governante. Portanto, quando ele diz que o poder civil está sujeito ao espiritual, isso significa que o soberano civil está sujeito ao soberano espiritual. E o argumento fica assim: *O soberano civil está sujeito ao espiritual, portanto o príncipe espiritual pode mandar nos príncipes temporais*. E aqui a conclusão é idêntica à anterior, que ele devia ter pro-

---

[1] *Syn.*: um poder indireto, bem como um
[2] No manuscrito do copista está: "Pretendo examinar isso noutro lugar. Assim, deixando a questão de lado por ora, vejamos...". Foi o próprio Hobbes quem apagou esse trecho.

XLII. Do Poder Eclesiástico

vado. Mas para prová-lo invoca ele, em primeiro lugar, esta ra- [316]
zão: *Os reis e os papas, o clero e os leigos, constituem uma única república, quer dizer, uma única Igreja. E se em todos os corpos os membros dependem uns dos outros, mas as coisas espirituais não dependem das coisas temporais, então as temporais dependem das espirituais. Estão portanto sujeitas a elas.* Nessa argumentação há dois erros grosseiros. Um deles é que todos os reis cristãos, papas, clero e todos os outros cristãos constituem uma única república. Porque é evidente que a França é uma república, a Espanha é outra, Veneza é uma terceira etc. E estas são formadas por cristãos, sendo portanto outros tantos corpos de cristãos, quer dizer, outras tantas igrejas. E os seus respectivos soberanos os representam, eles são capazes de comandar e obedecer, de fazer e de sofrer como um homem natural, o que não ocorre com nenhuma Igreja geral ou universal, enquanto não tiver um representante, coisa que na terra não tem. Pois se o tivesse não haveria dúvida de que toda a cristandade seria uma única república, cujo soberano seria esse representante, tanto nas coisas espirituais como nas temporais. E ao papa, para se tornar esse representante, faltam três coisas que o nosso Salvador não lhe deu: *Mandar*, e *julgar*, e *castigar*, de outro modo que não seja (pela excomunhão) furtando-se a quem não quer aprender com ele. Pois, mesmo que o papa fosse o único vigário de Cristo, ele não poderia exercer o seu governo antes da segunda vinda do nosso Salvador. E então também não será o papa, mas o próprio São Pedro, juntamente com os outros apóstolos, quem irá ser juiz do mundo.

Neste primeiro argumento o outro erro é ele dizer que os membros de toda república dependem uns dos outros, tal como num corpo natural. É certo que existe coesão entre eles, mas dependem apenas do soberano, que é a alma da república, cujo defeito levaria a república a desagregar-se numa guerra civil, deixando de haver coesão entre os homens, por falta de uma dependência comum em relação a um soberano conhecido – exatamente como os membros do corpo natural se desagregam no pó, por falta de uma alma que os conserve unidos.

Parte 3 – Da República Cristã

Portanto, não há nesta semelhança nada de que se possa inferir a dependência dos leigos em relação ao clero, ou dos funcionários temporais em relação aos espirituais, mas apenas de ambos em relação ao soberano civil, o que sem dúvida deve orientar as suas ordens civis com a finalidade de salvar as almas, e nem por isso fica submetido a ninguém senão *a Deus*[1]. Fica assim patente a elaborada falácia do primeiro argumento, para enganar os que não sabem distinguir entre a subordinação das ações em vista de um fim e a sujeição das pessoas umas às outras na administração dos meios. Porque para cada fim os meios são determinados pela natureza, ou sobrenaturalmente pelo próprio Deus. Mas o poder para levar os homens a usar os meios é em todas as nações atribuído (pela lei de natureza, que proíbe faltar à palavra dada) ao soberano civil.

O seu segundo argumento é o seguinte: *Toda a república (dado supor-se que seja perfeita e suficiente em si mesma) pode mandar em qualquer outra república que não lhe seja sujeita, e forçá-la a mudar a administração do governo; mais, pode depor o príncipe e colocar outro em seu lugar, se de outro modo não se puder defender contra os danos que ele se prepara para lhe fazer. E muito mais pode uma república espiritual ordenar a uma república temporal que mude a administração do seu governo, ou depor o príncipe e instituir outro, quando de outro modo não possa defender o bem espiritual.*

Que uma república, a fim de se defender contra danos, pode legitimamente fazer tudo o que ele aqui diz, é muito verdadeiro, e foi já suficientemente demonstrado em tudo o que precede. E se também fosse verdade existir hoje no mundo uma república espiritual, distinta de uma república civil, nesse caso o seu príncipe, se lhe fosse causado dano, ou se lhe faltasse garantia de que não lhe seria causado dano no futuro, poderia defender-se e garantir-se através da guerra, o que em suma consiste em depor, matar ou subjugar, ou na prática de qualquer ato de hostilidade. Mas pela mesma razão não seria menos legítimo que um soberano civil, perante idênticos praticados ou temidos,

---

[1] *Syn.*: Deus

XLII. Do Poder Eclesiástico

declarasse guerra ao soberano espiritual, o que julgo ser mais do que o Cardeal Belarmino gostaria de inferir das suas próprias proposições.

Mas não existe neste mundo república espiritual alguma, pois isso é a mesma coisa que o Reino de Cristo, do qual ele mesmo disse não ser deste mundo. Mas existirá no outro mundo, na ressurreição, quando os que viveram como justos e acreditaram que ele era o Cristo se erguerem (apesar de terem morrido como corpos *naturais*) como corpos *espirituais*. E será então que o nosso Salvador julgará o mundo, e vencerá os seus adversários, e fundará uma república espiritual. Nesse ínterim, como não existem na face da terra homens cujos corpos sejam espirituais, não pode haver nenhuma república espiritual entre homens que ainda existem carnalmente, a não ser que consideremos uma república os pregadores que têm a missão de ensinar e preparar os homens para a sua recepção no Reino de Cristo quando da ressurreição, o que já provei não ser uma república.

O terceiro argumento é o seguinte: *Não é legítimo que cristãos tolerem um rei infiel ou herege, caso ele se esforce por os arrastar para a sua heresia ou infidelidade. E compete ao papa julgar se um rei arrasta ou não os seus súditos para a heresia. Portanto, o papa tem o direito de decidir quando o príncipe deve ou não ser deposto.*

A isso respondo que ambas estas asserções são falsas. Porque os cristãos (ou homens de qualquer religião), caso não tolerem o seu rei, seja qual for a lei que ele faça, mesmo que seja respeitante à religião, faltarão à sua palavra, contrariamente à lei divina, tanto *natural* como *positiva*. E não há nenhum juiz da heresia entre os súditos a não ser o seu próprio soberano civil. Pois *a heresia não é mais do que uma opinião pessoal, obstinadamente mantida, contrária à opinião que a pessoa pública* (quer dizer, o representante da república) *ordenou que fosse ensinada*. Fica claro então que uma opinião publicamente escolhida para ser ensinada não pode ser heresia, nem o soberano príncipe que a autorizou pode ser um herege. Pois os hereges são apenas os indivíduos particulares que teimosamente defendem uma doutrina proibida pelos seus legítimos soberanos.

[318]

Parte 3 – Da República Cristã

Mas a fim de provar que os cristãos não devem tolerar reis infiéis ou hereges invoca ele uma passagem de Dt 17, em que Deus proíbe os judeus, ao estabelecerem um rei para os governar, de escolherem um estrangeiro. E daí infere ser ilegítimo para um cristão escolher um rei que não seja cristão. É verdade que quem for cristão, isto é, quem já se obrigou a aceitar o nosso Salvador como seu rei, quando ele vier, tentará demasiado a Deus se escolher como rei neste mundo alguém que sabe se esforçará, tanto pelo terror como pela persuasão, por fazê-lo violar a sua fé. Mas é igualmente perigoso (diz ele) escolher como rei alguém que não é cristão e deixar de o depor, depois de já escolhido. A isso respondo que o problema não reside no perigo de deixar de o depor, e sim na justiça de o depor. Escolhê-lo poderá em alguns casos ser injusto, mas depô-lo, quando já está escolhido, em nenhum caso pode ser justo. Porque é *sempre uma*[1] violação de fé, e consequentemente contrário à lei de natureza, que é a eterna lei de Deus. Por outro lado, não está escrito que uma tal doutrina fosse considerada cristã no tempo dos apóstolos, nem no tempo dos imperadores romanos, antes de os papas serem os detentores da soberania civil em Roma. Mas a isto ele replicou que os cristãos do passado não depuseram *Nero*, nem *Diocleciano*, nem *Juliano*, nem o ariano *Valente*, pela única razão de carecerem de forças temporais. Talvez sim. Mas acaso o nosso Salvador, a quem bastaria chamar para ter a ajuda de doze legiões de anjos imortais e invulneráveis, carecia de forças para depor a *César*, ou pelo menos a *Pilatos*, que injustamente e sem nele encontrar falta o entregou aos judeus para ser crucificado? Ou se os apóstolos precisavam de forças temporais para depor a *Nero*, era-lhes necessário nas suas Epístolas aos cristãos recém-convertidos ensinar-lhes (como fizeram) a obedecer aos poderes constituídos acima deles (um dos quais nesse tempo era *Nero*), dizendo-lhes que não era por medo da sua ira que lhes deviam obedecer, mas por motivos de consciência? Deveremos dizer que eles

---

[1] *Syn.*: sempre

XLII. Do Poder Eclesiástico

não somente obedeciam, mas além disso ensinavam coisas em que não acreditavam, por falta de força? Certamente não é, portanto, por falta de força, mas por motivos de consciência que os cristãos devem tolerar os seus príncipes pagãos, ou então (dado que não posso chamar herege a alguém cuja doutrina é a doutrina pública) os príncipes que autorizarem o ensino de um erro. Quanto ao que além disso ele alega em favor do poder temporal do papa, que São Paulo (1 Cor 6) nomeou juízes sob os príncipes pagãos desses tempos, não sendo eles ordenados por esses príncipes, isso não é verdade. Porque São Paulo limita-se a aconselhá-los a escolher alguns dos seus irmãos para dirimir as suas dissensões, como árbitros, em vez de recorrerem à lei uns contra os outros perante os juízes pagãos. Isto constitui um preceito são e cheio de caridade, que merece ser seguido também nas melhores repúblicas cristãs. Quanto ao perigo que pode advir para a religião, por causa de os súditos tolerarem um príncipe pagão ou erradio, é este um ponto a respeito do qual o súdito não é um juiz competente; e se o for, então os súditos temporais do papa também podem julgar as doutrinas do papa. Pois todo príncipe cristão, conforme anteriormente provei, não é menos o supremo pastor dos seus próprios súditos do que o papa o é dos seus. [319]

O quarto argumento é retirado do batismo dos reis, quando estes, para poderem ser feitos cristãos, submetem os seus cetros a Cristo, e prometem guardar e defender a fé cristã. Isto é verdade, porque os reis cristãos não são mais do que súditos de Cristo. Mas apesar de tudo isso podem ser equivalentes aos papas, pois são os supremos pastores dos seus próprios súditos, e o papa não é mais do que rei e pastor, mesmo na própria Roma.

O quinto argumento é tirado das palavras proferidas pelo nosso Salvador, *Alimenta as minhas ovelhas*. Com as quais era conferido todo o poder necessário para um pastor, como o poder de afugentar os lobos, como o são os hereges, o poder de isolar os carneiros que são bravios ou agridem as outras ovelhas com os chifres, como o são os reis perversos (embora cristãos), e o poder de dar ao rebanho comida adequada. Disso ele infere

Parte 3 – Da República Cristã

que São Pedro tinha recebido de Cristo estes três poderes. Respondo que o último desse poderes não é mais do que um poder, ou melhor, uma ordem para ensinar. Quanto ao primeiro, que é o de afugentar os lobos, isto é, os hereges, a passagem citada é Mt 7,15: *Guarda-te dos falsos profetas que vão a ti disfarçados de ovelhas, mas interiormente são lobos ferozes.* Mas os hereges não são falsos profetas, nem profetas de espécie alguma, nem sequer (admitindo que os hereges são os lobos ali referidos) os apóstolos ordenavam que os matassem, tampouco, no caso de serem reis, que os depusessem, mas apenas que se guardassem deles, lhes fugissem e os evitassem. Tampouco foi a São Pedro, nem a nenhum dos apóstolos, mas à multidão dos judeus que o seguiram até a montanha, que em sua maioria eram homens ainda não convertidos, que ele deu esse conselho de se guardarem dos falsos profetas. Portanto, se isso acaso confere o poder de expulsar os reis, não apenas foi dado a indivíduos particulares, mas até a homens que de modo algum eram cristãos. Quanto ao poder de separar e isolar os carneiros furiosos (com o que ele queria referir os reis cristãos que se recusam a submeter-se ao pastor romano), o nosso Salvador recusou assumir ele próprio esse poder neste mundo, e além disso aconselhou que se deixasse o trigo e o joio crescerem juntos até ao dia do Juízo Final; muito menos deu esse poder a São Pedro, ou São Pedro o deu aos papas. A São Pedro e a todos os outros pastores se pede que tratem os cristãos que desobedecem à Igreja, isto é, que desobedecem ao soberano cristão, como pagãos e como publicanos. E como os homens não reclamam do papa autoridade alguma sobre os príncipes pagãos, também não devem reclamar nenhuma sobre os que são para ser tratados como pagãos.

Mas do simples poder de ensinar infere ele também que o papa tem sobre os reis um poder coercitivo. O pastor (diz ele) tem que dar ao seu rebanho comida adequada, portanto o papa pode e deve forçar os reis a cumprirem o seu dever. Daqui se segue que o papa, como pastor dos cristãos, é o rei dos reis, o que sem dúvida todos os reis cristãos devem admitir, ou então devem assumir para si mesmos o supremo cargo pastoral, cada um nos seus domínios.

XLIII. Para Entrar no Reino dos Céus

O seu sexto e último argumento é tirado de exemplos. Ao que respondo, em primeiro lugar, que os exemplos não provam nada. Em segundo lugar, que os exemplos por ele invocados não chegam sequer a formar uma probabilidade de direito. O ato de Jojada, ao matar Atália (2 Rs 11), ou foi praticado pela autoridade do rei Joás, ou então foi um crime nefando da parte do Sumo Sacerdote, que após a eleição do rei Saul não passava de um simples súdito. O ato de Santo Ambrósio, ao excomungar o Imperador Teodósio (caso seja verdade que o fez), foi um crime capital. Quanto aos papas Gregório I, Gregório II, Zacarias e Leão III, os seus julgamentos foram nulos, e feitos em causa própria. E os atos por eles praticados conformemente a esta doutrina são os maiores crimes (especialmente o de Zacarias) de que é capaz a natureza humana. E é quanto basta a respeito do *poder eclesiástico*, em cujo exame eu teria sido mais breve, deixando de analisar os argumentos de Belarmino, se fossem apenas dele, como indivíduo particular, e não como paladino do papado, contra todos os outros príncipes e governos cristãos.

CAP. XLIII
Do que é NECESSÁRIO *para Entrar no Reino dos Céus*

[321]

O pretexto de sedição e de guerra civil mais frequente nas repúblicas cristãs teve durante muito tempo a sua origem numa dificuldade, ainda não suficientemente resolvida, de obedecer ao mesmo tempo a Deus e aos homens quando as suas ordens se contradizem. É perfeitamente evidente que, quando alguém recebe duas ordens contrárias e sabe que uma vem de Deus, tem de obedecer a esta e não à outra, embora seja a ordem do seu legítimo soberano (quer se trate de um monarca, quer se trate de uma assembleia soberana) ou a ordem do seu

A dificuldade de obedecer a Deus e ao homem ao mesmo tempo.

Parte 3 – Da República Cristã

pai. A dificuldade consiste portanto em que os homens, quando recebem ordens em nome de Deus, não sabem em alguns casos se a ordem vem de Deus, ou se aquele que ordena o faz abusando do nome de Deus para algum fim próprio e particular. Pois, assim como havia na Igreja dos judeus muitos falsos profetas que buscavam reputação junto do povo com visões e sonhos inventados, também tem havido em todos os tempos na Igreja de Cristo falsos mestres que procuram fama junto do povo com doutrinas fantásticas e falsas, e que por meio dessa reputação (tal como está na natureza da ambição) procuram governá-lo em benefício próprio.

Nada significa para os que distinguem entre o que é e o que não é necessário para a salvação.

Mas esta dificuldade de obedecer ao mesmo tempo a Deus e ao soberano civil sobre a terra não tem gravidade para aqueles que sabem distinguir entre o que é *necessário* e o que não é *necessário* para a sua *entrada* no *Reino de Deus*. Pois, se a ordem do soberano civil for tal que possa ser obedecida sem a perda da vida eterna, é injusto não lhe obedecer, tendo lugar o preceito do Apóstolo: *Servos, obedecei a vossos senhores em tudo* e *Crianças, obedecei a vossos pais em todas as coisas*; e o preceito do nosso Salvador: *Os escribas e fariseus sentam-se na cadeira de Moisés, portanto observem e façam tudo o que eles disserem*. Mas se a ordem for tal que não possa ser obedecida sem que se seja condenado à morte eterna, então será loucura obedecer-lhe, e então tem lugar o conselho do nosso Salvador (Mt 10,28): *Não temais aqueles que matam o corpo, mas não podem matar a alma*. Portanto, todos os homens que quiserem evitar, quer as penas que lhes devem ser infligidas neste mundo pela desobediência ao seu soberano terreno, quer as que lhes serão infligidas no mundo que está para vir por desobediência a Deus, precisam de aprender a distinguir bem aquilo que é e aquilo que não é necessário para a salvação eterna.

[322]

Tudo o que é necessário para a salvação está contido na fé e na obediência.

Tudo o que é NECESSÁRIO *para a salvação* está contido em duas virtudes, *fé em Cristo* e *obediência às leis*. A última delas, se fosse perfeita, seria suficiente para nós. Mas porque somos todos culpados de desobediência à lei de Deus, não apenas originalmente em Adão, mas também atualmente pelas nossas pró-

XLIII. Para Entrar no Reino dos Céus

prias transgressões, exige-se agora não só a *obediência* para o resto da nossa vida, mas também uma *remissão* dos pecados dos tempos passados, remissão essa que é a recompensa da nossa fé em Cristo. Que nada mais se exige necessariamente para a salvação é algo que fica evidente pelo seguinte: o Reino de Deus só está fechado aos pecadores, isto é, aos desobedientes ou transgressores da lei, e não àqueles que se arrependem e creem em todos os artigos da fé cristã necessários à salvação.

A obediência exigida por Deus, que aceita em todas as nossas ações a vontade pelos atos, é um esforço sério de lhe obedecer e é também denominada com todos aqueles nomes que significam esse esforço. E portanto a obediência é umas vezes denominada com os nomes de *caridade* e *amor*, porque implicam a vontade de obedecer – e mesmo o nosso Salvador faz do nosso amor a Deus e ao próximo um cumprimento de toda a lei –, e algumas vezes pelo nome de *retidão*, pois a retidão nada mais é do que a vontade de dar a cada um o que lhe é devido, isto é, a vontade de obedecer às leis; e algumas vezes pelo nome de *arrependimento*, porque arrepender-se implica um afastamento do pecado que é o mesmo que o regresso da vontade de obediência. Portanto, todo aquele que desejar sinceramente cumprir os mandamentos de Deus, ou que se arrepender verdadeiramente das suas transgressões, ou que amar a Deus com todo o seu coração, e ao próximo como a si mesmo, tem toda a obediência necessária à sua entrada no Reino de Deus, pois se Deus exigisse uma inocência perfeita não haveria carne que se salvasse.

Que obediência é necessária;

Mas quais são esses mandamentos que Deus nos deu? Serão mandamentos de Deus todas as leis dadas aos judeus pelas mãos de Moisés? Se o são, por que razão não se ensinam os cristãos a lhes obedecerem? Se não o são, que outras o são além da lei de natureza? Pois o nosso Salvador não nos deu novas leis, mas aconselhou-nos a observar aquelas a que estávamos sujeitos, isto é, as lei de natureza e as leis dos nossos diversos soberanos. Também não fez nenhuma lei nova para os judeus no seu sermão da montanha, mas apenas expôs as leis de Moisés às quais estavam antes sujeitos. As leis de Deus portanto nada

E a que leis.

Parte 3 – Da República Cristã

mais são do que as leis de natureza, a principal das quais é que não devemos violar a nossa fé, isto é, uma ordem para obedecer aos nossos soberanos civis, que constituímos acima de nós por um pacto mútuo. E esta lei de Deus que ordena a obediência à lei civil ordena consequentemente a obediência a todos os preceitos da Bíblia, a qual (como mostrei no capítulo precedente) é a única lei nos lugares onde o soberano civil assim o estabeleceu, e nos outros lugares é apenas conselho, que cada um, por sua conta e risco, pode sem injustiça recusar-se a obedecer.

Em que pessoa se crê, na fé do cristão.

Sabendo agora o que é a obediência necessária à salvação e a quem é devida, devemos considerar em seguida, no que se refere à fé, em quem e por que razão cremos, e quais são os artigos, ou pontos, que devem necessariamente ser objetos da crença dos que querem ser salvos. E em primeiro lugar, quanto à pessoa em quem acreditamos, porque é impossível acreditar em alguém antes de saber o que disse, é necessário que seja alguém que tenhamos ouvido falar. Portanto, a pessoa em quem Abraão, Isaac, Jacó, Moisés e os profetas acreditaram era o próprio Deus que lhes falou sobrenaturalmente, e a pessoa em quem os apóstolos e os discípulos que conviveram com Cristo acreditaram era o nosso Salvador em pessoa. Mas não se pode dizer daqueles a quem nem Deus Pai nem o nosso Salvador falou alguma vez que a pessoa em quem acreditavam fosse Deus. Acreditaram nos apóstolos, e depois deles nos pastores e doutores da Igreja que recomendaram à sua fé a história do Antigo e do Novo Testamento; de tal modo que a fé dos cristãos desde o tempo do nosso Salvador teve como fundamento, primeiro, a reputação dos seus pastores, e, mais tarde, a autoridade daqueles que fizeram o Antigo e o Novo Testamento serem aceitos como regra da fé, o que ninguém podia fazer a não ser os soberanos cristãos. Estes são portanto os pastores supremos e as únicas pessoas a quem os cristãos agora ouvem falar da parte de Deus, com exceção daqueles a quem Deus fala sobrenaturalmente nos nossos dias. Mas porque há muitos falsos profetas que *saíram para o mundo*, *os homens*[1] devem examinar

---

[1] *Syn.*: os outros homens

XLIII. Para Entrar no Reino dos Céus

tais espíritos (como São João nos aconselhou, 1 Jo 4,1), *se são de Deus ou não*. E portanto, vendo que o exame das doutrinas pertence ao pastor supremo, a pessoa em quem todos aqueles que não têm nenhuma revelação especial devem acreditar é (em todas as repúblicas) o pastor supremo, isto é, o soberano civil.

As causas pelas quais os homens acreditam em qualquer doutrina cristã são variadas, pois a fé é um dom de Deus, e Ele produziu-a nos vários homens por aquelas maneiras que lhe aprouve usar. A causa imediata mais comum da nossa crença, referente a qualquer ponto da fé cristã, é que acreditamos que a Bíblia é a palavra de Deus. Mas por que razão acreditamos que a Bíblia seja a palavra de Deus é algo de muito discutido, como necessariamente o são todas as questões que não estão bem assentes. Pois não colocam a questão em termos de *por que acreditamos nela*, mas *como a conhecemos*, como se *acreditar* e *conhecer* fossem a mesma coisa. E daqui, enquanto um lado assenta o seu conhecimento na infalibilidade da Igreja e o outro lado no testemunho do espírito particular, nenhum dos lados conclui aquilo que pretende. Pois como conhecerá alguém a infalibilidade da Igreja se não conhecer primeiro a infalibilidade das Escrituras, ou saberá alguém que o seu próprio espírito particular é algo diferente de uma crença baseada na autoridade e nos argumentos dos seus mestres, ou numa presunção de seus próprios dons? Além disso não há nada nas Escrituras de que possa inferir-se a infalibilidade da Igreja, e muito menos de alguma igreja em particular, e ainda menos a infalibilidade de algum homem em particular.

É portanto manifesto que os cristãos não sabem, mas apenas acreditam, que as Escrituras são a palavra de Deus, e que o meio de os fazer acreditar naquilo que prouve a Deus conceder geralmente aos homens está de acordo com o curso da natureza, isto é, por seus mestres. E a doutrina de São Paulo referente à fé cristã em geral (Rm 10,17) *a fé vem pelo ouvir*, isto é, por se ouvir aos nossos legítimos pastores. Disse também (versículos 14 e 15 do mesmo capítulo): *Como acreditarão naquele a quem não ouviram? E como ouvirão sem um pregador? E como pregarão se não fo-*

As causas da fé cristã.

[324]

A fé chega pelo ouvir.

rem enviados? Resta assim evidente que a causa comum da crença de que as Escrituras são a palavra de Deus é a mesma que a causa da crença em todos os outros artigos da nossa fé, a saber: escutar aqueles que estão por lei autorizados e designados para nos ensinar, como os nossos pais nas nossas casas e os nossos pastores nas igrejas, o que também se torna mais manifesto pela experiência. Pois que outra causa pode ser atribuída para o fato de nas repúblicas cristãs todos os homens ou acreditarem, ou pelo menos professarem que as Escrituras são a palavra de Deus, e nas outras repúblicas não, senão que nas repúblicas cristãs foram assim ensinados desde a infância e nos outros lugares foram ensinados de outro modo?

Mas se o ensino é a causa da fé, por que razão nem todos acreditam? É portanto certo que a fé é dom de Deus e que Ele a dá a quem quer. Contudo, porque àqueles a quem deu, a deu por meio dos professores, a causa imediata da fé é o ouvir. Numa escola onde muitos são ensinados, e alguns com proveito, outros sem ele, a causa de terem esse proveito é o professor. Contudo não se pode inferir daí que o aprendizado não seja um dom de Deus. Todas as coisas boas provêm de Deus, contudo não podem considerar-se inspirados todos os que as têm, pois isso implica um dom sobrenatural e a intervenção direta de Deus. Quem tem essa pretensão tem também a pretensão de ser profeta e está sujeito à inquirição da Igreja.

Mas quer os homens *saibam*, *acreditem* ou *concedam* que as Escrituras são a palavra de Deus, se eu mostrar, com base em textos que não são obscuros, que artigos de fé são necessários, e os únicos necessários para a salvação, esses homens têm de *saber*, *acreditar* ou *conceder* o mesmo.

O único artigo necessário da fé cristã;

O único (*unum necessarium*) artigo de fé que as Escrituras tornam simplesmente necessário para a salvação é este: JESUS é o CRISTO. Pelo nome de *Cristo* se entende o rei que Deus tinha antes prometido pelos profetas do Antigo Testamento enviar ao mundo para reinar (sobre os judeus e sobre aquelas nações que acreditassem nele) em seu nome eternamente, e para lhes dar aquela vida eterna que ficara perdida com o pecado

XLIII. Para Entrar no Reino dos Céus

de Adão. Quando eu provar isso com base nas Escrituras, mostrarei ainda quando e em que sentido alguns outros artigos podem também ser chamados *necessários*.

Como prova de que a crença neste artigo, *Jesus é o Cristo*, é toda a fé exigida para a salvação, o meu primeiro argumento será tirado do objetivo dos evangelistas, qual seja, pela descrição da vida do nosso Salvador estabelecer aquele mesmo artigo, *Jesus é o Cristo*. O resumo do Evangelho de São Mateus é este: que Jesus era do rebanho de Davi, nascido de uma virgem – marcas constitutivas do verdadeiro Cristo –, que os *magos* vieram adorá-lo como rei dos judeus, que Herodes pela mesma razão procurou matá-lo, que João Batista o proclamou, que ele pregou por si mesmo e pelos apóstolos que era rei, que ensinou a lei não como um escriba mas como um homem de autoridade, que sarou doenças apenas com a sua palavra, e fez muitos outros milagres, que tinham sido preditos que Cristo faria, que foi saudado como rei quando entrou em Jerusalém, que preveniu os homens para que tivessem cuidado com todos aqueles que pretendessem ser Cristo, que foi preso, acusado e condenado à morte por dizer que era rei, que a causa da sua condenação escrita na cruz era JESUS DE NAZARÉ, REI DOS JUDEUS. Tudo isto tende apenas para um fim, que é o seguinte: os homens devem acreditar que *Jesus é o Cristo*. Tal era portanto o objetivo do Evangelho de São Mateus. Mas o objetivo de todos os evangelistas (como se pode ver pela sua leitura) era o mesmo. Portanto, o objetivo de todo o Evangelho era estabelecer apenas esse artigo. E São João expressamente o aponta na sua conclusão, Jo 20,31: *Estas coisas estão escritas para que possais saber que Jesus é o Cristo, o filho do Deus vivo.*

O meu segundo argumento é tirado do tema dos sermões dos apóstolos, tanto durante o período em que o nosso Salvador viveu sobre a terra como depois da sua Ascensão. Os apóstolos durante o tempo do nosso Salvador foram enviados, Lc 9,2, para pregar o Reino de Deus, pois nem aqui nem em Mt 10,7 lhes deu outro encargo além deste: *À medida que avançarem, preguem, dizendo que o Reino do Céu está próximo*, isto é, que *Jesus* é o

[325]
Provado pela finalidade dos evangelistas.

Pelos sermões dos apóstolos:

Parte 3 – Da República Cristã

Messias, o *Cristo*, o *Rei* que estava para vir. Que a sua pregação também depois da Ascensão foi a mesma, é manifesto em At 17,6: *Eles arrastaram* (escreveu São Lucas) *Jasão e alguns irmãos até junto dos governantes da cidade, gritando: Estes que puseram o mundo de pernas para o ar também vieram aqui, e foram recebidos por Jasão. E eles fazem tudo ao contrário dos decretos de César, dizendo que há um outro rei, um Jesus.* E também nos versículos 2 e 3 do mesmo capítulo, onde se diz que *São Paulo, como era seu hábito, entrou e foi até eles, e durante três sábados discutiu com eles as Escrituras, mostrando e alegando que Cristo necessariamente sofreu e ressuscitou dos mortos e que este Jesus (que ele pregava) é Cristo.*

Pela facilidade da doutrina:

O terceiro argumento é tirado daqueles textos das Escrituras nos quais se declara que toda fé exigida para a salvação é fácil. Pois se fosse necessário à salvação um assentimento interior do espírito a todas as doutrinas referentes à fé cristã hoje ensinadas, nada haveria no mundo tão difícil como ser cristão. O ladrão na cruz, muito embora arrependido, não poderia ser salvo dizendo: *Senhor, lembra-te de mim quando entrares no teu reino*, e com isso ele não testemunhava nenhuma crença em outro artigo senão neste, que *Jesus era o Rei*. Nem se poderia dizer (como é dito em Mt 11,30) que *o jugo de Cristo é fácil e a sua carga leve*, nem que *as criancinhas acreditam nele*, como é dito em Mt 18,6. Nem podia São Paulo ter dito (1 Cor 1,21): *Prouve a Deus, pela loucura de pregar, salvar aqueles que acreditavam.* Nem podia o próprio São Paulo ter sido salvo, e muito menos ter sido tão depressa um tão grande doutor da Igreja, que talvez nunca pensasse na transubstanciação, nem no purgatório, nem em muitos outros artigos agora introduzidos.

Por textos formais e claros.

O quarto argumento é tirado de textos expressos e tais que não são suscetíveis de nenhuma controvérsia interpretativa. Como, em primeiro lugar, Jo 5,39: *Procurai as Escrituras pois nelas vereis que tendes vida eterna, e são elas que dão testemunho de mim.* O nosso Salvador aqui fala apenas das Escrituras do Antigo Testamento, pois os judeus daquela época não podiam procurar as Escrituras do Novo Testamento, que ainda não estavam escritas. Mas o Antigo Testamento nada tinha de Cristo, senão as

XLIII. Para Entrar no Reino dos Céus

marcas pelas quais os homens podiam conhecê-lo quando viesse, como que ele descenderia de Davi, nasceria em Belém e de uma virgem, faria grandes milagres e outras coisas semelhantes. Portanto, acreditar que ele era este Jesus era suficiente para alcançar a vida eterna, mas mais do que suficiente não é necessário, e consequentemente não se exige nenhum outro artigo. E também (Jo 11,26): *Quem viver e acreditar em mim não morrerá eternamente*. Portanto, acreditar em Cristo é fé suficiente para a vida eterna e consequentemente não é necessária mais fé do que esta. Mas acreditar em Jesus e acreditar que Jesus é o Cristo é a mesma coisa, como se vê nos versículos que imediatamente se seguem. Pois quando o nosso Salvador (versículo 26) disse a Marta: *Acreditas tu nisto?*, ela respondeu (vers. 27): *Sim, Senhor, acredito que tu és o Cristo, o filho de Deus que devia vir ao mundo*. Portanto, só este artigo é fé suficiente para a vida eterna, e mais do que suficiente não é necessário. Terceiro, Jo 20,31: *Estas coisas estão escritas para que possais acreditar que Jesus é o Cristo, o filho de Deus, para que acreditando nisso possais ter vida através do seu nome*. Aqui, acreditar que *Jesus é o Cristo* é fé suficiente para a obtenção da vida e assim nenhum outro artigo é necessário. Quarto, 1 Jo 4,2: *Todo espírito que confessar que Jesus Cristo se encarnou é de Deus*. E 1 Jo 5,1: *Aquele que acreditar que Jesus é o Cristo nasceu de Deus*. E o versículo 5: *Quem é aquele que vence o mundo senão aquele que acredita que Jesus é o filho de Deus?* Quinto, At 8,36-37: *Vede* (disse o eunuco), *aqui está a água, o que me impede de ser batizado? E Filipe disse: Se acreditares de todo o coração, podes. E ele respondeu e disse: Acredito que Jesus Cristo é o Filho de Deus*. Portanto, a crença neste artigo, *Jesus é o Cristo*, é suficiente para o batismo, isto é, para a nossa entrada no Reino de Deus, e por consequência a única necessária. E em geral em todos os textos onde o nosso Salvador diz a alguém: *A tua fé salvou-te*, a razão para ele dizer isto é alguma confissão que diretamente ou por consequência implica uma crença em que *Jesus é o Cristo*.

[327]

O último argumento é tirado de textos nos quais este artigo constitui o fundamento da fé, pois aquele que se agarrar ao fundamento será salvo. Esses textos são, primeiro, Mt 24,23:

Por ser o fundamento de todos os outros artigos.

Se alguém vos disser aqui está Cristo, ou ali, não o acrediteis, porque aparecerão falsos Cristos e falsos profetas, e mostrarão grandes sinais e maravilhas etc. Vemos aqui que este artigo *Jesus é o Cristo* tem de ser defendido, muito embora aquele que ensinar o contrário faça grandes milagres. A segunda passagem é Gl 1,8: *Ainda que nós, ou um anjo do céu vos pregue qualquer outro Evangelho diferente daquele que vos pregamos, que seja maldito.* Mas o Evangelho que Paulo e os outros apóstolos pregaram era apenas este artigo: *Jesus é o Cristo.* Portanto, para a crença neste artigo devemos rejeitar a autoridade de um anjo do céu, e muito mais a de qualquer mortal que nos ensinar o contrário. Este é portanto o artigo fundamental da fé cristã. Um terceiro texto é 1 Jo 4,1: *Amados, não acrediteis em todos os espíritos. Por este meio conhecereis o espírito de Deus; todo o espírito que confessar que Jesus encarnou, é de Deus.* Resta por isso evidente que este artigo é a medida e a regra pela qual se avaliam e examinam todos os outros artigos, e é portanto o único fundamental. Um quarto texto é Mt 16,18, no qual depois de São Pedro ter professado este artigo dizendo ao nosso Salvador: *Tu és Cristo, o Filho do Deus vivo*, o nosso Salvador respondeu: *Tu és Pedro e sobre esta pedra construirei a minha igreja.* Daqui infiro que este artigo é aquele sobre o qual estão construídas todas as outras doutrinas da Igreja, como sua fundação. Um quinto texto é (1 Cor 3, versículos 11,12 etc.): *Nenhum homem pode colocar outra fundação diferente daquela que está colocada, Jesus é o Cristo. Agora, se alguém erguer sobre esta fundação ouro, prata, pedras preciosas, madeira, palha, restolho, a obra de cada homem tornar-se-á manifesta, pois o dia a declarará, porque será revelada pelo fogo, e o fogo porá à prova a obra de qualquer homem, mostrando de que espécie ela é. Se resistir a obra que qualquer homem sobre ela tenha construído, ele receberá uma recompensa; se a obra do homem for queimada, ele sofrerá uma perda, mas ele próprio será salvo, mas pelo fogo.* Como estas palavras são em parte simples e fáceis de compreender e em parte alegóricas e difíceis, do que é simples pode-se inferir que os pastores que ensinam esse fundamento, *Jesus é o Cristo*, embora tirem dele consequências falsas (coisa a que todos os homens às vezes estão sujeitos), podem contudo ser salvos, e

XLIII. Para Entrar no Reino dos Céus

com muito mais razão serão salvos aqueles que, não sendo pastores mas ouvintes, acreditam naquilo que lhes é ensinado pelos seus legítimos pastores. Portanto, a crença neste artigo é suficiente, e por consequência não se exige necessariamente nenhum outro artigo de fé para a salvação.

Ora, quanto à parte alegórica, como *que o fogo porá à prova a obra de cada homem* e que *serão salvos, mas pelo fogo* ou *através do fogo* (pois o original é διὰ πυρὸς), em nada altera esta conclusão que tirei das outras palavras, que são simples. Contudo, porque este texto também serviu de argumento para provar o fogo do purgatório, apresentarei também aqui a minha hipótese referente ao significado deste julgamento de doutrinas e à salvação dos homens pelo fogo. Aqui o apóstolo parece aludir às palavras do profeta Zacarias, Zc 13,8-9, que, falando da restauração do Reino de Deus, disse assim: *Duas partes deles serão reparadas e morrerão, mas a terceira será deixada, e trarei a terceira parte pelo fogo e purificá-los-ei como a prata é purificada e afiná-los-ei como o ouro é afinado, eles chamarão pelo nome do Senhor e eu ouvi-los-ei.* O dia do Juízo Final é o dia da restauração do Reino de Deus, e é nesse dia que São Pedro nos diz que haverá a conflagração do mundo, na qual os maus perecerão, mas os restantes que Deus salvar passarão pelo fogo sem se queimarem e (assim como a prata e o ouro são purificados pelo fogo que os liberta das suas impurezas) serão afinados e purificados da sua idolatria e serão levados a invocar o nome do verdadeiro Deus. Aludindo a isso São Paulo aqui diz que *o dia* (isto é, o dia do Juízo Final, o grande dia da chegada do nosso Salvador para restaurar o Reino de Deus em Israel) purificará a doutrina de cada homem, avaliando o que é ouro, prata, pedras preciosas, madeira, palha, restolho. Então os que construíram falsas consequências sobre a verdadeira fundação verão condenadas as suas doutrinas, contudo eles próprios serão salvos e passarão sem se queimarem através desse fogo universal, e viverão eternamente para invocar o nome do verdadeiro e único Deus. Neste sentido nada há que não concorde com o restante das Sagradas Escrituras, nem há vestígios do fogo do purgatório.

[328]

2 Pd 3, v. 7, 10, 12.

Parte 3 – Da República Cristã

Em que sentido outros artigos podem ser chamados necessários.

Mas aqui pode perguntar-se se não é tão necessário para a salvação acreditar que Deus é onipotente, criador do mundo, que Jesus Cristo ressuscitou e que todos os homens ressuscitarão dos mortos no último dia, como acreditar que *Jesus é o Cristo*. A isso respondo que o é, assim como muitos outros artigos, mas eles são tais que estão contidos neste, e podem ser deduzidos dele, com mais ou menos dificuldade. Pois haverá quem não veja que acreditar em Jesus como o filho do Deus de Israel e que os israelitas consideravam Deus o onipotente criador de todas as coisas, é acreditar também, por isso mesmo, que Deus é o onipotente criador de todas as coisas? Ou como pode agora alguém acreditar que Jesus é o rei que reinará eternamente, salvo se também acreditar que ele ressuscitou dos mortos? Pois um morto não pode exercer o cargo de rei. Em suma, aquele que defender este fundamento, *Jesus é o Cristo*, defende expressamente tudo aquilo que vê corretamente deduzido dele, e implicitamente tudo aquilo que é consequente com isso, embora não tenhamos habilidade suficiente para discernir a consequência. E portanto continua a ser verdade que a crença neste único artigo constitui fé suficiente para obter a remissão dos pecados aos *penitentes*, e consequentemente para os trazer para o reino do céu.

[329]

Que a fé e a obediência são ambas necessárias para a salvação.

Depois de mostrar que toda a obediência exigida para a salvação consiste na vontade de obedecer à lei de Deus, isto é, no arrependimento, e que toda a fé exigida para isso está incluída na crença neste artigo *Jesus é o Cristo*, alegarei ainda aqueles textos do Evangelho que provam que tudo o que é necessário à salvação está contido em ambas aquelas juntamente. Os homens a quem São Pedro pregou no dia de Pentecostes, logo a seguir à Ascensão do nosso Salvador, perguntaram-lhe e aos demais apóstolos, dizendo (At 2,37): *Homens e irmãos, o que faremos?* Ao que São Pedro respondeu (no versículo seguinte): *Arrependei-vos e seja cada um de vós batizado para a remissão dos pecados, e recebereis o dom do Espírito Santo*. Portanto, o arrependimento e o batismo, isto é, a crença em que *Jesus é o Cristo*, é tudo o que é necessário para a salvação. E mais, tendo certo governante per-

XLIII. Para Entrar no Reino dos Céus

guntado ao nosso Salvador (Lc 18,18): *O que farei para alcançar a vida eterna?*, este respondeu (versículo 20): *Tu conheces os mandamentos, não cometas adultério, não mates, não prestes falsos testemunhos, honra teu pai e tua mãe*, ao que, quando ele afirmou tê-los observado, o nosso Salvador acrescentou: *Vende tudo o que possuis, dá-o aos pobres, vem e segue-me*, o que era o mesmo que dizer: confia em mim que sou o rei. Assim, cumprir a lei e acreditar que Jesus é o rei é tudo o que se exige para levar um homem à vida eterna. Terceiro, São Paulo disse (Rm 1,17): *Os justos viverão pela fé*, não todos, mas *os justos*; logo a *fé* e a *justiça* (isto é, a *vontade de ser justo*, ou *arrependimento*) é tudo o que é necessário para a vida eterna. E (Mc 1,15) o nosso Salvador pregou dizendo: *O tempo está cumprido, e o Reino de Deus está próximo, arrependei-vos e acreditai no Evangelho*, isto é, a boa nova de que o Cristo tinha chegado. Portanto, arrepender-se e acreditar que Jesus é o Cristo é tudo o que se exige para a salvação.

Como é então necessário que a fé e a obediência (implicada na palavra arrependimento) concorram ambas para a nossa salvação, debate-se com impertinência a questão de saber por qual das duas somos justificados. Não será contudo impertinente tornar manifesto de que maneira cada uma delas para isso contribui e, em que sentido se diz que devemos ser justificados por uma e pela outra. Em primeiro lugar, se por retidão se entende a justiça das próprias obras, nenhum homem pode ser salvo, pois não há nenhum que não tenha transgredido a lei de Deus. E portanto, quando se diz que devemos ser justificados pelas obras, tal deve entender-se da vontade que Deus sempre aceita em vez da própria obra, tanto nos homens bons como nos maus. E neste sentido apenas é que alguém é chamado *justo* ou *injusto*, e que a sua justiça o justifica, isto é, lhe dá o título, na aceitação de Deus, de *justo* e o torna capaz de *viver pela sua fé*, e disso antes não era capaz. De tal modo que a justiça justifica naquele sentido em que *justificar* é o mesmo que *denominar alguém justo*, e não no sentido de exonerar-se da lei, pelo que o castigo dos seus pecados seria injusto.

Mas também se diz que um homem é justificado quando a sua alegação, ainda que em si insuficiente, é aceita, como quan-

Em que cada uma contribui para tal.

[330]

Parte 3 – Da República Cristã

do alegamos a nossa vontade, o nosso esforço para cumprir a lei, e nos arrependemos dos nossos desfalecimentos, e Deus aceita isso em vez da própria realização. E porque Deus não aceita a vontade pela ação a não ser nos fiéis, é portanto a fé que torna boa a nossa alegação, e é neste sentido que só a fé justifica, de tal modo que a *fé* e a *obediência* são ambas necessárias para a salvação. De qualquer modo, em vários sentidos se diz que cada uma delas justifica.

A obediência a Deus e ao soberano civil não são incompatíveis, seja ele cristão,

Tendo assim mostrado o que é necessário para a salvação, não é difícil reconciliar a nossa obediência a Deus com a nossa obediência ao soberano civil, que ou é cristão ou infiel. Se for cristão, permite a crença neste artigo: *Jesus é o Cristo*, em todos os artigos que estão nele contidos, ou que são por evidente consequência dele deduzidos, o que constitui toda a fé necessária à salvação. E, porque é um soberano, exige obediência a todas as suas leis, isto é, a todas as leis civis, nas quais estão também contidas todas as leis de natureza, isto é, todas as leis de Deus, pois, além das leis de natureza e das leis da Igreja, que fazem parte da lei civil (pois a Igreja que pode fazer leis é a república), não há nenhuma outra lei divina. Quem obedecer, portanto, ao seu soberano cristão não fica por isso impedido nem de acreditar nem de obedecer a Deus. Mas suponhamos que um rei cristão, a partir deste fundamento *Jesus é o Cristo*, tire algumas consequências falsas, isto é, faça algumas construções de palha ou restolho, e ordene o seu ensino. Mesmo assim, considerando que São Paulo diz, ele será salvo, e com muito mais razão será salvo aquele que as ensina por sua ordem, e com muito mais ainda aquele que as não ensina e que apenas acredita no seu legítimo mestre. E no caso de um súdito ser proibido pelo soberano civil de professar algumas destas suas opiniões, com que fundamento justo pode ele desobedecer? Podem os reis cristãos errar ao deduzir uma consequência, mas quem o julgará? Julgará um particular quando a questão é a sua própria obediência? Ou só julgará aquele que para isso for designado pela igreja, isto é, pelo soberano civil que o representa? Ou se o papa ou um apóstolo julga, não pode ele errar ao deduzir uma con-

XLIII. Para Entrar no Reino dos Céus

sequência? Não errou um dos dois, São Pedro ou São Paulo, numa superestrutura quando São Paulo se opôs frontalmente a São Pedro? Não pode portanto haver contradição entre as leis de Deus e as leis de uma república cristã.

E, quando o soberano civil é infiel, todos os seus súditos que lhe resistam pecam contra as leis de Deus (pois tais são as leis de natureza) e rejeitam o conselho dos apóstolos, que aconselharam todos os cristãos a obedecer aos seus príncipes e todos os filhos e servos a obedecerem aos seus pais e senhores em todas as coisas. E, quanto à sua *fé*, ela é interior e invisível. Possuem a licença que teve Naaman, e não precisam colocar-se em perigo por ela. Mas, se o fizerem, devem esperar a sua recompensa no céu, e não se queixar do seu legítimo soberano, e muito menos fazer-lhe guerra. Pois aquele que não fica contente com uma ocasião adequada de martírio não tem a fé que professa, mas apenas aparenta tê-la, para dar alguma cor à sua própria contumácia. Porém, que rei infiel será tão destituído de razão a ponto de condenar à morte e perseguir um súdito que se sabe à espera da segunda chegada de Cristo, depois que o mundo atual for queimado, e que pretende então obedecer-lhe (a intenção da crença em que Jesus é o Cristo) mas entretanto se considera obrigado a obedecer às leis daquele rei infiel (o que todos os cristãos são obrigados em consciência a fazer)?

E só isto bastará, no que se refere ao Reino de Deus e à política eclesiástica. Não tive a pretensão de apresentar nenhuma opinião própria, mas apenas mostrar quais são as consequências que me parecem dedutíveis dos princípios de uma política cristã (que são as Sagradas Escrituras) em confirmação do poder do soberano civil e do dever dos seus súditos. E na alegação das Escrituras tentei evitar os textos que são de uma interpretação obscura ou controvertida, e só alegar aqueles cujo sentido é mais simples e agradável à harmonia e finalidade de toda a Bíblia, escrita para o restabelecimento do Reino de Deus em Cristo. Pois não são as palavras nuas, mas sim o propósito do autor que dá a verdadeira luz pela qual qualquer escrito deve ser interpretado, e aqueles que insistem nos textos isolados, sem considera-

Ou infiel.

[331]

rem o desígnio principal, nada deles podem tirar com clareza; ao contrário, jogando átomos das Escrituras como poeira nos olhos dos homens, tornam tudo mais obscuro do que é, artifício habitual daqueles que não procuram a verdade, mas sim as suas próprias vantagens.

PARTE 4

DO REINO DAS TREVAS

CAP. XLIV
Das Trevas Espirituais Resultantes da Má Interpretação das Escrituras

Além destes poderes soberanos, *divino* e *humano*, sobre os quais até aqui tenho discorrido, há nas Escrituras referência a um outro poder, a saber, o dos *governantes das trevas deste mundo*, *o reino de Satanás*, e *a soberania de Belzebu sobre os demônios*, isto é, sobre os fantasmas que aparecem no ar, por cuja razão Satanás também é chamado o *príncipe do poder do ar*, e (porque governa nas trevas deste mundo) *o príncipe deste mundo*; e por consequência aqueles que estão sob o seu domínio, em oposição aos fiéis (que são os *filhos da luz*), são chamados os *filhos das trevas*. Pois, dado que Belzebu é o príncipe dos fantasmas, habitantes do seu domínio de ar e trevas, filhos das trevas e estes demônios, fantasmas, ou espíritos de ilusão, significam alegoricamente a mesma coisa. Posto isto, o reino das trevas, tal como é apresentado nestes e em outros textos das Escrituras, nada mais é do que uma *confederação de impostores que, para obterem o domínio sobre os homens neste mundo presente, tentam, por meio de escuras e errôneas doutrinas, extinguir neles a luz, quer da natureza, quer do Evangelho, e deste modo desprepará-los para a vinda do Reino de Deus.*

O que é o Reino das Trevas.

Ef 6,12.
Mt 12,26.
Mt 9,34.

Ef 2,2.
João 16,11

Parte 4 – Do Reino das Trevas

[334]
A Igreja ainda não está totalmente livre das trevas.

Assim como os homens que desde a nascença estão profundamente destituídos da luz dos olhos corporais não possuem nenhuma ideia da luz, e ninguém concebe na imaginação uma luz maior do que a alguma vez entrevista pelos sentidos externos, também o mesmo acontece com a luz do Evangelho e com a luz do entendimento, pois ninguém é capaz de conceber que haja um grau maior dela do que aquele a que já chegou. E daqui resulta que os homens não possuem outros meios para reconhecer as suas próprias trevas senão raciocinando sobre os desastres imprevistos que lhes aconteceram pelo caminho. A parte mais escura do reino de Satanás é a que se encontra fora da Igreja de Deus, isto é, entre os que não acreditam em Jesus Cristo. Porém, não podemos concluir então que a Igreja goza (como a terra de Gósen) de toda a luz necessária para a realização da obra que Deus nos destinou. Como explicar que na cristandade tenha sempre havido, quase desde os tempos dos apóstolos, tantas lutas para se expulsarem uns aos outros dos seus lugares, quer por meio de guerra externa, quer por meio de guerra civil? Tanto estrebuchar a cada pequena aspereza da própria fortuna, e a cada pequena eminência na dos outros homens? E tanta diversidade na maneira de correr para o mesmo alvo, a *felicidade*, se não por haver noite entre nós, ou pelo menos neblina? Estamos portanto ainda nas trevas.

Quatro causas das trevas espirituais.

O inimigo tem estado aqui na noite da nossa natural ignorância, e espalhou as taras dos erros espirituais. Isso fez, primeiro, abusando e apagando as luzes das Escrituras, pois erramos quando não conhecemos as Escrituras. Em segundo lugar, introduzindo a demonologia dos poetas gentios, isto é, as suas fabulosas doutrinas referentes aos demônios, que nada mais são do que ídolos ou fantasmas do cérebro, sem nenhuma natureza real própria, distinta da fantasia humana, como são os fantasmas dos mortos, as fadas e outros personagens de histórias de velhas. Em terceiro lugar, misturando com as Escrituras diversos vestígios da religião, e muito da vã e errônea filosofia dos gregos, especialmente de Aristóteles. Em quarto lugar, misturando com ambas estas falsas ou incertas tradições, e uma his-

XLIV. Da Má Interpretação das Escrituras

tória nebulosa ou incerta. E deste modo erramos, *dando atenção aos espíritos sedutores*, e à demonologia dos que *dizem mentiras hipocritamente* (ou, como está no original, 1 Tm 4,1-2, *dos que fazem o papel de mentirosos*) com uma consciência endurecida, isto é, contrária ao seu próprio conhecimento. No que se refere aos primeiros destes, ou seja, os que seduzem os homens abusando das Escrituras, penso falar rapidamente neste capítulo.

O maior e principal abuso das Escrituras e em relação ao qual todos os outros são ou consequentes ou subservientes, é distorcê-las a fim de provar que o Reino de Deus, tantas vezes mencionado nas Escrituras, é a atual Igreja, ou multidão de cristãos que vivem agora, ou que estando mortos devem ressuscitar no último dia. No entanto, o Reino de Deus foi primeiro instituído pelo ministério de Moisés apenas sobre os judeus, que foram portanto chamados o Seu Povo Eleito, e terminou mais tarde, no momento da eleição de Saul, quando se recusaram a continuar a ser governados por Deus e pediram um rei segundo o costume das nações, no que o próprio Deus consentiu, como provei já longamente no capítulo XXXV. Depois dessa época não houve no mundo nenhum outro Reino de Deus, por pacto ou de outro modo, ainda que Ele sempre tenha sido, seja, e haverá de ser rei de todos os homens e de todas as criaturas, na medida em que governa segundo a Sua vontade, através do Seu infinito poder. Contudo, Ele prometeu pelos seus profetas restaurar o Seu governo para os judeus novamente, quando tivesse chegado o tempo que Ele, no seu secreto conselho, havia determinado, e quando voltassem a Ele arrependidos e com desejos de mudar de vida. Não apenas isto, convidou também os gentios a virem gozar a felicidade do Seu reino, sob as mesmas condições de conservação e arrependimento, e prometeu também mandar o Seu Filho à terra para expiar os pecados de todos eles através da sua morte, e para os preparar pela sua doutrina e recebê-lo na sua segunda vinda. Não se tendo ainda verificado a sua segunda vinda, o Reino de Deus ainda não chegou, e agora não estamos por pacto submetidos a nenhum outro rei senão os nossos soberanos civis, tirante apenas que os cristãos já

Erros por interpretar mal as Escrituras, a respeito do Reino de Deus.

[335]

Parte 4 – Do Reino das Trevas

estão no Reino da Graça, na medida em que já têm a promessa de serem recebidos quando ele voltar.

Como que o Reino de Deus é a Igreja atual,

Consequente com este erro, de que a atual Igreja é o reino de Cristo, é o de que deveria haver um homem ou uma assembleia pela boca dos quais o nosso Salvador (agora no céu) falasse, *e desse*[1] a lei e representasse a sua pessoa perante todos os cristãos, ou homens diversos, ou diversas assembleias que fizessem o mesmo em diversas partes da cristandade. Este poder real sob Cristo, sendo desejado universalmente pelo papa e nas repúblicas em particular pelas assembleias dos pastores do lugar (quando as Escrituras só o concedem aos soberanos civis), vem a ser tão apaixonadamente disputado que faz desaparecer a luz da natureza, e causa uma escuridão tão grande no entendimento dos homens que não veem a quem foi que prometeram obediência.

E que o papa é o seu vigário geral,

Consequente com esta pretensão do papa, *a ser o vigário*[2] geral de Cristo na atual Igreja (supondo-se que seja aquele seu reino de que nos fala o Evangelho), é a doutrina de que é necessário a um rei cristão receber a sua coroa das mãos de um bispo, como se fosse desta cerimônia que ele tirasse a cláusula de *Dei gratia* do seu título, somente se tornando rei pelo *favor*[3] de Deus, quando coroado pela autoridade do vice-rei universal de Deus sobre a terra; e, além disso, que todos os bispos, seja quem for o seu soberano, fazem no momento da sua consagração um juramento de absoluta obediência ao papa.

Vide Pontific Greg. 13 fol[4]

Consequente com a mesma pretensão é a doutrina do quarto concílio de Latrão, reunido no tempo do papa *Inocêncio III* (cap. 3, *De Haereticis*): *se um rei, perante a exortação do papa, não expurgar o seu reino de heresias, e sendo excomungado pela mesma razão, não der satisfação dentro de um ano, os seus súditos são absolvidos do vínculo da sua obediência.* Por heresias se entendem todas as opiniões proibidas pela Igreja romana. E por esses expedientes, sempre que há qualquer contradição entre os desígnios políticos do papa e dos outros príncipes cristãos, como muitas vezes

---

[1] *Syn.*: desse   [2] *Syn.*: a vigário   [3] *Syn.*: favor
[4] Nota marginal inserida por Hobbes no manuscrito. Ver a nota biográfica relativa ao papa Gregório IX.

XLIV. Da Má Interpretação das Escrituras

acontece, surge tal neblina entre os seus súditos que eles não distinguem entre um estrangeiro que se atirou no trono do seu legítimo príncipe e aquele que eles próprios lá colocaram. Nesta escuridão de espírito são levados a lutar uns contra os outros, sem distinguirem os seus inimigos dos seus amigos, conduzidos pela ambição de outro homem.

Da mesma opinião, a de que a atual Igreja é o Reino de Deus, resulta que os pastores, diáconos, e todos os outros ministros da Igreja atribuem-se o nome de *clero*, dando aos outros cristãos o nome de *leigos*, isto é, simplesmente *povo*. Pois clero significa aqueles cuja manutenção consiste no rendimento que Deus, tendo-o reservado para si próprio durante o seu reinado sobre os israelitas, atribuiu à tribo de Levi (os quais se destinavam a ser os seus ministros públicos e não possuíam nenhuma porção de terra para que pudessem viver, como seus irmãos) fosse sua herança. Assim, como o papa (na pretensão de que a atual Igreja é, como o reino de Israel, o Reino de Deus) reclamasse para si próprio e para os seus ministros subordinados o mesmo rendimento como herança de Deus, o nome de clero estava adequado a essa reclamação. E daí se segue que os dízimos e outros tributos pagos aos levitas como se fora *por direito de Deus*[1], entre os israelitas, foram durante muito tempo pedidos e tomados aos cristãos pelos eclesiásticos, *jure divino*, isto é, por direito de Deus. O povo foi assim por toda a parte obrigado a um duplo tributo: um para o Estado, outro para o clero. Mais, o do clero, sendo o décimo dos seus rendimentos é o dobro daquilo que o rei de Atenas (considerado um tirano) arrancava aos seus súditos para pagar todos os cargos públicos, pois ele nada mais pedia do que a vigésima parte, e apesar disso mantinha com ela abundantemente a república. E no reino dos judeus, durante o reinado sacerdotal de Deus, os dízimos e ofertas constituíam a totalidade da receita pública.

Do mesmo erro de considerar a atual Igreja como o Reino de Deus proveio a distinção entre as leis *civis* e as leis *canônicas*,

E que os pastores são o clero.

---

[1] *Syn.*: direito de Deus

Parte 4 – Do Reino das Trevas

sendo a lei civil os atos dos *soberanos* nos seus próprios domínios e a lei canônica, os atos do *papa* nos mesmos domínios. Esses cânones, muito embora não passassem de cânones, isto é, *regras propostas* e só voluntariamente recebidas pelos príncipes cristãos até a transferência do império para *Carlos Magno*, depois disso, à medida que o poder do papa aumentava, tornaram-se *leis obrigatórias*, e os próprios imperadores (para evitar maiores males a que o povo cego podia ser conduzido) eram obrigados a deixá-los passar por leis.

É por isso que, em todos os domínios onde o poder eclesiástico do papa é totalmente aceito, os judeus, os turcos e os gentios são na Igreja romana tolerados na sua religião, desde que, ao praticarem sua fé, não ofendam o poder civil; por sua vez, um cristão, embora estrangeiro, que não pertence à religião romana pratica crime capital, porque o papa tem a pretensão de que todos os cristãos são seus súditos. Do contrário, seria tão ofensivo à lei das nações perseguir um estrangeiro cristão por professar a religião do seu próprio país como perseguir um infiel; ou melhor, na medida em que não estão contra Cristo, estão com ele.

Do mesmo erro resulta que em todos os Estados Cristãos há certos homens que estão isentos, por liberdade eclesiástica, dos tributos e dos tribunais do Estado civil. Com efeito, essa é a condição do clero secular, além dos monges e frades, os quais em muitos lugares constituem uma parte tão importante do povo comum que, se houvesse necessidade, se poderia só com eles organizar um exército, suficiente para qualquer guerra em que a Igreja militante os quisesse empregar contra o seu próprio príncipe ou outros príncipes.

Erro por confundir consagração e conjuração.

Um segundo abuso geral das Escrituras consiste em transformar a consagração em conjuração, ou encantação. *Consagrar* é, nas Escrituras, oferecer, dar ou dedicar, com linguagem e gestos pios e decentes, um homem, ou qualquer outra coisa, a Deus, separando-o do uso comum, isto é, santificá-lo ou torná-lo de Deus e para ser usado apenas por aqueles a quem Deus nomeou para serem seus ministros públicos (como já provei largamente

XLIV. Da Má Interpretação das Escrituras

no capítulo XXXV). Portanto é mudar, não a coisa consagrada, mas apenas o seu uso, de profano e comum para sagrado e específico do serviço de Deus. No entanto, quando por tais palavras pretensamente se muda a natureza ou qualidade da própria coisa, não é consagração, e sim uma obra extraordinária de Deus ou uma vã e ímpia conjuração. Mas *(tendo em vista a frequência com que se pretexta a mudança da natureza em suas consagrações, não é possível considerá-la como obra extraordinária)*[1] não é outra coisa senão uma *conjuração* ou *encantação*, pela qual querem que os homens acreditem numa alteração da natureza que não existe, contrária ao testemunho dos olhos humanos, e de todos os demais sentidos. Por exemplo quando o padre, em vez de consagrar o pão e o vinho ao serviço particular de Deus no sacramento da ceia do Senhor (que nada mais é do que a sua separação do uso comum, para significar, isto é, para lembrar aos homens a sua redenção, pela paixão de Cristo, cujo corpo foi quebrado e cujo sangue brotou na cruz pelas nossas transgressões), tem a pretensão de que, por dizer as palavras de nosso Salvador *Este é o meu corpo, Este é o meu sangue*, a natureza do pão já não está lá, mas sim o seu próprio corpo – ainda que não apareça aos olhos, ou aos outros sentidos do espectador coisa alguma que não tivesse aparecido antes da consagração. Os esconjuradores egípcios, que se diz terem transformado as suas varas em serpentes, e a água em sangue, são encarados apenas como pessoas que iludiram os sentidos dos espectadores por uma falsa aparição de coisas, e contudo são julgados como encantadores. Mas o que teríamos nós pensado deles se nas suas varas nada tivesse aparecido semelhante a uma serpente, e na água encantada nada de semelhante ao sangue, nem a nada que não fosse água, e se tivessem afrontado o rei dizendo que eram serpentes parecidas a varas e sangue parecido a água? Que tinha sido simultaneamente

---

[1] *Syn.*: tendo em vista (pela frequência com que se pretexta a mudança da natureza em suas consagrações) que não é possível considerá-la como obra extraordinária,

Parte 4 – Do Reino das Trevas

[338]

encantamento e mentira. E contudo, neste ato diário do padre, eles fazem exatamente o mesmo, usando as palavras sagradas à maneira de um encanto que nada apresenta de novo aos sentidos. Ora, eles nos afrontam dizendo que transformaram o pão num homem e, mais ainda, num Deus, e exigem que os homens o venerem, como se fosse o nosso Salvador que estivesse presente como Deus e como Homem, e portanto que cometamos a mais grosseira idolatria. Com efeito, se for suficiente para desculpar de idolatria dizer que já não é pão mas sim Deus, por que razão não serviria a mesma desculpa para os egípcios, no caso de terem tido a ousadia de dizer que os alhos e as cebolas que veneravam não eram alhos nem cebolas, mas uma divindade sob suas *species*, ou semelhança? As palavras *Este é o meu corpo* são equivalentes a *Isto significa, ou representa o meu corpo*, e consistem numa vulgar figura de discurso; mas encará-las literalmente é um abuso, e se assim as encararmos só podemos fazê-lo em relação ao pão que o próprio Cristo consagrou com as suas mãos. Ele jamais afirmou que, se de um pão qualquer, um padre qualquer dissesse *Este é o meu corpo*, ou *Este é o corpo de Cristo*, ele seria efetivamente transubstanciado. Nem a Igreja de Roma alguma vez estabeleceu esta transubstanciação, até a época de *Inocêncio III*, o que aconteceu há menos de 500 anos, quando o poder dos papas estava no auge, e as trevas dos tempos se haviam tornado tão densas que os homens não distinguiam o pão que lhes era dado para comer, especialmente quando era marcado com a figura de Cristo na cruz, como se quisessem que os homens acreditassem que se transubstanciava não só no corpo de Cristo mas também na madeira da cruz, e que comiam ambos em conjunto no sacramento.

Encantação nas cerimônias do batismo.

A mesma encantação, em vez de consagração, é usada também no sacramento do batismo, no qual o abuso do nome de Deus em cada uma das várias pessoas, e em toda a Trindade, com o sinal da cruz a cada nome constitui o encanto. Primeiro, quando fazem a água benta, o padre diz: *Conjuro-te, criatura da água, em nome de Deus Pai Todo-Poderoso, e em nome de Jesus Cristo seu único Filho Nosso Senhor, e em virtude do Espírito Santo, que te tornes*

XLIV. Da Má Interpretação das Escrituras

água conjurada para afastar todos os poderes do inimigo, e para erradicar e suplantar o inimigo etc. E o mesmo acontece na bênção do sal que se mistura com ela: *Que tu, sal, sejas conjurado, que todos os fantasmas e velhacaria da fraude do demônio possam fugir e abandonar o lugar em que és salpicado; e que todos os espíritos sujos sejam conjurados por aquele que virá para julgar os vivos e os mortos.* Idem na bênção do óleo: *Que todo o poder do inimigo, toda a hoste do Diabo, todos os assaltos e fantasmas de Satanás, possam ser afastados por esta criatura do óleo.* E quanto à criança que está para ser batizada, é sujeita a muitos encantamentos: primeiro, na porta da igreja o padre assopra três vezes no rosto da criança e diz: *Sai de dentro dele, espírito sujo, e dá lugar ao Espírito Santo, o confortador.* Como se todas as crianças, até serem assopradas pelo padre, fossem demoníacas. Novamente, antes da sua entrada na igreja, diz como antes, *Conjuro-te etc. para que saias e abandones este servo de Deus.* E o mesmo exorcismo é repetido uma vez mais antes do batismo. Estas, e algumas outras encantações, são aquelas que são usadas no lugar de bênçãos e consagrações, na administração dos sacramentos do batismo e da ceia do Senhor, onde tudo o que serve para esses sagrados usos (exceto o profanado cuspe do padre) possui alguma forma estabelecida de exorcismo.

[339]

Também não são isentos de encantamentos os outros ritos, como os do casamento, extrema-unção, visitação dos doentes, consagração das igrejas e adros, e outros semelhantes, na medida em que se observa neles o uso de óleo encantado e água, com o abuso da cruz, e da palavra sagrada de Davi, *Asperges me Domine Hyssopo,* como coisas eficazes para afastar os fantasmas e os espíritos imaginários.

E no casamento, na visitação dos doentes e na consagração dos lugares.

Outro erro geral resulta da má interpretação das palavras *vida eterna, morte eterna* e *segunda morte.* Lemos claramente nas Sagradas Escrituras que Deus criou Adão em estado de viver para sempre, o que era condicional, isto é, caso ele não desobedecesse às suas ordens – algo que não era essencial na natureza humana, mas consequente com a virtude da árvore da vida, da qual ele tinha liberdade de comer enquanto não pecasse – que foi expulso do paraíso depois de ter pecado, para que não co-

Erros por confundir vida eterna e morte eterna.

messe dela nem vivesse para sempre; que a Paixão de Cristo é um resgate do pecado de todos os que acreditarem nele, e por consequência uma restituição da vida eterna a todos os fiéis e apenas a eles. Mas, apesar disso tudo, a doutrina é agora e tem sido há muito tempo diferente, a saber: todo homem tem vida eterna por natureza, já que a sua alma é imortal. Assim, a espada flamejante à entrada do paraíso, muito embora impeça o homem de chegar à árvore da vida, não o impede de possuir a imortalidade que Deus lhe tirou por causa do seu pecado, nem o faz precisar do sacrifício de Cristo para recuperá-la. Consequentemente, não apenas os fiéis e justos, mas também os perversos e os gentios gozarão a vida eterna, sem nenhuma morte, e muito menos uma segunda e eterna morte. Para mitigar isso, dizem que por *segunda* e *eterna morte* se entende uma segunda e eterna vida – porém em tormentos, figura que nunca é usada, exceto exatamente neste caso.

Toda esta doutrina assenta apenas em alguns dos textos mais obscuros do Novo Testamento, os quais, contudo, considerado todo o âmbito das Escrituras, são suficientemente claros num sentido distinto e *que é desnecessário*[1] para o credo cristão. Pois supondo que, quando um homem morre, nada resta dele senão a sua carcaça, não pode Deus, que transformou com as suas palavras a argila e o pó inanimados numa criatura viva, *facilmente*[2] fazer voltar à vida uma carcaça morta, e deixá-la viver para sempre, ou fazê-la morrer outra vez, também com a sua palavra? A *alma* nas Escrituras significa sempre ou a vida ou a criatura viva, e o corpo e a alma conjuntamente, o *corpo vivo*. No quinto dia da criação, Deus disse: Que a água produza *reptile animae viventis*, a coisa rastejante que tem nela uma alma viva; na tradução, *que tinha vida*. E mais, Deus criou as baleias, e *omnem animam viventem*, na tradução, *todas as criaturas vivas*; e do mesmo modo com o homem, Deus fê-lo do pó da terra, e soprou no seu rosto o sopro da vida *et factus est Homo in animam viventem*, que é, *e o homem foi tornado uma criatura viva*. E depois que Noé

---

[1] *Syn.*: desnecessário   [2] *Syn.*: com igual facilidade

XLIV. Da Má Interpretação das Escrituras

saiu da arca, Deus disse que não mais destruiria *omnem animam viventem*, isto é, *todas as criaturas vivas*. E Dt 12,23: *Não comas o sangue pois o sangue é a alma*, isto é, *a vida*. Destas passagens, se por *alma* se entendesse uma *substância incorpórea*, com uma existência separada do corpo, o mesmo poderia ser inferido de qualquer outra criatura viva, tal como do homem. Mas que as almas dos fiéis, não por sua natureza, mas por graça especial de Deus, permanecerão nos seus corpos depois da ressurreição para toda a eternidade, penso ter já suficientemente provado com base nas Escrituras, no capítulo XXXVIII. E quanto às passagens do Novo Testamento em que se diz que qualquer homem pode ser lançado de corpo e alma no fogo do Inferno, nada mais é do que corpo e vida, isto é, serão lançados vivos no fogo perpétuo de Geena.

É esta a janela que dá entrada à tenebrosa doutrina, primeiro dos tormentos eternos, e depois do purgatório, e consequentemente dos fantasmas dos mortos passeando principalmente em lugares consagrados, solitários ou escuros, e daí aos pretextos de exorcismo e conjuração de fantasmas, como também de invocação de homens mortos, e à doutrina das indulgências, isto é, de isenção durante um tempo, ou para sempre, do fogo do purgatório, onde se pretende que estas substâncias incorpóreas são queimadas para serem purificadas e preparadas para o céu. Com efeito, como antes do tempo de nosso Salvador os homens estivessem, por contágio da demonologia dos gregos, possuídos da opinião de que as almas dos homens eram substâncias distintas dos seus corpos, e portanto, quando o corpo estava morto, que a alma de todos os homens, quer bem-aventurados, quer maus, tinha de subsistir em algum lugar por virtude da sua própria natureza, sem reconhecerem aí nenhum dom sobrenatural de *Deus*[1], os doutores da Igreja hesitaram durante muito tempo acerca do lugar no qual elas deviam esperar até serem reunidas aos seus corpos na ressurreição. Durante algum tempo supuseram que elas permanecessem debaixo dos

Bem como a doutrina do purgatório, exorcismos, e a invocação dos santos.

[1] *Syn.*: deuses;

Parte 4 – Do Reino das Trevas

> *Os textos usados em apoio das referidas doutrinas foram respondidos antes.*

> [341]

> *Resposta ao texto em que Beza inferiu que o Reino de Cristo começou na ressurreição.*

altares, mas depois a Igreja de Roma achou mais interessante construir para elas esse lugar, o purgatório, que nestes últimos tempos tem sido demolido por algumas outras igrejas.

Consideremos agora que textos das Escrituras parecem confirmar melhor estes três erros gerais que aqui abordei. Quanto àqueles que o Cardeal Belarmino alegou para o atual Reino de Deus administrado pelo papa (não há nenhum que apresente um melhor feixe de provas), já lhes respondi e tornei evidente que o Reino de Deus, instituído por Moisés, terminou com a eleição de Saul, e depois disso jamais o sacerdote, pela sua própria autoridade, depôs nenhum rei. Aquilo que o Sumo Sacerdote fez a Atália não foi feito por direito próprio, mas por direito do jovem Rei Joás, seu filho; porém Salomão por seu direito próprio depôs o Sumo Sacerdote Abiatar e colocou outro em seu lugar. A passagem mais difícil de responder, de todas as que podem ser alegadas para provar que o Reino de Deus por Cristo já é deste mundo, não é referida por Belarmino nem por nenhum outro da Igreja de Roma, mas por Beza, que estabelece o início desse reino desde a ressurreição de Cristo. Mas se com isso pretendia dar ao presbitério o supremo poder eclesiástico na república de Genebra (e consequentemente a qualquer presbitério em qualquer outra república), ou aos príncipes e outros soberanos civis, é coisa que ignoro. Pois o presbitério reclama o poder de excomungar os seus próprios reis e de ser o supremo moderador em religião nos lugares onde têm essa forma de governo eclesiástico, do mesmo modo que o papa o reivindica universalmente.

As palavras são *Marcos 9,1*[1]: *Em verdade vos digo que há alguns daqueles que aqui estão que não provarão a morte antes de terem visto o Reino de Deus chegar com poder*. Se tomadas gramaticalmente, essas palavras tornam certo que ou alguns daqueles homens que estavam junto de Cristo naquele momento ainda estão vivos; ou então que o Reino de Deus tem de estar agora neste mundo atual. E então há um outro trecho mais difícil, pois, quando os apóstolos, depois da ressurreição do nosso Salvador,

---

[1] *Syn.*: (Marcos 9,1)

XLIV. Da Má Interpretação das Escrituras

e imediatamente antes da sua Ascensão, perguntaram ao nosso Salvador dizendo (At 1,6): *Restituirás nessa altura o reino a Israel*, ele lhes respondeu: *Não vos compete a vós conhecer os tempos e as épocas que o Pai detém em seu próprio poder, mas recebereis poder pela vinda do Espírito Santo sobre vós, e sereis meus (mártires) testemunhos quer em Jerusalém e em toda a Judeia, e na Samaria, e até os confins da terra.* Isso é o mesmo que dizer: o meu reino ainda não chegou, nem sabereis antecipadamente quando vai chegar, pois virá como um ladrão na noite, mas enviar-vos-ei o Espírito Santo e por ele recebereis poder para testemunhar ao mundo inteiro (pela vossa pregação) a minha ressurreição e as obras que fiz, e a doutrina que ensinei, a fim de que possam acreditar em mim e ter esperança na vida eterna quando eu vier outra vez. Como é que isto concorda com a chegada do reino de Cristo no momento da ressurreição? E aquilo que São Paulo diz (1 Ts 1,9-10): *Que eles se afastaram dos ídolos para servir o Deus verdadeiro e vivo, e para esperar pelo seu Filho do céu*, em que esperar pelo Seu Filho do céu é esperar pela sua chegada para ser rei no poder, o que não seria necessário se este reino estivesse então presente. Também se o Reino de Deus começou (como Beza naquele trecho, Marcos 9,1, queria ver) na ressurreição, que razão haveria para os cristãos desde a ressurreição dizerem nas suas orações: *Venha a nós o vosso reino?* É portanto manifesto que as palavras de São Marcos não devem ser interpretadas desse modo. Há alguns daqueles que aqui estão (disse o nosso Salvador) que não provarão a morte antes de terem visto o Reino de Deus chegar com poder. Se então este reino estivesse para vir na ressurreição de Cristo, por que razão é dito *alguns daqueles*, em vez de *todos*? Pois todos eles viveram até depois da ressurreição de Cristo. [342]

Mas os que exigem uma exata interpretação deste texto devem interpretar primeiro as palavras semelhantes do nosso Salvador a São Pedro, referindo-se a São João (cap. 21,22): *Se quero que ele permaneça até eu chegar, o que te importa isso?*, sobre a qual se fundamentou a versão de que ele não morreria. Contudo, a verdade dessa versão nem se confirmou, como bem fundamentada, nem se refutou como mal fundamentada nessas palavras; ao contrário, ficou como um provérbio incompreen-

Explicação do lugar em Mc 9,1.

sível. A mesma dificuldade se observa na passagem relativa a São Marcos. E, se for legítimo conjecturar acerca do seu significado através daquilo que se segue imediatamente, quer aqui, quer em São Lucas, onde a mesma coisa é repetida, não é improvável dizer que tem relação com a transfiguração, descrita nos versículos que se seguem imediatamente, onde se diz que *Depois de seis dias Jesus levou consigo Pedro e Tiago e João* (não todos, mas alguns dos seus discípulos) *e conduziu-os a uma alta montanha onde estavam sozinhos e foi transfigurado diante deles. E as suas roupas ficaram brilhantes, extremamente brancas como a neve, tal como nenhum tintureiro sobre a terra as poderia branquear. E ali lhes apareceu Elias com Moisés, e eles estavam conversando com Jesus etc.* Deste modo viram Cristo em Glória e majestade, tal como deve chegar, de tal maneira que *ficaram cheios de medo*. E assim a promessa do nosso Salvador foi cumprida por meio de *visão*, pois era uma visão como provavelmente se pode inferir de São Lucas, que conta a mesma história (cap. 9, vers. 28) e disse que Pedro e aqueles que estavam com ele estavam morrendo de sono, mas com mais certeza do que Mateus 17,9 (onde a mesma coisa é relatada outra vez), pois o nosso Salvador assim os exortou: *Não contem a ninguém a visão, até que o Filho tenha ressuscitado de entre os mortos.* Seja como for, daqui não se pode tirar nenhum argumento provando que o Reino de Deus começou antes do dia do Juízo Final.

Abuso de alguns outros textos em defesa do poder do papa.

Quanto a alguns outros textos para provar o poder do papa sobre os soberanos civis (além dos de *Belarmino*), como o de que as duas espadas que Cristo e os seus apóstolos tinham entre eles seriam a espada espiritual e a espada temporal – que, dizem, São Pedro lhe tinha dado por meio de Cristo – e o outro texto acerca das duas luminárias, em que a maior significa o papa, e a menor, o rei, podia-se igualmente inferir, pelo primeiro versículo da Bíblia, que por céu se entende o papa, e por terra, o rei. Ora, isso não é argumentar com base nas Escrituras mas um petulante insulto aos príncipes, *que*[1] se tornou moda de-

---

[1] *Syn.*: o qual

XLIV. Da Má Interpretação das Escrituras

pois da época em que os papas ficaram tão seguros da sua grandeza que desprezavam todos os reis cristãos e, pisando o pescoço dos imperadores, troçavam tanto deles como das Escrituras, com as palavras do Salmo 91: *Pisarás o leão e a serpente, o jovem leão pisarás e o dragão pisarás com os teus pés.*

Quanto aos ritos da consagração, muito embora dependam em sua maior parte da discrição e da sensatez dos chefes da Igreja, e não das Escrituras, esses chefes estão mesmo assim obrigados à direção que a própria natureza da ação exige, por exemplo, que as cerimônias, palavras e gestos sejam ao mesmo tempo decentes e significantes, ou pelo menos conformes à ação. Quando Moisés consagrou o tabernáculo, o altar e os vasos que lhes pertenciam (Ex 40), consagrou-os com o óleo que Deus tinha ordenado que fosse feito para aquele fim, e ficaram sagrados. Não havia nada exorcizado, para afastar fantasmas. O mesmo Moisés (o soberano civil de Israel), quando consagrou Aarão (o Sumo Sacerdote) e seus filhos, lavou-os realmente com água (não água exorcizada), colocou-lhes as vestes e consagrou-os com óleo, e eles ficaram santificados, a fim de ministrarem junto do Senhor no cargo de sacerdotes, o que foi uma purificação simples e decente, adornando-os antes de os apresentar a Deus para serem seus servos. Quando o rei *Salomão* (o soberano civil de Israel) consagrou o templo que tinha construído (2 Rs 8) ficou de pé diante de toda a Congregação de Israel, e tendo-os abençoado, deu graças a Deus por ter colocado no coração do seu pai a sua construção, e por ter concedido a ele próprio a graça de realizá-lo, e então suplicou-lhe, em primeiro lugar, que aceitasse aquela casa, muito embora não fosse adequada à sua infinita grandeza, e que escutasse as orações dos seus servos que ali rezassem, ou (se estivessem ausentes) para lá voltados; e finalmente fez um sacrifício de oferta de paz e a casa ficou consagrada. Aqui não houve procissões, o rei permaneceu no seu lugar destacado, não houve água exorcizada, não houve *Asperges me*, nem outra aplicação impertinente de palavras proferidas em outra ocasião, mas um discurso decente e racional e tal que, ao fazer a Deus a oferta da sua nova casa construída, era o mais adequado à ocasião.

Nas Escrituras as consagrações não tinham exorcismo.

[343]

Parte 4 – Do Reino das Trevas

Não lemos que São João tenha exorcizado a água do Jordão, nem Filipe a água do rio onde batizou o eunuco, nem que algum pastor do tempo dos apóstolos tenha tomado o seu cuspe e o tenha posto no nariz da pessoa a ser batizada, dizendo: *In odorem suavitatis*, isto é, *Para um suave odor ao Senhor*, onde nem a cerimônia do cuspe, devido à sua sujidade, nem a aplicação daquela Escritura, devido à sua leviandade, podem ser justificadas por nenhuma autoridade humana.

As Escrituras não provam que a alma humana é imortal por natureza, mas por graça.

Para provar que a alma separada do corpo vive eternamente, não apenas as almas dos eleitos, por graça especial e restauração da vida eterna que Adão perdeu com o pecado, e o nosso Salvador restabeleceu *(pelo sacrifício de si mesmo)*[1] aos fiéis, mas também as almas dos réprobos, como uma propriedade naturalmente consequente com a essência da humanidade, sem nenhuma outra graça de Deus, exceto a que é universalmente dada a toda a humanidade, há diversas passagens, que à primeira vista parecem servir suficientemente ao caso, mas tais que, quando as comparo com o que antes aleguei (cap. XXXVIII) com base no capítulo 14 de *Jó*, me parecem muito mais sujeitos a interpretações diversas do que as palavras de *Jó*.

[344]

E em primeiro lugar há as palavras de Salomão (Ecl 12,7): *Então voltará o pó a ser pó como antes, e o espírito voltará a Deus que o deu*. Isso pode muito bem (se não houver nenhum outro texto diretamente contrário a ele) ter esta interpretação: só Deus conhece (mas o homem não) o que acontece ao espírito do homem, quando ele expira; e o mesmo Salomão, no mesmo livro (cap. 3, vers. 20 e 21), proferiu a mesma frase no sentido que lhe dei. As suas palavras são: *Todos* (homens e animais) *vão para o mesmo lugar; todos são de pó, e todos voltarão a ser pó outra vez; quem sabe que o espírito do homem vai para cima e que o espírito do animal vai para baixo, para a terra?* Isto é, ninguém sabe exceto Deus. Tampouco essa é uma frase desusada para comentar coisas que não compreendemos. *Deus sabe o que* e *Deus sabe onde*. A de Gn 5,24, *Enoque caminhou com Deus, e não estava, pois Deus o levou*,

---

[1] *Syn.*: pelo Sacrifício de si mesmo

XLIV. Da Má Interpretação das Escrituras

o que está exposto em Heb *ii*[1], 5. *Foi trasladado para que não morresse; e não foi encontrado, porque Deus o tinha trasladado.* Pois antes da sua trasladação ele tinha o seu testemunho de que agradava a Deus, o que, provando a imortalidade tanto do corpo como da alma, mostra que esta sua trasladação era peculiar àqueles que agradavam a Deus, não comum a estes e aos maus, e dependendo da graça, não da natureza. Mas, pelo contrário, que interpretação devemos nós dar, além do sentido literal das palavras de Salomão (Ecl 3,19): *Que o que acontece aos filhos dos homens acontece aos animais, a mesma coisa acontece a eles; assim como uns morrem também os outros morrem, sim, todos têm um mesmo sopro (um espírito), de tal modo que o homem não tem preeminência sobre a besta, pois tudo é vaidade?* Pelo sentido literal, aqui não há nenhuma imortalidade natural da alma, nem contudo nenhuma repugnância quanto à vida eterna que os eleitos devem gozar por graça. E (cap. 4, vers. 3): *Melhor está aquele que ainda não foi, que ambos eles,* isto é, os que vivem, ou viveram, o que, se a alma de todos os que viveram fosse imortal, seria um dito forte, pois então ter uma alma imortal seria pior do que não ter alma nenhuma. E também (cap. 9, ver. 5): *Os vivos sabem que morrerão, mas os mortos nada sabem,* isto é, naturalmente e antes da ressurreição do corpo.

Outro trecho que parece defender uma imortalidade natural da alma é aquele em que o nosso Salvador diz que Abraão, Isaac e Jacó estavam vivendo; mas isto é dito da promessa de Deus, e da sua certeza de se levantarem novamente, não de uma vida então real. No mesmo sentido em que Deus disse a Adão que no dia em que comesse do fruto proibido com certeza morreria, daquele dia em diante era um homem morto por sentença, porém não por execução, até quase mil anos depois. Do mesmo modo Abraão, Isaac e Jacó estavam vivos por promessa naquele momento, quando Cristo falou, porém não o estão na verdade até a ressurreição. E a história de Dives e de Lázaro nada prova contra isto, se a encararmos como a parábola que é.

---

[1] *Syn.*: 13.

Parte 4 – Do Reino das Trevas

[345]

Mas há outros trechos do Novo Testamento em que parece ser atribuída diretamente uma imortalidade aos maus, pois é evidente que todos se levantarão para o Juízo Final. Além disso em muitos lugares se afirma que eles irão para o *fogo eterno, para tormentos eternos, para castigos eternos, e que o verme da consciência nunca morre*; e tudo isto está compreendido na expressão *morte eterna*, que é geralmente interpretada como *vida eterna em tormentos*. E contudo não consigo encontrar em parte alguma que alguém deva viver eternamente em tormentos. Também parece difícil dizer que Deus, que é o Pai da misericórdia, que faz tudo o que quer no céu e na terra, que tem à Sua disposição os corações de todos os homens, que opera sobre os homens quer na ação, quer na vontade, e sem Cujo dom livre o homem não tem inclinação para o bem, nem arrependimento do mal, quisesse punir as transgressões dos homens sem nenhum limite de tempo, e com todos os extremos de tortura que os homens podem imaginar, e mais. Devemos portanto atentar em qual seja o significado de *fogo eterno* e de outras expressões semelhantes das Escrituras.

Já mostrei que o Reino de Deus por Cristo começa no dia do Juízo; que nesse dia os fiéis se levantarão de novo, com corpos gloriosos e espirituais e serão seus súditos nesse seu reino, que será eterno; que não se casarão, nem serão dados em casamento, nem comerão nem beberão, como o faziam com os seus corpos naturais, mas viverão para sempre nas suas pessoas individuais, sem a eternidade específica da geração; e que os réprobos também se levantarão de novo, para receber os castigos pelos seus pecados; e também que os eleitos que estiverem vivos com os seus corpos terrenos terão os seus corpos subitamente transformados, e tornados espirituais e imortais. Mas que os corpos dos réprobos, que constituem o reino de Satanás, serão também corpos gloriosos ou espirituais, ou que serão como os anjos de Deus, sem comer nem beber nem gerar; ou que a sua vida será eterna nas suas pessoas individuais, como é a vida de todos os fiéis, ou como a vida de Adão teria sido, se ele não tivesse pecado, não existe nenhum trecho das Escrituras que o

XLIV. Da Má Interpretação das Escrituras

prove, se excetuarmos apenas os trechos referentes aos tormentos eternos, que podem ser interpretados de outro modo.

Daí se pode inferir que, assim como os eleitos depois da ressurreição serão restituídos ao estado em que se encontrava Adão antes de ter pecado, do mesmo modo os réprobos se encontrarão no estado em que ficaram Adão e a sua posteridade depois de cometido o pecado, ressalvando que Deus prometeu um redentor a Adão e àqueles de sua descendência que Nele confiassem e se arrependessem, mas não aos que morressem em pecado, como morrem os réprobos.

Consideradas estas coisas, os textos que mencionam *fogo eterno, tormentos eternos, ou o verme que nunca morre*, não contradizem a doutrina de uma segunda e eterna morte, no sentido próprio e natural da palavra *morte*. O fogo, ou tormentos preparados para os maus em *Geena, Tofete*, ou em qualquer outro texto, podem continuar *para sempre*[1] e nunca faltarão homens maus para serem neles atormentados, muito embora nem todos nem ninguém eternamente. *Pois, sendo os maus deixados no estado em que se encontravam depois do pecado de Adão, podem no momento da ressurreição viver como o fizeram, casar-se, e serem dados em casamento, e ter corpos grosseiros e corruptíveis, como agora toda a humanidade tem; e por consequência podem gerar perpetuamente, depois da ressurreição, como o faziam antes, pois não há nenhum trecho das Escrituras que diga o contrário*[2]. Pois São Paulo, falando da ressurreição (1 Cor 15), refere-se a ela apenas como a ressurreição para a vida eterna, e não como a ressurreição para o castigo. E da primeira disse que o corpo é *semeado em corrupção e cresce em incorrupção; semeado em desonra e cresce em honra; semeado em fraqueza e cresce em poder; semeado como corpo natural e cresce como corpo espiritual*. Nada disto é possível afirmar dos corpos daqueles que ressuscitam para o castigo. Assim também o nosso Salvador, quando fala da natureza do homem depois da ressurreição, refere-se à ressurreição para a vida eterna e não para o castigo. O texto é

O que são tormentos eternos.

[346]

---

[1] Nas edições "25 Ornaments" e "Bear" está: até o fim deste mundo;
[2] Essa sentença foi omitida das edições "25 Ornaments" e "Bear"

Parte 4 – Do Reino das Trevas

Lc 20,34-36, um texto fértil: *Os filhos deste mundo casam-se e são dados em casamento, mas os que forem havidos por dignos desse mundo e da ressurreição dentre os mortos nem se casam nem são dados em casamento, nem podem morrer mais, pois são iguais aos anjos e são os filhos de Deus, sendo os filhos da ressurreição.* Os filhos deste mundo que se encontram no estado em que Adão os deixou casar-se-ão e serão dados em casamento, isto é, corrompem-se e geram sucessivamente, o que é uma imortalidade da espécie, mas não das pessoas dos homens. Eles não são dignos de serem contados entre aqueles que alcançarão o mundo futuro e uma ressurreição absoluta dos mortos, mas apenas um curto período, como habitantes daquele mundo, e para o fim apenas de receber um castigo condigno pela sua contumácia. Os eleitos são os únicos filhos da ressurreição, isto é, os únicos herdeiros da vida eterna; só não podem mais morrer os que são iguais aos anjos e que são os filhos de Deus, e não os réprobos. Para os réprobos permanece depois da ressurreição uma *segunda* e *eterna* morte, havendo entre a ressurreição e sua segunda e eterna morte apenas um período de castigo e de tormento; e para durar por toda a sucessão de pecadores, durante tanto tempo quanto a espécie do homem por propagação aguentar, o que é eternamente.

Respostas aos textos usados em apoio do purgatório.

Nesta doutrina da eternidade natural das almas separadas se baseia (como disse) a doutrina do purgatório. Pois, supondo a vida eterna por graça apenas, não há vida exceto a vida do corpo, e nenhuma imortalidade até a ressurreição. Os textos relativos ao purgatório alegados por Belarmino e tirados das Escrituras canônicas do Antigo Testamento são em primeiro lugar o jejum de *Davi* em favor de *Saul* e *Jônatas*, mencionado em 2 Sam 1,12; e novamente em *2* Sm 3,35, pela morte de *Abner*. Este jejum de *Davi*, afirma Belarmino, tinha por finalidade obter algo para eles das mãos de Deus, depois da sua morte, porque após jejuar para conseguir o restabelecimento do seu próprio filho, logo que soube que estava morto, pediu carne. Dado que então a alma tem uma existência separada do corpo, e nada pode ser obtido, pelo jejum dos homens, para as almas que já estão ou

XLIV. Da Má Interpretação das Escrituras

no céu ou no inferno, segue-se que há algumas almas de homens mortos que não estão nem no céu nem no inferno, e portanto têm de estar num terceiro lugar, que tem de ser o purgatório. E assim com duro esforço deturpou essas passagens para provar a existência de um purgatório, visto ser manifesto que as cerimônias de luto e jejum, quando são feitas por ocasião da morte de homens cuja vida não foi lucrativa para os carpidores, são feitas em honra das suas pessoas; e, quando são feitas por ocasião da morte daqueles cuja vida trouxe benefício aos carpidores, resultam do seu prejuízo particular. E assim *Davi* honrou *Saul*, e *Abner*, com o seu jejum, e na morte do seu próprio filho reconfortou-se recebendo o seu alimento habitual.

[347]

Nos outros textos, que ele foi buscar no Antigo Testamento, não há nada que se pareça com um vestígio ou sombra de prova. Recorre a todos os textos em que aparece a palavra *cólera*, ou *fogo*, ou *incêndio*, ou *expiação*, ou *purificação*, que num sermão os padres aplicaram retoricamente à doutrina do purgatório, na qual já se acreditava. O primeiro versículo do Salmo 37, *Ó, Senhor, não me afastes com a tua cólera nem me castigues com o teu intenso desagrado*, o que teria a ver com o purgatório, se Agostinho não tivesse aplicado a *cólera* ao fogo do inferno, e o *desagrado* ao do purgatório? E o que tem a ver com o purgatório o do Salmo 66,12, *Fomos por entre fogo e água, e trouxeste-nos a um lugar úmido*, e outros textos semelhantes (com os quais os doutores daqueles tempos pretendiam adornar ou ampliar os seus sermões ou comentários) trazidos para os seus fins à força de engenho?

Mas ele alegou outras passagens do Novo Testamento, que não são tão fáceis de serem respondidas. Em primeiro lugar Mt 12,32: *Aquele que disser uma palavra contra o filho do homem, ela lhe será perdoada; mas aquele que falar contra o Espírito Santo, isso não lhe será perdoado nem neste mundo, nem no mundo que está para vir*, onde pretende que o purgatório seja o mundo que está para vir, no qual podem ser perdoados alguns dos pecados que neste mundo não o foram. Não obstante, é manifesto que só há três mundos: um desde a criação até o dilúvio, que foi destruído pela água e que é chamado nas Escrituras *o velho mundo*; outro desde o dilú-

Resposta aos textos do Novo Testamento a favor do Purgatório.

Parte 4 – Do Reino das Trevas

vio até o dia do Juízo Final, que é *o mundo presente*, e que será destruído pelo fogo; e o terceiro, que existirá desde o dia do Juízo em diante, eterno, que é denominado *o mundo vindouro* e no qual todos concordam que não haverá purgatório. Portanto, são incompatíveis o mundo vindouro e o purgatório. Mas então qual pode ser o sentido daquelas palavras do nosso Salvador? Confesso que são muito dificilmente conciliáveis com todas as doutrinas agora unanimemente aceitas. Nem é vergonha confessar que a profundidade das Escrituras é demasiado grande para ser perscrutada pelo curto entendimento humano. Contudo, posso propor à consideração dos mais eruditos teólogos as coisas que o próprio texto sugere. E em primeiro lugar, considerando que falar contra o Espírito Santo, sendo a terceira pessoa da Trindade, é falar contra a Igreja na qual o Espírito Santo reside, parece que a comparação é feita entre a facilidade com que o nosso Salvador foi indulgente com as ofensas que lhe foram feitas enquanto ele próprio ensinou o mundo, isto é, quando estava na terra, e a severidade dos pastores depois dele contra os que negassem a sua autoridade, proveniente do Espírito Santo. Como se ele dissesse: Vós que negais o meu poder, mais, que ides crucificar-me, sereis por mim perdoados, sempre que vos voltardes para mim com arrependimento; mas, se negardes o poder daqueles que daqui em diante vos ensinarão, pela virtude do Espírito Santo, eles serão inexoráveis, e não vos perdoarão, mas sim vos perseguirão neste mundo e vos deixarão sem absolvição (ainda que vos dirijais a mim, a menos que vos dirijais a eles também) para os castigos (tanto quanto estiver ao seu alcance) do mundo que está para vir. E assim as palavras podem ser tomadas como uma profecia, ou predição referente aos tempos, como têm sido *desde muito na*[1] Igreja cristã. Ora, se este não for o significado (pois não sou peremptório acerca de textos tão difíceis), talvez possa restar algum espaço depois da ressurreição para o arrependimento de alguns pecadores. E há ainda um

[348]

---

[1] *Syn.*: pela*

* Na edição aqui utilizada, o termo assimilado é "long", ao passo que na edição "Syn" é "along". Neste caso, toda a diferença está na letra "a", o que foi impossível preservar na tradução. (N. da R. T.)

XLIV. Da Má Interpretação das Escrituras

outro texto que parece concordar com isto. Pois, atentando nas palavras de São Paulo (1 Cor 15,29): *O que farão aqueles que são batizados pelos mortos, se os mortos não chegarem a ressuscitar? Por que também são eles batizados pelos mortos?*, pode provavelmente inferir-se, como alguns fizeram, que no tempo de São Paulo havia o costume de receber batismo pelos mortos (como os homens que agora acreditam poderem servir de fiadores e tomar a seu cargo responder pela fé das crianças que não são capazes de ter fé), tomando a seu cargo, pelas pessoas dos seus amigos mortos, afirmar que elas estariam prontas a obedecer e a receber o nosso Salvador como seu rei, quando ele viesse de novo; e então o perdão dos pecados no mundo que está para vir não exige um purgatório. Mas em ambas estas interpretações há tanto paradoxo que não confio nelas. Prefiro propô-las aos que são profundamente versados nas Escrituras, a fim de que investiguem se não há algum texto mais claro que as contradiga. Só posso afirmar que encontrei passagens evidentes das Escrituras suficientes para me persuadir de que não há nem a palavra nem a coisa purgatório, nem neste nem em nenhum outro texto, nem nada que possa provar a necessidade de um lugar para a alma sem o corpo, nem para a alma de Lázaro durante os quatro dias em que esteve morto, nem para as almas daqueles que a Igreja romana pretende estarem agora sendo atormentados no purgatório. Pois Deus, que foi capaz de dar vida a um pedaço de barro, tem o mesmo poder para dar outra vez vida a um morto e transformar a sua carcaça inanimada e podre num corpo glorioso, espiritual e imortal.

Um outro texto é 1 Cor 3, onde se diz que os que acumularam restolho, feno etc. sobre a verdadeira fundação verão a sua obra perecer, mas *serão salvos, embora pelo fogo*. Pretende-se que este fogo seja o fogo do purgatório. As palavras, como disse antes, são uma alusão às de Zc 13,9, onde ele diz: *Trarei a terceira parte através do fogo, e purificá-los-ei como a prata é purificada, e afiná-los-ei como o ouro é afinado*, o que é dito da chegada do Messias em poder e glória, isto é, no dia do Juízo e conflagração do mundo presente, quando os eleitos não serão consumidos mas refinados, isto é, desfar-se-ão as suas doutrinas e tradi-

Parte 4 - Do Reino das Trevas

[349]

Como entender o batismo para os mortos.

ções errôneas como se estas fossem chamuscadas, e depois disso receberão o nome do verdadeiro Deus. De maneira idêntica, o apóstolo disse daqueles que, defendendo esta fundação *Jesus é o Cristo*, constroem sobre ela outras doutrinas errôneas, segundo as quais eles não serão consumidos no fogo que renova o mundo – e passarão através dele para a salvação, mas só na medida em que reconhecem e abandonam os seus primitivos erros. Os construtores são os *pastores*; a fundação, *Jesus é o Cristo*; o restolho e o feno, as *falsas consequências dela tiradas por ignorância ou fraqueza*; o ouro, a prata e as pedras preciosas são as suas *verdadeiras doutrinas*, e a sua refinação ou purificação o *abandono dos seus erros*. Em tudo isto não há o menor vestígio da queima das almas incorpóreas, isto é, impalpáveis.

Um terceiro texto é o de 1 Cor 15 já mencionado, relativo ao batismo pelos mortos, com base no qual concluiu, em primeiro lugar, que as orações pelos mortos não são desprovidas de vantagens, e, por causa disso, que há um fogo do purgatório. Mas nenhuma destas conclusões é acertada. Das muitas interpretações da palavra batismo, ele aprova esta em primeiro lugar, que por batismo se entende (metaforicamente) um batismo de penitência, e que os homens são neste sentido batizados quando jejuam, rezam e dão esmolas, e assim batismo pelos mortos e orações pelos mortos são a mesma coisa. Mas isto é uma metáfora, da qual não há nenhum exemplo nem nas Escrituras nem em nenhum outro uso da linguagem, e que está também em discordância com a harmonia e a finalidade das Escrituras. A palavra "batismo" é utilizada (Mc 10,38 e Lc 12,50) para significar o banho em seu próprio sangue, como aconteceu com Cristo na cruz e com a maioria dos apóstolos por terem dado testemunho dele. Mas é difícil dizer que a reza, o jejum e as esmolas tenham alguma similitude com o banho. A mesma palavra é usada também, Mt 3,11 (o que parece contribuir algo para o purgatório), como uma purificação pelo fogo. Mas é evidente que o fogo e a purificação aqui mencionados são os mesmos de que falou o profeta *Zacarias* (cap. 13, vers. 9): *Trarei a terceira parte através do fogo e refiná-los-ei* etc. E São Pedro seguindo-o (1 Pd 1,7): *Que a prova da tua fé, muito mais preciosa do*

XLIV. Da Má Interpretação das Escrituras

que a do ouro que perece, muito embora seja afinado com fogo, possa ser encontrada em louvores e honras e glória pela aparição de Jesus Cristo. E São Paulo (1 Cor 3,13): *O fogo purificará a obra de todos os homens, seja ela de que espécie for.* Mas São Pedro e São Paulo falam do fogo que haverá por ocasião da segunda aparição de Cristo, e o profeta Zacarias do dia do Juízo, portanto este texto de São Mateus pode ser interpretado da mesma maneira, e então não haverá necessidade do fogo do purgatório.

Outra interpretação do batismo pelos mortos é a que já mencionei, que ele favorece como a segunda mais provável, dela inferindo também a utilidade da prece. Se depois da ressurreição, os que não ouviram falar de Cristo, ou que não acreditaram nele, podem ser recebidos no reino de Cristo, não é em vão, depois da sua morte, que os seus amigos rezem por eles, até ressuscitarem. Mas, admitindo que Deus, em face das preces dos fiéis, pode converter a si alguns daqueles que não ouviram Cristo pregar e, consequentemente, não podem ter rejeitado Cristo, e que a caridade dos homens nesse ponto não pode ser censurada, nada disto milita em favor do purgatório, porque ressuscitar [350] da morte para a vida é uma coisa e ressuscitar do purgatório para a vida é outra, na medida em que é ressuscitar da vida para a vida, de uma vida de tormentos para uma vida de felicidade.

Um quarto texto é o de Mt 5,25: *Concordai rapidamente com o vosso adversário, enquanto estais no caminho com ele, para que a qualquer momento o adversário não vos entregue ao juiz, e o juiz vos entregue ao oficial, e vós sejais lançados na prisão. Em verdade vos digo que de nenhum modo saireis de lá até que tenhais pago o último tostão.* Nessa alegoria, o ofensor é o *pecador*, o adversário e o juiz é *Deus*, o caminho é esta *vida*, a prisão é o *túmulo*, o oficial a *morte*; o pecador não ressuscitará para a vida eterna, mas para uma segunda morte, até que tenha pago o último tostão, ou Cristo tenha pago por ele com a sua Paixão, que é um resgate completo para toda a espécie de pecado, para os pecados menores como para os maiores crimes, tendo-se ambos tornado veniais com a Paixão de Cristo.

O quinto texto é o de Mt 5,22: *Todo aquele que ficar zangado com o seu irmão sem uma razão será culpado em juízo. E todo aquele que disser a seu irmão: RACA, será culpado no sinédrio. Mas quem disser tu, tolo, será condenado ao fogo do inferno.* Dessas palavras ele inferiu três espécies de pecados e três espécies de castigos, e nenhum daqueles pecados, exceto o último, será castigado com o fogo do inferno, e consequentemente depois desta vida há castigo de pecados menores no purgatório. De tal inferência não se veem vestígios em nenhuma interpretação que até agora lhes tenha sido dada. Haverá depois desta vida uma distinção de tribunais de justiça, como havia entre os judeus no tempo do nosso Salvador, para ouvir e determinar diversas espécies de crimes, como por exemplo os juízes e o sinédrio? Não pertencerá toda a judicatura a Cristo e seus apóstolos? Portanto, para compreender este texto não devemos examiná-lo isoladamente, mas com as palavras precedentes e subsequentes. O nosso Salvador neste capítulo interpreta a lei de Moisés, lei essa que os judeus julgavam então cumprir, quando não a tinham transgredido no seu sentido gramatical, muito embora a tivessem transgredido no espírito ou na intenção do legislador. Portanto, embora pensassem que só se transgredia o sexto mandamento quando se matava um homem, ou o sétimo quando um homem dormia com uma mulher que não fosse sua esposa, o nosso Salvador disse-lhes que a cólera escondida de um homem contra o seu irmão, se for sem uma causa justa, é homicídio: Ouvistes (disse ele) a lei de Moisés, *Não matarás*, e que *Aquele que matar será condenado perante os juízes*, ou perante a sessão dos setenta, mas, digo-vos, ficar colérico contra um irmão sem causa, ou dizer a ele *Raca*, ou *tolo*, é homicídio, e será castigado no dia do Juízo Final e sessão de Cristo e seus apóstolos, com o fogo do inferno. De tal modo que essas palavras não eram usadas para distinguir entre diversos crimes e diversos tribunais de justiça e diversos castigos, mas para taxar a distinção entre um pecado e outro pecado, que os judeus não extraíam da diferença da vontade de obedecer a Deus, mas da diferença dos seus tribunais temporais de justiça; e para lhes mostrar que aquele que tenha vontade de magoar a seu irmão, muito embora o efeito só apareça no ultraje, ou não apareça nada, será lançado no fogo do inferno pelos juízes e pela sessão, que será a mesma, não diferentes tribunais no dia do Juízo Final. Posto isto, não vejo o que possa ser tirado deste texto para defender o purgatório.

O sexto trecho é Lc 16,9: *Tornai-vos amigos do injusto Mamon, para que quando falhardes possam receber-vos em tabernáculos eternos*. Isto ele alega para provar a invocação dos santos defuntos. Mas o sentido é simples: devemos tornar-nos amigos dos pobres com os nossos bens e obter deste modo as suas orações enquanto eles viverem. *Quem dá aos pobres empresta a Deus*.

O sétimo é Lc 23,42: *Ó, Senhor, lembrai-vos de mim quando chegardes ao vosso reino*. Portanto, diz ele, há uma remissão dos pecados depois desta vida. Mas a consequência não é correta. O nosso Salvador perdoou-o então e ao chegar novamente em glória lembrar-se-á de ressuscitar para a vida eterna.

O oitavo é At 2,24, onde São Pedro disse de Cristo: *que Deus o tinha ressuscitado e abrandado as penas de morte, porque não era possível que ele fosse detido por ela*, o que ele interpreta como uma descida de Cristo ao purgatório, para ali soltar algumas almas dos seus tormentos – embora esteja claro que era manifesto ser Cristo que se soltava; era ele que não podia ser detido pela morte ou pelo túmulo, e não as almas no purgatório. Mas se o que Beza diz nas suas notas sobre esse trecho for correto, não haverá ninguém que não veja que em vez de *penas* devia estar *ligaduras*; e então não haveria mais razão para procurar o purgatório neste texto.

CAP. XLV
Da Demonologia e outras Relíquias da Religião dos Gentios

[352]

A impressão provocada nos órgãos da visão pelos corpos lúcidos, quer em linha reta, quer em muitas linhas, refletidas a partir dos corpos opacos, ou refratadas na passagem por meio de corpos diáfanos, produz nos seres vivos em que Deus colo-

Origem da demonologia.

cou tais órgãos uma imagem do objeto, de que resulta a impressão, imagem esta denominada *visão*, e que parece não ser mera imagem, mas os próprios corpos fora de nós. Igualmente, quando alguém comprime violentamente o olho, lhe aparece à frente uma luz exterior que ninguém mais vê, porque na verdade não existe tal coisa, mas apenas um movimento nos órgãos internos, pressionando por uma resistência para fora, que o leva a pensar desse modo. E o movimento produzido por esta pressão, continuando depois que o objeto que a causou foi removido, é aquilo que denominamos *imaginação* e *memória* e (durante o sono, e algumas vezes numa grande perturbação dos órgãos provocada por doença ou violência) *sonho*, coisas acerca das quais já falei rapidamente nos capítulos II e III.

Como essa natureza da visão jamais foi descoberta pelos homens que nos tempos antigos aspiravam ao conhecimento natural, e muito menos *pelos que não atentam em coisas tão remotas (como é esse conhecimento) do seu uso presente, foi difícil aos homens conceber essas imagens na imaginação e nos sentidos a não ser como coisas realmente existentes fora de nós*[1]. Alguns (não se sabe nem como nem por que desaparecem) resolvem que se trata de coisas absolutamente incorpóreas, isto é, imateriais*,*[2] formas sem matéria, cor ou figura sem nenhum corpo colorido ou figurado, e que eles podem colocar em corpos aéreos (como uma roupa) para as tornarem visíveis quando quiserem aos nossos olhos corpóreos; outros dizem que são corpos e criaturas vivas, mas feitas de ar ou outra matéria mais sutil e etérea, que, *(no momento em que são vistos)*[3] se condensam. Mas os dois grupos concordam com uma designação para elas, DEMÔNIOS. Como se os mortos com quem

---

[1] No manuscrito do copista está: outros homens, ocupados na busca de poder, honra e meios de satisfazer e assegurar seus apetites animais, não dispõem de tempo, ou não querem ir à cata de nenhuma causa remota daquilo que veem, como conhecer a natureza de sua própria imaginação – esta é a razão pela qual todas as nações conceberam que tais imagens, produzidas pelos sentidos, são coisas realmente existentes fora de nós.

[2] *Syn.*: , ou   [3] *Syn.*: no momento em que são vistos,

XLV. Da Demonologia e outras Relíquias

sonham não fossem os habitantes do seu próprio cérebro, mas sim do ar, do céu ou do inferno; não fantasmas, mas espectros com tanto fundamento como se dissessem que viam o seu próprio espectro num espelho, ou os espectros das estrelas num rio, ou chamassem à vulgar aparição do sol, com cerca de um pé de altura, o *demônio*, ou espectro grande sol que ilumina todo o mundo visível. E por esta razão têm-nos temido, como coisas de um poder desconhecido, isto é, de um poder ilimitado para lhes fazer bem ou mal, e consequentemente deram ensejo aos governantes das repúblicas pagãs para controlarem assim o seu medo, estabelecendo aquela DEMONOLOGIA (na qual os poetas, como sacerdotes principais da religião pagã, eram especialmente empregados, ou reverenciados) necessária para a paz pública e para a obediência dos súditos, e para tornarem alguns deles bons *demônios*, e outros maus, uns como esporas para a observância, os outros como rédeas para impedi-los da *violação*[1] às leis.

[353]

Que espécie de coisas eram essas a que atribuíam o nome de *demônios* é algo que em parte mostram a genealogia dos seus deuses, escrita por *Hesíodo*, um dos mais antigos poetas gregos, e em parte outras histórias, algumas das quais já analisei no capítulo XII deste discurso.

O que eram os demônios para os antigos.

Por meio das suas colônias e conquistas, os gregos transmitiram a sua língua e escritos à Ásia, ao Egito e à Itália, e também, por consequência necessária, a sua *demonologia* ou (como São Paulo lhe chama) as *suas doutrinas dos diabos*. E por este intermédio o contágio chegou também aos judeus, quer da *Judeia*, quer de *Alexandria* e outras regiões onde estavam espalhados. Mas o nome de *demônio* não era por eles atribuído (como acontecia com os gregos) aos espíritos bons e maus, mas só aos maus. E aos bons *demônios* deram o nome do Espírito de Deus, e acreditavam que aqueles em cujos corpos entravam eram profetas. Em suma, todas as singularidades, quando boas, eram atribuídas ao Espírito de Deus, e as más a algum *demônio*, mas a um κακοδαίμων, um mau *demônio*, isto é, um *diabo*. E portanto cha-

Como se espalhou essa doutrina.

Até que ponto aceita pelos judeus.

---

[1] *Syn.*: violação.

Parte 4 – Do Reino das Trevas

mavam *demoníacos*, isto é, *possuídos pelo diabo*, aqueles que denominamos loucos ou lunáticos, ou os que tinham epilepsia, ou que diziam qualquer coisa que eles, por não a compreenderem, consideravam absurda. E também de uma pessoa extremamente suja costumavam dizer que ela tinha um espírito sujo; de um mudo, que ele tinha um espírito mudo, e de *João Batista* (Mt 11,18), devido à singularidade do seu jejum, que ele tinha um diabo, e do nosso Salvador, por dizer que aquele que obedece às suas ordens não verá a morte *in aeternum: Agora sabemos que tu tens um diabo, Abraão morreu e os profetas morreram*; e ainda porque disse (Jo 7,20): *Tentaram matá-lo*, o povo respondeu: *Tu tens um diabo que intenta matar-te?* Resta então manifesto que os judeus tinham a mesma *opinião dos gregos*[1] com relação a fantasmas, a saber, que não eram fantasmas, isto é, ídolos do cérebro, mas coisas reais e independentes da imaginação.

Jo 8,52.

Por que o nosso Salvador não a contrariou.

Se esta doutrina não é verdadeira, por que razão (podem alguns dizer) o nosso Salvador não a contradisse e não ensinou o contrário? Mais, por que razão se serve em diversas ocasiões de formas de discurso tais que parecem confirmá-la? A isto respondo que, em primeiro lugar, quando Cristo diz: *Um espírito não tem carne nem ossos*, embora mostre que há espíritos, não nega que sejam corpos. E, quando São Paulo diz: *Ressuscitaremos como corpos espirituais*, reconhece a natureza dos espíritos, mas que eles são espíritos corpóreos, o que não é difícil de compreender. Pois o ar e muitas outras coisas são corpos, muito embora não sejam carne nem ossos, nem nenhum outro corpo grosseiro capaz de ser discernido pelo olhar. Mas quando o nosso Salvador fala ao diabo e lhe ordena que saia de um homem, se pelo diabo quer dizer uma doença, como frenesi, ou lunatismo, ou um espírito corpóreo, não é imprópria a expressão? Podem as doenças ouvir? Ou pode haver um espírito corpóreo num corpo de carne e osso, já cheio de espíritos vitais e animais? Não há portanto espíritos que nem têm corpos nem são meras fantasias? À primeira pergunta respondo que o fato de o nosso Salvador,

[354]

---

[1] *Syn.*: opinião.

XLV. Da Demonologia e outras Relíquias

ao curar, dar uma ordem à loucura ou ao lunatismo não é mais impróprio do que dirigir uma censura à febre, ou ao vento e ao mar, pois também estes não ouvem; ou do que a ordem de Deus à luz, ao firmamento, ao sol e às estrelas, quando Lhes ordenou que existissem, pois não podiam ouvir antes de terem um ser. Mas essas falas não são impróprias, porque significam o poder da palavra de Deus; portanto, também não é impróprio dar ordens à loucura ou ao lunatismo (com a designação de diabos, pela qual eram então habitualmente entendidos) para que saíssem do corpo de um homem. Quanto à segunda pergunta, referente ao fato de serem incorpóreos, ainda não encontrei nenhum trecho das Escrituras do qual se possa concluir que alguém fosse possuído por nenhum outro espírito corpóreo exceto pelo próprio, por meio do qual move naturalmente o seu corpo.

O nosso Salvador, logo depois que o Espírito Santo desceu sobre ele sob a forma de uma pomba, segundo São Mateus (cap. 4,1), foi *conduzido pelo espírito ao deserto*; e o mesmo é contado (Lc 4,1) com estas palavras: *Estando Jesus cheio do Espírito Santo, foi conduzido em espírito ao deserto*, onde fica evidente que por *espírito* aqui se entende o Espírito Santo. Isto não pode ser interpretado como uma posse, pois Cristo e o Espírito Santo são uma e mesma substância, e isso não é posse de uma substância, ou corpo, por outra. E, enquanto nos versículos seguintes se diz que ele foi *levado pelo diabo para a cidade santa e colocado no pináculo do templo*, deveremos concluir daí que ele estava possuído pelo diabo, ou que foi ali conduzido pela força? E novamente, *transportado dali pelo diabo para uma montanha extremamente alta, o qual lhe mostrou dali todos os reinos do mundo*. Aqui, não devemos acreditar que estivesse possuído ou forçado pelo diabo, nem que uma montanha fosse suficientemente alta (de acordo com o sentido literal) para lhe mostrar todo um hemisfério. Qual pode então ser o sentido deste trecho, senão o de que ele foi por si próprio para o deserto e que este andar para cima e para baixo, do deserto para a cidade, e daqui para uma montanha, era uma visão? Conforme a isto é também a frase de São Lucas, de que ele foi conduzido para o deserto, não *por* um

As Escrituras não ensinam que os espíritos são incorpóreos.

espírito mas *em* espírito, enquanto com relação a ser levado para a montanha e para o pináculo do templo, ele fala como São Mateus. Isso se coaduna com a natureza de uma visão.

[355] Também, quando São Lucas diz de Judas Iscariotes que *Satanás entrou nele, e depois ele foi conversar com os sacerdotes principais e capitães, acerca do modo como podia atraiçoar Cristo para eles*, pode ser respondido que pela entrada nele de *Satanás* (isto é, o inimigo) se pretende significar a intenção hostil e traidora de vender o seu senhor e mestre. Pois, assim como pelo Espírito Santo se entende frequentemente nas Escrituras as graças e boas inclinações dadas pelo Espírito Santo, do mesmo modo pela entrada de Satanás é possível entender as cogitações e os desígnios perversos dos adversários de Cristo e dos seus discípulos. Com efeito, assim como é difícil dizer que o diabo entrou em Judas, antes de ele ter tido um desígnio tão hostil, também é impertinente dizer que ele era primeiro o inimigo de Cristo em seu coração e que o diabo entrou nele depois disso. Portanto, a entrada de Satanás e o seu desígnio perverso eram uma e mesma coisa.

Mas, se não existir nenhum espírito imaterial, nem nenhuma posse dos corpos dos homens por nenhum espírito corpóreo, pode-se novamente perguntar por que razão o nosso Salvador e os seus apóstolos não ensinaram isso ao povo, e com palavras tão claras que não pudessem depois ser postas em dúvida. Porém, questões como estas são mais curiosas do que necessárias para a salvação de um cristão. Os homens podem igualmente perguntar por que razão Cristo, que podia ter dado a todos os homens fé, piedade e toda espécie de virtudes morais, só as deu a alguns e não a todos, e por que razão as deixou à razão natural e à indústria dos homens, e não as revelou sobrenaturalmente a todos ou a qualquer homem. E podem fazer muitas outras perguntas, para as quais contudo podem ser alegadas razões prováveis e piedosas. Pois assim como Deus, quando trouxe os israelitas para a Terra Prometida, não os protegeu ali subjugando todas as nações à sua volta, mas deixou muitas delas, como espinhos no seu flanco, para neles despertar de tempos em tem-

XLV. Da Demonologia e outras Relíquias

pos a sua piedade e indústria, do mesmo modo o nosso Salvador, conduzindo-nos para o seu reino celestial, não destruiu todas as dificuldades das questões naturais, mas deixou-as para exercitarmos a nossa indústria e razão, sendo a finalidade da sua pregação apenas mostrar-nos este simples e direto caminho para a salvação, a saber, a crença neste artigo, que *ele era o Cristo, o filho do Deus vivo, enviado ao mundo para se sacrificar pelos nossos pecados e, ao chegar novamente, reinar gloriosamente sobre os seus eleitos, e para os salvar dos seus inimigos eternamente*. A opinião da posse por espíritos, ou fantasmas, não constitui nenhum impedimento no caminho para a crença nisso, embora seja para alguns uma ocasião de sair do caminho e seguir as suas próprias invenções. Se exigimos das Escrituras uma explicação para todas as questões que podem ser levantadas e que nos perturbam no cumprimento das ordens de Deus, também nos podemos queixar de Moisés por não ter estabelecido o tempo para a criação de tais espíritos, assim como da criação da terra, e do mar, e dos homens, e dos animais. Para concluir, vejo nas Escrituras que há anjos e espíritos, bons e maus, porém não que eles sejam incorpóreos, como são as aparições que os homens veem no escuro, ou nos sonhos ou visões, a que os latinos chamam *Spectra* e tomaram por *demônios*. E vejo, por outro lado, que há espíritos corpóreos (embora sutis e invisíveis), porém não que o corpo de qualquer homem esteja possuído ou habitado por eles, e que os corpos dos santos serão, tal como São Paulo lhes chamou, corpos espirituais.

[356]

Contudo, a doutrina contrária, a saber, que há espíritos incorpóreos, tem até agora prevalecido de tal modo na Igreja que o uso do exorcismo (isto é, da expulsão de demônios por conjuração) se apoiou nela e (embora praticado rara e fracamente) ainda não foi totalmente suprimido. Que havia muitos demoníacos na Igreja primitiva, alguns loucos, e outros doentes singulares, enquanto nos tempos de hoje ouvimos falar e vemos muitos loucos e poucos demoníacos, é algo que não resulta de uma mudança de natureza, mas de nomes. Ora, é outra questão saber por que razão os apóstolos, e depois deles durante algum tempo os pastores da Igreja, curavam essas doenças

O poder de expulsar os demônios não é o mesmo que era na Igreja primitiva.

Parte 4 – Do Reino das Trevas

singulares, o que agora não se vê fazer; como também por que razão não está no poder de cada verdadeiro crente fazer agora tudo o que os fiéis então fizeram, isto é, como lemos (Mc 16,17): *Em nome de Cristo expulsar os demônios, falar com novas línguas, levantar serpentes, beber venenos mortais sem ficar mal, e curar os doentes colocando sobre eles as mãos* e tudo isto sem outras palavras exceto *em nome de Jesus*. E é provável que aqueles dons extraordinários fossem dados à Igreja só enquanto os homens confiassem totalmente no Cristo, e procurassem a sua felicidade apenas no reino que está para vir; e consequentemente que, quando procuravam autoridade e bens e confiavam na sua própria sutileza para um reino deste mundo, estes dons sobrenaturais de Deus lhes eram novamente retirados.

Outra relíquia do gentilismo, adorar as imagens, foi deixada na Igreja, não trazida para ela.

Uma outra relíquia do gentilismo é o *culto das imagens*, que não foi instituído por Moisés no Antigo Testamento, nem por Cristo no Novo, nem ainda trazido dos gentios, mas deixado entre eles, depois de terem dado os seus nomes a Cristo. Antes que o nosso Salvador pregasse, era a religião geral dos gentios cultuar como deuses essas aparências que permanecem no cérebro depois da impressão dos corpos externos sobre os órgãos dos sentidos, comumente chamadas *ideias, ídolos, fantasmas, fantasias*, por serem representações dos corpos externos que os causam, e que nenhuma realidade possuem, tal como nenhuma realidade existe nas coisas que parecem estar diante de nós nos sonhos. E esta é a razão por que São Paulo diz: *Sabemos que um ídolo não é nada*, não porque pensasse que uma imagem de metal, de pedra ou de madeira não fosse nada, mas porque aquilo que eles honravam ou temiam na imagem e que consideravam como um deus era mera ficção, sem lugar, nem habitação, nem movimento, nem existência, exceto nos movimentos do cérebro. E o seu culto com honra divina é aquilo que nas Escrituras se denomina idolatria e rebelião contra Deus. Pois sendo Deus o rei dos judeus e sendo o seu representante primeiro Moisés e depois o Sumo Sacerdote, se se tivesse permitido ao povo o culto e as rezas a imagens (que são representações das suas próprias fantasias), ele deixaria de depender do verdadeiro

XLV. Da Demonologia e outras Relíquias

Deus, do qual não pode haver similitude, e dos seus primeiros-
-ministros, Moisés e os Sumos Sacerdotes, e cada homem ter-se-ia [357]
governado de acordo com o seu próprio desejo, para a completa subversão da república e sua própria destruição, por falta de
união. Portanto, a primeira lei de Deus era: Não devem *tomar
como deuses* ALIENOS DEOS, isto é, *os deuses de outras nações, mas
apenas aquele verdadeiro Deus que condescendeu em falar com Moisés,
e através dele lhes deu leis e direções, para a sua paz, e para a sua salvação dos inimigos*. E a segunda era que *eles não deviam fazer para
si nenhuma imagem para culto, de sua própria invenção*. Pois é o mesmo depor um rei para se submeter a outro rei, quer seja imposto por outra nação, quer por nós próprios.

Os trechos das Escrituras que pretensamente favorecem *Resposta a certos*
o estabelecimento de imagens para culto, ou o seu estabeleci- *supostos textos que*
mento nos lugares onde Deus é venerado, são em primeiro lu- *parecem favorecer*
gar dois exemplos: um o dos querubins sobre a arca de Deus, o *as imagens.*
outro da serpente de bronze. Em segundo lugar, alguns textos
nos ordenando que prestemos culto a certas criaturas pela sua
relação com Deus, como o seu escabelo, e finalmente alguns
outros textos, pelos quais se autoriza uma veneração religiosa de
coisas sagradas. Mas, antes de examinar a força desses textos para
provar aquilo que se pretexta, tenho em primeiro lugar de explicar o que deve se entender por *culto* e por *imagens* e *ídolos*.

Já mostrei no capítulo XX deste discurso* que honrar é *O que é culto.*
avaliar muito alto o poder de qualquer pessoa, e que tal valor
é medido pela comparação com outros. Mas, porque não há
nada que possa ser comparado a Deus em poder, não o honra-
mos mas desonramos com qualquer valor menor que o infinito.
E assim a honra é propriamente, por sua própria natureza, secreta e interior ao coração. Mas os pensamentos interiores dos
homens, que se manifestam exteriormente nas suas palavras e
ações, são os sinais do nosso ato de honrar, e estas são conhecidas pelo nome de CULTO, em latim CULTUS. Portanto, rezar, jurar, obedecer, ser diligente e oficioso no servir, em suma, todas

---

* Na verdade, trata-se do capítulo X. O erro talvez do copista. (N. da R. T.)

Parte 4 – Do Reino das Trevas

as palavras e ações que indicam receio de ofender, ou desejo de agradar são *culto*, quer as palavras e ações sejam sinceras, quer sejam fingidas, e, porque aparecem como sinais do ato de honrar, são também geralmente chamadas *honra*.

Distinção entre culto divino e civil.

O culto que oferecemos aos que consideramos apenas como homens, como reis e homens de autoridade, é o *culto civil*, mas o culto que oferecemos àquilo que pensamos ser Deus, sejam quais forem as palavras, as cerimônias, os gestos ou outras ações, é o *culto divino*. Cair prostrado diante de um rei quando se pensa que é apenas um homem não passa de culto civil, e quem tira o chapéu na igreja por pensar que é a casa de Deus honra com culto divino. Aqueles que procuram a distinção entre o culto divino e civil, não na intenção de quem presta o culto, mas nas palavras δουλάα e λατράα engana-se a si próprio. Com efeito, há duas espécies de servos: os que estão totalmente em poder dos seus senhores, como escravos tomados em combate em guerra e seus filhos, cujos corpos não estão em seu próprio poder (dependendo as suas vidas da vontade dos seus senhores, de tal modo que as perdem à menor desobediência), e que são comprados e vendidos como animais, eram chamados Δοῦλοι, isto é, propriamente escravos, e o seu serviço Δουλέία. A outra espécie, que é a dos que servem (por salário, ou na esperança de alcançarem um benefício dos seus senhores) voluntariamente, é chamada Θῆτες, isto é, servos domésticos, a cujo serviço os senhores não têm outro direito salvo o que está contido nos contratos feitos entre eles. Estas duas espécies de servos têm assim em comum que o seu trabalho lhes é destinado por outrem. E a palavra Λάτρις é o nome geral de ambos, significando aquele que trabalha para outrem, quer como escravo, quer como servo voluntário, de tal modo que Λατράα significa geralmente qualquer serviço, mas Δουλάα apenas o serviço do escravo, e a condição de escravidão. E ambos são usados promiscuamente nas Escrituras (para significar o nosso serviço de Deus): Δουλέία, porque somos os escravos de Deus; Λατράα, porque o servimos, e em qualquer espécie de serviço está implícita não apenas a obediência mas também o culto, isto é, aquelas ações, gestos e palavras que significam honra.

[358]

XLV. Da Demonologia e outras Relíquias

Uma IMAGEM (na mais estrita significação da palavra) é a semelhança de algo visível, em cujo sentido as formas fantásticas, as aparições, ou aparências de corpos visíveis à vista, são apenas *imagens*, tal como a aparição de um homem, ou de qualquer outra coisa na água, por reflexão ou refração, ou do sol, ou estrelas por direta visão no ar, que não são nada real nas coisas vistas, nem no lugar onde elas parecem estar; nem são as suas magnitudes e figuras as mesmas que as do objeto, mas mutáveis, pela variação dos órgãos da visão, ou por óculos, e muitas vezes estão presentes na nossa imaginação e nos nossos sonhos, quando o objeto está ausente, ou modificado em outras cores e formas, como coisas que dependem apenas da fantasia. E estas são as imagens que originariamente e mais propriamente são chamadas *ideias* e ÍDOLOS, e derivadas da linguagem dos gregos, para os quais a palavra Ε'ίδω significava *ver*. São também chamadas FANTASMAS, o que é, na mesma língua, *aparições*. E é por causa dessas imagens que uma das faculdades da natureza do homem é chamada *imaginação*. Fica assim manifesto que não há nem pode haver nenhuma imagem de uma coisa invisível.

O que é uma imagem. Fastasmas.

É também evidente que não pode haver imagem alguma de uma coisa infinita, pois todas as imagens e fantasmas que são provocados pela impressão de coisas visíveis têm uma figura, mas a figura é uma quantidade de toda a maneira determinada. Portanto, não pode haver imagem alguma de Deus, nem da alma do homem, nem dos espíritos, mas apenas dos corpos visíveis, isto é, corpos que têm luz em si próprios, ou são por estes iluminados.

E assim como um homem pode fantasiar formas que nunca viu, compondo uma figura com partes de diversas criaturas, tal como os poetas constroem os seus centauros, quimeras e outros monstros nunca vistos, também pode dar matéria a essas formas e produzi-las em madeira, barro ou metal. E estas também são chamadas imagens, não pela semelhança com alguma coisa corpórea, mas pela semelhança com alguns fantásticos habitantes do cérebro daquele que as faz. Mas nestes ídolos, na medida em

Ficções.

[359]

Imagens materiais.

que estão originariamente no cérebro, e na medida em que são pintados, entalhados, moldados em matéria, há uma similitude de uns com os outros, razão pela qual o corpo material feito pela arte pode ser considerado como a imagem do ídolo fantástico feito pela natureza.

Mas num uso mais amplo da palavra imagem está contida também qualquer representação de uma coisa por outra. Assim um soberano terreno pode ser denominado a imagem de Deus, e um magistrado inferior a imagem do soberano terreno. E muitas vezes na idolatria dos gentios havia pouca consideração pela similitude do seu ídolo material com o ídolo da sua fantasia, e contudo denominava-se uma imagem dele, pois uma pedra por desbastar podia ser levantada como Netuno e o mesmo acontecia com diversas outras formas, muito diferentes das formas com que concebiam os seus deuses. E nos tempos atuais vemos muitas imagens da Virgem Maria; e outros santos, diferentes umas das outras, e sem correspondência com nenhuma fantasia do homem. Mesmo assim, servem bastante bem o fim para que foram feitas, o qual não era outro senão por nomes apenas representar as pessoas mencionadas na História, às quais todos os homens aplicam uma imagem mental feita por eles próprios, ou então nenhuma. E assim, no sentido mais amplo, uma imagem é ou a semelhança ou a representação de alguma coisa visível, ou ambas as coisas, como acontece na maior parte das vezes.

Mas o nome de ídolo é ainda mais ampliado nas Escrituras, a ponto de significar também o sol, ou uma estrela, ou qualquer outra criatura, visível ou invisível, quando eles são adorados como deuses.

O que é idolatria.

Tendo mostrado o que é *culto* e o que é *imagem*, reunirei as duas coisas agora e examinarei o que é IDOLATRIA, proibida no segundo mandamento, e em outras passagens das Escrituras.

Cultuar uma imagem é praticar voluntariamente os atos externos que são sinais de veneração, ou da matéria da imagem, que é madeira, metal ou alguma outra criatura visível, ou do fantasma do cérebro, por cuja semelhança ou representação a matéria foi formada e figurada, ou ambas as coisas,

XLV. Da Demonologia e outras Relíquias

como um corpo animado, composto da matéria e do fantasma, como de corpo e alma.

Estar descoberto diante de um homem de poder e autoridade, ou diante do trono de um príncipe, ou nos outros lugares que ele ordenou para esse fim na sua ausência, é cultuar esse homem ou príncipe com culto civil, como um sinal, não de venerar a cadeira, ou lugar, mas a pessoa, e não é idolatria. Mas se aquele que o fizer supuser que a alma do príncipe está na cadeira, ou apresentar uma petição à cadeira, será culto divino e idolatria.

Rogar a um rei as coisas que ele é capaz de fazer por nós, [360] apesar de nos prostrarmos diante dele, não passa de culto civil, porque não reconhecemos nele nenhum outro poder além do humano; mas pedir-lhe voluntariamente bom tempo, ou qualquer outra coisa que só Deus pode fazer por nós, é culto divino e idolatria. Por outro lado, se um rei compelir a isso um homem pelo terror da morte, ou outro grande castigo corporal, não é idolatria, pois o culto que o soberano ordena que lhe seja feito pelo terror das suas leis não é um sinal de que aquele que lhe tiver obedecido o venere intimamente como Deus, mas sim de que ele está desejoso de salvar-se da morte, ou de uma vida miserável, e o que não é um sinal de veneração interior não é culto, e portanto não é idolatria. Nem pode dizer-se que aquele que o fizer escandalize ou coloque algum tropeço diante do seu irmão, porque por muito sábio ou erudito que seja quem cultua dessa maneira, uma outra pessoa não pode argumentar daí que ele o aprova, mas sim que o faz por medo, e que esse não é ato seu, mas ato do soberano.

Cultuar a Deus, em algum lugar especial, ou voltando o rosto para uma imagem ou para um determinado lugar, não é cultuar ou venerar o lugar ou imagem, mas reconhecê-la como sagrada, isto é, reconhecer a imagem, ou o lugar, como à parte do uso comum, pois esse é o significado da palavra *sagrado*. Esta não implica uma nova qualidade no lugar ou na imagem, mas apenas uma nova relação por apropriação a Deus, e portanto não é idolatria, como também não era idolatria cultuar Deus diante da serpente de bronze ou, para os judeus, quando estavam fora do seu país, voltarem os rostos (ao rezarem) para o templo de Jerusalém; ou para Moisés tirar os sapatos quando estava diante da sarça ardente, no solo do monte Sinai, lugar onde Deus tinha escolhido aparecer e dar as suas leis ao povo de Israel, e que era portanto solo sagrado, não por uma santidade inerente, mas por separação para uso de Deus; ou para os cristãos cultuarem nas igrejas, as quais são dedicadas a Deus para esse fim pela autoridade do rei, ou de outro verdadeiro representante da Igreja. Mas cultuar a Deus, como se Ele animasse ou habitasse tal imagem ou lugar, isto é, supondo uma substância infinita num lugar finito, é idolatria, pois tais deuses finitos são apenas ídolos do cérebro, e nada de real. Nas Escrituras, são comumente referidos com as palavras *vaidade*, *mentiras* e *nada*. Também cultuar a Deus, não por animar ou estar presente no lugar ou na imagem, mas com o propósito de ser recordado Dele ou de algumas das Suas obras, no caso de o lugar ou imagem serem dedicados, ou erigidos por uma autoridade privada e não pela autoridade dos que são os nossos pastores, soberanos, é idolatria. Pois o mandamento diz: *Não farás de ti próprio nenhuma imagem gravada*. Deus ordenou a Moisés que erigisse a serpente de bronze, e ele não a fez para si próprio, portanto não foi contra o mandamento. Mas a feitura do bezerro de ouro por Aarão e o povo, sem a autorização de Deus, foi idolatria, não só porque o tomaram como Deus, mas também porque o fizeram para um fim religioso, sem permissão nem de Deus seu soberano, nem de Moisés, que era o seu representante.

Os gentios cultuavam como deuses Júpiter e outros que, quando vivos e como homens, tinham talvez praticado grandes e gloriosos feitos, e cultuavam como filhos de deuses vários homens e mulheres, supondo-se concebidos por uma divindade imortal e um mortal. Isto era idolatria, porque os fizeram assim para si próprios, não tendo autorização de Deus, nem da sua eterna lei da razão, nem da sua vontade positiva e revelada. Nosso Salvador era um homem e nós também acreditávamos que fosse um Deus imortal e filho de Deus, e no entanto isto

XLV. Da Demonologia e outras Relíquias

não é idolatria, porque não construímos essa crença segundo a nossa fantasia, ou juízo, mas segundo a palavra de Deus revelada nas Escrituras. E quanto à adoração da Eucaristia, se as palavras de Cristo, *Isto é o meu corpo*, significam que *ele próprio, e o pão que aparecia na sua mão, e não apenas este, mas todos os pedaços de pão que desde então e em qualquer altura mais tarde seriam consagrados por sacerdotes, seriam outros tantos corpos de Cristo, e contudo todos eles seriam apenas um corpo*, então isso não é idolatria, porque é autorizado pelo nosso Salvador. Mas se o texto não significa isso (pois não há outro que possa ser alegado), então, porque é um culto de instituição humana, é idolatria. Não é suficiente dizer que Deus pode transubstanciar o pão no corpo de Cristo, pois os gentios também sustentaram que Deus era onipotente, e podiam em razão disso assentar uma desculpa igual para a sua idolatria, pretendendo, assim como outros, uma transubstanciação da sua madeira e pedra em Deus Todo-Poderoso.

Os que pretendem que a inspiração divina é uma entrada sobrenatural do Espírito Santo num homem, e não uma aquisição da graça de Deus por doutrina e estudo, encontram-se, penso eu, num dilema muito perigoso. Pois, se não cultuam os homens que acreditam ser assim inspirados, podem cair em impiedade, por não adorarem a presença sobrenatural de Deus. E também, se os cultuam, cometem idolatria, pois os apóstolos jamais permitiram que os cultuassem assim. Portanto, a maneira mais segura consiste em acreditar que pela descida da pomba sobre os apóstolos, e pelo sopro de Cristo sobre eles, quando lhes deu o Espírito Santo e pela sua dádiva pela imposição das mãos, se entendem os sinais que prouve a Deus utilizar, ou ordenar que fossem utilizados, da sua promessa de ajudar essas pessoas no seu estudo para pregar o seu reino, e a sua conversão, para que não fosse escandalosa, mas edificante para os outros.

Além do culto idólatra das imagens, há também um culto escandaloso delas, que é também um pecado, porém não idolatria. *Idolatria* é cultuar por sinais de uma veneração interior e real, mas um *culto escandaloso* não passa de um culto aparente e pode muitas vezes aliar-se a um ódio interior e profundo, tanto

Culto escandaloso das imagens.

[362]

Parte 4 – Do Reino das Trevas

da imagem como do *demônio* fantástico, ou ídolo, a que é dedicado, resultando apenas do receio da morte, ou outra punição pesada. No entanto, constitui pecado daqueles que assim cultuam, no caso de serem homens cujas ações são observadas por outros, como luzes para os guiarem, porque seguindo o seu caminho não podem fazer outra coisa senão tropeçar e cair no caminho da religião, enquanto o exemplo daquele a quem desconsideramos não age em nada sobre nós – pelo contrário, deixa-nos a nossa própria diligência e cuidado – e consequentemente não é causa da nossa queda.

Se portanto um pastor licitamente convocado a ensinar e a dirigir os outros, ou quaisquer outros cujo saber goze de grande reputação, presta honras externas a um ídolo por medo, a menos que torne o seu medo e a sua relutância tão evidentes como o culto, ele escandaliza ao seu irmão, parecendo aprovar a idolatria. Pois o seu irmão, arrazoando com base na ação do seu professor ou daquele cujo conhecimento ele julga grande, conclui que o próprio culto é lícito. E este escândalo é pecado e um *escândalo dado*. Mas, se uma pessoa que não seja pastor, nem goze de eminente reputação pelos seus conhecimentos na doutrina cristã, fizer o mesmo, e outra pessoa a seguir, não se dá nenhum escândalo, pois não tinha causa alguma para seguir tal exemplo. Trata-se apenas de um pretenso escândalo, que a pessoa concebe para si como desculpa perante outros homens. Se a um ignorante, em cujo poder esteja um rei ou Estado idólatra, ordernar-se, sob pena de morte, que preste culto perante um ídolo, e ele detestar o ídolo em seu coração, procederá bem, muito embora, se tivesse força suficiente para suportar a morte em vez de lhe prestar culto, procedesse ainda melhor. Mas, se fizer o mesmo um pastor, que tomou a si o encargo de ensinar a doutrina de Cristo a todas as nações como mensageiro de Cristo, não só será um escândalo pecaminoso no que se refere às consciências de outros cristãos, mas um pérfido abandono de tal encargo.

A súmula daquilo que até agora disse a respeito do culto das imagens é esta: quem presta culto numa imagem, ou em

XLV. Da Demonologia e outras Relíquias

qualquer criatura, quer à sua matéria, quer a qualquer fantasia da sua própria autoria que julga nela residir, ou as duas coisas conjuntamente, ou quem acredita que tais coisas ouvem as suas rezas, ou veem as suas devoções, sem ouvidos, ou olhos, comete idolatria; e quem finge esse culto por medo do castigo, se for um homem cujo exemplo tem influência sobre os seus irmãos, comete um pecado; porém não comete idolatria quem cultua o criador do mundo diante de uma imagem, ou num lugar que ele não fez nem escolheu por si próprio, mas tirou do mandamento da palavra de Deus, como os judeus fizeram ao cultuarem a Deus diante dos querubins, e diante da serpente de bronze durante uns tempos, e no templo de Jerusalém ou em direção a este, o que aconteceu também durante uns tempos.

Agora, quanto ao culto dos santos, imagens, relíquias, e outras coisas hoje em dia praticadas na Igreja de Roma, digo que não são permitidas pela palavra de Deus, nem trazidas para a Igreja de Roma pela doutrina ali ensinada, mas em parte nela deixada pela primeira conversão dos gentios, e depois favorecida, confirmada e aumentada pelos bispos de Roma. [363]

Quanto às provas alegadas com base nas Escrituras, a saber, os exemplos de imagens que Deus indicou fossem erguidas, cabe dizer que não foram erguidas a fim de que o povo ou qualquer homem as cultuasse, mas para que eles cultuassem o próprio Deus diante deles, como anteriormente os querubins sobre a arca e *perante a*[1] serpente de bronze. Com efeito, não lemos que o sacerdote ou algum outro tenha cultuado os querubins, mas pelo contrário lemos (2 Rs 18,4) que Ezequias quebrou em pedaços a serpente de bronze erguida por Moisés, porque o povo lhe queimou incenso. Além disso esses exemplos não são colocados para nós os imitarmos, para que também nós erguêssemos imagens sob o pretexto de cultuar Deus diante deles, porque as palavras do segundo mandamento, *Não farás para ti próprio nenhuma imagem gravada* etc., distinguem entre as imagens que Deus ordenou fossem erguidas e as que erguemos para nós

Resposta ao argumento dos querubins e da serpente de bronze.

[1] *Syn.*: a

próprios. E portanto não é válido o argumento que passa dos querubins ou da serpente de bronze para as imagens inventadas pelo homem, ou do culto ordenado por Deus para o culto escolhido pelos homens. Deve também ser considerado que, assim como Ezequias fez em pedaços a serpente de bronze porque os judeus a adoravam, a fim de que não o fizessem mais, também os soberanos cristãos deviam quebrar as imagens que os seus súditos se habituaram a adorar, a fim de que não houvesse mais ocasião para tal idolatria. Pois nos dias de hoje, toda vez em que o povo ignorante cultua imagens, acredita realmente que há um poder divino nestas. Aliás, ouve dizer aos seus pastores que algumas delas falaram, sangraram, e que foram feitos milagres por elas, atos que o povo concebe como praticados pelo santo, que julgam ser a própria imagem, ou estar dentro dela. Os israelitas, quando adoravam o bezerro, pensavam na verdade que adoravam o Deus que os trouxera para fora do Egito, e contudo era idolatria, porque pensavam que o bezerro fosse Deus, ou que o tinha na sua barriga. E muito embora alguns homens possam pensar que é impossível o povo ser tão parvo a ponto de julgar que uma imagem seja Deus ou um santo, ou de cultuá-la de acordo com essa concepção, as Escrituras claramente apontam para o inverso, como na passagem em que foi feito o bezerro de ouro, o povo disse: *Estes são os teus deuses, ó Israel*, e naquela em que as imagens de Labão são denominadas seus deuses. E todos os dias vemos por experiência em toda a espécie de povo que os homens incapazes de estudar qualquer coisa, exceto a sua alimentação e bem-estar, contentam-se com acreditar em qualquer absurdo, de preferência a preocuparem-se com o seu exame, defendendo a sua crença como se ela fosse por vínculo inalienável, exceto por uma lei expressa e nova.

Mas inferem de alguns outros trechos que é legítimo pintar anjos e também o próprio Deus, como, por exemplo, Deus caminhando no jardim, ou Jacó vendo Deus no cimo da escada, ou outras visões e sonhos. Mas as visões e sonhos, quer naturais, quer sobrenaturais, não passam de fantasmas, e quem pinta uma imagem de qualquer deles não faz uma imagem de

Ex 32,2.
Gn 31,30.

Pintar fantasmas não é idolatria, mas abusar do culto religioso é.

XLV. Da Demonologia e outras Relíquias

Deus, mas do seu próprio fantasma, o que significa fazer um ídolo. Não digo que fazer um quadro de acordo com uma fantasia seja pecado, mas quando é desenhado para ser considerado como uma representação de Deus é contra o segundo mandamento e não pode ser de nenhum uso, exceto para o culto. E o mesmo pode ser dito das imagens dos anjos e dos mortos, a menos que se trate de monumentos de amigos ou de homens dignos de serem lembrados, pois esse uso de uma imagem não é o culto da imagem, mas uma veneração civil, não da pessoa que é, mas da que foi. Porém, quando é feito à imagem que formamos de um santo, sem nenhuma outra razão além de pensarmos que ele ouve as nossas preces e fica satisfeito com as honras que lhes prestamos, quando morto e sem sentidos, atribuímos-lhe mais do que um poder humano, e portanto é idolatria.

Assim, como não existe autoridade nem na lei de Moisés, nem do Evangelho, para o culto religioso de imagens, ou de outras representações de Deus que os homens erigiram para si próprios, ou para o culto da imagem de qualquer criatura no céu ou na terra ou sob a terra, e visto que os reis cristãos, representantes vivos de Deus, não devem ser adorados pelos seus súditos por nenhum ato que signifique uma estima do seu poder maior do que a natureza do homem mortal é suscetível, não se pode conceber que o culto religioso agora em uso tenha sido trazido para a Igreja por uma má interpretação das Escrituras. Resta portanto a hipótese de que foi nela deixado por não serem destruídas as próprias imagens quando da conversão dos gentios que as adoravam.

A causa disso era a estima imoderada e os preços atribuídos à execução dessas imagens, que fizeram seus donos (embora convertidos, religiosamente adoravam-nas como haviam adorado os demônios) as conservarem ainda nas suas casas, com o pretexto de o fazerem em honra de *Cristo*, da *Virgem Maria*, e dos *apóstolos*, e outros pastores da Igreja primitiva. Com efeito, era fácil, dando-lhes novos nomes, tornar uma imagem da *Virgem Maria*, e do seu *Filho* nosso Salvador, aquilo que antes era denominado a imagem de *Vênus* e de *Cupido* e de um *Júpiter* fa-

Como a idolatria foi deixada na Igreja.

Parte 4 – Do Reino das Trevas

zer um *Barnabé*, e, de um *Mercúrio*, um *Paulo*, e assim por diante. E, assim como a ambição mundana crescendo gradualmente nos pastores os levou a procurar agradar aos recentes cristãos, e ainda a um gosto por esta espécie de honras que também eles podiam esperar após sua morte, bem como aqueles que as tinham já ganho, do mesmo modo o culto das imagens de Cristo e dos seus apóstolos tornou-se cada vez mais idólatra, exceto alguns tempos depois de Constantino, quando vários imperadores e bispos e concílios gerais observaram a sua ilegitimidade e a condenaram, mas era demasiado tarde ou fizeram-no de maneira demasiado fraca.

Canonização dos santos.

A *canonização de santos* é uma outra relíquia de gentilismo. Nem é uma má interpretação das Escrituras nem uma nova invenção da Igreja romana, mas um costume tão antigo como a própria república de *Roma*. O primeiro a ser canonizado em Roma foi *Rômulo*, e isto devido à narrativa de *Júlio Próculo*, que jurou diante do Senado ter falado com ele depois da sua morte, e ter-lhe assegurado que morava no céu, lá era chamado *Quirino*, e seria propício ao Estado da nova cidade. E sobre isto o Senado deu *testemunho público* da sua santidade. *Júlio César* e outros imperadores depois dele tiveram idêntico *testemunho*, isto é, foram canonizados como santos, pois a CANONIZAÇÃO é agora definida por tal testemunho e é o mesmo que a Ἀποθέωσις dos gentios.

O nome de Pontifex.

Foi também dos pagãos romanos que os papas receberam o nome e poder de PONTIFEX MAXIMUS. Este era o nome daquele que na antiga república de Roma tinha a autoridade suprema, sob o Senado e o povo, para regular todas as cerimônias e doutrinas referentes à religião. E, quando *Augusto César* mudou o Estado para uma monarquia, ele reservou para si apenas este cargo e o de tribuno do povo (isto é, o poder supremo, quer no Estado, quer na religião), e os imperadores que lhe sucederam desfrutaram desses cargos. Mas, na época do Imperador Constantino, o primeiro a professar e autorizar a religião cristã, estava de acordo com a sua profissão de fé fazer que a religião fosse regulada (sob a sua autoridade) pelo bispo de Roma, embora pa-

XLV. Da Demonologia e outras Relíquias

reça que não receberam logo o nome de *pontifex*, mas sim que os bispos seguintes o tomaram para si por iniciativa própria, para fortalecerem o poder que exerciam sobre os bispos das províncias romanas. Pois não foi nenhum privilégio de São Pedro, mas o privilégio da cidade de Roma que os imperadores sempre estavam prontos a apoiar, que lhes deu tal autoridade sobre os outros bispos, como se pode ver claramente pelo fato de o bispo de Constantinopla, quando o imperador tornou esta cidade a sede do império, pretender ser igual ao bispo de Roma, embora por fim, não sem luta, o papa tenha vencido e se tenha tornado *Pontifex Maximus*. No entanto, isso sucedeu apenas por concessão do imperador, e não fora dos limites do império, nem em parte alguma depois que o imperador perdeu o seu poder em Roma, muito embora fosse o próprio papa quem tirou dele o seu poder. A propósito, isso nos permite observar que não há lugar para a superioridade do papa sobre os outros bispos, exceto nos territórios onde ele próprio é o soberano civil, e naqueles em que o imperador, tendo o soberano poder civil, expressamente escolheu o papa como principal pastor, sob a sua autoridade, dos seus súditos cristãos.

Levar imagens em *procissão* é outro vestígio da religião dos gregos e dos romanos, pois também eles transportavam os seus ídolos de lugar para lugar, numa espécie de carroça, que era especialmente destinada a esse fim, chamada *thensa* e *vehiculum deorum* pelos latinos, e a imagem era colocada numa moldura ou escrínio, que chamavam *ferculum*. E aquilo que denominavam *pompa* é o mesmo que agora se denomina *procissão*. Por causa disso, entre as honras divinas prestadas a *Júlio César* pelo Senado, uma delas foi esta: na pompa (ou procissão) por ocasião dos jogos circenses, ele teria *thensam et ferculum*, uma carroça sagrada e um escrínio, o que era o mesmo que ser transportado como um deus, tal como nos nossos dias os papas são transportados pelos suíços debaixo de um pálio.

A estas procissões também pertenciam as tochas acesas e as velas diante das imagens dos deuses, tanto entre os gregos como entre os romanos. Mais tarde os imperadores de Roma

Procissão de imagens.

[366]

Velas de cera e tochas acesas.

receberam as mesmas honras, como lemos acerca de *Calígula*, que ao ascender ao império foi transportado de *Misenum* para *Roma*, no meio de uma multidão de gente, por caminhos enfeitados com altares e animais para sacrifício e *tochas* acesas; e acerca de *Caracala*, que foi recebido em *Alexandria* com incenso, e com flores arremessadas, e δαδουχίαις, isto é, com tochas, pois Δαδοῦχοι eram aqueles que entre os gregos seguravam tochas acesas nas procissões dos seus deuses. E ao longo dos tempos o povo devoto mas ignorante muitas vezes prestou honras aos seus bispos com uma pompa semelhante de velas de cera, e às imagens do nosso Salvador e dos santos, constantemente, na própria igreja. E assim se chegou ao uso de velas de cera, que foi também estabelecido por alguns dos antigos Concílios.

Os gentios tinham também a sua *aqua lustralis*, isto é, a *água benta*. A Igreja de Roma também os imita nos seus *dias santos*. Eles tinham as suas *bacanais* e nós temos as nossas *vigílias* que lhes correspondem, eles as *saturnalia*, nós os *carnavais* e a liberdade dos serviços na terça-feira de Entrudo, eles a sua procissão de *Príapo*, nós a festa de ir buscar, levantar e dançar à volta dos *maios*, e dançar é uma das formas de culto; e eles tinham a procissão chamada *ambarvalia* e nós a procissão pelos campos na *semana das ladainhas*. Não penso que estas sejam todas as cerimônias deixadas na Igreja desde a primeira conversão dos gentios, embora sejam todas as que de momento consigo lembrar. Se alguém observasse bem aquilo que é contado nas histórias referentes aos ritos religiosos dos gregos e dos romanos, não duvido de que encontraria mais destas velhas garrafas vazias do gentilismo que os doutores da Igreja romana, ou por negligência ou por ambição, encheram outra vez com o novo vinho da cristandade, que a seu tempo não deixará de os destruir.

CAP. XLVI
Das Trevas *resultantes da* Vã Filosofia *e das* Tradições Fabulosas

Por Filosofia entende-se o conhecimento *adquirido por raciocínio partindo do modo de geração de qualquer coisa e alcançando as propriedades; ou partindo das propriedades e alcançando algum possível modo de geração delas, com a finalidade de ser capaz de produzir, na medida em que a matéria e a força humana o permitirem, os efeitos que a vida humana exige*. Assim o geômetra, partindo da construção de figuras, descobre muitas das suas propriedades, partindo das suas propriedades, novos modos de construir por raciocínio, com a finalidade de ser capaz de medir a terra e a água e para outros inumeráveis usos. Assim o astrônomo, partindo do nascente, do poente e do movimento do Sol e das estrelas, em várias partes dos céus, descobre as causas do dia e da noite e das diferentes estações do ano, e com isso mantém uma contagem do tempo. E o mesmo acontece nas outras ciências.

O que é filosofia.

Por meio dessa definição fica evidente que não consideramos como parte dela aquele conhecimento originário chamado experiência, em que consiste a prudência, porque não é atingido por raciocínio, mas se encontra igualmente nos animais e no homem, nada mais sendo do que a memória de sucessões de eventos em tempos passados, na qual a omissão de qualquer pequena circunstância, alterando o efeito, frustra a expectativa do mais prudente, visto que nada é produzido pelo raciocínio acertadamente senão a verdade geral, eterna e imutável.

A prudência não é parte da filosofia.

Tampouco devemos portanto dar esse nome a nenhuma falsa conclusão, pois quem raciocina corretamente com palavras que entende nunca pode concluir um erro.

Nenhuma falsa doutrina faz parte da filosofia,

Nem àquilo que qualquer homem conhece por revelação sobrenatural, porque não é adquirido por raciocínio.

Nem à revelação sobrenatural,

Parte 4 – Do Reino das Trevas

Nem aprender dando crédito aos autores.

Nem *àquilo*[1] que se obtém por raciocínio da autoridade dos livros, porque não é por raciocínio de causa e efeito, nem do efeito para a causa, e não é conhecimento, mas crença.

Do início e progresso da filosofia.

Sendo a faculdade de raciocinar consequente ao uso da linguagem, não era possível que deixasse de haver algumas verdades gerais descobertas por raciocínio, quase tão antigas como a própria linguagem. Os selvagens da América não deixam de possuir algumas boas proposições morais; também possuem um pouco de aritmética para adicionar e dividir com números não muito grandes. Mas nem por isso são filósofos. Pois assim

[368]

como havia plantas de cereal e de vinho em pequena quantidade espalhadas pelos campos e bosques antes de os homens conhecerem as suas virtudes, ou as usarem como alimento, ou as plantarem separadamente em campos e vinhas, época em que se alimentavam de bolotas e bebiam água, também deve ter havido várias especulações verdadeiras, gerais e úteis desde o início, à maneira de plantas naturais da razão humana. No início, porém, elas escasseavam: os homens viviam baseados na experiência grosseira, não havia método, isto é, não semeavam nem plantavam o conhecimento por si próprios, separado das ervas daninhas e das plantas vulgares do erro e da conjectura. E sendo a causa disso a falta de tempo, dedicado à obtenção das coisas necessárias à vida e à defesa contra os semelhantes, era impossível, até que se erigisse uma grande república, que tudo se passasse de maneira diferente. O *ócio* é o pai da *filosofia*, e a *república*, a mãe da *paz* e do *ócio*. Quando pela primeira vez surgiram grandes e florescentes *cidades*, aí surgiu pela primeira vez o estudo da *filosofia*. Os *gimnosofistas* da *Índia*, os *magos* da *Pérsia* e os *sacerdotes* da *Caldeia* e do *Egito* estão incluídos entre os mais antigos filósofos, e aqueles países foram os reinos mais antigos. A *filosofia* não surgiu entre os *gregos* e os outros povos do ocidente, cujas *repúblicas* (que não eram talvez maiores do que *Lucca* ou *Genebra*) nunca viviam em *paz*, a não ser quando os seus receios recíprocos eram iguais, nem *ócio* para observar outra coisa além

[1] *Syn.*: aquilo

XLVI. Das Trevas resultantes da Vã Filosofia

de si mesmas. Por fim, quando a guerra uniu muitas destas cidades *gregas* menores em poucas e maiores cidades, então começaram a adquirir a reputação de *sábios sete homens* de várias regiões da *Grécia*, alguns deles devido a máximas *morais e políticas*, e outros devido ao saber dos *caldeus* e *egípcios*, que era *astronomia e geometria*. Porém ainda não há notícia de nenhuma *escola de filosofia*.

Depois que os *atenienses*, pela derrota dos exércitos *persas*, alcançaram o domínio do mar, e portanto de todas as ilhas e cidades marítimas do *Arquipélago*, quer da *Ásia* como da *Europa*, tornando-se então ricos, não tinham nada que fazer nem no seu país nem fora dele, exceto (como diz São Lucas, At 17,21) *contar e ouvir notícias*, ou discorrer publicamente sobre *filosofia*, dirigindo-se aos jovens da cidade. Todos os mestres escolheram um lugar para esse fim: *Platão*, em certos passeios públicos denominados *academia*, derivado de *Academus*; *Aristóteles*, no caminho para o templo de *Pã*, chamado *Lyceum*; outros na *Stoa*, ou caminho coberto, onde as mercadorias dos comerciantes eram trazidas para terra, outros em outros lugares, nos quais passavam o tempo do seu ócio ensinando ou discutindo as suas opiniões, e alguns em qualquer lugar onde pudessem reunir a *juventude*[1] para os ouvir falar. E isto foi também o que fez *Carnéades* em *Roma*, quando era embaixador, o que levou *Catão* a aconselhar ao senado que o mandasse embora rapidamente, com receio de que ele corrompesse os costumes dos jovens que se encantavam ao ouvi-lo falar (como eles pensavam) belas coisas.

Das escolas de filosofia entre os atenienses.

Daqui resultou que o lugar onde qualquer deles ensinava e discutia se chamava *schola*, que na sua língua significava ócio, e as suas disputas *diatribæ*, o que significa *passar o tempo*. Também os próprios filósofos tinham o nome das suas seitas, algumas delas derivadas destas escolas. Com efeito, os que seguiam a doutrina de *Platão* eram denominados *acadêmicos*; os seguidores de *Aristóteles*, *peripatéticos*, do nome do caminho onde ele ensinava, e aqueles que *Zenão* ensinava *estoicos*, de *Stoa*, como se

[369]

---

[1] *Syn.*: juventude da cidade

denominássemos os homens em razão de *Morefields, Igreja de São Paulo* e *Bolsa*, porque eles ali se encontram muitas vezes para tagarelar e vaguear.

Contudo, os homens estavam tão presos a este costume que com o tempo ele foi se espalhando por toda a Europa e pela maior parte da África, de modo que havia escolas publicamente erigidas e mantidas para conferências e discussões em quase todas as repúblicas.

Das escolas dos judeus.

Houve também antigamente escolas entre os *judeus*, quer antes, quer depois do tempo do nosso Salvador, mas eram escolas da sua lei. Pois muito embora fossem chamadas *sinagogas*, isto é, congregações do povo, como em todos os sabás a lei era nelas lida, exposta e discutida, não diferiam de natureza, mas apenas de nome das escolas públicas, e não estavam apenas em Jerusalém, mas em todas as cidades dos gentios onde os judeus habitavam. Havia uma escola dessas em *Damasco*, onde *Paulo* entrou para inquirir. Havia outras em *Antioquia, Iconium* e *Tessalônica*, onde ele entrou para discutir, e semelhante era a sinagoga dos *libertinos, cirenaicos, alexandrinos, cilicianos* e as da *Ásia*, isto é, a escola de *libertinos* e de *judeus* que eram estrangeiros em *Jerusalém*. E eram desta escola aqueles que discutiram com *Santo Estêvão*.

A escola dos gregos foi inútil.

Mas qual tem sido a utilidade destas escolas? Que ciência lá existe hoje, adquirida pelas suas leituras e discussões? Aquilo que possuímos de geometria, a mãe da ciência natural, não o devemos às escolas. *Platão*, que foi o melhor filósofo dos gregos, proibiu a entrada em sua escola a todos aqueles que não fossem já de algum modo geômetras. Havia muitos que estudavam esta ciência para grande vantagem da humanidade, porém não há menção das suas escolas, nem havia nenhuma seita de geômetras, nem eram conhecidos pelo nome de filósofos. A filosofia natural dessas escolas era mais um sonho do que uma ciência, vinha exposta numa linguagem sem sentido e insignificante, coisa que não podem evitar os que ensinam filosofia sem terem primeiro atingido um grande conhecimento em geometria, pois a natureza opera por movimento, cujos modos e

XLVI. Das Trevas resultantes da Vã Filosofia

graus não podem ser conhecidos sem o conhecimento das proporções e das propriedades das linhas e das figuras. A sua filosofia moral não passa de uma descrição das suas próprias paixões. De fato, a regra dos costumes sem o governo civil é a lei de natureza, e nela a lei civil, que determina o que é *honesto* e *desonesto*, o que é *justo* e *injusto*, e geralmente o que é *bom* e *mau*. Eles, por sua vez, estabelecem as regras do *bem* e do *mal* conforme o seu *apreço* ou *desapreço*, e por causa disso, levando em conta tamanha variedade de *gostos*[1], não existe nada em que haja concordância, mas todos fazem (na medida em que o ousam) tudo que lhes pareça bom a seus próprios olhos, para subversão da república. A sua *lógica*, que deveria ser o método de raciocinar, nada mais é do que armadilhas de palavras e invenções de como confundir os que intentarem propô-las. Em conclusão, nada há de absurdo que algum dos antigos filósofos não tenha defendido (como diz *Cícero*, que era um deles). E acredito que dificilmente se pode afirmar alguma coisa mais absurda em filosofia natural do que aquilo que hoje se denomina a *metafísica de Aristóteles*, nem mais repugnante ao governo do que a maior parte daquilo que disse na sua *Política*, nem mais ignorante do que uma grande parte da sua *Ética*. [370]

A escola dos judeus era originariamente uma escola da lei de *Moisés*, o qual ordenou (Dt 31,10) que ao fim de cada sete anos, na festa dos tabernáculos, ela fosse lida a todo o povo para que a pudesse ouvir e aprender. Portanto, a leitura da lei (que era de hábito depois do cativeiro) a cada sabá somente tinha como finalidade dar a conhecer ao povo os mandamentos que precisava cumprir e expor-lhe os escritos dos profetas. Mas é manifesto, pelas muitas repreensões que lhe foram feitas pelo nosso Salvador, que eles corromperam o texto da lei com os seus falsos comentários e vãs tradições, e compreenderam tão mal os profetas que nem reconheceram Cristo nem as suas obras que os profetas tinham profetizado. De tal modo que pelas suas preleções e discussões nas sinagogas transformaram a doutrina da

A escola dos judeus foi inútil.

---

[1] *Syn.*: gosto,

sua lei num tipo fantástico de filosofia, referente à incompreensível natureza de Deus e dos espíritos, que eles compuseram da vã filosofia e teologia dos gregos, misturada com as suas próprias fantasias, tiradas dos mais obscuros textos das Escrituras, e que podiam mais facilmente ser distorcidos para os seus objetivos, e tiradas também das tradições fabulosas dos seus antepassados.

O que é Universidade.

Aquilo que agora se chama *universidade* é uma reunião e uma incorporação, sob um governo, de muitas escolas públicas, numa única cidade. Nessa reunião, as principais escolas foram ordenadas para as três profissões, isto é, da religião romana, do direito romano e da arte da medicina. Quanto ao estudo da filosofia não tinha outro lugar senão o de criada da religião romana, e como a autoridade de Aristóteles é a única em curso nela, esse estudo não é propriamente filosofia (cuja natureza não depende de autores) mas aristotelia. E quanto à geometria, até há muito pouco tempo não ocupava lugar absolutamente nenhum por não ser subserviente de nada, exceto da rígida verdade. E se alguém, pelo engenho da sua própria natureza, nela alcançasse algum grau de perfeição, era geralmente considerado um mágico e a sua arte, tida por diabólica.

[371]
Erros trazidos da metafísica de Aristóteles para a religião.

Agora, para descermos aos tópicos particulares da vã filosofia, derivada para as universidades e daqui para a Igreja, em parte proveniente de Aristóteles, em parte da cegueira do entendimento, considerarei em primeiro lugar *estes*[1] princípios. Há uma certa *philosophia prima*, da qual todas as outras filosofias deviam depender, e que consiste principalmente na correta limitação dos significados das designações ou nomes que são de todos os mais universais – limitações essas que servem para evitar ambiguidade e equívocos no raciocínio, e são comumente chamadas definições, tais como as definições de corpo, tempo, espaço, matéria, forma, essência, sujeito, substância, acidente, potência, ato, finito, infinito, quantidade, qualidade, movimento, ação, paixão e várias outras, necessárias à explicação das concepções do homem referentes à natureza e geração dos corpos.

---

[1] *Syn.*: seus

XLVI. Das Trevas resultantes da Vã Filosofia

A explicitação (isto é, o estabelecimento do sentido) destes e de outros termos semelhantes é geralmente chamada nas escolas *metafísica*, já que uma parte da filosofia de Aristóteles tinha este título, mas em outro sentido, pois aí significa *livros escritos ou colocados depois da sua filosofia natural*. No entanto, as escolas encararam-nos como *livros de filosofia sobrenatural*, pois a palavra *metafísica* tem estes dois sentidos. E na verdade aquilo que lá vem escrito está, na maior parte das vezes, tão longe da possibilidade de ser compreendido e é tão contrário à razão natural que quem pensar que há algo para ser compreendido por meio dela precisa considerá-la sobrenatural.

Dizem-nos, a partir desta metafísica que misturada com as Escrituras passa a constituir a Escolástica, que há no mundo certas essências separadas dos corpos, às quais chamam *essências abstratas e formas substanciais*. Para a interpretação deste *jargão* é aqui exigido um pouco mais de atenção do que habitualmente, e por isso peço desculpas aos que não estão habituados a este tipo de discurso para me dirigir aos que o estão. O mundo (não quero dizer apenas a terra, que denomina aqueles que a amam *homens mundanos*, mas também o *universo*, isto é, toda a massa de todas as coisas que existem) é corpóreo, isto é, corpo, e tem as dimensões de grandeza, a saber, comprimento, largura e profundidade; também qualquer parte do corpo é igualmente corpo e tem as mesmas dimensões, e consequentemente qualquer parte do universo é corpo e aquilo que não é corpo não é parte do universo. E porque o universo é tudo, o que não é parte dele não é *nada*, e consequentemente está em *nenhures*. Não se segue daqui que os espíritos não sejam *nada*, pois têm dimensões e são portanto realmente *corpos*, muito embora esse nome, na linguagem comum, seja dado apenas aos corpos visíveis, ou palpáveis, isto é, que possuem algum grau de opacidade. Porém, aos espíritos, chamam-nos incorpóreos, o que é um nome de mais honra e pode portanto ser atribuído com mais piedade ao próprio Deus, em relação ao qual não consideramos que atributo expresse melhor a sua natureza, que é incompreensível, mas o que melhor expressa o nosso desejo de o venerarmos.

Erros a respeito das essências abstratas.

Parte 4 – Do Reino das Trevas

[372] Para sabermos agora com que fundamento dizem existir *essências abstratas* ou *formas substanciais*, devemos considerar o que é que estas palavras significam propriamente. O uso das palavras destina-se a registrar para nós próprios e a tornar manifesto para os outros os pensamentos e concepções do nosso espírito. Algumas destas palavras são os nomes das coisas concebidas, como os nomes de todas as espécies de corpos que atuam sobre os sentidos e deixam uma impressão na imaginação. Outras são os nomes das próprias imaginações, isto é, das ideias ou imagens mentais que temos de todas as coisas que vemos ou recordamos. E outros finalmente são os nomes de nomes, ou de diferentes tipos de discurso, como *universal*, *plural* e *singular* são os nomes de nomes, e *definição*, *afirmação*, *negação*, *verdadeiro*, *falso*, *silogismo*, *interrogação*, *promessa*, *contrato* são os nomes de certas formas de discurso. Outros servem para mostrar a consequência, ou incompatibilidade, de um nome em relação com outro, como quando se diz que *um homem é um corpo* se pretende que o nome *corpo* é necessariamente consequente ao nome *homem*, pois são apenas vários nomes da mesma coisa, *homem*, a qual *consequência adquire significado pela ligação dos dois nomes com a palavra *é**[1]. E assim como usamos o verbo *é*, os latinos usam o seu verbo *est* e os gregos o seu ῎Εστι em todas as suas declinações. Não posso dizer se todas as outras nações do mundo têm nas suas diferentes línguas uma palavra que lhe corresponda ou não, mas tenho a certeza de que não têm necessidade dela, pois colocar os dois nomes em ordem poderia servir para significar a sua consequência, se fosse esse o costume (pois é o costume que dá às palavras a sua força), tal como as palavras *é* ou *ser*, ou *são*, e outras semelhantes.

E se assim fosse, se houvesse uma língua sem nenhum verbo correspondente a *est*, ou *é*, ou *ser*, os homens que dela se servissem não estariam de modo algum menos capacitados para

---

[1] O manuscrito do copista traz a seguinte redação: adquire significado ligando-os com a palavra *é* (palavra que não é o nome de uma coisa, mas) que significa a consequência do último nome *corpo* em relação ao primeiro nome *homem*.

XLVI. Das Trevas resultantes da Vã Filosofia

inferir, concluir, e para toda a espécie de raciocínios do que os gregos e latinos. Mas então o que aconteceria com estes termos *entidade, essência, essencial, essencialidade*, que dele derivam, e com muitos outros que dependem destes, aplicados tão comumente como são? Não são portanto nomes de coisas, mas sinais, pelos quais declaramos conceber a consequência de um nome ou atributo em relação a outro. Assim, quando dizemos *um homem é um corpo vivo*, não queremos dizer que o *homem* seja uma coisa, o *corpo vivo* outra, e o *é* ou *sendo* uma terceira, mas que o *homem* e o *corpo vivo* são a mesma coisa, porque a consequência, *se ele for um homem é um corpo vivo*, é uma consequência verdadeira, expressa pela palavra *é*. Portanto, *ser um corpo, caminhar, falar, viver, ver* e outros infinitos semelhantes, e também *corporeidade, marcha, fala, vida, vista*, e outros que significam exatamente o mesmo são os nomes de *nada*, como já mostrei amplamente noutro lugar.

Mas qual o propósito (pode alguém perguntar) de tais sutilezas numa obra desta natureza, na qual nada mais pretendo senão aquilo que é necessário para a doutrina do governo e da obediência? É com o propósito de que os homens não mais se deixem enganar por aqueles que, com esta doutrina das *essências* [373] *separadas*, construídas sobre a vã filosofia de Aristóteles, os quiserem aterrorizar com nomes vazios, impedindo-os de obedecer às leis do seu país, tal como os homens assustam os pássaros do trigo com um gibão vazio, um chapéu e um cajado. Pois é com este fundamento que, quando um homem morre e é sepultado, dizem que a sua alma (isto é, a sua vida) pode andar separada do corpo e é vista de noite por entre os túmulos. Com o mesmo fundamento dizem que a figura, a cor e o sabor de um pedaço de pão têm um ser, lá onde eles dizem que não há pão. E com o mesmo fundamento dizem que a fé e a sabedoria e outras virtudes são por vezes *infundidas* no homem, outras vezes *assopradas* do céu para dentro dele, como se o virtuoso e as suas virtudes pudessem estar separados, e muitas outras coisas que servem para diminuir a dependência dos súditos em relação ao soberano poder do seu país. Pois quem se esforçará em obedecer às leis, se esperar que a obediência lhe seja infundida ou asso-

Parte 4 – Do Reino das Trevas

prada para dentro? Ou quem não obedecerá a um padre que pode produzir Deus, de preferência ao seu soberano, e mais, de preferência ao próprio Deus? Ou quem, tendo medo de espectros, não terá mais respeito àqueles que sabem fazer a água benta, capaz de os afugentar? E isto bastará como exemplo dos erros que advêm à Igreja das *entidades* e *essências* de Aristóteles. Pode ser que este soubesse tratar-se de uma falsa filosofia, mas escreveu-a como algo consonante e corroborativo da sua religião, temendo o destino de Sócrates.

Tendo uma vez incorrido neste erro das *essências separadas*, veem-se necessariamente envolvidos em muitos outros absurdos dele decorrentes. Pois, como desejam que estas formas sejam reais, são obrigados a atribuir-lhes *algum espaço*. Mas porque mantêm que são incorpóreas, sem a dimensão da quantidade, e todos os homens sabem que espaço é dimensão que só pode ser ocupada pelo que é corpóreo, são levados a defender o seu ponto de vista com uma distinção: elas não estão na verdade em parte alguma *circumscriptive*, mas *definitive*. Estes termos, sendo apenas meras palavras, e neste caso insignificantes, são expressos unicamente em latim, a fim de a sua vacuidade poder ser escondida. Pois a circunscrição de uma coisa nada mais é do que a determinação ou definição do seu espaço, e assim ambos os termos das distinções significam o mesmo. E em particular, da essência do homem que (dizem eles) é a sua alma, afirmam que ela está toda no seu dedo mínimo e toda em qualquer outra parte (por menor que seja) do seu corpo, e contudo não há mais alma em todo o corpo do que em qualquer uma destas partes. Pode alguém supor que se serve a Deus com tais absurdos? E no entanto tudo isto é necessário para a crença, para aqueles que acreditam na existência de uma alma incorpórea separada do corpo.

E, quando chega a ocasião de explicar como pode uma substância incorpórea ser capaz de dor e ser atormentada no fogo do inferno ou do purgatório, não encontram outra coisa para responder senão que é impossível saber como o fogo queima as almas.

Também, visto que o momento é mudança de lugar e as substâncias incorpóreas não são suscetíveis de lugar, afligem-se

XLVI. Das Trevas resultantes da Vã Filosofia

em fazer parecer possível que uma alma vá sem o corpo para o céu, para o inferno ou para o purgatório, e que os espectros dos homens (e posso acrescentar os trajes com que aparecem) caminhem de noite nas igrejas, adros e outros lugares de sepultura. A isto não sei o que possam responder, salvo se disserem que caminham *definitive* e não *circumscriptive*, ou *espiritualmente* e não *temporalmente*, pois tão egrégias distinções são igualmente aplicáveis a qualquer dificuldade.

Quanto ao significado de *eternidade*, não querem que seja uma infindável sucessão de tempo, pois nesse caso não seriam capazes de apresentar uma razão acerca de como é que a vontade de Deus e a preordenação das coisas que estão para vir não deveriam vir antes da sua presciência delas, tal como a causa eficiente antes do efeito, ou o agente antes da ação; nem acerca de muitas outras atrevidas opiniões a respeito da natureza incompreensível de Deus. Mas dir-nos-ão que a eternidade é a permanência do presente, o *nunc-stans* (como as escolas lhe chamam) que nem eles nem ninguém compreende, tal como não compreenderiam um *hic-stans* para uma infinita grandeza de espaço.

<small>Nunc-stans.</small>

E visto que os homens dividem em pensamento um corpo enumerando as suas partes, e enumerando essas partes enumeram também as partes do espaço que ocupam, segue-se que, ao fazermos muitas partes, podemos também fazer muitos lugares dessas partes, e por isso não podem ser concebidas no espírito de nenhum homem mais ou menos partes do que os lugares para elas. Apesar disso, porém, querem fazer-nos crer que pelo supremo poder de Deus um corpo pode estar ao mesmo tempo em muitos lugares, e muitos corpos ao mesmo tempo num só lugar, como se fosse um reconhecimento do poder divino dizer que aquilo que é não é, ou que aquilo que foi não foi. E isto é apenas uma pequena parte das incongruências a que são forçados por disputarem filosoficamente, em vez de admirarem e de adorarem a natureza divina e incompreensível, cujos atributos não podem significar o que Deus é, mas devem significar o nosso desejo de venerar com as melhores designações que pudermos imaginar. Mas os que se aventuram a raciocinar sobre a

<small>*Um corpo em muitos lugares, e muitos corpos num só lugar ao mesmo tempo.*</small>

Parte 4 – Do Reino das Trevas

sua natureza a partir destes atributos de honra, perdendo a sua compreensão logo na primeira tentativa, caem de uma inconveniência para outra, sem fim nem conta – do mesmo modo que um homem ignorante das cerimônias da corte, ao ver-se na presença de uma pessoa de maior distinção do que aquelas com quem está habituado a falar, tropeçando ao entrar, para evitar cair deixa escorregar a capa, para recuperar a capa deixa cair o chapéu e de um embaraço para outro desvenda o seu espanto e rudeza.

Absurdos da filosofia natural, como a gravidade ser causa do peso.

Quanto à *física*, isto é, o conhecimento das causas subordinadas e secundárias dos eventos naturais, não apresentam nenhuma, só palavras vazias. Se desejardes saber por que razão um certo tipo de corpos cai naturalmente no chão enquanto outros se elevam dele naturalmente, as escolas dir-vos-ão, baseadas em Aristóteles, que os corpos que caem são *pesados* e este peso é que os faz descerem. Mas se lhes perguntardes o que entendem por *peso*, defini-lo-ão como uma tendência para se dirigir ao centro da terra, de tal modo que a causa pela qual as coisas caem é uma tendência para estar embaixo, o que é o mesmo que dizer que os corpos descem ou sobem porque o fazem. Ou dir-vos-ão que o centro da terra é o lugar de repouso e conservação para coisas pesadas, e portanto os corpos tendem a ir para lá, como se as pedras e os metais tivessem desejos, ou pudessem discernir em que lugar querem estar, como o homem, ou amassem o repouso, ao contrário do homem, ou como se um pedaço de vidro estivesse menos a salvo numa janela do que caindo na rua.

[375]

Quantidade posta em corpos já feitos.

Se quiséssemos saber por que razão o mesmo corpo parece maior (sem que nada lhe tivesse sido acrescentado) umas vezes do que outras, dizem que parece menor quando está *condensado* e parece maior quando *rarefeito*. O que é *condensado* e *rarefeito*? Condensado é quando há na mesma matéria menos quantidade do que antes, e rarefeito quando há mais – como se pudesse haver matéria sem uma determinada quantidade, quando a quantidade nada mais é do que a determinação de matéria, isto é, de corpo, razão pela qual dizemos que um corpo é maior ou

XLVI. Das Trevas resultantes da Vã Filosofia

menor do que outro, tanto ou quanto. Ou como se um corpo estivesse feito sem nenhuma quantidade, e que mais tarde fosse nele colocada mais ou menos, conforme se pretendesse que o corpo fosse mais ou menos denso.

Quanto à causa da alma do homem, dizem *creatur infundendo e creando infunditur*, isto é, *é criada por infusão e infundida pelo criador*.

Infusão das almas.

Quanto à causa da sensação, uma ubiquidade de *species*, isto é, das *aparições* dos objetos, as quais quando são aparições ao olhar são *vista*, à orelha *ouvido*, ao palato *gosto*, ao nariz *cheiro* e quanto ao resto do corpo *sentir*.

Ubiquidade de aparição.

Quanto à causa da vontade para realizar determinada ação, denominada *volitio*, atribuem-na à faculdade, isto é, à capacidade em geral que os homens têm para querer umas vezes uma coisa, outras vezes outra, a qual é chamada *voluntas*, fazendo da *potência* a causa do *ato*, como se se atribuísse como causa dos bons e maus atos dos homens a sua capacidade para praticá-los.

Vontade, causa do querer.

E em muitas ocasiões apontam como causa dos eventos naturais a sua própria ignorância, mas disfarçada em outras palavras, como ao dizerem que a fortuna é a causa das coisas contingentes, isto é, das coisas de que não conhecem a causa; e como quando atribuem muitos efeitos a *qualidades ocultas*, isto é, qualidades deles desconhecidas e portanto também, pensam eles, não conhecidas por mais ninguém. E atribuem efeitos também a *simpatia, antipatia, antiperistasis, qualidades específicas* e outros termos semelhantes, que não significam nem o agente que os produz, nem a operação pela qual são produzidos.

Simpatia, antipatia e outras qualidades ocultas.[1]

Se uma *metafísica* e uma *física* como estas não forem *vã filosofia*, então nunca houve nenhuma, nem teria sido necessário que São Paulo nos avisasse para a evitarmos.

[376]

E quanto à sua filosofia moral e civil, os absurdos são os mesmos ou maiores. Se alguém praticar um ato de injustiça, isto é, um ato contrário à lei, Deus, dizem eles, é a causa primeira

E que um faz as coisas incongruentes, e outro a incongruência.[2]

---

[1] Syn.: *A ignorância com causa oculta.*
[2] Syn.: *Um faz as coisas incongruentes, e outro, a incongruência.*

Parte 4 – Do Reino das Trevas

da lei e também a causa primeira daquela e de todas as outras ações, porém não é de modo algum causa da injustiça, que consiste na inconformidade da ação com a lei. Isto é vã filosofia. Poderia igualmente dizer-se que um homem faz tanto a linha reta como a linha curva, e um outro faz a sua incongruência. E esta é a filosofia de todos os homens que decidem acerca das suas conclusões antes de conhecerem as suas premissas, tendo a pretensão de compreender o que é incompreensível, e dos atributos da honra fazer atributos da natureza, na medida em que esta distinção foi feita para defender a doutrina do livre--arbítrio, isto é, a de uma vontade do homem não sujeita à vontade de Deus.

E que o apetite particular [é] a regra do bem e do mal público[1]

Aristóteles e outros filósofos pagãos definem o bem e o mal pelo apetite dos homens, e isto é correto enquanto os considerarmos governados cada um pela sua própria lei, pois na condição de homens que não têm outra lei além do seu próprio apetite não pode haver uma regra geral das boas e más ações. Mas numa república esta medida é falsa: não é o apetite dos homens privados que constitui a medida, mas a lei, que é a vontade e o apetite do Estado. E contudo ainda se pratica esta doutrina, julgando os homens da bondade ou da malvadez das suas próprias ações, ou das dos outros homens e das ações da própria república, pelas suas próprias paixões. Ora, ninguém chama bom ou mau senão aquilo que o é a seus próprios olhos, sem nenhuma preocupação com as leis públicas, exceto apenas os monges e frades que estão obrigados por voto à simples obediência ao seu superior a que qualquer súdito se devia considerar obrigado pela lei de natureza perante o soberano civil. E esta medida privada do bem é uma doutrina não apenas vã, mas também perniciosa para o Estado público.

E que o casamento legítimo *é incontinência*[3]

Constitui também vã e falsa filosofia dizer que o casamento repugna à castidade, ou continência, e portanto *torná-lo vício moral*[2], como o fazem os que alegam castidade e conti-

---

[1] Syn.: *O apetite privado como regra do bem público;*
[2] Syn.: torná-los vícios morais; [3] Syn.: *é falta de castidade.*

XLVI. Das Trevas resultantes da Vã Filosofia

nência para negarem o casamento do clero. De fato, confessam que se trata apenas de uma constituição da Igreja que exige às ordens sagradas que continuamente servem o altar e administram a eucaristia uma contínua abstinência de mulheres sob a alegação de contínua castidade, continência e pureza. Portanto, chamam à legítima função da esposa falta de castidade e de continência, e assim fazem do casamento um pecado, ou pelo menos uma coisa tão impura e suja que torna um homem impróprio para o altar. Se a lei fosse feita porque servir-se de esposas é incontinência e contrário à castidade, então todo casamento seria vício; se é porque se trata de uma coisa demasiado impura e suja para um homem consagrado a Deus, muito mais outras ocupações naturais, necessárias e diárias que todos os homens têm, tornariam os homens impróprios para serem padres, porque são muito mais sujas.

[377]

Mas o fundamento secreto desta proibição do casamento dos padres não se encontra provavelmente nesses erros de filosofia moral, nem mesmo na preferência pela vida de solteiro em relação ao estado do matrimônio derivada da sabedoria de São Paulo, que se deu conta de como era inconveniente para aqueles que naqueles tempos de perseguição eram pregadores do Evangelho, e se viam obrigados a fugir de um país para outro, serem entravados pelos cuidados com mulher e filhos. Encontra-se, isso sim, no desígnio dos papas e padres dos tempos subsequentes de se tornarem o clero, isto é, os únicos herdeiros do reino de Deus neste mundo, e para isso era necessário tirar deles o hábito do casamento, porque o nosso Salvador disse que, quando chegar o seu reino, os filhos de Deus não *casarão nem serão dados em casamento, mas serão como os anjos do céu,* isto é, espirituais. Dado que então tinham tomado para si o nome de espirituais, teria sido uma incongruência permitirem-se (quando não havia necessidade disso) a propriedade de esposas.

Com a filosofia civil de Aristóteles aprenderam a chamar a todas as repúblicas que não fossem populares (como era naquele tempo a república de Atenas) *tiranias*. A todos os reis chamaram tiranos, e à aristocracia dos trinta governadores ali esta-

E que só o governo popular não é tirania.

belecidos pelos lacedemônios que os subjugaram, os trinta tiranos. Igualmente aprenderam a chamar à condição do povo sob a democracia *liberdade*. Originariamente um *tirano* significava simplesmente um *monarca*, mas, quando mais tarde, na maior parte da Grécia, essa forma de governo foi abolida, o nome começou a significar não apenas a coisa, como antes, mas com ela o ódio que os Estados populares lhe votavam. Do mesmo modo, também o nome de rei se tornou odioso depois da deposição dos reis em Roma, sendo uma coisa natural a todos os homens conceberem alguma grande falta a ser expressa em qualquer atributo que se dá por despeito a um grande inimigo. E quando os mesmos homens ficarem descontentes com os que detêm a administração da democracia ou aristocracia, não vão procurar nomes ignominiosos com os quais possam exprimir a sua cólera, mas imediatamente chamam uma de *anarquia* e outra de *oligarquia*, ou *tirania de alguns*. E o que ofende o povo não é outra coisa senão ser governado, não como cada um o faria, mas como o representante público, quer se trate de um homem ou de uma assembleia de homens, julgar conveniente, isto é, por meio de um governo arbitrário. Esta é a razão por que atribuem maus epítetos aos seus superiores, desconhecendo sempre (até talvez um pouco depois de uma guerra civil) que sem esse governo arbitrário tal guerra seria perpétua e que são os homens e as armas, não as palavras e as promessas, que fazem a força e o poder das leis.

Que as leis governam, e não os homens.

[378]

Portanto, este é um outro erro da política de Aristóteles, a saber, que numa república bem ordenada não são os homens que governam, e sim as leis. Qual é o homem dotado dos seus sentidos naturais, muito embora não saiba ler nem escrever, que não se encontra governado por aqueles que teme e que, acredita, o podem matar ou ferir, se ele não lhes obedecer? Ou que acredita que a lei o pode ferir, isto é, palavras e papel, sem as mãos e as espadas dos homens? E este pertence ao número dos erros perniciosos, pois induz os homens, sempre que eles não gostam dos seus governantes, a aderir aos que lhes chamam tiranos e a pensar que é legítimo fazer guerra contra eles. E contudo são muitas vezes exaltados do púlpito pelo clero.

XLVI. Das Trevas resultantes da Vã Filosofia

Há um outro erro na sua filosofia civil (e este nunca aprenderam com Aristóteles, nem com Cícero, nem com nenhum outro dos pagãos) que consiste em estender o poder da lei, a qual é apenas a regra das ações, até os próprios pensamentos e consciências dos homens, por meio de exame e de *inquisição* daquilo que eles sustentam, não obstante a conformidade do seu discurso e das suas ações. Por causa disso, os homens ou são punidos por responderem a verdade dos seus pensamentos, ou constrangidos a responder uma mentira com medo do castigo. É verdade que o magistrado civil, ao pretender atribuir a um ministro o cargo de ensinar, pode inquiri-lo para saber se ele está satisfeito em pregar estas e aquelas doutrinas, e em caso de recusa pode negar-lhe o emprego. Mas forçá-lo a acusar-se de opiniões quando as suas ações não são proibidas pela lei é contra a lei de natureza, e especialmente por parte dos que ensinam que o homem será condenado a tormentos eternos e extremos se morrer com uma falsa opinião a respeito de um artigo da fé cristã. Pois quem há que, sabendo existir um tão grande perigo num erro, não seja levado pelo natural cuidado de si próprio a não arriscar a sua alma com o seu próprio juízo, de preferência ao de qualquer outro homem que nada tem que ver com a sua danação?

Que as leis podem [ilegível] à consciência.[1]

Com efeito, particulares, sem autoridade da república, isto é, sem a permissão do seu representante, interpretarem a lei pelo seu próprio espírito, constitui um outro erro em política, porém não tirado de Aristóteles, nem de nenhum dos outros filósofos pagãos. Pois nenhum deles nega que no poder de fazer as leis está também compreendido o poder de as explicar, quando necessário. E não são as Escrituras, em todos os textos que constituem lei, feitas lei pela autoridade da república, e consequentemente uma parte da lei civil?

Que os indivíduos podem interpretar a lei como quiserem.[2]

Constitui erro da mesma espécie quando alguém exceto o soberano restringe em qualquer homem o poder que a república não restringiu, como fazem os que se apropriam da pregação

---

[1] *Syn.*: *Leis acima da consciência.*
[2] *Syn.*: *Interpretação particular da lei.*

Parte 4 – Do Reino das Trevas

do Evangelho para uma certa ordem de homens, quando as leis a deixaram livre. Se o Estado me dá a liberdade para pregar ou ensinar, isto é, não mo proíbe, nenhum homem mo pode proibir. Se me encontro entre os idólatras da América, deverei pensar que eu, que sou um cristão, muito embora não me tenha ordenado, cometo um pecado se pregar Jesus Cristo até ter recebido ordens de Roma? Ou que, depois de pregar, não devo responder às suas dúvidas e fazer-lhes uma exposição das Escrituras, isto é, que não devo ensinar? Mas para isso, podem alguns dizer, assim como também para lhes administrar os sacramentos, a necessidade será levada em conta para tal missão, o que é verdade. Ora, é também verdade que para qualquer caso é devida uma dispensação em razão de necessidade, porque a mesma coisa não precisa de nenhuma dispensação quando não há nenhuma lei que a proíba. Portanto, negar estas funções àqueles a quem o soberano civil não as negou é tirar uma liberdade legítima, o que é contrário à doutrina do governo civil.

Linguagem dos escolásticos,

Seria possível apresentar outros tantos exemplos da vã filosofia trazida para a religião pelos doutores da Escolástica, mas outros homens podem, se quiserem, observá-los por si próprios. Acrescentarei apenas isto, que os escritos dos escolásticos nada mais são, na sua maioria, do que torrentes insignificantes de estranhas e bárbaras palavras, ou de palavras usadas de modo distinto do uso comum da língua latina, como a usariam Cícero e Varrão e todos os gramáticos da antiga Roma. Se alguém quiser comprová-lo, vejamos (como já disse antes) se é capaz de traduzir algum escolástico para qualquer das línguas modernas, como francês, inglês, ou qualquer outra copiosa língua, pois aquilo que na maior parte destas línguas não pode ser tornado inteligível não é inteligível em latim. Embora eu não possa registrar esta insignificância de linguagem como falsa filosofia, ela possui o dom não só de esconder a verdade, mas também de levar os homens a pensar que a encontraram, desistindo de novas buscas.

Erros devidos à tradição.

Finalmente, passemos aos erros provenientes de uma história incerta e falsa: o que são, senão fábulas de velhas, todas essas

XLVI. Das Trevas resultantes da Vã Filosofia

lendas de milagres fictícios nas vidas dos santos, e todas as histórias de aparições e fantasmas citadas pelos doutores da Igreja romana para apoiar as suas doutrinas do inferno e do purgatório, o poder do exorcismo e outras doutrinas que não têm nenhum aval nem na razão, nem nas Escrituras, como também todas aquelas tradições a que chamam a palavra oral de Deus? Muito embora delas se encontre alguma coisa dispersa nos escritos dos antigos padres, estes eram homens que tendiam com excessiva facilidade a acreditar em falsas narrativas. O fato de apresentarem as suas opiniões como testemunho da verdade daquilo em que acreditavam não tem mais força junto daqueles que (segundo o conselho de São João, 1 Jo 4,1) examinam os espíritos, do que, em todas as coisas relativas ao poder da Igreja romana (de cujo abuso eles não suspeitavam ou do qual recebiam benefícios), desacreditar o seu testemunho quanto a uma crença demasiado temerária nas narrativas, à qual os homens mais sinceros, sem grande conhecimento das causas naturais (como eram os padres), estão geralmente mais sujeitos – pois naturalmente os melhores homens são os que menos suspeitam de fins fraudulentos. O papa Gregório e São Bernardo têm algo sobre aparições de fantasmas que lhes disseram estarem no purgatório, e também o nosso Beda tem alguma coisa, mas, creio, sempre por relato de outrem. Porém, se eles ou quaisquer outros relatarem tais histórias do seu próprio conhecimento, não estarão com isso confirmando tais relatos vãos, mas apenas desvendando a sua própria debilidade, ou fraude.

À introdução da falsa filosofia podemos também acrescentar a supressão da verdadeira filosofia por parte dos homens que, nem por autoridade legítima, nem por estudo suficiente, são juízes competentes da verdade. As nossas próprias navegações tornam manifesto, e todos os homens versados nas ciências humanas agora reconhecem, que há antípodas. E todos os dias se torna cada vez mais visível que os anos e os dias são determinados pelos movimentos da Terra. Contudo, os homens que nos seus escritos consideraram esta doutrina como uma

[380]
Supressão da razão.

ocasião para apresentar as suas razões pró e contra têm sido por causa dela punidos pela autoridade eclesiástica. Mas que razão há para isso? Será porque tais opiniões são contrárias à verdadeira religião? Não podem sê-lo, se são verdadeiras. Deixemos portanto que a verdade seja primeiro examinada por juízes competentes, ou refutada por aqueles que reivindicam saber o contrário. Será porque são contrárias à religião estabelecida? Deixemos que sejam silenciadas pelas leis daqueles a quem estão sujeitos os seus mestres, isto é, pelas leis civis, pois é possível punir legalmente a desobediência daqueles que, contra as leis, ensinam até mesmo a verdadeira filosofia. Será porque tendem à desordem no governo, por favorecerem rebeliões ou sedições? Deixemos então que sejam silenciadas e os mestres punidos em virtude do poder a quem está entregue o cuidado da tranquilidade pública, que é a autoridade civil. Pois, seja qual for o poder eclesiástico que assumam (em qualquer lugar onde estejam sujeitos ao Estado), o seu próprio direito, muito embora lhe chamem o direito de Deus, não passa de usurpação.

[381]

CAP. XLVII
Do Benefício *resultante de tais Trevas e a quem aproveita*

Aquele que recebeu benefício de um ato é considerado seu autor.

    Cícero faz uma honrosa menção de um dos *Cássios*, severo juiz dos romanos, por causa de um costume que tinha, nas causas criminais (quando o depoimento das testemunhas não era suficiente), de perguntar aos acusadores *Cui bono*, isto é, que lucro, honra ou outro proveito o acusado obtinha ou esperava do ato. Pois entre as presunções não há nenhuma que mostre com tanta evidência o autor do que o Benefício da ação. Pela mesma regra pretendo neste lugar examinar quem é que du-

XLVII. Do Benefício resultante de tais Trevas

rante tanto tempo dominou o povo nesta região da cristandade com estas doutrinas contrárias às pacíficas sociedades humanas.

Em primeiro lugar, ao seguinte erro, *a atual Igreja agora militante sobre a terra é o Reino de Deus* (isto é, o reino de glória, ou terra da promissão, não o reino da graça que é apenas uma promessa da terra), estão ligados os benefícios terrenos que se seguem: primeiro, os pastores e mestres da Igreja têm direito, como ministros públicos de Deus, de governar a Igreja e consequentemente (porque a Igreja e a república são a mesma pessoa) a serem reitores e governantes da república. Por causa desse direito é que o papa prevaleceu sobre os súditos de todos os príncipes cristãos, levando-os a acreditar que desobedecer-lhe era desobedecer ao próprio Cristo, e em todas as divergências entre ele e outros príncipes (fascinados com a expressão *poder espiritual*) a abandonar os seus legítimos soberanos, o que com efeito é uma monarquia universal sobre toda a cristandade. Pois, muito embora tenham primeiro sido investidos no direito de serem os supremos mestres da doutrina cristã pelos imperadores cristãos e sob o governo destes, dentro dos limites do império romano (como eles próprios reconhecem) com o título de *Pontifex Maximus*, que era um funcionário sujeito ao Estado civil, depois de dividido o império, não foi difícil introduzir junto do povo já a eles sujeito um outro título, a saber, o direito de São Pedro, não apenas de conservar intacto o seu pretenso poder, mas também de o ampliar sobre as mesmas províncias cristãs, embora estas não estivessem mais unidas no império de Roma. Este benefício de uma monarquia universal (considerando o desejo dos homens de terem uma autoridade) constitui uma presunção suficiente de que os papas que a ela aspiraram, e que durante muito tempo a desfrutaram, eram os autores da doutrina pela qual foi alcançada, a saber, que a Igreja agora sobre a terra é o reino de Cristo. Pois, aceito isto, tem de se aceitar que Cristo tenha um representante entre nós para dizer-nos quais são as suas ordens.

> *Que a Igreja militante é o Reino de Deus começou por ser ensinado pela Igreja de Roma.*

Depois que certas Igrejas renunciaram a este poder universal do papa, seria razoável esperar que os soberanos civis em

Parte 4 – Do Reino das Trevas

todas essas Igrejas recuperassem dele tanto quanto era seu próprio direito (antes de o terem deixado ir, embora inadvertidamente) e estava em suas mãos. E na Inglaterra isso aconteceu efetivamente, tirante aqueles, mediante os quais os reis administravam o governo da religião, sustentando que o seu cargo era de direito divino, pareceram usurpar, se não a supremacia, pelo menos uma certa independência do poder civil, e pareciam usurpá-lo ao mesmo tempo que reconheciam no rei o direito de os despojar a seu bel-prazer do exercício das suas funções.

E sustentado também pelo presbitério.

Mas nos lugares em que o presbitério assumiu esse cargo, embora muitas outras doutrinas da Igreja de Roma estivessem proibidas de serem ensinadas, esta doutrina, de que o reino de Cristo já chegou e começou com a ressurreição do nosso Salvador, continuou ainda a ser sustentada. Mas *cui bono*? Que vantagem esperavam dela? A mesma que os papas esperavam: ter poder soberano sobre o povo. Pois o que é para os homens excomungar o seu legítimo soberano, senão afastá-lo de todos os lugares do serviço público de Deus no seu próprio reino? E resistir-lhe mediante o uso da força, quando ele pela força tenta corrigi-los? Ou o que é, sem autoridade do soberano civil, excomungar uma pessoa senão retirar-lhe a sua legítima liberdade, isto é, usurpar um poder ilegítimo sobre os seus irmãos? Portanto, os autores destas trevas na religião são o clero romano e o clero presbiteriano.

Infalibilidade.

Neste ponto refiro também todas as doutrinas que lhes servem para manter a posse desta soberania espiritual, depois que foi alcançada. Em primeiro lugar, a doutrina de que o *papa na sua capacidade pública não pode errar*. Pois quem é que, acreditando ser isto verdade, não lhe obedecerá prontamente em tudo aquilo que lhe aprouver ordenar?

Sujeição dos bispos.

Em segundo lugar, que todos os outros bispos, seja em que república for, não recebem o seu direito nem imediatamente de Deus, nem mediatamente dos seus soberanos civis, mas do papa, é uma doutrina pela qual acabam por existir em todas as repúblicas cristãs muitos homens poderosos (pois assim o são os bispos) que são dependentes do papa e que lhe devem obe-

XLVII. Do Benefício resultante de tais Trevas

diência, embora ele seja um príncipe estrangeiro. Com isso, o papa é capaz de (como muitas vezes o fez) instigar uma guerra civil contra o Estado que não se submeter a ser governado segundo o seu prazer e interesse.

Em terceiro lugar, a isenção destes e de todos os outros padres, e de todos os monges e frades, em relação ao poder das leis civis. Pois deste modo muitos súditos de todas as repúblicas usufruem o benefício das leis e são protegidos pelo poder do Estado civil, sem contudo pagarem nenhuma parte da despesa pública, nem estarem sujeitos às penas devidas aos seus crimes como os outros súditos, e consequentemente não receiam ninguém exceto o papa e aderem apenas a ele para defender a sua monarquia universal.

Isenções do clero.

Em quarto lugar, a atribuição aos seus padres (que no Novo Testamento nada mais são do que presbíteros, isto é, anciãos) do nome de *sacerdotes*, isto é, sacrificadores, que era o título do soberano civil e dos seus ministros públicos entre os judeus quando Deus era o seu rei. Também o fato de fazer da ceia do Senhor um sacrifício serviu para levar o povo a acreditar que o papa tinha sobre todos os cristãos o mesmo poder que Moisés e Aarão tinham sobre os judeus, isto é, todo o poder, quer civil, quer eclesiástico, que então possuía o Sumo Sacerdote.

O nome de sacerdotes e de sacrifícios.
[383]

Em quinto lugar, o fato de ensinar que o matrimônio é um sacramento deu ao clero o direito de julgar a legitimidade dos casamentos, e portanto quais os filhos legítimos, e consequentemente qual o direito de sucessão a reinos hereditários.

O sacramento do matrimônio.

Em sexto lugar, a negação do casamento aos padres serviu para assegurar este poder do papa sobre os reis. Pois se um rei for padre não pode casar e transmitir o seu reino à sua posteridade; se não for padre, o papa reivindica essa autoridade eclesiástica sobre ele e sobre o seu povo.

O celibato dos padres.

Em sétimo lugar, pela confissão auricular obtém, para a manutenção do seu poder, um melhor conhecimento dos desígnios dos príncipes e dos grandes personagens do Estado civil do que estes podem obter acerca dos desígnios do Estado eclesiástico.

Confissão auricular.

Parte 4 – Do Reino das Trevas

Canonização dos santos e declaração dos mártires.

Em oitavo lugar, pela canonização dos santos e pela declaração de quem são os mártires, asseguram o seu poder na medida em que induzem os homens simples a uma obstinação contra as leis e as ordens dos seus soberanos civis até a própria morte, se pela excomunhão dos papas eles forem declarados hereges ou inimigos da Igreja, isto é (de acordo com a sua interpretação), inimigos do papa.

Transubstanciação, penitência, absolvição.

Em nono lugar, asseguram o mesmo pelo poder que atribuem a todos os padres de criarem Cristo e pelo poder de ordenar a penitência, e de remir ou reter os pecados.

Purgatório, indulgências, obras exteriores.

Em décimo lugar, pela doutrina do purgatório, da justificação pelas obras exteriores e das indulgências, o clero vai enriquecendo.

Demonologia e exorcismo.

Em undécimo lugar, pela sua demonologia e pelo uso do exorcismo, e outras coisas com isso relacionadas, conservam (ou julgam conservar) mais o povo sob o domínio do seu poder.

Escolástica.

Finalmente, a metafísica, a ética e a política de Aristóteles, as distinções frívolas, os termos bárbaros, e a linguagem obscura dos escolásticos ensinada nas universidades (que foram todas erigidas e regulamentadas pela autoridade papal) servem-lhes para evitar que estes erros sejam detectados e para levar os homens a confundirem o *ignis fatuus* da vã filosofia com a luz do Evangelho.

Quem são os autores das trevas espirituais.

Se estes exemplos não fossem suficientes, poder-se-iam acrescentar outras das suas obscuras doutrinas, cujas vantagens se revelam de forma evidente para o estabelecimento de um poder ilegítimo sobre os legítimos soberanos do povo cristão, ou para sua manutenção, quando está estabelecido, ou para os bens terrenos, a honra e a autoridade daqueles que o detêm. E portanto pela já citada regra do *cui bono* podemos com razão considerar como autores de todas estas trevas espirituais o papa e o clero romano, e também todos os que se esforçam por colocar no espírito dos homens esta doutrina errônea de que a Igreja agora sobre a terra é o Reino de Deus mencionado no Antigo e no Novo Testamento.

Mas os imperadores e outros soberanos cristãos, sob cujo governo estes erros e as correspondentes usurpações dos ecle-

XLVII. Do Benefício resultante de tais Trevas

siásticos sobre os seus cargos pela primeira vez surgiram, para perturbação das suas possessões e da tranquilidade dos seus súditos, muito embora os tenham suportado por falta de previsão das suas sequelas e por falta de visão profunda dos desígnios dos seus mestres, podem contudo ser considerados cúmplices do seu prejuízo próprio e público, pois, sem a sua autoridade, desde o início nenhuma doutrina sediciosa teria podido ser pregada publicamente. Digo que podiam ter sido atalhados desde o início, mas, uma vez o povo possuído por esses homens espirituais, não havia nenhum remédio humano que pudesse ser aplicado, nenhum que algum homem fosse capaz de inventar. E quanto aos remédios que Deus devia providenciar, e Ele nunca deixou a seu tempo de destruir todas as maquinações dos homens contra a verdade, temos de esperar a Sua boa vontade, a qual muitas vezes suportou que a prosperidade dos Seus inimigos, juntamente com a sua ambição, chegasse a um ponto tal que a sua violência abrisse os olhos que a precaução dos seus predecessores tinha antes fechado, e fizesse os homens abarcar demais para nada segurar, assim como a rede de Pedro rebentou devido à luta de uma quantidade demasiado grande de peixes, visto que a impaciência dos que lutam para resistir a tal usurpação antes de os olhos dos seus súditos estarem abertos apenas contribuiu para aumentar o poder a que resistiam. Não censuro portanto o Imperador Frederico por dar estribo ao nosso compatriota papa Adriano, pois tal era a disposição dos seus súditos nessa ocasião que, se não o tivesse feito, provavelmente não teria sucedido no Império. Mas censuro aqueles que no princípio, quando o seu poder estava inteiro, permitiram que essas doutrinas fossem forjadas nas universidades dos seus próprios domínios e deram estribo a todos os sucessivos papas, enquanto estes montavam nos tronos de todos os soberanos cristãos para os dominar e subjugar, quer eles, quer os seus povos, a seu bel-prazer.

Porém, assim como as invenções dos homens são tecidas, assim também são desfeitas; o processo é o mesmo, mas a ordem é inversa: a teia começa nos primeiros elementos do poder, que são a sabedoria, a humildade, a sinceridade, e outras virtu-

Parte 4 – Do Reino das Trevas

des dos apóstolos, a quem todos os povos convertidos obedeceram por reverência e não por obrigação. As suas consciências eram livres, e as suas palavras e ações só estavam sujeitas ao poder civil. Mais tarde os presbíteros (à medida que os rebanhos de Cristo aumentavam), reunindo-se para discutir o que deviam ensinar e portanto obrigando-se a nada ensinar contra os decretos das suas assembleias, fizeram crer que o povo estava por conseguinte obrigado a seguir a sua doutrina, e quando este se recusou a fazê-lo recusaram-se a mantê-lo na sua companhia (a isso se chamou então excomunhão), não por serem infiéis, mas por serem desobedientes. E este foi o primeiro nó na sua liberdade. E aumentando o número de presbíteros, os presbíteros da principal cidade *de uma*[1] província assumiram autoridade sobre os presbíteros paroquiais e apropriaram-se do nome de bispos. E este foi um segundo nó na liberdade cristã. Finalmente o bispo de Roma, no que se refere à cidade imperial, assumiu autoridade (em parte pela vontade dos próprios imperadores e pelo título de *Pontifex Maximus*, e finalmente, quando os imperadores estavam enfraquecidos, pelos privilégios de São Pedro) sobre todos os outros bispos do império, o que constitui o terceiro e último nó, e toda a *síntese* e *construção* do poder pontifical.

Portanto, a *análise* ou *resolução* se dá pelo mesmo processo, mas começando com o laço que foi o último a ser atado, como podemos ver na dissolução do preterpolítico governo da Igreja na Inglaterra. Primeiro o poder dos papas foi totalmente dissolvido pela Rainha Isabel e os bispos, que antes exerciam as suas funções pelo direito do papa, passaram depois a exercê-lo pelo direito da rainha e seus sucessores, muito embora, retendo a expressão *jure divino*, se pudesse pensar que eles o recebiam de Deus por direito imediato. E assim foi desatado o primeiro nó. Depois disto os presbiterianos obtiveram na Inglaterra a queda do episcopado: e assim foi desamarrado o segundo nó. E quase ao mesmo tempo o poder foi também tirado aos presbiterianos, e deste modo estamos reduzidos à independência

---

[1] *Syn.*: ou.

XLVII. Do Benefício resultante de tais Trevas

dos primitivos cristãos para seguirmos Paulo, ou Cefas ou Apolo, segundo o que cada homem preferir. Se isso ocorrer sem luta e sem avaliar a doutrina de Cristo pela nossa afeição à pessoa do seu ministro (a falta que o apóstolo censurou aos coríntios), é talvez o melhor. Primeiro, porque não deve haver nenhum poder sobre as consciências dos homens, a não ser o da própria palavra, produzindo fé em cada um, nem sempre de acordo com o propósito dos que plantam e regam, mas do próprio Deus que proporciona a multiplicação; e segundo, porque é desarrazoado, nos responsáveis por ensinar que existe tamanho perigo no menor erro, exigir de um homem dotado de razão própria que siga a razão de qualquer outro homem, ou a opinião majoritária de muitos outros homens, o que é pouco melhor do que arriscar a sua salvação jogando cara ou coroa. Nem deviam esses mestres ficar aborrecidos com esta perda da sua antiga autoridade, pois ninguém melhor do que eles devia saber que o poder é conservado pelas mesmas virtudes com que é adquirido, isto é, pela sabedoria, pela humildade, pela clareza de doutrina e sinceridade de linguagem, e não pela supressão das ciências naturais e da moralidade da razão natural, nem por uma linguagem obscura, nem arrogando-se mais conhecimento do que deixam transparecer, nem por fraudes piedosas, nem por essas outras faltas que nos pastores da Igreja de Deus não são apenas faltas, mas também escândalos, capazes de fazer que os homens mais cedo ou mais tarde acabem por decidir a supressão da sua autoridade.

Mas depois que esta doutrina, *de que a Igreja agora militante é o Reino de Deus referido no Antigo e no Novo Testamento*, foi aceita no mundo, a ambição e a disputa de cargos que lhe estão adstritos, e especialmente o grande cargo de ser o representante de Cristo, e a pompa dos que obtiveram assim os principais cargos públicos, tornaram-se gradualmente tão evidentes que perderam a reverência interior devida à função pastoral, de tal modo que os homens mais sábios, dentre os que possuíam qualquer poder no Estado civil, só precisavam da autoridade dos seus príncipes para lhes negarem mais obediência. Com efeito,

Comparação do papado com o reino das fadas.

[386]

Parte 4 – Do Reino das Trevas

desde a época em que o bispo de Roma conseguiu ser reconhecido como bispo universal, pela pretensão de suceder a São Pedro, toda a sua hierarquia, ou reino das trevas, pode ser comparada adequadamente ao *reino das fadas*, isto é, às *fábulas* contadas por velhas na Inglaterra referentes aos *fantasmas* e *espíritos* e às proezas que praticavam de noite. E se alguém atentar para a origem deste grande domínio eclesiástico verá facilmente que o *papado* nada mais é do que o *fantasma* do defunto *Império Romano*, sentado de coroa na cabeça sobre o túmulo deste, pois assim surgiu de repente o papado das ruínas do poder pagão.

Também a *linguagem* que eles usam, nas igrejas e nos atos públicos, sendo o *latim*, que não é comumente usado por nenhuma nação hoje existente, o que é senão o *espectro* da antiga *língua romana*?

As *fadas*, seja qual for a nação onde habitem, só têm um rei universal, que alguns dos nossos poetas denominam rei *Oberon*, mas as Escrituras denominam *Belzebu*, príncipe dos *demônios*. Do mesmo modo os *eclesiásticos*, seja qual for o domínio em que se encontrem, só reconhecem um rei universal, o *papa*.

Os *eclesiásticos* são homens *espirituais* e padres *espectrais*. As fadas são *espíritos* e *espectros*. As *fadas* e os *espectros* habitam as trevas, os ermos e os túmulos. Os *eclesiásticos* caminham na obscuridade da doutrina, em mosteiros, igrejas e claustros.

Os *eclesiásticos* têm as suas igrejas catedrais, que, em qualquer vila onde se ergam, por virtude da água benta e de certos encantos denominados exorcismos, possuem o poder de transformar essas vilas em cidades, isto é, em sedes do império. Também as *fadas* têm os seus castelos encantados e alguns espectros gigantescos que dominam as regiões circunvizinhas.

As *fadas* não podem ser presas nem levadas a responder pelo mal que fazem. Do mesmo modo os *eclesiásticos* desaparecem dos tribunais da justiça civil.

Os *eclesiásticos* tiram dos jovens o uso da razão por meio de certos encantos compostos de metafísica, milagres, tradições e Escrituras deturpadas, e assim estes ficam incapazes seja para o que for exceto para executarem o que lhes for ordenado. Do

XLVII. Do Benefício resultante de tais Trevas

mesmo modo as *fadas*, segundo se diz, tiram as crianças dos seus berços e transformam-nas em néscios naturais, a que o vulgo chama *duendes* e que têm tendência para a prática do mal.

As velhas não especificaram em que oficina ou laboratório as fadas fabricam os seus encantamentos, mas sabe-se bem que os laboratórios do *clero* são as universidades, que receberam a sua disciplina da autoridade pontifícia.

Quando alguém desagrada às *fadas*, dizem que estas enviam os seus duendes para o beliscarem. Os *eclesiásticos*, quando algum Estado civil lhes desagrada, também mandam os seus duendes, isto é, súditos supersticiosos e encantados para beliscarem os seus príncipes, pregando a sedição, ou um príncipe encantado com promessas para beliscar outro. [387]

As *fadas* não se casam, mas entre elas há *incubi*, que copulam com gente de carne e osso. Os *padres* também não se casam.

Os *eclesiásticos* tiram a nata da terra por meio de donativos de homens ignorantes que têm medo deles e por meio de dízimos; o mesmo acontece na fábula das *fadas*, segundo a qual elas entram nas leiterias e banqueteiam-se com a nata que coam do leite.

A história também não conta que tipo de dinheiro circula no reino das *fadas*. Mas os *eclesiásticos* aceitam como rendimento a mesma moeda que nós, muito embora, quando têm de fazer algum pagamento, o façam com canonizações, indulgências e missas.

A estas e outras semelhanças entre o *papado* e o reino das *fadas* pode-se acrescentar mais uma: assim como as *fadas* só têm existência na imaginação de gente ignorante, que se alimenta das tradições contadas pelas velhas ou pelos antigos poetas, também o poder espiritual do *papa* (fora dos limites do seu próprio domínio civil) consiste apenas no medo que tem o povo seduzido *da excomunhão*[1], por ouvir os falsos milagres, as falsas tradições e as falsas interpretações das Escrituras.

Não foi assim muito difícil expulsá-los, a Henrique VIII pelo seu exorcismo, e a Rainha Isabel pelo dela. Mas quem sabe

---
[1] *Syn.*: das excomunhões;

se este espírito de Roma, que agora desapareceu e que, vagueando por missões através dos lugares desertos da China, do Japão e das Índias, ainda produziu escassos frutos, não pode voltar, ou melhor, uma assembleia de espíritos ainda mais maléfica do que ele, para habitar esta casa asseada e limpa, tornando portanto o fim ainda pior do que o princípio? Pois não só o clero romano tem a pretensão de que o Reino de Deus seja deste mundo e que portanto ele tem um poder distinto do poder do Estado civil. E isto era tudo o que eu tinha a intenção de dizer no que se refere à doutrina da POLÍTICA. Depois de revisá-la, de boa vontade a irei expor à censura do meu país.

REVISÃO e *CONCLUSÃO*

[389]

Da contrariedade entre algumas das faculdades naturais do espírito, assim como também entre as paixões, e da sua referência ao convívio humano, se retira um argumento inferindo a impossibilidade de qualquer homem se dispor suficientemente a todas as espécies de dever civil. A severidade do juízo, dizem, torna os homens intransigentes e incapazes de perdoar os erros e fraquezas dos outros e, por outro lado, a celeridade da imaginação torna os pensamentos menos estáveis do que é necessário para distinguir exatamente entre o certo e o errado. Além disso, em todas as deliberações e em todos os pleitos é necessária a faculdade de raciocinar com solidez, pois sem ela as decisões dos homens são precipitadas e as suas sentenças injustas, e contudo, se não houver uma eloquência poderosa que conquiste a atenção e o consenso, será pequeno o efeito da razão. Mas estas são faculdades contrárias, baseando-se a primeira nos princípios da verdade e a outra, nas opiniões já recebidas, verdadeiras ou falsas, e nas paixões e interesses dos homens, que são diferentes e mutáveis.

E entre as paixões a *coragem* (pela qual entendo o desprezo das feridas e da morte violenta) inclina os homens para a vingança pessoal e às vezes para a tentativa de perturbar a paz pública, e a *timidez* muitas vezes predispõe para a deserção da defesa pública. Não se podem encontrar ambas, dizem, na mesma pessoa.

E, ao considerarem a contrariedade das opiniões e costumes dos homens em geral, afirmam que é impossível manter uma amizade civil constante com todos aqueles com os quais os negócios do mundo nos obrigam a conviver, negócios que quase sempre consistem apenas numa perpétua disputa por honras, riquezas e autoridade.

A isso respondo que estas são sem dúvida grandes dificuldades, mas não impossibilidades, pois pela educação e disciplina podem ser, e algumas vezes são, somadas. O juízo e a imaginação podem existir no mesmo homem, mas alternadamente, conforme o exigir a finalidade que se propõe. Assim como os israelitas no Egito estavam por vezes concentrados no seu trabalho de fazer tijolos e outras vezes tinham que vaguear e apanhar palha, também o juízo pode às vezes se fixar numa determinada consideração, e outras vezes a imaginação andar vagueando pelo mundo. Do mesmo modo a razão e a eloquência (embora não talvez nas ciências naturais, mas pelo menos nas ciências morais) podem muito bem ficar juntas. Pois onde houver lugar para adornar e enaltecer o erro, muito mais lugar haverá para adornar e enaltecer a verdade, se a quiserem adornada. Tampouco há discrepância alguma entre temer as leis e não temer um inimigo público, ou entre abster-se de ofensas e perdoá-las aos outros. Não há portanto essa incompatibilidade entre a natureza humana e os deveres civis que alguns supõem. Conheci clareza de juízo e largueza de imaginação, força de razão e graciosa elocução, coragem para a guerra e temor das leis, e todas elas eminentes num só homem, o meu nobilíssimo e honrado amigo *Sidney Godolphin*, que, embora não odiasse ninguém nem fosse odiado por ninguém, foi lamentavelmente morto no início da última guerra civil, na discórdia pública, por uma mão indiscernível e destituída de discernimento.

[390]

Às leis de natureza enunciadas no capítulo XV gostaria de acrescentar esta: *cada homem é obrigado pela natureza, na medi-*

da em que isso lhe é possível, a proteger na guerra a autoridade pela qual é protegido em tempo de paz. Pois aquele que alega um direito de natureza para preservar seu próprio corpo não pode alegar um direito de natureza para destruir aquele graças a cuja força ele é preservado: trata-se de uma manifesta contradição consigo próprio. E, muito embora esta lei possa ser extraída como consequência de algumas daquelas que já haviam sido mencionadas, os tempos exigem inculcá-la e lembrá-la.

E porque vários livros ingleses recentemente publicados me fazem ver que as guerras civis ainda não ensinaram suficientemente os homens quando um súdito se torna obrigado perante o conquistador, nem o que é conquista nem como vem a obrigar os homens a obedecerem às leis do conquistador, para satisfazer os homens a esse respeito, portanto, direi que um homem se torna súdito de um conquistador quando, tendo a liberdade para se lhe submeter, consente, ou por palavras expressas, ou por outro sinal suficiente, em ser seu súdito. Já mostrei no final do capítulo XXI a situação em que um homem tem a liberdade de se submeter, a saber, aquele para cuja obrigação para com o seu antigo soberano é a de um súdito comum, isso acontece quando os meios da sua vida estão dentro das guardas e das guarnições do inimigo, pois é nesse momento que ele deixa de receber proteção e passa a ser protegido pelo partido contrário, devido à sua contribuição. Portanto, como em todos os lugares se considera tal contribuição lícita, como algo inevitável (não obstante ser um auxílio ao inimigo), uma submissão total, que é apenas um auxílio ao inimigo, não pode ser considerada ilícita. Além disso, levando em conta que os que se submetem auxiliam o inimigo apenas com parte de suas posses, enquanto os que se recusam a isso o auxilam com todas as suas posses, não há motivo para chamar à sua submissão ou composição um auxílio, mas antes um detrimento ao inimigo. Mas se um homem, além da obrigação de súdito, assumiu a obrigação de soldado, então não possui a liberdade de se submeter a um novo poder, enquanto o antigo se conservar no campo de batalha e lhe fornecer os meios de subsistência, ou nos seus exércitos, ou nas

Revisão e Conclusão

suas guarnições, pois neste caso não se pode queixar de falta de proteção e de meios para viver como soldado. Porém, quando também isso desaparece, um soldado pode também procurar a sua proteção onde tiver mais esperança de a encontrar, e pode licitamente submeter-se a um novo senhor. E nada mais resta a dizer quanto ao momento em que pode fazê-lo licitamente, se o quiser. Se portanto o fizer, está sem dúvida alguma obrigado a ser um verdadeiro súdito, pois um contrato licitamente celebrado não pode ser licitamente rompido.

[391]

Com isso também se compreende quando se pode dizer que os homens são conquistados e em que consiste a natureza da conquista e o direito do conquistador, pois esta submissão é *aquilo que*[1] implica todos eles. A conquista não é a própria vitória, mas a aquisição pela vitória de um direito sobre as pessoas dos homens. Portanto aquele que é morto é vencido, porém não conquistado; aquele que é aprisionado e levado para o cárcere, ou acorrentado, não é conquistado, muito embora seja vencido, pois é ainda um inimigo e pode fugir, se conseguir. Mas aquele que com promessa de obediência recebeu a vida e a liberdade está nesse momento conquistado e é um súdito, porém não antes. Os romanos costumavam dizer que o seu general tinha *pacificado* tal *província*, isto é, na nossa língua, que a tinha *conquistado*; e que o país foi *pacificado* pela vitória, quando o seu povo tinha prometido *Imperata facere*, isto é, *Fazer o que o povo romano lhe tinha ordenado*: isto era ser conquistado. Mas esta promessa pode ser expressa ou tácita: expressa por promessa; tácita por outros sinais. Por exemplo, um homem que não tenha sido convocado a fazer uma tal promessa expressa (por ser alguém cujo poder talvez não seja considerável), se viver abertamente sob a sua proteção, se considera que se submeteu ao governo. Mas, se lá viver secretamente, estará sujeito a tudo o que pode acontecer a um espião e inimigo do Estado. Não digo que ele faça alguma injustiça (pois os atos de hostilidade declarada não recebem esse nome), mas que ele pode com jus-

---

[1] *Syn.*: o que

tiça ser condenado à morte. Do mesmo modo, se um homem, quando o seu país é conquistado, se encontra fora dele, não fica conquistado nem submetido, mas se ao regressar se submeter ao governo é obrigado a obedecer-lhe. De tal maneira que a *conquista* (para a definirmos) é a aquisição do direito de soberania por vitória. Esse direito é adquirido com a submissão do povo, pela qual este faz um contrato com o vencedor, prometendo obediência em troca da vida e liberdade.

No capítulo XXIX considerei como uma das causas da dissolução das repúblicas a sua geração imperfeita, consistindo na falta de um poder legislativo absoluto e arbitrário, em razão da qual o soberano civil está condenado a segurar a espada da justiça sem firmeza e como se ela fosse demasiado fogosa para as suas mãos. Uma das razões disto (que ali não mencionei) é esta: todos eles justificam a guerra, pela qual o seu poder foi pela primeira vez alcançado e da qual (segundo pensam) o seu direito depende, e não da posse. Como se, por exemplo, o direito dos reis da Inglaterra dependesse da excelência da causa de *Guilherme*, o Conquistador, e também da sua descendência linear e direta – se assim fosse, talvez não houvesse hoje nenhum vínculo de obediência dos súditos ao seu soberano em todo o mundo. Por isso, enquanto inutilmente pensam justificar-se, justificam todas as rebeliões triunfantes que a ambição a qualquer *momento depois*[1] levantar contra eles e contra os seus sucessores. Portanto, aponto como uma das mais ativas sementes da morte de qualquer Estado que os conquistadores exijam, não apenas a submissão das ações dos homens a eles no futuro, mas também a aprovação de todas as suas ações passadas, conquanto existam poucas repúblicas no mundo cujos primórdios possam em consciência ser justificados.

E porque o nome de tirania não significa nem mais nem menos do que o nome de soberania, esteja ela em um ou em muitos homens, a não ser que quem usa a primeira palavra esteja zangado com aqueles que chama tiranos, penso que a tole-

---

[1] *Syn.*: momento

Revisão e Conclusão

rância de um ódio professo da tirania é uma tolerância do ódio à república em geral, e uma outra má semente, não muito diferente da primeira. Pois para a justificação da causa de um conquistador a desgraça da causa dos conquistados é na maior parte das vezes necessária, mas nenhuma dessas causas é necessária para a obrigação dos conquistados. E foi isto tudo o que me pareceu adequado dizer na revisão da primeira e da segunda parte deste discurso.

No capítulo XXXV mostrei suficientemente, com textos das Escrituras, que na república dos judeus o próprio Deus foi feito soberano por pacto com o povo, que foi portanto chamado o seu *povo eleito*, para distingui-lo do restante do mundo, sobre o qual Deus não reinava por consentimento, mas pelo seu próprio poder. Mostrei ainda que neste reino Moisés era o representante de Deus sobre a terra e que foi ele quem lhes disse quais as leis que Deus tinha dado para eles se governarem. Mas deixei de examinar quais eram os funcionários indicados para as aplicar, especialmente nas penas capitais, não pensando então que esta matéria fosse de uma consideração tão necessária como depois verifiquei ser. Sabemos que geralmente em todas as repúblicas a execução dos castigos corporais era entregue ou a guardas ou a outros soldados do poder soberano, ou entregue àqueles que por falta de meios, desprezo da honra e dureza de coração eram adequados para um tal ofício. Mas entre os israelitas era uma lei positiva de Deus seu soberano que quem fosse culpado de crime capital devia ser apedrejado até a morte pelo povo, e que as testemunhas deviam lançar a primeira pedra, e depois das testemunhas o restante do povo. Esta era a lei designando quem deviam ser os executores, porém não estipulava que alguém devesse lançar uma pedra nele antes da culpa formada e da sentença, na qual a congregação era juiz. As testemunhas deviam contudo ser ouvidas antes de se proceder à execução, a menos que o fato tivesse sido cometido na presença da própria congregação, ou à vista dos legítimos juízes, pois nesse caso não eram necessárias outras testemunhas além dos próprios juízes. Contudo, não sendo esta maneira de proceder totalmente compreendida, ela deu ocasião a uma pe-

Parte 4 – Do Reino das Trevas

rigosa opinião: qualquer homem pode matar outro, em alguns casos, por um direito de zelo, como se as execuções feitas sobre os ofensores no Reino de Deus, nos tempos antigos, não resultassem da ordem soberana mas da autoridade do zelo particular, o que, se atentarmos para os textos que parecem favorecê-la, é totalmente ao contrário.

Em primeiro lugar, quando os levitas atacaram o povo que tinha feito e adorado um bezerro de ouro, e mataram três mil pessoas, foi por ordem de Moisés, pela boca de Deus, como é manifesto, Ex 32,27. E quando o filho de uma mulher de Israel blasfemou contra Deus, aqueles que o ouviram não o mataram, mas levaram-no à presença de Moisés, que o deteve, até que Deus desse sentença contra ele, como aparece em Lv 25,11-12. Também (Nm 25,6-7), quando Fineias matou Zimri e Cosbi, não foi por direito de zelo particular; o seu crime foi cometido na presença da assembleia, não havia necessidade de testemunhas, a lei era conhecida e ele o herdeiro aparente à soberania, e, o que é o ponto principal, a legalidade do seu ato dependia totalmente de uma posterior ratificação de Moisés, da qual ele não tinha nenhuma razão para duvidar. E esta suposição de uma futura ratificação é às vezes necessária para a segurança da república, já que numa inesperada rebelião qualquer homem que possa dominá-la por seu próprio poder na região onde ela começar, sem lei ou comissão expressa, pode legalmente fazê-lo e providenciar para que o seu ato seja ratificado ou perdoado, enquanto o estiver praticando ou depois de o ter praticado. Também em Nm 35,30 se diz expressamente: *Aquele que matar o assassino, matá-lo-á pela palavra das testemunhas*, mas as testemunhas pressupõem uma judicatura formal e consequentemente condenam a pretensão de um *jus zelotarum*. A lei de Moisés referente àquele que incita à idolatria (isto é, no Reino de Deus, a renunciar à sua lealdade, Dt 13,8) proíbe escondê--lo e ordena ao acusador que o faça ser condenado à morte e lhe atire a primeira pedra, porém não que o mate antes de ele ser condenado. E (Dt 17,4-6) o processo contra a idolatria está mencionado com exatidão, pois ali Deus falou ao povo como juiz e ordenou-lhe que, quando alguém fosse acusado de idolatria, inquirisse com toda a diligência acerca do fato e, vindo a verificar que era verdadeiro, que então o apedrejasse. Mas ainda assim era a mão da testemunha que lançava a primeira pedra. Isto não é zelo particular, mas sim condenação pública. De maneira semelhante, quando um pai tem um filho rebelde, a lei diz (Dt 21,18) que o deverá levar perante os juízes da cidade e que todo o povo da cidade o apedrejará. Finalmente foi a pretexto destas leis que Santo Estêvão foi apedrejado e não a pretexto de zelo particular, pois antes de ser levado à execução ele tinha pleiteado a sua causa perante o Sumo Sacerdote. Não há nada nisto tudo, nem em nenhuma outra parte da Bíblia, que apoie as execuções por zelo particular; estas, sendo na maior parte das vezes uma conjunção da ignorância e da paixão, são contrárias à justiça e *à paz*[1] da república.

No capítulo XXXVI disse que não se declara qual a maneira como Deus falou sobrenaturalmente a Moisés, nem que Ele lhe não falou algumas vezes por sonhos e visões, e por uma voz sobrenatural, como a outros profetas, pois a maneira como lhe falou do seu assento de misericórdia está expressamente mencionada (Nm 7,89) com estas palavras: *Daquele momento em diante, quando Moisés entrava no tabernáculo da congregação para falar com Deus, ouvia uma voz que lhe falava de cima do assento de misericórdia, que se encontra sobre a arca do testemunho, de entre os querubins lhe falava*. Porém não se declara em que consiste a preeminência da maneira de Deus falar a Moisés sobre aquela como falava aos outros profetas, como a Samuel e Abraão, a quem também falou por uma voz (isto é, por visão), a menos que a diferença consista na clareza da visão. Pois *face a face* e *boca a boca* não podem ser entendidas literalmente a respeito da infinitude e da incompreensibilidade da natureza divina.

Quanto ao conjunto da doutrina, afigura-se-me que os seus princípios são verdadeiros e adequados e que os seus raciocínios são sólidos. Pois fundamento o direito civil dos soberanos, e tanto o dever como a liberdade dos súditos, nas conhecidas inclinações naturais da humanidade e nos artigos da lei de na-

[394]

---

[1] *Syn.*: paz

tureza, os quais ninguém que aspire a raciocinar o suficiente para governar a sua família particular deve ignorar. E quanto ao poder eclesiástico dos mesmos soberanos, fundamento-o nos textos que são em si evidentes e consoantes com o objetivo de todas as Escrituras. Estou portanto persuadido de que quem as ler com a única finalidade de ser informado será por elas informado. Mas quanto aos que por escritos ou discursos públicos, ou pelas suas ações eminentes, já se comprometeram a defender opiniões contrárias, esses não ficarão satisfeitos tão facilmente. Pois em tais casos é natural que os homens ao mesmo tempo continuem a ler e desviem a sua atenção à procura de objeções ao que já leram antes. Estas, numa época em que os interesses dos homens estão mudados (como uma grande parte da doutrina que serviu para instituir um novo governo tem necessariamente de ser contrária àquela que conduziu à dissolução do antigo), não podem deixar de ser muitas.

Na parte que trata de uma república cristã há algumas doutrinas novas que, num Estado onde as doutrinas contrárias já estivessem plenamente estabelecidas, poderia constituir transgressão do súdito divulgá-las sem permissão, na medida em que seria uma usurpação do cargo de professor. Mas nesta época em que os homens não aspiram apenas à paz, mas também à verdade, oferecer *essa doutrina*[1], que julgo verdadeira e manifestamente tendente para a paz e para a lealdade, à consideração daqueles que ainda se encontram em fase de deliberação, nada mais é do que oferecer vinho novo para ser colocado em barril novo, para que ambos possam ser preservados juntamente. E suponho que então, quando a novidade não alimentar nenhuma perturbação nem desordem num Estado, os homens em geral não estejam tão propensos a reverenciar a antiguidade que prefiram os antigos erros a uma verdade nova e bem provada.

Não há nada em que confie menos do que na minha elocução, e, malgrado isso, estou seguro (excetuadas as fatalidades da impressão) de que não é obscura. Que eu tenha desprezado

[1] *Syn.*: essas doutrinas

Revisão e Conclusão

o ornamento de citar os antigos poetas, oradores e filósofos, ao contrário do costume dos últimos tempos (tenha eu procedido bem ou mal nisso), resulta do meu próprio juízo, apoiado em muitas razões. Pois, em primeiro lugar, toda a verdade da doutrina depende ou da *razão* ou das *Escrituras*, ambas as quais dão crédito a muitos autores, mas nunca o recebem de nenhum. Em segundo lugar, as matérias em questão não são de *fato*, mas de *direito*, em que não há lugar para *testemunhas*. Poucos dentre os autores antigos não se contradizem às vezes a si próprios ou aos outros, o que torna insuficientes os seus testemunhos. Em quarto lugar, as opiniões que são levadas em conta apenas devido ao crédito da antiguidade não são intrinsecamente o juízo daqueles que as citam, mas palavras que passam (como bocejos) de boca em boca. Quinto, é muitas vezes com um desígnio fraudulento que os homens pregam a sua doutrina corrupta com os cravos do engenho dos outros homens. Sexto, não acho que os antigos por eles citados considerassem ornamento fazer o mesmo com os autores que escreveram antes deles. Sétimo, é um argumento indigesto, quando as frases gregas e latinas não mastigadas sobem novamente, como costumam fazer, inalteradas. Finalmente, eu reverencio os homens dos tempos antigos que ou escreveram a verdade claramente, ou nos puseram no bom caminho para a descobrirmos nós próprios. Porém, penso que à antiguidade em si nada é devido, pois, se reverenciamos a época, a presente é a mais antiga. Se se tratar da antiguidade do escritor, não tenho certeza de que aqueles a quem prestam tal honra fossem mais antigos quando escreveram do que eu que agora escrevo. Mas, se atentarmos bem, o louvor dos autores antigos resulta, não do respeito dos mortos, mas sim da competição e da inveja mútua dos vivos.

[395]

Para concluir, tanto quanto posso perceber, não há nada em todo este discurso, nem naquele que escrevi antes sobre o mesmo assunto em latim, de contrário à palavra de Deus ou aos bons costumes, ou *tendente à*[1] perturbação da tranquilidade

---
[1] *Syn.*: à

Parte 4 – Do Reino das Trevas

pública. Penso portanto que pode ser publicado com vantagem e com mais vantagem ainda ensinado nas universidades, no caso de também o pensarem aqueles a quem compete a decisão sobre tais matérias. Pois, como as universidades são as fontes da doutrina civil e moral, com cuja água os pregadores e os fidalgos, tirando-a tal como a encontram, costumam borrifar o povo (tanto do púlpito como no convívio), devia certamente haver grande cuidado em conservá-la pura, quer em relação ao veneno dos políticos pagãos, quer em relação ao encantamento dos espíritos enganadores. E por este meio os homens, em sua maioria conhecedores dos seus deveres, estarão menos sujeitos a servir à ambição de alguns descontentes nos seus desígnios contra o Estado, e ficarão menos agravados com as contribuições necessárias para a paz e defesa, e os próprios governantes terão menos razão para manter à custa do público um exército maior do que é necessário para defender a liberdade pública contra as invasões e as usurpações dos inimigos externos.

[396]

E assim ponho termo ao meu discurso sobre o governo civil e eclesiástico, ocasionado pelas desordens dos tempos presentes, sem parcialidade, sem servilismo, e sem outro desígnio senão colocar diante dos olhos dos homens a mútua relação entre proteção e obediência, de que a condição da natureza humana e as leis divinas (quer naturais, quer positivas) exigem um cumprimento inviolável. E, muito embora na revolução dos Estados não possa haver uma constelação inteiramente propícia ao aparecimento de verdades desta natureza (tendo um aspecto desfavorável para os que dissolvem o antigo governo e vendo apenas as costas dos que erigem um novo), não posso acreditar que seja condenado nesta época, quer pelo juiz público da doutrina, quer por alguém que deseje a continuação da paz pública. E com esta esperança volto para a minha interrompida especulação sobre os corpos naturais, na qual (se Deus me der saúde para acabá-la) espero que a novidade agrade tanto como desagradou nesta doutrina do corpo artificial. Pois a verdade que não se opõe aos interesses ou aos prazeres de ninguém é bem recebida por todos os homens.

FINIS.

1. Índice remissivo de assuntos

(Certos temas, tais como Soberano e República, ocorrem praticamente em todas as páginas de *Leviatã*; em tais casos, as entradas abaixo referem-se somente às passagens em que há algumas discussão maior sobre o assunto.)

Alma, significado da, nas Escrituras, 514-5; não naturalmente imortal, 519 ss.; crença no movimento da alma, 562-3; não é infundida no homem, 564-5

Amor, 52-3; surge da honra interior, 303-4; obediência algumas vezes chamada amor, 491-2

Anarquia, não é uma forma de governo, 159-60

Anjos, definidos, 335 ss.; não são incorpóreos, 536-7

Anticristo, 463 ss.

Apóstolos, poder dos, 421 ss., 442 ss., 462-3; não eram intérpretes das Escrituras, 432-4; não podiam fazer leis, 439-42

Aristocracia, 158-9, 160-1, 461-2

Aritmética, *veja* Número

Arrependimento, 491-9, 500-1

Arte, 11-2

Assembleia, *veja* Democracia e Presbiterianos

Ateísmo, IX-X

Autor e Autoridade, 138-9, 184-5; ato de autorizar na fundação da república, 146-8; pode desculpar crime, 255-6

Batismo, 421 ss.; o soberano pode batizar, 455-6; encantamentos no batismo, 511-2; batismo para os mortos, 528-9

Bem e mal aparentes, 57-8; bom como objeto de atos voluntários, 114-5; poder da retórica para o bem e o mal, 145-6; o erro dos filósofos em relação ao bem e ao mal, 565-7; Árvore de Conhecimento do Bem e do Mal, 176-7, 343-4, 375-6

Bíblia, *veja* Escrituras

Bispos, o mesmo que pastores, anciãos e doutores, 444-5; a jurisdição vem do soberano civil, 476 ss., 574-5; presbíteros das principais cidades apropriavam-se do título, 578-9

Bom, 48-9

Cálculo, *veja* Contabilidade

Canonização, 549-50, 580-1; apoia o poder do papa, 575-6

Caridade, deveria ser publicamente provida, 292-3; obediência algumas vezes chamada caridade, 491-9

Carta, distinta da lei, 245-6

Casamento, 565-7, 580-1; permitido aos padres, 575-6

Cepticismo, XVI-XVII

Cerimônias, na Igreja, 550-2; na Corte, 563-4

Cidades, perigo de sua excessiva grandeza, 281-2

Ciências, XXIII, 42-6, 58-60, 65-6; pequeno poder das, 76-8; ciência de leis de natureza, 135-7; inadequação da ciência natural, 308-9

Ciúme, 52-3

Civitas (*veja também* república), 11-2, 146-8

Colônias, 195-6, 215-6, 292-3

Comerciantes, mais bem representados por uma assembleia, 196-9

Comércio, exterior, 213-4; interno, 214-5

Competição, 54-5, 85-6, 108-9, 145-6

Concílios da Igreja, não podiam fazer lei, 441-2

Confissão, 575-6

Conhecimento, 58-9, 493-4

Conquista, Domínio adquirido por, 173-4; o perigo de estender conquistas, 281-2; quando se pode dizer que um homem foi conquistado, 584-5; título de Reis da Inglaterra por Conquista, 585-7

Consagração, *veja* Santas

Consciência, 59-60; leis de natureza obrigam em, 135-7; pode estar errada, 273-4; Deus reina na, 298-9

Conselho e Conselheiros, 11-2, 64-5; conselheiros a serem escolhidos pelo soberano, 154-5; melhor sob um monarca, 160-1; corpo político pode dar conselho, 199-200; conselheiros não são pessoas públicas, 209-10; conselho definido, 216-7; o conselho não pode ser punido, 217-9; diferença em relação a comando, 217-21; definição de bons conselheiros, 220-1, 296-7; conselho é melhor se prestado longe da assembleia,

Índice remissivo de assuntos

222-5, 297-8; conselhos das Escrituras, 434-5, 438-9, 470 ss.
Contabilidade, 40-1
Contrato (*veja também* Pacto, Promessa), uma transferência mútua de direito, 115-7; sinais de, 115-8
Coragem, 50-2, 582-3
Corpo, *veja* Corporalidade
Corporalidade, XV-XVI, 36-8, 94-5; significado de corpo nas Escrituras, 329-30; espíritos e anjos corpóreos, 339-40, 535 ss.; alma não incorpórea, 514-5; universo corpóreo, 558-64
Costume, lei pelo consentimento do soberano, 226-7
Costumes, 84-5, 591-2; o julgamento relativo aos costumes não infalível, 468-9
Covardia, 50-2, 185-8
Credo, Cristão, 60-1
Crença, *veja* Fé
Crime, definido, 245-6; depende do direto civil, 247-9; os crimes não são todos iguais, 254-5; pode ser desculpado, 254-6; tipos de crime, 259-62
Cristandade, XLV ss.; artigos fundamentais da, 420 ss., 430-1, 432-4, 461-2, 494-5, 527-8
Crueldade, XXXIII-XXXV, 54-5 (*veja também* Vingança)
Cultivo, conexão com culto, 303-4

Culto, definido, 303-4, 538-40; obrigatório ou livre, 304-5; público ou privado, 304-5; finalidade do culto é poder, 304-5; sinal da intenção de honrar a Deus, 306-8; deveria ser belo, 308-9; obediência às leis é o maior culto, 308-9; distinção entre culto divino e civil, 540-1; culto a uma imagem, 542 ss.
Curiosidade, 52-3

Dedicatória do *Leviatã*, LXII--LXIII, LXV-LXVII, 5-6, 583-4
Definição, *veja* Nome
Deliberação, 54-5, 58-9
Democracia, XLI-XLV, 158-9, 160-1, 461-2; governo popular é como monarquia, 150-1; age como um monarca sobre outros povos, 165-6; não mais livre do que a monarquia, 183-4; facção nas assembleias, 201-3; democracias podem imprudentemente limitar a si mesmas, 273-4; perigos dos favoritos do povo, 280-1
Demônio, Demoníaco, 69-70, 337-8, 352-3, 506-7, 532-4, 575-6, 580-1
Demonologia do paraíso, 532 ss.
Desconfiança, 108-9
Desejo, 46-9, 85-7
Deus, incompreensível, 27-9, 332-3, 562-4; autor da linguagem, 29-30; espírito de, 70-1, 332 ss.; primeira causa, 94-5; a onipotência de Deus é

compatível com a liberdade humana, 180-2; poder *Dei Gratia*, 205-6; os mandamentos de Deus são aqueles declarados como tais pelo soberano, 244-5; atributos da honra divina, 305-6; como Deus fala aos homens, 314-6, 333-4, 358-9, 363-4, 589-90; autor das Escrituras, 327-8; Palavra de Deus, 351 ss.; a Divindade reside em Deus porém não em Moisés, 360-1; dificuldade de obedecer a Deus e ao homem, 488-9

Diabo, 70-1, 339-40, 352-3, 384-5

Dinheiro, o sangue da república, 214-5

Direito, pressuposto pelo mérito, 84-5; distinção entre lei e direito, 245-6

Direito civil, 153-4

Direito de Natureza, XXXII--XXXVIII, definido, 112-3; distinto da lei, 112-3; direito a tudo, 112-3; renúncia ao direito, 113-4, 132-3; o direito à vida não pode ser abandonado, 114-5, 118-9; pode ser limitado pela lei civil, 227-8; direito natural anexado ao poder irresistível, 301-3

Discrição, 62-5

Discurso, 58-9

Dívida, contraída pelas assembleias, 193-4

Dízimos, 450-2, 509-10, 580-1

Domínio, Paterno, 170-1; Materno, 171-3; família naturalmente como uma monarquia, 174-5; famílias são corpos regulares privados 199-201; pais naturais têm poder de soberano, 243-5, 287-8; o soberano possui o domínio paterno de Abraão, 394-5; pais responsáveis por ensinar as crianças, 454-6, 466-8

Duelo, 259-60

Eleições, *veja* Voto

Eloquência, *veja* Retórica

Embaixadores, 207-9

Embriaguez, 134-5

Equidade, uma lei de natureza, 133-4, 268-9; soberano sujeito a, 290-1

Escândalo, 545-7

Escolas e Universidades, doutrinas absurdas em linguagem ininteligível das, 16-8, 22-3, 29-30, 57-8, 72-3, 103-5, 278-9, 569-71; uso das universidades, 288-90, 557-8, 591-2; o poder do papa sustentado pelas universidades, 290-1, 575-7, 580-1; escolas dos atenienses, 554-7; escolas dos judeus, 555-8

Escravidão e Servidão, 173-5; autoridade escritural de, 175-7

Escrituras, 60-1; por que foram escritas, 71-2; parte da tripla palavra de Deus, 300-1; princípio fundamental da política cristã, 313-4;

Índice remissivo de assuntos

substituem milagres e profetas, 317-8; os livros canônicos de, 319 ss.; autoridade de, 327 ss.; relação das, à lei natural, 328-9; nenhum intérprete das Escrituras antes de os soberanos civis se tornarem cristãos, 431-2; tornar lei as Escrituras, 434-5; Antigo Testamento canônico depois do reinado de Esdras, 437-8; Novo Testamento depois do pacto dos soberanos, 437 ss.

Espectros, *veja* Fadas

Espírito (*veja também* Fadas), significado de, na Bíblia, 329 ss., 535 ss.; possessão de espíritos, 69-70, 534-5; espíritos de Deus, 70-1; espíritos incorpóreos, 94-5, 535-6, 558-9; espíritos vitais e animais, 330-2, 335-7 (*veja também* Movimento); profetas falam pelo espírito, 359-60; todos os espíritos no tempo de Moisés subordinados ao seu espírito, 398-9; espíritos bons e maus, 532 ss.

Espírito Santo, 334-5, 342-3, 525-7, 535-6; caiu sobre os apóstolos, 412-3, 443-4; o possuidor do Espírito Santo não pode ser excomungado, 430-1

Essência, 558-63

Estado (*veja também* República), 11-2

Eternidade, 562-3

Eucaristia, 373-4, 511-2, 544-5, 561-2; o soberano pode realizar eucaristia, 455-6

Exclusão (*veja também* Herdeiro), XV-XVII

Excomunhão, 425 ss., 452-4, 471-3

Fadas e espectros (*veja também* Espírito), 21-3, 94-5, 506-7; poder espiritual subordinado ao poder temporal, 278-9; tradução de *espírito* por *espectro*, 334-5; medo de espectros, 561-2; crença em espectros andando pela noite, 562-3; comparação entre o papado e o reino das fadas, 579 ss.

Família, *veja* Domínio, Paterno e Materno

Fé, 59-61; crença nas Escrituras não é conhecimento, 327-8; crença interior, 394-5, 473-4, 568-70; nenhuma relação com a compulsão, 416-9, 568-70; fé cristã é uma fé em pastores e soberanos, 492-3; causas da fé cristã, 492-3; vem do ensino, 493-4

Felicidade, 57-8, 506-7

Fidelidade, ramo da justiça natural, 231-2

Filosofia (*veja também* Escolas), XXVI-XXX, 73-4, 135-8, definida, 553-4; não aplicável aos mistérios da religião, 314-5, história da filosofia, 554 ss.; equívocos na metafísica e na física, 558-65; equívocos na filosofia moral, 565-70;

supressão da verdadeira filosofia, 570-2
Física, 563-4
Forma, *veja* Substância
Fraudes piedosas, 204-5, 579-80

Gentios, Religião dos gentios, 96-101, 506-7, 532 ss.
Geometria, 34-5, 39-40, 178-9, 221-2
Glória, 52-3, 108-9; vanglória, 52-3, 66-7, 87-9; a vanglória frequentemente é a causa de crime, 251-2
Governo Popular, *veja* Democracia
Gratidão, 86-7, 129-30
Gravidade, 563-4
Guerra, direito de fazer, 154-5
Guerra, Estado de, XXXIII--XXXVI, 108-13, 134-5, 137-8, 143-4, 299-300; descrito como "puro estado de natureza", 171-3
Guerra Civil, 11-2, 156-7, 482-3, 488-9, 506-7; na Inglaterra, XI-XII, LXII-LXIII, 155-6, 169-70, 380-1, 583-4

Herdeiro (*veja também* Exclusão), o soberano pode declarar quem será, 165-8, 189-90
Heresia, XLVIII-XLIX, LII-LIV, 427-8, 475 ss.
História, 60-1, 62-4, 73-4; história falsa, 570-2
Honra, 76-85; títulos de honra, 81-5; leis de honra, 144-5; a honra dos súditos é menor do que a do soberano, 156-7; covardia na batalha, desonra, 185-8; as honras naturais não podem ser tiradas, ao contrário das civis, 266-7; honrando Deus, 303-4, 305-6; sinais de honra, 303-4

Idolatria, 511-2, 537 ss. (*veja também* 286-7)
Ignorância, 89-92
Igreja (*veja também* Padres, Poder Eclesiástico) definição de 391 ss.; doutores ambiciosos de, 326-7; o mesmo que república, 328-9, 460-1; não existe igreja universal, 328-9, 392-3, 482-3; não é o Reino de Deus, 507, 572-4; Anglicana, IX-X, XXV ss., 577-9
Igualdade, dos homens, 105 ss.; todos os homens são iguais perante o soberano, 291-2
Imaginação, 17-23, 46-8, 61-5, 531-2, 541-2, 583-4
Imortalidade, *veja* Vida Eterna
Imperador, *veja* Soberano
Imposição de mãos, 413-4, 444 ss., 544-5; não é necessário para o rei batizar ou consagrar, 456 ss.
Imprensa, 29-30
Impressão de *Leviatã*, LVII-LIX, LXIV-LXV
Impudência, 53-4
Incorporalidade, *veja* Corporalidade
Independentes, XLVIII-XLIX, LII-LIII, LXIV-LXV, 155-6, 201-3, 577-9

Índice remissivo de assuntos

Inferno (*veja também* Vida Eterna), XLVIII-XLIX, 380 ss., 521 ss.
Infiéis, tolerância dos, 509-10; obediência ao soberano infiel, 418-9, 485-7, 501-3
Infinito, 27-9; atributo de Deus, 305-6
Inspiração (*veja também* Profecia), definida, 340-1; não deve ser reivindicada como regra de ação, 273-4
Integridade, 491-2, 511-2
Interpretação, da lei de natureza, 233-8; da lei civil, 237-9; das Escrituras, 395-7

Juiz, ninguém é seu próprio, 134-5; nenhum juiz deve ser parcial, 134-5; o soberano é a autoridade apelada, 206-7; as leis não são a razão dos juízes, 230-1; sentença do juiz é uma confirmação da lei de natureza nos processos relativos à equidade, 233-4; não obrigado por juízes anteriores, 236-7; aptidões necessárias a um juiz, 239-40; salários dos juízes, 269-71; a propriedade dos indivíduos não exclui o direito do soberano para os cargos judiciais, 275-6; más consequências do falso julgamento, 288-90
Juízo Final, XXXII-XXXIII, 62-4, 582-4; transferência de, para o soberano, 146-50; juízo particular sobre o bem e o mal, 273-4
Juízo Final, Dia do, 380-1, 406-7, 408-10, 499-500, 511-2
Juramentos, 122-4, 306-8
Júri, juízes de fato e de direito, 239-40
Jurisdição, Eclesiástica, *veja* Poder Eclesiástico
Juristas, opiniões tolas dos, 228-30
Justiça, 11-2
Justiça, tribunais de, na Inglaterra, 206-7; em Israel, 529-30
Justiça e injustiça, depende da lei, 110-11; injustiça como absurdo, 114-5; justiça não é contrária à razão, 124-5, 284-5; justiça de homens e das ações são diferentes, 125-7; justiça comunicativa e distributiva, 129-30; justiça definida antigamente como distribuição, 210-1; deve ser igualmente administrada, 290-1; os professores não podem acusar os alunos de injustiça, 430-1; a justiça justifica, 501-2; erros dos filósofos a respeito da injustiça, 565-7
Justificação, 501-2

Latim, 579-80
Lei, XXXVI-XXXVII, 11-2; leis civis, quais, 225-6; leis civis laços artificiais, 180-2; silêncio da lei, 186-9; leis

limitam os representantes, 191-3; leis a respeito da propriedade, 210-1; soberano não está sujeito às leis, 226-7, 274-5; interpretação da lei depende do soberano, 233-4, 569-70; as leis civis contêm a lei natural, 227-8; leis não são razão artificial, 230-1; as leis devem ser conhecidas publicamente, 230-1, 231-3, 300-1; deveria ser exposta num dia como o sábado, 287-8; leis não escritas são leis de natureza, 231-2; diferença entre letra e significado da lei, 238-9; divisões da lei, 240-3; leis fundamentais, 244-5; diferença entre lei e direito, 245-6; diferença entre uma lei e uma carta, 245-6; ignorância da lei não constitui desculpa, 247-50; nenhuma legislação retrospectiva, 249-50; relação entre lei e punição, 263-6; a lei civil mede o bem e o mal, 285-6; definição de boas leis, 292-4; o povo não pode fazer leis, 469 ss.; distinção errada entre lei civil e canônica, 509-10; não são as leis que governam, mas os homens, 568-9; as leis não afetam a consciência, 568-9; os padres não estão imunes à lei civil, 574-5, 580-1

Lei das Nações, o mesmo que lei de natureza, 298-9

Lei de Moisés, 321-2, 435-7, 491-2

Lei de natureza, XXXVI-XL; definida, 112-4; distinta de direito, 112-3; Primeira Lei, procurar a paz, 113-4; Segunda Lei, formular os direitos se necessário, 113-4; Terceira Lei, manter pactos, 123-4; Quarta Lei, gratidão, 129-30, 268-9; Quinta Lei, complacência, 130-2; Sexta Lei, perdoar, 130-2; Sétima Lei, olhar somente o bem futuro na vingança, 130-2, 263-5; Oitava Lei, contra a contumélia, 132-3; Nona Lei, contra o orgulho, 132-3; Décima Lei, contra a arrogância, 132-3; Décima Primeira Lei, equidade, 133-4, 268-9, 290-1; Décima Segunda Lei, uso equitativo de coisas comuns, 133-4; Décima Terceira Lei, uso do sorteio, 133-4; Décima Quarta Lei, da progenitura, 133-4; Décima Quinta Lei, dos mediadores, 133-4; Décima Sexta Lei, submissão ao árbitro, 134-5; Décima Sétima Lei, ninguém é seu próprio juiz, 134-5; Décima Oitava Lei, nenhum juiz é parcial, 134-5; Décima Nona Lei, créditos a serem dados para as testemunhas, 134-5; leis naturais todas compreensíveis, 134-5; ciência das leis de natureza, 135-8;

Índice remissivo de assuntos

leis naturais obrigam *in foro interno*, 135-7; eterna, 135-7; propriamente teoremas salvo quando consideradas como ordenadas por Deus, 137-8, 298-9, 303-4; contrário às paixões, 143-4; contém lei civil, 227-8; leis não escritas são leis de natureza, 231-2; sentença do juiz é uma confirmação da lei natural nos processos da equidade, 233-4; soberano o intérprete da lei natural, 233-8; distinção entre lei natural e lei positiva, 242-3; punição do inocente contrária à lei natural, 268-9; relação da lei natural com as Escrituras, 328-9

Leviatã, 11-2, 146-8, 271-2

Liberalismo, XL-XLII

Liberdade, XXVII-XLII, 112-3, 146-8; definido, 178-80; medo e liberdade compatíveis, 179-80; liberdade dos súditos, 180-3; liberdade das repúblicas, 183-4; liberdade favorecida pelos escritores gregos e romanos, 184-5; direitos dos súditos contra os soberanos, 184-8; diferença entre liberdade e obrigação, 245-6; liberdade de discutir é perigosa, 281-2

Ligas dos súditos, 200-1

Linguagem, 29-32; formas de, 55-7

Livre-arbítrio, 72-3, 179-80; erros dos filósofos com relação ao arbítrio, 564-5

Loucura, 62-4, 66-73, 330-2, 341-3, 537-8

Luxúria, 52-3

Mágica, não sobrenatural, 370-4; consagração confundida com conjuração, 510-1

Magnanimidade, 38-9, 50-2, 80-1

Mal, *veja* Bem

Mandamentos, Dez, 232-3, 349-50, 434-5; semelhança com princípios da obediência, 286-90

Manuscrito de *Leviatã*, LXI-LXVII

Mártires, 419 ss., 442-3, 502-3

Medo, 52-3, 92-4, 110-1, 122-3; compatível com a liberdade, 179-80; a paixão que menos inclina os homens a violar as leis, 252-4

Memória, 18-20, 26-7, 58-9

Mérito, 117-8

Messias, *veja* Salvador

Metafísica, 558-9

Milagres, definidos, 366 ss.; não podem ser incompatíveis com a submissão, 316-7; sem doutrina, argumento insuficiente de revelação, 316-7; cessaram, 317-8; cuidado contra a impostura de milagres, 374-5

Milícia, *veja* Soldados

Ministros, 204 ss.; da Igreja, 447 ss.

Monarquia, definida, 158-9; o monarca não recebe o poder por pacto, 150-1; monarca comparado com assembleias soberanas, 164-5; reis eletivos não são soberanos, 164-5; a monarquia pode renunciar à soberania, 189-90 (*mas veja* 283-4); os reis algumas vezes negam a si mesmos o poder necessário, 272-3; regicídio encorajado pelo estudo dos gregos e romanos, 276-8; direitos dos reis de Israel, 400 ss.; Belarmino sobre a monarquia, 461-2

Monopólio, 198-9, 280-1

Movimento, 17-23; Movimentos animais, 46-8; Movimento Vital, 45-6; (*veja também* Espírito)

Multidão, feita uma pessoa pelo representante, 140-1, 146-9; deve ser dirigida por um julgamento, 144-5

Nações, Lei das, *veja* Lei das Nações

Natureza, Direito de, *veja* Direito de Natureza

Natureza, estado de, *veja* Guerra, Estado de

Natureza, Lei de, *veja* Lei de Natureza

Necessidade, compatível com a liberdade, 179-80

Nomes e palavras, 31-9, 40-2; definição, 34-5, 41-2; tem significação por concordância, 309-10; significado dos termos nas Escrituras, 329-30; Palavra de Deus ou Homem, 351-2; significação dos nomes, 559-62

Número, 32-4, 39-40

Obediência, *veja* Proteção

Oblações, 306-8

Obrigação, 113-4, 123-4, 128-9, 135-7; todas as obrigações sobre o homem surgem de seus próprios atos, 184-5; distinção entre obrigação e liberdade, 245-6; conexão entre obrigação e proteção, 188-9, 281-2, 584-5

Oligarquia, não é uma forma de governo, 159-60

Opinião, 59-60

Oratória, *veja* Retórica

Ordenação, *veja* Imposição de mãos

Pacto, *veja* Convenção

Pacto, de Deus com Abraão, 244, 344 ss., 393 ss.

Pactos e convenções (*veja também* Contrato), 11-2; definido, 115-7; pactos de voto de confiança mútua, 118-9; pactos com Deus diretamente, impossível, 119-20; pactos aceitos por medo são obrigatórios, 119-20, 169-70; pactos de não se defender são inválidos, 120-2, 262-3; os pactos são obrigatórios quando uma das partes o cumpriu, 125-7; sem a espada, são apenas palavras, 143-4; pacto para gerar uma república, 146-8

Padres da Igreja, 570-2

Paixões, 11-2, 45-58, 65-73, 110-1, 143-4, 582-3; levam ao

Índice remissivo de assuntos

crime, 251-2; pode atenuar a ofensa, 257-9
Palavra de Deus, *veja* Escrituras
Palavras, *veja* Nomes
Papa, 103-6, 272-3; o poder do papa apoiado pelas Universidades, 290-1, 575-7, 580-1; poder do papa, 415 ss.; eleição do papa, 447-8; o soberano pode confiar a autoridade de ordenar pastores ao papa, 454-5, 460-1; o poder do papa é apenas o de professor, 454-5, 461-2; não são bispos do Império Romano, 463-4; seu julgamento não é infalível, 465 ss.; não pode fazer leis, 469 ss.; não exerce jurisdição sobre os bispos, 475 ss.; nenhum poder temporal indireto, 479 ss.; pretende ser vigário-geral de Cristo, 507-9; leis canônicas como atos do papa, 509-10; tolera não cristãos, 509-10; o poder papal não a justifica por duas espadas, 517-8; título de *Pontifex Maximus*, 549-50; finalidade de proibir o casamento dos padres, 567-8; primeiro a ensinar que a Igreja é o Reino de Deus, 573-4; doutrinas que mantêm o papa na posse da soberania espiritual, 574 ss.; dissolução do poder papal, 576-9
Paraíso (*veja também* Vida Eterna), Reino dos Céus na Terra, 378-9
Parlamento, inglês, XXXV--XXXVI, XLIII-XLIV, 186-8, 228-30
Pastor (*veja também* Padre e Presbiterianos), chefe soberano, 393-4; funcionários pastores na Igreja antiga, 444 ss.; nomeado pelo soberano civil, 452-4; não o clero, 507-10
Pecado (*veja também* Salvador), definido, 245-6; depende da lei, 247-9, 273-4, 278-9; não causa de aflição, 301-3; remissão de pecados, 423-4, 489-91, 575-6; não é pecado rejeitar Cristo, 439-42; escândalo um pecado, 545-7
Pensamento desgovernado, 24-5; regulado, 25-6
Perdão, 130-2
Pessoa (*veja também* Representante), 75-6; pessoa artificial, 137-42; como ator, 138-9; multidão unida em uma pessoa, 146-8, 156-7; quem é portador de uma pessoa do povo também é portador de sua pessoa natural, 160-1; uma pessoa única deveria exibir um culto único, 308-9; pessoas de Deus, 414-5
Piedade, 53-4
Poder, 65-6, 75-81, 85-6; poder irresistível, 301-3; finalidade do culto, 304-5; como o poder pode estar subordinado, 481-2

Poder eclesiástico (*veja também* Igreja), 471 ss.; sem jurisdição eclesiástica independente, 475-7

Poema, 62-4

Precedente, 89-90

Pregar, 421-3; qualquer um pode pregar, 569-70

Presbiterianos, Assembleias de Pastores, XLVII-XLVIII, LII--LIII, LXIV-LXV, 155-6, 507-9, 516-7, 581-2; manteve os erros do papado, 573-4;

Presbiterianos na Inglaterra, 577-9

Profecia, 69-70, 99-100, 102-3; não deve ser reivindicada como uma regra de ação contra a lei, 273-4; palavra profética de Deus, 300-1; sinais de um profeta, 315-8; a profecia cessou, 317-8; o significado de profeta nas Escrituras, 354-5; como Deus falou aos profetas, 357 ss.; profetas supremos e subordinados, 359-60; os profetas devem ser examinados pelos súditos, 364-5; profetas não são funcionários da Igreja, 444-5

Professores, ensino, 205-6, 583-4; falsos mestres deturpam as leis de natureza, 250-1; nenhuma dificuldade em ensinar princípios de soberania absoluta, 285-6; o que se deve ensinar ao povo, 285 ss.; apóstolos como professores, 421-3; os professores não podem acusar os alunos de injustiça, 430-1; os pais não podem ser obrigados a contratar professores, 455-6; ensino causa da fé, 493-4

Promessa (*veja também* Contrato), 115 ss., 585-7

Propriedade, 110-1, 124-5, 138-9; sob poder do soberano, 153-4, 275-6, 279-80; distribuição da propriedade, 210-1

Proteção, o fim da obediência, 188-9, 281-2, 583-5, 591-2

Províncias, 204-5; leis provinciais não são feitas pelo costume mas pelo soberano, 227-8

Prudência, 26-9, 42-6, 64-6, 106-7; semelhante a prudência, 76-8

Punição (*veja também* Recompensa), definindo, 262-3; os nervos da república, 11-2; súditos são autores de sua própria punição, 149-50; o soberano possui o poder da punição, 154-5; execução de punição, 207-9; leis penais, 242-3; punições declaradas antes do ato, uma desculpa para uma maior punição mais tarde, 249-50; direito do soberano de punir, não uma dádiva dos súditos, 262-3; a vingança não é uma punição, 263-5; a punição deve respeitar um bem futuro,

Índice remissivo de assuntos

263-5; males naturais não são punições humanas, 263-5, 309-10; mal em excesso do que é legalmente determinado não é punição, 263-5; não é punição o que se inflige aos traidores por direito de guerra, 265-6; punição corporal, 266-7; punição capital, 266-7; multas, 266-7; ignomínia, 266-7; prisão, 267-8; exílio, 267-8; punição do inocente contrária à lei natural, 268-9; correta aplicação da punição, 293-6; a preservação da sociedade civil depende das punições, 374-5; funcionários encarregados da punição na república dos judeus, 587-8

Purgatório, 498-500, 515 ss., 523 ss., 570-2, 575-6

Quantidade, 564-5

Razão, 35-46, 65-6; falsos raciocínios levam os homens a violar as leis, 250-1; a palavra racional de Deus, 300-1; não é possível renunciar à razão natural, 313-4; o cativeiro da razão, 314-5; a palavra de Deus algumas vezes são os ditames da razão, 354-5; razão contrária à eloquência, 582-4

Realistas, X-XII, XLIII-XLV, XLIX-LIII, 155-6

Rebelião, XLIV-XLV, 127-8, 268-9; incentivada pela imitação das nações vizinhas, 275-6; e pela imitação dos gregos e romanos, 275-6; punições naturais para rebelião, 309-10

Recompensa (*veja também* Punição), os nervos da república, 11-2; o soberano possui o poder de recompensar, 154-5; recompensa ou dádiva ou contrato, 268-9; benefícios concedidos por medo não são recompensas, 269-71; salários, 269-71; a correta aplicação da recompensa, 296-7

Redentor, *veja* Salvador

Reforma, destrói a república se empreendida por meio da desobediência, 286-7

Regência, 204-5

Reino de Cristo, *veja* Reino de Deus

Reino de Deus, Reino de Cristo, 380-1, 389-91, 407 ss., 485-6, 516 ss.; Reino eleito de Deus, 101-2, 395 ss., 587-8; Profético, 300-1; por pacto, 316-7; por acordo, 352 ss.; conseguido pela violência, 124-5; erros a respeito, 507; restaurado por Cristo, 346-7; Reino Natural de Deus, punição em, 263-5, 309-10; reino metafórico sobre súditos não humanos, 299-300; direito natural derivado de seu poder irresistível, 300-1

Relativismo, XVI-XVII
Religião, XLIV-LII, 52-3, 91-106,
122-3; não deve ser tratada
pela filosofia, 314-5
Religião muçulmana, 419-20
Renascença, XII-XVI
Representante (*veja também*
Pessoa), XLII-XLIII, 137-42;
representantes subordinados
perigosos, 159-60; o poder do
representante limitado em,
190-3; o representante não
pode ser punido, 265-6;
representação de Deus, 412-5
República (*veja também Civitas*,
Soberano, Estado), geração
da, 146-8; dissolução, 271 ss.;
por Instituição, 148-59, 184-5;
por Aquisição, 148-9, 169-79,
184-5
República, *veja* Democracia
Reputação, 75-8
Ressurreição dos Eleitos, 378 ss.,
514 ss.; o Reino de Cristo
não começou na sua
Ressurreição, 516-7
Retórica, XLIV-XLVII, 42-4,
62-4, 87-9, 590-1; eloquência é
poder, 76-8; o poder de
apresentar o bem como o mal,
145-6; oradores são favoritos
das assembleias do soberano,
161-3; uso em conselho, 217-20;
é perigosa nas assembleias,
222-4; contrário à razão, 582-4
Revelação (*veja também*
Escrituras), crença na, 243-4;
milagres não são um
argumento suficiente de, 316-7

Riqueza, 11-2, 75-6
Riso, 53-4

Sábado, dia necessário para
expor leis, 287-8; dia santo,
349-50
Sacerdotes (*veja também* Igreja e
Pastor), de Israel, 345-6,
359-61, 397-8 ss., 449-50,
458-60, 515-6; dado o nome
de *Padres*, 574-5
Sacramento, definido, 350-1;
conjuração em, 512-4;
qualquer um pode
administrar sacramentos,
569-70
Salvação, *veja* Salvador
Salvador, Cristo como, 353-4,
375 ss., 405 ss.; Cristo como
Messias, 316-7, 365-6, 463-4;
Cristo como Redentor, 389-
-91, 382 ss., 394 ss., 470-1; a
divindade reside em Cristo,
360-1; o que é salvação,
385 ss.; Cristo assemelha-se a
Moisés, 409 ss.; remissão de
pecado, 423-4, 489-91, 575-6;
o que é necessário para a
salvação, 489-91, 494 ss.
Santas, que coisas são sagradas
ou, 347-50; erro por confundir
consagração por conjuração,
510-1; modo de consagração
nas Escrituras, 518-9
Santos, *veja* Canonização
Sedição, 11-2, 203-4, 273-4, 488-9
Sentidos, XXV-XXVIII, 15-7,
49-50, 531-2, 540-2, 564-5
Servo, *veja* Escravidão

Índice remissivo de assuntos

Silogismo, 36-8, 39-40, 42-4, 58-9
Sinais, 26-7, 30-1; de honra, 304 ss.
Sistemas, de pessoas, definidos, 190-1; sistemas regulares, 190--201; sistemas irregulares, 200-4
Soberano (*veja também* República, Pessoa e Domínio), XL-XLV, 11-2; definido, 148-9; direitos de, 170-1, 283-4 ss.; não faz nenhum pacto com o súdito, 149-50; não pode ferir os indivíduos, 151-3; julga os meios de defesa e de opinião, 151-3, 452-4; poder de prescrever as regras de propriedade, 153-4, 210-1; direito de fazer guerra, 154-5; poder de escolher ministros, 154-5; a soberania não pode ser dividida, 155-6, 275-6, 279-80; o soberano pode declarar seu herdeiro, 166-9, 189-90; direito dos súditos contra os soberanos, 184-8; a obrigação dos súditos depende da proteção, 188-9, 281-2, 583-5, 591-2; as obrigações dos súditos cessam se o monarca renuncia à soberania, 189-90 (*mas veja* 283-4); o soberano pode agir contra as leis de natureza e as leis civis, 233-9; a aprovação tácita atenua as ofensas, 257-9; direito de punir, 262-3; soberano temporal superior à autoridade espiritual, 278-9; o soberano determina quais livros são canônicos, 319-20; profeta de Deus, 365-6; juiz de milagres, 374-5; Chefe dos Pastores, 393-4; designa os pastores, 399 ss.; Chefe da Igreja, 458-60; pode punir quem pretextar o espírito particular contra as leis, 394-5; interpreta a palavra de Deus, 395-7; soberania em Israel depois de Moisés residia no Sumo Sacerdócio, 399-400; os soberanos não podem ser excomungados, 428-30; obrigam a si mesmos pelo batismo a ensinar a doutrina cristã, 466-8; não pode obrigar os homens a ter fé, 473-4; pode ordenar o ensino das falsas consequências extraídas do artigo fundamental da cristandade, 501-2; cúmplices da transgressão dos eclesiásticos, 576-7
Sociabilidade, 130-2; natural para certas criaturas vivas, 145-6
Soldados, podem fugir se surpreendidos por um inimigo, 174-5; podem se recusar a lutar, 185-8; autoridade sobre a milícia, 205-6; generais populares são perigosos para a república, 297-8
Sonhos (*veja também* Visões), 20-3, 24-5, 94-5, 548-9; não pode justificar a violação da lei, 254-5; Deus fala aos homens em sonhos, 315-6, 333-4, 338-9, 358-9, 363-4; representação de corpos em sonhos, 330-2

Substância (*veja também* Corporalidade), 36-8, 94-5, 330 ss., 558-9; formas substanciais, 559-61
Sucessão, direito de, *veja* Herdeiro

Taxação, 205-6, 213-4, 215-6, 279-80; deveria ser imposta igualmente, 291-3
Temor, nasce da honra interior, 303-4
Terra, uso da, 209-10; proprietário de, 211-13
Tirania, não é uma forma de governo, 159-60; tiranicídio, 276-8; tirania era odiada pelos filósofos gregos, 567-9; tolerância de ódio à tirania é uma tolerância de ódio à república, 587-8
Tolerância, estendida aos não cristãos nos domínios do papa, 509-10; tolerância das doutrinas cristãs, 579-80; tolerância do ódio da tirania, 587-8
Trabalho, fonte de abundância, 209-10; bem trocado por benefício, 210-1; deve ser incentivado pelo soberano, 292-3
Tradução, XII-XIII
Traição e usurpação, 125-7; *laesa majestas*, 260-1; mal infligido pelo usurpador não é punição, 263-5; traição é punida pelo direito de guerra, 265-6

Trindade, XLVIII-XLIX, 413-5, 525-7
Tristeza, 52-3

Universais, 31-4
Universidades, *veja* Escolas
Usurpação, *veja* Traição

Vanglória, *veja* Glória
Verdade, 34-5
Vergonha, 53-4
Vida Eterna, 375 ss., 385-6, 512 ss.; possibilidade de morte eterna, 382-4, 514 ss., 521-2; alma não é imortal, 379 ss.
Vingança, 52-3, 130-2, 582-3; não é punição, 263-5
Virtude, 61-73, 135-8; Deus predispõe os homens a, 360-1
Visão, *veja* Sentidos – percepção
Visões (*veja também* Sonhos), 70-1, 358-9, 363-4, 548-9; não podem justificar a violação da lei, 254-5; Deus fala nas visões, 358-9, 363-4; Deus falou a Moisés na visão, 589-90
Vontade, 54-5; vontade da república, 309-10; erros dos filósofos a respeito da vontade, 564-5
Voto, 140-2, 148-9, 193-5; eleição de funcionários da Igreja, 445-50

Zelotes, direito dos (*Jus Zelotarum*), 588-9

2. Índice de nomes próprios

(Este índice não inclui os nomes que constam nas "Leituras adicionais".)

Aarão, LXXIX, LXXXVIII--LXXXIX, C, 70, 104, 333, 355, 373, 396-9, 405, 435, 450, 457, 519, 544, 575
Abdias, LXXIX, 324
Abiatar, LXXIX, CVI, 360, 402, 479
Abimelec, LXXIX, 355, 358
Abiram, LXXXVIII, 381, 398
Abner, 524-5
Abraão, LXXX, XCV, 70, 97, 244, 321, 338, 344-5, 355, 358, 394-6, 468, 492, 521, 534, 589
Acã, LXXX, 363
Acab, Rei, LXXX, LXXXIX, XCVII-XCVIII, CII, CVII, 364
Adão, LXXX, 30, 177, 303, 344, 358, 376-8, 386, 390, 423, 490, 513, 520, 522-4
Adriano IV, Papa (Nicholas Breakspear), LXXX, 577
Agag, Rei de Amalek, LXXX, 403
Agar, LXXX, 337-8, 358
Ageu, LXXX, 324
Agostinho, Santo, LXXX--LXXXI, 525
Agur, LXXXI, 324
Aías, LXXXI, 323
Alexandre, o Grande, Rei da Macedônia, LXXXI, 61, 235, 321, 326
Amasias, LXXXI, 324
Ambrósio, Santo, LXXXI, CIX, 489
Amiano Marcelino, LXXX, 447, 451
Amós, LXXXI, 324
Ananias, LXXXI, 451
Andrômeda, LXXXII, 69
Apolo, LXXXII, 81, 98
Aristides, LXXXII, 183
Aristóteles, XXI, LXXXI--LXXXII, XCIV, 104, 132, 145, 184, 226, 506, 555-9, 561-2, 564, 566-9

Atália, XCVIII, 489, 516
Austin, John, XLI
Azarias (Rei Ozias da Judeia), LXXXIII, XCV

Baal (deus), LXXXIII
Baco, 99
Bacon, Francis, XVII-XX, XXV, XXXI, LXX
Balaão, LXXXIII, 365
Barnabé, LXXXIII, CI, 352, 443-6, 476, 550
Becket, Thomas, LXXXIII, XCIII, 272
Beda (Venerável Beda), LXXXIII, 571
Belarmino, Roberto, Cardeal, XLVIII, LXXXIII-LXXXIV, 416, 461, 466, 471, 473, 476-7, 479, 481, 485, 516, 518, 524
Belzebu, LXXXIV, 71, 505, 580
Bernardo, São, 571
Beza, Theodore, LXXXIV, 516-7, 531
Bolena, Ana, XCIII-XCV
Bramhall, John, XXVIII
Brown, Keith, LXIII
Bruto, Marco Júnio, LXXXIV, 21
Burgess, Glenn, XII

Cadmo, filho de Agenor, Rei da Fenícia, LXXXIV, 29
Caifás, LXXXV, 355
Caim, 358
Calígula, LXXXV, CIII, 552
Caracala, LXXXV, 552
Carlos Magno, LXXXV, C, 481, 510

Carnéades, XXXIX, 555
Caronte, LXXXV, 97
Catão, Marco Pórcio "o Velho", LXXXV-LXXXVI, 555
Catilina (Lucius Sergius Catilina), LXXXVI, 89
Cavendish, William, Conde de Newcastle, XIV, XVII, LXIX--LXX
Cavendish, William, Primeiro Conde de Devonshire, XIV, LXX
Cérbero, LXXXVI, 97
César, Augusto, XVIII, LXXXII, LXXXVI, CX, 21, 550
César, Júlio, LXXXII, LXXXIV, LXXXVI, CV, 21, 61, 89, 250, 273, 281, 408-9, 486, 550-1
Chilperico (Chilperic III), LXXXVI, 481
Cícero, Marco Túlio, XV, XLI, LXXXVI, 42, 184, 211, 226, 268, 556, 569-70, 572
Cipião Africano, Publius Cornelius, LXXXVII
Cipriano, São (Thascius Caecilius Cyprianus), LXXXVII, 478
Clarendon, Edward Hyde, Primeiro Conde de, XII, L-LIII, LVIII, LXI-LXIV
Clemente (Bispo de Roma), LXVIII, 326, 442
Clifton, sir Gervase, LXX
Cluverius (Cluvier), Philip, LXXXVII, 83n
Coke, sir Edward, LXXXVII--LXXXVIII, 125, 230, 237

Índice de nomes próprios

Constantino (Flavius Constantinus), LXXXVIII, XCIX, 83, 437, 451, 464, 550
Coré LXXXVIII, 381, 398
Cosbi, 588
Crispo, LXXXVIII, 456
Crooke, Andrew, LV-LVI, LVIII, LXIV-LXV
Cupido, 98, 549

Dâmaso, Papa, LXXXVIII, C, 447
Daniel, LXXXIX, 324, 339-40, 465
Datã, LXXXVIII, 381
Davi, Rei, XLV, LXXIX-LXXX, LXXXIX, XCIII, XCVIII, CIII, CVI-CVII, 176, 182, 302, 322-4, 327, 357, 360, 363, 379, 402, 403, 497, 513, 524-5
Demétrio, 203
Descartes, René, XXII, XXV--XXVIII
Digby, sir Kenelm, LXXI
Diocleciano (Caius Aurelius Valerius Diocletianus), LXXXIX, 486
Diótrefes, 429
Dives, 521
Domiciano (Titus Flavius Domitianus), LXXXIX

Efraim, LXXXIX, CI, 449
Egéria, LXXXIX, 100
Eleazar, LXXXIX, XCIX, 211, 378, 400, 403
Elias, LXXXIX, 353, 355, 358, 379, 462, 518

Eliseu, XC, XCVII, CIII, 358, 419
Enoque, XC, 379, 520
Éolo, XC, 98
Esaú, XCV, 389
Esdras (Ezra), XC, 323, 325, 404, 437
Ester, Rainha, XC, 323
Estêvão, Santo, XC, 448, 456, 556, 589
Eva, XC, 358
Ezequias, XC, XCV, 403-4, 547-8
Ezequiel, XC, 324, 358

Filipe, Apóstolo, XC, 448-9, 458, 497, 520
Fílon, XCI, 327
Fineias, 588
Frederico I "Barba-ruiva", LXXX, XCI, 577

Gabriel, anjo, XCI, 339-40, 347
Gedeão, XCI, 333, 358
Godolphin, Francis, LVIII, LXII, LXVI, XCI, 5
Godolphin, Sidney, XCI, 5, 583
Graco, Caio, XCI-XCII, 273
Graco, Tibério, XCI-XCII, 273
Gregório I, papa, XCII-XCIII, 489
Gregório II, papa, XCII-XCIII, 489
Grócio, Hugo, XIV, XXXII--XXXIV, XLII
Guilherme I, o Conquistador, XCII, 212, 272, 586
Guilherme II, Rufus, XCIII, 273

Habacuc, XCIII, 324
Hammond, Henry, X, LI
Hasabias, XCIII, 402
Henrique II, Rei da Inglaterra, LXXXIII, XCIII, 272
Henrique III, Rei da França, XCIII, 481
Henrique IV, Rei da França, LII, XCIII
Henrique VIII, Rei da Inglaterra, XCIII-XCV, 290, 581
Henriqueta Maria, Rainha, LII-LIII, XCIII
Hércules, XCIV, 99, 295
Hesíodo, XCIV, 533
Hilkias, XCIV, XCIX, 322
Hipérbolo, XCIV, 183
Holda, XCIV
Hollar, Wenceslas, LXIII
Homero, XIII, XCIV, 81, 100, 184

Inocêncio III, papa, XCV, XCVIII, 479, 481, 508, 512
Isaac, XCV, 338, 358, 396, 406, 492, 521
Isabel, Rainha da Inglaterra, XLIV, XCV, 578, 581
Isaías, XCV, 324, 355, 358, 382, 387, 403-4

Jacó, LXXXIX, XCV-XCVI, C, 338, 358, 457, 492, 521, 548
Jaime I, rei da Inglaterra, LXXXIV, LXXXVII, XCVI
Jairo, 458
Jaque, XCVI
Jefté, XCVI, 182, 333
Jojada, XCVIII, 489

Jeremias, XCVI, 324, 355, 364-5, 462
Jeroboão, XCVI, 316, 403
Jerônimo, São, XCVI-XCVII, 319-20, 323
Jesus Cristo, XLIX, XCVII, 25, 70-2, 97, 140, 175-7, 317, 325, 327, 335, 339, 347, 354, 360-1, 365-6, 369-71, 375-8, 379, 387-9, 462-4, 466-8, 471, 472-3, 475-7, 490-2, 494-501, 512, 516-7, 528-31, 536-8, 544-5, 574-6
Jetro, XCVII, 362
Jeú, XCVII-XCVIII, 71, 403
Jezebel, Rainha, LXXX, XCVII
Jó, XCVIII, 271, 302, 323-4, 379-80, 520
Joana, XCVII, 451
João, o Apóstolo, XCVII, 353-4, 355, 358, 365, 377, 411, 414-5, 429, 441, 444-5, 448-9, 458, 464, 475, 493, 495, 517-8, 520, 534
João, Rei da Inglaterra, XCVIII, 273, 481
João Batista, XCVIII, 339, 411, 417, 462, 495, 534
Joás, Rei de Judá, XCVIII, 489
Joel, XCVIII, 324, 389
Johnston, David, XLV
Jonas, XCVIII, 324
Jônatas, amigo de Davi, 363, 524
Jônatas, filho de Gérson, XCVIII, 322
Josafá, XCVII-XCVIII, 403
José, filho de Jacó, XCVIII--XCIX, CI, 212, 333, 352-4, 449, 457

Índice de nomes próprios

José, marido de Maria, XCIX, 358, 363
José, o Justo, 443
Josefo, Flávio, XCIX, 320, 327
Josias, Rei de Judá, LXXIX, XCIII-XCV, XCIX, CIII, CVIII, 322, 354-5, 383, 436-7
Josué, XCIX, 104, 211, 322, 334, 362-3, 399-400, 403, 413, 457
Judas Iscariotes, XCIX, 363, 415, 443, 450, 466, 536
Juliano, Imperador, XCIX, 486
Júlio César, *veja* César, Júlio
Júpiter, C, 81, 125, 544, 549
Juvêncio, C, 447

Labão, C, 548
Lamuel, Rei, C, 324
Lázaro, CI, 521, 527
Leão III, papa, C, 479, 489
Levi, C, 212, 449, 508
Lipsius, Justus, XVI-XVII
Littleton, sir Thomas, LXXXVIII, 125
Lívio, Tito, CIX, 61, 321
Ló, C, 338, 358
Locke, John, XXXII
Lucas, São, C, 325, 445, 496, 518, 535-6, 556

Macartney, Lord, LXII
Macpherson, C. B., LVII, LXI
Malaquias, C
Malcolm, Noel, XVII-XVIII, XXXV, LXVII, LXIX
Manassés, CI, 449, 457
Maomé, CI, 100
Maquiavel, Nicolau, XV, XLVII

Marcelino, Amiano, *veja* Amiano Marcelino
Marcos, São, CI, 445, 448, 464, 517-8
Mardoqueu, CI
Maria, Mãe de Jesus, CI, 363, 542, 549
Maria Madalena, CI, 451
Mário, Caio, CI, CVII, 250, 273
Marta, CI, 497
Mateus, São, CI, 351, 445, 462, 518, 528, 535-6
Matias, CI, 363, 443-5, 476
Medeia, CII, 286
Mercúrio, CII, 81, 98, 550
Mersenne, Marin, XXII
Miguel, anjo, CII, 339
Miqueias, CII, 316, 324, 334, 364-5
Miriam, CI, 356
Moisés, XLIX, LXXXVIII-LXXXIX, XCVII-XCIX, CII-CIII, CVI, 70, 97, 104, 140, 175-6, 232, 244, 285, 316-7, 320-2, 324, 327, 334, 338-9, 344-6, 348, 352, 355, 358-61, 362-3, 365, 369-71, 373-4, 377, 379, 384, 389, 396-400, 401-3, 407, 409-15, 423, 434-7, 439, 450, 457, 470, 477, 491-2, 507, 516, 518-9, 530, 538-9, 544, 547, 557, 575, 587-9
Molesworth, sir William, LVII, LXI
Moloc, CIII
Montaigne, Michel de, XVI-XVIII

Naaman, CIII, 419, 503
Natan, CIII, 323
Naum, CIII, 324
Neemias, CIII, 323
Nero, Imperador, CIII, 486
Netuno, CIV
Nimrod, CIV, 417
Nobbs, David, XLVIII
Noé, 358, 382, 389, 514
Nostradamus, Michel, CIV, 99
Numa Pompílio, CIV, 100

Oakeshott, Michael, LVII, LXI
Oberon, CIV, 580
Oseias, CIV, 324
Ormonde, marquês de, L
Oza, CIV
Ozias, Rei, *veja* Azarias

Pã, CIV, 97, 555
Paulo, São, CI, CIV, 176, 203, 317, 325, 335, 340, 345, 352, 356, 358, 361, 363, 376, 385, 388, 400, 412, 417, 418, 422-3, 425, 431-2, 438, 443-5, 446-8, 451, 456, 458-9, 473-6, 487, 493, 496, 498-9, 501-3, 517, 523, 527-9, 533-4, 537-8, 550, 556, 565, 567
Payne, Robert, IX
Pedro, São, CIV-CV, 335, 342, 358, 363, 378-80, 389-90, 415, 418-20, 424, 428, 442-3, 448-9, 451, 458, 461-3, 466-7, 469-70, 478-9, 483, 488, 498-500, 503, 517-8, 528-9, 531, 573, 580
Peleau, François, XXXV
Pélias, Rei de Ioco, CV, 286
Perseu, LXXXII, 69
Pilatos, Pôncio, 486

Platão, CV, 226, 310-1, 555-6
Pocock, J. G. A., L
Pompeu, CV, 273
Príapo, CV, 552
Próculo, Júlio, CV, CIX, 550
Prometeu, CV, 93
Ptolomeu II, Filadelfo, Rei do Egito, CV-VI, 320, 324, 437

Remo, CVI
Reynolds, Noel, XVIII
Roboão, CVI, 403, 437
Rômulo, CVI, 550
Rousseau, Jean-Jacques, XLIII

Sadoc, CVI, 360, 479
Saduceus, 71
Salomão, XCVI, CVI, 176, 232, 319, 324, 359-60, 402, 479, 516, 519-21
Samuel, LXXX, CVI-CVII, 104, 175, 276, 322-3, 346-7, 355-7, 358, 378, 401, 403, 431, 464, 479, 589
Sansão, CVI, 333
Satanás, 505-6, 513, 522, 536
Saturnino, Lúcio, CVII, 273
Saturno, CVII, 125
Saul, Rei, XCVIII, CVI-CVII, 176, 333, 347, 356-7, 360, 365, 392, 400, 403, 408, 410, 489, 507, 524-5
Saulo de Tarso, *veja* São Paulo
Sedecias, CVII, 334
Selden, John, XXXII, 84
Sheldon, Gilbert, IX
Sila, Lúcio Cornélio, CI, CVIII, 250, 273
Silvestre I, papa, CVIII, 464
Sisaque, Rei do Egito, 437

Índice de nomes próprios

Skanderbeg, CVIII
Skinner, Q. R. D., XLV, LVIII, LXIX
Sócrates, CV, CVIII, 562
Sofonias, CVIII
Sólon, CVIII, 273
Strauss, Leo, XXIII-XXIV
Suarez, Francisco de, CVIII, 73
Susana, 451

Tácito, Caio Cornélio, XV-XX
Tarquínio, CIX, 295
Teodósio I, CIX, 489
Tiago, filho de Zebedeu, CIX, 518
Timóteo, 428, 444, 458-9, 473
Tito, 428
Tomás de Aquino, CX
Tomé, apóstolo, CX, 445
Tricaud, François, LIII
Tucídides, XII, XX-XXI
Tully, James, XXXII

Urias (o hitita), XLV, LXXXIX, 182
Ursicino, CX, 447

Valente, CX, 486
Varrão, Marcos Terêncio, CX, 570
Vênus, CX, 98, 549
Virgílio (Públio Virgílio Maro), CX, 100, 184

Waller, A. R., LVII, LXI
Warrender, Howard, XXXVI--XXXVII
Whewell, William, LVI
White, Thomas, XXVI-XXVII, LII

Zacarias, LXXX, CX, 105, 324, 489, 499, 528-9
Zaqueu, CXI, 426
Zenão de Cício, CXI, 555
Zimri, 588

3. Índice de nomes de lugar

Abdera (cidade grega), 69
Adrianópolis, batalha de, CX
África, 95
Albânia, CVIII
Amalec, LXXX
América, 110, 554
Antioquia, 443, 445, 459, 556
Arnon, ponte de, 321
Atenas, LXXXII, XCIV-XCV, 182-4 273, 276, 310, 509, 567; escolas de filosofia, 554-6

Babel, torre de, 30
Babilônia, LXXXIX, XCI, XCVI, CIV, 323-5 382, 403
Bersabé, 104
Borgonha, LXXXIV

Caldeia, 554
Canaã, LXXX, 321, 343-4, 358, 363
Cantuária, LXXXIII, XCIII, 272

Champagne (França), LXXXIV
Chatsworth, Derbyshire, LXIX, LXXII
China, 582
Constantinopla, CVIII, 184, 478, 551
Cornualha, XCI-XCII

Damasco, CIV, 427, 459, 566
Devon, XCI-XCII
Dunbar, batalha de, XII, LXV

Egito, CV, 288, 322, 350, 533, 548, 554, 583; José no, 333; Moisés tira os judeus do, 104, 369-73; praga das trevas, 383; feiticeiros, 316
Eólias, ilhas, XC
Escócia, XII, LIII, LXIII
Espanha, 483

Filipe, 21
Florença, LXXI

França, X-XI, XXII, LII, LXX-LXXI, 481, 483; Paris, XI, XXII, LI-LII, LVIII-LIX, LXXI; filósofos na, XXII; sob Henrique III, XCIV

Genebra, XIV, LXX, LXXXIV, 345, 554
Germânia: brasões, 82-3; Germânia superior, LXXXIX
Gomorra, 382
Grécia antiga, LXXXII, 81, 183, 203, 276, 336, 373, 382, 412; epidemias de loucura na, 69; lei, 261-2; e filosofia, 554-7, procissão de imagens, 551-2; tirania, 567-8; *veja também*, Atenas

Hardwick Hall, Derbyshire, XIV, LXIX, LXXII
Hinom, vale de, 383-4
Holanda, XLVIII

Iconium, 556
Igreja Anglicana, *veja* Inglaterra
Império Romano, XV, LXXXI, LXXXIX, 104, 464, 481, 573, 580
Índia, 248, 554, 582
Inglaterra, 156, 187, 207, 237, 240-2, 276, 481; Igreja Anglicana, IX-X, XLVII-LIV, XC, XCIV, 319-20, 339; e a Igreja de Roma, 104-6, 581-2; guerra civil, XI-XII, LXIII; o Normando, XCIII, 213, poder dos barões, 272-3; presbiterianos na, XLVII--XLVIII, LIII, LXV; direito dos reis da, 586; governantes e representação na, XLIII--XLIV; sob Isabel I, XC; sob Henrique II, XCIII-XCIV; sob Henrique VIII, XCIV, 290; sob Jaime I, XCVI, 169; sob Guilherme I, XCIII, 212-3; sob Guilherme II, XCIII; união com a Escócia, 169
Israel, LXXX, LXXXIII, LXXXIX-XCI, XCVI--XCVIII, CII, CVI-CVII, 211, 316, 321-3, 337, 386, 400, 402-3, 419, 422, 436, 444, 450, 470, 479, 500, 508, 519, 548, 587-9; e o pacto, 244, 321-2; Deus como Rei de, 349; invasão dos amonitas, XCVI, 333; povo de, 343; e os profetas, 316; renovação do pacto, 232
Itália, XIII, LXXI, 533; Florença, LXXI; Siena, LXXXIII; Itália do Norte, LXXXI; Veneza, XIV, LXIX

Japão, 582
Jericó, LXXX, CXI, 436
Jerusalém, LXXIX, XC, XCIV, CIII, 323-4, 347, 377, 387-9, 427, 437, 444-5, 448, 495, 556; templo de, XCI, 391, 544, 547; vale de Hinom, 383-4
Jordão, LXXXIII, 322, 520
Judá (Judeia), LXXXI, LXXXIII, XCI, XCVI, XCVIII-XCIX,

Índice de nomes de lugar

CIII, 165, 323-5, 327, 350, 403, 412, 533

Laodiceia, Concíclio de, 326, 442
Latrão, Concílio de, XCV, 481, 508
Lepanto, 95
Lípara, XC
Londres, 195; Devonshire House, XIV, LXIX
Lucca (cidade), 183, 554
Lyceum, 555

Malmesbury, Wiltshire (local de nascimento de Hobbes), XIII, LXIX
Mar Vermelho, 321, 338
Massa (Arábia setentrional), C
Moab, LXXXIII, 436
Moreh, 321

Navarra, 481
Niceia Concílio de, LXXXVIII, CVIII
Nínive, saque de, CIII
Nob (perto de Jerusalém), LXXIX
Nortúmbria, LXXXIII

Oxford, Hobbes em, XIII-XIV, LXIX

Países Baixos, 276
Palestina, LXXIX
Paris, *veja* França
Peloponeso, Guerra do, XX, XCIV

Pérsia, 554
Peru, 100

Roma, XIV; Bispos de, LXXXVII, 104, 447, 463-4, 466, 486, 547, 551, 570, 578, 580; Igreja de, 104-5, 516, 527, 547, 550, 552, 574, 576, 582; e São Pedro, CIV
Roma antiga, romanos, XIX, LXXXV-LXXXVI, LXXXVIII, XCII, XCIX, CI-CIII, CV-CX, 69, 82-3, 99--101, 151, 153, 165, 168-9, 183-4, 195, 202, 295, 310, 381, 478, 550, 552, 570; e cristandade, 104; colônias de, 216; república, 273, 550; deposição dos reis, 568; eleição de funcionários da República, XX; e Júlio César, 281; lei, 225, 241-2, 261; História de Tito Lívio, CIX, 321; punições, 268; sob Augusto, XX, LXXXII

Sacro Império Romano, 576-8
Salamina, batalha de, LXXXII
Salamina, ilha de, CVIII, 273
Samaria, XCI, 388-9, 448-9, 458
Saul, CVII
Scilly, ilhas, XCI
Sião, 347, 387
Sião, monte, 347, 389
Sichem, 321, 358
Siena, LXXXIII
Sinai, monte, CIII, 244, 317,

Leviatã

344-5, 348, 360-1, 396, 398, 544
Sodoma 382, 422
Split (Iugoslávia), LXXXIX

Tebas, LXXXIV
Tessalônica, 422, 431-2, 556

Ur, LXXX

Veneza, XIV, LXIX, 483
Virgínia LXX, 195

Welbeck, XIV, LXX
Worcester, batalha de, LXII

4ª **edição** agosto de 2019 | **Fonte** Baskerville T
Papel Offset 63 g/m² | **Impressão e acabamento** Imprensa da Fé